野尻亘

「地政学」批判

生《レーベン》と風土

藤原書店

はじめに

国家はそのあらゆる発展の段階において自然有機体とみられねばならぬ。国家は人類の一片であるとともにまた組織された土地の一片である。このような考えの基礎理論として「生の空間（Lebensraum）」をとるべきであろう。ところで「生」の特徴は運動であり、運動は空間征服である。あらゆる生物の生は、かくして発展していく。衣食住の活動はすべて空間征服である。かくして生物はすべて空間と結合せられているが、それゆえ逆に空間が生に、はたらきかける。

和辻哲郎『風土——人間学的考察』（1935）

これは和辻哲郎が『風土』の終章「風土学の歴史的考察」において、カント、ヘルダー、ヘーゲル、マルクスとならんで、ラッツェルの「生の空間」について言及した部分である。この十九世紀後半から二十世紀初頭のラッツェルの「生の空間」概念が、今日流行する「地政学」の理論の原点であることは、ほとんど知られていない。この「生の空間」とはどのような思想なのだろうか。

なお、ラッツェルは、一八四四年から一九〇四年にかけて生存したドイツの生物学者であり、かつ地理学者である。ラッツェルは、その「生の空間」概念とともに、国家有機体論と資源と領土拡大のための空間闘争、「土地への帰属性（Boden）」の概念とをあわせて、『人類地理学』、『政治地理学』（地政学）をあらわした。本文で後述するように、その思想的背景には十九世紀の生物学（進化論）とあわせて、ロマン主義、ドイツ観念論における自然哲学から歴史哲学、政治哲学への発展があった。

二十一世紀も四半分をすぎようとしている。ソ連邦崩壊による東西冷戦の終結から三〇年の歳月がすぎた。しかし、バルカン半島、クリミア半島、ウクライナ、コーカサス、パレスチナ、ウイグル、アフガニスタン、チベット、カシミール、南スーダン、ブルンジ、レソトなどと世界に民族や領土に関する戦乱の惨禍と悲劇はつきない。東アジアでも、南シナ海でも緊張が高まっている。

そのような現在の戦乱の惨劇をみると、人は民族・思想・信条・宗教・イデオロギーの違いによって、かくも憎しみ、殺戮をしなければならないのかと思われる。

ところが、そのような戦乱をかりたてる為政者・権力者・統治者の信条とは、おしなべて、およそ体系的な思想や論理的な思考とはほどとおく、およそカルトともいえるような狂気や錯乱に陥っているのではないだろうかとさえ思われる。そして、そこには論理や理性ではなく、短絡的な情動的発想がSNSをとおして、ポピュリズムとして民衆に流布することによって、強大な権力者への支持や戦争が肯定・支持されている。これは電脳化されているとはいえ、前近代の社会への逆行ではないのだろうかとさえ危惧される。さらに、そこに人工知能による電子兵器や電子情報の情報操作が組み込まれれば、有史上、未曾有の惨劇となろう。

このような惨劇へと歩む社会の動向をみて、これまでの歴史や地理の思考の意義とは何であったのか。それらを教えてきたことが、はたして人々の理性や心情にどのような影響をあたえてきたのだろうかと問わざるをえない。

地理学を教えることと、その研究をなりわいとしてきた著者としては、自らをかえりみて忸怩たる思いがある。その視点から今日の地政学ブームに対して、警句を発したいと思う。

そもそも民族感情、郷土愛、祖国愛といった感情は、ともすれば権力者への畏怖、忠誠に結び付きがちとなるのはなぜか。どうして、それらの概念は母国や父祖の地、その景観や風土への愛着やなつかしさによってはぐくまれるのだろうか。

たしかに、水津一朗（1969）が説いた「基礎地域」として、里山・里海の風景には人の一生をつかさどる基本空間がコード化されている。そこには日本の原風景としてのムラ・ノラ・ヤマの区別がある。ムラには屋敷や庭といった住まうところ、産土神・檀家寺・墓所・地蔵堂や道祖神といった祖先をまつり、平安をいのるところ、その周囲のノラには、田畑や耕地・磯や浜といった生計をいとなむところ、さらに外側に桑園や採草地（入会地）といった境界部をとおして、祖霊がやどるところや、異界とされる山野や沖合がひろがっている。

確かに大都会の殺伐とした雑踏から逃れて、このような伝統的な原風景をみると、確かに祖父母が生まれたところであるというような郷愁がわく。しかし、その内なる結びつきの感情は、ときには郷里の内外に格差や排除と差別の心情をも生み出しうる。そのため、人々のなかには故郷を名乗らず、故郷から消え去りゆく人々もある。それは、むしろ前近代の保守的な思考の原風景ともなりうるのだろうか。

そのような内省にたって、改めて近代以降の地政学や地理学の系譜の観点から、民族や国民国家やふるさとをとらえる視点について再考察をしてみたいと思う。

そのヨーロッパ近代化以降の地政学の系譜を考える窓口となるのが、冒頭に『風土』から引用した、十九世紀にドイツで動物学者から人類地理学や政治地理学をとなえるようになったラッツェルの「生の空間（Lebensraum）」という概念である。その窓口を通して、本書では、「生の空間」と、生物進化論、有機体論をもとにしたロマン主義・ドイツ観念論との関係について言及していく。さらには現代までの地政学への影響についても考察を加える。

またラッツェル没後、和辻が『風土』で批判してきたハイデガーの現象学的視点によって、人間の現存在として民族の真正性が問われるようになる。その背景にはエストニアの生物学者ユクスキュルがとなえた「環世界(Umwelt)」の概念があった。それゆえ、本書ではラッツェルの「生の空間」と、それとは対照的な生物学者ユクスキュルの「環世界」の概念を対比して、それらが地政学に大きな影響をあたえてきたことを考察する。

まずラッツェルの「生の空間」とは、生物種にとって、その存在（生存）のために必要な空間を意味している。それはマルサスの『人口の原理』や地理的種分化にもとづく進化論、ドイツの生物学者ヘッケルの形態学的考察をも含意していた。しかし「生の空間」が、そのまま人類の民族集団や国家有機体に応用されたときに、それはヨーロッパ列強の植民地支配や帝国主義を正当化し、地政学の基礎概念となっていった。

一方で、ハイデガーの空間的考察が依拠してきたユクスキュルの「環世界」は、それぞれの生物個体が、身の回りから特定の外的刺激のみ受容・知覚し、内的器官をとおしてきまったパターンで反応するという概念であった。そこでは、それぞれの種の生物個体が、個別に独自の環境のみを知覚して行動する。同じくヒトもひとりひとりがそれぞれ個別の環境を認識して主体的に行動していくことになる。

ユクスキュルの「環世界」はハイデガーの地政学的、空間的概念をはじめ、第二次世界大戦後はメルロ＝ポンティの身体性の知覚にもとづく運動論やドゥルーズの「ノマド」や「リトルネロ」にも大きな影響をあたえてきた。そして旧来の「生の空間」や国家有機体説にもとづく地政学を批判する批判地政学や情動にもとづく新しい地政学を生み出していった。

それらの一連の動きとは、「生の空間」が地理的影響からの制約を重視していたのに対して、「環世界」では個を主体とする「生きられた空間」へと転換したことを示すものであった。

これを「生《レーベン》と風土」と呼びかえることができる。

つまりラッツェルが依拠した生物学者ヘッケルの合目的論的な進化論とは、ドイツ観念論のヘルダーからヘーゲルに至る進化史観を反映していた。そこには生物学者ヘッケルからラッツェルへと続く一元論的な、全体論的な有機体観がともなっており、地域や民族や国家を有機体的な発展段階へのアナロジーとしてとらえてきた。

しかし現象学が依拠したユクスキュルの「環世界」では、一生物種における個体それぞれに異なる環境の知覚の選択と、それに反応しての個々の行動が問題とされる。したがって、現象学においては、全体論的な地理的な環境や地域や景観が問題とされるのではなく、個別の個体が情報を取捨選択して、反応して行動する場所が問題とされるのである。

そこでのハイデガーの思考は、ユクスキュルの「環世界」の概念をもとに、人間の本来の存在は、個体が「環世界」における制約をこえて、自らが主体的な存在となることであった。そのためハイデガーの地政学は、民族文化の固有性や真正性にもとづき、民族として国家への犠牲をともなわないものとされた。

そしてユクスキュルの「環世界」の概念は、現象学からポスト構造主義へも影響をあたえ、フーコーの知と権力の闘争、ポストモダンの大きな理論なき世界における個人の空間的制約からの解放が問題とされるようになっていった。

このような、あまり知られざる知の系譜を探る旅にでかけるとともに、地政学を安易に標榜する現在の動向についても反省を試みることにしたい。

なお本書に引用した表現のなかには、人種、民族、出身地、ジェンダー、職業、社会階層、身体条件に関する差別的表現や不適切な内容が散見される。なるべく適切な表現での邦訳をこころがけたものの、一方では、そのような表現を通して、読者にその執筆された当時の社会状況を批判する視点を汲んでいただければと思い、原典にちかい表現にしてある部分もある。もちろん著者には、そのような差別を肯定する意図は全くない。むしろ、そのような差別性を批判する目的で執筆していることをここに明記しておきたい。

表1　本書に関係する主要な思想家・進化論者と地理学者

哲学者	（生没年）
デカルト（フランス）	1596–1650
スピノザ（オランダ）	1632–1677
カント（ドイツ・プロイセン）	1724–1804
ヘルダー（ドイツ・プロイセン）	1744–1803
ゲーテ（ドイツ）	1749–1832
ヘーゲル（ドイツ）	1770–1831
ハイデガー（ドイツ）	1889–1976
和辻哲郎（日本）	1889–1960
メルロ＝ポンティ（フランス）	1908–1961
ドゥルーズ（フランス）	1925–1995
フーコー（フランス）	1926–1984

生物学者・進化論者	
ビュフォン（フランス）	1707–1788
ラマルク（フランス）	1744–1829
フォン・ベーア（エストニア）	1792–1876
ダーウィン（イギリス）	1809–1829
ヘッケル（ドイツ）	1834–1919
ユクスキュル（エストニア）	1864–1944

（生物）地理学者	
ヴァグナー（ドイツ）	1813–1887
ラッツェル（ドイツ）	1844–1904
ヴィダル＝ドゥ＝ラ＝ブラーシュ（フランス）	1845–1918

「地政学」批判

目次

はじめに　I

第I部　地政学の形成と「生の空間」

1　近代地理学の誕生とラッツェルの「生の空間」　19
一　近代地理学の誕生とラッツェル　19
二　地政学と「生の空間」　23
三　ラッツェル「生の空間」の定義とその研究史　24
四　「生の空間」概念の世界史的背景とその研究課題　28

2　「地政学」の背景としての進化論　33
一　生物学者ラッツェルにみる進化論の学説史　33
二　二十世紀における生物地理学と進化論の動向　36

3　ヘッケルの有機体思想——「生の空間」概念の基盤　42
一　ラマルキズム——自然環境は生物に直接影響を与えうるのか　42
二　ゲーテとヘルダー——自然哲学における有機体と原型概念の発生　49
三　ヘッケルの比較形態学　54
四　ヘッケルの「原型」概念とその比較・進化　58
五　ヘッケルによる生態学と地理学の定義　63

六　ヘッケル「形態学」の評価　64
七　ヘッケルの一元論と汎神論　66

4　ラッツェルの「生の空間」概念の確立　71

一　ヴァグナーの有機体の移住と隔離理論、地理的種分化　71
二　ラッツェルの人類地理学・生物地理学の特色　78
三　ラッツェルの汎心論　82
四　ラッツェルの「生の空間」概念　85

5　ドイツ観念論を背景としたラッツェルの地政学　91

一　ラッツェルの政治地理学　91
二　ラッツェルと国家有機体説　100
三　ラッツェルとヘルダー　102
四　ヘーゲルの有機体論　116
五　ドイツの国家有機体概念　124
六　カップの地理哲学・技術哲学　126
七　環境決定論か可能論か――ヴィダル＝ドゥ＝ラ＝ブラーシュに影響を与えたラッツェル　133

第II部 現代思想につながる地政学
――ハイデガーに影響を与えたユクスキュルの「環世界」――

6 和辻哲郎とハイデガー――現象学と有機体論 143

一 和辻哲郎とラッツェル地理学、ハイデガーへの批判 143
二 現象学的空間とは何か 149
三 人文主義地理学の成立 155
四 ハイデガーにおける存在論的問題構成の現象学 161
1 ハイデガーの「現存在」 2 ハイデガーとユクスキュルの「環世界」
3 存在論的「場所」へ
五 和辻のハイデガー批判と『風土』 176
六 和辻『風土』への評価と批判 185
七 ベルクによる通態性としての『風土』の主張と生態学批判 194

7 ハイデガーの空間概念とその現象学的視点 200

一 現存在と空間性――主観と客観の二分法の超克 200
二 「建てること、住まうこと、考えること」 208
三 歴史と民族と国家の総合――民族の真正性 217
四 時間・空間の圧縮 227
五 ハイデガーにとっての空間――地域ではなく場所を対象とする 234

六　ヘッケル・ラッツェル・和辻・ハイデガーと続く知の系譜――生の存在論へ　240

8　ハイデガーに影響を与えたユクスキュル「環世界」概念と『国家生物学』　248

一　ユクスキュルの生物学理論　248
二　ユクスキュル生物学への評価と位置づけ　256
三　ユクスキュルと哲学　266
四　ユクスキュルの『国家生物学』とその評価　275

9　ユクスキュルの生物学がフランスの現代思想家に与えた影響――メルロ＝ポンティからドゥルーズへ――　291

一　現象学からポスト人間中心主義へ　291
二　ポスト現象学へのプロセスとユクスキュル　295
三　ユクスキュルの生気論と「情動」　315
四　情動への空間的アプローチ　319
五　ユクスキュルの影響を受けた非表象理論　331

終章　カオスの中での地政学の系譜　338

一　ドイツ「地政学」の形成――ラッツェルから国家社会主義へ　338
1　ラッツェルの政治社会的コンテクスト　2　ワイマール共和制のもとでの「生の空間」
3　第三帝政期における「生の空間」――「土地なき民」から「血と土」へ

4　ハウスホーファーの地政学　5　「生の空間」から「血と土」へ
二　ハイデガーの国家社会主義とドゥルーズからの批判　364
1　ドイツの民族運動　2　ハイデガーの民族概念と「現存在」
3　ドゥルーズ＝ガタリの「地理哲学」からのハイデガー批判
三　地政学は現代に通用するのか　382
四　明治・大正期日本における進化論と地政学的思考の受容　387
五　批判地政学とフーコーの権力概念　393
1　ポスト冷戦期の国際緊張とその背景――パレスチナ・ウクライナの事例をもとに
2　現代につながる戦後地政学の系譜とは　3　ポストモダンと地政学
4　地政学と空間論的転回　5　フーコーの「ヘテロピア」
六　情動と地政学　420
1　ポストモダンの地政学と情動　2　複雑性・新自由主義と情動
七　レジリエンスと新自由主義　435
結び　地政学を批判する――生《レーベン》と風土　442

〈補論一〉「生の空間」と「環世界」　451

一　空間と生物学的思考　451
二　ラッツェルの「生の空間」とユクスキュル「環世界」との対比　458
1　ラッツェル「生の空間」概念の系譜　2　ヘッケルからユクスキュルへ
三　地政学と有機体論　467
四　結語　473

〈補論二〉 地理学はどこへ――地域から場所へ 482
一 もう一つの進化論的な空間思想 482
二 現代の地理学になげかけられた課題 486
三 ポスト人間中心主義の地理学 490
四 現象学的視点から見失われているもの 493
五 ポストモダンの空間 497
六 現象学的概念の導入と「地域」概念の衰退 501
七 地理学はどこへ 507

謝辞 513
引用文献 534
欧文要旨 544
主要人名索引 548

「地政学」批判

生《レーベン》と風土

第Ⅰ部　地政学の形成と「生の空間」

1　近代地理学の誕生とラッツェルの「生の空間」

一　近代地理学の誕生とラッツェル

西洋における近代国家の形成は、絶対主義体制や重商主義をともなった国民国家の形成であった。近代国家は、反逆者を統治するために、軍隊や警察といった合法化した暴力装置をともない、支配領域である領土や領海を確立し、植民地を拡大してきた。それは自然や文化、風土や土地と権力が重なり合う巨大な統治機構を完成させることでもあった。

そのようななかで、民族や国家にとって、領土の確保・拡大を意図する「地政学」が確立してきたのであるが、「はじめに」の冒頭に和辻哲郎の『風土』の引用で記したように、地理学者ラッツェル（図1）の「生の空間（Lebensraum）」概念が地政学の理論的基礎となったことは、あまり知られていないと思われる。

小著では、この「生の空間」とはどのような思想なのかを明らかにすることを手掛かりとして、地政学やそれにまつわる現代までの空間にまつわる思考の系譜を批判的に展望することにしたい。

なお、ラッツェルは一八四四年から一九〇四年にかけて生存したドイツの生物学者であり、かつ地理学者である。ラッツェルは、その「生の空間」概念から派生して、『人類地理学』、『政治地理学』(地政学)をあらわした。後述するように、その背景には十九世紀ドイツの生物学(進化論)とともに、ロマン主義、ドイツ観念論における自然哲学から歴史哲学、政治哲学への発展を思想的背景としていた。

実はここに、地政学の基本概念が、ナチュラリストの系譜につながることがわかるのである。地政学は、いかに領域上の権力が形成され、行使されるのかを、民族闘争や帝国の秩序をもとに説明するものである。たとえば英国のマッキンダーの生物学的世界観は、ダーウィニズムにもとづき、地政学における国際関係や民族間の競争を説明するものであった。第二次世界大戦終了までの地政学は、治国策であり、民族における生物学的な獲得形質が帝国の政策や環境に影響することを明らかにするものとされていた(Kearns 2003)。

もちろんナチに利用された地政学における優生思想や人種差別概念の存在が糾弾されるべきは当然のことである。しかしそれらとは別に、意外に知られていないことに、日常の自然の風物を愛でる感情といったナチュラリストの思考のなかに侵略や戦争への潜在意識が存在してきたことを、ここで明らかにし、現在の地政学ブームの史的背景を批判的に考察することにしたい。

そもそも近代における地理的知識とは、ヨーロッパの植民地主義、帝国主義にもとづく地図作成、資源分布の一覧、人口調査をとおして、植民地秩序の経験的形成に資するものであった。ヨーロッパ中心主義、ヨーロッパの高い技術文明のもとで、近代における経験科学としての地理学は、地形図の作成、資源目録の編集、植民地支配と軍事力のロジスティクス戦略を行うものであった。そのような地理的な表象に対して、フーコーの「知の考古学」と「知の系譜学」の概念を応用すれば、空間的分析は、空虚な地表を対象とするのではない。空間は権力や知識によって銘刻されている。そのような権力や知識の空間的含意である探検記、野外科学、自然史と地図学が、地域政策の実務や旅行者、それらにまつわる物質性に応用されてきた。

　とりわけ地理学におけるこのような権力と知識の関係は、ヨーロッパの「近代性」とギリシア・ローマ以来の古代文化の継承を反映している。一四九〇年代（コロンブスのアメリカ発見）から一六五〇年代（大西洋交易による世界システムの完成）までにヨーロッパによる新世界の支配が確立した。この過程が近代科学としての地理学の形成の背景である。さらに十七世紀末から十八世紀にかけての啓蒙の時代には、「時間・空間の絶対化」、すなわち国家という権力の側が理性と空間にアイデンティティを確立し、空間支配を正当化する。本来は抽象的な空間であるものを支配統治することは、権力の行使とその願望を反映している。すなわち近代初期のヨーロッパにおける近代地理学の成立とは、絶対主義が完成したことを背景としてきた。そのなかで、物象化された空間が可視化され、男性中心的な立場と、緯度と経度からなる幾何学的な空間座標軸の視点からみた歴史と地理が、ヨーロッパという一つの中心からみて正当化されてきた（Gregory 1998）。

　このように地理学は、近代国家の確立期に植民地支配とともに、国内における統一された国民あるいは民族のアイデンティティの確立に資するとともに、軍備や領土の画定に貢献しうるものでもあった。それは日本の戦前において、詳細な全国的な国土の地形図は陸軍参謀本部陸地測量部から、海図は海軍省水路部から測量、測図、編纂の上で刊行されていたという事実からもうかがえる。

図1　フリードリヒ・ラッツェル

　また第二次世界大戦中にアメリカで開発された大型計算機が、戦後、大学で一般の教育研究用に開放されていくと、欧米を中心に大量の統計データを処理し、その結果をもとにした一般的、計量的な理論の構築をはかる動きもさかんになる。このようなことを契機として、二十世紀半ばからの人文地理学界においては、さまざまな議論の潮流がみられた。それらを通して、地理学において自然と人文のテーマを統一的にとらえることがはたして可能かどうか、研究手法を法則定立とするのか、あるいは個性記述とすべきなのか、現実の地域の分析と理念的な空間概念の対照的な違いをどのように両立させるのかという議論がなされてきた。

またそれは、西洋思想史における空間概念の変遷を背景としたものでもあった。デカルトは空間を幾何学的延長としてとらえ、存在する物体の大きさや位置からなる概念であるとした。カントは時間と空間を人間の先験的な感性の形式であると考えた。さらにニュートンは空間を幾何学的な座標軸で構成される絶対空間であるとし、自然や宇宙のひろがりと物質の存在を分離した。これに対してライプニッツは相対空間として、時間の流れのなかで変遷する物理的な空間概念を主張した。

さまざまなこれらの影響のもとで、結果的に地理学は集団指向から個人の主観を中心とするアプローチへの転換、実証的研究から非実証的（主観的）な考察への重視といった問題意識の変化が生じてきた。そのような多様な潮流のなかで、いかに地理学のアイデンティティを構築するのかが苦悩されてきた。

それらの議論の最重要点は、人文地理学において実証主義を批判し、現象学的考察を主張することにつきるといってよい。そのような議論の激しさは地理学以外の研究者には殆ど認識されていない。このように同じ地理学のなかに実証主義と現象学という著しく異なる多様な認識論が併存している。このようなカオスのなかで、地理学研究者はどのように自身の研究課題と方法を選択するのかについて、長年にわたり葛藤する。さらに近年における学際的課題への対応や、さらなる高度情報化に関連して、もともと固有の理論的基盤の確立が脆弱な地理学はいっそうのカオスに陥るのである。

二　地政学と「生の空間」

ところで最近の地政学ブームのなかで、あまたの本が出版されている。とりわけ、その体系的な学術理論書として刊行された庄司・石津（2020）『地政学原論』において、ドイツの地理学者ラッツェルの「生の空間（Lebensraum）」概念が地政学理論の基本と記されているが、しかし、それが何であるかは説明されていない。またそこでは、冒頭に引用したように、戦前に和辻哲郎（1935）が『風土』において、ドイツ観念論のラッツェルへの影響、ラッツェルの「生の空間（Lebensraum）」概念の提唱から地政学へと理論が展開した系譜を記したことは全く閑却されている。もともと和辻も『風土』において、「生の空間」の生物学的概念やその地理学上の意義について、十分に咀嚼した説明をしているとは言い難い。

しかし、ここには看過できない問題点がある。戦前の日本の思想家のなかで、「生の空間」の問題をふくめて地理学史の問題について、最も正確に論及したのが和辻である。そもそも和辻の『風土』や『倫理学』は、ハイデガーの『存在と時間』に対する批判として記されたものである。そのハイデガーは、ラッツェルの「生の空間」概念の影響を受けた空間や民族の概念のもとで、ナチズムへの関与をしたのだろうか。さらに一九七〇年代以降、ハイデガーの現象学や空間概念が、人文地理学における現象学的研究に大きな影響をあたえたとされる。そこにはラッツェルが依拠した生物学的な有機体論とは別のかたちで、ドイツ圏の生物学、とりわけユクスキュルからの影響が認められるのである。

それゆえ、ここに一地理学研究者として、今日において、このように重要な契機となる「生の空間」が、何であるのかを改めて解明しておきたいと思う。

もちろん地政学を、反戦平和の視点から疑似科学ではないかとすぐに批判できよう。あるいは地政学を軍事技術や戦略の空間的側面であるとも断罪しうる。しかし、筆者は地政学の起源が、民族の優劣にかんする優生学的な思考だけではなく、ドイツ観念論の影響を受けた当時の生物学における有機体論とそれを応用した民族間の空間闘争をテーマとしているという観点からの批判を試みる。それは、あえて時代の流れに逆らう行為にもなりかねない。しかし筆者は、むしろ今、緊急に地理学研究者の誰かが、「生の空間」を再検証しないならば、二十世紀以降の地理学者の研究成果の蓄積が無視され、水泡に帰するような極端で浅薄な論理が、ひろく人口に膾炙することを危惧するからである。

なお、もともと筆者は地理学者であるから、以下に記す生物学史やドイツ観念論などに関しては粗述を免れえない。そのため、本書は二次資料などの寄せ集めにすぎない déja-vu であるといった批判も生じうるだろう。しかし、あえて地理学を専門領域とはしない研究者や学生、一般読者への入門・啓蒙書として、大局的な観点からの基礎からはじまるわかりやすい記述につとめた。加えて、十九世紀ドイツの地理学・生物学からよみとれる民族精神、愛郷心、ふるさとへのノスタルジーの根源についても言及を試みた。

本書は、そのような問題意識のもとに、二十世紀の近代地理学の発展に大きく貢献したとされる地理学者ラッツェルの「生の空間（Lebensraum）」の概念の意義について、その背景である十九世紀ドイツを中心とする生物学の動向と、その自然哲学・歴史哲学との関係から展望するものである。

三　ラッツェル「生の空間」の定義とその研究史

ラッツェルはもともと生物学を研究し、放散虫を研究していたヘッケルの影響のもとで地中海の海洋生物を研究する予定であった。しかしその途上、列車のりかえ駅での高価な顕微鏡の紛失がきっかけとなり、急遽、条虫綱（ミミズなど）の体節構造の形態の解剖学的・系統学的研究に転換し、そこから人類への段階に至る有機体の存在と進化を考察するようになった（Wolfgang 2005）。さらにそのラッツェルが後年に政治地理学に着手することになるのは、いかなる思想の展開があるのだろうか。いささかミステリーじみているのではないか。

このように、地理学が空間におけるあらゆる事象を対象としうるならば、まさにヌエかキメラか、何でもありの全くのカオスの状態に陥りうる。それは地理学研究者にとって、そのアイデンティティとは何かという根源的な問いにつながりうる。一方、歴史学は歴史理論にもとづき、事象の変遷を時間の流れのコンテクストのもとで解明しうる。しかし、歴史学の時代区分とは異なり、地理学にとって、仮に「地域概念」が単なる作業仮説にすぎないと考えるならば、何が地理学の対象となるのだろうか。つまり、すべての森羅万象が空間における存在であるから、地理学の対象となりうる。もし、そうならば、いったい何を地理学の研究の適切な対象として、どのような方法論で研究をするのだろうか。このように常に地理学としての理論的基礎や根源的存在の在り方や地理学研究の認識論が問われることになる。

もともと近代地理学の存在の根源的規定として、「生の空間」の概念は生物の進化と分布をとりあげてきた。すなわち進化は歴史性であり、時間の流れを反映しうる。一方、分布の事実は空間的現象である。それゆえ「生の空間」を考察することは、時間と空間の考察について、現代の地理学への系譜の根源を思考することにつながろう。

このラッツェルの「生の空間」概念が二十世紀における地理学における有機体的な地域概念や生態学的考察に大きな影響をあたえる一方、第二次世界大戦中の地政学にも利用されることにもなる。そもそも「生の空間」は自然と人類の調和を指向する地理学の基本概念なのか否か。そして、さらに自然と調和する生態系概念や、あるいは郷土愛や国民国家の概念へと発展していくものなのか。またポスト人間中心主義の思想が模索され、地政学がブームとなる昨今において、地理学研究者の視点から「生の空間」の概念を批判的に再考し、その成立の背景をさぐることにしたい。

なお学術用語としてLebensraumには、さまざまな訳語がある。二十世紀にLebensraumはナチズムの地政学に「生存圏」として用いられることになる。しかしLebensraumは、もともと生物学の文脈では「生息地」や「分布域」という意味で使用されていたのではないか。このようにLebensraumの用語は多義語であり、「生活空間」とも訳されることもある。その意味で、小論ではLebensraumを、あえて和辻の訳語である「生の空間」を統一して用いることにする。そこまで、Lebensraum概念の起源を遡及することで、むしろ地政学への批判が可能となると考えているからである。

「生の空間」の概念を提唱し、近代地理学を確立したラッツェルは、十九世紀後半にドイツで活躍したが、その生物地理学的・生態学的な空間概念や景観概念は、二十世紀初期から人文地理学における地誌（地域研究）を中心とするフランス学派と、アメリカにおける文化景観の形態学を発展させたバークレー学派などにも強い影響をあたえた（Matagne 1992ほか）。

なお、すでに戦前に国松久弥（國松 1931）がラッツェルの評伝とともにその地理学研究を展望し、小原（1936）の『社會地理學の基本問題』が、生物学的思考をともなうラッツェルの地理学観をきびしく批判したのをはじめ、ラッツェルの地理学観については、戦後も日本の多くの地理学者のすぐれた研究史や方法論上の著作、翻訳活動によって詳しく言及され、批判もされてきた。とりわけ、飯塚浩二（1947）、野間三郎（1963）、岩田慶治（1976）、水津一朗（1984）、手塚章（1991, 1997）、山野正彦（1972, 1998）および、経済地理学から奥田義雄（1969）、国松久弥（1979）、春日茂男（1986）が、ドイツ・ロマン主義と有機体論を背景としながら、フンボルト、リッターからラッツェルへと地理学方法論の確立を論じてきた。また植物生態学者の沼田真（1953）も、地理学と生態学との方法論的関係を詳細に言及した。

しかし本稿では、紙幅の制約上、それらの先学の蓄積の展望を繰り返すことをしない。それは、すでに多くの先学の蓄積である日本におけるドイツ地理学の受容という学史を本稿で再び展望することは、「屋上屋を架す」に等しいと判断したからである。筆者は、もちろん先学の蓄積であるラッツェルの翻訳やその思想に関する研究を高く評価するものである。しかし、それらを一度エポケーの状態にして、ラッツェルの「生の空間」を現代のコンテクストで再度批判的に読み返すことで、今日の時代のコンテクストにおけるそれらの課題を再発見したいと考えたからである。

むしろ、小論においては、近年の欧米地理学で新たなラッツェルの見直しが主張されていることを重視して、ラッツェルの地理学観を再検討する。たとえば、Klinke and Bassin（2018）によれば、ラッツェルはその一元論的視点である地球と生命の統一観のもとで、マルサス（1962）の『人口の原理』、ヴァグナーの生物移住理論を用いて、移住と植民化を進化のプロセスから理解しようとした。このような第一次世界大戦前のドイツにおける視点を、今日におけるフーコーがとなえる「生政治」や「生権力」の問題や、ポスト人間中心主義における超人文地理学における科学と哲学の分割を超えて自然の一部としての人類を理解しようとする観点から再検討されるべきであることが主張される。

より具体的に、Murphy（2018）、Barua（2018）は、ラッツェルの生物地理学をポスト人間中心主義の地理学の視点から地球と生命のつながりをとらえるものとして、次の四点について再評価をしている。①地球（地表）の制約と地球上の生物分布を結合し、地表は有限であり、かつ大地は変化する。②動物の空間的存在論としてのエクメーネ（居住地）は、地表と生命のつながりとして、「人間以外のアクター」をもふくむ空間として理解される。③生命の運動としてのモビリティが考察される。全ての有機体の運動が空間に影響を与え、適応と放浪が絶滅を防ぐ。④

生命が運動することで変化する地球空間が生命のカルトグラフィーとしてとらえられる。つまり空間への闘争はダーウィンの生存競争、マルサスの『人口の原理』から説明される。動植物の領域（Lebensraum）の拡大が、調和の破壊につながる。このような植民化と占拠といった空間闘争は国境や境界の維持につながり、人間と人間以外のアクターの領域化のプロセスから直ちに政治的領域の問題へと発展する。

四　「生の空間」概念の世界史的背景とその研究課題

前節で記した、このような近年の新しい視点をも加味し、生物学者としてのラッツェルの研究を、進化論や形態学をもとにした有機体論として考察する。さらにラッツェルを感化させ、「生態学」の用語をつくりだしたヘッケルや、「地理的種分化」の学説を唱えた友人ヴァグナーからの影響を、考慮する。そこにはヘルダーおよびゲーテに由来するドイツ観念論の系譜における自然哲学やロマン主義の影響をうけた有機体論が看取できた。なぜならばヘッケルはドイツ生物学にダーウィニズムを紹介し、比較形態学を確立するとともに、その思想は、ダーウィンとともにゲーテやラマルクの影響を強く受けていたからである。さらにヘッケルは、生態学（エコロジー）と生物分布学（コロロギー）という用語を造語した人物であり、地理学史にも重要な貢献をした。

ヘッケルの比較形態学をもとにした生物を対象とする生物地理学から自然地理学への系譜は、二十世紀後半、有機体論の形而上学的視点を解消して計量的・実証的研究を推進した。その一方、ラッツェルを通してヘッケルの比較形態学を受容したはずの人文地理学は、ドイツ観念論を拠り所として、戦前の景観論にはじまり、二十世紀後半からは人文主義的・非実証的論考をさらに発展させていった。

その起源がヘッケルにさかのぼるラッツェルを、環境決定論者や地政学の祖としてのみ、短絡的に批判することは正確を欠くのである。むしろラッツェルの思考は、当時のドイツ観念論やロマン主義の影響を受けていた。そこには、今日の地理学に内在している自然科学分野としての実証主義と、一方、現象学などの非実証主義を重んじる人文学領域とが著しく乖離している問題の起源が認められるのではないだろうか。そのことが、とくに今日における人文地理学の理論的制約条件にもつながっていよう。そのため、今日の地理学の在り方を考えるにあたって、改めてラッツェルの生物地理学的な研究を、その背景となるドイツ自然哲学から歴史哲学、さらに政治哲学への潮流とあわせて批判的に再検証することが必要である。

地理学史を研究するLivingstone（2005）によれば、生物学の進化論は、各国における歴史的・文化的な異質性のもとで、さまざまなコンテクストとして考慮されてきた。そこで、まず小論で取り上げる思潮の背景となるドイツ史をここで簡潔に概観することとしたい。ドイツの前身である神聖ローマ帝国では、十六世紀の宗教改革の影響であるアウクスブルクの和議（一五五五年）によって、それぞれ各地の領主の信仰する宗教（宗派）が、その領地で信仰される宗教（宗派）となり、それ以降も近代にいたるまで各領主の領邦支配が継続した。そのため統一的な信仰観念がひろく形成されず、一般庶民にとっての宗教的権威が弱まり、神学的世界観にもとづかない新しい科学や思想が成立しうる背景となった。加えて神聖ローマ帝国領内に同時に連立している領邦支配が継続することで、ドイツは近代的な国民国家形成に遅れをとる。

ようやく十八世紀になるとフランス革命とその後のナポレオンの侵攻によって、多くの領邦の並立に甘んじていたドイツ民族に統一的な国民国家形成へと、自由と独立、統一憲法制定への憧れが形成され、自然科学の興隆に加えて、ドイツの民族性やその風土とは何かという問題意識が高まった。それはドイツに歴史哲学や自然哲学をもとにした歴史学や地理学の思考が発展する基礎となった。ようやくナポレオンの侵攻と撤退後、ヨーロッパ各地では民主主義の弾圧、各国ナショナリズムの台頭、ロシアの勢力拡大（スラヴ社会の変動）といった状況のなかで、ウィーン議定書（一八一五年）をもとにドイツ連邦が形成された。さらにビスマルクによる普墺戦争・普仏戦争の勝利とともにプロシアを中心とする近代ドイツ帝国が成立した。しかし第一次世界大戦の敗北、一九一九年のパリ講和会議、ヴェルサイユ条約をもとに植民地の放棄、領土の割譲、軍備の制限、賠償金の支払いが賦課されるとともにワイマール体制へと移行する。さらに第一次世界大戦終結後のオスマン帝国とオーストリア゠ハンガリー帝国の解体、ソビエト社会主義共和国連邦の成立とともに、長期デフレのもとでの世界的なブロック経済体制が確立するなどの状況下で、やがてラッツェルの没後、彼の政治地理学や「生の空間」概念は台頭するナチによって利用されていくのである。

しかし、現在におけるポスト人間中心主義の地理学の視点から、ラッツェルがとなえたとされる「自然制約性」の概念の見直しが必要である。むしろラッツェルは反ユダヤ主義、女性蔑視的ではなく、純粋な民族理論を指向していた。しかし、没後にそれらは悪用された。後述する生物学者のヴァグナーを通して、ラッツェルにダーウィンの進化論、人と大地の相互作用、運動と移住の概念が導入された。有機体と居住地との生態学として、ラッツェルの「生の空間」は自然的法則によって支配されている。そこでは他の生物種と同様に人間中心の空間は、政治的境界が拡大することによって、移動による人口再配置が可能になるはずであった。

ところがナチの東方政策は民族の移動゠運動ではなく、土地と農民の固定性、定住性をもとにした「血と土」の概念であった。このようなラッツェルの「生の空間」から続く地政学の系譜は、十九世紀の帝国主義、二十世紀における植民地の拡大と滅亡を反映していた。それゆえこれらの地理学史は、地政学と植民地政策、地理学と社会ダーウィニズムとの関係をもとに考察しなければならない（Klinke and Bassin 2018）。

以下の本書の構成について、ここに記すことにしたい。

はじめに、**第I部**では、このような地政学形成の基礎として、十九世紀からラッツェルの「生の空間」を生物学史やドイツ観念論の背景とともに考察することにしたい。

まず**第2章**では、ラッツェル自身が生物学や進化論をどのように認識していたのかを語らしめることにしたい。次にラッツェル以降の今日までの進化論と生物地理学史を展望する。

さらに**第3章**ではラッツェルを感化したヘッケルの有機体の比較形態学について、その基礎となるラマルクの進化論、ヘルダーからゲーテへの有機体の原型概念から考察を加える。

第4章ではヘッケルの生物学をもとにして、さらにヴァグナーの有機体の移住と隔離理論(地理的種分化)からラッツェルの「生の空間」概念が確立したことを明らかにする。

そして**第5章**では、生物学的な「生の空間」概念をもとに成立したラッツェルの人類地理学・政治地理学が、ヘルダーからヘーゲルによるドイツ観念論における国家有機体説をも背景としていたことを明らかにする。さらにラッツェルの地理学がフランスの代表的な地理学者であるヴィダル゠ドゥ゠ラ゠ブラーシュに大きな影響をあたえていることと、そのためラッツェルを環境決定論、ヴィダル゠ドゥ゠ラ゠ブラーシュを環境可能論として対比することが誤りであることを指摘する。

次に**第II部**では、現象学的視点から、ポスト現象学、ポスト構造主義への思潮のなかで、「環世界」の概念の成立と、その地政学への影響について考察する。

まず**第6章**から**第7章**にかけて、ハイデガーを批判することから執筆された和辻の『風土』や、『倫理学』におけるラッツェルの「生の空間」の影響を考察する。さらに、その和辻が批判したハイデガーの空間概念とラッツェルの「生の空間」概念との相違点について考察する。そして一九七〇年代以降、ハイデガーをはじめとする現象学が人文地理学の空間概念におよぼした影響について言及する。

さらに**第8章**ではハイデガーに影響をあたえた生物学者ユクスキュルの「環世界」概念と『国家生物学』の内容を展望する。

第9章では、ユクスキュルがメルロ＝ポンティの運動論から、ポスト構造主義のドゥルーズの空間概念に至るまでひろく影響していたことを展望する。それらには、ラッツェルが依拠したヘッケルの生物学とは異なり、ユクスキュルの「環世界」の概念が大きな影響をおよぼしていることが明らかになる。

終章として、ラッツェルの「生の空間」概念が地政学におよぼした影響、ラッツェルが戦前の日本の地政学等にあたえた影響をとりあげる。また戦間期にはユクスキュルの『国家生物学』の発想がハイデガーの地政学的思考に大きな影響をあたえたこと、そして一九六〇年代以降、ユクスキュルの「環世界」概念に依拠したドゥルーズの「情動」概念から、個人の論理的思考ではなく、まさに情緒や感情の起伏といった地政学的言説が生じうることを展望する。

最後に**補論一**では、ラッツェルの「生の空間」概念とユクスキュルの「環世界」概念を比較し、それぞれが地政学や人文地理学にあたえた影響や問題点について比較する。本書全体を通して、地政学の論理の矛盾と問題点を明らかにする。

そして**補論二**に、エピローグとして、地政学とともに今日の地理学や空間論における課題や問題点についてまとめることにしたい。

つまり、これらの「生の空間」と「環世界」に関連する一連の議論から、実証主義と現象学の対立によって、地理学における「地域」概念や生態学的視点が逆説的には希薄化したことと、そこから生じた地理思想の問題点について言及することにしたい。

2 「地政学」の背景としての進化論

一 生物学者ラッツェルにみる進化論の学説史

まず生物学者としてのラッツェルは十九世紀の生物学における進化論の学説史をどのように展望していたのだろうか。Ratzel（1877）の内容を簡潔に要約することにしたい。

Ratzel（1877）が記した生物学史の内容の特色は以下の三点に要約することができる。①従来の形而上学的な進化論が、ダーウィンの自然選択理論にとってかわった。しかし、②ダーウィンの自然選択理論に対して、ヴァグナーが有機体の移住と隔離による進化をとなえたことを大きく評価している。さらに、③ダーウィン進化論をドイツに紹介したヘッケルの反復発生や比較形態学の研究を重視している。

その内容を具体的に記述していくと、まずラッツェルが進化論者の嚆矢としたキュヴィエは、今日生存している有機体は過去の大洪水などの天変地異のときに絶滅した有機体にかわって、新たに創造されたという。つまり不確実な存在が天変地異により絶滅し、その後に、より完成された創造物へと移行して、種は低次から高次への形態へと発展するとした。

これに対してラマルクは『動物哲学』において、動物は環境からの外的影響を受けて適応変異し、低次から高次へと獲得形質をともなって目的論的な進化を遂げると主張した（Lamarck 1809）。

これらの議論に対してアガシは、自然哲学者と厳密な天変地異論者の立場を融合し、種は自然界で前もって決定されており、属や科は完全に完成した形態として、天変地異による滅亡後も反復して創造され、進化すると主張した。

さらにダーウィンは、アガシとキュヴィエがそれぞれに主張しているように、直接に神の目的として、種は進化するのか、不変であるのかという問題に悩んだ。ダーウィンは家畜や作物の品種改良を見れば、種はどこで始まり、変異はどこで止まるのだろうかという疑問が生じ、さらには生存競争により、形態が進化することで種が定められるのではないのかと考えた。やがて、マルサス（1962）の『人口の原理』をもとにして、変異が生存競争のもとで自然選択されて、子孫に継承されるという考えがダーウィンの進化論の柱となった。

その進化論の新しい発展形態として、ラッツェルはヴァグナーの『有機体の移住の法則』をあげている。それがダーウィン理論の基礎をより強固にした。種分化はダーウィンが説明を完成したが、しかし生命の進化においては環境的条件の影響だけではなく、等しい環境の条件の下での異なった形態の移住者が存在し、かつ異なった環境の条件の下で類似の形質の居住者が存在することが移住論理から説明できる。以前の地質時代に移住した種が、その時の生物相が変化した後も、現在に残存している場合である。ヴァグナーによれば下等な動物ほど河川などの地理的障壁の影響が大きく、障壁の両側に分断分布する。遠くの居住地よりも類似性が示されるのは海洋島と近隣大陸の間である。ダーウィンによれば、同種内での生存競争によって、より食糧の確保や繁殖の適地を他に求めた自発的な個体の移動と、風や海流による漂流といった受動的な個体の移住が生じる。そこでヴァグナーは新しいコロニーでの祖先種との交雑の隔離によって新種が形成されると主張する。しかし変異の形成にとって、移住・居住条件の変化による生命の改変は必要条件ではない。ただしヴァグナーの理論は人類の進化史には応用できるとラッツェルは主張する。

一方、ヘッケルはヴァグナー以上にダーウィン理論の継承者であると評価できる。ヘッケルは動物と植物の分類学的手法を応用し、さらに原生動物を統合し、「個体発生は系統発生をくり返す」として、有機体の世界と無機的世界を統合した。『一般比較形態学』は動物解剖学と形態学をあわせての生物全体を結合する試みであった。ヘッケルの形態学はダーウィン以上に原型を重視し、進化の段階は階梯を示す。その比較解剖学では、植物の変態は古い器官（原型）を改変し、新しい器官を形成するというゲーテの原型概念にもとづいている。

ラッツェルによれば、人類も自然法則の例外ではない。自然法則に包含一致するかたちで政策・道徳・法が形成される。その進化や進歩は芸術や宗教の感覚を生み出す。すなわち、ダーウィン理論は、人間も有機体として考察する。各々の有機体は同じ力で生み出される。コケも原生動物も人間も違いはない。ただ進化の段階が異なるのみである。そのため特別に精神的な存在として人類を証明することはできないとされる。

つまりラッツェルの主張は、以下の三点に要約することができる。①従来の形而上学的な進化論が、ダーウィンの自然選択理論にとってかわった。しかし、②ダーウィンの自然選択理論に対して、ヴァグナーが有機体の移住と隔離による進化をとなえたことは大きく評価できるとした。さらに、③ダーウィン進化論をドイツに紹介したヘッケルの反復発生や比較形態学の研究を重視している。このようにラッツェルが評価をしたヴァグナーとヘッケルについては次章以降で、「節」をたてて、詳細に検討していくことにしたい。

二　二十世紀における生物地理学と進化論の動向

本節では、ラッツェル以降、二十世紀における生物地理学と進化論の動向を簡潔に展望する。そもそも進化論は新種の形成プロセス、種分化を考察してきた。種の概念には、①形態の類似性である表現型のまとまりにもとづく種概念と、②形質の類似性にもとづく系統関係の中に位置づけられる種概念から考察される。

現代の種分化に由来する進化的種概念とは、共通祖先から派生した共有形質という系統にもとづくなかで、系統内での遺伝子クラスターの分裂による変異の形成といった内的原因による分岐である。そこでは、ゆっくりと内的な要因による変異を蓄積し、環境が安定していても分岐・進化はおこりうると考えられる。つまり、先立つ個体発生的な進化から一定の方向性をもった系統的進化が生じる一方、自由に発生する変異からも進化は生じうる。このように進化は分岐プラス選択の両アプローチから考察できる（William and Tangney 2008）。

しかし十九世紀の進化論は生物地理学的な分散概念によって、強く影響されていた。新種は、在来種や優占種から孤立し、交雑から制限・隔離された立地において誕生しうる。そのため地域における個体群のなかでいくつかの有利な変異が蓄積して種分化が生じる。それゆえ一つの起源から分岐し、拡散して新たな分類群の系統の分布パターンを形成する。しかし非常に近い分類群において、不連続的分布がどのように生じているのかという疑問が生じる。種はその起源の場所から広範に拡散し、その後に各地において分岐し、細分化した。そのため不連続的分布は中間地域に生息した個体群が絶滅した結果であろう。このようにプロセスとしての進化は、変異と交雑からの孤立隔離と、適応の選択からなり、低次の段階から高次の分岐の段階へと移行していく（Hull 1983）。

Sulloway（1979）はダーウィンの進化論の形成のプロセスについて、次のようにまとめている。ダーウィンは一八

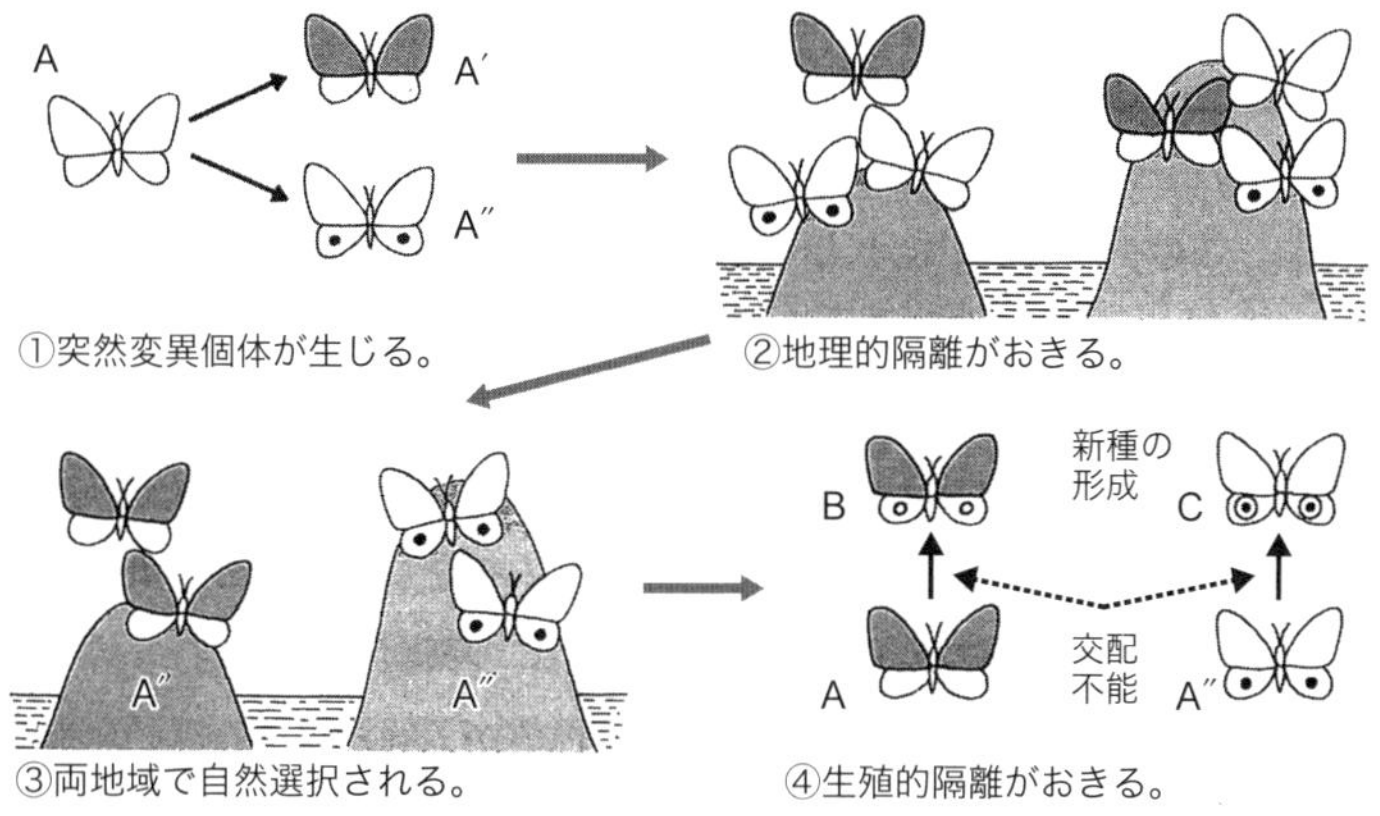

（出典：『詳説生物 Ⅱ』三省堂、1996 年）

図２　隔離による新種の形成による進化の模式図

三七―三九年のノートブック執筆時期においては、ライエル『地質学原理』から気候や地形の長期的な変化を学んだ。またマルサスの『人口の原理』に啓発された。そして、再生産可能な個体群における多様な変異が共存する一方、親種や近縁の優占種から隔離し、孤立することで異所性種分化（地理的種分化）が生じることを確信した（図２）。そこでビーグル号航海のときに観察できたパンパにおける化石やガラパゴス諸島におけるマネシツグミなどの島々における固有種の適応放散といった地理的分布を考察した。それらは、近隣の大陸から移動した近縁種ではある。しかし、それぞれに新たな移住先の新しい大陸や孤島における生育環境に適応して、多様な形質をもつことに適応放散した。つまりガラパゴス諸島におけるマネシツグミやフィンチは、それぞれの島の環境条件や食料条件の違いから、くちばしの形状をはじめ、多くの種に分化したことから、ダーウィンは進化論の存在を確信したのである。

さらに自然選択にもとづく進化論の思考にとりくんだダーウィンは、とりわけ一八四六―五四年にフジツボの分類の研究に没頭し、分岐の概念を着想して、同所性種分化と自然選択を認めるようになった。つまり地理的分離を通して、地域における系統上の分岐が進むことよりも、むしろ種分化は生態学的ニッチの多様性や広大な地域における異質性をもとにして行われる。つまり地理的隔離ではなく、生態学的ニッチにおいて進化が生じるとされた。

さらに十九世紀末から一九二〇年代にかけて、遺伝学・発生学・実験数理科学が台頭するようになると、フィールドワークにもとづくダーウィニズムのたそがれがささやかれるようになった。それは自然選択理論の実証が困難であることと、化石記録にもとづく単系統的な進化の説明への批判から生じている。系統進化を、種の適応・自然選択・地理的種分化から説明する試みは、厳密な実証による因果過程のプロセスとは言い難いからである。つまり生物分布学や古生物学的記録にもとづき、分類群相互を比較することには、分析の限界性がある。

そのため自然分類にもとづく進化の解釈については、従来からの種の系統分類にもとづく手法に対して、一方で新たに、各分類群全体における形質の類似性を大規模にデータ分析し、地域間相互で比較することによって、各分類群の分岐の時期と進化の拡がりを、時間の流れと空間における移動をもとに説明しようとする数量表形学派との対立が著しくなった。それは観察というオブジェクトの研究から、集団遺伝による種分化や実験分類といったプロセスの研究への変化を反映していた。

つまり新たな分断分布を考察した生物地理学における分岐アプローチでは、むしろ分類群を属性によって分類することで、非意図的なものとして進化を考察する。そこでは系譜上、階層的に入れ子状となる分類群が、長い系譜における同質性の諸条件が同時に満足されることから画定される。つまり形質の特色について、子孫獲得形質と祖先獲得形質のデータを統計学的な最節約法を用いることにより比較し、その結果として得られた共有獲得形質の相同のレベルにもとづく分類群が、それぞれの子孫獲得形質が逸脱しないようなかたちでグループ化される。つまり、その手法とは、認知的な節約原理である。各生物種の形態とその機能の類似性を最も簡潔に説明できるように、カテゴリー化して生じる階層的ネットワークから分析をすすめていくのである。

その嚆矢としてヘニックは派生形質の共有を統計学的手法である最節約法により分析する分岐学を、ニュージーランドのトンボの分類と形態に関する形式類似性から解析された全発生的関係を明らかにすることをもとに構築した。そこでは、より派生的な形質を多くもつ種ほど祖先種から遠く、より新しく分岐をして分布していることが明らかにされた。そのため進化論における分断と分散の学説の対立ではなく、形質類似性が統計的に最節約原理によって分析されることでつくられた分類群の地域ごとに、分岐の関係を示す図が抽出される。その後、それらは分断生物地理学・汎生物地理学へと発展していった（三中 2018）。

とくにクロイツァ（Croizat）の汎生物地理学では、分散ではなく地質構造（テクトニクス）の変化から生物の分布を説明する。すなわちダーウィンやウォレスの分散分布説が生物相の連続的分布について、大陸地殻をもとに区分するのに対して、クロイツァは海洋底盆地をもとに区分している。もともとダーウィン＝ウォレスは、より進化の新しい、（つまり、ほぼ現在の大陸の配置が完了した時期である中生代、新生代に進化した）鳥類・哺乳類の動物相をもとに動物地理区を区分し、進化を説明している。そのため、祖先種は北半球起源となり、ヨーロッパ全体（ウォレスがとなえる旧北区）に、より高度に進化した優占種が卓越して分布すると見なしがちであった。一方、クロイツァは地質構造（テクトニクス）や大陸移動を進化の原因とみなして、分散と分断分布をもとに南半球を中心とする諸大陸における、より古い時期に分岐した（パンゲア大陸の時代、つまり古生代以前に進化した）植物相や昆虫相の相同とその起源をもとに生物地理区分を考察している（Nelson 1978）。

つまり、ウォレスの動物地理区分は、より進化の新しい鳥類や哺乳類の動物相の違いを比較し、地域区分をしたものであった（図3）。したがって、パンゲア大陸が分裂した以降の、現在の大陸配置に類似したことを前提とした動物地理区分となる。また、そのため北半球が生物の分岐と進化の中心地であり、新しく分岐した種が豊富で、動物相が多様化している印象を受ける。しかし、汎生物地理学の新しい手法によって、パンゲア大陸が存在したより

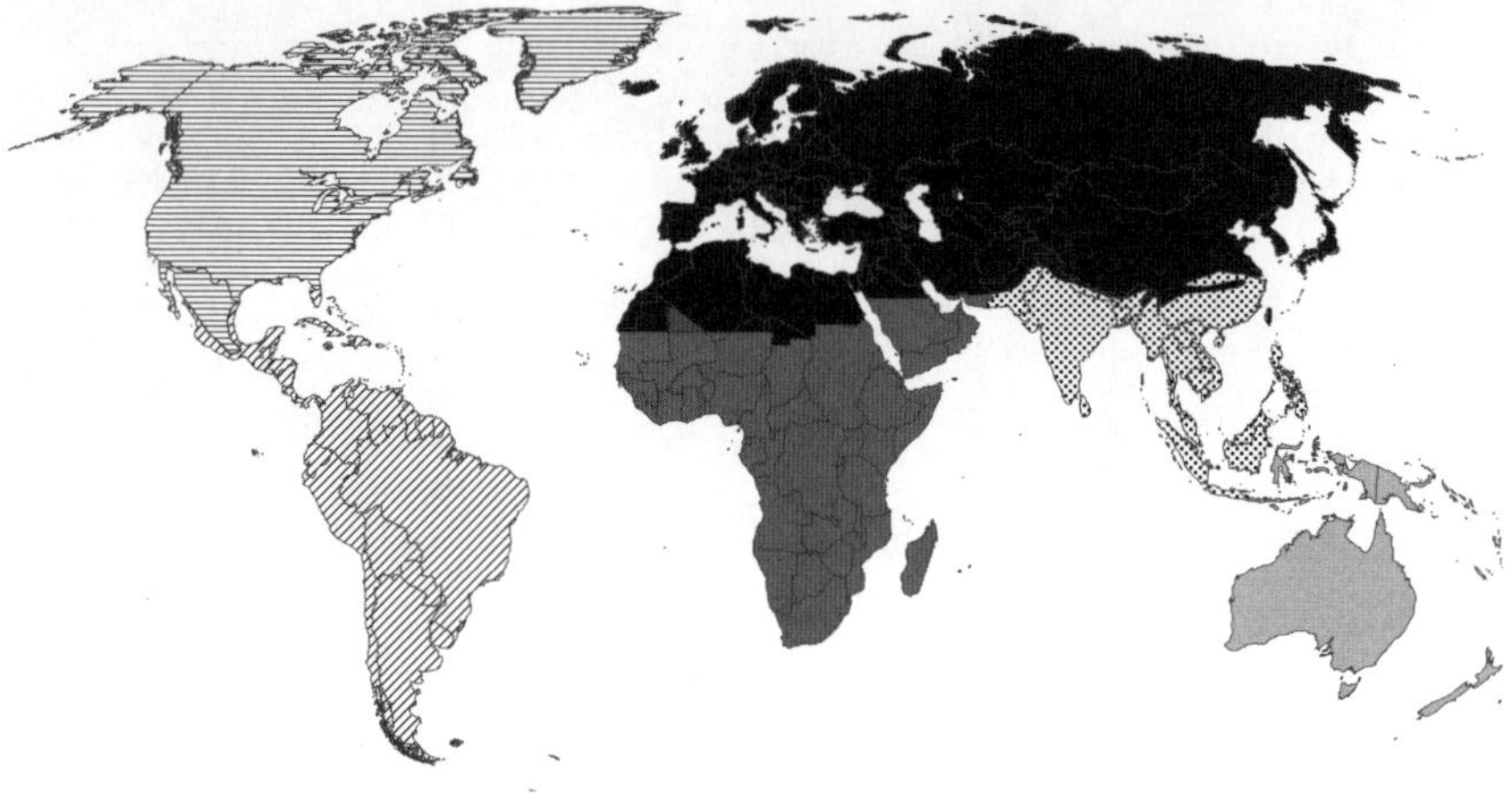

図3　ウォレスが区分した世界の動物地理区

古い時代に分岐した陸生の昆虫や植物が、現在は海洋を通して遠く隔たっている南アメリカ大陸、アフリカ大陸、オーストラリア大陸およびニュージーランドでは相同であることが解明された。

しかし、このような研究も政治的イデオロギーの影響を受け、旧来のダーウィンやウォレスの研究をアングロサクソン流の帝国主義を反映したもの、一方で、ラテン系研究者を中心とする汎生物地理学がポストコロニアルの思想であるとして、生物学者の間で応酬することも行われた（三中 2018）。

さらに、遺伝子データの詳細精密な解析が可能となることによって、形態学・古生物学・系統発生とは異なる新しい生物進化や種分化のプロセスが明らかになる。生物の進化は単系的・一元的・階層的組織ではない。一定の期間に遺伝子の複製ミスがおこりうる確率をもとに、遺伝子構成の類似性と異質性を詳細に比較することで、種分岐の年代を正確に測定しうる分子時計の数量的手法は、全く新たな系統学を生み出し、時間的概念と空間的概念を融合させた（Avis et al. 1987）。このような新たにＤＮＡ塩基配列の変異から復元される時間系統樹を解析する分子系統生物地理学を通して、地史的イベント（地殻変動や大陸移動）・系統発生・分断分布の相互的な整合性が明らかにされた（Eback and Taugney eds. 2007）。

マイヤーの進化総合説（Mayer 1969; Mayer and Provine eds. 1980）をもとにすれば、遺伝子浮動による創設者効果の提唱などによって、一九七〇年代までに地理的隔離の重要性が減少した。しかし、小個体群において再生産の隔離が生じることが、新しい種が発生するためのゆりかごとして重要とされる。

要約すれば、二十世紀後半になるまで、遺伝子の詳細なメカニズムは解明されなかった。しかも、今日でも非常に古い地質時代の生物化石からＤＮＡを抽出して解析することは非常に困難である。また進化論において、化石が未発見の時代における中間的な移行形態を類推することには不確実性がともなう。したがって、今日でもＤＮＡをもとにしたより精緻な統計的・数理的手法による解析が用いられているものの、進化論において、化石をもとにした形態学の手法は衰えてはいない（Rippel 2016）。その起源であるヘッケルの比較形態学の手法とその背景である自然哲学について、次章で考察することにしたい。

3　ヘッケルの有機体思想——「生の空間」概念の基盤

一　ラマルキズム——自然環境は生物に直接影響を与えうるのか

ラッツェルが動物形態学者のヘッケル（図4）に影響をうけたことは前章で記したところである。実はこのヘッケルはドイツにダーウィンの進化論を紹介した人物である。しかしヘッケルは、ダーウィンの理論とともにゲーテの形態学における原型概念、ラマルクの獲得形質の遺伝というダーウィン固有の学説とはことなる理論を付加し、ロマン主義やドイツ観念論を背景としていた。そのことがのちにラッツェルの人類地理学および政治地理学（地政学）の形成に大きな影響をあたえてきた。

ヘッケルの生物発生の法則とは、「個体発生は系統発生を反復する」ということである。後天的な獲得形質は再生産を通して子孫に伝授される。個体は発生の初期の段階からの形態の変化において、多くの祖先種と共通の形態のプロセスを経て、古生物学上の進化の過程を反復して成長する。このように獲得形質の保存と適応の理論を主張した。つまり大変、卑俗な表現かもしれないが、ヒトの受精から誕生までの胎内のプロセスにおいて、原生動物から魚類・両生類と類似の胚芽の形態を進化のプロセスと同じように経るということにたとえられる。また、それはガストレア理論として、多くの多細胞生物は単系統起源であり、初期のガストレア（原腸胚）の段階を共通してから、さまざまな種の胚芽の形態に分岐していくからである。つまり初期の重要な胚芽の形態のプロセスをもとにしてから、後生種の胚芽の形態も相同となっていく（図5）。

ところで、日本に進化論を一般的にわかりやすいかたちで伝えたのは丘浅次郎（1904）『進化論講話』をはじめとする丘の一連の著作であろう。ところが、この丘はヘッケル、ラッツェルと同様に海洋動物の形態学者であったところから、進化論としてドイツのヘッケル流の概念を紹介したのである。もちろん遺伝子の知識が確立していない当時としては、やむをえないことだったかもしれない。しかし、そのことが日本ではダーウィンの学説そのものではなく、ドイツ流の目的論的な進化思想が流布する一因となった。また戦前日本では、進化論の思想は天皇制の国体護持イデオロギーとも抵触する思想であったところから、丘に紹介されたヘッケル的な進化論思想は、アナキストの大杉栄と、ナショナリズムから国体の改革をとなえた北一輝などに、左右両翼の思想に大きな影響をあたえたのである（佐貫 2009, 2010; 小澤 1997）。

図4　エルンスト・ヘッケル

ちなみにロシア革命後のソビエトにおけるマルクス主義者は、ヘッケルを積極的に評価していた。それはダーウィンの自然選択理論がマルサスの『人口の原理』にもとづくものであり、アングロサクソン圏の市場原理を積極的に肯定するものであるとして懐疑的であったからである（トーデス 1992）。またそれは、エンゲルス（1957）の未完に終わった『自然の弁証法』において、生物学と進化論の項で、ドイツ観念論とロマン主義にもとづくヘッケルが詳細に記され、評価されていることを反映していよう。この動きが、後にクロ

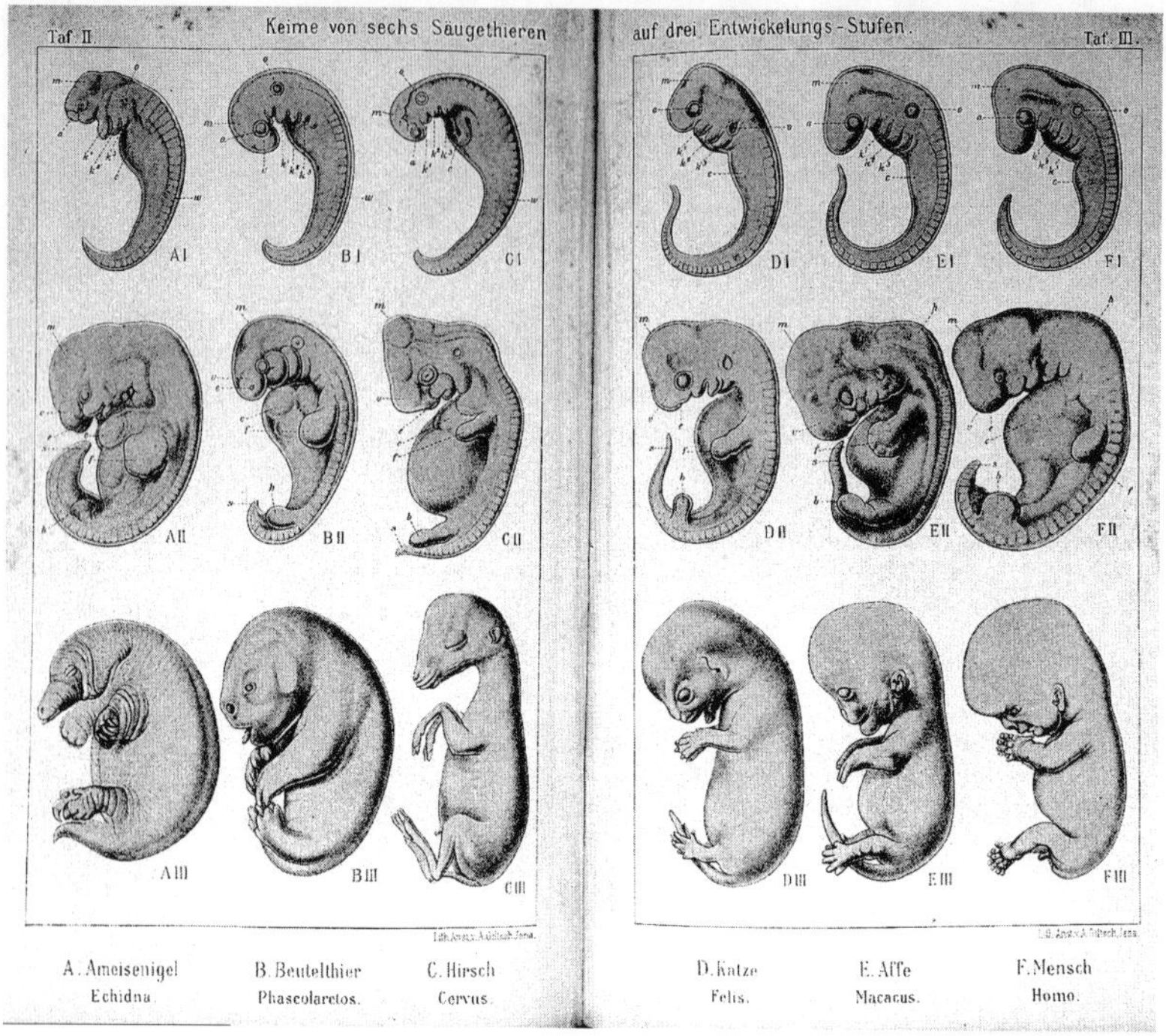

（出典：Ernst Haeckel, *Natürliche Schöpfungsgeschichte*, 1898）

図5　ヘッケルが示した胚の相同
（単孔類ハリモグラ、有袋類コアラ、有胎盤類シカ・ネコ・マカック・ヒト）

ポトキン（2024）の『相互扶助論』の誕生につながるのである（Rupke 2019）。

このため、著者は日本の思想史において、ドイツの生物学者ヘッケルの影響はもっと重視されるべきであると考えている。そのような観点もあわせて、本章では、ラッツェルの「生の空間」概念成立の基盤となったヘッケルと、そのヘッケルが依拠したラマルクとゲーテについて、生物学史の視点から考察することにしたい。

ところで、これまで記してきたように、一般に「環境決定論」とされる地理学研究の思考はダーウィニズムではなく、むしろ生存環境における獲得形質の遺伝というラマルキズムの影響を強く受けてきた（Peet 1985; Berdouly et Soubeyran 1991）。

さて、ラマルキズムとはダーウィンに先立つ、ランダムな変異を認めないことで、ダーウィンとは異質の目的論的進化論である。そしてラマルクとキュヴィエの論争は進化論史上、著名である。キュヴィエは化石の研究から比較解剖学をとなえ、動物界の形態を四区分した。キュヴィエは化石の中間的形態が発見・実証できないことを根拠に、災厄説・絶滅説とともに変異を否定し、種の固定を主張し、ラマルクの進化論を思弁的であると批判した（八杉 1965）。

ラマルクはフランスの啓蒙思想のもとで、自然界は万物の創造主（spiritual existence）の存在とともに不可分の物質素からなるとし、その原子論的な概念を唯物論にたとえた。つまりラマルクにおいて、一般の生命力・精神・霊魂の概念は、生命・感情・神経系の構造に相同する。ラマルクはゲーテのロマン主義と啓蒙主義のかけはしとなり、進化は有機体の創造を完成させる内在的目的達成のプロセスとしてとらえられていた（森幸也 1994）。

つまりラマルクの自然哲学において、自然の記述は創造主の定めた自然の秩序を反映するものであった。その秩序の記述として、地上大気に関する気象学、地殻に関する水地学と有機体に関する生物学が取り上げられる。ラマルクの水地学（Hydrogeologie）では、キュヴィエの説く天変地異説ではなく、斉一説をとる。そこでは水流の作用（浸食）による山岳の形成や有機体の堆積（化石の堆積）といった水成説にもとづく暫時的変化が示される。さらに水地学を基礎として、生物の進化とは創造主の秩序を反映した生物種の存在と構造を分類するための手段として考察される。種にとって環境への適応は生活様式の変化をもたらし、生じた獲得形質の遺伝にもとづき種が分岐する。このため、生物の形態と構造は単純なものから複雑多岐になっていくと主張する（Carozzi 1964）。

すなわちラマルクの『動物哲学』において、それぞれの生物種は独立した直線的進化を遂げる。そのため既存の生物形態は進化の階層性が合体したものである。種は絶滅するのではなく、化石の記録からみれば、種はより高度な複雑な発展の段階へと進化する。個体の生涯で獲得された獲得形質の遺伝はその子孫によって受けつがれる。このような線型的進化は、ダーウィンの共通祖先からの枝分かれ進化とは異なる。つまりラマルクにおける進化の段階とは、直線状に、段階的に劣った形態からすぐれた形態へと進化する（Lamarck 1809）。

このようにラマルクは獲得形質が遺伝し、有機体が原始的形態から高等な形態に進化することを主張した。そのプロセスにおいて、劣勢種が優勢種におきかえられる。自然界は、最終目的の到達点に達する目的論でもある一方、自然は予測できない変化を生じさせる。進化はこの二つの要因から説明できる。その結果として、自然の創造体の諸力とともに有機体に内在する能力によって、有機体は新しい状況に従属するようになる。

つまりラマルクの進化論の主旨は、獲得形質の遺伝と生物の体のしくみの複雑化による発展であり、発展・前進への方向性が環境への適応を示す。その用不用の説において、獲得された変異にもとづく再生産と新器官の生成は、現実の生物の生活に依拠している。そこには自然環境の多様性への適応よりも、むしろ生物に内在する要因である定向進化が重要とされている。地表の変化は生物の変化に影響するが、環境の大きな変化の継続こそが、動物の習性に永続的な変化を生じさせる。長期間にわたる器官の使用あるいは不使用によって、器官の発生からその発達と消失といった形態の変化が生じる。それらは事実の観察によって明らかになるとされる（Burkhardt, Jr. 1970）。ラマルクの没後、進化を認めるものの、しかしダーウィンの自然選択を首肯したくない研究者はネオ・ラマルキズムとよばれた。その代表的なものに、獲得形質の遺伝を支持するヘッケルや、スペンサーなどの定向進化説を主張する潮流がある（八杉 1965）。

ネオ・ラマルキズムは、ダーウィニズムの自然選択理論を証明する困難性を回避するとともに、むしろそれを補完さえする。そして有機体への直接的な環境による修正は子孫に受け継がれるとされる。これはダーウィンがランダムな変異を認めるのとは異なる。つまりネオ・ラマルキズムでは廃用器官が萎縮する用不用説がとられる。このように啓蒙の時代において人間社会の進歩は単純から複雑へ、未組織から組織化へ、不定・不安定からより良いものへと進化するものとされた。それらは社会ダーウィニズムと合致する保守的・政策的イデオロギーとも結びついた。ラマルクは自由神学における神の摂理を認めていた。そのため後にメンデル理論を支持したワイズマンはラマルキズムを批判する。ネオ・ラマルキズムではラマルキズムとダーウィンの自然選択概念が統合される。ラマルクの進化理論は後述するワグナーの移住・隔離による地理的種分化概念を通して、ラッツェルの人類地理学に影響をあたえた。

しかし、現在のネオ・ダーウィニズムのもとでは、種分化が生態学的な外的条件に影響されるという学説は支持されない。種分化は本来、偶有的である。しかもプラグマティズム思想のもとでは、ネオ・ダーウィニズムの原理が幸運な変異の存在に読みかえられた。また、クローバーやスペンサーによって社会や文化が超有機体に比喩されると、遺伝は生物学的であると同時に歴史的な変異であるとされ、ネオ・ラマルキズムや新カント主義が復活するようになる（Campbell and Livingstone 1983; Livingstone 1985）。

なおフランスを代表する地理学者ヴィダル＝ドゥ＝ラ＝ブラーシュ（以下、ヴィダル）もラマルクの影響を強く受けている（Kevin 1993）。ヴィダルによる新しい地誌への一般的アプローチは、地域を有機体として認識し、地域の個性を人間と自然環境との関係のもとで特定の場所における複雑な社会として読み解くことを通して、抽象化から逃れる経験論を構築する。それは、またフランスのナチュラリストであるビュフォンからも影響を受けている。地球全体が自己組織化された有機体である。その地球ではさまざまな個々の有機体が競争と均衡の維持を繰りかえしている。それらの直接の自然環境とお互いの相互関係がヴィダルの「生活様式」概念となる。このようなヴィダルの有機体概念はフンボルト、リッターとラッツェルから受け継がれている。

ヴィダルによれば有機体の相互作用は偶有性をともなうから、経験的調査から把握されるとされる。ヴィダルのラマルク理解は、①動物有機体の自己組織化、②循環と進化、③進化の一般的プロセスからなる。すなわち生命の分子や有機体の運動は循環の形態をとり、流動・移動する能力が作用して、新たな運動が行われることにより、有機体は異なった器官の形成へと分岐・進化していく。新たな有機体の状況は自発的に複雑性を増し、増加した流動の内的循環によって新しい環境が形成される。このような自己刺激によって形成された環境のコンテクストのもとで、自然を利用した人類の文明の完成へと向かう。

社会的な有機体にとっての生活様式は満足や効用を充足させる必要から、内的循環を加速し、地球そのものをも修正する。有機体としての文明は地球的限界を自然界に発生させる。それにともない旧来にもまして、新たに人文化した社会的関係も拡大する。このようにして、フランスの領域的・社会的関係の進展と社会的交流はさらなる進化を遂げる。それらは一般とローカルな諸力の相互作用であり、生活様式は自然環境への社会的適応によって進化を遂げる。ヴィダルは有機体概念を通して植民地主義への共感を示唆していた。それは有機体概念が、①個人から偉大な全体へと進化し、②社会有機体は一定の性格を持つが、さらに③複雑なレベルへの進化が行われる。その際、環境が進化の特徴に作用するということである。

なお現代のネオ・ダーウィニズムの考え方では、ラマルクによる獲得形質の遺伝が否定されてきた。それは獲得形質の遺伝を証明しうる経験的証拠が乏しく、個体の身体の環境への適応が、どのように胚芽に伝達されるのかが不明確である。さらに一個体の環境への適応が、物質的にどのようにして同一世代の各個体に広く伝えられるかは疑問であり、永続する環境の影響のもとで累積的に変化が認められたのは特定のグループの事例のみに限られているからである。そのため、自然選択の理論から自然選択と突然変異の両方の並立を認める進化総合学説への流れのなかで、進化理論においては、自然選択がランダムな変異にとってかわり、系統的進化よりも遺伝子浮動によるDNAの表現型の変化が重視されるようになった（Rippel 2016）。その結果、生物学においては、旧来の人文地理学が依拠してきた定向進化説や単系統による進化が否定されるようになっていった。

二　ゲーテとヘルダー――自然哲学における有機体と原型概念の発生

十八世紀の自然観においては、ドイツ観念論におけるカントからヘーゲルにいたるまで、有機体における「内在的な合目的性」が考察されるようになる。生物体の適応や形態の合目的構造は内在的で統一的な力の作用であり、ニュートン主義ではない有機体論から説明された。ゲーテやシェリングのロマン主義的自然哲学は宇宙の発展の背後にある永遠なるものの存在を認めていた。世界の精神における絶対理念はそれぞれの生物種や人間に具現化するとされた。それらはニュートンの機械論的自然観へのアンチテーゼでもあった。

近代ドイツに興隆したロマン主義は、デカルト流の自我に対立する客体として自然を分離することや、自然をカント流の理性・悟性にもとづき、客観的な知によって支配される客体としてみなすことに対して反発する。また自然はニュートン流の機械論的な因果法則によって、運動しているのではなく、それ自身の内に自己産出力を秘めた生命に他ならない。自然はスピノザの汎神論（神＝自然）とも結びついて、生き生きと流動する生命体＝有機体としてとらえられる。このように自然に対立し、自然を支配しようとした近代的悟性への反省とともに、自然のなかに、人間精神の回帰すべき、根源的生命性を求めようとする哲学的志向が生み出された。このようにしてロマン主義から生じた自然哲学は、有機体的世界観をもとに、カントの先験的主観性といった自我中心主義を克服して、自然と精神の融合した一つの理念をつくりだした（伊坂 2000）。

このようななかで、ヘルダーは『言語起源論』（ヘルダー 1975）や『人類歴史哲学の諸理念』（ヘルダー 1948-49）をもとに独自の自然哲学を打ち立てた。ヘルダーにとって「機械論」は近代精神や近代国家を批判する文脈で用いられるが、一方の「有機体」の概念においては、言語の多様性が、植物がさまざまな風土のもとで変容することへの比喩として、さらに言語の発展が人間の一生の成長過程への比喩として用いられていた。

十八世紀は機械論から有機体論的思考が自立化し、十九世紀になると近代生物学の誕生とともに機械論と有機体論の対立が鮮明になる。機械論はデカルトによれば、精神と身体を分離し、身体を自動装置のようにとらえる。一方、スピノザはデカルトの精神と肉体の分離を否定したが、スピノザにとっての神は本質に関する永遠の法則であって、世界に内在しながら世界をつらぬく力の根源である。それらは『エチカ』では実体的な力としてとらえられる。スピノザは汎神論をとり、神々を世界そのものと同一視する。これはキリスト教からみれば神の否定である。

これに対してヘルダーは、宗教と自然科学の対立をスピノザの汎神論に依拠して、いかに調停できるのかを模索し、そのためニュートンの自然観から有機体的世界観へと転換することを試み、人間の自然的基礎を物質に内在する「有機力」から説明しようとした。スピノザによれば物質に存在する神、すなわち神の存在が物質の現存性ということになるが、ヘルダーは「有機力」の多様化を生物進化の複雑性に求めたのである。

つまり、ヘルダーは人間に内在する能力は身体の一定の有機的組織と結合すると考える。しかし動物の運動能力に加え、人間には独自の理性が存在する。動物の本能は活動領域により限定されるが、人間の理性は生得的な能力のみによって限定されていない。ヘルダーの機械論批判とは、生物が人間に近づくほど活動能力がひろがり、機械論的ではなく、有機体論的に理解されるようになるという主張である。すなわち人間の存在は、予め決定された胚の展開（前成説）といった生得的なものではなく、人間が成人となっても、なお変異を受け入れているものである。ヘルダーにとって、「原型」概念とは活動の境域によって多様に変容するものである。異なる境域にあっても、同一の原型にもとづいて、被造物相互の関係が類比的関係として考察できる。被造物に共通する原型が変容して、人間の形態に近づいていく。有機体の分節化（多様化）にともなって、その衝動が弱まり、頂点に人間理性が位置するとされる。このようにしてヘルダーの自然哲学は、人間の存在を介して、歴史哲学に移行するようになる。

またヘルダーの『言語起源論』において、精神は身体から超越しているのではない。現実世界に生きる人間が、人間理性と感性の統一体、精神と物質、思考と情動の統一として、とらえられる。すなわち具体性をともない歴史・文化・風土に規定される個別の人間の存在が、感性と身体、情動をともなって理解される。生成的方法として、時間的・空間的な誕生・成長・衰退のプロセスは、個人の次元から時代・地域・民族・国家の次元に展開する。そこでは精神の身体化と身体の精神化がはかられる。人間の本性として、体験し、感覚しうるあらゆるものを配列することが、形質化、すなわち形成力をともなう再編成である。

すなわち言語の発生・形成・完成のプロセスを人間の一生の成長と類比することには、生物学的な個体発生と系統発生の視点が組み合わされている。あらゆる場所と時代におけるさまざまな民族や言語の多様性から世界形成の普遍史が構築される。歴史は、人間の日常生活のさまざまな特徴を位置付けているものを記述するとともに、個々の時代への感情移入をともない、内部から把握することでもある。

さらに、ヘルダーの『人類歴史哲学の諸理念』においては、有機体としての歴史がとらえられる。地球上の有機体組織である生物の多様性に関して、「原型」としての構造の特性を主要な形態が支配している。それは母胎における胎児の形成との類比的関係から示されうる。もちろん種や性の違いや生息地域に従って変化せざるを得ないが、一つの範例から他のものが説明できるようになる。このような有機体の組織力が世界を形成する。ヘルダーにとって、人間は自然の連鎖の一部であるから、人間の歴史は自然史にも属している。人類史と自然史の連続は有機体の形成と変形のプロセスである。さらに人間が自然から独立していくプロセスとして、人間らしさ（人文主義・フマニテート）が提唱され、人間が個別の具体的な歴史や風土において自己を生成（Bildung）する（濱田 2014）。

ヘルダーの自然哲学における原型論は、地水火風、植物、動物から人へと発展する。ヘルダーの歴史哲学における環境に対する働きかけは自然選択だけではなく、環境の変化を自らの構造に取り組むものである。それは自然的のなかに内在する生物の環境世界である。生物は内的完全性と外に対する合目的性により、内的閉鎖性と外的開放性から構成されている。そのため生物の形態学的な近似は、行動の類似に近づく。『人類歴史哲学の諸理念』では単一性、普遍性、抽象性が否定される。地球史は人間の進化の自然哲学的考察である。人類諸民族の歴史哲学的考察において、地球の住民は有機体的組織とみなされる。また民族や言語においては、多様で特殊で具体的なものが重視されることで、言語の民族的性格が強調される。ヘルダーの『言語起源論』からは、言語の比較・類型化を通して、存在に内在する固有の環境世界こそが、存在者本来の働きや実践が可能となる場として認識される。これはカントの超越論的弁証法と悟性概念への批判でもある（小田部 1985, 1994）。

さらにヘルダーの影響を受けたゲーテと科学との関係について考察する。ゲーテは生物学と地球科学は神、すなわち創造者によって作られた概念であると信じていた。それらは神が創造した秩序であった。このような有機体のイデアについて、ヘルダーは神の発出にもとづくものとし、カントは目的論としてとらえ、ゲーテは調和的全体として認識していた。ゲーテは発生学的存在の関係性を一般化し、ヘルダーの有機体イデアに土地・空気・水の存在を加味した。ゲーテの原型概念は、神によって前もって定められた形態学の基礎であった。その植物のメタモルフォーゼの概念は形態学の思考に関する青写真であった（Brady 1987; Klaer 1987）。

すなわちゲーテは、ヘルダーの自然哲学から影響を受け継いで、有機体の形態学をとなえた。ゲーテにとっての有機体の全体は、すべての部分に潜在する統一性をもとに考えられている。そもそもヘルダーの有機体論は『人間歴史哲学の諸理念』において、生物の構造の多様性のなかに一様性を示しうる原型を認め、多様な有機体の絶え間ない変化を有機体の原型相互の比較からとらえる。有機的組織力は形態を得ようとつとめ、自己を形成する。このようにして歴史哲学は人類史展開の中心となる。ヘルダーにとっての、第一の生成は人間と自然界との結合であり、第二の生成はより高次の精神界への昇華である。ヘルダーの原型概念として、人類史のさまざまな時代における多様な文化形態である民族・言語・文学・芸術が取り上げられてきた。

一方、ゲーテがとなえる形態学とは、生物の形態の生成変化である。植物の原型としての基本的器官は葉から茎・萼・花弁・果実・種子に変化する一方、脊椎動物の椎骨から尾骨・頸椎・頭蓋に変化するメタモルフォーゼを遂げる。このように自然の差異と多様性は連続的・力動的に把握されるため、原型とそのメタモルフォーゼは表裏一体の関係である。このようにゲーテは生物を形と力動の二方向から理解しようとつとめ、原型概念をもとに各有機体間に相同の概念を発展させた（濱田 2006）。

高橋（1988）によれば、ゲーテの自然哲学は形態学と色彩論からなる。とりわけ原型とメタモルフォーゼの概念を通して自然史から形態学へと発展し、構造の静的把握から動的把握へと転換した。統一された形は具体的な形として生きたダイナミックな形である。形態（Gestalt）は現実に存在するもの、生きて動いているものを抽象化する概念である。

すなわちゲーテは、有機体を内から外へ、外から内へと考察する。生理学は有機体を、その機構・機能・活力との関係から考察する。形態学は有機体の形態を、その部分の形態と全体の機能とのつながりから理解しようとする。それは相互に依存しながら一つの全体を形成している。変化・動きとつながりは生成（Bildung）となる。形態学において基本となる部分＝原型は植物では原葉（Urbatt）、動物では原椎骨（Urwirde）である。有機体のメタモルフォーゼは部分と全体の関係、全体から個へ、個から全体へという動態である。このようにして形態学＋生理学は、生物の形と力＝生きた全体として生きた形態を探究する。メタモルフォーゼは生長とともにあらわれる植物の形態の変化である。すなわち原型によって自然の実在が追究され、メタモルフォーゼによって自然の過程が追究される。

ゲーテもヘルダーも形態の類似性のパターンに示される空間性を反映した違いのなかに、生成という時間性を加味する。ゲーテの原型は自然界の統一性をあらわす重要な理念であり、自然界の無限の多様性をあらわす根源である。ゲーテの原植物、原型は自然の設計プランである。それらは、全生物界を通して共通の型が存在する構制の一致として、発生の反復や化石の連続的系列につながる。同時に原型の概念は生物の大分類カテゴリーにおける門(phylm)の概念へと発展し、形質の相同の系譜から進化をとらえる点で、ヘッケルの形態学に最も重要な貢献をする(濱田 2006)。

三　ヘッケルの比較形態学

前節までに展望してきたラマルクの獲得形質の遺伝、ヘルダーからゲーテに受け継がれた原型概念をもとに、ヘッケルは比較系統学にもとづく独自の進化論を提唱し、ラッツェルの地理学に大きな影響を与えた。本節では、ヘッケルの比較形態学について考察する。

Ratzel(1872)は感化を受けたヘッケルの評伝を次のようにまとめている。ヘッケルはビュルツブルクにおいてミュラー(Müller)とケラー(Köller)のもとで指導を受け、植物分類学から比較解剖学へと転進した。南イタリアのメッシナにおいて放散虫を研究した。ダーウィニズムをもとに『有機体の形態学』として、発生学的視点を形態学的に考察し、個体の成長プロセスをもとに自然界を分類した。すなわち受精後の卵割から形態が成長し決定されていくプロセスの相同をもとに祖先種からの分岐を説明し、進化論と系統分類学を結合した。分類学をもとに進化の系統樹が作成された。形態進化の原型として、放散虫・カイメンやクラゲといった海洋動物の形態が取り上げられた。このようにヘッケルは一元論的世界観のもとで、生命の進化から宇宙の記述を試みた。

それでは、ヘッケルの『一般比較形態学』(Haeckel 1866)の内容を展望していくことにしたい。あわせてヘッケルは『一般比較形態学』の入門編というべき、『創造の進化史』を執筆し、英訳（Haeckel 1876）も刊行されている。あわせて解釈の参考に併用する。

ヘッケルの『一般比較形態学』の大きな特色は、ダーウィンの進化論をドイツ語圏に紹介したという点にある。しかしヘッケルはダーウィンとあわせて、ラマルクとゲーテから多くの引用を行い、大きな影響を受けている。すなわちラマルクからは環境の影響をうけた獲得形質が遺伝して、進化がおこるという考えをうけついだ。そのような獲得形質による変異は形態に反映される。その形態の進化は、ゲーテの「原型」概念をもとに比較することによって、進化を説明しようとするものである。

ヘッケルの『一般比較形態学』では種の形態を比較し、類型化することをもとに進化の系統を説明しようとする。そこでは有機体論的アプローチが用いられる。すなわち有機体は無機体と異なり、要素に還元できない。要素を集めても有機体にならない。このようにして、ゲーテの形態学の全体論的思考を踏襲する。つまり形態学は有機体の内的外的形態の諸関係を研究する。動物─植物の個々の部分は解剖学的かつ歴史学的表象である。個々の形態の解剖学は歴史学におけるモノグラフである。過去に卓越した種の形態を記述し分類する。そのことによって、動物・植物形態を形成する法則を解明できる。発生学の系統発生のタイプは古生物学における形態と合致する。同時に個体発生のプロセスが系統発生上の形態を反復するため、発生学は古生物学と関連する。すなわち個体発生のプロセスは発生学、系統発生のプロセスは古生物学の成果を反映する。

遺伝は適応の法則である。種の分類は古生物学的事実に結びつく。変異の系譜学的図式と分類の詳細な記述は互いに結合する。分類群はお互いに子孫に遺伝するシステムが系統となる。系統分類学、古生物学、生態学、地理学はますます類似の方法論となり、生物の形態を比較しうるようになる。このように形態学と個体発生と古生物学を結合することによって、ヘッケルは進化の系統樹を構築する（図6）。

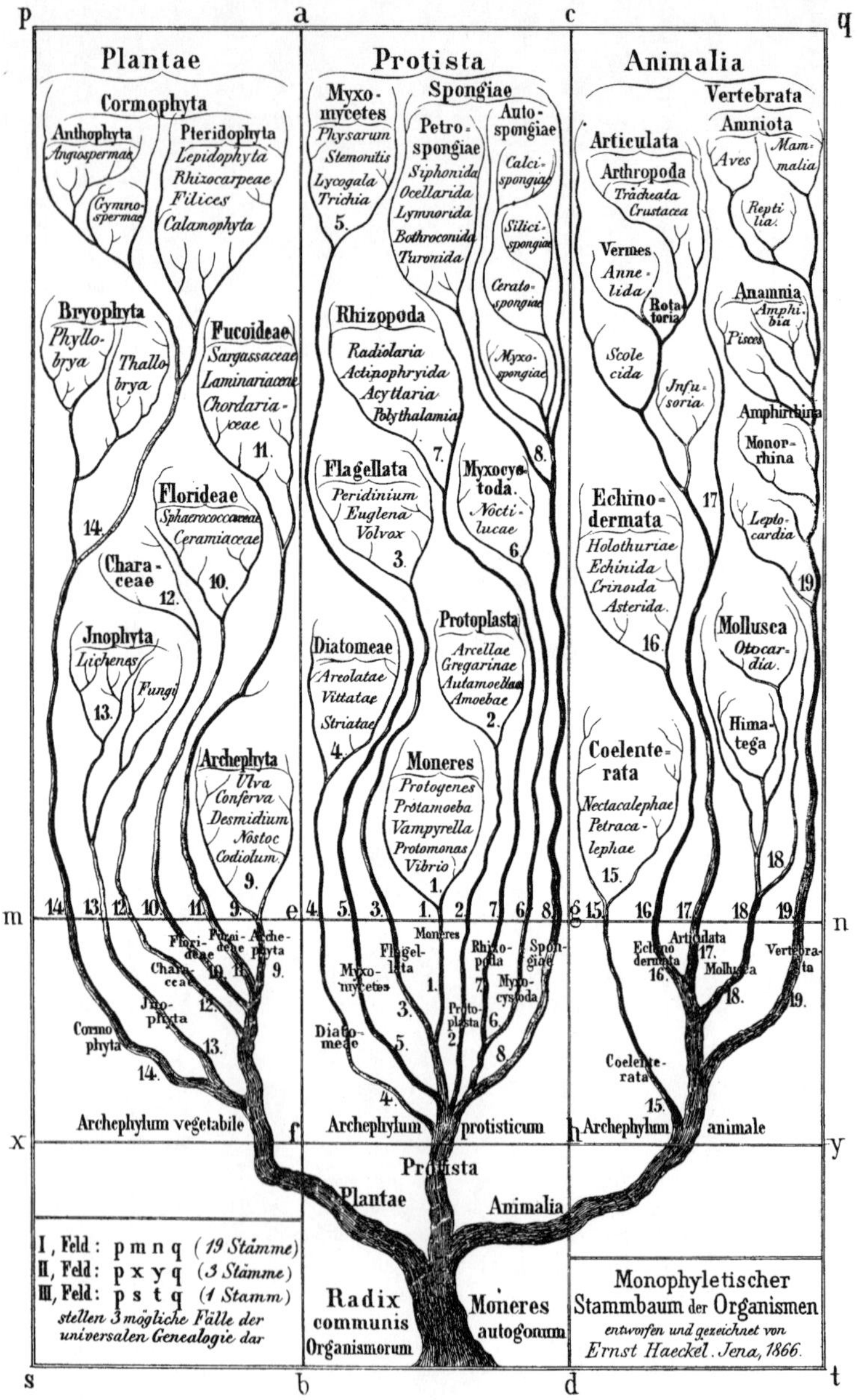

図6　ヘッケルが描いた全生物の単系統的系統樹

ヘッケルによれば、ニュートンの力学では全ての物質は機械的に形成され、機械的原因で運動する諸力から説明される。しかし有機的生命は機械的諸力や原因で説明することはできない。またカント以降、経験論的な生物学、生理学や進化史、すなわち有機体の形態学が機械論的な生物学に解消されてしまった。しかし、目的論や生気論を用いないと生命の本質は説明できない。二元論は精神と自然の本質を分けるが、そもそも精神をともなわない問題はない。有機的な考察と無機的な科学的評価は知識体系が異なる。そのため経験論と哲学を分離できないと主張する。

ヘッケルの一元論（monism）では、有機体の一般形態学の基礎となる純粋な科学知識が前提条件とされる。その一元論は精神なき物質を扱わない。それは一元論にもとづけば、精神は物質に内在するからである。このような精神によって、有機体は実質的な生命の諸力の合計以上のものを有する。有機体の形態学的、生理学的特徴は保守的遺伝である生殖質の継続性（従来の機能を維持発展させる形態の進化）と変形的遺伝（新しい機能の獲得による形態の進化）である獲得形質の遺伝からなる。

ダーウィンの自然選択理論では、種は系統樹の幹から分岐していく。遺伝（descent）はゲーテやラマルクが主張する獲得形質の遺伝である。ダーウィンの自然選択理論によって、環境に適応する生理学的機能を反映した形態が遺伝する。遺伝は進化史の因果的説明として、関連種の共通祖先の単純な形態から複雑な形態に進化するため、有機体は、近縁種になればなるほど、形態が類似する。異なった種は異なった条件に適応して発生する。獲得形質の遺伝は保守的、進歩的内容のいずれであれ、生涯の間に新しい性格を獲得する。古生物学的発展は進歩的・保守的遺伝の相互作用である。

ヘッケルの比較形態学の考え方において、個体発生が系統発生を反復するとされることは、種の後成説であると考えられる。それは前成説のように、幼生時に胚芽が予め決定されているのではなく、後成説では幼生時に未分化の胚芽から器官が形成されていくと考えられる。その個体発生の継続的プロセスにおける個々の本質は、系統の系譜上における系統進化の形態の反復から生じる。このように、各々の生理学的個体の個体発生から生じる種の出現は機械的プロセスである。そのため、種の系統的進化は個体の進化以上のものではないとされる。

以上のヘッケルの比較形態学の体系の特色は以下のように要約することができる。個体の系譜的かつ並行進化として、①古生物学的進化（化石形態の進化）、②生物の系統的進化（遺伝の法則）＝共通の幹から生じる形態の系譜と、③分類学的・系統的進化が並行し、共存することで、連鎖する関連種が形成される。つまり同時に、系統発生と分類学的進化が並行性をもつ（相同である）。そのことによって、有機体の系譜学は、①個体発生、②系統発生と、③分類学的発生にもとづく比較形態学を総合することから考察されている。

四　ヘッケルの「原型」概念とその比較・進化

進化論は、まず古生物、すなわち化石の形態を比較することから考察されていった。原始的な形態の種から、やがて現代に生息する高度で複雑な形態の種に進化することと考えられていた。また生物の受精からの発生過程の詳細な解剖学的研究として、胚芽から幼生の形態の変化を比較すると、種の形態の進化のパターンと共通した胚芽の形成と成長のパターンが認められるのではないかと考えられるようになった。このような類推は、まだ遺伝子の役割が十分に解明されていない十九世紀の生物学にとっては、ごく自然ななりゆきでもあった。

そして「バウプラン」とは、特定の生物グループの形態のうち、左右相称性や脊索の存在など、グループ特有の重要で基本的な形態的特徴やパターンを形式的に記述したものである。観念化された原型的ボディプランによって、特定の分類群が設定される。このような分類群は共通する形態の発生過程における拘束条件にともなう相同性を示すようになる。このような形態であるバウプランをもとにした分類群を比較することによって、それぞれの分類群相互の系統的な進化が考察されるようになっていった。つまり進化論をもとにして、比較形態学と比較発生学は、ゲーテの原型概念やバウプランと繋がっているのである。

反復説とは個体発生と系統発生の対比である。初期の反復説とは、現在生きている生物における階段式の生物序列のプロセス、たとえば魚から両生類、爬虫類の形態から、最終的にヒトへと形態が進化していく過程（古生物学的な化石から類推される系統進化）と、ヒトの受精から誕生までの体内の胚発生過程の形態の変化が相同して並行していると考えられていた。胚発生における形態変化が、地層における古いものから新しいものへと古生物の化石の序列に沿うように、それぞれの古くから進化した種の胚発生の形態と類似した段階を順々に経て、形態の変化と並行しているのである。それらは、いずれは「神」へと行きつく系列であり、存在の大いなる連鎖であった。それは神学的自然観として、ひとつの大きな力となり、観念論哲学を形成しうるものでもあった。

フォン・ベーア（一七九二―一八七六）はエストニアで誕生した生物学者であり、とくにニワトリの胚芽の形成の研究を通して、近代発生学の祖といわれている。フォン・ベーアは、上述の神学的な段階的な並行説ではなく、胚の変化は全生物共通の一般的な特徴からはじまり、徐々に特異的な形式が追加することによって、動物の「門」から「綱」・「目」・「科」へと、すなわち分類体系で細分化されていく各段階での各々の特徴が、順次明らかになっていくと主張した。それらはヒトへと向かう上昇の過程ではなく、「分化の過程」であった。

フォン・ベーアは、キュヴィエが説く四大動物群、すなわち軟体動物、脊椎動物、関節（環節）動物、放射動物をもとにした形態発生学的教義をとる。その形態学的相同性の発生学的根拠をもとにした相同説を主張した。形態学的相同とされる構造は発生学的に機構的根拠をもつ。それらは常に同じ胚葉からなる。それらの説明は原形論や比較発生学的観点なくしては成立しない。そこには、さまざまな動物のかたちを定める共通の深層的パターンがあり、それが保存されたまま分化したものが多様性であるとされる（倉谷 2004）。

フォン・ベーアの発生形態学は動物組織の進化論であり、全ての有機体の胚は合目的性を有していると考えている。胚は分裂し、変形するなかで、一般的な特徴から専門的な特徴へと進化する。このようにフォン・ベーアの発生学は目的論的、生気論的唯物論であり、実在は諸部分の配列を通じた特定の秩序からなる創造性を有している。それはダーウィンの自然選択論と矛盾している。本来ならば、自然選択は観察しうる、検証しうる、科学的手法のはずである。しかしフォン・ベーアはダーウィンの進化論における明らかな偶然性や無計画的な説明の危険を指摘していた（Buchanan 2008）。

これに対してヘッケルは、唯物論的科学者であり、生物が進化することを認めていた。観念論者から進化論へとすすみ、一元論的哲学的視点から反復発生説や動物の系統樹をとなえた。つまり、フォン・ベーアは「バウプラン」をもとにした入れ子関係から、形態発生を説明した。これに対して、ヘッケルはダーウィンの影響もあり、フォン・ベーアの伝統分類学的発想を分岐学的、経時的進化関係の連鎖として見直した。ヘッケルは各動物の個体発生過程と進化は、樹木のかたちと同じく、枝分かれ的な経時的順序を経ると考えた。個体発生のプロセスにおいて、新しい動物群を代表する新しい形質である共有派生形質を追加していく。進化的に新しい形質であるほど、個体発生プロセスのより後期に現れる。

フォン・ベーアは、発生パターンの序列と自然分類群の入れ子関係の一致から、それぞれの独立していた「門」を考察した。これに対して、ヘッケルは共通祖先の単純な胚のかたちからの単系統説をとった。発生初期における胞胚や原腸胚の形態は、遠い祖先の形態が再現されたものと考えられ、ガストレア説をとった。このようにして、形態相同性の認識により区分される分類群における発生の形態がよく似ているという考え方は、比較形態学と反復説の融合をまねいた（倉谷 2004）。

このような研究史をもとに、ヘッケルの「原型」概念とその比較・進化を要約すると、ヘッケルは、ダーウィンの『種の起源』が自然選択と適応を客観的概念から明確に説明していることに感銘を受けた。系統発生とは、少数の単純な形態の種から多数の複雑な形態の種に進化すること、単純なかたちの祖先種から現存種への形態に変化することである。個体発生は受精卵から成体に至る形態変化である。

つまり個体発生上の形態の変化とは、動物の系統発生上に、かって存在した祖先種の形態の進化を順に反復する。種は共通の祖先から後々に進化し、ゆっくりと完成する。進化論を形態の関係から説明するため、個体発生における形態の変化はその種が成立するまでの系統発生のプロセスの反復である。祖先種が適応するために成し遂げた形態の変化を胚芽や幼生の段階でくり返す。

ゲーテの本質的な形である原型はヘッケルにとって祖先形態のモネラから原腸胚へという進化である。モレラからガストレア（原腸胚）へのメタモルフォーゼのプロセス（図7）は、棘皮動物や腔腸動物の発生の形態と相同であるという動物の進化の段階を示す。高等動物の個体発生においてはこれらの祖先型の形態と相同という幼生から成体へのモルフォロジーの系列での反復をくりかえす。このような系統学的個体の発展史は「種」や「門」といった分類区分の体系に反映される。

単純なモネラである原始の有機体は不動の物質から自然発生し組織される。ヘッケルは、受精卵の分裂から中空状の原腸胚（ガストレア）の原型が形成されることを共通祖先型動物と仮定する。すべての多細胞動物は共通祖先のガストレアから進化する単系統群であるとみなした。そのガストレア説とは、外胚葉と内胚葉とその間にガストレア（原腸胚）＝消化管と相同のものが形成される。このように個体発生の系譜が進化論的に再編成された。ガストレアの原型から固着動物としてヒトデ・クラゲ・イソギンチャクの腔腸動物が分岐した。もう一方では餌を求めて海底をはいまわる「ながむし」状の環形動物や扁形動物などの体腔状の原型を共有する各門が分岐し、さらにそ

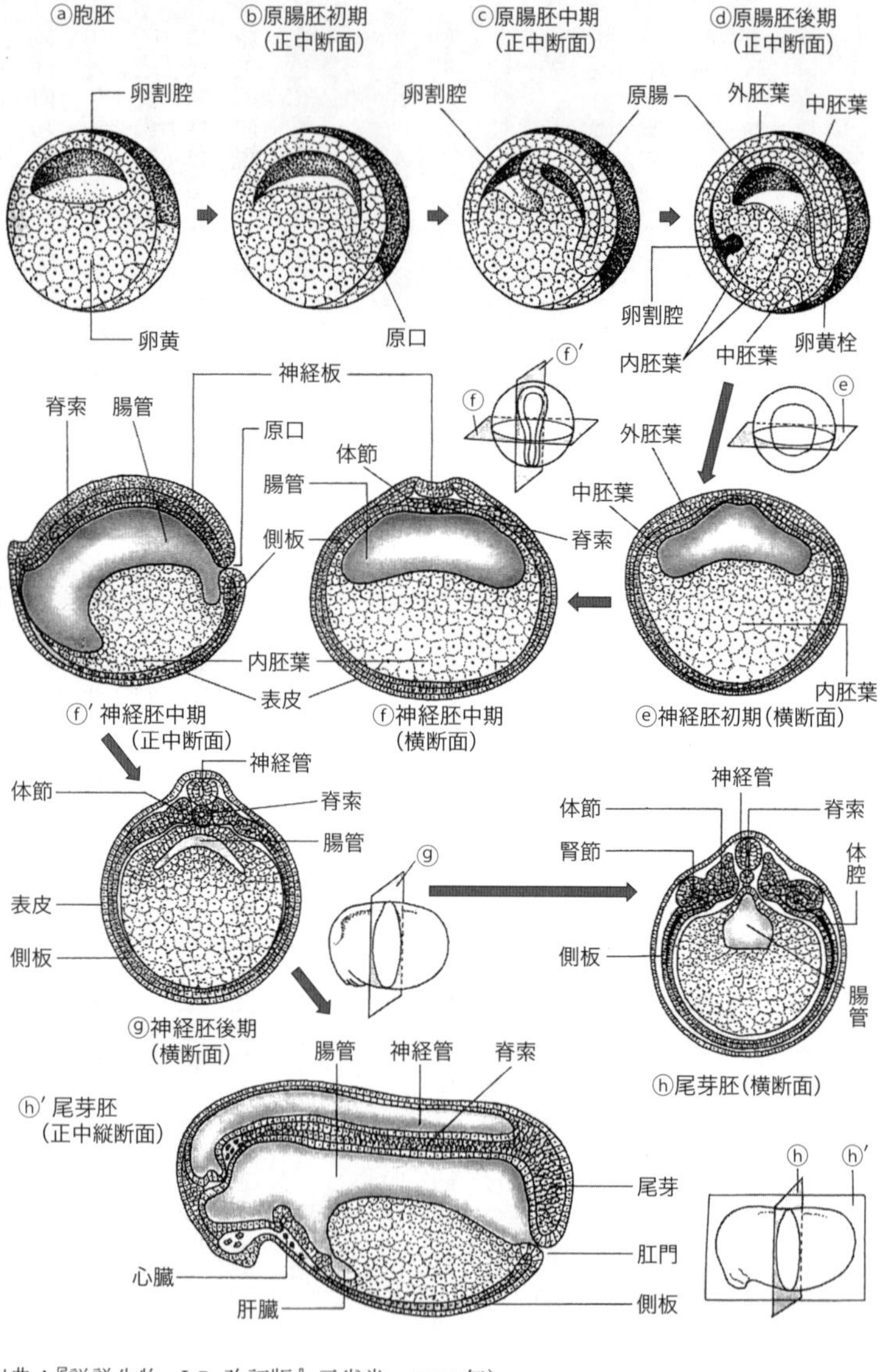

（出典：『詳説生物 ⅠB 改訂版』三省堂、1998年）

図7　カエルの発生にみる原腸胚の形成

の系譜はやがて脊索動物から脊椎動物へと進化した。このようにして、先に図6で示したように単系統から分岐する系統樹（ツリー）が描かれた（西村 1983）。

ヘッケルの理論をドイツ形態学の発展のなかに次のように位置付けることができる。個体発生は有機体の古生物学的成長のプロセスをくりかえす。つまり個体発生は系統発生を反復する。系統学上の進路は個体発生において正確に反映される。祖先と子孫の連続は系統学における相同と分類群で再構築される。相同の歴史的概念は系統と個体発生の連続性を示す。時間的進化と個体発生における相同と類似性は、発生学的関係として共通祖先の一致を示すことになる。

五　ヘッケルによる生態学と地理学の定義

また Haeckel（1886）の『有機体の一般比較形態学』においては、以上の系統的関係からみた有機体の進化をもとにして、有機体の形態学と機能論から発展した生態学と地理学（コロロギー）が定義された。

ヘッケルによれば、生態学は有機体とそれをとりまく外的世界との関係についての全体的科学であるとされる。有機体と非有機的部分である居住地の物理的・化学的性格（気候・光熱・湿度・静電気・無機物・水）との相互関係学である。有機体の生存のための適応が自然選択理論と結合する。有機体の保存、個体と種の保存は栄養を通しての再生産である。有機体の相互関係はお互いに個々の部分が全体をつくる。自然選択と遺伝（獲得形質の子孫への継承）の原因を扱う生理学は生態学と地理学の基礎である。

地理学（コロロギー）は有機体の空間的分布を扱う。すなわち有機体分布の地表における水平的・垂直的拡大を考察する。水平的な分布は地理的な分布域の位置や境界であり、垂直的には地形に反映される高山や深海底といった高度や深度に反映される自然条件である。たとえば、フンボルトの植物地理学では生存条件を分布の原因として、多様な種の総観を関係論的・一元論的に扱う。ダーウィンの進化理論では有機体の水平的・垂直的拡がりが創造の起源の中心からの生態学的・地理学的関係の総合としてとらえられる。これらの有機体の水平的分布と垂直的分布は独立科学としてのコロロギーが扱う。移住種はいろいろな手段によって創造の中心地から移動し、その分布研究は創造の歴史を反映する。このように有機体のコロロギーとは、広大な全地球における全ての生物の属・種・変種の地理的分布の比較研究である。一方、トポロジーとは、一つの生息地、すなわち居住地域の境界内における種の分布と発生を扱う。それらは系統分類学の成立とともに、系統発生論・比較解剖学と古生物学を結合するとされた。

六 ヘッケル「形態学」の評価

このようにHaeckel（1886）の『有機体の一般比較形態学』では、系統的関係をもとに有機体の進化についての古生物学的歴史を明らかにしようとされてきた。系統学は個体発生の進化を比較し、化石の形態の比較と層序学的連続からリンケージを見出すことで分岐論の最初の夜明けとなった。

しかし実験生物学＝機械論が十九世紀後半に発達すると、生物学は物理学・化学の法則に還元できるという主張が強くなった。そして機械論と生気論の対立、すなわち唯物論的生命観と超自然的原理の対立が著しくなった。そのような潮流のなかでヘッケルは生気論と機械論を混合しつつも、生気論＝全体論を支持し、要素還元主義である機械論を非歴史的、非弁証法的であるとして批判した。

また『有機体の一般比較形態学』においては、物質を対象とするのが化学であり、物質の動力学を対象とするのが物理学であると定義される。つまり力＝機能は物質に内在する。形態学とともに生物の機能は生理学によって説明されると主張した。またリンネの分類学とキュヴィエの解剖学を単なる記述にすぎないと批判し、自然哲学は説明的科学でなければならないと主張する。

ヘッケルはロマン主義的自然哲学の影響のもとに、ラディカル（根源的）にキリスト教を批判した。しかしヘッケルは、人間の知識・理解の相対性や限度を十分に認識していないまま、独断的に進化論・観念論的形態学と進化論の三者を融合した。ヘッケルの科学観において、経験と哲学（認識）、分析と統合、帰納と演繹、生気論と機械論を統合した一元論が指向された。諸類型の比較から帰納することによって一般的法則の樹立を指向した。比較統合によって真の哲学的認識、演繹的理論の経験的証明を実施しようとした。しかしヘッケルは自然法則をもとにして、形態を記載する科学をさらに発展させ、生物の複雑な現象を分析し、演繹し、法則を樹立すること、すなわち自身の学説を分析から真の総合理論へとさらに発展させられなかった（Richards 2005）。

現代では、系統学の検証できる前提や知識を明確にすれば、共通獲得形質の相同は数理的な系統分類学で明らかにできる。古生物学的な総合知見なくしても、これらの種の形態学の知識から分類が十分に示されうる。つまり従来から進化論では、進化の段階において、最初からの形質が相同であること、つまり相同形質から系統進化が示されてきた。しかし、その系統進化の成因として、十九世紀のヘッケル流の個体発生・古生物学・系統学を形成要因として考える比較形態学よりも、現代ではむしろ分類群の形質に関する大量のデータを解析して、抽出された地理的相同（動物の地理的分布の地域化されたタイプの構造的特性の類似性）から、さらに空間的分析をもとにした分岐的側面を解明することが、進化論の研究にとって、より重要となった（Rippel 2016）。

七　ヘッケルの一元論と汎神論

これまでにみてきたようにヘッケルの学説の特色として、ガストレア説をとなえたこと、キュヴィエの目的論に反発したこと、ゲーテとラマルクの思想の近代化につとめたこと、形態学を唯物論に組み替えたこと、そのための遺伝と適応の理論が、ダーウィニズムから模索されてきたことをあげることができる。ヘッケルにおける原型概念は適応と遺伝の作用の結果であるのと同時に、ゲーテの内なる力に科学的精神を与えるものであり、生物分類学を系統進化論として書き換えることを目的としていた。

十九世紀のドイツにおけるリベラル層は科学と哲学を両立させて、人間の自律や民主主義を支持するとともに、一方では人間主義的・世俗的・物質的世界観をいだいていた。ダーウィニズムが宇宙に超自然的存在が介入することを否定し、進化論の応用が社会の文化的前進を説明しうるようになる。一方、目的論者は機械論に限界を感じ、宇宙の超越的で根源的存在が示す目的によって、有機体が作成されたと考えるようになった。さらに自然選択説によって、目的によるのではなく、偶然に進化が生じるとされた。

そのためヘーゲル以降は、進化とは神によって目的が定められるのではなく、物理的な機械論的過程を通して実現されることになり、すなわち神から人倫へと、目的の主体が変化したのである。もしもカント流に種の起源が経験を超えるものであるとするならば、ダーウィニズムが生命を機械論的原理で説明するのに対して、プラトンによるプラトニズムが、生命を観念論・目的論から説明することになる。

これらに対して、ヘッケルの一元論は自然主義の観点から全宇宙を説明するものであり、神・自由・不死の概念への批判をとなえる。ヘッケルの批判は有神論が擬人主義であること、自由は、人間が自然法則に支配されるためにありえないことと、不死は魂が脳と身体に依存することからありえないと主張する。つまりキリスト教的世界観にもとづく神・自然・不死の概念ではなく、真善美の概念が追究されることになる。

さらにヘッケルは、カントが生命を機械論的に説明し、純粋理性から実践理性をわけた二元論を批判した。つまり本来の唯物論は精神の存在を否定するが、しかしヘッケルの一元論は精神の存在を肯定する。精神と物質の本質は生命力にある。ヘッケルにおいてはスピノザの汎神論をもとにして、機械論と生気論を混合し、全ての原子にまで感情を付与するようになった。

要するにヘッケルは、カントの純粋理性と実践を分離する二元論を批判する。それは新カント主義につながるものであって、精神と身体を分離して思考することによって、科学と宗教の分離の余地をつくる。その結果、かえって宗教的な存在が目的論的に科学に介入することを可能にした。そのためにヘッケルは一元論をとなえて、カントを批判した。ヘッケルの唯物論的思考において、生命にまつわる諸現象は、すべて物理化学的原理で説明できるから、神や形而上学の存在は否定される。しかし、ヘッケルはあたかもすべての事物が心をやどしているかのような思考をもち、すべての自然の事物や精神の根源には、崇高な宇宙をつかさどる存在を暗黙のうちに認めていた。それゆえ、ヘッケルの一元論は汎心論や有機体論を兼ね備えていた（Beiser 2014）。

つまりヘッケルの自然哲学は、スピノザの汎神論、ゲーテの形態学とシェリングの自然哲学にもとづき、自然を有機体とみなす一元論である。そこでは科学と観念論、機械論と生気論の融合がなされる。また自然こそが真・善・美の源であるとするドイツ・ロマン主義と結合する。十七世紀にデカルトは自然を一種の機械とみなす機械論的世界観をとなえた。そこでは生成の原理をもたない死せる自然がつくりだされた。ヘッケルはそのデカルトの二元論に反発を示したのであった。

近代初期の自然概念は、①神や超越性に代表されるキリスト教イデオロギーへの反発として、さらに②人為性や社会との関連において、自然が世俗主義的なイデオロギーとも異なる、キリスト教イデオロギーに対するオルタナティブとしてとらえられてきた。いずれも反キリスト教的文脈において、フランス啓蒙主義における自然法則に従う理性に象徴されるものであった。また一方では、既存の社会に反抗するロマン主義やファシズムの前兆となりうる非合理的なものでもあった。それらは自然が批判性を有している点で共通し、自然がもしも機械的であったとしても、崇高な生成を有するものとされていた。つまりそれは、キリスト教や世俗的現状を否定するオルタナティブとして、人の救済を可能にするものでもあった。ヘッケルの一元論とは、実証主義をとる一方で、自然に神性を賦与し、救済への祈り、自然救済論をとなえることでもあった（福元 2020）。

ヘッケル（1917）の『宇宙の謎』は、生理学者ボア・レーモンが一八八〇年に刊行した『宇宙の七つ謎』への反論として書かれたものである。ボア・レーモンは地理学者アレクサンダー・フォン・フンボルトとも交流があった。デカルトの心身二元論、ライプニッツの精神と肉体の分離をもとにボア・レーモンは、物質と力の究極の本質は不可知であり、意識は物質論でとらえられないと考えた。

これに対して、一元論者のヘッケルは以下のように反論した。自由意思のドグマは存在しない。すなわちヘッケルは生気論と機械論の対立を認めたものの、心意識・精神を対象とするのは哲学ではなく、心理学の問題であるとした。つまりボア・レーモンの二元論的生理学では魂・心と身体は別であり、魂は非物質的で不可死な存在とされる。しかし一方、ヘッケルの一元論では精神の活動の遂行には、物質的原基の作用が前提とされている。それはヴントの実験心理学から近代心理学の確立への潮流とも結びついていた。

またボア・レーモンは人間の自由意思についても、アウグスティヌス、ライプニッツ、カルヴァンによる神は全能であり、人間の意志や行動の自由は先験的に決定されているという考えを支持している。これに対して、ヘッケルは超越的なものへの信仰は虚構であると主張する。つまり精神は比較生理学上、個体の機構への外部からの影響にすぎず、発生学的には遺伝の制約に、進化論からは環境への適応にしたがわざるをえないからである。さらに、個体発生的には個人の意志の発達が刻印され、系統発生的には歴史的発達が刻印されるから、自由意志など存在しない。思考と意識は大脳皮質の生理作用であり、それは精神生活をつかさどる器官にすぎないとされる。

またヘッケルは、カントが神への信仰・自由意志・霊魂不滅を『純粋理性批判』で否定し、『実践理性批判』で肯定している矛盾をも批判している。つまり、そこでは霊魂不滅は否定され、祖先崇拝、親族への愛情、来世の存在、因果応報は有神論であるとされる。プラトンの霊魂と肉体の二元論では個人的な生の期間において、霊魂と肉体が一致することで形而上学の出発点がつくられる。しかし、物質保存の法則とエネルギー保存の法則によって、生気論が否定される。そこでは生命は生気論に還元されず、有機的な物理化学の反応と化す。さらにスピノザによれば、宇宙の実体は二つの属性、①物質＝空間的延長をもつものと、②精神＝エネルギーから構成される。これに対して、ヘッケルは原基として、エーテルを仮定し、そのなかで有機物の物質代謝が行われるから、精神の動きもダーウィニズムで証明されると主張する（Beiser 2014; 福元 2020）。

ヘッケルは、神と宇宙を二つの異なった存在である有神論と汎神論から認識されると考える。汎神論では神と宇宙は一つの存在であり、神は自然ないし実体そのものである。すなわち神は宇宙における存在で、自然そのものであり、実体の法則とも調和する。それゆえ汎神論は近代自然科学の世界観とされる。むしろ汎神論は上品な無神論でもあるうる。さらにヘッケルはキリスト教の人道主義、寛大さと博愛を評価する一方で、強大な権力をもつ教会の組織の堕落と、十九世紀にローマ教皇が発布した教書を厳しく批判した。ドイツ第二帝政期におけるカトリックの強大化に反発した。

つまり自然そのものを「神」のようにみなしうるヘッケルの汎神論は、一元論的宗教観による自然救済論でもある。物質保存の法則やエネルギー保存の法則からなる実体の法則や進化論は、宇宙の全てを一元論的に説明しうる。

それは原子に魂を賦与する賦霊論でもある。そもそも十八世紀から十九世紀にかけてのキリスト教においては、救済機関としての役割が衰えてきた。そこでスピノザの神は自然であるという汎神論は、ネオ・ロマン主義における民族的要素にまで継承された。ヘッケルの一元論はキリスト教的超越神の存在を否定したが、自然的なものに救済とユートピアへのかすかな望みを託したのであった。

ヘッケルが初代会長となった一元論者同盟は社会改良や教育改革を目的としていた。そこでは唯物論と唯心論という二元論を解消した。精神を唯一の実体とする唯心論は存在＝実体を形而上学的であるとして退け、存在論的固定を拒否して認識論のみに限定する。一元論者同盟は、イエナにおいて、ヘッケルのほかにオストワルド（化学：エネルギー一元論）、フォレル（精神医学：心身一元論）、マッハ（物理学：認識論的感覚要素による一元論）によって構成され、一元論にもとづく世界観を現実社会で実践し、社会改革・学制改革・教会離脱運動を支援した。精神と物質、心と身体、神と自然、人間と自然、宗教と科学といった対立をどのように止揚するかが議論された。そこには精神と物質を一元論的にとらえるためには物質に霊魂が吹き込まれるという賦霊論が存在する。心と身体を一元論的にとらえる心身合一論では、肉体は精神であり、身体文化として魂の肉体化へとむかうのである（福元 2020）。

4　ラッツェルの「生の空間」概念の確立

一　ヴァグナーの有機体の移住と隔離理論、地理的種分化

モーリッツ・ヴァグナー（図8）はラッツェルの友人であり、ラマルクからヘッケルへとつながる獲得形質の遺伝を支持し、有機体の移住と隔離による地理的種分化による進化論をとなえ、ラッツェルの「生の空間」概念の形成に大きな影響をあたえた。つまりラッツェルは、ヴァグナーの学説によって、それまで動物学者としてヘッケルの形態学をとおして、ダーウィニズムを支持してきたことから離れて、独自に「生の空間（Lebensraum）」概念を発展させ、一八七〇年代半ばから人類地理学や政治地理学の研究に没頭するきっかけをつくった。

Ratzel（1896）は、ヴァグナーの独自の生物地理学と進化論への評価を以下のように伝えている。ヴァグナーは生物種の進化を、種の新しい環境への移住と、そこで獲得した新たな形質が、既存の形質を保つ優占種との交雑から隔離されて（孤立して）、保存継承されることから説明する。ダーウィニズムの自然選択理論に関連して、ウォレスやベーツの擬態研究を批判した。つまり捕食されやすいのにもかかわらず、不利で目立つ多様な色彩や形態をもつ

図8　モーリッツ・ヴァグナー

昆虫種ほど、その属における個体数や種類数が多いことから、自然選択における最適者のみが生存できるのではないと批判する。つまり生活条件の改変と交雑の抑制による形態学的個性の変化とその保存によって、新しい居住地における子孫種が分岐するとした。その一方、ヴァグナーは保守主義や反ユダヤ主義への嫌悪を示し、スピノザやカントの学説にも親しむ哲学青年であった。

地理学史研究者のBeck（1953）によるヴァグナーの略伝は以下のようにまとめられている。

ヴァグナーは一八六八年に有機体移住の法則、一八七三年に有機体分離（孤立・隔離）の法則をとなえて、ダーウィニズムに反論した。地理学者ラッツェルはヴァグナーの友人である。長兄Rudolfは比較解剖学者Hermarm Wagnerの父である。アルジェリア地域を一八三〇年（フランス第二帝政）、トルコのアララット山東方の氷河の痕跡の調査（一八三六―三八年）、とりわけユーフラティス川の水源確認とアルメニア、一八六一年にはパナマ地域を雑誌*Cotta*の旅行記者として訪問した。ベルリン・ロシア・トルコへの訪問は地政学に関心を向けさせた。フランスの植民地・アルジェリアにおける人の移動、ペルシア・ロシア・トルコにおける一八二八年の住民交換をもとにして、将来におこりうるロシアとヨーロッパ諸国との対立を予測した。コーカサス地方（黒海とカスピ海の間）における動物相・植物相の分布と地理的限界について研究した。そしてラッツェルの政治地理学および発生学・形態学に影響をあたえた。

またヴァグナーはダーウィンよりもラマルクを支持し、移住と孤立を重視し、地理的種分化を重視した。ヴァグナーによる有機体の地理的分布と種形成は、個体の変異を通した獲得形質の遺伝にもとづく。生存競争で望ましい種が保存されるのは、必ずしも環境により適合した形態ではなく、むしろより生存に適切な形態であると主張した。それはヘッケル流の比較形態学の研究を通して、生存競争のたたかいによる選択のプロセスを通して明らかにできる。それらが、現在の多くの動植物相の生存競争における新種の形成と古い種の消失に決定的な証拠をあたえたとヴァグナーは主張した（Nybart 2008）。

つまりWagner（1868）はダーウィンの自然選択の理論を批判し、生物種の移住と隔離による地理的種分化が進化の主要な原因であると主張した。すなわち生命の最も有効な推進力としての自己保存と再生産は、有機体の移住と植民による変異の能力を反映する。自然選択による進化は、ダーウィンによれば、漸次的進化として、『種の起源』に示されている。しかし、自然選択よりも地理的制約の影響が重要である。自然選択により、有機体に内在的な個体変異が生じ、それらの生存競争としての同種間競争から継続的に守られて、新しい種形成がなしえると十分に説明しうるか。それがダーウィン理論の欠陥であると批判した。

ヴァグナーが主張する「有機体移住の法則」とは、動物は、より良い食料条件を求め、強力な種との敵対を回避するため、居住地を放棄し、障壁を超えて移動しようとする。そして新しい環境のもとで移住種と旧来種が混住したなかで、食物連鎖におけるより有利な生態的地位（ニッチ）を確立しようとする。さらに移住先での生活条件の変化、食物の量や質の変化に適応し、コロニーにおける優占種との交雑から孤立することによって、子孫に特定の器官の進化を継承できる。つまり、改変条件下でえられた獲得形質を旧来種との交雑で混乱・解消させてはならない。そこでは標高の違いや大きな気候変化が、むしろかえって移住先に適応できた新しい種形式にとっては、進化（地理的種分化）にとっての望ましい条件とさえなる。

ヴァグナーによれば、このように移住の法則と自然選択は密接に関連している。諸形態の地理的分布はダーウィンの理論だけでは十分に説明できてない。他方、有機体の移住なき自然選択からと、移動した種の旧来の生息地の在来種と移住先の優占種からの長期の孤立をなくしては、進化が生じないと考えた。ヴァグナーは移住と孤立の両者が密接に関連していると主張した。

本来の生息地を離れての移住種の定住は有史時代から多くの例がある。島の出現・大陸の隆起による生活条件の物理的変化は移住の法則と結合している。周囲の環境は自然障壁として、旧来種の侵入を妨げる。もし障壁や距離がないと、旧来種との交雑により、初期の変異は元に戻る。このため、種分化には長距離の隔離が必要となる。移住は自然選択と同時発生する。しかし、ダーウィンが主張するように自然選択が必然的条件であり、太古から継続していたかは疑わしい。移住者の孤立なくして、自然選択の条件のみでは下等な動物や植物の連続した存続を説明できないのではないかと考えられる。

つまりWagner（1873）によれば、種の形態発生において、移住と隔離された入植地（コロニー）が、発生した種形態の問題に望ましい立地となる。一定の新しい形態の形式は、形態の変化が種の変異につながり、オリジナルな種の居住地からの排除と除去が必要である。移住したコロニーにおける外的生活条件への適応は食糧、気候、土壌条件、種間競争の変化への適応である。コロニーにおいて生じた個体の形態の変異は、子孫に再生産されて受け継がれるようになる。そのためには、生存競争と隔離による空間的すみ分けが種形式の必然的条件とされる。新しい形質に変異し、遺伝する能力をもつ個体の変異が、野生の普通形態から多様な環境のもとでの子孫における個体の変異した形質として継承され、新しい生息地でさらに進化する。このような空間的分離をともなう生存競争においては、優生種との交雑による影響を回避されることにより、むしろ変異種の新たな生息地域への移出が促進されるという。

なぜならば、突然変異は進化の継続したプロセスにおける偶然の異常性であり、分類学上の区分をするために必要とされている種の形態的一定性の概念からすれば、排除されるべき存在である。しかも、それらの突然変異は、自然選択や食糧・気候など環境条件への適応によって生じたのではない。むしろ、不利な変異も有利な変異も、均一な条件のもとで、小地域において孤立することで促進される。そのため環境の条件を過小視すべきではない。形態的分化の可能性は、有機体の個体変異を確実に保存するための隔離と、適応して生体に獲得された形質が子孫に伝達される能力から生じる。つまり大洋上の火山諸島においては、全ての種が孤立しているため、密接に関係した種が連鎖的に配列し、優勢な土地固有種が新たに形成されて、生息できる。そのことによって、個々の島における独特の動物相、植物相が形成される。

このようにして、移住による個体の拡がりによって、少数個体の空間的セグリゲーション（すみ分け）が発生し、変化した生活条件となった新しい立地において、栄養・食糧の確保のために獲得した新しい形態が保存される。これらには、すなわちヘッケルの有機体のコロロギー、ダーウィンの地理的分布の概念が反映され、閉鎖と孤立によって、自然選択が成立する条件であることを示している。

しかしダーウィンはマルサスを過大評価し、空間的孤立を軽視していた。ダーウィンが動植物の人工的飼育による生存競争を通して、自然選択の実証を試みたことは種内競争の過大評価であるとヴァグナーは批判している。したがって空間的分離による種分化は、生存競争によるダーウィンの自然選択とは大きく異なる。種分化は、全ての移住者の空間的分離によって形成される。空間的に分離し、移住先に新しいコロニーが形式されることは、その進化の最も効果的要因である。もともとダーウィンの自然選択理論における生存競争とは、生態学的に異なった外生的要因と個体内での生理的要因の影響から生じる。つまり、虚弱性や病気のために外的影響への抵抗力が小さい個体は正常な個体に捕食される。このように生存競争は無数の偶然の要因をみる。そのため増殖力ある移住者の新しい居住地における進化のプロセスが必要である。すなわち空間的分離による種形成のプロセスは、種個体群の分離である。一方、生存競争に適応した選択をもとにした種形成のプロセスでは、自由交雑の代償効果として、個体群の均一化がすすみ、変異が弱まり、元の正規の種のタイプに戻るので、そもそも進化が成立しない。進化の起源としての空間的分離と孤立が必要であることは、さまざまな事例に示される。山地や肥沃なオアシスへの退避による増殖が生じ、子孫が新しく獲得した形態を受け継ぐ。その後に新しい移住先の地域に適応し、新しい地域の征服者となる。

つまり、新しい種の変種の形成は起源の場所の自然条件の変化により、生活様式や食糧・気候に適応した一定の典型的な形質が変化することである。そのときには祖先種から移住者の永続的な空間的分離によって、変異や獲得形質の分化が保存・継承される。または新立地に移住することがなければ、近隣地域での在来種との交雑により、変異が祖先種の形質に吸収されてしまう場合がある（Wagner 1873, 1882）。

しかし、ワイズマンはこのような種の進化（地理的種分化の学説）について、ヴァグナーとの論争を明示した。コロニーの孤立よりもワイズマンは自然選択や性選択を重視した。ワイズマンにとって、遺伝には、従来の獲得形質の遺伝や適応進化の学説が無関係であると考えられた。ワイズマンは異所的種分化（地理的種分化）を否定し、対照的に交配によって伝授される「遺伝質」の変化による身体の変異を分岐としてとらえた。それは獲得形質の遺伝を否定し、細胞学・発生学・自然誌を総合化した。その染色体の分割と進化、胚芽の連続性と身体の連続性の説明はメンデル理論と合致した（Weismann 1893）。

ワイズマンにとって、ヴァグナーが進化に必要とした①移住法則と②種分化における孤立は決して必要条件ではなく、重要な促進要因であった。ワイズマンはヴァグナーと対立するのではなく、相補的に支持していた。ワイズマンは、ダーウィンが種の固定性を否定し、共通祖先からの枝分かれ進化を主張したときに地理的分布の意義を確認していたことを認めている。しかし生存競争だけではなく、再生産の成功は、性選択、進化の多様性、他の種との相互作用、環境の多様化による競争の回避などにもとづき、さまざまな生計の変化にともなう変異の分岐からも生じる。つまりダーウィンは、分岐の側面として適応を重視しているが、再生産のプロセスにおける孤立には言及していない。このように、ダーウィンが個体の変異についての子孫における修正と、系統学的進化を混同していないとWeissman（2010）は評価した。

さらに、ワイズマンはヴァグナーの分離理論は有性生殖のみに対応していると批判した。個体群の内外相互の変異からみれば、交雑が欠如し、単為生殖をしても、種形成がおこりえる。ワイズマンは、ヴァグナーが説く孤立は進化の必要十分条件ではないとし、孤立しても種分化に導かない場合や、孤立しても変化しない種が存在することを主張した（Weissman 2010）。

なお、さらにマイヤー（一九〇四—二〇〇五）は分類学者、熱帯探検家、鳥類学者、科学史研究者を兼ね備えた二十世紀の最後のナチュラリストの大家とされる。そのマイヤーは現代進化総合学説をとなえ、メンデルの遺伝学、発生学、系統学とダーウィンの進化論の統合を試みた。マイヤーにおける種の定義は、種とは共通祖先からの枝分かれ進化をし、形態学的に類似した個体群を形成するが、その新しい個体群のなかで再生産が可能な場合に、新たな種が分岐したとみなされると主張する。そこでは遺伝子浮動と自然選択の理論が併用され、同所的進化と異所的進化が両立しうる。

マイヤーはワイズマンを、以下のように高く評価していた（Mayer 1942）。ワイズマンはラマルクの獲得形質の遺伝とダーウィンの自然選択を疑問視した。つまりワイズマンは、分岐とは変異の情報が生殖質細胞を通して、子孫に伝えられると考察した。そこには細胞分裂の際にＤＮＡの情報をＲＮＡに転記する際のミスで、変異がおこりうるとする現代の学説の萌芽でもある。そこではラマルキズムと自然選択理論の融合が行われる。個体群内で個体の変異は外的環境によって、しばしば発生する。たとえばイオン電離層のかく乱により、放射線や宇宙線が到達することによって、遺伝子にランダムな変異が生じうる。たまたま生じたある変異が、再生産のプロセスの支障にならなければ、その変異が子孫に継承される。このように変異は、ランダムなプロセスであるが、地理的に孤立し隔離した個体群内部ではその変異が保存され、種分化に継承されやすい。その点からマイヤーは、ヴァグナーをワイズマンの反論に対して弁護している。このように現代進化総合学説はメンデル理論を再発見し、変異や進化における内在性と外在性を融合したのであった。

二　ラッツェルの人類地理学・生物地理学の特色

いよいよ、これまでの考察をもとにヘッケルの門弟であり、ヴァグナーの友人であるラッツェルの「生の空間」について考察することにしたい。

まずWanklyn（1961）、Sanguin（1990）において、ラッツェルの生涯の系譜が明らかにされている。プロイセンの貴族の執事の息子として生を受けたラッツェルは、人類集団の移動とその局地化の分析を通して、自然科学と人文地理学を総合した。その学習環境の最初のコンテクストはチューリッヒで一八六六―六八年に薬剤師として就業した。一八七〇―七一年にはフランス＝プロシア戦争がおこり、プロイセンを中心としたドイツ連邦の統一がようやく形づくられた。その一八七〇年、フランス＝プロシア戦争に志願兵として従軍し、そのときの負傷がもとで難聴となった。その戦争の勝利で北部ドイツのプロイセンを中心として、ようやく連邦制のもとでドイツの形成がかなう。いやがおうにもラッツェルの愛国心とともに、ドイツの自立への関心と独立意識が高揚した。二十一歳、イエナ大学動物学教室でヘッケルからの強い影響を受けて、貧毛綱の一般的形態と比較解剖学としてミミズの分節構造の研究に従事した。

さらにラッツェルの生涯における第二のコンテクストとして、『ケルン新聞』記者として一八七三―七五年に合衆国・メキシコを取材し、西海岸植民地における海上輸送路を通しての西洋列強のヘゲモニーを痛感した。またミュンヘン民族学博物館学芸員であったヴァグナーと交流し、感化されるのはこの時期である。

第三のコンテクストでは、一八七六—八六年にはミュンヘン工科大学で教鞭をとり、一八七六年に米国西海岸における中国人移民の文化・商業について研究を発表した。それがヴァグナーの移住理論と結合し、新しい居住地への移住による空間的拡散が文化の多様化を招くことが認識された。さらにラッツェルは、人間社会の発展・開発と開拓には空間が必要であり、空間の要求の限界を克服するためにフロンティアが必要であると主張した。

第四のコンテクストは一八八六—一九〇四年にライプチヒ大学にリヒトホーフェンの後任の地理学担当教授として就任した。そこでは一元論者からなるライプチヒ・サークルに参加し、心理学者ヴント（Wundt）などとの交流を深めた時期である。

ラッツェルの研究の意義は、以下の六点に要約される。①十九世紀にヘルダーを通して、ヘッケル＝ダーウィンの生物学と社会学を結合する理論構築をした。②ドイツ帝国の経済について、歴史主義・保護主義的な政治的思考を受けついだ。③地理学方法論として、リッターやヴィダル＝ドゥ＝ラ＝ブラーシュからの影響を受けた。④ヘッケルとヴントの汎神論・一元論とヘーゲルの国家有機体概念をはじめとするドイツ観念論をもとに、文化・哲学・歴史・経済を融合した政治地理学をとなえた。⑤有機体の居住地について、北米への移民の移住、その居住の局地化やそれにともなう景観変化やそこに反映される民族の倫理観について認識していた。⑥領土に関して中心と周辺、フロンティアを認識していた。

このようなラッツェルの人類地理学の特色の特色とは、その基本として、民族の歴史的運動（移動）と位置と地域の概念が重要であり、具体的には、地表の形態が人類におよぼす影響と、人間生活と居住地との依存関係を明らかにすることで、地域の説明をする地誌から構成される（Sanguin 1996）。

なおラッツェル（2006）の『人類地理学』の序文において、ミュンヘン民族博物館長モーリッツ・ヴァグナー教授に捧げると記されている。先に記したように、ヴァグナーは生物移動に関する理論をとなえ、それを諸民族の生活現象に適用した。またラッツェルは、後述するエルンスト・カップのすぐれた地理哲学からも大きな影響を受けたと記している。

この『人類地理学』序章では、人類地理学は生物地理学の一部分に包括されるとラッツェルが主張する。生物地理学は人類の分布地域エクメーネにも適用される。人類の位置的カテゴリーとして気温で区分された気候帯、大陸・海洋との位置関係、すなわち縁辺的位置、内陸的位置、外縁的位置、分散的位置が問題とされる。その空間的諸関係には空間獲得のための競争が反映され、狭い空間と広い空間における居住と進化の違い、島嶼地域と大陸における生命の発展の違い、高度差や地形による移動の促進や障壁、密集地域における増殖と孤立地域における種の保存が考察される。

動物・植物の有機体とことなり、人類の創り出す民族および国家の有機体は、個性と主体性を持つ諸個人から構成される。そして、ある場合には諸個人が全体のために尽くすことで集合的有機体が形成される。それは精神的道徳とともに、有機体の統一的な生命と再生力をともなう。そこにおいて土地（Boden）は唯一の物質的な連続体である。その生息分布域（Boden）の上で新種の出現、旧種の絶滅と発展の継続性により、絶えず高等な方向へと進化する。そのため、有利な条件での民族集団は優占種の地位を占める。生物地理学は植物・動物と人類の分布を等しくあつかうので、生命の一体性の観点から生物地理学としての人類地理学の必要性が認められる。それゆえ人類の住んでいる地球においては、地球と生命を切り離すことはできないとされる。

さらにラッツェル（2006）の『人類地理学』第一部第一章において、ラッツェルの哲学観として、自然環境が人類におよぼす影響に関する思想史が展望されている。そのなかで、ヴィーゴは陸上文化から河川文化、海洋文化への発展をとらえ、スピノザは歴史が自然と同じ法則によって発展すること（汎神論）を主張した。ライプニッツによれば生命の創造物は予定調和の方向へと発展させられる。またモンテスキューは風土が精神の性格に反映されるとし、ビュフォンは人間の自然誌をとなえ、カントに影響をおよぼした。そのカントは、理性によって与えられた地球の本質を認識して、世界知識を得るためには、地理学や人類学的考察がなくしては成り立たないと論じた。

さらにヘルダーは、各諸民族への部分的観察から人類の総合的把握へ、偶発的記述から包括的叙述へ、断片的世界史から真の人類史へと考察を進めた。人類はそれぞれ無数の自然条件によって支配されているとともに、地球上に地球と共につくられた大地の一部である。その大地を考慮しなくて、人類を理解することはできないと主張した。その歴史哲学は人類が占める最高の有機体を作る舞台としての地球を叙述することである。以上の展望をしたラッツェルにとって、人類は地球の一片である。人類以前の地球史は人類創出のための準備である。そして民族は大地に根差して成長すると主張した。

つまり、ラッツェルによれば、ラマルクの考え方をとって環境への適応は生成の過程であるとされた。外部環境の変化によって生物の要求と行動の変化が生じ、新しい行動が永続的となる。新しい習慣と行動によって、古い器官が退化・消滅し、新しい器官が形成され、進化する。すなわち居住・位置・気候・食物・生活習慣の変化が、生物の大きさ・形態・部分相互の関係から色彩・密度・俊敏性に影響する。それは栽培植物や家畜の品種改良と同じように植物種・動物種の多様性を通して、さまざまな段階の外的条件を反映しうる。

さらにラッツェルは、リッターが地理学と歴史学が相互依存し、その思想が地理学的に把握されることを主張して、後述するエルンスト・カップの『地理哲学』（Ernst Kapp 1845）に影響をあたえたと記している。ラッツェルはこのカップの『地理哲学』を通して、リッターとヘーゲルの思想の相互から感化を受けている（ラッツェル 2006）。

なおラッツェルの「生の空間（Lebensraum）」概念は、生命あるいは有機体がその中で生育する地理的領域である。

ラッツェルの人類地理学では「生の空間」において民族精神が一様性かどうかを議論してきた。人類集団が居住する空間は、人間社会が共に進化する自然の枠組み（Rahmen）、共に占拠する特定の場所（Stelle）、生活の糧を得て生存し成長するための空間（Raum）としてとらえられる。

またラッツェルの政治地理学は民族と大地の静的な記述ではなく、その自然地理学・人類地理学と結合して、国家と大地との関係を比較研究するものであり、社会科学の中で地理学の地位向上をはかるものであった。人間の地表における分布は生命の分布の法則から説明される。その大地との関係は人口密度や人口増大による国家の拡大や民族の移動であり、有機体にたとえることができる。国家の構造と組織は、地表の一部を占める国家有機体である。近隣の人々を組織化して領土の拡大をはかる。文明は未開の先住民を征服し、貴族制や官僚制支配を打ち立てる。やがて国家有機体は、精神や道徳と統合し、空間的範囲を規定する。その精神的共同体として、物理的環境に加えて、社会的・経済的条件が精神的統合を形成する。それゆえ、共住の条件として、外部からの保護と領域の一定の閉鎖性が必要となる。国家有機体における各種の社会集団として、個人・家族・同族・村落社会・移民組織・軍事組織・労働組合・宗教組織があげられる。

このような社会集団からなる「器官」が集合して全体を形成し、完全な有機体として、地理学的諸関係が一定の領域にひろがる。その Boden（土地の束縛性）が生産能力を決定する。すべての民族集団独立のためのたたかいとともに交通の発達によって、将来一つの共同体へと統合しうるとされる（シュタインメッツラー 1983）。

三　ラッツェルの汎心論

ラッツェルは、ライプチヒ在任時代に、心理学者ヴントの実験心理学の経験主義と民族心理学から大きな影響を受けた。ヴントはヘッケルの一元論的な思考にもとづき、精神と身体を分離せず、精神を物理的に分析するものとして実験心理学を確立し、近代心理学の萌芽となった。同時にヘッケルの有機体論的思考をもとに民族心理学を構築した。ライプチヒ・サークルでは、ヴントとともにランプレヒトは文化史における文化の発達段階の発展法則として、進化論へのアナロジーをとった。オストワルドは物理的エネルギー論として化学をとらえ、事物の本質は物質としてあるのではなく、エネルギーであると主張した。ラッツェルの自然哲学は、このようなライプチヒ・サークルへの参加を通して、かってヘッケルがオストワルドとともに形成してきた一元論者同盟の思想から影響を受けた（Hunter 1983）。

ヴントの科学体系は、現象学として物理学・化学・生理学を、系統学として鉱物学・植物学・動物学を、進化論的諸科学として天文学・地学と有機体の進化史をとらえる。また、それらの進化論的諸科学は、長期間にわたり出現する事象を対象とし、国民史・国家史と芸術史とともに地球史と結合する。ラッツェルは、これらのヴントが確立した分析と分類から進化の諸科学の精製を示唆された。さらにヴントの民族心理学は一元論的・有機体論的に言語・神話・宗教・芸術・社会・法・文化・歴史についての系統的議論をすすめるものであった。ラッツェルによる科学としての地理学の歴史的発展、哲学の地理学への拡大にはこのようなヴントの論理の認識があった。

ラッツェルの地理学にとって汎心論は、その研究の実質である。一八七五年以降のラッツェルの研究は自然哲学として理解されるべきである。ドイツ観念論は、ヘーゲルによれば自我と自然との関わり、内的な調和と均一性からなる。その自然を理解する精神の機能を無視するならば、ドイツ観念論の唯物論的・自然主義的概念を理解することはできない。ラッツェルによれば、私達の精神は空間的な印象や意味を必然的に秩序づけて解釈し、受け継いでいくのである。国家は、自然法のもとでの生物学的有機性をもつ。ラッツェルの認識によれば、神を含む創造のプランと人間の意思は一致する。自然法のもとで、国家は神霊的道徳であり、そのより低い段階から、より高い次の形態が出現するとされた（シュタインメッツラー 1983）。

ラッツェルは進化と創造を分離しない。進化は創造における特定の手法であると認識する。カントのLaplace仮説ではガス状の物体から宇宙が発生する。そのために、基本的創造が有機体の特性であり、機能的関連をもった相互依存の複合体として、継続的な物質やエネルギーの流動の均衡が生じる。ラッツェルはヘッケルの一元論に加えて、さらにヴァグナーの「地理的種分化」概念から、進化思想を人間世界に応用することを着想した。しかしラッツェルは、ヘッケルが提唱した物理化学的な無機物の原理を、そのまま有機体の進化や発生に応用することを批判した。またヘルダーの自然哲学から、純粋な自然科学ではなく自然・人間・歴史的景観の相互作用を研究する着想を得ることができた（シュタインメッツラー 1983）。

すでに記したとおり、ラッツェルが感化を受けたヘッケルの一元論は反観念論の哲学であり、二元論における①神の個性（神性）、②霊魂不滅と、③意思の自由といったドグマを粉砕した。しかしラッツェルは、ヘッケルによる有機物と無機物は同じ物質であり、同じ力により影響されるという学説をそのまま首肯しない。むしろラッツェルは、すべての事物に対して、人間の意思（心）の存在、すなわち神、イデア、理想の存在を認める点で、精神と国家についてより汎心論的である。国家は歴史的な生命共同体であり、個体群（人々）の統一の形態として、意思と行動能力の統一をもって、人々の全体性への関心という目的の統合をはかる。国家を扱う政治地理学は政治的イデアや統治の意思を身体の構造にたとえる（Hanter 1983）。

一元論のもとでは、一定の全体からなる相互関係が知覚を進める全体の性格となりうる点で全体論的となる。それらの全体として、一定の属性を持ち、いくつかの他者との結合機能を示す。それらの全体としての機能は各部分間の諸関係から生み出される。全体の性格は部分の性格をしのぐ。それゆえ集団内部の主題や意味の理解なくして、集団の習慣や調整・構成員の性格は存在しない。それらの要素の複合体として精神的イメージが形成される。

さらにラッツェルの汎心論的思考において、意味は、時空間世界の感覚・イデアと人間および神の精神を通して理解される。それらは汎心論的リアリズムとして、超ミクロ的な多様な個性からなる。汎心論は特有の土地や風土に関する比較心理学でもある。そこには心理学や物理的統計を含み、時代のプロセスとして空間を認識する。それは、神をも包合する社会的かつ個人・個性に関する相互内在性からなる。有機体を構成するエレクトロンがシステムの統一を維持する。

ラッツェルの国家に関する有機体概念は汎心論的哲学にもとづいている。それらは①内的知覚、②データとしての精神・個人の経験、③精神的・霊的リアリティとしての宇宙における神に通じるスピリチュアルな階層性、すなわち全体性における神、④有機的全体におけるシステムとして時間と空間における家族、社会、国家、海洋、世界、宇宙の存在といった観点からなる（Hunter 1983）。

四　ラッツェルの「生の空間」概念

ラッツェルの政治地理学の思考において、プロシアにおける民族の存在、ドイツ帝国の概念が、有機体として認識されていた。そのために、「生の空間（Lebensraum）」の概念が設定されてきた。たとえば、それはドイツ人家族にとってのふるさとであるが、オランダ人・フランス人も共住している。ラッツェルの陳述によれば、「生の空間」は地理的であっても、政治的な概念ではないとされる。しかし、政治地理学における国家は求心性をもった諸力である。その一方、「生の空間」はミクロ的な生活地域である。場所における生命の空白の余地が生じると、新たな「生の空間」への組織化が生み出される（Hunter 1983）。

このようにラッツェルの人類地理学や政治地理学にとって根幹をなす「生の空間」概念の定義について、Ratzel

(1901) および、その英訳である Ratzel (2018) をもとに、詳しくみてみよう。

生物の地域性は、地球（全体）の基本的特徴を反映する。植物、動物やすべての個人や国家はコスモロジー的基礎の上に位置づけられる。国や都市の歴史は、世界の創造とともに始まることで完全なものとなる。ヘルダーの自然哲学にもとづき、人類史・天文学・惑星誌および人類地理学を含む生物地理学は地球全体に共通する理論から発生する。また全地球的存在として地球の基本的特性に従う。移動する生命は巨大な時間の中で進化する。地球の運動・質量や物的条件は、重要な生命史の要因となる。

そして、地球と生命との関係が考察される。地球の大きさは不変であるが、地球史は変化、進化しないものではない。最初の生命は単一起源であった。地球史の一例として、サンゴ礁の形成は大洋中の海底火山の噴火により火山島が形成されて、その周囲にサンゴ虫のコロニーが形成される。やがて火山の活動が衰えるとともに、サンゴ礁の形態は裾礁、堡礁から環礁への形態に変化する。このように、「生の空間」は、地球上全体の生命の進化を反映する。生命の内的現象と地表で生命が経験する外的影響のもとで発生や種分化の内容や変化が制約される。種分化には制約された野外の閉じられた空間における隔離が必要である。これらの空間条件のもとで総計的なプロセスとして生命は進化する。外的影響の急速な変化は生物相互の関係を調整する。適応と抑制、新たな成長は、地表空間の制的、狭さに影響される。地表の変異と生命の進化との関係について、一定の拡大の限界をもたらす。地表はつねに変動し、変異し、生存条件が変化する。とくに土壌・土地、「生の空間（Lebensraum）」の大きさと拡がりは、気候区分、陸地海洋の位置と拡がり、高地や低地の違いでも常に変化する。生命の基礎条件の変化は外的条件の変化からもたらされる。土壌・降水量・水利条件・気候の変化が生命の領域に干渉し、進化がおきる立地を決定する。

やがて生物が移動し、空間を支配するようになると、一連の優占種の進化と生物相の多様化が生じる。しかし逆に、そこに少ない動植物が受動的に分布し、生物相がシンプルになることはかえって滅亡を招くとされる。すなわち昆虫や他の動物の進化、変異には移住・移動、食糧を求めての移動と滞在が結合している。そのため生物の移住は重要であり、分岐した新種の絶滅を防ぐ。変異した新種が急速に移動し、食料を得る場所が保証されることが、ゆるやかで安全な進化をまねく。

また征服あるいは植民による生命への空間の影響が認められる。近接地域の種は密接な類似性（近縁性）がある。中間地域の種は移行形態からなり、遠い関係の種の分布は完全に分離する。ヴァグナーの考えをもとにすれば、系統の分岐とその拡散は、地域的分離によってもたらされ、形態の拡がりと同時に相互の抑圧をもたらす。そのため、食糧確保を可能とする地域、すなわち居住地域への影響が過度におよばないように、一定の水準で閉じられていることが重要である。

生物の密度が居住地における種に影響する。種にとって、最小の居住空間や食糧供給に必要な空間が確保できることが種の密度を形成する。一定の領域における種の密度の増大は、居住の密度を高める一方、かえって過剰になると生命の密度を減少させることにもなる。

そのため、生命空間への遡及的効果として生命による空間支配の目的は、再生産に必要な空間への要求である。「生の空間（Lebensraum）」としての人類のエクメーネ（居住地）は、民族と空間との関係、すなわち文化の段階と多様性を示すようになる。

このようにヴァグナーは、在来種との空間的分離が種の起源にとって必要であると主張する。その居住地は食糧獲得領域でもある。

空間のための戦いの原因として、ダーウィンの『種の起源』の第三章においては、マルサスの『人口の原理』が導入されている。生物の増殖力は居住地の領域を拡大させる。人類は新石器時代以降、農耕を通して全地球に拡散した。人類の生存闘争は空間闘争である。空間の構築と構成は、生命の進化、すなわち生物の種分化を形成する。

広域的な地域における移動能力によって、分布領域の大きさが変化し、生存条件が変わり、生物地理が変化する。生存条件の変化への適応として、保護色、擬態が新しい居住地に適応した体色の選択を可能にする。その実例としてライチョウが雪景色に適応して白色化する場合があげられる。

境界（へり）、とくに空間のための闘争は内側と外側の対比もたらす。地域の中枢部と地域の周辺との関係を反映して、動物相・植物相と人間居住地の限界や境界部の様相は、中心部とは異なる。

国境地域における闘争によって、動物相・植物相と人類居住地にユニークな構成が示される。人口希少で生産性の低い広大なツンドラではトナカイの放牧が行われる。このように離島などにおける境界地域においても、新参者は、放浪し適応できるならば、その自立条件の許す限り受け入れられる。

すなわち広大な空間が生命を維持する。居住地が制限された古い種が、新しい種に居住地をあけわたす。そこでは抑圧と発展がともない、原始的な人々が絶滅し、文明教化された人々が発展する。そのため広い余地が独立・自立に必要である。

空間的関係として、新しい生命の発展と進化が示される。たとえば島は制限・限定された生活領域であり、森林限界以上の高山に孤立種が存在する。

創造の中心と保存地域がある。創造の中心では、より生物相が豊富である一方、種や人種の純粋な形態の保存はまれである。オーストラリア大陸は単孔類・有袋類が多いが、そこは進化の最前線から退却した種の保存地域である。最初の種分化の地である中心部から拡散した古い種の形態が保存されている。

ここに引用した以上の生物地理学的な「生の空間（Lebensraum）」概念はラッツェルの政治地理学にどのような影響をあたえたのだろうか。有機体論における「生の空間」概念は西洋文明の、とりわけドイツの偉大さという帝国主義的立場から空間の確保と拡大の必要を説く。地表の人々にとって、民族の階層は国家の機能の基礎である。地球全体の人類は食料により制約を受けているため、食物・栄養条件の向上を求めて、隣接近隣空間に進出し、空間的拡大をはかる。ラッツェルにとって、Boden（領域性）とは、ヘーゲルにとっての自然の性質が精神への影響に反映されるのと同じである。十九世紀末から二十世紀にかけて、領土の拡大と民族の移動が民族学・人類地理学にとっての重要な研究テーマとなった。ラッツェルの基本は、力強く社会的に優勢な形態の国家に均質化するために、民族の移動が生じることである。それはヴァグナーの学説にもとづいて、民族移動における永住性と移動性、つまり移動と孤立によって、新しいコロニーとしての空間が形成され、進化が説明されることで、社会有機体が進歩向上するとされた。

生物地理学的な国家領域の概念である「生の空間（Lebensraum）」において、有機体生命は本拠地を追われて移動することで、その空間の支配を拡大する。もともとの空間の制限から剰余空間を指向し、古いものが後退し、新しいものが進化する。たとえば従来の種が避難のために新しいコロニーを拡大すると、さらに植物・動物・人類からなる有機体は内在的運動として、領域の人口と成長の密度を増大する。これらが人類の国家における有機体へのアナロジーとなる。

つまり、ラッツェルは十九世紀におけるヘーゲルの歴史観のもとで、国家・社会・進化へのエリート的アプローチを示した。そこには西洋の繁栄とその政策・軍事を通しての植民地への権力行使は世界への使命であるとされた（Toricelli 1994）。

十九世紀末のドイツ地政学における「生の空間」概念は、民族の新天地への移住と適応、すなわち在来種との交雑からの孤立による分岐形態の獲得保存・進化をとなえるラマルクとヴァグナーの生物学の影響を受けたものである。やがてナチの帝国主義において、「Lebensraum」は「生命圏」のイデオロギーとして侵略の正当化に用いられるようになった。そのため、ラッツェルの没後、「生の空間」はさらにロマン主義のもとで、ドイツ伝統的農村景観という有機的世界における相互協力が理想化されるとともに、より大きな空間を指向する空間闘争である軍事的たたかいを示唆するものとなった。ヴァグナーの学説における変異の意味が空間闘争へと変化したのである。新天地での種の変異、生活条件の変化による種分化は在来種との交雑を避ける孤立なしでは不可能とされた。限定された地表における必然的な空間闘争は自然における反復したプロセスとみなされる。それは、ラッツェルが動物・植物・国家を区別せず、同じ有機体とみなしてきた根拠でもある。このようにラマルクとヴァグナーの生物学上の概念がラッツェルを通して、ナショナリズムから帝国主義の概念へと変異した。こうしてラッツェルの「生の空間」の概念は政治地理学のドイツ学派を特色づけるものとなった（Halas 2014; Dittmer 2014; Weikart 2003）。

しかし、ラッツェルの政治地理学の思潮の形成には、「生の空間」概念と合わせて、ドイツ観念論における国家有機体の概念から大きな影響をうけている。次章では、そのことを詳しく展望することにしたい。

5 ドイツ観念論を背景としたラッツェルの地政学

一 ラッツェルの政治地理学

ラッツェルの『政治地理学』(Ratzel 1897) は国家有機体説をとり、人類の「生の空間 (Lebensraum)」をもとにした生物地理学的研究でもある。民族間の空間闘争については、ヴァグナー流の移住隔離進化 (地理的種分化) の概念に依拠している。その根底には、「Boden」(「土地帰属性」) という用語が重要な概念として頻出する。

ラッツェルの『政治地理学』の論理の特色は、①人類の土地への帰属性である Boden 概念、②食糧や資源をはじめ生存に必要な空間的領域である「生の空間 (Lebensraum)」概念と、さらに③より広大で生存に適した Lebensraum を求めての「民族の運動や移動」と、それにまつわる④「位置や空間」概念から構成される。

ラッツェルにとって、Boden は土地・土壌という本来の訳語の意味のほかに気候・植生・地質・地形といった自然地理的条件をもち、単なる狭い土地の区画だけではなく、大地や地表といった広範な空間スケールをも持つ場合もふくみ、さらに人々の感情移入をともなった地理的束縛性として、また風土・伝統的景観・ふるさととしての愛郷心の対象をも含意している広範な概念である。そこで、小著では以下Bodenの訳語について「土地帰属性」ということばを用いる。

『政治地理学』の全体の構成は九部からなる。第一部「土地と国家との関係」においては、国家の進化と「土地帰属性（Boden）」との関係が取り上げられる。そこでは三章からなり、一章は「土地帰属性」における国家有機体、二章は「土地帰属性」と国家の発展との関係、三章は「所有と支配」というタイトルのもとで、農民（定住民）とノマド（遊牧民）が対比される。第Ⅱ部「歴史的運動と国家の進化」では領域における公民意識の形成と、政策や支配に反映される領域性が考察される。第Ⅱ部の「歴史的運動」においては、四章「移動と国家」では移動成長要因としての密度と障壁が、五章「政治的価値と細分化」では国家有機体の多様化と成長を政策との関連から分析し、六章「征服と植民地化」が取り上げられる。第Ⅲ部「国家の成長の基本的法則」では、環境との相互作用における国家の発展や民族相互の配置・調整・適合が述べられている。第Ⅳ部「位置」においては、民族の歴史的運動として、民族の移動と国家との関係が取り上げられる。その「位置」の概念には、①大きさと形態、②領域内の植生・気候などの特性からなる領域性、③相互作用にもとづく関係的位置からなる。とりわけ他の位置との「関係的位置」の概念には、交通・通信・運動移動、中心と周辺、生命（有機体）の外的・内的代謝状況が反映される。第Ⅴ部「空間」では内外の政治的状況、近隣諸国との関係、政治空間としてのグローバルなヘゲモニー、広大な空間の政治的効果（帝国の領域）、狭小な空間の政治的効果（ポリス・自治都市）と空間と人口の関係が取り上げられる。第Ⅵ部「境界」では自然的国境の意義、第Ⅶ部「陸地と海洋との間の移行地域（沿岸・臨海部・半島・島嶼）」、第Ⅷ部「水域」では海洋民族と陸水（河川・湖沼）、第Ⅸ部「山地と平野」では、山地と国家領域、地形と歴史的運動（民族移動の支障となる山地）、山地における保護と支援、通過地域としての渓谷・低地、低地の植生（草原と森林）と居住との関係が議論されている。

『政治地理学』第一章「国家は有機体である」では、国家有機体が、「土地帰属性（Boden）」の束縛性の視点から考察されている。

そこでは国家は、生命が地表を改変してつくる形態であるとされる。とりわけ地表は人類の経済活動の形態を示す。生物地理学は生命の分布を研究する。国家は極地や砂漠には成立しない。流水がある温帯において最も肥沃な国家が発展する。それゆえ民族の運動と移動がエクメーネのフロンティアを拡大する。

国家の人文的要素は「土地帰属性」の束縛性の基礎の上にある。土地の領有と国家の組織と政策は、「土地帰属性」の価値から理解される。それゆえ土地帰属性の政治的組織化としての国家の政策が人々とともに構成されている。それらは規模（スケール）・立地・関係的位置（situation）および境界からなる。土地の形態、小ぢんまりとした起伏や流水は人々の精神に影響する。つまり、このような周囲の地表との関係は、居住地とその歴史における精神性や個別の領域性を反映する。そのため人々を統治する権力は同じ国家の「土地帰属性」に依存している。

このように国家のイデアと精神の基礎としての「土地帰属性（Boden）」の概念が提起される。そのため、つかの間の支配者の意思ではなく、むしろ人々の歴史が何世紀もの間、同じ「土地帰属性」のもとで国家を保つようになる。人々は国家の政治的権力を「土地帰属性」の上で成長させ、「土地帰属性」がもつ政治的権力を吸収する。このようにして伝統的にドイツ帝国の枠組みが作られてきた。そのため、政策における「土地帰属性」の継続性からなる教訓と特性が、人々の間に多くの変化を通して永存し、多様な景観のもとで出現している。

さらに「国家における有機体的考察の限界」として、生物学的要素につけ加えて、人類として文化的要素や道徳的規範への考察を付与することが示唆される。つまり、国家は有機体として不完全である。そのため人間の精神的結合こそが本能にもとづく動物組織との間の格差を埋める。そのための有機体として、国家の観念を正当化する必要がある。

なぜならば、有機体としての国家は他の有機体と比べれば不完全である。その不完全性を精神的・道徳的諸力のみが排除しうるからである。国家の健全性の重要な条件として、効率的な時間の利用、そのための技術や才能の存在が国家の価値を向上する。家族の構成やその分業が、より密接な交流接触を生じさせる。つまり、国家は有機体的現象だけではなく、新しい社会的 life（生活・生命）でもある。すなわち、有機体としての性格のみが国家の本質ではない。国家は道徳的な有機体であるべきである。スペンサーは身体のアナロジーと政治組織の一致を試み、抽象化に執着した。しかし、厳密な機械的システムと有機体を混同したと批判する。

また、国家を高度に発展・完成した有機体と比較することのむなしさも存在する。つまり国家は広範な専門的発展の担い手としての多様な人口集団（population）からなる。その細分化された機能は、国家が依存する「土地帰属性（Boden）」にもとづく。そのため、国家の有機体の基礎は深遠な細分化を示すようになる。それゆえ、国家の結合を維持し、解体のリスクを回避するために、具体的な還元できない統一性の証拠として、「土地帰属性」を通して首尾一貫した国家の機能が求められる。それは国家の本質である「土地帰属性」として、境界を画定するとともに、その領域内における「土地帰属性」との精神的関係が求められる。そこには、共通のナショナリティが形成され、国民を保護するために領地をとり囲み、境界が固定される。

このようにして国家における諸個人と家庭（世帯）の在り方が言及される。つまり「国家における器官」として、国家有機体の身体へのアナロジーがとられ、労働の分業・産業活動の多様化・交易が身体内外との代謝機能にたとえられるとともに、国家有機体の「器官」が考察される。国家における器官を形成するのは労働の分業であり、「土地帰属性」の違いを反映している。「土地帰属性」上の人口個体群の空間的再編は中心・周辺といった地理的基礎にもとづく。つまり、国家における産業活動の分業は、有機体における高度に個別化した器官の相互関係にたとえられる。

国家のように地理的に変化しうる領域を機械的に分割することは、死せる体を扱うのと同じであると批判する。つまり世界の諸地域における地域経済の活動は「器官」にたとえられるが、有力な支配地域からの一面的な搾取により貧困化する。つまり、このような領域の支配によって、「器官」としての地域経済が抑圧される。たとえば具体的には、宗主国の支配によって、植民地における既存の伝統的な産業が抑圧される事例である。

有機体としての闘争は、歴史が表象してきた永遠を改変し、解消し、歴史を新しく形成する。そしてグローバルな交通・通信の実現は全地球を一つの経済有機体へと向かわせる。このように国家の内外における相互関係は、それら全体としての諸民族の運動と成長を多様化する。場所の特性は他の地域へと拡大し、土地・住民・施設は増大する。しかし各々の生計が大きな格差となり、そこから生じる対立と緊張によって、各々の「土地帰属性」が要塞化する。それは国家領域のわずかな浸食によって高められた感受性を反映している。そして移動生活における相互的関係にもとづく経済的接触が、最も遠方の地域との結合をも生み出す。貿易は驚くべき拡大パワーを示す。イギリスのスエズ運河管理によるインド洋の支配はその実例である。

次に第I部の第二章では、移動するノマドの有機体と定住する農耕民の有機体が比較される。さらに第三章では、両者の「土地帰属性」との関係が考察される。乾燥地や草原・高原を移動する遊牧民（ノマド）は、特定の土地に定住し、所有することなく、部族社会の段階にとどまる。やがて低地に定着した農耕民の人口が増加すると、土地（耕地）の所有や領有の権利が確立し、灌漑水利・治水などの運営管理のための国家が文明とともに成立することが述べられる。

なお Ratzel（1897）の『政治地理学』では、民族の移動・運動概念が、コール（1935）『交通路と集落の立地に関する地理学的研究』にもとづいて、民族の移動・運動と海洋・大陸の配置、沿岸部や島嶼といった自然条件の関係から説明されている。

さらにフランス語版の『政治地理学』(Ratzel 1987)ではドイツ語の原著の意訳・抄訳であり、内容が微妙に異なる。そこには、よりラッツェルのナショナリズムにもとづく植民地支配と貿易商業を重視した記述がより強調される傾向が読み取れる。以下、その内容の概略についても記すことにしたい。

その第一章では「風土に拘束された有機体としての国家」として、第一節「生物地理学概念としての国家」が記される。そこでは、生物地理学における国家が、地表における生活様式が伸展した形態として定義される。国家もまた全ての生命を従属させる地表の影響を受ける。それは「土地帰属性」との関係から出現した細胞組織と同様である。国家の組織、国家の成長は望ましい「土地帰属性」を得ることである。国家の発展にとって、水の影響は重要である。障壁となり、またコミュニケーションの手段ともなりうる。エクメーネのフロンティアは山岳部に存在する境界からなる。

そして「土地帰属性」上に人文社会の分割単位として形成された国家は、領域に対する主権をもつ。「土地帰属性」を奪おうとする政治的諸力の存在は国家の危機となる。個人の集団として政治的全体は大衆からなる。しかし、それは人種・言語・居住空間の共通性によってのみ規定されているのではない。「土地帰属性」によって大きな影響を受ける。社会集団の秩序は商業・宗教・政治的持続のための諸力からなり、国家の形成要因は土壌の価値に基礎づけられた政策である。「土地帰属性」はナショナルであること同時に領域的に拘束されている。

すなわち、「土地帰属性」の政治的制度としての国家は、地表の一部分としての有機体であり、特に住民と「土地帰属性」から構成される。その大きさ、立地状況、フロンティアとしての国境には、「土地帰属性」の形態として地表の起伏および、海との関係が反映される。それらは居住される大地としての景観の特性をもつ。そこでは定住の思い出が生み出される。純粋な地理学的意味に加えて、景観や歴史との間の精神的・情緒的なつながりが、自然国境に囲まれた居住の風土として示される。また海洋は、しばしば国家の発展の障壁となったが、ヘレニズム文化以降、人々の海洋進出や商業交易活動の舞台となった。国家は人口成長をともなう開発されるべき自然資源を通して強化される。「土地帰属性」への依存・従属は、固定された形態での成長の表象の枠組みであり、人々のパーソナリティを維持しながら文明を発展させる。

政策としての国家のエスプリは諸個人の精神に反映される。その精神と景観との関係を明らかにし、維持することは帝国の存続と解体につながる。このようにして、国家の歴史が政策に影響する。また、国家における有機体の限界として、つまり国家は有機体として不完全である。なぜならば植物や動物に依存しなければならないので、精神的・道徳的な有機体として自身を昇華しなければならない。それが共通の「土地帰属性」への定着である。そして古い国家は商業交易活動を通して、精神的な諸力に依存した成長をとげる。このように国家を統一する唯一の物質的基礎が「土地帰属性」である。「土地帰属性」では政治的組織が人々を強制し、その国家の規模と形態がフロンティアに示される。統一された領域のその中で宗教、国民性と歴史的記憶が再統合する。交流のプロセスにおいて、国家の有機体は物質的基礎とともに精神的な束縛による行動を含む。「土地帰属性」との拘束から引き伸ばされた諸力は、経済的・社会的な対置を示す。たとえば合衆国の北部と南部の対立のような事例である。以上の「土地帰属性」に対する精神的なつながりは有機体全体の構造の中に示される。

共同の労働を維持し、人民を保護する必要から国家における経済的な制約に関心が示される。有機体全体に対する唯一の構造は共同体としての労働である。国家には多様的なコロニーを形成する外的な影響の印象があらわれる。その囲まれた領域として、国民的感情と合致した領土が、農業的・商業的領域として保たれる。つまり国家有機体と社会集団としての個人は、国家の「土地帰属性」のプロセスの表象でもある。それらは家族・同族・村落共同体や移民の集団、軍事組織からなる。商業的共同体においては、宗教的秩序（プロテスタントの精神）が労働に貢献し、家族を基本とした集団は自然の結合に合致する。

これらの国家有機体の形式は必然的に限定されている。人類集団（population）の空間的分割としての領域の違いは、中心と周辺、平野と山地、都市と田園および人口学的に強力な地域と弱い地域からなる。すなわち有機体の特定の部分がより厳正に結合しているからである。事例としては、コミュニケーションの幹線としての鉄道ルートの布置という政策のかたよりに示されている。このように国家は国家有機体であるとともに、その政策において、地理的関係をもつ。

さらに経済領域も有機体としてとらえられる。経済的な生命は気候領域の特徴と景観（Pay）の異なった地域性を反映する。それらの有機体の形式に関する必然的前提として、経済的組織は自然の特性を反映する。しかし、有機体の形成には大都市化や植民地化をもともない、「経済器官」の形成における分業は伝統的な職人の抑圧をまねき、人間の共同体における外部との闘争は国際的な商業活領の領域を改変する。人々と景観の広大な経済的組織としての有機体は、単なる従属している内部器官ではない。中心権力（宗主国）支配と、その従属への抵抗や独立運動はルサンチマンとして、人々のエネルギーを放出し、国境の要塞化をまねく。

このようなラッツェルの一連の政治地理学研究の特色をKorriman（1987）は以下のように総括している。ラッツェルは十九世紀末のドイツを代表する地理学者である。地表の科学において国家の機能は有機体の器官にたとえられる。「生の空間」の概念をもとに『人類地理学』をあらわし、民族の移動をもとに植民地をふくむ多様な帝国を記述した。一連の政治地理学の研究においては空間支配力、生命圏、闘争と空間が重要な概念となる。空間の本質は有機体の成長にたとえられる国家の発展、技術の進歩、民族の移動から説明される。植民地はヨーロッパの支配を通して近代化が実現する。またラッツェルは、他のヨーロッパ諸国に対して、ドイツの後進性は、旧ハプスブルク帝国領域における自然的輪郭にもとづいているため、中央集権的概念が欠如し、小邦連立主義として驚くべき多様性を示す点であることを認識していた。ラッツェルは民族の運動・移動とともに、歴史から地理に応用された世界の発展の段階の類型化として、農業的段階から商業的段階への移行を考え、ドイツ帝国の交易段階の遅れを痛感していた。

つまりラッツェルは国家の発展にとって、商業活動が強力な動力となると確信していた。ラッツェルの多くの政治地理学研究論文において、とりわけ東アフリカにおけるドイツ植民地への開拓入植移民には批判的であった。むしろラッツェルは、商業活動による空間の発展段階から最終的段階の生息地（居住地）として自立独立に達するプロセスを主張し、ドイツ領東アフリカをとりまく、フランス・イギリスとの覇権争いの影響を考察した。また日本が太平洋における島嶼国家であり、日英同盟を通してイギリスとの接近をはかることを警戒した。それがロシアの東方政策との対立、下関条約締結後の日本と中国との関係についても考察を加えている。また外洋活動の領域として、アメリカの太平洋進出にも警戒をしている。このように、ラッツェルはドイツの典型的なナショナリストであった。イギリスの海洋進出に対抗して、ドイツも海洋国家へとなるべきことを主張した。大英帝国のヘゲモニーにも警戒し、オランダ・合衆国ともに帝国のブロックが形成されることをおそれ、イギリスの世界戦略をもとに考察すべきであると主張している。

同様にラッツェル（1941）の『ドイツ（地誌）』においても、「領土に制約されたドイツ国家」の苦悩として、神聖ローマ帝国の時代における小邦連立にはじまり、十九世紀の北部ドイツを中心としたプロシア帝国の形成にあたっても、連邦制をもとにした立憲君主制をとらざるを得なかったことを指摘している。

そのような帝国の形態の特徴は、ドイツ皇帝の統治の下における立憲連邦制であるが、政治的領域は北部・中部・南部にそれぞれにわかれる。もともと北ドイツは大部分がプロイセンであり、南ドイツではバイエルン他の三つの中国家を中心として構成される。中部ドイツは本来、多数の中小国家（領邦）からなる地方であった。

十九世紀のドイツは同じヨーロッパでも、英国・フランス・ポーランド・イタリア・オランダ・ベルギーといった統合された先進の国民国家とは異なる。ラッツェルは、それらへの憧憬と警戒を記している。もしドイツ語を母語とするものをドイツ民族として定義するならば、スイスの一部・オーストリア・バルト海沿岸をふくめた広い領土がドイツ国家ともなりうると、「汎ゲルマン主義」の信条をも吐露している。

それゆえ、ドイツ民族は固有のアイデンティティをいかにして保つかに苦悩するからこそ、農民として、各地域（小邦）の土地帰属性（Boden）に愛着をもち、ドイツ政府は重農主義的・保護主義的政策をとりうるのであると主張した。しかし、そのためにドイツは商業・貿易活動や交易国家としての発展が遅れたと指摘している。

また領土を確定する国境の画定が、国民国家の形成にとって重要であるとされる。たとえば、英国は島嶼国として海洋貿易に進出した。イタリア（旧ローマ帝国やヴェネチア）も半島からなり、海洋貿易に有利であった。フランスは中央山地と北海・地中海沿岸の低地からなり、中央集権国家にふさわしい統合された地理的領域性を確立している。しかし、これらに対して、ドイツの領域は、いかなるものかと問いかけているのである。

ドイツ国民には、国教としての代表的な宗教（宗派）が欠如する（カトリックとプロテスタントが併存する）とともに、一方で豊かな多様な地域性と多彩な文化をもつ。むしろドイツ国内には強力な統一的政策や支配が欠如しているからこそ、その多様な地域文化や歴史・風土性をもとにして、統一的なドイツ民族のアイデンティティを形成すべきであると主張している。

二　ラッツェルと国家有機体説

本節では、再度ドイツ観念論における自然哲学・歴史哲学をもとに、ラッツェルが民族の「生の空間（Lebensraum）」として、国家や領土を考察したことを、国家有機体説とのかかわりから理解することとしたい。

「生の空間」の概念にもとづいたラッツェルの政治地理学の政治経済的コンテクストとは、国家の地理学として、国家を有機体に比較することにあった。生物と同様に人類の人口集団（population）は個体数とともに自律性、道徳をもった精神的共同体である。帝国主義における戦争による領土の拡大が、国家の進化につながった。土地の特性をもった固有性と領域性、その領域性の保護と拡大が国家への意識・認識の制度化につながる。民主主義と命令は住民の間に領土が公平な再配置されることを通してなされる。国家は住民にとって進化進歩の要因になり、障害にもなりうる。

ラッツェルの政治的な地理学の分析は、固有性をもった領域性（Propriety）に自然主義者・ナチュラリストの視点を加え、さらに道徳的な自然の概念を示す。人類の拡散の過程における民族の沈滞や消失は、国家の形成や存続にとって脅威となる。組織における神の恩恵は、個人の協力を通して、その構造を長期間の合意により安定させることで進歩を招いた。個人を満足させる命令の特性は、全ての個人の権利を侵害しないような義務によって制限されている。それは個々の経済と自然を介した関係であり、資源の分配については相恵的に遂行しうる領域性によって調整される（Mercier 1990）。

ラッツェルの「生の空間」概念は、フーコーの生政治的テクストからも理解できる。すなわちダーウィンの生存闘争以上の含意をもち、フーコーの生政治の権力の概念から、「生の空間」は政策と文化の生物学化とみなされる。ラッツェルの政策論はドイツ文化帝国主義のコンテクストのもとにある。それはダーウィニズムというよりはラマルキズムのもとで、近代における空間闘争の歴史的加速、社会空間と政治空間の階層化、文化史的進化における民族の分類をほどこし、原始的・自然的民族と教化された文化的な民族との対比に終始した。

「生の空間」概念では、動物も人も、一つの種が滅びると、他の種がその場所をとってかわる。人間もふくむ生物種は新しい土地に移住して、入植地をつくり、土地の所有者となることは普遍の自然的法則とされる。ラッツェルの政策論において、国家の成長のために歴史的に継続した運動が、近隣国家の変動を通して、安全を導く。正しい政治戦略は永遠の自然の価値法則であり、本来の人類発展につながる。国家は空間闘争で繁栄するか、滅びるかのいずれかであるとされる（Chiantera-Stutte 2018）。

ラッツェルの没後、ワイマール期の精神として、当時の地政学では有機体論の世界観、すなわち自然主義的法則によって国家有機体の成長と行動が支配されていた。国家・国民は地表の一部分を有機体として占拠している。新しい生物学主義における「生の空間」は動植物有機体が生存するために必要とする空間であり、人々も同様に適切な「生の空間」を必要とするとされていた。それは、第一次世界大戦後のヴェルサイユ条約によるドイツ領土喪失に対して、ドイツ民族存続のために適切な「生の空間」が必要であるというナチの主張の背景に利用されていった（Bassin 2003）。

三　ラッツェルとヘルダー

ラッツェルの人類地理学や政治地理学に影響をあたえた哲学者ヘルダーの有機体概念について、まずSchultz（1998）をもとに検討することにしよう。

ラッツェルの有機体概念においては、人々が教育・教化されるか否かによって、自由と共生を獲得するのか、あるいは自然の支配者か従僕となるのかが決定される。地表や自然の多様性による変異から人類の統一にむけて、さまざまな人種の存在や文化が受容される。それは決して変異の排除ではない。

ラッツェルによれば産業化社会においては技術が発展するとともに産業人口が増加する。そしてヨーロッパにおいては、同一共通言語をアイデンティティにした国民国家が形成され、さらにその植民地において、汎ヨーロッパ的な文化の水準が達成される。その気候風土によって、人間はより高い精神へとむかう。このようにラッツェル、リッターとともにヘルダーは地球を人間の教育の基盤と考えた。

しかしラッツェルの空間成長の法則とは、国家と人々が共存するために過剰人口の解消をはかり、民族の移住によって空間の拡大をはかる。そのため小空間においてとどまっていては、民族の文明は知的に貧困化する。そこには、ヘルダーの平和的競争による人間性向上とは矛盾する空間征服のかたち、すなわち軍事・移民・交易・資本流動による成長空間の法則としての政治地理学が形成される（Schultz 1998）。

そもそもカントを批判し、ヘルダーからヘーゲルに至るのがドイツ観念論の流れである。そのカントによれば、歴史の運動法則は自然の意図を反映する。つまりケプラーやニュートンのような機械的法則が人間の歴史に反映し、国家内外の法秩序にも適用される。しかし本来、人間は自由意思であるはずであり、自然の意図と矛盾する。どう解決するかがカントの歴史哲学の課題となる。自然としての歴史は、有機体として、自己を産出するものとして成長していく。つまり有機体の部分と全体が目的と手段を反映して成長する。理性の獲得とは本能からの脱却であり、文化を確立することが自然の最終目的となる。

このようなカントを批判的に考察し、ロマン主義・反啓蒙主義・「疾風怒濤の時代」を構築するのがゲーテ、ヘルダーからヘーゲルに至るドイツ観念論の展開である。そこでは、①理性、悟性に対して感情、②合理主義に対して非合理主義、③外的影響力による形成に対して、内的根源性としての生命力の自己主張と、④人類一般の共通性に対して、ドイツ文化の精神的な独立および、諸国民・諸民族の個性の尊重という概念の対比が議論されてきた。つまり、ドイツ観念論では、人類共通の人間的「自然」に対して、個人的、民族的個性との対立を強調することで、反啓蒙主義の基本としてきた。

カントの考えでは、理性と悟性が感性の多様性を統一する。そして時間・空間の制約を克服して、実体の認識を成り立たせることで、自然法則の普遍的妥当性が成立する。カントは社会契約説を支持し、自由の共存をはかるために自然法則によって形成される秩序を必要とする。しかし、このカントの考え方は、ヘルダーには受け入れがたいものであった。

ヘルダーの『言語起源論』は人間の感覚である五感を通しての言語研究から人類史へと発展するものであった。諸民族共通の人間的自然である人間性の形成について、理性によって根拠づけるカントに対して、言語使用によって根拠づけるヘルダーの違いがある。ヘルダーによれば、言語の起源は神ではなく、人間的自然にもとづくものである。人類は本能から脱却し、技術を用い人工のシステムを発展させることによって、その関心と行動範囲が多岐になり細分化していく。人間の言語能力は人類の群居性からコミュニケーションの手段として形成されたもので、その系譜は自然の法則を反映していると考えている（桐原 2020a）。

ここでヘルダーとカントの認識論の相違を検討しよう。まず、カント認識論の基本構想において、感性的知覚に形成や形態を与えるのが悟性である。感性から構想力や図式を介して、悟性によって秩序があたえられる。悟性は感性と異なり、認識し、分析し、総合する能力がある。しかしヘルダーによれば、内的な力の組織を通して、感性的知覚の中に悟性が入り込む。そのためヘルダーにおいては知覚、感情、思考、判断の連続性が強調される。

カントが受容性と能動性の対立を強調するため、悟性と理性に圧倒的優位を付与するのに対して、ヘルダーは感覚に内在する悟性的判断を強調し、その自然的基盤を重視する。ヘルダーにとっては、悟性にもとづいた固有の持続的行為が人間性となるため、その認識論は経験内在的となる。これに対して、カントの認識論では経験から離れて、経験以前に時間と空間の直観形式が先験的に成立する。

しかし、ヘルダーの認識論では、空間も時間も人間性のカテゴリーも経験の中で、共同性を前提にして生成する。すなわち、それらは有機的・生物的構造から本能と理性のトレードオフとして認識される。つまりヘルダーの形態学的な経験論の知見においては、本能と理性のトレードオフが人間の相違性を強調しつつ、人間の生の経験に根差しつつ、解明されようとしていた（桐原 2020b）。

つまり、ヘルダーによれば、人間は自然を認識する主観をもつことで人間性が形成される。すなわち根源的な自然の存在として人間がとらえられることで有機的組織を形成する。人間の有機的組織は、具体的に地上にどのように展開しているのか。諸民族の有機的組織は、風土の思想とともに土地の状態および気候、気象から生じる民族の生活様式から規定される。そのため人類の解剖学的組織（形態）とは別に風土性から異なった民族が比較できるとされた。人類は一つの全体性としてつくられる一方、民族は風土的に分たれていく。諸民族は風土を通して、等しく人間性を展開する。そのことによって、身体的ものだけでなく、思想や感情の在り方や経験をもとに人間をとらえることができる。

そもそも精神と自然は二つが分立しているのではない。有機的生成が根源的であるのに対して、精神的生成は具体的な人間性の生成である。生命の発生と言語の発生は有機的生成であり、言語によるコミュニケーションによって精神が生成する。

ヘルダーの関心は普遍的で世界史的なものとなる。どうしても東洋・アジア世界よりは地中海・ヨーロッパ世界の考察が中心となる。そのなかでフェニキア人が全地中海的に活動し、植民や商業を発展させたのは地中海の存在という自然が潜在的な意味をもつとされたからである（大村 1986）。

またカントによれば、美しい対象には合目的性があるとされる。すなわち自然的対象の根底には「神」の意志がある。カントは合目的的な完全な国家体制とは宗教戦争（三十年戦争）によって絶対主義国家が形成され、ウェストファリア条約によって国際的平和がもたらされたものと考えている。その一方、カントの『純粋理性批判』では、理念と世界の深い断絶による二元論がもたらされた。しかしヘルダーは、カントの自由を求める諸個人が性悪説にもとづくために、絶対主義国家による統制が必要であるという主張を肯定することをためらう。むしろヘルダーは、ゲーテが神の意志であるとする自然をとおして、精神的なものと物質的なものの繫がりを主張したことを重視したのである（村上 1979）。

このようにヘルダーとカントの対立は、人間と社会の問題に関するものでもある。ヘルダーにとっては自然の多様性が広大な空間を提供し、多様性をもつ様々な諸民族の拡がりと共存を可能にする。そしてヘルダーは、ホッブズの『リヴァイアサン』に示された自然法にもとづいた絶対主義国家の成立に批判的であった。カントが十七世紀に示されたホッブズ的国家観を支持し、絶対主義を肯定したのに対し、ヘルダーは十八世紀の啓蒙主義を批判した。ヘルダーがとなえた風土論とは、反絶対主義の観点から自然・文化・風土・民族の多様性を主張したものである。つまりヘルダーとカントの間には、歴史の目標と進歩に関する対立がある。

ヘルダーは十八世紀の啓蒙主義を批判し、ヨーロッパが世界史の進化の頂点であることを否定した。絶対主義国家では、人間の自主性や創発性が喪失する一方、自然状態の未開民族が、むしろ本来の人間らしさを保っている。そしてヨーロッパの植民地支配や新大陸への植民、先住民への迫害を批判した。

一方、カントは啓蒙主義を肯定し、宗教・法律・制度・習慣は理性の前に合理性をもつと考えていた。なぜならば、カントにとって、ドイツは絶対主義の国家体制の確立に遅れ、小邦連立状態からの国民的統一をはかるためには、絶対主義体制の確立による私権の制限の段階を経ることをやむをえないと考えていた。これに対して、ヘルダーはフランスの絶対主義の崩壊を見ていたからである（村上 1980）。

またヘルダーの歴史は自然の内側にある（Schultz 1988）。すなわち自然の全体に内在し、完全性をもって神聖的規範的目標へと向かう。土地・民族・国家・地球の統一による相恵的進化が行われるとされる。つまり、人間と地球は神によって創造された。この相互決定の論理の発見は神の計画に自然が従う（汎神論である）ことを示す。

ヘルダーによれば、人類史における個性とは、多様な文化的政治的条件のもとでの気候風土を反映している。気候とは荒々しい気候から温和な気候への移行が、人々の精神を馴化し、あるいは気高くもする。気候風土の認識は、人類中心の立場から生きている全体に従って、改良される。それは自然を克服した繁栄をとるか、自然への従僕となるかという問題である。気候風土は、国家と時代区分とともに、人々の生活様式がかもしだす言語と帝国に影響し、人々の生得された自己調節機能や時代の状況、場所の必然性を反映する。それらは人類の移動、運動の均衡と調和について、自然が調節する法則でもある。人間の存在の均一的起源は、重力の中心のように言語の中心である。気候風土と有機体の関係には個々の差がある。

実例として、ヨーロッパ国家と商人は貪欲に世界中に進出し搾取する。ネグロイドを誘拐し、奴隷にした。このように気候風土や生活様式を破壊し、根無し草にした。このことに対するヘルダーの批判は、気候風土の混同が悪を生み出したという。本来、人類の基本的自然法則とは理性と平等であるはずである。ヘルダーによれば、最も明らかな誤りとは、国家の不自然な拡大である。それらの事例は一つの主権に多様な民族が存在する国家であり、それは壊れやすい機械に例えられる。つまり、その無機的人工物としての比喩は、古代ローマ帝国の事例にあてはまる。一方、有機的な一つの民族による国家は自然的秩序を保つ。ウィーン体制のもとで、文化の接触と伝播が盛んになり、国民的性格が消滅する。しかし人々による文化の進歩とは、内なる本質である。人類の文化と人間性の確立としての人間の学習能力は、歴史の流れの中で人類の自己実現をはかる。多様な文化を両立させる矛盾は、比較し、序列づけることで解消される。

ドイツ国家は、本来共通の言語をもとに海洋・分水嶺（山岳）といった境界で画定されるものである。共通言語は人々の精神の表現であり、国と人々に対する情報を共有する自然の理性である。それゆえ領域的国家は、古代王朝の大帝国といった多文化の集合体から、国民国家へと移行する。それは民族的に閉じられたコミュニティであり、同質性と首尾一貫した全体からなる。全体的国家の理解として、自然条件と地理的ユニットから構成され、外方へのセキュリティとして、歴史的なアイデンティティと階層性を主張するようになる（Schultz 1998）。

大村（1951）によれば、ヘルダーにおいては、人間性の歴史の哲学を構想するなかで、宇宙における地球の位置および変動と地球上のすべての存在は、一貫した一つの有機的形成であるとされた。有機的形成の段階的発展は、植物・動物・人間への進化において、人間の精神的力の体系を有機的な力に対比し、地球を一つの地塊、全体とみなす。カントはヘルダーを論理的厳密性や綿密な証明を欠如したとして批判する。理性と自由は自然である。自由の実現と歴史の目的は自然普遍的な法市民社会へとむかう。理性と自由は人間の有機的組織であり、内的外的に完全な国家組織となる。一方、ヘルダーは持続的拡張・発展による家族や契約、世襲の制度を重視する。ヘルダーにとって諸民族の記述は人間の自然史であり、有機力の統一性をもった風土有機体である。

ところで、このようなヘルダーの「精神風土学」に依拠して、和辻哲郎（1937-49）『倫理学』上中下は、ドイツ観念論をもとに日本人の心性を読み解こう試みたものである。和辻の倫理学の神髄とは、個人の自由と集団（国家）における統制との間の矛盾を解消するために、個人と諸集団との相互の「間柄」を倫理の基本とすることである。その「間柄」は、諸民族の営みが具体的な時間や空間のなかで展開するところから理解できる。それゆえ、和辻はドイツ観念論から空間性や風土性に関する議論を抽出している。

和辻の『倫理学』において、ヨーロッパ近代精神の形成には、まず大航海時代からの探検の影響（地理的発見）があり、十八世紀に歴史概念と風土を自覚したことに加え、さらにベーコン「発見哲学」、デカルト「心身二元論」と、「ニュートン力学」の提唱によって、中世的なキリスト教的な自然認識が近代的なものへと発展したことをのべている。

そして、このような事情を背景として、カントの悟性の原理による自然認識が発展する。しかしながらその一方、カントの認識によれば、歴史学は過去の歴史的事象の評価を後世に行うため、どうしても歴史学は人間の主観に内在するのではないかと考えられる。また歴史学は自然法則とは異なる複雑多岐な現象を扱う。それゆえ自然科学が普遍性を指向し、法則や理論形成に論理的価値をもとめて法則定立的であるのに対して、歴史学は個別性を重視し、個性記述的であり、文化価値をもとに説明する。このように歴史の問題は、個人と個人の間の時間的空間的関係を反映し、人間存在の構造は共同体の歴史から説明される。

カントの悟性原理を批判するヘルダーの「精神風土学」は諸民族の価値を風土の側から説明する。その地理学的風土は、あくまでも人間の生の表現である。それは啓蒙主義的な歴史哲学とは異なり、全体的個性の形成が生きる具体性として把握された。

なお和辻哲郎（1935）の『風土』において、ヘルダーの「精神風土学」の特色として、以下のように記されている。風土とは自然科学的な認識の対象としてではなく、むしろ人間精神の内的なものが現れている。風土の精神をとらえることは、人の思惟力と感受力全体の風土学を作ることである。ヘルダーは、天体の世界における地球の位置、地球上の動植物の組織から人の組織とその存在の意義を経て、民族の特性に言及した。自然は独立した存在ではなく、神のみ業を現す。全能な力である知恵・善を反映した物理科学的法則は神の御業の繁栄である。このような自然の底に見出す神秘は生命力である。理性や精神的思惟は、肉体の組織や健康状態に依存している。そのような自然の解釈は、目に見える形で精神に認識される。そのため観相学や人相学（physionomie）が重要となる。

人間精神の風土学は、人間の日常生活の姿から神秘的な生の力の形成を見出そうとする。常にそれは人間存在の表現であるとみる。人類がおのれを風土化していることは、国民の心も性格も風土化していることである。多様な風土において、普遍的法則は求め難い。自然科学からは克服されないような因果関係の混沌を「生きた自然」として解釈する。それは、①感覚の特性として、味覚、触覚、視覚、聴覚、嗅覚、感応と、②想像力として表象の仕方やその把握、③実践的な理解、④感情や衝動としての愛情や恋愛、⑤幸福感として、各々の民族固有の幸福感から構成される。このようにヘルダーの「風土学」は自然と精神を区別しない。生ける全体を全個性的に把握し、諸国民、諸民族の独自の個性を尊重するのである。

このようにヘルダーに啓発された和辻哲郎は『風土』において、風土を「モンスーン」・「砂漠」・「牧場」に類型化したのに対して、ヘルダーは地球という観点から各風土の相互依存関係が強調された。人間は自然と絶えざる相互関係の中にある。そのため飢餓・地震・戦争による民族の移動と定住によって、生成しうるものはすべて生成するとされた（笠原 2016）。

さらに登張・小栗（1975）は、和辻（1937）の『倫理学』におけるヘルダーの地理学観を次のように評価している。ヘルダーは神の摂理として人間性の実現を追求した。Volk（国民・民族あるいは庶民・大衆）からなる国家に人倫的組織として最高の地位をあたえ、言語を人間の共同体に全体として現れている人間性として把握した。人・時代・民族・文化はそれら自身のうちに精神的存在の一つの形態を表現し、あらゆる時点に意義深き秩序と統一を実現する。ヘルダーは民族の価値・個性を風土の側からとらえる。その主体の地理学は旧来の地理学と異なり、地理的風土はあくまで人間の生の表現である。また啓蒙主義的な歴史哲学とも異なり、風土を全体個性的な生ける主体性として把握しようとする。風土の精神によって、ヘルダーは人間の地理学を示唆し、歴史学に対しても民族の個性を力説する。それぞれの民族自身が独自性の意義を持って、人間性を達成する。

ヘルダーは人類をも包み込む神の摂理によって、歴史的風土においては、あらゆる民族に等しく、その自己実現を果たすべき存在としての役割が与えられている。この地上にあらわれた一切の文化現象に対して愛情と理解によって、存在の権利を認めようとする。人間であること、人間らしさ、人類であることは啓蒙主義による過去の断罪からではなく、歴史の歩みによって人間性を形成する。キリスト教徒だけではなく、あらゆる民族の文化に固有の存在の権利がある。これらがヘルダーの歴史哲学を形成する。それは世界市民主義であって、単一の国民国家における国民の祖国愛ではない。ドイツ人としてのほこりではなく、ザクセン、プロイセン、オーストリア、バイエルンなどとしての各地方（領邦）のほこりである。それゆえドイツ人は国民国家としてではなく、ドイツのゆたかで美しい風土に根差した国民文学、文化的活動として、人類に貢献しうるものであるとされた。

もともとカントはニュートンにもとづく引力と重力による静止的世界像を提示し、そこに時間、すなわち歴史を付加することで、物質において混沌から秩序が発展する可能性が明らかにできると考えた。しかしヘルダーはカントの自然哲学に対して、人間も扱う発生学的方法として人間の自然史をとなえた。そしてヘルダーは言語理性の本質は人間の生であり、機械論的に説明できないと考えた。このようにヘルダーの文化主義・歴史主義は、固有の環境と歴史の所産である。

ヘルダーによれば、カントの理性主義における道徳原理は、純粋理性によってのみ正当化される。一方、人文主義における道徳原理は、経験や人間本性の固有の能力によって理解される。しかし一七九〇年代には個人主義の台頭によって、伝統的な共同体の紐帯が解体してきた。自由主義は自由・平等・友愛にもとづく共和制である。もともと保守主義は伝統的価値観にもとづく家父長的国家であり、諸身分の廃止ではなく、共同協力を理想とする。それこそが有機体論やロマン主義が成立した背景である（登張・小栗 1975）。

ヘルダーは言語、学問、芸術を国家形成の伝統の契機とみていた。多くの民族において、共同の祭祀こそ、個々独立の家族を一つの全体に結合する。このような原始社会の宗教的性格は有機体的・共同体的であると同時に契約説的な国家像でもある。個々の小集団の人々は相寄って、最も有能な人を指導者として選出し、その指導者の指揮に従うことを契約する。これは、もともと未開部族における政治組織から示唆を得た考えである。このような契約によって、初めて王国が成立しうる。伝統の問題として宗教、祭祀のほかに国家の統治の問題を考えたときに戦争、征服、強者の権利の行使が国家形成の契機ともなる。そこで国家を「力の支配」の伝統にもとづいて基礎づけたヘルダーは、王座と祭壇との衝突とか、祭司に対する王の勝利とか、要するに宗教と国家との対立の問題に注意を向ける。しかし、人間性の神聖な法則を国家において実現する問題を、ヘルダーの生きた有機体概念をもとにして、現実の中に蘇生させるのは、ほかならぬヘーゲルの貢献を待つよりほかなかった（和辻 1950）。

ヘルダーの国家観をみれば、人の生活ぶりとそこからの要求が統治形態を作るとされる。国民・地方・風土が統治形態を規定し、諸部族の性格と民族の風習がその本来の特徴を完成させる。このようにして生まれた人為的な統治形態は国家、時代、場所によって変化する。このようにして、ヨーロッパの優位性と国家の永続性が批判される。ヘルダーは啓蒙主義における自然法的な考え方、国家とは、自然なものとして受け入れられるような機関であるとする考え方には批判的である。

カントの啓蒙における統治とは未成熟な人々に対することを前提としているが、ヘルダーにとって、人間の自然状態とは社会の状態である。ヘルダーは、ルソーの社会的結合が人間を抑圧するという主張に影響されて、啓蒙主義に反対する。ヘルダーは家族や民族といった社会の中に幸福があるというロマン主義的国家観をとった。そして遊牧・狩猟生活では族長として老練な者を選び、やがて民族移動のために防備と攻撃が必要となると強大な王権がつくられる。しかし、このように、ヘルダー自身が契約説を否定しながらも、知らず知らずのうちに契約説を肯定しているという矛盾をかかえている。

すなわち、ヘルダーは世襲による統治と、国家による専制が圧政、暴力、戦争を生み出すとし、征服による植民地支配を批判した。またヘルダーは地理学と歴史学の助けを借りて、統治が単に法律にもとづくことだけではなく、統治に関する人類史の真の哲学を構築しようとした。しばしば個人の幸福は、国家機関によっておびやかされる。しかし、カントの国家論は性悪説にもとづき、個人を束縛する統治が必要であるとみなしている。それに対してヘルダーにとって、国家は歴史の産物であり、永遠不変ではなく、歴史の流れの中で消滅していく。ヘルダーにとって一番自然な国家とは、一つの国民的性格をもった一つの民族による独自の国民文化とその国語をもつ一つの有機体である。このような有機体が発展して、より完成した国家を形成する。ここに民族と国民の二つの意味が結合する。ヘルダーの国家や国民というイデーは、ロマン主義における神秘的直観による全存在の普遍性と統一性の把握ではなく、むしろ経験世界から出発する。

このようにして、ヘルダーは国民国家による民族自決を最初に主張し、ドイツの政治的・文化的統一による汎ゲルマン主義を主張した。つまり、国家を不自然に拡大し、一つの主権のもとに多くの民族を混合させるほど、統治の目的に背くものではない。人間は生物学的にヨーロッパ人であろうと、なかろうと優劣はない。国民的相違は人種的相違に基づくものではない。人種ではなく、環境や国民、民族内部の分化が国民の相違をつくる。そのためヨーロッパ人による暴力による領土拡大、植民地化、キリスト教改宗に否定的であり、その背景となる商業精神、商業資本主義に批判的であった。階級制度がきびしく国民を圧迫するヨーロッパの統治形態が拡散し、世界中に圧迫を加えることにも批判的であった（植田 1964）。

ここで、もう一度ラッツェル地理学とヘルダーの関係を考察した Schultz（1998）の研究に立ち戻ってみよう。ロマン主義的性格の影響を帯びたドイツ地理学において、自然への忠実なアクセスを含む農業社会から、自然的秩序を改変する工業社会への移行によって、調和からそれることを問題視してきた。しかし、このような闘争本能を調整するのが文化国家の役割である。文化国家の一群としてのヨーロッパ世界の先験性は、全ての地域世界に対する先験性でもある。十九世紀のヨーロッパでは、古い文化相対主義から文化帝国主義へと変化した。そこにラッツェルはヘルダーの生命力のアナロジーの相対化を認めていた。高度な精神的生命は経済・社会条件の手段、社会的媒介を通して、一定の民族の移動を生じさせる。そしてラッツェル、ヘルダー、リッターともに人類の家庭と教育の場としての地球がとらえられてきた。
そこでは目的論が維持され、自然的賦与が文明を通して影響することで生じた、空間における人間の運命が誇張されていた。そのようにして生じた地理的ダーウィニズムは競争と破壊、すなわちラッツェルの生存闘争とは空間闘争であった。人口の自然増加とは空間的拡大、すなわち植民地や生息領域の拡大、高い文化の方向へとグローバルな文化への移行を示す。そのため民族の成長、民族の領域と国家の領域が一致するのがのぞましい。そのため虚弱な社会集団は強い集団、社会的組織に吸収されうるとされた。

結果として、文明の衝突により、グローバルな文化の形成へと戦争が起き、現実に巨大空間へと移行していく。また地理学的政策の実践は土地利用や住民を考慮しなければならない。このようにして、国民概念の誇張はグローバルな歴史への吸引性となり、ナショナルな個々の世界において、民族の統一と純粋性、人々の共通性が強調される。その一方で、諸民族の記憶を共通基盤とすることで、世界全体の利益と矛盾しなくなる。そこで民族をおとしめるか、高めるかの運命は、自民族の利益でもある国家的全体が景観的に独立し、政治的に独立する動きか、またはより大きな空間に従属することから生じるとされた。

しかしながら植民地においては、政治的境界（国境線）と自然地理的境界（山地・河川・海洋といった地理的障壁）が不一致であることが多い。多様に表現された地球において、地理的帝国主義は土地に執着し、地球空間の大きさの制約から、進歩あるいは成長‐衰退、進化‐衰退の対比が生じうる。

初期ロマン主義は個人主義にもかかわらず、強い共同体的要素があり、個人は共同体の一部分である。社会、それ自体の目的は諸個人が貢献すべき共通の目的と理念である。ロマン主義の共同体的側面として、自由・平等・博愛・有機体と倫理学によって、社会は民主的共同体として法と共通の文化、宗教、伝統、言語によって維持される。国民としての文化の多様性が、国家の歴史的発展の方向性に影響するとされていた。

ヘルダーにとって、平和は純粋な民族にとっての自然な機能であり、小から大の空間へと、民族化の教育によって、永遠の平和としての国民国家が指向される。このような国民的帝国主義は民族主意主義となり、土地・人民・国家によって形成される空間組織は、あたかも船のような乗り物にたとえられる。しかし、そのような空間組織としての「生の空間」が第三帝国の拡大政策に利用され、やがて人民の特性としての人種闘争、ナチへの賞賛に向かうことになる（Schultz 1998）。

このようにラッツェルの『政治地理学』の背景となるドイツ哲学は、啓蒙思想とともに、その反発として、保守化やロマン主義の影響を受けていた。とりわけヘルダーはナショナリズムと歴史主義、国民＝国家の同一視を否定した。文化相対主義としての自然法を拒絶し、全ての文化のユニークな価値を主張した。ヘルダーはロマン主義の政治思想の祖である。旧体制の卓越と崩壊のプロセスのさなかにワイマール体制の文化における中立主義をつらぬいた。ヘルダーは物理的宇宙と同じ自然法則が、人間の権力・行動・衝動についても純粋な自然史として貫徹すると考えていた。ヘルダーは歴史への有機体的アナロジーをとり、全ての民族・国民は等しい価値をもつとされた。ヘルダーはゲーテとともに、本来は啓蒙思想のもとで、理性の名のもとに解放されたはずの人間の主体性が、近代化における非理性的支配のもとにゆがみ、個性の伸展が抑圧されることに反発した。そのために有機的生命体である自然の創造にもとづく人間性回復を主張したのであった。

ヘルダーの人間歴史哲学においては、あらゆる異民族の文化にそれぞれ固有の存在の権利を認めている。人類を包み歴史を貫くものは神の摂理である。それは、あらゆる時代のあらゆる民族にそれぞれの歴史的・風土的状況に応じて、自己実現を果たすべき存在の役割をあたえている。全体の摂理が個々の場において理想化されることで、歴史性と風土性があいまって、人類全体が人間性形成（Bildung）のプロセスを歩んでいる。

しかし、その理念は現代ナショナリズムの基礎の一つとなった。つまりヘルダーは民族の多様性の併存を承認することと、一方ではそれが諸民族のアイデンティティをいっそう確立するという矛盾を止揚できなかったのである。さらに進んで、後にヘーゲルは啓蒙君主による専制国家から近代ヨーロッパの帝国主義へと移行する国家の正当化についての理念と所信をもっていた。国家の目的は人民の福祉の促進ではなく、人民の権利の擁護である。つまり公民としての最大限の幸福ではなく、最大限の自由を維持することであり、国家が主権者である国民の福祉・宗教・道徳の促進に責任を持つのである。次節ではそのヘーゲルからの影響をみていこう。

四　ヘーゲルの有機体論

カント以降、ヘーゲルにかけてのドイツ観念論はキリスト教的自然観を超克し、自然の拘束から人間精神の自由自立を解放するものであった。ヘーゲルにとって、精神は自然であり、宇宙である。十九世紀には、自然をも含む宇宙がプロセスとみなされるようになる。ドイツ観念論では理想と現実、精神と物質の対立に対して、もし可能ならば世界を再度まとめようとすることを考える。そのためドイツ観念論の思想家は自然的なものを超自然的なものにまで高めようとする。もちろんヘーゲルも有機体的意識を精神へと高めようとする。

カントにとって、生命とは人間の理性を再定式化したものである。シェリングは、意識以前での自然としての有機体を定義する。ヘーゲルの有機体は、意識に加えて、生命から構成される。もともとニュートン力学とデカルト実体論は神から離反している。しかしドイツ観念論は、実体と主観との関係において、自然と精神を分離するのではなく、再度一体化することを試みる。

つまり、カントの有機体概念は、自然の合目的性において、人間の認識における主体性が確立し、自然を克服することで、道徳における自由を結びつける。十七世紀のデカルトにはじまる神に依拠せずに実体を考える実体論と、十八世紀の啓蒙主義的自然観における生物観察ブーム、この二つが結実して、十九世紀のロマン主義における有機体概念が誕生した。それは啓蒙主義の機械論的自然観に対する反発であった。すなわちニュートンの数式によって支配され、人間・身体・動物・機械を同等に考えることは、教会の支配から解放され、理性を中心に人間をとらえる動きでもある。そこには感性、悟性と理性からなり、西欧近代啓蒙主義の基礎となる一方、しかし機械論化に組みこめない有機体が再発見された。

つまり自然とは、神の秩序によって宇宙があまねくつくりだされている。自然、有機体とはキリスト教ではない創造主というべき、超越した存在の意図のもとによってつくりだされている。そこで自然や有機体の秩序や法則の発見は、神の意思に近づくことでもあった。

そしてヘーゲルにおける自然の有機体意識によって、精神の有機体としての国家を生命体からの推理過程として意識しうる。その自然哲学において、地質・植物・動物・気候は進化しつつ一定の自己を保つものであり、有機体＝精神が、上昇流動するプロセスをとおして普遍性を高める。つまり有機体は人間意識の重層性にひそみ、そこからより重要なことが精神の認識に進む。そして人倫としての国家の概念は、ロマン主義や非理性的な反近代主義に無意識的に内在しうる概念となる。さらにフーコーの生政治の概念における近代批判も、上記のものを囲い込むのである（野尻英一 2010）。

そもそも、ヘーゲル哲学は近代とは何か、人間の歴史とは何かを問う。近代的人間としての人間存在の本質論を問う。世界とは一体どのような存在であるか。そこでは、スピノザの汎神論的世界体系を継承し、国家を人倫原理の担い手として、個人的自由の上位におく近代的ナショナリズムを形成し、国家市民的自由の上位に立つ人倫を主張した。ヘーゲルの現象学的世界においては、実在の全体から経験の全体へと、経験は本質と等しくなる絶対知となる。理性は記述分類をし、法則を求める。感覚は知覚を通して悟性へと発展する。生物個体性は分類だけではなく、他者から独立した存在である。そのため、有機体は外部的環境からの刺激に対して、外面的な偶然性として適応するとともに、かつ内部的にはそれらを有機体の再生産のために自己目的で自己保存に用いる。外なるものは内なるものの表現である。感受性↓反応性↓再生という再生産をくりかえし、普遍的生命が個別性に分かれ、相互に交わり、新たな普遍性を生み出す。環境は与えられるものであると同時に、有機体が行為を通して、自らつくり出したものである。

ヘーゲルは個人に対して、国家の役割を強調する。国家有機体としての全体における個人はその一部である。国家は契約体ではなく、共同体であり、諸個人全体としての国家につながりを持ち、国家の中で生きることで、国家のまとまりが得られる。国家有機体はロマン主義とドイツ観念論を基礎とする。個人は主観性を通して、欲求自我を満足させようとする。このような混乱を調停するのが国家の役割である。個人の自我と全体の秩序を維持両立させる。個人と全体の弁証法における個人の自由は国家によって支えられている。個人の活動は、有機体としての国家の発展につながるのである（竹田，西 2007）。

そもそも、ヘーゲルが人倫の概念をとなえたのはヨーロッパの植民地時代であった。近代になっても、私有財産に関する私権の自由の確立は不十分であった。そのため規範統治の制度的秩序が求められていた。古代ギリシア・ローマにおいて自由と権利が確立する一方、奴隷制や植民地主義が萌芽した。近代になるとヨーロッパは軍事力をもとにした征服によって植民地を確保していった。ヘーゲル（1998）『精神現象学』では、精神から理性への移行において、人倫が創出されるものであり、それは資産所有権の確立を通して、法的人格が認識されるプロセスでもあった。

そのため、ヘーゲル現象学には、ヨーロッパ植民地主義が含まれる。その現象学では、客観的精神が事物に内在し、主観を通して、精神は集団的に自己了解され、法制度化されることによって客観的精神になるとされる。ヘーゲルによれば歴史は、オリエント、ギリシア、ローマからゲルマンへと、東から西へと伝播した。そのためヨーロッパは世界の到達点であり、弁証法的発展あるいは否定の対象となりうる。法の現象学において、慣習→抽象的権利→道徳的法則から、実質的な権利と進化する。権利の三分割として、倫理的秩序、文化に、道徳および愛国的威信が対置され、それらの必然的均衡によって絶対的自由が生じる。

その現象学における文化は制度的発展である。ギリシア・ローマ時代から倫理は包括的意味として、真実や精神的自由の基礎である。ヨーロッパにおいて、自由の概念は社会制度と倫理基準の弁証法的発展にもとづいている。近代ヨーロッパ植民主義において、ヨーロッパの自己了解としての改革は、政治・経済・宗教を通して植民地にもたらされた。ヘーゲルがとなえる自由と人倫とはヨーロッパの植民地主義における矛盾を拡大するものであった(Katzel 2015)。

このようなヘーゲルの地理学観とラッツェルとの関係はBond(2014)に詳述されている。Bond(2014)によれば、ヘーゲルにおいて、空間・時間・場所の本質は人間とその主観的経験の存在論的考察から明らかにされる。相対的空間は物質的身体によって決定される。カントにとって、空間と時間は先験的演繹的考察の対象であり、直観の形態のみで理解可能であるような、知覚しうる主観に先立つ存在である。しかしヘーゲルは、そのような空間に固定性と継続性の性格を与える。

ヘーゲルは、人間が自然にひそむ魂(汎神論)の影響である地球・気候・季節の変化といった外的影響を受けて、居住地における生活様式に変異が生じることを主張した。地表の区分として、大陸やその下位区分の個性は必然的存在で任意のものではない。そのため、地理の違いは本質的・必然的な思考の概念につながる。

ヘーゲルの自然空間の概念は、ドイツの地理学者であったリッターとフンボルトの影響を受けて、地理学と精神の発展との関係について考察するものであった。極端な気候帯は文明から排除され、そこでは難民が移動する。気候上の難民は暑熱あるいは寒冷地域において拡大する。むしろ温帯が適切な居住地域であり、その空間は領域国家の形態として固定し、継続する。

またヘーゲルは三つの大陸として、アフリカ・アジア・ヨーロッパを本質的に区分し、本質的知識を求めた。精神は民族の直接の個性として、地理や気候風土に影響される。そのため、民族の精神の性格は地方ごとに制約されうる。気候風土は精神の形態として、歴史は国家の力として、生命はBoden（土地）を通して、個人にその地位や権力をあたえる。

ヘーゲルの空間の支配についての多様性に関する認識は、適切な政治哲学と科学への関心とともに、ヘーゲル自身の特有の個性を反映する。ウィーン体制下のドイツでは、個人の道徳と生計への共同体的政策が行われ、ふるさとへの愛着という特定の感情が唱導されていた。合理的共同体である現代の市民社会は国家と両立しうるとされた。ヘーゲルの空間概念、すなわち大陸・人種・気候が関連する地理的概念は、自然精神と歴史哲学の広い哲学的システムから発生している。精神の時間的・空間的性格としてあらわれる民族の多様性は、自然地理学からの影響を受けている。それらは歴史的あるいは非歴史的に人々が、空間・時間・有機的生命にもとづいた軌跡を示す。それらによって、論理的科学と自然哲学の融合がはかられたのである（ヘーゲル 2005）。

一方、ヘーゲルは、ドイツには十九世紀初頭まで憲法がなく、統一された国民国家としての実態を欠いていたこと、そのため世界市民主義と個人主義がひろまっていたことを認識していた。ヘーゲルにおいて、精神が自己の本質に至る特性は「自由」である。しかし民族の精神の興隆と衰亡を展望したときに、自由に加えて、自己の責務感覚を自覚することで民族の理性や道徳が向上していく。そのプロセスが、ヘーゲルの歴史哲学としてとらえられる。そこに民族と国家の有機体的概念が誕生する（ヘーゲル 2021）。

つまり、ヘーゲル（2018）の『世界史の哲学講義』において、国家有機体とは、国家内部の多様な諸要素が総合して、全体として機能する有機体概念にアナロジーをとった国家観である。そこでは、国家の各内部集団の特殊性が総合化され、演繹されることで、国家の普遍性が形成される。国家の普遍性のもとで、各内部集団や諸個人が自立性の確立を通して、国家全体が成熟し、進化する。ヘーゲルにとって国家は歴史の本来の担い手であるが、その精神的・文化的側面だけではなく、自然の側面によって国家の形式が規定されている。それゆえ国家は精神と自然の統一として理解される。国家への自然の直接的な規定性を明らかにするのが地理学の役割である。すなわち歴史は自然性の土台の上で営まれている。風土が諸民族の精神の形態に影響する。世界史は、そのような精神の形態の諸系列から国家の諸原理を形成し、規定するものを明らかにすることである。ここに世界史における地理学が問題となる。

すなわち国家を規定するものとして、諸民族の風俗や習慣、自然への関わりによる生計の実践、法と自由の体制がある。国家の諸形態と歴史の行程における民族精神とその段階性は、自然的基礎が土台となって規定されている。そのため、本来は国家の普遍的原理となる民族精神も多様な特定の形態として現れざるを得ない。ヘーゲルにとって国家の進化とは、民族精神と風土が媒介するものであり、父権的・家族的共同体から諸個人や内部集団の主体性や自立が確立する国家、抑圧から自由へと体制が移行するプロセスである。

その地理的基礎として、気候帯（温帯と熱帯・寒帯）および、旧世界と新世界の対比がなされ、①移動と遊牧が行われる高地草原、放牧が行われる山岳地帯（遊牧と族長政治）、②肥沃な土地で農耕が行われる河川流域の沖積平野（大規模な農業と国家形成、文化の発達、所有関係にもとづく支配者から奴隷までの社会階層性が形成）、③交易によって文明が発達する海岸平野や海洋（商業・自由貿易・都市国家の形成）が類型化される。そこでは、定住と移動、農耕・牧畜と都市的商業が比較されている（Bond 2014）。

要するに、ヘーゲルは物的文明における立法、精神構造と国家形態が人間性の発展段階を反映していると考えている。そのために地理学は現象学的に人々・国民・国家の歴史をともなう。『歴史哲学講義』では一般史の地理的基礎として、自然と人々の精神の結合を取り上げる。行動の実践に気候風土の差異が反映される。ヘロドトス、アリストテレスとヘーゲルともに暑熱多湿、極寒といった極端な気候風土では未開となり、温帯に文明が生じると述べている。

大地と海は弁証法的に反定立する存在である。大地は人々を固定し、支配する。一方、海洋は移動の障壁になるとともに交易を促進する。産業の発展や知性の教化をともない、商業世界に移行していく。東方世界の沿岸島嶼、地中海ポリスと帝国から地中海とオリエント、アジア世界、旧大陸と新大陸への移民が述べられている（Chatel 1976）。

和辻哲郎（1937-49）の『倫理学』において、ヘーゲルの学説は、精神が己を自然として定立することにより具体化できるものであり、そのため諸民族の人倫的精神の段階は、地理的風土性によって規定されているとされる。つまり、諸民族が多様な風土におけるそれぞれの段階を経て、民族精神が世界精神に発展していくとされる。また和辻哲郎（1935）の『風土』において、ヘーゲルは以下のように記されている。時間の流れにおいて、人間の群れを一つの緊密な全体に結合させる根源的な発展の法則が、一つの民族の国民性を規定する。しかしドイツ民族は居住領域に領邦が連立しているため、領域支配の統合による歴史的統一ではなく、（ドイツ文化という）形而上学的存在の力を借りて統一をはかる。それゆえ民族の歴史が超歴史的性格をもつことになる。

ヘーゲルにとって、歴史とは個人や社会における自由の発展と、それらに影響する自然の自覚であった。つまり人倫とは、人間の精神が個々の民族おいて、その民族の現実性と自然性を反映して規定されている。すなわち地理的風土的規定にもとづく。民族の精神とは、空間的併存と時間的継起のもとで、自己を現したものであり、民族精神が世界史において世界精神になっていく。民族精神のなかの地方精神の存在は偶然ではなく必然性をもつ。なぜならば歴史哲学の理論は、世界史の地理的根底の上に成立しているからである。

民族精神の理念は、現実に存在する諸民族の外部的姿として、現実における時間とともに空間の内にある。これらの土地の子として諸民族の性格を、「精神の風土学」として、ヘーゲルは三つに類型化している。①広い草原、平地、水の乏しい高原からなり、遊牧民が族長政治を行い、侵略と破壊が続く、持続性が乏しい乾燥アジア、②大河が貫流する河谷の平野や沖積地であり、農業と大国家がさかえ、文化の中心地となり、土地所有の格差がもとで、君主と奴隷の関係（身分階層性）が発達する湿潤アジアと、③海と直接関係する海岸の国土であり、世界との通商の連関と交易が発達する領域である。その海洋とは非現実的、非時局的で無限なものの表象でもあり、限界を超える勇気、冒険欲と市民の自覚が生じる。ギリシアやイタリアがこの事例にあたる。

このように歴史は高原に始まり、平野において普遍化し、海岸において内省し、繁栄する。すなわち東洋→ギリシア→ローマからゲルマンへと自由度が増大し、最終的に立憲君主制の確立へと向かい、時代精神が世界精神へと移行するとされる。

このヘーゲルの歴史とは、世界精神という人類共通の知性が、自然の制約を克服し、自己自身の意味を確認しながら自由になっていく哲学のプロセスである。ヘーゲルにとって、根源的歴史とは歴史の記述である。反省的歴史とは歴史に内在している理性が世界を支配し、世界の動きが理性的に進行する状態である。

ヘーゲルの歴史哲学では、民族や芸術の移り変わりではなく、世界精神の自己発展として、自然の拘束を完全に免れた絶対的精神が展開されるプロセスである。つまりヘーゲルの世界史とは、人間の自由の意志が個人から民族へと世界精神に反映されていく過程である。時代精神とは人間の自由の実現過程、人間のあり方、すなわち自らの理念を実現していくものである。それは①アジア世界、②ギリシア世界、③ローマ世界から、④ゲルマン世界の順に発展し、時代精神が世界精神へと移行する。世界精神のもとで国民の統一と自由が実現する。ヘーゲルにとって、絶対的精神には「神」が内在する。その汎神論的性格は、感覚から悟性、理性へと発展していく。すなわちヘーゲルの世界精神とは、個々の人間精神を超えた普遍的世界精神によって、各人が歴史の中で自己を展開していく過程でとりうる形態であり、民族精神ともよばれる。反省的歴史とは各時代を超越し、自然の拘束を免れた世界精神が労働とともに自由を獲得し、自由意思の進歩をはかるものである。しかし、近代社会においては市民と国家が分裂する。その矛盾を国家の統治によって解消をはかるためには、絶対的精神として「神」の実現が必要となるのである（太田孝太郎 2016）。

五　ドイツの国家有機体概念

ここで、ドイツにおける国家有機体概念について、小括することにしたい。その特色は次の三点に要約できよう。

（1）全ての社会的・政治的・文化的な諸制度・諸活動は、それらの状況に応じて適応し変化する。単一の理想的な憲法・言語・宗教・文化は存在しない。社会的・文化的・政治的社会における言語・宗教・法律システムは歴史の産物であり、特定の時代における経済や地理・気候・人口条件によって影響される。

（2）文化はユニークな全体性をもつ有機体である。集団・価値・信念・制度・伝統・言語はお互いに分離できない。外的な立場からの一般的法則によって文化を説明できない。

（3）文化の発展は有機体的成長と衰退の段階である。社会は有機体の法則から説明される。

つまり啓蒙が時代と文化の産物であるならば、自民族中心主義を批判し、全ての時代の文化を同じ法則や価値観から説明できるのだろうか？　その理想化として一般的理性で社会変革は可能だろうか？　むしろ有機体のようにユニークな状況に適応して、社会は存続し繁栄することができるのではないか。このような反啓蒙・反近代化の思考が、保守化したロマン主義を生み出した。

つまり、ロマン主義は共同体の価値を重視し、文明社会を批判し、教養・生成（Bildung）の人文主義的伝統を示す。有機体は共同体として民主的であり、法則ではなく共通文化をもって漸次的・歴史的変化を示す。さらにドイツ保守主義は一七八〇年代からのフランス革命の思想からドイツの現状を守るイデオロギーとして、すなわち一八〇六年の神聖ローマ帝国崩壊から、ナポレオンの侵攻に対してドイツの存在を守るアイデンティティとしてとなえられた。その家父長的温情主義として政府が、人民の福祉に責任を持つものとされた。

初期ロマン主義は自由・平等・友愛をもとにした共同体を理想とし、家父長主義や権威的国家を批判する。しかし後期ロマン主義は絶えざる啓蒙と教育によって、国家意識の醸成をはかり、ドイツ共和国を形成しようと試みる。すなわち、ヘルダーとヘーゲルに共通して、自然哲学・歴史哲学から発展した政治哲学における有機体的国家観においては、文明史は一元的進化の発展段階をたどり、ヨーロッパはその進歩の最先端とされた。そこには、遅れた未開諸民族の教化の必然性が含意されており、植民地支配が正当化された。それらが前提とする制度の進化とは、立憲君主制にもとづいた単一民族を中心とする国民国家の形成とされていた。

国家有機体概念の特色を要約すると、①人間の存在は社会の存在に先立つ。それは自然や宇宙のなかにすでに内在している。②権利・義務は自然で当然のものではない。社会的地位や立場によって獲得され、決定される。③国家は人々の意思による人工的構築物ではない。人々の歴史・文化・言語・宗教・伝統によって生じる自然的産物である。④国家は平等な権利をもつ独立した諸個人の集合体ではない。権利と義務が地位と責任に一致して相互依存する階層性からなる。⑤国家は革命勢力や領主の力によって変化できない。歴史的制度や伝統のゆるやかな進化によって変化するという諸点からなる（加藤ほか 1990; 柴田 1986; バイザー 2010）。

しかし後にマルクスは、エンゲルスとともに、ヘーゲルの理想的な国民国家像からは、労働者の疎外という矛盾は解消されないという問題意識をもつ。それが『経済学批判要綱』、『経済学・哲学草稿』から『ドイツ・イデオロギー』へと、マルクス主義の議論が深化していくのである。

六　カップの地理哲学・技術哲学

先に第4章第二節で記したようにラッツェルは、ヘーゲルの門弟であるエルンスト・カップがあらわした『地理哲学』（Kapp 1845）を通して、ラッツェルは、間接的にヘーゲルの思想を受容していた。ヘーゲルはリッターの「地理的基礎」の概念をもとにして、人間の精神の解放は、歴史の発展段階とともに、地理的基礎にもとづく国家概念において、自然条件の制約や桎梏から民族精神が解放されることで、実現されると考えていた。そのヘーゲルの考えが、またカップの一連の『地理哲学』（Kapp 1845）や『技術の哲学』（Kapp 2007）を経由して、ラッツェルに受容されたのである。

Weber（2019）によれば、精神と生命に関するヘーゲルの哲学において、人間の存在は特有の発展をとげる。その関係論的存在のもとで、自己実現は環境から独立して行われるわけではない。一緒に生命と人類の進化の体系が存在する。人類史は気候により影響を受ける。器官をとおしての人間の環境への作用が、地理的リアリティを示す。理想の国家はエコロジカル・ニッチに適応することから構成される。人間の進化は環境の文明化である。地理的立地は国家の発展にとって重要な要因である。自然地理学は自然環境における人類との特有の関係を扱う。過去・現在・未来を通して、人々と国家は自然・文化・社会の進化的結合を示す。国家は地理学の哲学から技術的有機体とみなすこともできる。自然は生きている有機体として、生理学的・生物学的に分析できる。カップの『技術の哲学』における道具による「器官への投影」は、精神文化の発展として有機体に道具を付与することによって、再帰的プロセスとして、精神と身体の二元論を解消し、一元論化する試みである。

カップの評伝について、その『技術の哲学』のフランス語版翻訳者であるChamyouは、その解題において、以下のように記している。カップ（Ernst Kapp）は一八〇八年十月十五日に誕生した。一二兄弟の第二子である。父Christian Kapp（一七四八―一八一四）はフォイエルバッハの友人である若いヘーゲル流哲学者で、ハイデルベルクで教鞭をとっていた。一八一四年、両親の疾病による死去後、ペスタロッチ流教育を施す学校の寄宿舎に預けられる。一八二八年にボン大学から古典哲学の学位を受ける。歴史学とともに地理学方法論に通じ、『一般比較地理学に関する地理哲学』をあらわした。

カップはヘーゲル哲学を地理学に応用した。ヘーゲルの哲学史は時間の流れの中で精神を研究するものであり、地理哲学は、空間において精神がいかに発現しうるか、介在する自然環境が精神活動の決定と実施にいかなる影響をおよぼすのか、出現する形態の特異性から多様な風土における多様な人々の性格に影響するのかが研究される。リッターの影響を受けたカップの文化地理学では、文化とは自然を精神によって馴化させるいとなみであり、精神は風土に服従する。歴史の様式とその運動は、人々の精神と進化への服従である。時間は空間の協力をともない、絶え間なく変動する。普遍的歴史には、必要最小限の時間と空間が介在する。その空間の文化地理学においては、①地表の改変・形成として鉱物・植物相・動物相、②場所へのアプローチの機械的原動力として空力・水・火・電磁気と、③精神的諸力へのアプローチとして言語と発明・電信が取り上げられた。

一八四八年のウィーン体制崩壊直後の一八四九年にカップはハンブルクで政治学を研究する。専制国家と自由立憲国家の違いとともに、社会有機体としての多様な国家の原型には、有機体（生物の身体）にたとえられた。自然哲学における政治的身体としての国家有機体は、人間の身体にたとえられ、無意識のうちに形成される組織とされる。専制国家からフランス革命が生じるのは、その抽象的普遍性を反映している。カップは官僚主義を機械論的であると批判し、官僚主義に身体の代謝の概念を対置して、有機体論的にプロシアの進歩を考察している。

カップの『技術の哲学』(Kapp 2007)では、まさかりからハンマー、蒸気機関に至る技術の発展が人々の自我意識の変革と歴史秩序を反映するものとされる。まさかりは人々に使用されることによって、その道具の本質や需要が人々に自覚される。すなわち人工物の発明と利用は人の手(身体)に関する意識の進化をともなう。その基本は自然からの抑制や障壁から解放される原理であり、権利の哲学を構築する。人類の文化の形態には、有機体の身体に人工物の形態が付与されている。カップによる「器官の投影」概念は、器官と人工物の間に介在するものであり、身体の器官の機能の延長をはかり、新たな外部性を獲得することでもある。身体は新たな外部の異質性を付与獲得することによって、移動・運動の機能を高める。そのプロセスでは、有機体の知性が新たに獲得した機能を利用することで、人類は無意識に形態の異質性を認識し、その人為的な変異を保存するのである。人工物の生成と自我の無意識の運動のうちに、身体は人工物の生産に投影された運動を実践している。

このような人工物の有機体へのアナロジーは、自我の意識への再帰的運動を反映している。このような「器官の投影」の概念とは、新しい人為的な器官の創造により、知的諸力が人間の新たな生理的諸力を知覚するプロセスである。カップによれば、このような投影の社会心理学とは、主題に関する身体について、中心と周辺、内部と外部を認識することにつながる。

『技術の哲学』によれば、人工物の生産における技術的対象とは、有機体の原型の無意識な再生産でもある。人工物における形態の変異は新しい矛盾の形成へとむかう。人間の有機体において、人工物の一定の形態は動植物へのアナロジーである。ヘッケルの「個体発生は系統発生の反復である」という学説を認めるならば、胚芽の特性からそれぞれの形態が生じる。人類の発展による空間の進化とは、形態の段階として、原型となる人工物が生み出される最初の技術から運動の形態が再生産される。生物と技術の哲学から有機体の機能と構造として、機械の構成が理解できる。カントが先験性にもとづく先験的な身体をあつかうのに対して、機械工学は科学と身体の関係をあつかう。しかし身体固有の科学である生理学においては、生命の認識は科学的知識の秩序を反映する。その歴史的秩序とその構築は身体の認識の歴史でもある。

すなわち、人工物の認識として、道具という外成的要因は思考における運動と身体的諸力に投影される。その対応する技術的対象として、有機体の改変された運動が、道具の利用に具体化され、その正確さと行動の特性に反映される。このようにして、有機体の運動は物理科学の語彙を通して、多数の道具の起源に回帰する。機械論ではなく有機体論へとむかう。現実の形態を通して、形態の論理をもとに機械論的命題が明らかになる。有機体の構成を通して道具を用いる手段が明らかにされる。『技術の哲学』における原理とは、有機体が理想的に進化する原理でもある。

『技術の哲学』の構成は、以下のように構成されている。一章では、人類の能力が定義され、二章において、有機体としての文化史への影響が、九章において有機体の矛盾・変異として、道具の利用が自我への進化をともなうことが説明される。そこでは上昇運動として、最初の道具（旧石器や言語）の利用から国家が形成される流れは、身体的な秩序に従うとされる。付加された人工物に特定の器官が対応して進歩する。それらは内的・外的器官の本質を反映する。そして本文の構成において、最初の道具（三章）、計測能力の統一（四章）、手の革新と道具の明暗（五章）、身体内部としての骨格（六章）、蒸気機関から鉄道システムのネットワーク（七章）、神経システムのアナロジーとしての電気通信（八章）として、このように身体内部の抽象的関係が、機械的構成として数学や科学の原理から解釈される。このような身体の運動の諸部分の機能的関係（一〇章）と、人間工学からみた審美性の規範が形態学的基礎に一致すること（一一章）と、「道具」として共通する言語（一二章）の獲得と、それをもとにした国家（一三章）の形成が論議される。

そこでは有機体論の流れの発展から社会科学へ、政治的視点からドイツ軍事組織としての政治哲学へ、ビスマルク時代のドイツにおいて、等しくヘーゲルの影響を受けている。有機体と進化論をもとにした道具・機械から器官への投影は、新たに社会秩序の形成とその需要（naturalization）を反映しており、運動と感覚の移動からなる相恵的関係が人類に投影され、新しいグローバルな交流・通信ネットワーク社会に対応する。

さらに各章の内容をより詳細に記すと、一章においては、人間身体は自我の概念がともなう。生理学と心理学は科学の本質である。しかし両者の矛盾を解消するのが、進化・分岐の哲学である。自我と身体の二元論を解消して両者が一致しうる。人倫と自我による人間中心の理論として、進化の有機体理論において生物発生の基礎が反復される。二章では「有機体への投影」、すなわち言語・科学における表現の変動が有機体に投影され、文化史的基礎を形成する。最初の道具、最初の仕事から歴史、すなわち人間労働の変遷が始まる。三章では最初の道具の使用から、道具の利用が身体器官の能力を増大し延長する。原始的道具は有機体そのものの表象でもある。道具の操作性は形態の分岐につながり、機械的配置は有機体の運動に反映される。つまり、「感覚器官と道具（五章）」において、無意識に身体に反映される技術は有機体そのものに類似し、生理学や解剖学の視点から説明される。道具の使用によって、手足の能力が延長され、移動が可能になる（四章）ことによって、手足そのものも道具化する。さらに、道具と一体となった骨格の構造（六章）が取り上げられる。力学の根源としての蒸気機関（七章）は人間有機体そのものを機械化する。鉄道と蒸気機関車への従属は血管のネットワークにたとえられる。同じく電磁気（八章）が、電信による神経ネットワークにたとえられる。

本書の最も重要な部分をなす第九章では「道具」の使用や身体への付加によって、身体と自我との矛盾、不一致が生じることが力説される。しかし道具や機械が「器官に投影」されることによって、新たに分岐・進化が生じることが改めて確認される。分岐の哲学は啓蒙の精神を反映し、人類の適切な身体的認識の基礎となる。次に機械の概念（一〇章）について、運動の理論として、反復する諸力の運動から説明される。専門化によって、機械が一般的に進化し、分岐する。抽象的言語を理解し駆使することにより、機械の運動と労働作業の実践が統合される。そのことが有機体の身体における運動感覚として、機械へとむかわせる。さらに「道具」に関する形態学的法則の基礎として、人工物の量と質の測定が言及される（一一章）。

さらに一二章では「道具」としての言語そのものが、話しことば・書きことばとして、直観的に内的器官に到達して作用することが強調され、共通言語の使用からなる国家の有機体が構築される（一三章）。人の身体は国家の基盤としての原型である。国家形成の本質の基本性は社会的身体の構造と生命である。歴史的国家、理想の国家として共通目的は労働と言語によるコミュニケーションである。社会的専門化において、道徳的責任・倫理と意思の自由がともなうのである。

以上のカップ『技術の哲学』の内容をもとに、筆者は次のように評価をしたい。カップは十九世紀の科学技術や工業生産の発展をもとに文明の進展と人類の発展を認識していた。その技術の考察には、先史時代の旧石器をはじめ、言語や文字の獲得から、電気通信事業にまでおよんでいる。人類は新しい技術の取得により、それがあたかも身体の器官のごとく、生産・移動・コミュニケーションの技能を著しく拡大した。そのカップの指摘は、二十一世紀にポスト人間中心社会の哲学思想のもとで、もはやサイボーグやハイブリッドな存在となったとされる人類を予見していたかのようでもある。カップの思想の背景となったヘーゲルによれば、人類の諸民族は自然への従属的状況から解放されて自由になることで、人倫を獲得する。すなわち諸民族が新たな技術を獲得して、自然を克服して、文明の段階的発展を経ることで、人倫を高めていくのである。

さらに改めて、Saas（1973）をもとにして、カップの『技術の哲学』へのヘーゲルの影響を考察することにしたい。カップの『技術の哲学』はヘーゲルの影響を受けて、歴史の必然的条件として、自然を克服し、精神を自由化することを考察する。リッターの文化地理学の影響を受けて、ヘーゲルは歴史の堅固な基礎である不動の地表から自然の本質を理解することで、人々が自己解放されると考えた。再帰的哲学として、歴史的発展における地表は、人類の学習の舞台である。自然地理学は、地球の個性が神の存在を前提として、国家や軍事と伝統に影響していると考える。自然地理学と政治地理学は、自然から着想することによって、人類の世界支配意識と文化史のプロセスについて、精神の疎外や限界としての自然要因を変形し、それらを克服する精神と身体の闘争から解明しようとする。人間社会の生存条件において、文明と地球における自由の意識、すなわち健康・強さ・器用さをともなった自由の意識から真の人間性が成り立つ。

そしてヘーゲルの社会哲学としての科学の認識の一般的基礎であり、ヘーゲルの主題でもある法哲学においては、国家道徳と法、つまり宗教と現実の調停が試みられる。すなわち具体的なリアリティとして、世界の環境に関して、人類による自然への主観性の統一が試みられる。労働の分業はその国家の発展段階を示す。

しかしヘーゲルは、技術の発展を社会の普遍性とみなすことには批判的であった。むしろ、歴史的自然から解放されることによる市民社会における個人の人格の自由化を重視した。理論よりも実践を優越させた。ヘーゲルにとって、意識の主観性は汎論理性をともなうものである。市民のパーソナリティは自然からの自由への解放であり、全宇宙の絶対的プロセスからの独立によって、固定・定住から移動・運動へと向かう。地球の開発は人類による救済の歴史であり、国家と機械は対抗する高い完全性をもった同じ原理から説明される。

その技術合理的文化性をもった理性自由化の手段として、社会的政治的な空間有機体が認識される。身体としての自然器官には精神が内在し、社会的外部としての母なる地球は審美的自由をもたらす。また同時に自然への着想が、身体性、人格性について倫理的変化をもたらす。その歴史的構成は人間の教育につながるとされた。

七　環境決定論か可能論か――ヴィダル＝ドゥ＝ラ＝ブラーシュに影響を与えたラッツェル

十九世紀にフランスを代表する地理学者のヴィダル＝ドゥ＝ラ＝ブラーシュ（以下、ヴィダル）は、ラッツェルの環境決定論に対して、環境可能論者であると人口に膾炙されてきた。ヴィダルの地理学の特色は、生活様式（genre de vie）の概念に代表される。それは、人類が世界の諸地域で生活のために自然環境にはたらきかける方法であり、具体的な土地利用（放牧地・畑地）、農耕具、作物や家畜の種類と用途、農家のつくりに象徴される（ヴィダル＝ドゥ＝ラ＝ブラーシュ 1940）。しかしヴィダルの生物地理学的な人文地理学は、以下に Vidal de la Blache（1903）を引用するように、ラッツェルの影響を強く受けており、「生の空間（Lebensraum）」やワグナーの移住隔離説による地理的種分化、民族の移動・運動を中心として考察するものであった。しかしヴィダルは、生態学の起源をラッツェルのように創語者のヘッケルに求めるのではなく、植物地理学者のシンパー（Shimper）によるヨーロッパの植生の類型を基準とした地域区分の研究という具体的な研究テーマに求めているのが特色である。

このように環境決定論と環境可能論として、ドイツ学派のラッツェルとフランス学派のヴィダルを対比する起源は、十九世紀末から二十世紀初めまでに行われた人文地理学と社会形態学との関係に関するラッツェル＝デュルケム論争をきっかけとしている（山野 1979a）。デュルケムは、社会学年報などの文献で、地理学は人間集団を研究対象とする場合の地域的基底としての人口や環境や資源を取り上げるべきであり、ラッツェルの人類地理学や政治地理学のように、地理的要因が人類の集団の在り方を規定するものではないと批判した。

これに対して、人文地理学を擁護したのは社会学者のフェーヴル（1971, 72）の『大地と人類の進化』においてである。フェーヴルは、デュルケムの社会形態学が規定する地域的基底とは別に、地理学は人類の居住占拠とは関係なく、気候や植生条件のすべてをとりあげて、場所を対象として研究するものであるとして、地理学の存在意義を主張した。それは、またフェーヴルがラッツェルの地理学を民族や国家の運動（移動）をテーマとした領土的拡大の願望であると批判し、より穏健に自然環境との関係をとくヴィダルの地理学を支持するものであった。

そもそもヴィダルが説く「生活様式」とは、人々の日常生活と自然環境との関係を示す民家の形態や耕地の景観、家畜の飼育などを通して、自然と人間との関係を地域的モノグラフの蓄積を通して行うより穏健なものであったからである。それ以後、ヴィダルのように地理学は人間と自然の関係の学であるとされ、個別的な地域研究（地誌）を積み重ねるようになる。

デュルケムはすべての人類集団が地域的基底と深く関係しているわけではなく、文明化の初期の段階から、むしろ土地とは独立した社会的組織の形態も認められると主張した。それはまた近代化とともに社会的分業の考察が地理的要因の影響よりも重要となるからである。そのことがラッツェル地理学の批判の要因であった。それはフェーヴル（1971, p. 95）は、アジアの湿潤地帯における稲作と水利慣行が、一定の特色ある社会集団の居住様式に影響するものの、それを直接的な因果関係をもとにして、どこまで議論できるかは、きわめて慎重にならざるを得ないと言及している。

このようなやりとりが、フェーヴルの『大地と人類の進化』の著作を通して、ラッツェル＝環境決定論、ヴィダル＝環境可能論の対立として、人口に膾炙した。とりわけ戦後日本では、このような環境決定論と環境可能論の対比が学校地理教育現場や大学入試参考書をとおして、一般にひろく浸透することになった。そして環境決定論批判は、戦前の地理学の反動性と保守性、場合によっては非科学性を批判する論拠ともなっていた。

しかし、そのように単純に対比してよいものだろうか。むしろ、実際はヴィダルの人文地理学は、ラッツェルの人類地理学の影響を強く受けたものであり、共通する視点が多い。そのことは、とりわけVidal de la Blache（1903）

の研究に最もよく代表的に示されている。以下にその内容を記すことにする。

Vidal de la Blache（1903）によれば、人文地理学は人類の居住地を生活様式との関係から説明すると定義される。そこには全地球的な商業交易と植民地化の研究も含まれている。そして人文地理学の名称は植物地理学・動物地理学と同じ起源である。すなわち多様な植生景観（フンボルトの学説）や動物相の比較（ウォレスの学説）を通して、地域間の明らかな差異を比較し、それらの特色から植物地理区（植物の生活形や総観の概念をもとに設定される）および、動物地理区（動物相の特色をもとに区分）を抽出する「空間の分割」と同じように、人類空間をテーマとすることから地理学的研究が行われる。人類空間の分割は主要なグループの構成、異なった環境への適応の状況、植物相・動物相へのアナロジー、大地の相観をもとに総合化して考察される。

それゆえ人文地理学は基本的に生物学的である。つまり、古い居住地における言語習慣、大帝国の中の諸民族の階層性を通して、人類は生命創造物の一部分としてお互いの活動を通して協力し、原始の居住地をこえて、生命的自然である相観（景観）を変形して、別の新たな空間を形成する。このようにして、新しい生命体による新しい結合体が形成される戸口が開かれる。そこでは植生景観の全体が修正される。このようにして形成される人類の居住地としての地表＝エクメーネ、すなわち居住される地表こそが、人文地理学の主要課題である。

人文地理学は人類の介在によって改変された自然条件の変更、人類によって修正された相観を研究する。生命的存在の発生によって多様化した地表における人文的事象を研究する。その起源と進化を解明することは観察科学における第一条件である。関係する事象全体を理解する視点を獲得し、無数の構成要素を地図化し、さらにグループ化し、分類し、比較をすることである。

そこでは歴史学における古い時代に関する学識の表現とともに、暑熱・寒冷といった地帯区分だけではなく、それらの多様な居住地の形態を比較することで、人類による新しい相観へのイメージを考察する。しかし人類は極端に地理的に拡散し、無限の空間に拡大する。そのため移民の動向は不安定となる。また人類集団は特定の地域にかたより分布している。

したがって、動物の分布を研究するビュフォンの動物地理学は人文地理学の先駆者である。習慣が多様な居住地の特有性から形成されることには、人類の哲学の好奇心がそそがれる。移民は、人文地理学にとって、ダーウィンの進化理論に反発するヴァグナーの学説における有機体の移住と隔離の効果を反映しうる。それは移住先の環境への適応による新しい変異の形成と、古い同系統種との孤立（交雑からの隔離）による分岐した変異の保存である。

人文地理学における環境のテーマは、フンボルト、リッターとラッツェルの世界観にもとづいて、位置－場所、文明、移民とその教化を対象とするように発展した。一定の文化と文明史の持続については、リッターの思考から地図学・統計学・民族学へ、さらにラッツェルの人類地理学・政治地理学へと発展した。ラッツェルにとって、位置・空間・フロンティア・辺境は政治的視点として重要であった。人類地理学は、政治地理学として国家に関する視点を有し、その政治的諸形態は文明の多様な段階を反映する。ラッツェルは国家の成長の理論として、地理学への生物学的手法の応用を行い、またラッツェルによる生産手段と生産方法の地理学的評価は、それらのトポロジカルな痕跡としてとらえられる。

生態学が取り上げる有機体の生理学的な変化は、多くのナチュラリストによって示されるエコロジー＝地域環境科学から説明される。生態学の基本はシンパーの植物地理学である。シンパーは、ヨーロッパの基本的各地における植物相を、相互に比較観察することによって、植生地域区分をしている。もともと、地理学はアリストテレスやヒポクラテスの時代から居住地、環境と人類との関係を研究してきた。その環境の影響を地域固有のものとするか、一般化するかについては長年にわたる議論上の問題であった。しかし観察と比較の問題からみれば、異なった文明の段階は、人類の異なった環境との適応関係を反映している。そのようにして形成される社会集団のイメージからは、多様な研究テーマとその理解が着想される。

最近の学説では、人類の文明の多様な起源を比較し、環境との関係を解明しようと試みている。生態学は人類による動植物の利用について、効用とともに敵対する関係からも分析をしている。つまり疫病の起源やその拡散伝播への障壁といった問題をも考察している。さらに人文地理学には地表の占拠をもとにして、正確に地表の人類空間を区分する課題が残されている。そこでは動物、植物、生物地理学と共同し、地図上の表現内容をもとに比較する方法が用いられるのである。

以上の Vidal de la Blache（1903）の内容から、ヴィダルの生物地理学的な考察も、ヴァグナーの地理的種分化とラッツェルの学説にもとづき、民族の移動・運動の研究を中心とするものであったことがわかる。このことからフランス学派を代表するヴィダルは、ラッツェルの人類地理学と政治地理学の影響を強く受けていることがわかる。そこで筆者は、ひろく人口に膾炙しているように、ラッツェルを「環境決定論」、ヴィダルを「環境可能論」として、ドイツとフランスの地理学を対比することは誤りであると判断する。

ちなみに、一九七〇年代から欧米の人文地理学において、論理実証主義を批判し、現象学や実存主義をもとに興隆した、個人による空間の意味づけを重視する人文主義地理学（Ley and Samels 1978）において、ヴィダルは高く評価されている。

人文主義地理学では、ゲシュタルト的な景観像の知覚が重視されるため、全体論を指向しがちである。しかし、ヴィダルの「生活様式」概念を、より機械論的なラッツェルの「生の空間（Lebensraum）」概念と対比すれば、後者が弁証法的であるのに対して、前者はより機能的、後者が一般的・抽象的であるのに対して、前者はよりコンテクストに依存している。つまりヴィダルはラッツェルのように法則的ではなく、より偶有性と創発性にもとづいた人間＝自然関係を提起したからである（Buttimer 1971）。

しかし、Buttimer（1971）が、人間中心主義の視点をかかげ、諸個人の環境知覚や場所における行動の解釈を重視する人文主義地理学の領域概念である生活世界の起源を、ラッツェルやヴィダルの生物地理学的な空間概念に求めることに対して、Samuels（1978）は批判している。それは、人間と比べると生物は環境に対してきわめて受容的に反応するし、かつ生物の本能にもとづく行動を、知性がともなう人間の行動と同一視することは危険であるからである。

ところで、日本の風景論について多くの著作を記しているベルク（Augustin Berque）は、『フランス地理学会誌』*Annals de Geographie* に、和辻哲郎の風土論は、西田幾多郎とともにヴィダルの地理学から大きな影響を受けて、執筆されたという論文（Berque 2022）を発表した。しかし、そこにはラッツェルへの言及が全くみられない。筆者にとって、これは全く奇異なことである。

戦前の日本思想において、地理学史に詳細に言及したのは和辻の『風土』や『倫理学』において、他をみない。それらの地理学史に関する内容はドイツ観念論をもとにしたラッツェルの地理学を中心とする論考である。また筆者が本章で記したように、ヴィダルの生物地理学的視点はラッツェルを高く評価したものであり、ラッツェルときわめて共通するところが多い。うがった見方をすれば、今日の時代の地政学復権の潮流を警戒して、ベルクは地政学と関連するラッツェルへの言及をさけたのではなかろうかとさえ、疑問に思われる。

ベルクは、和辻哲郎の『風土』が環境決定論ではなく、ハイデガーの『存在と時間』を批判するかたちで、「人間存在の構造的契機」を示すものであると評価していた。同時に和辻が説く「風土性」の概念は、ヴィダルの環境と生活様式の概念にもとづくものであると理解した。その風土性の概念は解釈論的現象学的地理学にむすびつくものとされた。その一方、ベルクは、ヘッケル流の生態学およびシカゴ学派社会学（人間生態学）が、実証科学で機械論的で全体論的であるため、フッサールやハイデガーの影響を受けて成立した現象学的地理学への系譜にはつながらないと指摘している(Berque 2006)。ここにベルクがヘッケルに感化を受けたラッツェルの「生の空間(Lebensraum)」への直接的言及を意図的に避けていることがわかる。

しかし、筆者は、あらためて和辻がラッツェル地理学、「生の空間(Lebensraum)」にあたえた評価を再考するとともに、和辻が批判したハイデガーに、ラッツェルの「生の空間(Lebensraum)」は影響をあたえなかったのか。ハイデガーの空間概念をもとにした現象学的地理学とは何か。ハイデガーの地政学的概念はラッツェルのそれと異なり、どのような特色をもつのか。それらがつくりだした今日の地理学への課題とは何かという課題について考察を加えることとしたい。そこに明らかになってきたことは、現象学における「生きられた世界」とも関係がふかく、ヘッケルとは対立的なドイツの生物学者ユクスキュルの「環世界」の概念である。

以下、第Ⅱ部では、そのことを詳細に考察していくことにしたい。

第Ⅱ部　現代思想につながる地政学

――ハイデガーに影響を与えたユクスキュルの「環世界」――

6 和辻哲郎とハイデガー——現象学と有機体論

一 和辻哲郎とラッツェル地理学、ハイデガーへの批判

これまで見てきたように、ドイツ観念論の流れとは、カントを批判し、ヘルダーからヘーゲルに至る。そのカントによれば、歴史の運動法則は自然の意図を反映する。つまりケプラーやニュートンのような機械的法則が人間の歴史に反映し、国家内外の法秩序にも適用される。しかし本来、人間は自由意思であるはずであり、自然の意図と矛盾する。どう解決するかが、カントの歴史哲学の課題となる。自然としての歴史は、一方では有機体として、自己を産出するものとして成長していく。つまり有機体における部分と全体が、目的と手段を反映して成長する。成長を通しての理性の獲得とは本能からの脱却であり、文化を確立することが、自然としての歴史の最終目的となる。

このようにカントを批判的に考察し、ロマン主義・反啓蒙主義・「疾風怒濤の時代」を構築するのがゲーテ、ヘルダーからヘーゲルに至るドイツ観念論の展開である。そこでは、①理性、悟性に対して感情、②合理主義に対して非合理主義、③外的影響力による形成に対して、内的根源性としての生命力の自己主張と、④人類一般の共通性

に対して、ドイツ文化の精神的な独立および、諸国民・諸民族の個性の尊重という概念の対比が議論されてきた。つまり、ドイツ観念論では、人類共通の人間的「自然」に対して、個人的・民族的個性を強調することをとおして、反啓蒙主義の基本としてきた。

一連のドイツ観念論者の「トリ」をつとめるヘーゲルの基本では、理性が、人間の主観的な意識の反映ではなく、自然、精神、社会、歴史を縦貫するような秩序の全体とそれらの体系からなることが主張されてきた。それゆえ、ヘーゲルの哲学では、精神の自己把握のために歴史の発展過程が重視されてきた。そのことが自由の理念の発展過程としての西洋史の理解につながった。

このヘーゲルに対して、ハイデガーは、世界を認識しようとする意思をもつ人間主体と、それ自体として存在している実体としての世界は異なるという視点から反論するのである。

和辻哲郎（1937-49）『倫理学』においては、西洋の個人主義と日本あるいは東洋の集団主義の思想の相違について、ドイツ観念論とハイデガー（2013）『存在と時間』における現象学的考察をもとに考察がなされている。和辻は個人の自我と、集団における全体支配や暴政とを調停しうる倫理として、人間関係の「間柄」をもとに説明しようと試みた。その「間柄」とは、諸民族の民族精神が具体的に「風土に」よって規定されていることで、発現しうるとされる。和辻の「風土」概念は、その内にある人間のあり方、すなわち歴史を規定するものである。それは人間のあり方にとって意味がある歴史的風土でもある。

そこで和辻は人文地理学の理論に関心を持った。和辻の『倫理学』によれば、地理学はドイツ観念論の影響を受け、新カント主義にもとづく個性記述的地理学とされる。和辻はドイツの地理学史を展望し、フンボルトは植物形の概念をもとに植生景観を相観（Physionomie）として類型化し、自然地理学を確立したことを記している（なお、和辻は記述していないが、筆者として、植物形とは、各々の植物種が、生育地の環境に適応して示す木本・草本・サボテン・コケといった形態で示す生活型のことである。相観とは、針葉樹林・広葉樹林・サバナ・ステップ（草原）・砂漠・ツンドラといったように、植物相が生育地の気温・降水量・土壌に適応して示す全体としての形態＝景観のことであるということを、ここに補っておく）。

次に和辻はリッターが大地の記述として、大地（地表）が動植物、人間におよぼす影響をもとにして人文地理学を確立したこと、さらにラッツェルが人類地理学において、「生の空間（Lebensraum）」をもとに民族の運動と空間征服を説明し、一方、フランスのヴィダル＝ドゥ＝ラ＝ブラーシュが人類の集団と環境との関係を明らかにしたことを記している。つまり、地理学が目指すのは土地であって、社会ではない。その対象とする環境や土地の個性とは、あくまでも人間の存在に属するかぎり、個人と個人、個人と集団、集団と集団の関連のなかに環境が埋め込まれているものであるとされる。地理的景観は人間存在の個性を示す。そして、国全体の国土の理解をもとにして、国土や地方の理解が可能になる。そのため国土は一つの文化的有機体であると『倫理学』に記される。

また和辻（1935）の『風土』においては、ラッツェルにとっての国家と領土の関係が自然有機体として考察されている。領土と国民の国家的組織は、人類の一片であるとともに組織された土地の一片である。その「生の空間（Lebensraum）」は自然条件の変化による民族の移動（運動）、すなわち衣食住の条件をもとめての空間征服である。このようにして、生物的概念と空間が結合し、やがてチェーレンの地政学へとすすむのであると指摘している。和辻哲郎は『風土』の巻末における「風土学の歴史的考察」の章において、以下のように風土学の系譜を展望している。

自然科学と人間の歴史的運命の連関との関係は混沌としていた。しかしヘルダーは、啓蒙の時代以降、歴史風土との関連を精神科学で捉えることを試みた。ヘルダーは、人間の感覚、想像力、実践的理解力、感情や衝動が風土的であるとして、自然と精神の区別をしない。個々の国民の個性の主張の共存をみとめ、諸民族の個性を平等に尊重した。またフィヒテ『ドイツ国民に告ぐ』は、カントの思考を継承するものであり、個人の上に抽象的普遍性をもとにした精神的自然が民族・国民の特徴を形成するものとした。このようにして、支配者、土地、戦争、勝利、敗北を共同にする。そしてドイツ民族は、形而学的な存在の力によって民族の統一の概念を保つ。

そしてシェリングはドイツのロマン主義のもとで、悟性的なカテゴリーに反抗して、直観的な視点を主張した。このようにして、物理的世界は精神的なるものの現れともなる。さらにヘーゲルによる汎神論をもとにした歴史哲学では、自由への発展は精神の自覚による人倫的精神の形成となる。個々の民族の全体性は、地理的、風土的に規定された精神の発展段階へと、一つの契機となりうる。このようにヘーゲルの歴史哲学は世界史の地理的根底となりうる。一方マルクスは、自然風土を自然科学の対象として把握し、生産力の基礎としての自然を労働生産性などとの関連から分析した。さらにその後、風土学はラッツェルの地理学の「生の空間」概念から、チェーレン（スウェーデン）の国土学へと継承された。

このように和辻によれば、とりわけラッツェルは人間生活を地理学に密接に結びつける。国家はあらゆる発展段階において、自然有機体のより高次の段階へと精神的、人倫的なものに化していく。また国家は、人類の一片であると同時に組織された土地の一片であり、それに属する民衆の国家的組織をともなっている。

それゆえ国家は人類の「生の空間」であり、生物学的な「生」と地球空間との連関を論じる。そこでは空間が単に一様のひろがりという物ではなくして、まさに「生の空間」である。人々は生の転変に着目するが、その生の依存する大地の転換を恐れている。しかし地球の表面は絶えず変わっている。たとえば気候帯、陸と海などの情勢は常に変化する。この変化は生と関係する空間の変化である。それはまた「生」の根底、「生」の条件の変化である。

これらは、すなわち「生の空間」の変化である。ところで「生」の特徴は運動であり、運動は空間征服である。たとえば樫が双葉を出す。それは空間に拡がることに他ならぬ。さらに双葉が幾抱えもある大木に成長していく。

それらは空間征服である。このようにして、人の成長、衣食住の活動はすべて空間征服である。生物はすべて空間と結合している。それぞれに応じて「生」の形式が生起する。しかもラッツェルの取り扱う「生」はあくまでも生物学的な「生」であって、主体的な「生」ではない。それゆえヘルダーの課題に応じた主体的な空間、「生ける空間」が求められているのである。

さらに和辻はラッツェルの後継として、チェーレンの『国土学』をあげている。『国土学』において、国家は単なる法の主体ではなくして、生ける有機体、超個人的な生物である。国土学は国土として国家を論ずる。国家は地理的有機体であり、国土は国家の身体であると和辻は記述する。このようにラッツェルからチェーレンへと続く地政学の系譜を和辻は高く評価した。

なお西田や和辻に影響をあたえたハイデガーの現象学は「存在への問い」を、「Volk」共同体（民族・国家・民衆）を基礎づける原理に求めた。『存在と時間』にしるされた民族「Volk」概念について、まず簡潔に言及する必要があろう。

ハイデガーは個人と世界との関わりに、常に居合わせている他者との共存性を考慮した。このような共存性をとおして、世界の在り方を理解するとともに、他者とのかかわり方をとおして、自己形成をする。このように現存在（人のあり方）の世界は共同世界である。そこには身体知や暗黙知とともに世界内存在＝内在性は、他者との共同関係であり、歴史的に形成された文化的基盤にもとづいている。つまり世界内存在とは、自然環境、自己の身体性、身のまわりの世界における道具的連関からなる。そこでは、対人関係をとおして善きものを見出し、自己交流の可能性を探ることになる。そのようなかでの共同体として、「民族（Volk）」における伝達と闘争の力のなかで歴史が生起する（仲正 2015）。

それは、また西洋近代文明がギリシア・ローマ古代文明とキリスト教にもとづき理性を重視することへの批判であった。つまり、それらは現実を仮象世界とみることで存在忘却となる。これらを克服して存在を理解するために具体的な「民族（Volk）」を理解する必要があったのである。ハイデガーの「民族（Volk）」とは、民族のほかに国民・大衆・民衆といった意味も含意している。

このようなハイデガーの影響を受け、西洋近代思想の理性中心主義を批判し、日本思想の固有性を探る和辻の『風土』における「間柄」、西田の「純粋経験」は日本の伝統的世界観への回帰をめざしたものであった。

そもそもハイデガーにとって、存在は、ある固有の場所によって規定されている。それゆえ生物は、固有の環境への反応としてしか生きられない。これは後述する生物学者ユクスキュルの「環世界」の概念につながるものである。道具は、ある場所で他の機能と組み合わさったときにのみ使用できる。つまり、それぞれの事物がおかれた場所が事物を規定していることから、存在が確認できる。このように存在の生起とは、固有の時空間のひろがりである。こうしてハイデガーは、カントの超越論的哲学からの主観と客観の対立図式をこえて、地平的図式の統一を主張した。

つまり存在者全体は現存在の多様性からなる。このため、自然と歴史を統一的に把握し、歴史の生起における自然のあり方が問題となる。この思考は和辻の『風土』に感化をあたえた。

このように理解したときに、ハイデガーの「民族（Volk）」概念は存在者全体についての知であり、身体に内在する精神性、非物質性と大地のような物質的なものからなる。

しかし、そこに西洋文明の伝統としての主体性の形而上学が影響する。そこに、「民族（Volk）」の主体性とは主権を取り戻すこととなり、またそれは軍事的侵略や暴力につながりうる。ここに近代の作為性がある。主体性の歴史とは、技術・文明が人間の自然への隷属から解放するとともに、さらなる通信や移動の技術革新が権力主体による作成可能性や演算可能性を用いた支配力を高める。このような主体性は個人をこえた集団の超越性をともなうようになった（轟 2023）。

二　現象学的空間とは何か

ハイデガーが依拠した現象学では、事実とは個的存在にかかわる偶然性であるから、その本質とは言葉によって表現された意味にすぎないとされる。そのために主観から出発し、主観そのものへの内省によって考えを進める。世界のとらえ方として、概念は言葉によって表現されたものであるから、外在的客観としてとらえるのではなく、主観のうちに内在的な意味系列としてとらえられる。フッサールの現象学は、事実ではなく、事象の本質を対象とし、自分の意識のありようをありのままに記述する（竹田 1989）。

そもそも中世スコラ哲学は、古代ギリシア哲学とキリスト教思想が合体して形成された。キリスト教の教えは不動のゆるぎないものであり、神は万物の創造主として絶対的権威であった。父と子と聖霊は三位一体であり、人は教会で罪を告白することで、神性を得る。これに対して、本能のまま欲望によって生きる動物は神によって救済することはできないとされた。それゆえデカルトは、人間精神と身体＝物体の分離、人間と人間以外の存在（事物）との分離を主張した。これに反論して、スピノザは神は自然にやどる、神自身が現実の世界にあると汎神論を主張した。

カントは人間の理性が認識できるのは、もの自体の存在についてではなく、現象の世界に限られていると主張した。そのため物事は、経験に先立って認識している時間と空間の枠組みでとらえられている。それゆえ時間と空間は感性の形式である。そこにおいて悟性は、物事の量や質という客観的な指標から原因と枠組を把握する。

これに対して、フッサールの現象学は私の発生として、自我の形成を問題にする。現象学では、他者の存在は自明ではない。他者の主観（他我）を推し量ることによって、自我も形成される。これが間主観性である。

このような他者との関係について、ハイデガーは世界内存在として、世界の中でさまざまなかかわり合いのなかで生きているが、そのような気遣いをもとにして、人間の現存在、人間のあり方が示されると説いた。メルロ＝ポンティは、現象学が生きられた空間・時間・世界についての報告であるとし、ひとは「身体」を通して、世界に参入することで、世界から意味を付与されていると考えた。

そしてフッサールは、論理実証的な科学を日常の現実生活に結び付けるために、物理的な機械論ではなく、「生」の現実にもとづく、有機体論の言説から、哲学を再認識する必要を説くのである。その現象学的還元において、私自身、自我の内部と外部、自我と他我の存在を内部性としてとりこむ現象学的還元を主張したのである。その有機体論の根底には、本書で詳しく後述することになる、生物個体にとって認識され、反応される、生物学者ユクスキュルの「環世界」の概念や、それをもとに、環境から生物個体に対して提供される意味である心理学のアフォーダンスの概念が重用される。

このように現象学的考察とは、経験された現象を理解する。一方で存在論的考察とは、経験とは何かという、その存在をもとに考察する。たとえばフッサールは、生きられた経験をもとに間主観性の理解を試み、生きられた世界を記述する。間主観性とは、多数の主観に対して、妥当な意味における客観性とはどのような意味において成立するのかを考察することである。自我への気づきとは、自我の身体経験と他我の主観との比較と総合によって間主観性が形成され、それが共通して経験されることから生活世界が成立するのである。またメルロ＝ポンティは、身体の移動・運動を重視し、その可動性による経験を説明する。さらに解釈学的考察とは、意識的な経験を社会的・言語的コンテクストのもとで理解する。たとえばハイデガーは世界における活動を世界内存在としてとらえ、現存在の世界内における活動の存在的意味を考察する。それらの他者との関係は道具性分析をもとに考察される。

フッサール（1995）は、ヘーゲルのロマン主義的歴史哲学およびデュルタイの歴史主義を批判し、研究は歴史上の哲学からではなく、事実そのものから、問題そのものから発していかなければならないと主張した。中世のキリスト教神学への桎梏から解放されたヨーロッパ近代の思惟とは、自由が理性であり、おのれの生活を律するような存在者として自己を形成するはずであった。しかしガリレオ・ガリレイにはじまる近代科学の確立および、デカルトの思想をもとにして、物理主義的客観主義と超越論的主観主義の対立が深刻になった。ヨーロッパの理想とされてきた哲学的理性にもとづく人間たること、あるいは人間そのものに普遍的理性が顕在化されるような歴史的な思考が衰退してきた。

そこで、フッサールは生活世界の存在論をとなえた。それは、いつも、われわれの直接の経験によって支えられている世界である、この生活世界から出発して、はじめて真の意味が明らかにされると主張した。すなわち現象学的還元とは、科学が説く、即時的判断の世界から生活世界への還元である。このような客観主義と主観主義の分裂の克服は、超越論的現象学によってのみ果たされうるとされる。

このような現象学が成立したのは、近代的な世界像の成立にともない、間主観性としての生活世界が着目されたからである。すなわち主観‐客観図式でとらえると、自我はむしろ無意識・身体・ことば・他者との共存の仕方などによって構成されている。現象学は自我の本質を内在としてとらえる。内在とは、確かめの根拠としての疑うことの動機とされる。意識が内在にむけて常に疑いを発して、身体・他人・無意識や社会に還元されていく。人間が生きている世界、実在の世界によって意味が統一される（竹田 1989）。

現象学にまつわる生きられた時間と生きられた空間の概念を考察すると、まずデカルトは延長実体として、空間を知性化し、連続創造として時間を知性化した。カントは感性的直観の先験的形式として、近代的知性における時間・空間の概念形式をとらえたため、物自体としての世界は不可知となる。ベルクソンは「生きられる時間」として、知られるものに対する生きられるもの、直接的経験されるものの存在の優位性を説いた。そこでは時間と空間の対立ではなく、生きられるものと知られるものの対立であり、生きられる時間と生きられる空間の交叉配列となる（ベルクソン 2001）。

現象学における空間とは次のように考察される。まず第一に、何もない空虚からなる空間である。アリストテレスは、空間を、物を入れる容器なようなものであるとし、実体的ではなく付帯的なものとしてとらえた。デカルトは空間を延長としてとらえ、広がりこそ物体の本質であるとし、幾何学と物理学を同一視した。ニュートンの絶対空間では、部分空間や相対運動が絶対空間とのあいだで規定される。ライプニッツは、空間を物と物との相対的位置関係の総和としてとらえた。関係としての空間は座標軸上の位置によって規定される。そして、広がりとしての空間については、空間に空虚が存在するのか、しないのかが問題となる。

すなわち、近代における空間論争の一つに運動記述の相対性の問題がある。運動とは座標原点に対する物体の相対的移動である。天動説から地動説への移行にともない、真に不動な点は宇宙のどこにも見出されないことがわかった。そのためデカルトは相対的な運動しか語ることができないと主張した。すなわち、それは延長としての空間、広がりとしての空間である。

近代における空間論争の第二は、絶対空間と運動の絶対性に関する問題である。ニュートンは、このようなデカルトに反発し、どのような外的な事物とも関係なく、常に同じ形状を保ち、不動普遍の絶対空間の存在を地球が本当に運動していることから証明しようとした。空間は神の構成物である。神は空間そのものでないか。空間的に遍在していること、神の遍在と結びつけることにより、運動と静止に関する絶対的な基準となりうる。遠心力の存在は地球の回転を実証する。相対的な回転運動では遠心力は作用しないからである。

さらに近代における空間論争の第三として、「関係としての空間」の存在を問題とした。ライプニッツは、ニュートンと対立し、デカルトと同じく、絶対運動の存在を否定した。関係としての空間では、物体の運動を他の物体との相対的な位置関係としてしか規定できない。このようにライプニッツは空虚な空間を否定するものの、広がりとしての空間を否定しない。空間を絶対的実在としないし、物体の性質ともしない。デカルトよりも徹底して相対化をすすめる。空間は事物の共存である。純粋に相対的なものである。空間は秩序あるいは関係に過ぎず、物体がなければ全くの無であり、単に物体を入れる可能性にすぎない（佐野 1990）。

このような物理的空間は、有限か無限か、等質か等方かということが問題となる。古代から中世において、空間に方向性があった。しかし近代科学の成立のもとで、いったんは空間が等質で無限とされた。ところが電磁気的な場などで、空間の異質異方性が確認され、それはアインシュタインの一般相対性理論によって、いっそうそれが確実となった。これらの動きは、また世界そのものの有限性をとなえたデカルトへの批判ともなった。

また現象学的空間の第二には、空間を生活空間、環境空間、都市空間などとして、物体やその運動にかかわる空間ではなく、情意的価値と結びついた意味空間としてとらえる認識がある。これらの空間は従来から地理学の研究対象となってきた。

さらに現象学的空間の第三の論点として、①人間の在り方としての相対的な空間とともに、②人間的空間だけではなく、物理的空間や数学的空間も意味空間として、空間の意味の重層的構造が解明されるような動きでもある。それらには抽象による理念化として、点・線・面からなる理念的空間がとらえられる。それは、つまり形式的には数学的空間であり、実質的には物理学的空間となる。

とりわけ、現象学的行動における具体的空間として、まず前空間的位相として視覚・触覚・聴覚による知覚にともなう器官の運動が行われる。具体的空間として「生きられる空間」である生活空間には、フッサールの知覚理論、ハイデガーの現存在の分析、メルロ＝ポンティの表象的空間、直観的空間の概念が応用される。

また相貌的に気分づけられた空間として、宗教施設や信仰の場における等方でも異方でもない雰囲気的な空間がある。また行動空間には身体の機能がともなう。

さらに形式的、数学的な空間はトポロジカルな位相的な性質を示し、実質的物理的空間は、具体的空間と表象空間の理念化によって得られる空間である。またユークリッド幾何学における実質的空間（古典物理学における空間）には、空間を満たす質である質量、体積、温度などが組み込まれ、そのような質の規定は因果関係をもとにしている。そこではユークリッド幾何学と物質的因果関係が結合し、空間と事物は相互作用のない独立したものとして捉えられる。一方、現代物理学において、時間と空間は一体化された四次元的なものとして結合している。そこでは時空的な場と物質との関係が問われる。それとともに、自然の因果性および物質からの空間の独立性がなされている（ボルノウ 1978）。

また現象学における空間概念には、「故郷世界」と「異郷世界」の概念がある。フッサール間主観性論において、①人間共同体としての文化世界は自我と他者からなる。②文化世界は他なる異文化との交流によって踏み越えられることができる。この①・②の両者はパラレルな関係にある。原初的世界は私の身体によって方向づけられている。文化世界は故郷世界から異郷世界への出会い交流として、方向づけられている。これらの故郷世界と異郷世界との相対性を超えて、根源に共通の同一の世界を探究しようとする（フッサール 1995）。

個体／普遍の関係について、実在論では普遍を実在とし、個体はそこからの派生態にすぎない。名目論（唯名論）では、普遍より先に個体が存在していて、普遍は個体の名にすぎない。個体とは経験的事実にもとづく実存的なものであり、空間的・時間的に現存するもの、偶然的なものである。個体は本質的普遍性を持ち、それに従う限りで他の在り方もできる。それゆえ普遍性と個体は別の実在ではない。

幾何学のような精密科学では理想的概念として、数値化がなされ、直感は不可能である。記述科学としての形態学は類型化にもとづき、直感が可能である。このような形相と経験的概念との区別は数学的自然科学と生活世界を対象とする学問の区別にもつながっている（ボルノウ 1978）。

三　人文主義地理学の成立

現象学は人文地理学に対して、深く影響をおよぼして、現象学的な人文主義地理学の確立をもたらした。地理学においては、一九六八年のパリ危機を契機とし、同時に西洋社会においてエコロジーや環境問題への関心が高まるとともに、十九世紀の帝国主義時代を反映したロマン主義的視点の地理学への反発が生じた。さらに一九六〇年代の計量革命（数学的モデル化）に対して、一九七〇年代以降、計量革命の成果である機械論的空間システム研究への批判がはげしくなる。このようにして誕生したラディカル地理学が確立し、計量化と新実証主義を弾劾した。

また同時に人文主義地理学は計量アプローチへの批判とともに、実存的現象学のもとで人間集団の意図や価値観、目標を重視し、「生きられた経験」をその確立した基礎とする。

すなわち人間の本質とは、本来は自由な行動であるはずである。そのため、人文主義地理学は主観を通した人間の経験の研究によって、行動を理解する。主観と客観を分離する方法論ではなく、人間の経験を通して、景観・風土を理解することを試みる（山野 1979b）。

二十世紀後半からの世界的な地理学の潮流とは、デカルト、ガリレオに代表される近代的な、機械論的、物理学的な空間認識への批判であった。それが地理学を現象学やポストモダンに指向させる大きな要因であった。また、そのことが新しい地政学や批判地政学にも大きな影響をあたえてきた。

そもそもデカルトによれば、近代では自我の発見によって、世界が対象化される。それは主観と客観、意識と存在、精神と物質、自我と自然といった二項的な対立が発生する二元論である。それらは、主体的自我を世界の外に独立した主体として立てることによって生じた。精神と物体は、それぞれ独立し、共通した性質を持たず、相互に作用しあうこともない。物体の本質は延長、拡がりとして幾何学的物体観からなる空間である。つまり、このような空間からなるデカルトの自然学とは、典型的な機械論的哲学であり、慣性の法則、直線運動の法則や衝突の法則などからなる。

デカルトを批判するスピノザは、デカルトのように物体の本質を延長としてとらえない。そのため、空間には物体的世界と多元的な精神世界が同時に共存していると考えられる。しかし精神が物体に作用することができるのは、精神自身が物体的であるからである。そこで神即自然であると考える一元論をとる。

さらにフッサールは『ヨーロッパ諸学の危機と超越論的現象学』において、近代科学はガリレオに始まる自然の数学化を行ってきたと批判した。つまり数学、物理学的自然が生活世界を覆い隠し、その基盤を失わせる。たとえば土地の測量のように、理念が幾何学的図形に還元されてしまうと批判したのである。

またフッサールの現象学における「共同主観性」、「間主観性」においては、他我とは、私が主観として経験している他者達の存在である。それらの他我の認識を通して、自我による日常の生活世界が形成される。そのような慣れ親しんだ日常生活の世界としての原初世界は、主観的、相対的な世界であり、近代科学によって見失ってはならないものとされた。

さらにフッサールと同様に現象学におけるメルロ＝ポンティは、身体の基本的様態を世界内存在としてとらえる。それは身体が時間的・空間的に位置することで、世界に対して自己のパースペクティブが形成されるからである。

一方、さらにポスト現象学におけるドゥルーズとガタリは弁証法を否定した生成哲学をとなえる。その「諸機械」の概念は、構造主義を超越し、批判するものであり、つねに再生産していく動的な構造である。「器官なき身体」

とは、卵以前のもの、つまり有機体に対立する、ドイツ観念論における有機体を否定する概念である。それは、アナーキーな存在である。そして「ノマドロジー」とは、近代資本主義における国家、宗教、政党、企業といったような定住した家族を核とする領土拡大に反発する概念である。「脱領土化」は、大地、王権、国家、貨幣、資本などからの解放と逃避のための闘争であった。

フーコーによれば、たましいが身体の内部にあるのではない。権力と言説の関係として、ある条件のもとで身体が意味を獲得し、経験がなされるのである。『監獄の誕生』や『性の歴史』という著作においては、身体の物質性とは自然であり、法であるとされた。その一方、「性の抑圧」が社会的組織や文化を生み出すとされる。そして「他なる場所」である「ヘテロトピア」とは抵抗の場所となる。すなわち前近代、中世における空間は、序列化された場所からなるさまざまな総体であった。しかし近代におけるガリレオが説いた無限に開かれた空間は均質化されたものであり、空間における局在性が、デカルトが主張したように延長、ひろがりや位置に還元されてしまう。そのような物理空間としてではなく、ヘテロトピアは様々な質からなり、物質的に満ちている空間である。そこでは権力に対する身体の抵抗が行われる「反場所」であり、異域でもある。

このように二十世紀後半からの人文地理学の思潮は、現象学からはじまり、ポスト構造主義まで、デカルト、ガリレオの機械的な物理空間を批判する哲学的な知の系譜に大きな影響を受けてきた。

このように現象学の影響によって、新しい地理学の方法論が形成された。現象学的原理は、現代の西洋思想において、物質的な経済・技術だけではなく、宗教・イデオロギー・政治の中に人間の価値観を位置づける。そのために日常の生きられた経験を重視し、技術的解釈を自由化する。さらに現象学は客観的システムと主観性と個人の存在の真理を対置し、存在の哲学を表象するようになる。お互いに固有の経験からなる主観的アプローチとして、本質的な現実を個人の経験からさぐる。反実証主義、反システム化と新実証主義の拒絶は、経験の世界の多様性を求める。科学の実証主義と絶対性や独裁性を批判し、経験の蓄積から真正性を求める。未知の大地は現象学的空間として、歴史記述や地理的に主観的な場所の記述が行われる。

つまり、空間や場所に対する人間の意図や感情は人間の活動における自由な精神の象徴である。人間中心主義における場所・景観・空間の概念は、観念論や唯物論と対立する。経験や知覚を通した人間の空間への感情は、場所への審美性やモラルにもとづく。人文主義地理学の思考は生活様式の概念にもとづく。一方の人や事物の循環に関する新実証主義のモデルとは単なる比喩にすぎない。人間の行動は「生きられた空間」から説明される。それは計量化と異なる認識論であり、抽象的なモデルの世界ではない（Sanguin 1981）。

さらに一九八〇年代になると生きられた空間と人間との相関性が追求されるようになり、女性、エスニシティ、マイノリティへの関心が増大していった。

人文主義地理学とは、人々と自然との関係、空間や場所に対する感覚と理解および、地理的行動を研究することによって、人間の「世界」を理解する。ルネッサンスによって、宗教の偽善やドグマが批判されるようになる。近代社会への移行にともなって、人間の行動は文化や社会性にもとづく独自性があることが認識される。このような観点から人文主義地理学の主題は、地理的知識とは生物学的生存のためのテリトリーにとどまらず、メンタルマップなど、空間認識や知覚の問題が重要となる。そのため、テリトリーと場所が情緒や象徴的にとらえられるようになる（Tuan 1976）。ここにもラッツェルの「生の空間」に対する批判がある。

Buttimer（1976）によれば、人文主義地理学の対象は、明確な行動と認識のもとでの空間に対する人間の経験である「生きられた経験」である。それは現象学が理論的基礎となる日常生活の生きられた世界である。

主観と客観を分離する科学からは、人間の経験を説明できない。そのような場所や社会空間、時空間のリズムにおいては、自然のリズムに調整され、人々の生活が歴史と未来の中に位置づけられている。地球の人間進化とは、人類が時間や空間にさまざまな居住のスタイルを求めることである。

現象学的視点からは合理性にもとづく、主観と客観の分離が批判され、生きられた空間における日常の経験が重視される。現象学と実存主義の全体のイメージからは、より人文主義的方向づけとして、身体的主観性や間主観性が重視される。日常生活における社会的役割が社会文化的遺産の見地から説明される。人々と環境との間の対話からは、学際的境界をこえて、流動性をともなった直接的経験の認識・意識が求められる。

そして科学的研究とは、先験的仮定のもとで、観察・分類・説明をすること、つまり証拠をもとに意識活動の精査をしているのにすぎないと批判した。

Relph（1970）は現象学を地理学に応用する意義について、次のように指摘している。デカルトによる先験的仮定にもとづき、客観的世界が人間から独立した合理性をもっているという学説は無効である。全ての知識は経験の世界から進むのであり、経験の世界から独立しているわけではない。

現象学とは、三つの原理からなる。第一に、人の経験に基づく生きられた世界の重要性からなる。第二に、科学的思考の絶対性に対置して、別の方法を提起する。第三に仮説と検証に関して、オルタナティブな方法を確立する。つまり直接の経験を通した日常生活世界を記述する。

その現象学的方法論は、以下の諸点からなる。

・人間の直接経験をもとに日常世界の記述を行い、行動、記憶、夢想、知覚を重視する。
・先験的仮説や理論によって、客観的、関係的に世界を分析することではない。
・フッサールによれば、これらの人間の経験の対象が人間の意識と独立に存在しているのではない。
・デカルトの先験的仮定にもとづき、客観的世界を人間から独立した関係性から理解することはできない。
・人間によって単に知覚された事象だけではなく、行動に結び付いた可能な意図や意味から構成される主題の領域や構造を反映している。

・人の経験のオリジナルな世界について、機械論や科学的法則による説明を否定する。それらは、それら人間にとっての意味を持っていないからである。

・人の行動の意図性を重視する。意図性は多様な世界からなる。

すなわち現象学的地理学は意図性を重視し、科学主義・実証主義への批判をおこなう。そして、自然と人間について、人間の意思をもった一つの構造的システムとみなす。

このような現象学的な人文主義地理学の対象となる「場所」の概念について、Tuan（1975）は次のように述べている。

場所とは二つの特色からなる。第一に、立地として、空間における階層性をもとに中心地理論など、経済学的な基準や市場原理から説明される場合である。第二に、主観的に、個々の都市や町といった個々の場所のユニークな特徴からなる。そのような場所に関する経験とは、人々が「世界」を知る色々な様式からなる。それは近隣・町・都市といった特徴的な場所から国家までをふくむ。

家庭における場所とは、暖炉のようなあたたかさ、快適さやこわれやすさをふくむ。入浴の休息や、寝室のように私的で秘匿の場所もある。また社会に進出しようとする女性にとっては、住まいが家事から解放される自由化のためのたたかいの場所でもある。

やがて農場から町、都市へと、場所のスケールが上昇するにつれて、そこには特定の意味が付与された中心地として、人々に認識されるようになる。都市の内外の近隣地区について、たとえばスラムなどとして可視的に意識されるようになる。このようにして共有された感覚や知識が形成される。

さらに国民国家では、ホームタウンにちなんでホームカントリーとして、家庭や家郷に例えられ、国民（民族）

の国家への忠誠や深い愛着を直接経験できる大きな領域となる。そこでは国教が神聖化され、忠誠が強制化される。とりわけ新興独立国では、民族中心の歴史とともに、国歌や国旗といったシンボルや概念の共有が行われる。また可視性をともなった受動的経験は、共通経験として深遠な場所の感覚を位置づける。たとえば、芸術における彫刻や建築の所在は作者の感性や想像力を物質的に位置づける。教育は、多くの人々が同時にプロパガンダを経験することを実現する。さらに政策の公布や実践は、市民や国民の統一をはかる。民心を束ねるために、外敵の脅威が主張されることがある。市民によるエコロジー運動やエネルギー危機への対応も場所における経験である。

このような場所が幾何学的に緯度・経度の座標軸における絶対的位置でとらえられるか、あるいは場所の独自性が個性記述的に行われるかという両義性がある。しかし、いずれの性格の場所においても、近隣の居住地から国家領域に至るまでの全ての空間的スケールの場所であり、経験が行われるところであるとされる。

四　ハイデガーにおける存在論的問題構成の現象学

1　ハイデガーの「現存在」

このように現象学は、日常を存在論的に扱う。現象学において、世界性のない主体とは世界から分離されている存在であり、客観性をともなう外的な事物である。一方、世界性のある主体とは、知識化され、内的に主観化された主体である。主観性と客観性の間を解明することは、「世界」における内部化した人間の存在の役割である。主観がそれ自身のために生み出す表象を知覚する。主観が表象を生み出す。表象は意識のリアリティと調和する。

ハイデガーは、さまざまな事物や生物という「存在者（Seiende）」の中で、「存在」を認識しうる人間を「現存在（Dasein）」

と名づけている。この現存在としての人間が備え持つ特徴が「世界内存在（In-der-Welt-sein）」および「気遣い（Sorge）」である。

『存在と時間』においては他者性の問題を考察する。他者はどのように現れるのか。他者は世界内存在における共存である。世界はわれわれという「公共的」な世界とか、「おのれのもの」である最も身近な「家庭的な」環世界（Umwelt）とかを指す。ハイデガーは世界を現存在以外の事物的な存在者として捉えているのではなく、現存在が現に事実としてその世界の内で生活しているものとして捉えている。

ハイデガーが考える「世界」とは、次の四類型からなる。第一に、世界の直観的方法として、実在の全体性における後述する道具分析における手許性である。第二に、直感的なことばとして、世界における人間の実在である。すなわち科学者、芸術家、地理学者といった世界であり、その対象にとって可能であるとされている領域分野を象徴している。第三に、われわれの世界、人々の世界、家庭の世界である。それは実体に言及するのでなく、人々が生活する場所を示している。第四に、存在論的、実在的に世界性を意味する「世界性」である。それは人間の存在を世界内存在として理解する。そこでは自然科学者の自然認識とは異なる環世界（Umwelt）が認識される。

現存在の本質を単独者でもあり、かつ共存在であるという形としてとらえ、「けっして何らかの基礎によって根拠づけられた恒常的なものではなく、その都度生起して歴史の始まりを画し、そしてまた解体されるべきものである」と特徴づける。そのような「存在」の意味とは、「けっして歴史を通じて間主観的に構成され、共同体の底層に沈殿し、その成員たちに共有されている意味ではない」。

このように、世界内存在における諸構造の中心は、開示性のうちにある。世界内存在に対して開示されるものは「真理」であり、また「共存在」である。それは、気遣いによって明示的となる存在構造の全体を包括するものである（ハイデガー 2013）。

ハイデガーにとって、人間の存在と時間との関係から基礎存在論が形成される。人間の「現存在」とは、周囲の存在物へと関係することで、自らの存在を理解することである。それぞれの「道具」と名づけられている「存在者」を「道具」としての機能的連関のなかでとらえることで、世界のありさまが理解できる。「現存在」とは他者とのかかわりのなかで、気遣いという共存性を示すことでもある。「現存在」とは他人への頽落をともなう。それは「現存在」において、世人化して頽落することで、自己の存在を他者に奪われている。

そのため、人間の脱自性とは、自らの存在の「明け開き」である。何かを明るく開かれたものにすることによって、「現存在」に現れることができる存在者となる。人間は、身近な、近い存在者にすがりつつ、そのため近いものでありながらも、自己を隠蔽してくれる存在を忘却するのである。

2 ハイデガーとユクスキュルの「環世界」

ハイデガーの現象学においては、個別の存在者が実存しているだけではなく、それぞれの存在者が関係性を構築することによって、世界内存在として人間の現存在を構築する。ハイデガーは、その『形而上学の根本諸概念』において、生物学を次のように評価していた。

まずハイデガーは、生物学者のカール・エルンスト・フォン・ベーア（一七九二―一八七六）を高く評価する。ハイデガーは、フォン・ベーアが、生物学におけるダーウィンとヘッケルをはじめとする機械的物理学的考察が優勢であったため、ダーウィニズム、形態学、生理学における分析的方法によって葬り去られたと指摘した。つまりハイデガーはフォン・ベーアが、ダーウィンやヘッケルとは異なる独創性をもっていたと高く評価をしている。

そのハイデガーによる生物学への評価の第一は有機体の全体性格を認識する、つまり有機体を一つの全体性として認識することであった。すなわち有機体は、基本諸要素の諸部分の寄せ集めの総計ではなく、有機体の生成と建

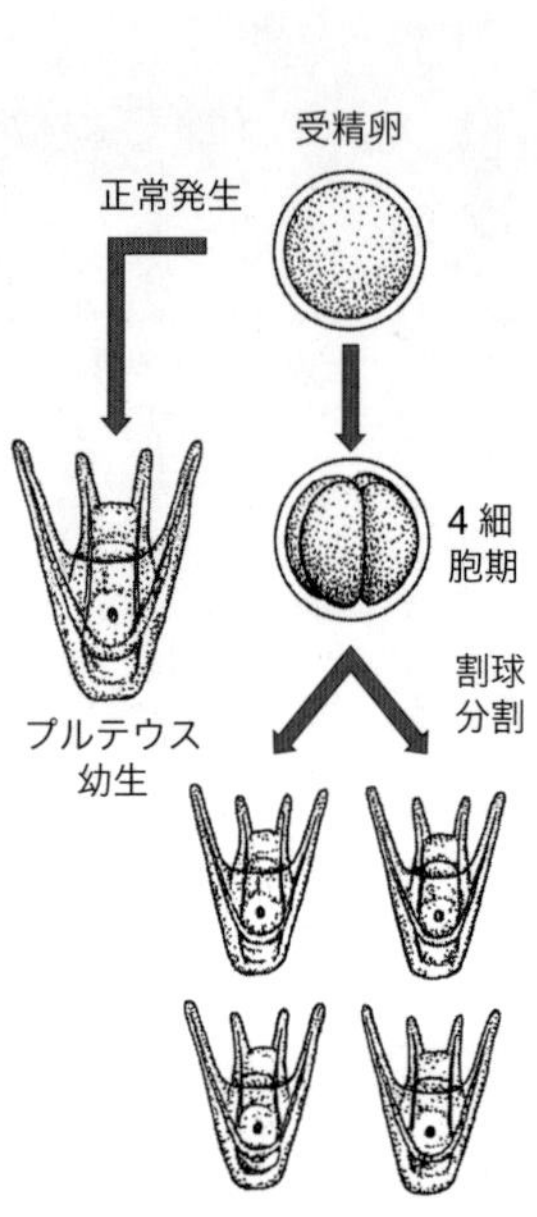

(出典：『詳説生物　ⅠB　改訂版』三省堂、1998年)

図9　ウニの割球分離実験

造構造とは、それらの各段階において有機体の全体性そのものによって導かれている。

その事例としてハイデガーは、ハンス・ドリーシュのウニの胚に関する諸研究において、胚の細胞群の運命は全体性との連関によって決定されており、発生は環境とは無関係に決められた方向で進行すると主張した点をあげている。

ちなみにドリーシュによれば、生物の形態形成には、ダーウィンと異なる個体の形成力が生物体内に存在する。ヘッケル系統発生の反復否定を否定した。この厳重な実験による個体形成学の着想は、地中海に面するナポリの動物学研究所でのウニを対象とした実験で得られた。

この「エンテレヒー」概念とは、ウニの卵球や胚の一部を除去しても、残った材料だけで、大きさは小さくなるものの、完全な胚が形成される調和等能性を示している。これは部分と全体との関係において、機械論では部品が欠けると全体が機能しないのとは異なる。つまり有機体には、因果性をこえた目的論的能力を有するような、全体性を目指す何らかの志向が存在することを示している（福元 2016）。つまり、エンテレヒーとは、電磁気のような活力であり、生物が全体として目的論的に進化するための超個体的な何物かについて語ることであるとされた（福元 2017）（**図9**）。

ドリーシュのエンテレヒー概念は、現代の情報性の概念に通じるとみなされる。その多様性は、生気論に動的目的論と創発性をともなうものであった。それはニュートンの古典的な機械力学の否定とともに、二十世紀におけるプランクの量子論とアインシュタインの相対性理論の登場をも背景とした、近代科学的合理域における実証主義への批判であり、反全体論、反合理論をともなった新生気論へと結びつくものであった（米本 1978）。

しかし、ドリーシュのように有機体が合目的的にふるまうとみなす新生気論は目的論につながる危険がある。生きているものの生とのかかわりにおいて、各々の有機体そのものは、それ相応の機能をもっている。このようにドリーシュは有機体を全体性として把握したが、しかし環境への関連は構造的にとらえられていないとハイデガーは批判している。

その第二には、有機体が環境と必然的に結びつけられているとする適応の問題である。ハイデガーによれば、ユクスキュル（一八六四―一九四四。**図10**）の環世界にもとづく生態学（Ökologie）の考え方は、環境へと関連する動物の生の仕方への研究であり、環境に適応する動物の関連諸組織の研究である。そこでは動物の外的環境と内面世界において、有機体が特定の環境にうまく埋め込まれているとハイデガーは指摘した（ハイデガー 1998）。

そのハイデガーが評価したユクスキュル（2005）『生物から見た世界』の内容を要約すると、それは硬直したダーウィンの機械論的な生物学への批判である。ユクスキュルによれば環世界は知覚世界と作用世界からなる。動物の環世界と人間の環世界は、ともに作用空間、触空間、視空間からなる。知覚時間はカール・エルンスト・フォン・ベーアによれば、人間の瞬間的な知覚が可能となるのは一八分の一秒の刺激である。環世界内に構成される時間とは、習慣的な時間の連結（連続）によって、空間における事象が生じるのである。

図10　ヤーコプ・フォン・ユクスキュル

そのユクスキュルが例示したマダニの環世界には、マダニには視覚となる目がない。マダニの表皮全体から感じられる光覚でのみ空間を認知する。そしてマダニは哺乳類の汗腺からでる酪酸の臭いのみを知覚し、味覚はない。長年の間、静止していた樹木や草から落下し、哺乳類の体にとびついた雌のマダニは、吸血が終わると、その栄養分をもとに産卵を行い、すぐにその短い生涯を終える。ウニの環世界とは水平線が暗くなることや、雲や船の影に対しても天敵である魚の影であると思って棘を動かす。さらにミミズの環世界とは、巣穴に入れる広葉樹の葉や松葉を視覚による形の違いではなく、皮膚で感じる各々の味覚によって識別する。ミツバチの環世界は花の色や形を単純な幾何学図形として認識している。

さらに魔術的な環世界は主観的な現実でもある。生物相互が仲間として配偶者や親子、故郷、家（巣）、なじみの道などを識別し、回遊魚や渡り鳥の帰巣本能がこれらの事例とされる（ユクスキュル 2012a, b）。

このユクスキュル『生物から見た世界』に対する評価とは、動物の世界を理論化し、各々の動物種とその知覚、行動の諸関係の中にそれ自身独自の諸環境（環世界）を構築した。環世界における主観的現実は、全ての諸動物にとっての異なった環境における行動の観察から動物自身の存在論を生み出す。その行動学は神経の認識から、言語・芸術・哲学をふくむ。その存在論的行動学は大陸哲学と科学を結合させ、生物哲学・動物存在論・地理的現象学・地理哲学・生態現象学を含むものである。

そしてユクスキュルからの影響は、ハイデガー、メルロ＝ポンティ、ドゥルーズへと知の系譜を続けるものである。ユクスキュルの環世界は、環境と世界の存在論的問題をまねく。それはハイデガーの動物世界についての記述、メルロ＝ポンティの行動と身体、意識と身体の解釈にも影響を与える。またドゥルーズとガタリは、ユクスキュルの環世界の概念を通して、スピノザの「情動」概念から影響を受けている。

ユクスキュルは生命の理論と環境概念を結び付け、生命の経験と存在を捉えるための普遍的かつ義務的な様態を生成するプロセスを解釈する枠組みを提起した。その現象学的世界とは、動物にとっての主観的な宇宙である。そこでは生物学的思考と物理学的・化学的思考とが分離されていた。

ユクスキュルはエストニアのケブラスで一八六四年に生まれた。発生学の祖とされるカール・エルンスト・フォン・ベーアの影響を受ける。そこで自然の生命は、ニュートンが発見した物理力学で把握できるのかという疑問をもつ。またカント哲学において、全ての現実は主観的に現れるとされる。カントのコペルニクス的転回は純粋理性批判につながる。事物の認識の先見性として、私たちが生きている世界は感覚や認識を通じて構築される。

ユクスキュルは、カントが指摘した、このような人間の世界認識を各々の動物の知覚に拡大するとともに、生物学の物理学的基礎を拒否した。非機械論的な生物有機体内的諸力から発展して、その形態学的プランが明かになる。そのため、形態発生の生物学は物理学や化学には還元されない。そこに形而上学的な絶対性を否定するとともに、絶対的な物質的な世界をも放棄する。つまり我々の主観に関する法則、それこそが世界を有意義にするという。このようにユクスキュルは、厳密な物理的機械論の客観性とランダムな変異を認めるダーウィニズムのいずれにも属さない。

もともとケプラー、ニュートンからの科学の発展は宇宙の知覚から機能論的視点へという方向性であった。近代科学は動植物から遠い空の星に至るまで、自然の事物の観察を通じて発展してきた。天体の知覚と、観察しうるその移動の調和とは神に帰するものであった。しかしユクスキュルは、ニュートン科学の興隆に神の死、すなわち神からの出発を見出した。つまり、ケプラーは調和的に設計された宇宙を説く。ニュートンは精神性のない機械的な空間システムを説明する。ダーウィンは偶然のアトランダムな変化として、生物の進化を説明する。そのダーウィンの進化論を、ランダムな移動と偶然による発生にもとづくものであるとして、ユクスキュルは批判した。

環世界とは物理学的プランによる生物種への抑制ではない。環世界において、有機体は他の有機体および、環境との相互作用を構築している。それは閉じられた空間として、容器の中に隔離されているのではなく、お互いに織り込まれている。環世界は、さらにドゥルーズとガタリへと、身体・運動・居住環境との関係から説明される（Buchanan 2008）。

ユクスキュルによれば、動物の生得的能力は周囲の環境と一体化した環世界で構築される。そこにおいて、動物は生涯において、自己形成をし、やがてその活動を終える。しかし人間は、環世界をこえて、自己形成を実践し、拡張することで、自然ではなく、文化的実践と共同体への参加を実現する。

環世界において、動物は環境のなかに生き、環境を形づくる。主観的な環世界のみを知る。動物は客観的実在としての環境を問題としない。

主体が知覚するものが知覚世界（Merkwelt）であり、主体が作用するものが作用世界（Wirkwelt）である。環世界は知覚世界と作用世界を合わせることで、人間も含む主体にとっての環世界を形成する。環世界では、まず環境から知覚標識を知覚し、知覚情報を獲得し、さらに主体内部における作用器官を介して、作用標識として環境に痕跡を与えるという機能環（図11）からなる。このように知覚と作用のプロセスからなる。

位置は視覚空間にとっての自然な尺度であり、瞬間も時間にとっての自然な尺度である。時間も空間も動物それぞれによって異なる。しかし「カップリング」により、花とみつばちとともに共進化をとげた。ユクスキュルの環世界は、実在としての客観的な全体世界を否定する主観主義的で多元的な世界観である。

またユクスキュルの魔術的環世界とは、限られた主体にしか知覚できない環世界である。その一例として、科学によって構成される環世界がある。なおカントは、われわれが認めたもの、知覚されたもののみが存在すると主張する。ユクスキュルは、カントと同一で、主体が認めたものによって構築された世界にこそ意味があると考える。むしろ科学でさえ、科学研究という文脈においてのみ、一般的普遍化を試みているのにすぎない。科学的な知識や理論も、きわめて特殊な世界である科学者の環世界を描いていると主張する（佐長 2020）。

このようにユクスキュルの生命観は、現象論、全体論、ゲシュタルト論である。生物の環世界への束縛は生物の体制（Bouplan）に反映される。生物は機能環を通して、多種多様な知覚世界、内的世界、作用世界に対応する。これは十九世紀後半から二十世紀前半にかけてのスペンサーやヘッケルの進化論的視点への批判である。ユクスキュルはサイバネティクスの祖でもあり、人間主体中心的な考え方をとる。そのため、合目的的考え方やコスモス、調和宇宙的な自然観を批判する。

ユクスキュルにとって、生命体の自律性と計画性は原形質を通して受け継がれる。このようにゲシュタルト的全体における合目的性と擬人化を否定する。それは思惟可能だが、認識不可能な自然でもある。ここに形而上学的自然学への反発と共感が示されている。そこには生物や人間の特権的地位が否定されるとともに、人間存在のあり方への反省がみられる。そこには、各人・各生物個体が独自の時間性・空間性をもった生活空間を構築する（秋澤 1994）。

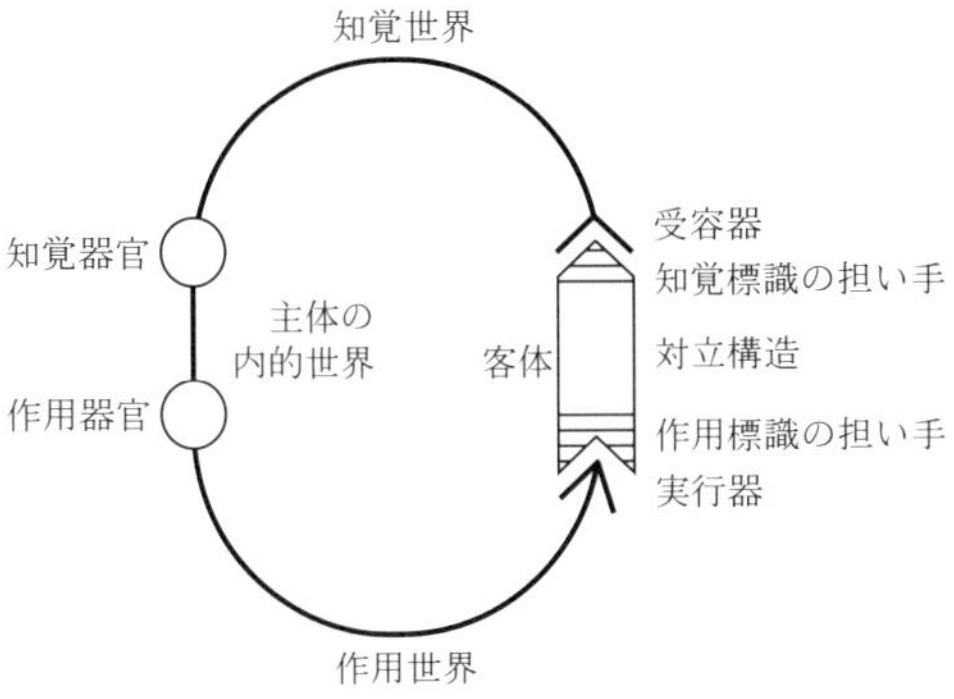

（出典：ユクスキュル『生命の劇場』講談社、2012 年）

図 11　機能環

このようなユクスキュルの生物主体の環境概念とは、ハイデガーにとってどのような意義をもつのであろうか。人間にとっての「世界」とは動物にとっての「環世界」へのアナロジーである。「環世界」とは動物としての地理的領域や場所の特性に関係しているものではない。その動物、つまり単一種や個体が感受し、反応しうる刺激の総体を意味する。それぞれの種に固有のものである。その動物個体と切り離して考えられない。

またハイデガーが説く「世界」も、現存在（人間）が位置している地理的な場所ではなく、現存在そのものに属している構造と言ってよい。

そして、世界についての生物学的発想から離れて、我々にとって最も身近な存在である道具の在り方を手掛かりにこの世界の分析を行っている。

つまりハイデガーにとって道具連関の状態は、存在する事物（道具）の関係性が明らかになっていないので、存在者としてのみ実存している環世界の状態である。これが存在開示によって、存在者の機能や役割が開示されて、関係性が構築されることによって、はじめて存在論的な「世界」が存在しうる。道具連関における使用分析は環世界の分析にたとえられ、その地平における存在論的構造（有意味性）から世界内存在としての超越が生じる。そこでは存在者が世界に超越し、世界内存在となることによって、人間の現存在が構築されるのである（中原 1998; 森秀樹 2020）。

そもそもハイデガーは近代の諸科学が、特定の存在概念に基づくカテゴリーに陥っていると批判し、そのため現象学によって、時間を地平とする存在概念によって思惟し直す必要を説いた。すなわち人間の存在とは、歴史や状況によって、人類の振る舞い方が変わるような創発的なものである。しかしスペンサーは生物の進化を心理、社会、倫理の進化にまで機械論的に拡張した。一方、発生学の祖というべきフォン・ベーアは機械論に対する戦いとして、生気論、生の目的論を提唱した。

ハイデガーはギリシアのアリストテレスを生物学者かつ哲学者として評価しており、その感化を受けて、生を事実の総体としてではなく、生とどう関わるのかということを問題にした。そこでは人間も動物も共に世界内存在であるが、世界に受動的に閉じこもっている動物の在り方と、世界との開かれた関係にある人間のあり方が区別される。単なる記憶や表象にとどまらず、そこで得られる経験を一般化して、将来に役立つようにする。このような関係性を形成するあり方とは、時間性として解釈し、それを存在の理解の地平をなす。このような人間のあり方については、主観・客観関係から理解することが拒否される。

そしてハイデガーはライプニッツが、デカルトの機械論に対して、有機体的生物観であるモナドロジーと、無限の変様を統一するエンテレケイア（現実態）の概念を主張したことを評価していた。

ハイデガーは『形而上学の根本諸概念』において、①石は無世界的である、②動物は世界貧乏的である、③人間は世界形成的であると主張した。これはユクスキュルが動物は世界をもつと主張したのに対して、ハイデガーは動物の世界の欠乏性を指摘したのである。すなわちハイデガーによれば、人間も動物も世界内存在者であり、世界によって規定されている。しかし人間のみが世界によって、つき動かされるのではなく、自らの態度をとることができる。つまり自分とかみ合うものとして、別の仕方で覆蔵を開くこともできる。このことによって人間は世界形成的となると主張した。

このように世界内存在は人間に限定されたものではないが、人間のあり方と動物のあり方が構造的に異なる。それらは人間と動物の間での「脱抑制」のあり方の違い、とらわれと開け（開示）の違いである。言いかえれば、動物は本能によって、外界との間に刺激を受けて、一定の反射からなる関係性を形成するのに対して、人間はそのような関係性のみに閉じ込められず、世界開放性を持つと指摘した。動物は刺激に対する本能からの抑制のもとにあるが、人間は環境の刺激（制約）から、本能的な反射に対して脱抑制することによって、単なる存在者の状態から脱して、自らを現存在として開示することができる。

そこでハイデガーは、ダーウィニズムや形態学・生理学がひたすら分析的に分解していく方法論に埋没し、進化論が動物を環境に適応する機構にすぎないと見なしていることを批判した。つまり動物に固有な世界のあり方をとらえていないとした批判である。これに対して、フォン・ベーアは生命を導く向目的性を、目的論的実体ではなく、ボトムアップ的秩序の生成であるとみなしていたと評価する。またドリーシュはウニの卵割を可能にする原理をエンテレヒーとして、生気論でとらえるとともにデカルトの機械論を批判した。さらにユクスキュルは、動物の環境と内的世界を原形質問題としてとらえる。原形質から生物の多様な部分が分化していく。このようにして、諸動物の環世界はより高次な動物へと分化によって形成される。環世界では機能環を通して、形態関係の最も普遍的なものから、それぞれ多様なものが形成される。そして物質、生物、社会、倫理が発展、進化という観点から統一的に記述される。

このようなゲーテやフォン・ベーアの形態学や発生学に関する一連の研究は、構造の同質性から構造の異質性への進行であり、生命の本質は環境に直面する中で分化を遂げるとともに、新たな環境を切り開いていく。生命は本質的に世界形成的なあり方であり、現存在の時間性に相当する構造を備えている。このような生命のあり方の考察は、あらゆる領域のあり方を分化という観点から分析することを可能にしたと評価する（木田 1993, 2000, 2001）。

ハイデガーによれば、現存在が存在を設定し、そこに身を置いてみることが存在企投である。そこでの環境は全ての生物に共通なものでもなく、地理的環境とは異なる。ユクスキュルの『生物から見た世界』によれば、動物にとっての環境とは、動物が知覚して反応しうる刺激の総体である。種によって多様な感覚器官や運動器官がある。そのためハエにはハエの、ウニにはウニの環境がある。それぞれの動物種は、環境を感受し、環境に働きかける。このように環境と機能的円環関係をもつ。そして学習能力が新しい行動様式を生み出す。

動物はあたえられたが環境が全てであり、環境から切り離されることは死を意味する。動物にとって、現在の現存する環境のみであり、過去も未来もない。人間のみが時間性をもち、多様性のもとで生きる。これはデリダの「差延」概念へと発展する。現在の環境、過去に与えられた建造環境とこれから与えられうる環境が相互関係をなし、シンボル機能は記号から信号へとかわる。

現存在が与えられて環境から身を引きおこすことは「超越」である。生物学的環境から世界へと超越する。存在了解や存在企投とは、現存在が生物環境を超越して、己の生きている環境を見出すことである。

環境における特定の意味を離れた存在者は、世界を超越し、世界で出会う全てのものを世界内部的なものとみる。すなわち存在という視点を設定し、出会うもの全てを存在者として、あらゆるものを見ることになる（Buchaman 2008）。

以上のこの項の内容について、小括することにしたい。

ハイデガーの一九二五—二六年の『論理学——真理への問い』において、生物学者のフォン・ベーアやユクスキュルが引用されてきた。そこでは現存在は、世界内存在における構造であり、それは生物学的構造から類推される。それは一つの世界をもつ生物と環境との関係である。十九世紀における生物学の展開として、動物・植物の各々の種は一つの世界を持っている。それはアリストテレスからフォン・ベーア、ユクスキュルと続く系譜である。このように実証的な生物学研究に哲学を加えることで、環境理論が形成される。

またハイデガーの一九二九—三〇年『形而上学の根本諸概念——世界・有限性・孤独』において、石は世界をもたない、動物の世界は貧困である、人間は世界形成的であると主張した。それはラマルク、ヘッケル、ゲーテ、ダーウィンの自然観の反映であるとともに、機械論的な自然選択説と環境決定論への批判である。

存在するもの全ての性格が、「生」（レーベン）である。ギリシア哲学以来、存在者全てが自然であり生成するものであった。生は力への意志であり、相対的に持続し、より高次の段階へと進化する価値定立作用であった（木田2014）。

3 存在論的「場所」へ

ハイデガーは、心的なものと物的なものの存在を通して、現存在、すなわち人間が存在するとはどういうことかを考察した。ハイデガーは、気づかいと事物存在の関係の特質が、相互にその存在意義を確立することによって開示しあうことを考察した。そこでは、世界内存在における日常の様式として、ハイデガーは「道具」の概念を用いる。道具は身近にある存在である。道具的存在とは道具の使用目的、その機能と適所性として、他の道具や材料との関係との関係が認識される。道具のある空間は、幾何学的容器ではなく、他の事物との一体化した使用によって、それらの機能が行使される。居住のための道具として、道具の全体性から個々の道具の存在が明らかになる。つまり道具的存在は、身近にある近接性である。各々の具体的な状況がことなるため、それらは距離の概念では、はかれない。むしろ諸々の道具は諸道具の全体のコンテクストにおいて重要性を得る。人間の行動における道具の有効な使用を通して実存の空間的秩序が明らかになる。

空間とは、これらの道具によるコンテクストが生み出される場所である。そのようなさまざまな場所が地域を構成する（Pickles 1985）。

もともとハイデガーの主著である『存在と時間』はきわめて難解な内容である。その解釈にあたっては、ハイデガー研究者をもとに執筆されたハイデガー・フォーラム（2021）『ハイデガー事典』の成果を参照しながら考察を援用することにしたい。

ハイデガー（2013）の『存在と時間』においては、世界内部的に手元にあるもの（道具的性格を持つ存在者）の独特の空間性が、方域（Gegend）という言葉で捉えられた。方域（Gegend）は、ここの道具使用を可能にしている道具関連や適所性（Bewandtnis）の全体をその空間性格に着目して捉えたものであり、「世界の世界性」を論じている。道具関連や適所性（Bewandtnis）の全体をその根底で可能にしている。有意義性（Bedeutsamkeit）をもとにした道具関連や適所性（Bewandtnis）の全体は、道具的存在者の側から見られた世界における世界性である。さらに現存在（人間存在）の側から見られた世界の世界性は、「距離を取り去ること（Ent-fernung）」と「方向を定めること（Ausrichtung）」からなる。

「距離を取り去ること」において、「距離」とか「間隔」が意味するところは、何かが離れてあることである。現存在の存在様態である距離（Entferntheit）とは何かが離れてあることである。一方、距離を取り去ること（Ent-fernung）とは、近さへの本質的傾きを持つ現存在が、世界の内に住み込んでいるものとして、元にある道具的存在者を見回し的（umsichtig）に近づけ、距離（Entferntheit）を消却させることである。

つまり距離（Entferntheit）は、間隔（Abstand）として理解されてはならない。遠さ（Ferne）が測られる場合、このことは、日常的現存在が身を置いている距離を取り去ることのうちで行われる。つまり、見回し的に配慮している存在者に関係している。見積もられた距離の長さは、毎日違う。同じ長さの行程も、その困難さに応じて長さは様々である。個々の世界は、初めは本来手元にあるものである。目の前にある事物の客観的距離である間隔（Abstand）は正確であるかもしれないが、環世界への見回し的、発見的な接近の機能を持っていない。現存在の日常性において、見回し的に距離を取り去ることにより、そこでの現存在が、実在するものとして、その都度すでに存在している真なる世界である、存在者のそれ自体を発見するのである。

身近であるとは、我々からの間隔が少ないということなのではなく、最も身近なものは手の届く範囲、掴める範囲、見ることのできる範囲の内にあることである。いいかえれば本質的に空間的であり、常に距離を取り去ることを携えている。

隔たり、顕隔性とは、現存在のなかで自分自身を理解することであり、相互依存性とは気遣いであるなかで、目立たぬように、まさつをおこさぬように疎隔性や間隔を保ち、存在様式を平均化することである。

またハイデガーの内在性（In-Sein）は内に住む、滞在するという含意と、存在として、――のもとに住まう、――のもとに慣れ親しんでいるという含意からなる。それゆえ現存在は、世界の内から外に出ているとともに、常に明らかになっている世界の内部的存在者となることで気遣い、配慮を行っている。このことから存在者自身が空け開け、開示性の明るみのもとで、世界内部的存在者から現存在に対してあらわれるのである。

方域の開示とは「空け開き」であり、「遠ざかりの奪取」とは方域の現在化である。このように既存→現在化→忘却または将来へと、時間性よりも空間性が優先されていることがわかる。

一方、「方向を定める」とは空間の中で、右と左、あるいは東西南北を見出すことである。世界の中で道具を使用しつつ、見回し的配慮として距離を取り去りつつ、右と左、あるいは東西南北を見出し、すでに常に方向を定めているのである。

思考の方向を定めるとはどういうことかというと、〔方向を定める〕ためには、私自身の主観における区別の感情、つまり右手と左手との区別をする感情がどうしても必要である。そのような方向を定めることで、アプリオリな主観的原理を必要とすることが示されている。このアプリオリは、配慮しつつ見回し、発見された世界の内にあるという現存在の空間性によって可能になっているのである。

要するに、ハイデガーは世界の有意義性について、道具的存在者の概念から説明している。すなわち、現存在とは私が自己自身の存在であることである。道具的関連の有意義性にもとづき、世界内部の存在者を出会わせて、存在がはじめて認識できる。自我から対象への意味付与は適所性と有意義性が合致することによって行われる。いかにして世界は道具的存在者を出会わせるのか。それは、場所を得させること＝自己を指示しむける＝任意の自己了解をもって、了解するようにほのめかすのである（森一郎 1993）。

五　和辻のハイデガー批判と『風土』

和辻がハイデガーの『存在と時間』のどのような点を批判して、『風土』を構想し、執筆する契機となったのかが、『風土』には詳細に記されていない。そこで、おそらくは昭和三年から六年ごろの執筆と推定される和辻哲郎の京都帝国大学における講義ノートである「国民性の考察」にもとづいて、ここに引用し、考察を加える。「テキスト」としては一九九二年に岩波書店から刊行された『和辻哲郎全集　別巻一』の三七五頁から四〇三頁にもとづくものである。

国民性とは、土着性をもとにし、血統と言語を同じくする個人の集合団体、歴史と政治的制度を同じくする一定の人民からなる。国民における精神史は国家の成員の全体からなり、国家の人民の意義を示す。

しかしドイツでは、英仏よりも国民国家の形成が遅れていたため、十八―十九世紀にはドイツ国民統合の問題が自覚される。レッシング、カント、フィヒテへと国民概念が反省され、深化し、精神文化的な内容をもつようになった。そしてマルクスは国民を、土地・気候・種族等の特定の自然的基底の上に、歴史的社会的発展過程によって生じた言語・性格の特徴を同じくする、まとまれる大衆であると定義している。つまり、運命を共にすることによって統合せる共同体、すなわち運命共同体として、国民の本質と運命が歴史的に規定されているとする。

一方、日本語の「国民」、「くに」の概念には、本来は一区画の土地である領地や郷土の概念が付与されている。近世末、欧米列強からの開国要求により、対外的国家意識が高まり、英仏の国民国家の概念が導入されてきた。日本国家は運命共同体であり、同一の性格をもった共同体でもある。

このように国民性は社会の歴史に規定され、自然基底とも密接に関連し、土地気候の特殊性と離れることができない。そのため国民性には、歴史的規定と地理的規定が密接に絡み合っている。

ハイデガーは歴史性における時間的生成は唯一回的、唯一所的とみなしている。そして世界的内存在のなかの特殊性の基礎として国民性を考察している。さらにハイデガーの現存在の分析論における天候・風土・土地・風景といった自然環境としての意味を検討しなければならない。

哲学史をふりかると、カント以来、我の内と我の外を両立して認識することの困難性が認識されてきた。そこでシェリングは、表象／対象、主観／客観の相互関係は不可能であるため、それらの交互関係は無限の空であり、我と物としての対象の間には存在しないと主張した。

これらに対して、ハイデガーは思弁形而上学的にではなく、現象学的存在論を主張した。現存在は世界内存在として、人間と外界の対立よりもいっそう基礎的である。外界の認識は世界内存在（すでに世界のもとにあること）として、予め根拠づけられている。世界内存在は、配慮された世界における存在として人々に認識される。つまり、手前にあるものとは、はじめには人々によって無関心な存在ではあるが、考察的に規定することによって、はじめて認識が可能となる。すなわち、生産すること、働くことから、それぞれの道具という対象自身について考慮するときに、考慮がただやっとそのもとにとどまり、その存在が認識できるようになる。

このあり方にもとづいて、世の中で出逢うものは純然たる外形を示すために、それらの出会うものをあらわに眺めることが可能となる。その眺めることとは一定の向きをとることになる。それぞれが世の中において、もののそばにとどまるというあり方になる。そして前にあるものを見留めることを実現させる。このように認識は世界内存在における現存在のあり方、すなわち配慮を控え、実践的に働き出すのを控えさせる。つまり現存在がその関心としての本質を欠いて、観照的になることを意味する。その立場を見留められている外界は脱世界化された単に手前にあるものとなる。ここに人間と環境の対立、人間と自然の対立がとらえられるとともに、ハイデガー以前の存在論の誤謬への出発点がある。

なぜならば、（ハイデガーの道具分析において）内世界的に出会うものは、世界の中にあることによって（他の道具と出会い、（人々に認識される）ものにほかならない。しかし自然が手元にあるものとして、無関心的に眺められると、逆に自然から世界を理解しようとするに至るからである。すなわち最初には決して発見されていない現存在が、認識という特定の段階に達することで、初めて自然が発見される。その存在論的、カテゴリー的意味において、内世界的な存在者としての自然から、このような自然を成立せしめる具体的地盤をとらえようとすることにほかならない。

それは発見された世界から、世界を見出そうとする不可能なことを意味するのではない。むしろ環境の真の理解は、世界内存在における世界の理解から得られる。世界は本質的ではない存在者として規定されるのではなく、現存在自身の性格をもつ。つまり、おのれの存在において、その存在にかかわり、その存在を理解できる存在者である。それと同時に世界は、事実的な現存在が、それとして、いきているいれものでもある。世界的であることは、現存在における存在のあり方を意味する。環境はこの存在性の最も身近なあり方における日常性において、最も手近な世界である。この環境において出会うものが常識的に外界といわれるもの、気候・風土・土地・風景などの存在を示すのである。

この最も手近かに出会うものの存在を、（ハイデガーの）現象学的に示す手引きが、日常の世界内存在である。それは世界における内世界的にあるものとの交渉である。この交渉は種々の配慮の仕方に分れている。最も手近な種類の交渉は、見留め知ることではなくして、働き用いることへの関心であり、これらの関心がそれぞれ自身の独特な理解をしめす。そこで最も手近なものは認識の対象ではなくして、用いられるもの、作られるものとして認識される。それらは働き用いる関心において出会うもの、すなわち「道具」である。

（ハイデガーの）道具分析において、道具は一つだけ存在しているのではない。道具の存在には、この道具の存在を可能にしているさまざまな道具全体が含まれている。「……のためのあるもの」として、役に立つこと、ためになること、手頃であること、便利であることというさまざまな「ために（目的）」が道具全体性を構成する。道具全体の構造のうちに、あるものからあるべきものへの指示が伝達されて、道具が機能するようになる。道具はいつも他の道具への帰属性から存在する。

最も手近かに出会うのは部屋であり、それは幾何学的空間的意味ではなく、住む道具として出会う。そこに家具調度や文房具というそれぞれの道具があいまって、居室や書斎としての機能を果たす。それぞれの道具は認識されるのではなく、目的機能として心得られる。「手もとにあること」としての道具は、ただ眺めやるのみでは理解されない。使用し、働く交渉において会得される。

つまり、最も手近かに出合うものは手もとにあるものとして理解される。それら自身が眺められることによって主題となるのではない。役立てはよいのである。日常交渉における仕事において、道具はそのもの自身ではなく、仕事の産物＝生産物として眺められる。槌（ハンマー）は打つものであり、靴をつくるものでる。靴ははくものである。つまり手段のために役立つ、何かのために何かを使うこととは、道具と産物を手段と目的の契機となし、仕事や材料への指示となる。

たとえば牧畜、飼養、家畜、皮、なめし皮、糸、針、槌、靴などの一連のものは、環境において、手もとに存在するもの、近すぎやすいものである。また金槌は釘ぬき、釘、鋼、鉄、銅、石、木を指示する。このようにして自然が共に発見されている。森は山林、山は採石場、川は水力、風は帆船の動力である。道具は他の道具を指示するものとしてだけではなく、利用者を指示する人の仕事が成立することにおいて、道具も共存している。靴をはく、歩くということで、生産物や手もとにある道具としてのみならず、それを使用している。そして現存在へ、現存在が生きている世界へと出会う。

また配慮されて認識された産物は、仕事場において手もとに存在するのではなく、公共的世界において手もとに存在することで、まわりの世界の自然が見出される。小道、大通り、橋、家において、配慮された自然が一定の向きをもった道具として見出される。屋根のあるプラットフォームは雨天をふせぐものであり、街灯は太陽にかわる夜間の照明であり、時計は手近にあって、太陽の向きの代替である。

このような手近にあるものには、三つの様相がある。①手近にあるものが配慮をしたときに使用不能であることわかった場合である。こわれた道具は、手もとに存在しているか、落魄するし、資格を失う。それは手もとにある存在ではない、ただ純粋に手まえにある。②配慮が欠けているもの、配慮が存在しないもの（そこにあっても認識されていないもの）は手もとにないものと同じである。③配慮のじゃまをするもの（反抗性）がある。言い換えると、①資格を失うこと、②ひたすら求め続けること、③反抗性という三つの様相である。これらのことによって、世界における手もとにあるものの認識が可能となり、道具として、何のために、何とともに手もとに存在する必要があるのかが明らかになる。そして、ここに環境が前から開示されていたものとして問題にされる。

このような内世界的にあるものの構造は、道具としてのものの存在と手もとにあるかどうかという指示を明白にする。そこに周到な配慮における内的世界との交渉が示される。現存在は、存在論的な了解における存在可能な目的のために、道具の方へ自ら指示する。何かのために何かとともに適在すること（適所性）を自ら指示し、手もとにあるべきものを出合わせしめる。それらの自ら指示する様相において、現存在が経過的におのれを理解させる。そして、内世界的なものは、この世界の構造において何かとともにあたる。そこでは天候・風土・土地・風土に関係するハイデガー流の配慮的な交渉において出合う自然に外ならない。

しかし、このようなハイデガーの道具分析への和辻の疑問は次の三点である。

第一に配慮的交渉とは、働き用いることへの関心である。しかし道具としての自然を存在可能にするためには、能動的に出会わせる例を受動的に考えることは妥協にすぎないとして批判できるのだろうか。例示として「着る↕着物」という用いる関心が最も根源的とは言えない。「寒い→着る→着物→暖かくなる・寒さを防ぐ」という一連の行為は、ただ眺めていること、寒暖計での計測をすること、直接に配慮をひきおこすことではない。配慮・気づかいの具体的内容とは、寒いと感じた場合に、体をすくめること、着物をかき集めること、重ね着すること、首にえりまきをまとうこと、火鉢の側に寄ること等々である。これらは存在可能に属しているのではなく、内世界的にあるものである。寒さだけではなく、雨・大風・洪水・暑さといった天候についても同じである。風土としての熱帯は家屋の適在性を指示し、また土地や景観も、砂漠のように居住に適さない風土を示す。

第二に内世界的なものが道具的性格に於いて理解されること、ただ手近な存在が、その最も著しい性格の目的でのみ出合わされるということには疑問がある。例示として、道具としての寒さは高野豆腐を生み出す。雨は農民にかんがい用水を恵み、また着物・傘といった道具の生産をもたらす。風は帆をふくらます、風車をまわす動力というよりも、肌寒さ・涼しさ・気持ちよさをもたらす。

つまりハイデガーは道具を内世界的に拡大した。ヨーロッパ人特有に、自然は道具として考える。自然は動き、働き、おそう風景としてもとらえられる。攻撃するもの、防がなければならないもの、恵みを与えるもの、恵みを求むべきものとされる。しかし自然は、道具として槌（ハンマー）とは異なるのではないか。手もとに存在することからのみでは現存在につながらない。自然は反抗的である。帆船にとって、風は待つより外ない。

第三に現存在において、世界内存在における可動的存在が配慮したときにのみとらえられるのが妥当であるのか。ハイデガーにおける内的存在とは、何かとかかわる、何かを作る、何かを世話する、何かを使いへらす、企てる、仕遂げる、知らせる、問う、観察する、話し合う、決めるということである。つまり全ての配慮という存在のあり方を持つ現存在が、経済的かつ実践的ではなく、関心にあることを示すものであった。しかし着物を着るという適在性は、寒い時には寒さを防ぎ得る着物でなければ結実しない。同時に羊毛や綿糸を材料に選択するという見まわしは寒さを防ぐ配慮としてだけではなく、肌の快さを欲するための道具である。このように快適性は配慮の一つの様式であり、配慮には受動的側面と能動的側面からなる。天候・風土・風景における風は動力としての道具だけではなく、涼しき風、快き風、さわやかな風といった内世界的なものであり、受動性と能動性が両立している。またハイデガーの現存在における配慮とは、出会うことであり、道具は求めるものとして欠如的様相を示してきた。しかし自然は求めずして与えられるものであり、着ることは寒さの理解である。このようにして、ハイデガーの現存在は感情移入の理論である。自然と人間は対立せる存在である。現存在の構造としての構造契機の対立である。そこでは環境的自然は道具的性格として、享受的・感受的に見出されている。このことから、環境としての風土・風景等が現存在にとっていかに規定的であるかがわかる。

ハイデガーにとって現存在は負担的性格をもつ。新しい契機としての情態性は、存在的に日常的な気分からなる。気分的存在として、現存在はあるべき存在にゆだねられる。それは、配慮が外からくるとか内からわきおこるのではなく、世界内存在のあり方として自らわきあがるのである。世界内存在自身における負荷的性格を示す。

しかし、配慮に自身の気分が付加され、世界内存在に自然環境が関与し、さわやかな空気と気持ちのさわやかさが示される。世界内存在において出会うものとして、さわやかな空気を規定する。恐れ、脅威、危険を感じる精神状態とは、風土的、風景的に能動的な現存在における負担的性格をになう。場所的にすでにある環境をせおう。周到に配慮的に出会わせる。このような配慮にあらわれる現存在の類型からさまざまな国民性が理解される。

風土の思想においては、我々が寒さを感じる志向性（志向的関係）であり、外より客観が迫り来ることで、初めて生じるのではない。すでに主観それ自身が内において、志向的構造をもつ。主観として、すでに何ものかに向けるものである。我々は寒さの感覚ではなく、外気の冷たさを感じる。それは主観的なものではなく、客観的なものである。我々自身が寒さのうちへ出ている。このように外に出ていることは志向性を特徴とする。我々自身は外に出ているものとして、自然と自己を振り返っている。このような自己の開示の仕方には再帰性がある。

気候とは、土地の地味、地形、風景などとの関連である。寒風は山おろし、春風は花を散らす、夏のあつさは旺盛な緑を枯らす日照りでもある。このような寒さ・あつさは花を目出る主観ではない。寒さは体をひきしめる、火鉢のそばに寄る。人々は寒さとのかかわりにおいて、寒さをふせぐさまざまな手段のもとに入る。我々は風土において自己を見、その自己理解において、我々自身の自由なる形成に向かったのである。

このような風土との感受的なかかわりにおける自己理解は最も根源的な存在の理解である。この地盤の上に「働きかけ」あるいは「使用する」というかかわり方に於いて見出される「道具」が存立する。しかし、「使用されるもの」としての「道具」は着物・家といった人工の製作物のみではない。風土も「使用されるもの」になる。

寒さは、我々を着物の方向へ働き出させるもの、高野豆腐を凍らせる寒さとして利用される。暑さはうちわを使う、稲を育てる。風は二百十日の無事を祈らせるとともに、帆をはらます風である。

このように我々は風土のうちに出て、そこからまた我々自身を、すなわち使用するものとしての我々自身を理解する。そこには、日常生活の最も手近いかかわりと、感受し働き出すという二重構造がある。

元来、道具は本質的に何かを「する」ためのものである。槌は打つためのものである。さらに使用される目的に対して内存的関係をもっている。槌は靴を作るための道具である。靴を履くためにそれ自身が道具である。履くための歩くための常に「指示」するためのものである。道具としての関連において、着物は着るためのものから、寒さを防ぐためのものとなり、寒さを感じる→寒さを防ぐ手段を見出そうとする。このように我々は、寒さに対して自己理解するとともに自己の自由にもとづいて、「寒さを防ぐため」という一定の方向をとる。寒さとの感受的なかかわりなく、初めよりはたらき使用するということで着物に向かうのではない。

感受し、働くという二重構造は、道具の内部においてみられる。世の中は公共的に予め前提されている。ものとのかかわりが、あらゆる契機において、すでに共存している人を見出しているから、靴を作る仕事から靴を使用する人が見出される。寒さを防ぐために、子どもに着物を着せ、老人を火鉢の傍に寄せる。

このように我々は、道具として風土の内に出ると同時に人の内へ出る。我として反省するより前に、人のうちへ出ておのれを理解する。お互いにおのれを理解しつつ、それが他への理解であることを認識する。ここでもそれを成立させる地盤として風土が重要となる。こうして、風土は世の中にあるものとしての道具とともに重要な意義を持つ。我々は世の中にあるものを見出し、それとの関わりにおいて自己を開示する。世の中にあることとは、自己発見性であり、日常生活の何等かの意味においておのれを見出す。世の中にあることの負荷的性格とは、自由に選んだものではなく、すでに定められたあり方として現れる。定められていることとしての気持ち、すでにあることとしての時間性に人間がおのれを見出す。すでに風土的な規定の下におのれを見る。風土はやがて自己理解の型とならざるを得ない。ヘルダーは、生ける自然の解釈から人間精神の風土学を生み出した。

このように、和辻は主張している。

六　和辻『風土』への評価と批判

このように、和辻の『風土』は、歴史的規定と地理的規定が密接にからみ合って、国民の特殊性を形成していると考えた。そして相対する国民相互の間の特殊性を、ハイデガーの道具分析・現存在分析の方法を拡張して、地理的自然の規定によって、国民性が成立するメカニズムを理論的に解明しようと試みた。

それらは、問題発生の地盤としての和辻の体験である旅行中のさまざまな印象、国民性格に関する在来の研究、生命およびその現存在の構造を考察することから考察された。そこではハイデガーの現存在分析の手法が用いられて、風土論の深化がはかられた。現存在は世界内存在として、人間と外界の対立および主観・客観の対立よりもいっそう基礎的である。現存在は環境的自然を背負っている。国民性は現存性の類型として把握されるべきであると主張した。

しかし和辻は『風土』の序言において、ハイデガーの現存在をあくまでも個人をとらえているにすぎなかったと批判した。人間存在をただ人の存在としてとらえた。人間存在の個人的・社会的なる二重構造をとらえていない。その二重構造でとらえるときに時間性と空間性はともにあらわれる。そして具体的な歴史性は風土性と相まって明らかとなると主張した（湯浅泰夫 1992）。

和辻にとって風土とは、①ある土地の気候・気質・地層・地形・景観などの総称であるとともに、②人間存在の構造的契機として、個人や集団の自己了解や自己形成と不可分の関係にある。しかし和辻は、気候が住民の気質・性格を通して文化へと機械的に直接影響することを求めることを批判する。

和辻は、兄弟・家族の博愛や相互奉仕から人倫的組織の国家が形成されるとした。その公共性の実現は私的性格の否定をともない、国家は各段階の人倫的組織をたばねる。そして自我の根源が、主体的・実践的な間柄の形成に求められた。人間の行為的連関は人間の外部的規定性にもとづく。自己と他者を弁別する基盤として人倫的組織として、地域・共同体・国家が形成される。個人としての自己の否定は、家族・地縁共同体・国家という人倫的組織の有機的全体を示す。時間と空間は人間存在の根本構造である。人倫組織の階層的秩序は人間活動との関連で存立する主体的-実践的な空間である。

空間は近代西洋科学においてデカルト流に延長があるものとみなされ、主体的実践的な意味を持たない。しかし和辻の風土は社会内存在たる人間が人倫的組織において、主体的実践的に関わり合う過程で形成する人間存在の空間性であり、人倫組織における間柄の表現である。和辻の風土の分析における解釈学において、風土は人間に属するものである。客体として外在化された事象として、建築・交通・通信・土地利用等を手がかりに、その主体的・実践的な意味に接近することができる（高野 2010）。

また和辻は、ハイデガーの道具分析における現存在（Desein）が個人を中心とした分析を批判した。ハイデガーは現存在の必然的構造として他者との共同存在を考慮していた。その「世界内存在」とは、現存在が理想世界とともに他者とかかわる共同世界であることを示す。しかし、道具連関において、他者との間は道具媒介であるため、環境世界は副次的位置づけであり、存在一般の意味の分析にすぎない。和辻にとって、人間存在は身体的な実践的なあり方である。風土は道具的存在としての配慮である他者への考慮や気づかいをうみだす（太田和彦 2013）。

そして、和辻の存在論的基礎は「間柄」である。『存在と時間』において、時間・空間は弁証法的性格を示すとされた。つまり、基本的に人間は間柄のなかでしか存在できない。言語・文化も間柄を構成する。ハイデガーは空間性を主体にとっての存在構造とした。しかし主体を個人的な現存在としてしか理解しないので、人間の実践的間柄における空間性は認められていない。和辻にとって、根源的な主体性は主体と主体とのへだたりによって現れる。ハイデガーの現存在のうちには、近さを手に入れようとする本質的な傾向がひそむ。存在論的特性は間主観的な領域へとむかう。和辻・ハイデガーともに、世界内存在を間文化的問題として意義づける。とりわけ和辻は現存在に関する空間性のうちに主体と主体をつよく結合する機能を見出した。交通・通信の公共性は、距離を克服する手段ではなく、人間存在の表明となる現存在の動線である。人間は多くの主体に分離しつつ、しかしそれらの主体の間に結合をつくり出そうとしているのである（リードバッハ 2006）。

このように和辻は、ハイデガーの『存在と時間』における実存論的解釈学の意義と限界を指摘した。ハイデガーにとって、おのれに先立ってある世界が実在性であり、事実性として、ある世界の中に内世界的に没入している存在が現存在である。人の根源的な主体的な依存性が時間性に還元されることで、現存在の考察が個人に限定されてしまった。

これに対して和辻の『風土』では、主観と客観の分節化以前の根源的な自然環境が、人間存在の歴史的社会的に規定された自己了解をうながすものとされた。つまり主体的立場として、人間の生の主体性において歴史的・社会的・文化的に適切な自己表現を得る空間としての風土がとなえられた。和辻の風土性とは、人間の集団性における社会的構造が歴史性・風土性を反映しているものとみなした。

和辻は、モンスーン・砂漠・牧場という風土の三つの類型に自己了解の契機をみた。しかし、「南洋」という表現に蔑視的なニュアンスを感じる。それは、あくまでも日本人旅行者としての風土であり、現地の住民が生活のための農業として、自然とたたかい、労働のプロセスを実践しているという意識は欠けている（平子 1997）。

和辻の『風土』は、国民的存在を規定する解釈学的な独自の概念である。戸坂は『風土』を、物質的生産過程の基礎としてとらえる唯物論から批判している。和辻にとって、人間は環境から絶対的に自由ではありえない。間柄としての人間存在が重要となる。そこには、自由主義でも個人主義でもない非二元論的な環境倫理が形成される。しかし、メタファーやアナロジーとして、モンスーンを受容や忍従ととらえるのは主観的印象にすぎない。気候順応から住民の性格を通して、文化を形成するというステレオタイプな発展段階を提示することに、自発的な客体性を前提とする唯物論から戸坂の批判がある（木岡 2007）。

戸坂（1937）の「和辻博士・風土・日本」は、和辻の『風土』が、「現象学」を利用した大衆的、あるいはインテリの支配的な勢力による貴族主義的なマルクス主義への反対と弾圧であると批判した。すなわち和辻が国際的に共通する唯物史観を否定し、文化史家として、「ところ、ところ」によって人間が異なると主張することで、史的唯物論に逆襲したと主張した。

戸坂によれば、『風土』では、寒気が実は吾々自身である。相互の「間柄」であり、寒さを感じることは吾々が自己を了解すること、自分の人間的存在の理解に他ならぬとされる。我々は、風土において、我々自身を間柄としての吾々自身を見出すのであり、吾々自身を了解するのである。風土は主観でも客観的でもないものであり、風土はいわゆる自然に属さない。それは人間の自己了解の仕方である。つまり空間的というものが、この風土に相当する。いわゆる空間が存在物の根本存在性を示す性質でもなければ、存在の形式でもない。それは人間存在の構造内に宿るところの或る一つの契機を意味する。関係か聯関が、じつは空間性であり、人間存在の構造に帰着せしめられる。自然は人間存在の一聯関である。このように風土は人間学的に解釈された自然のことに他ならず、和辻は自然を科学的に唯物論的に取り上げることが、すでに時代遅れであると主張した。そして、マルクス主義科学の礎である生産関係や生産力の概念を否定した。このように戸坂はマルクス主義の立場から和辻を批判した。

和辻によるモンスーン、沙漠、牧場の三型に対して、モンスーンは季節風であり、とりわけ日本では颱風的風土をもつ。ここに颱風が季節的でありつつ、突発的であるという二重性格であると主張される。このような気象学的二重性格は、すなわち日本人の人間学的二重性に他ならぬとされる。モンスーンにおける人間の受容的、忍従的な存在として、「人間存在の仕方」のことが説明される。日本における「しめやかな激情、戦闘的な恬淡《てんたん》」からナニワ節や軍人の講演に於ける二重性が説明できるのだろうか。戸坂は、このような非科学的な分析は日本的現実を分析し得ないと批判した。

さらに戸坂（1930）の『生物學論』においては、形而上学的な有機体論が批判され、生物学は科学的な機械論、物理化学的な手法に還元することが主張されている。

しかし哲学の観点から、戸坂の批判に反論する試みがある。湯浅（2003）は、和辻哲郎『風土』の諸問題とは、デカルトに端を発する主客二元論に抗して、人間の生の具体的現実に定位し、その構造を明らかにしようとした点に求められる。言わば、空間（時間を含んで）生きる人間の生と人間によって生きられる空間（時間を含んで）との密接不離の関係を探査する試みであったと主張する。

それは個人的な体験をなぞりかえすだけの単なる旅行記にとどまるものではない。モンスーン、砂漠、牧場という『風土』が提示する風土の三風景は、和辻の実体験を基礎としつつも、実体験の蓄積から構想された風土の三つの型、文化の三つの型に他ならない。モンスーン、砂漠、牧場とは、それぞれ南アジア、西アジア、ヨーロッパでの実体験の昇華であり、風土と文化の多様性に着目した、すぐれて比較文化論的な試みである。しかし、『風土』にはそもそも旅行記や比較文化論といったカテゴリーだけでは括り得ない面があることも同じく否定しがたい事実である。

なお、湯浅弘（2003）によれば、和辻の『風土』批判はおおむね以下の三類型に区分される。①和辻の議論には、自然環境の特性からそこに住む人間の特性や文化の質を直接導出しようとする地理学的決定論が含まれているというものである。これは地理学者の飯塚（1947）の批判である。また②異文化理解の手続きとしての主観性のありようについての批判がある。無自覚のうちに観察者である和辻自身の主観性が投影されて異文化理解をしていると見て、その点を問題視するものである。この第二の批判が問題にするような異文化理論（及び他者理解）の根幹にかかわるテーマについて和辻の立場はさほど明快ではない。これはベルク（1988）の主張である。③和辻が風土と文化の多様性を承認しながらも、暗黙の裡に日本文化の特殊性を際立たせている点を問題と見るのが挙げられる。典型的にはマルクス主義者（戸坂 1937）が挙げられる。それらは『風土』に限らず、和辻の思想と学問全般に対して向けられている批判でもある。

そもそも和辻の『風土』の構想とその倫理学体系化の構想とが同時進行的に進められていた。例えば、和辻の倫理学体系のキーコンセプトである「人間」つまり、個人的であると同時に社会的でもあるという二重構造を持つ間柄としての人間存在が『風土』である。このような「風土」の違いを手引きとして芸術様式の特性の違いを分析している。人間存在の基本構造である主体的な時間性、空間性の分析、そうした構造から生み出される人間の行為の分析、無数の行為が織りなす行為連関の体系としての人間組織がとりあげられた。そして「人倫的組織」の分析が、家族、親族、地縁共同体、経済的組織、文化共同体、国家の順序で行われている。それゆえ風土論が国家という「人倫的組織」機軸として組立てられるだろうということ、これは容易に予想されるところである。人倫的組織は無数の行為によって編み出される行為的体系である。この組織内で具体化された空間的契機の体系的統一が風土として形成される。

和辻の国家の出現と共に歴史性と風土性の自覚が始まるとのこの指摘が、人類史を通覧する。国家という「人間的組織」を機軸とする『風土』は哲学史の中では歴史哲学という部門に属す基本的なテーマである。しかし『風土』での和辻は、この問題についてはヘルダーやヘーゲルの歴史哲学の紹介という形で若干言及しているに過ぎない。和辻の目的は、風土と自然環境とを同一視するという誤解を防ぎ、構想する風土論の雛形を具体的に提示すること、人間存在の構造契機としての風土性を明らかにすることである。ここでは自然環境がいかに人間生活を規定するかということが問題なのではない。人間の風土性を具体的地盤として、そこから対象的に解放され来たった問題意識である。

そのような自然科学的な見方の基盤にある「日常直接の事実としての風土」は、現象を人間個人的・社会的という二重構造を持つ人間の自己了解の仕方と捉えている。家を作る仕方の固定は、風土における人間の自己了解の表現にほかならぬのであろう。家屋の様式は、特定の風土における人間の自己了解が表現されたものであるというのである。料理の様式、着物の様式、その他の道具等々、「風土における人間の自己了解の表現」と解釈することが可能である（湯浅弘 2003）。

さらに納富（1999）「自己了解としての風土」は、和辻を評価するとともに、再批判している。それは和辻が歴史や風土に人々は制約されているのか、あるいは創造が可能なのかという問題である。

さらに和辻にとって風土概念の多義性とは、「自然環境」の考察が進むにつれて、「風土」概念には人間の生活形態（衣食住や生産）、さらには風土の現象を、文芸、美術、宗教、風習等あらゆる人間生活の表現のうちに見いだすようになった。

このため和辻の『風土』は、通常理解されている自然環境、「気候、気象、地質、地味、地形、景観などの総称」という狭義から、「文芸、美術、宗教、風習等あらゆる人間生活の表現」にまで拡張される。このことには、「現象」概念の論理がはたらいている。「私にどう現れるか」を基盤とすることから理解される「風土」という対象が既に成立、実在している。それを主観的に受け取ったものが「印象」なのではなく、正に「印象（impression）」という「現れ（appearance）」において、風土そのものが成立するのである。それは「誰かに何かが現れる」ということである。それは現れを受ける基体、この「誰か」の立場に応じて現れは異なる。「和辻哲郎」にとって、類型論は世界の諸風土を客観的・科学的に分類することではなく、あくまでも和辻という一個人に現れた相対的な風土の型を示すに過ぎない。それが、地理学や気象学と同類に理解されてきたことは根本的な誤りである（納富 1999）。

和辻は日本に留まり、日本的感覚を常に感ずるといった、静的な風土的自己了解ではない。異風土としての自己了解の段階を経て、更にその異質なものに自らを見るというこの新たな段階をたどる。異風土としての自己了解とは、生まれ育った風土的性質を担っている確固とした「私」が、異質な環境や人々と対峙することにおいて、自己の風土的在り方を対比において、自覚し確認する作業と言える。そこに文化形成の関連とパラレルに展開し、「人間」の自己了解としての風土の弁証法が成立する。そこには、ヨーロッパ文明を歴史と人間存在の在り方の頂点とするヘーゲル的な西洋中心の歴史観が前提されているように見えるが、そうではなく和辻の風土とは、弁証法的発展において、それぞれの風土と歴史は保存されつつ、あくまで多元的に並在（nacheinander）するのである。

移動し生きる主体の空間性として、この主体の動きが他者との出会いを可能にし、その限りでの異風土としての自己了解をもたらすと共に、主体を可能性としての自己了解に到らせる。空間的な移動は、単に次から次へと無限定に場所を変えることではなく、一つの風土から別の風土への出会いというかたちで、共通性と異質性において捉えられる類型（types）の間の動きとなる（納富 1999）。

ここで、この項を小括することにしたい。和辻は、ハイデガーが現存在における時間性を空間性よりも重視したことを批判し、存在論から実践哲学へ、観照的学問から実践的学問への移行をとなえた。西洋形而上学における存在への問いとは、存在のあり方、自らは何であり、他者とのかかわりをいかになすべきか、哲学的人間とは何か、人間存在とは何か、他の生物とはどのように異なるのかを考察する。ハイデガーは現存在の理解は解釈学的に行われなければならないとした。しかし現存在は、非時間的・非歴史的本質において、規定されているわけではない。

ハイデガーは、デカルト的な近代科学における均質空間を批判し、身体的空間であり、人間の住まう日常的空間における道具と交渉する世界内存在の空間的な構造連関を追求した。またハイデガーは、ドイツのロマン派の生ける自然の概念に影響され、風土におけるおのれの発見が人間存在の自覚における重要な意味を認識しており、意識・言語・共同体のさまざまな生活形態に風土が反映され、それらの基盤をなしていることを理解していた。

一方、和辻は民族や国家の個性の成就は、世界的な人倫の実現に移行するヒューマニズムの発現であると考えていた。そして、幕末から明治における西洋思想の導入に刺激されて、日本のアイデンティティ、日本の独自思想の構築を模索していた。

和辻の風土は他者との間柄の考察に反映されるものであり、人間存在に関して、時間性とともに風土の外における共同体の形成の仕方を比較するものであった。和辻は、個から全体へ、全体から個へと、家族・友人・市民・国家へと、国家が人倫的組織の頂点に立つ。

ハイデガー・和辻の議論をもとにフランス構造主義をも背景としたベルクは、通態性の概念をとなえて、物理的なものと現象的なもの、個と全体の往復や二者択一を乗り越えようとしている（嶺 2002）。

七　ベルクによる通態性としての『風土』の主張と生態学批判

さらにベルクは和辻の『風土』が環境決定論に陥るのではなく、風土学が通態性をもって、人間と環境を仲介することと主張して評価をする一方、生態学を批判している。

ハイデガーの『存在と時間』において、世界＝環境的世界の空間性と空間が区別され、場所と位置が区別される。ハイデガーの場所は、もの・道具・われわれの三者をとりむすぶ関係である。世界から空間へという一種の近代化発展過程の最終段階において、場所は位置測定が可能な客観的距離となる。環境的世界から客観的空間、場所、位置へというプロセスをハイデガーは脱世界化とよんでいる。和辻はハイデガーの現象学的・解釈学的概念としての世界と、幾何学的・物理学的空間を区別している。和辻の『風土』は世界に属する自然と文化とは不可分なものである。また和辻は人と人間を区別している。人はヒトとして個人的存在であり、人間の「間柄」として社会的存在である。「間柄」はハイデガーの共存在にあたるものだろうかという問いかけをしている（ベルク 1996a）。

すなわち、和辻の『風土』は「人間存在の構造契機」であるとされる。風土と環境との関係としての間柄は倫理的・公共的である。しかしながら、和辻の砂漠に関する記述には、そこに生きている当事者のものではない印象をうける。砂漠から一神教が生じるのは、人間による環境の解釈であり、環境そのものではない。それは和辻による自分の印象にすぎない主観性である。和辻の『風土』は日本人同志の感覚にすぎない。むしろアラビア・ヨーロッパにおける自然の不規則性の解明が、近代科学を生み出したというのが正鵠であるのではないだろうか。

自然と地球は、人類という種にとっての生活環境、歴史的・文化的思想、言葉の解釈、行動や労働の舞台として理解できる。人間にとっての世界は、環境世界をこえたものであり、風土的・歴史的現実である。技術は体の機能の外部化であり、手の延長である。さらに象徴体系の発達は、機械・肉体を技術的・象徴的に通態化する。つまり何千キロメートル離れても、象徴的体系によって、身体が世界化し、世界が身体化する。これをハイデガーは脱世界化とよんでいる。

通態化と述語化の世界観は、人間存在の構造契機として、人と人との間柄から発生する。通態化は、まわりの世界を生物学者ユクスキュルの環世界のように認知することによって、環境を解釈して自分の世界がつくられる（ベルク2006）。

景観はロマン主義的審美性からすれば、歴史の過程として社会文化的次元からとらえられる。またポスト構造主義では、フーコーのように景観は権力の表象としてとらえられる。しかし生態学は全体論であり、機械的に普遍性を指向することから、景観論とは本質的に矛盾する。

環世界において、普遍性ではない風土が時代性や風土性を反映する。生物圏として、人間のエクメーネとしての環境は全地球におよぶ。その人間の本性は生物圏にはそのまま還元できない。それゆえ生物学的・生態学的・倫理的に大地と人類に関連して、風土は生物学的な環境そのままのものではない。現象学において、身体と精神性が風土をつくる。しかし生態学は、肉体（身体）と環境の相互作用にすぎないとみなされる。

人間存在において、自己の物理的位置のみが環境としてあるのではない。常に実在的環境としての世界において、内的自我と外的自我の出会う場所がある。このような環世界とは、生態学的環境とともに、精神・意味・身体・感覚をともなう。空間は、時空間的に移動することで、進化をとげる。このようにして、風土は時空間性を帯びる。風土は、帰属による自由と自由による帰属によって、通態性（trajection）を示す（ベルク1996b）。

ベルクは地理的決定論を回避するために景観や環境の通態性を考えたのである（Berque 1985）。それは、時間の流れと空間スケールにおいて、自然と文化が併存し、比喩的レベルでは現実と共存、主観と環境、主観と客観の結合を可能にしたものである。また通態性は連続的客観性と比喩的、投影的な因果性の両方を承認するものであった。つまり、通態性は環境（milieu）とほぼ同義語であるものの、主観と客観の間で、個人の経験、歴史的様式、系統発生、コスモロジーに関する多様な水準や段階における結合からなる。

その「コスモロジーの水準」では、まず構造主義のもとで、文化的秩序が人々のコスモロジーの秩序に包含される。物質を精神が認識し、人類と環境の関係は決定論的にとらえられる。

次に「系統発生の水準」では、歴史的長期間にわたる人類空間、生きられた生命空間がとらえられる。生物学的、民族学的な景観の理解は、すばらしい眺望への称賛と人々の帰属意識を生み出す。そこでは民族的多様な空間が文化的意味をもつ。民族学・生態学から景観の審美性理解へと転換していく。そして全人類は動物と同じく、遺伝子の進化（生物学的存在）としてとらえられる。

さらに「矛盾を結合する水準」では、お互いに日常の現実の景観を知覚するとともに、さらに観察者による景観に対する比喩が関連するようになる。そこでは、記憶、予測、直接の感覚が相恵的に変形される。

第四に「意識された表象における水準」があげられる。たとえば、自然・文化を結合する比喩である、日本社会の風土における母型性をもとに、投影的な因果関係、意識された表象の水準として、景観の構造化した図式である「八景」・「見立て」の概念が用いられる。現実と構造の間に個人、社会、歴史、系統発生、コスモロジーが結合する。最終的に「合理的解釈の水準」として、経験的立証が指摘できる。距離化による「へだたり」を取り除くことで、現実と主観に関する両面価値を並立させる（Berque 1985）。

つまり通態性とは、主観‐客観、自然‐文化、集団‐個人という二重の二元性を超克し、社会学、生態学と交差するところに風土学を構築するものである。それゆえ、風土は自然的であると同時に文化的である。自然は社会における文化となり、知覚や理解を作り出す。逆に文化は、社会において自然が認識されたものとして存在する。

そのため風土は主観的であると同時に客観的である。人間が自己の風土をもとにして行う表象は主観的である。風土に固有の経験は客観性をもつ。風土は集団的であると同時に個人的である。それは、表象と行動の様式は集団によって伝達されるが、その図式は個人によって実践されるからである。

このようにみれば、風土学は本質的に一つの関係であり、このような通態性は相互生成である。それは、時間と因果関係、系統発生と個体性との間の架橋となる。そして系統発生が文明のなかに投影されることで、「種」の秩序化が生じ、環境空間の新たな組織化が発生する。

風土学的原型とは、行動図式、ものの見方、生活様式、行動ないし思考方法からなる。風土の場所的次元とは、内包的に展開する「場所」の概念であり、風土の空間構成的次元とは、外延的に展開する「空間」であり、そこはコミュニケーションと移動の場である。このような居住する場所と空間的構成次元との関係が、風土を通態的に結びつけるのである。

すなわちベルクにとって、通態性とは、主体・実体、自然・文化、肯定・否定、主語・述語といった二元性を克服するものである。通態性は見ることを通して、主観的かつ客観的にとらえられる。生態性とともに風土性を用いることで、場所を普遍的空間と同一視しなくなる。構造契機としての風土性には、環境と人間、人間と環境が二元的に対立するのではなく、一つにする機能があり、個人的存在としての人、現存在から風土が示される。

そもそも、十七世紀にデカルトは、主体としての人間主観と、客体としての自然界を明確に区分した。ベルクは、観察する主体と観察する対象は分けられないとし、デカルトの超克を試みた。主観的かつ客観的に多様な環境は、私達の存在を前提としている限り、主観的にとらえられる。自然史・進化の上に、環境から私たちの風土および、さらに風土性が形成される。

和辻の『風土』は、ヘーゲルの構造契機にちなむ。「人間存在の構造契機」としての「風土性」は、存在と風土のダイナミックな関係からなる。和辻の「風土性」は、人間の生態・技術と象徴的体系をふくむ。動物身体からなるものとして生物圏をとなえるならば、風土は社会的身体への移向を示す。風土性の構造契機として、人間の身体は技術における時空拡張を通して、象徴化する。このように世界は身体化される。この展開圧縮が通態化（trajection）である（ベルク 2019）。

ここでベルクの「風土」に関する学説について、Berque（2004）をもとに小括することとしたい。

和辻の『風土』は地理学決定論に陥っているのではない。それは、「人間存在の構造的契機」として、和辻が存在論的解釈学の視点から「風土性」の本質を定義したものである。『風土』は、ハイデガーの『存在と時間』に対して時間性よりも空間性を重視することを主張して記された。

その「風土性」について、ヴィダル＝ドゥ＝ラ＝ブラーシュは環境と生活様式の結合、ハイデガーは地理性と歴史性の融合を試みた。ハイデガーの現存在は人間存在の構造であり、しかし、和辻による風土性は任意の状況である。通態性は現存在と風土性の二つの諸力が結合したものであり、主観としての人間の主体性と環境に示される機械性を結合したものである。「風土性」とは、風土の意味であるのと同時に、主観性である風土への感覚・知覚にもとづき、風土的関係の象徴化をはかるものである。

しかし、ベルクは風土学と生態学は対立すると主張する。ヘッケル流の生態学は全体論的な実証科学であり、法則指向である。シカゴ学派都市社会学における人間生態学における空間論的研究も同様である。それゆえフッサールとハイデガーの現象学にもとづく研究は、ヘッケル流の生態学とは系譜がことなる。ユクスキュルの環世界にもとづくものである。つまり、ベルクの一元論的、全体論的なヘッケルの生態学的視点への批判は、ハイデガーが現象学的視点からのフォン・ベーアやユクスキュルの反機械論的な生物主体の環世界（Umwelt）概念を評価していたことを反映している。

和辻の『風土』は倫理学と結びつき、人間存在の社会生活を規定する具体的な道徳（倫理）と政治的状況を把握する。そして和辻が依拠したハイデガーは、ラッツェルの「生の空間（Lebensraum）」にもとづく政治地理学とは異なった地政学の概念をうみだした。そのことについて、次章以下で詳しくみていくことにしたい。

7　ハイデガーの空間概念とその現象学的視点

一　現存在と空間性——主観と客観の二分法の超克

　前節でみた和辻の『風土』をもとにしたベルクの生態学批判とあわせて、現象学、とくにハイデガーの空間的視点は、地理学の対象が「地域」ではなく、「場所」を対象とするように影響したのではないだろうか。ハイデガーの現象学的空間概念をくわしくみていくことにしたい。

　ハイデガーの現象学的空間概念は、西洋哲学における自然観の変遷を反映している。古代ギリシアのアリストテレスにとっては、自然の発生とは運動であり、変化であって、天体・生物・物体は運動している存在であった。中世において、自然は自然発生するものではなく、神によって創造されたものであるとみなされた。つまり、自然とは、神による力学的・機械的なものとみなされた。中世では、物体や動物も一種の機械であるとみなされた。自然は自然法則のみにしたがう機械的なものとみなされる。さらに近代においては、ガリレオ以降、機械論的・力学的自然観が物理的な自然科学の成熟化と一体化して展開した。そこでは人間も一種の機械とみなされていた。その一方で、いや人間は別格であるとして人間中心主義も主張され、人間の精神は神から直接に由来する概念であるとされた。さらにこのようにして、機械論的自然観と人間の精神や情動との間の違いを区分する二元論が発達してきた。ハイデガーにとって、古代ギリシアのアリストテレスが説いた自然観は失われている。そして「現存在」とは、存在者相互の主観性の表象作用にすぎない。

古代において技術は、自然が現れようとする手助けであった。近代において、自然は主観性に関する形而上学の対象であり、技術が自然支配の道具となった。自然が自然発生との連続性を保つのは芸術としての側面にすぎない。

現象学において、自然科学の根底に先立つ生活世界の経験がある。この経験は意識から切り離されず、意識との関係の中にある。

アリストテレスにとって、自然とは変化や運動性の元(アルケー)である。一方、ハイデガーにとって、本来の自然とは物が見えてくれる、現れてくるところである。しかし近代化とともに存在するものを自然は隠すようになる。その抜け殻から実在や存在が出現する。おのれを隠すことによって、自然は時代とともに忘却される。そして忘却によって忘れ去られた自然から切り離された根無し草の存在が生じる。むしろ主観性の表象作用が現れるのが芸術である。芸術は自然の背後にあって、見る者に対して自然であると感じさせるような効果を生み出すからである。地図や景観は客観的な事実にすぎない。むしろ山、川、人、橋といった点景物の配置がもたらす効果が自然を感じさせる。

そのような「現れ」とは、Erscheinung=現象、Schein=仮像、真の現れである証明内容でもある。何にせよ見えるままに現れる事項が現れることからハイデガーの哲学は出発する。

ハイデガーのナチズムへの関与は、ラッツェルやヴィダル=ドゥ=ラ=ブラーシュの全体論的な地理学、地理空間と場所に関する議論および主観論と生物学的決定論の交錯といったことから影響を受けているのではないだろうか。このように哲学と環境論・地理学史の交差からハイデガーの地理学観を考察すると、ハイデガーは人間の存在は時間的・歴史的特性として理解されるとし、あわせて場所・トポスの思考が考察されてきた。そのためハイデガーの思想は、人文主義地理学・全体論との関係性があり、アナール学派歴史学および生物学者ユクスキュルの「環世界」とともに、相互に影響してきた。しかしラッツェルの人類の「生の空間（Lebensraum）」と、ハイデガーの現存在の両概念ともにナチズムへと移行した。そこには全体論的エコロジーと場所指向のアプローチが共存していた（Malpas 2008）。

ラッツェルもハイデガーも国民国家の成立を人類史の高い到達段階とみなしていた。しかしラッツェルは、民族が国家有機体を形成する際には、地表における民族の運動、身体の移動をともなうと主張していた。これに対して、ハイデガーは、国民国家が本来の歴史的伝統とは異なる新天地に人々が拡がることは根源性や真正性が欠如することになると批判していた。共通文化の形成をとおして、文化民族は有力民族となる。そのためハイデガーは伝統的な農民文化を美化した。ラッツェルとハイデガーは、それぞれ異なる視点から、ナチの民族共同体概念の形成に貢献したのである（Sferazza Papa 2015）。

このように、ハイデガーが伝統的な牧夫や農民の世界を愛でる保守的概念はナチと親和性があった。またハイデガーは幾何学的空間と地理学的空間の分離を認識していた。そして十九世紀に確立したラッツェルやヴィダル＝ドゥ＝ラ＝ブラーシュの地理学の思考はトポス・場所指向のものであった。また本来のユクスキュルの環世界とは、環境決定論よりも主観主義にもとづくものであった。ハイデガーはユクスキュルの影響を受けて、土着性や根源性にもとづいた場所と居住概念を重視する。ハイデガーの現存在（人間のあり方）は、ユクスキュルの環境世界に対応するものであった（Malpas 2008）。

ハイデガーにおける存在の本質は現存在（人間のあり方）としての世界の内的存在である。これはデカルトの主客分離による実存的、世界の外在性に対抗するものであった。デカルトの形而上学において、世界は空間的に拡大した客体であるとされるが、一方のハイデガーの「世界」は現存在からなる世界内存在であるとみなされる。そして、ハイデガーによる身近な道具の使用にともなう行動により、道具の存在が認識されるというプロセスは、人々によって空間的に拡大した客体である。客体の存在とは、認識からの経験的調整である。思考と行動は、具体的な時間と空間の中にあることから真正性の存在となる。

ハイデガーの思索において、存在の意味や真理とは、存在がその都度了解される事実そのものとされてきた。一九四〇年代後半以降、存在のトポロギー、存在の場所として、存在がその都度、そこにあることが重要視される。つまり存在者がそれらの存在によって関係するとともに、多くの存在者が関係によってとりあつめられるところが場所（Orts）である。ハイデガーの現象学的存在論において、現存在における場所（Orts）は存在の真実、空間と真実との関係が明らかになるところである。

そもそも、空間のカテゴリーとして、客観的空間には、①容器としての絶対的空間（容器）と②権力のアリーナや闘争場として認識できる関係的空間とがある。そのような空間とはイベントがおこり、客体が存在するところである。

もともとカントの空間概念では、主観としての精神的表象と客体の経験が分離される。なぜならばカントは客体が表象される空間とは直観の形態であると認識していた。そのため課された表象の構成要素が直観となる。それは主観から独立したものであり、空間に存在しない、空間的特性を示さない概念であった。

しかしハイデガーの「生きられた空間」では、経験された空間が多様であるため、主客の分離をこえて、経験の特性を受け入れる。ハイデガーの人間の存在とは、世界における存在であり、世界を表象しているものと客体の世界に対する主観の両方を含む。このように生きられた空間とは主観に依存した空間であり、世界における存在でもあり、他者との間で共存し、居住している空間でもある。

このようなハイデガーによる存在の空間とは現存在として、世界内存在における空間である。そこでは道具が可能な目的のために、計画にもとづいて使用される。そのことで、道具は単なる物体やその集まりではなく、つながりを形成する。このため、世界内存在における道具のつながりは、目的論的意義を有している。

ハイデガーによる道具のつながりであるUmwelt（周囲の世界）は、デカルト流の主観が客体に直面する世界ではない。実態は主体と客体から構成される。世界内存在における空間性とは、世界を構成する実在の空間性であり現存在における空間性である。全体の現象における内在性と外部性は、近さ・遠さ・クラスターに反映される。手許性、手元性とは相対的な近接性である。人々の行動における距離の除去・克服は道具（設備）への近さ、遠さの比喩となる。空間的存在としての世界内存在は距離の問題である。空間が拡大（extension）することによって、現在性における距離と方位が定位となる。

共存は世界内存在の基本であり、共存する身体の相互作用は社会的である。世界における出会いを通して、他者への働きかけが実現し、同じ世界への他者との行動によって、世界の構造が同一になる。存在の場所、場所の変容、生きられた空間とは、もはや人間の経験が活動した空間ではない。存在論的空間は開示性によって、自己を隠していたことを明らかにする。そして時空間から占拠されていない新たな空白をつくる。それが空間を新たに作り出すのである（Shatzki 2007）。

ハイデガーは場所について、存在論的、現象学的に問題構成をした。世界内存在の空間性とは、一定の空間や環境における存在と既得の世界観にもとづく行動によって規定されている。

ハイデガーの「建てること、住まうこと、考えること」からもわかるように、空間は単に幾何学的な拡大（拡がり）であるだけではなく、人が居住することで世界内存在となり、真正性の経験となる。そうして空間の次元で心が癒される。真正性とは人間‐自然関係である。場所は居住するところである。定住から離れた移動ではない。意味とは人間世界の存在における深遠な直接的経験である。場所とは、主体によって生きられる空間である。

ハイデガーは、空間と領域の統治の拡大によって、もはや人は真正性のもとで居住しているのではないことを批判する。政治的存在として、あらゆる通信交通手段が機械化される。空間の知覚の相互作用は、表象された存在が表象されるものとして解釈される。機械化された空間と生きられた経験の相互作用となる。そこでは、「客観性」対「主観性」、「空間」対「場所」の対立の克服が試みられる。

現象学的基礎としてのトポロジーは、主体と客体、個人と世界が共に居住することによって証明される。つまり存在→表象→客観化という客観化のプロセスが形而上学における全体史を形成する。

それはデカルトが空間を単に幾何学的拡張としてとらえたのとは異なり、存在の表象において客観と主観が統一され、事物の存在がどこにあるかを明らかにすることから人文主義地理学が発生した。それは社会的客体として表された行為である（Sferrazza Papa 2015; Elden 2001）。

一九三〇年代半ばからの後期ハイデガーにおいては、存在と存在物の区別および、生起から性起への区別が放逐される。もともと「生起」とは、現存在（人間）と存在物（他者や事物）が出会い、単なる存在物から人々が認識した存在へと変化し、その場所に存在が開示されることであった。後期ハイデガーにおける「性起《しょうき》」とは存在が現前していることではなく、存在物である人間と存在がお互いにぶつかりつつも、相支えるような状況である。つまり根拠づけるものと、根拠づけられるもの、すなわち存在と存在物の相互循環となる。そこでは、存在物へのとらわれと存在忘却といった、初期ハイデガーの基本概念からの大きな変貌が認められる。

ハイデガーが理想の伝統社会であると考える古代ギリシアの「ポリス」は歴史的存在としての現存在である。つまり、その内部で、そういうものとしてあるべき場所が存在する。歴史的内部と、そこから、それらのためにする歴史は生起する。そこでは多くの人々や事物が歴史の場所に関わることで、さまざまな仕事「作品」に関わっている。結果的には、作品を通して、政策に従事するのである。

ハイデガーによれば、現存在が自らの存在を理解するためには、まず「存在」を理解していなければならない。しかし存在は、存在物である自らを通してしか理解されない。現存在に所属している存在理解は、一方では何か世界のような存在物の理解と、他方では世界の内部ではじめて接近しうる存在物の存在の理解とに、等根源的にかかわっている。

ハイデガーの『芸術作品の起源』においては、開かれた場所としての空間には真理が作品として創建される。作品において、存在は形態としてある存在物の姿をもってあらわれる。形態は存在を開示すると同時にかくされてしまうのである。

ハイデガーにとって、森林の樹木伐採によって太陽光が地表までとどくように、人間の理性は自然の光にたとえられる。人間の根源的な知とは、世界の内に存在する人間全体の地であり、世界内存在として明るく照らしだされている。存在自身が明るみであり、それは閉じられ、隠すこと、すなわち隠蔽性と並立する。

ハイデガーにおける開放性とは、存在それ自身の特性である現存在のあり方にとどまらず、世界を存在の明るみから真理の本質である非隠蔽性の解放的な場へと、自らの場を開くことによって、現存在の本質を受け取ることになる（稲田 2011）。

ハイデガーにおける芸術作品の本質とは、芸術作品のうちに物が何であり、道具が何であるかが見届けられる。物の存在は、物の使い方や作り方よりも絵画や芸術で表現された意味の中で理解される。つまり、芸術作品によって一つの世界が開かれる。

そこでハイデガーは、古代ギリシアの神殿を、何かを写している訳ではない建築作品の例としてとりあげている。

そこに神殿が立つ。無定形なカオスの中に一つの世界が開かれる。はじめて山が山になり、谷が谷になる。世界がそこに開かれる基底である大地が、はじめて大地として見えてくる。これはドイツ敬虔主義を反映している。暗い森での明るさとは、伐採されてきた土地を照らす日光である。そこに現われる全てのものが姿をあらわすとともに、それを取り巻く森の暗さもまた見えてくる。

ハイデガーは、そのように立ち現れる全ての物が、姿を見せることによって存在者になる明るみを「世界」と呼んだ。それを引き戻して隠そうとする暗い基底を「大地」と呼ぶ。作品において、「世界」と「大地」は闘争の過程に立つ。この闘争は、真理の生起として実現態をつくる。カオスというべき大地との抗争によって、芸術作品において、世界が開かれ、増幅して具現化する。このように芸術作品に、一つの世界を開く存在論的機能を認めている（木田 1993）。

このように、現存在と存在物の出会いによって闘争が生じる。存在をかくそうとする「大地」とそれを公開へもたらそうとする「世界」の間の闘争である。「大地」と「世界」の間にはたわむれの空間が生じる。つまり生起から性起へ、開示から隠蔽へという両義性からなる。経験するかぎり、存在そのものが開示と隠蔽の両義性のもとにある。

存在、すなわち端的に物があるということは、必然的に特定に意味を付与された存在物、すなわち道具として形成せざるを得ない。共同存在としての現存在と同様に、道具としての物は、有意味な附託連関の下に「世界」を形成する。しかし、その時、もともとの意味を剥奪されて物と化した存在物の存在は、再び意味によって隠蔽されてしまう。

つまり、作品は常に物／道具という両義的な在り方をしているのである。芸術作品は世界を樹立することによって、存在を開示するのと同時に、存在を大地へと蔵し、保護するものである。

一つの世界を創立することと、大地を確保することとは、作品が作品であることにおける二つの本筋筋道（存在の在り方）である。しかしながら、両者は作品であることによって、相互に帰属し、統一されるのである（小野 1999, 2010）。

二　「建てること、住まうこと、考えること」

ハイデガーの空間論として「建てること、住まうこと、考えること」において、空間に関して、Stätte、Ort、Gegend、Plates といった用語が混用されているが、場所と空間の概念は区別されている（山本 2011）。

近代的な空間概念は均質で中心を持たず、無限で事物が存在するための容器や枠組みである。ハイデガーは、そのようなデカルトの世界解釈および空間観、空間は延長にすぎないという考え方を批判した。かわりに「生きられる空間（der gelebte Raum）」を主張した。

そのために、ハイデガーは身近な道具に着目する。道具は何かをするための特定の場（Platz）を持ち、道具が属すべき可能な意味の場としての「方域」がある。その方域（Gegend）にある道具の空間性とは、道具の適所全体性によって規定されており、現存在の有意義化によって成り立つ世界性を前提としている。それゆえ道具の空間性が成り立つのは現存在それ自身が空間的であるからである。

現存在の空間性として次の観点があげられる。第一は、「遠ざかりの奪取（Ent-ferung）」である。遠さを消滅させること、近づけることである。現存在は道具を調達し、準備をしながら、その都度、存在者を近さのうちに出会わしめる。その距離概念は、客観的な測定可能な距離（Abstand）ではない。配慮は気遣いしつつ関わる存在者との近さ・遠さのことである。

第二には、「方向の切り開き（Austrichtukg）」であり、道具を使用する関心に導かれながら、何らかの方向づけを行うことである。そこでの空間性は物理学的空間とは異なり、上下・左右・前後といった方向を持つ。それは一つの方向を方域へととり込む。

そして空間の本質を人間の存在様式のうちにおく。空間は道具との実践的交渉・行為的関係にもとづく。ここから空間の動的性格・生起的性格を見てとれる。空間性は物や道具の存在と不可分である。

このようなハイデガーに対する和辻の批判は他者への契機の欠如についてである。和辻はハイデガーが説く現存在の空間性は結局われわれと道具との交通関係に帰着するとして、人と人との間の交通関係ではないと批判する。主体の空間性とは人間相互の主体的な間柄であるほかない。それは他者との現存在の関係によって、近づけたり、遠ざけたりすることでもある。

そして第一次世界大戦後から、技術革新による新しい空間が出現した。飛行機、テレビ、ラジオは遠さの可能性をとりのぞく。一切が遠くもなく、近くもなく、言わば隔たりを欠いた状態となり、同形的なものへと流されてしまう。これらは技術化された世界の空間である。

ハイデガーが説く「大地」とは、プラトン『ゴルギアス』におけるコスモロジー的な形象とヘルダーリン『ギリシア』という詩からハイデガーが影響されたものである。

それは人間が作りつつ、住むことに先立って存在するもの、作られざるものである。人間であることは死すべきものとして大地の上に存在することである。それは住むことである。大地に力点がおかれている。大地は通常、物的な性格に見えるものを作品の経験からとらえた概念である。

また大地は歴史的で土着的なもののことであり、大地の上に、大地に根差して、歴史的人間は、この世界の中でのおのれの住むことを根拠づける。それは故郷的な土台となるものである。しかし大地は本質的におのれを閉ざすものであり、存在の秘匿の原理を言い当てるものでもある。

後期のハイデガーは、存在することに対して、その上の空間に建てること（Räumen）として、一つの生起が語りかけることをとおして、何かを許可する、帰属可能性を準備するということを重視するようになる。近さと遠さとは意味の生起である。空間の生起に密接にかかわるのは言葉である。空間について何かを語らなければ、空間は生起しない。根本的に世界を分節化する働きにおいて、言葉の本質が空間の生起と密接である。物を物として現わさせる言葉の本質が空間の生起と関わる。詩作こそが、住むことをはじめて住むことたらしめる。場所の名前をつける。場所は言葉で名づけられることによって、場所として際立つ。空間は意識の表象作用ではなく、直観の形式でもなく力動的に生起するものであるからこそ、つまり近さと遠さとして、奥行きとして開かれているからこそ、私たちはそこに帰属することができる。

私たちの「生きられる空間」とは、非本来性と本来性、技術時代の空間と伝統的な四方界の空間がはっきりと境界で区分されるのではなく、混在している。何らかの熟知の世界のもとで、その都度すでに存在する現存在の構造が世界を熟知のものにしていく。熟知し慣れ親しむことは、大地の上に住むことにおいて本質的であり、最も基本的なことである。熟知性を常に生み出し、また古い熟知性を活用することでもある。

人間の存在は、必然的にどこかの場所を占める。空間かその場所を領域化することによって成り立っている。人間は死すべき者、世代交代すべきものであり、それぞれが領域化しつつも、明けわたしもまた必至のことである。近さ・遠さ、ひと・もの、場所（Orts）として「生きられた空間」は、他者にあけ渡され、継承され、気遣いされ、手を入れられて刻印されたものでもある（山本 2011）。

ここで、ハイデガー（2019）をもとに、ハイデガーが提唱する「四方界」としての場所の概念について説明することにしたい。物としての存在の在り方を考えると「びん」は注がれしものである。そそぐ Guß、gfeßen（古語）

の「注ぐ」には供物と犠牲の意味がある。注がれしものとして、物体には「大地」と「天空」、「神的な者たち」と「死すべき者たち」が宿り続けている。宿り続けさせつつ、物はそれらのへだたり、距離の克服において、この四者をたがいに親しく接近させる。これらの近づける働きが近さの本質である。物は近さ、入れ物であるかのごとくあるのではない。ものはこの四者を近づけるはたらきをする。ものは大地、天空、神的な者、死すべき者という四方界の織り成す単一性のもとにやどり続ける。そして人間は死すべき者として、死を死として能くする（心得る）ことができる。その点に関して、他の動物は生を終えるのみである。つまり「死」には、無（聖櫃）として、存在が本質を発揮していることを内蔵している。

このような四方界の本質として、連関しつつ帰属している単一性のなかで、出来事として織り成すことを「世界」と名づける。世界において、物の本質を理解して、本質を発揮する領域へ近づけること、すなわち物が物としてあることは、世界において近づけるはたらきであり、近づけるはたらきこそが世界の本質である。

住むことは建てること、建てることは住むことを目的とする。建物は人間に住みかを提供する。住むことと建てることは、手段と目的の関係にある。

建てる（bauen）、住む（wohnen）には留まる、滞在するという意味がある。隣人には、近くに住んでいる人の意味とともに住むことや住む場所の含意がある。建物には仕事や旅行による滞在といった遂行する態度にもよるが、建てるには根源的に住むという意味がある。つまり人間がこの地上に存在する仕方で、建てること＝住むことである。すなわち、人間であることは、死すべき者として、この地上に存在することであり、つまり住むことである。住むことは、人間の存在として経験されていることであり、人間存在の根本的動向である。日常経験は慣れ親しんだこと（gewohnt）である。また建てる（bauen）には、作物の面倒をみること、建物を打ち立てることの含意もある。しかし、このような実際の多様な仕方の背後に本来の住むことの本質が後退してしまう。

住むこととは、本来の住むことであり、また死すべき者たちが、この地上に存在しているあり方である。住むこととしての建てることは、日常生活において、作物の面倒を見ること、建物を打ち立てることへと発展する。建物を建てるということ、その本質において何であるかを事象にふさわしく決定する。建てることとは、それ自体が住むこと、住む者として存在することである。そこに留まることとは、満ち足りていること事物へと導かれることである。この地上に＝この空の下に、四方界において建てることは、住むことにどこまで属しているのだろうか。建てられたものとは何か。橋を例にして考えてみることにしよう。

橋は川の流れの上にかけられている。橋によってつながることで、両岸となる。つまり橋は川と岸と陸をおたがいに隣り合わせの間柄にする。川は水の流れを進むにまかせると同時に、死すべき者たちに行く途をあたえる。さらに死すべき者たちは彼岸へと渡っていく。

橋は神的な者たちが見ているところに死すべき者たちを集める。橋は橋なりの仕方で、大地と天空、神的な者たちと死すべき者たちをかたわらに取り集める。

橋は固有のものであり、四方界に宿り場を許容されている。宿り場を受け渡すことができるのは、橋自体が一個の場所（Orts）であるからである。場所は橋の存在に先立って、すでに客体として存在しているわけではない。橋がたつ以前から、川の流れには位置がある。それらの位置の一つに橋がかかることによって、場所が生じる。

橋は四方界に宿り場を提供し、四方界を取り集める。この宿り場から広場や道が規定され、それらによって空間があけ渡される。

もともと空間（Raum）には、集落、村落のために解放された広場という意味がある。それはあけ渡され、解放された存在である。そして境界とは、そこから何かの（指標にもとづいて設定された）空間が、その本質を発揮し始める起点である。空間（Raum）は、あけ渡されたもの、境界に放ち入れられたもの、その都度許可されて継ぎ合わされたものとなる。このように場所として宿り場を許容されるものを建物と名づける。

このような場所と空間はいかなる関係にあるのか。人間と空間の間柄はいかなるものか。

橋は一個の場所である。天空と大地、神的な者たちと死すべき者（世俗の者）たちを結合する、許容する、放ち入れられる空間である。

橋から遠い、近い、そこにはさまざまな広場を含む。広場は位置として測定された距離のもとにある。距離（Abstein）はギリシア語の（stadion）で示される。距離はつねにあけ渡されている、たんなる位置によってあけ渡された特有の種類の空間である。人間と物とのあいだは、近さ、遠さといった距離ではなく、隔たり、広がり、高さ、幅である。そこには「距離（Abstein）」ではなく、「ひろがり（extension）」の概念がある。ひろがりとは、延長にすぎない抽象的な空間である。このような（抽象的）「空間」そのものには「橋」という場所は見出されない。場所によってあけ渡された空間に、間の空間がつねに存在し、さらに純粋な延長としての空間が存在する。そこでは物たちが受け渡すものを距離・方向に関して実測し、度量を測定しうる。

人間と空間との関係ということについて、空間が人間の外に存在することでも、主体は人間に対して向こう側にあるのではない。空間は外的経験でも内的体験でもない。

ハイデルベルクの古い橋は、橋をかけ渡しているものであるとともに、あけ渡されて、死すべき者たちの滞在に参入している。空間が開かれるのは、橋から人間の住むいとなみへ放ち入れることで、彼らは住みながら、物と場所のもとでの滞在にもとづいて、空間を跨ぎ越している。

空間を通り抜けていることは、近くや遠くにある場所や物のもとに不断に滞在しながら、空間に対して持ちこたえることである。「自己の内へ向かう」ときでさえ、四方界への帰属から離れ去ることはない。人間と場所の関わりも、場所を介しての人間と空間の関わりも、住むことに拠っている。人間と空間とは本質的に住むことである。

橋はそのような種類の物の一つである。場所は四方界の立ち入りを許し、かつ四方界を整える。四方界において整えることとしてのあけ渡すことにより、場所は保護であり、家である。家は人間の滞在に住みかを提供する。物を産み出すことは建てることである。

建てることは、場所をうちたてること、すなわち空間を設立し組み合わせることである。建てることの本質は住むようにさせることである。場所をその空間の組み合わせによって打ち建てること、住むことを能くする（心得る）ときのみ、建てることができる。

シュヴァルツヴァルトの一軒の農家の事例では、大地と天空、神的な者たちと死すべき者たちの織り合わせが、風をよける南向きの麓、草地の間、泉の近くにある。板ぶきの屋根は雪の重みに耐える。家族全員の食卓の後ろに十字架像がある。あけ渡された空間として、産褥や棺を安置するための広間がある。

住むことは、建てることである。死すべきものたちが、住むことの本質をいつになっても繰り返し、探し求めていることである。人々が住むことをまず学ばなければならないこととは、住むことにもとづいて建て、住むことのために考えることである。

さらにハイデガーは近代化批判として、巨大技術の本質は「総かりたて体制」を用いて、人間の運命の巧みな遣りまわしであるのにすぎないと批判した。そこでは、神の遠さに満つる神秘的なものを喪失しつつも、大地を支配するかのようにふるまう人間にとって、その人間が、今日、自分の本質に出会う場所はもうどこにもないのである（ハイデガー 2019）。

要約すれば、世界内存在の「内在性」とは、居住する・滞在する・住むことにある。そこでは、了解することとは、「……できる」にかかわる存在概念である。存在可能であることとは世界内存在に関する習得の有意義性と世界内存在における親密性を表現している。

問題は「世界」において、いかに自らの「住まい」として存在しうるのか。「世界」は生まれ死んでいく者が滞在する住みか（habitat）である。現存在は実存するかぎり、この「世界」のなかで配慮的気遣いをしつつ、存在者をさらに道具的存在者として見出していく。道具的存在性は、このような現存在における世界内存在のなかで、自らを示すものであり、「世界」から独立した主観によって価値を付与されているわけではない。

住むことは、死すべき者たち（限りある生の存在者たち）が大地の上に存在するあり方である。大地は死すべき者たち（俗世で限りある生の者たち）を比喩し、天空は神的な存在を象徴する。つまり大地・天・死すべきものたち・神からなる四方界において、「住むこと」とは、四方界、すなわち本来的な世界のうちに人間が死すべき者（限りある生の者）として、ふさわしく存在することである。

「建てること、住まうこと、考えること」について、ハイデガーは住むことの本質を繰り返し求めている。「住むこと」とは、人口増加に対して住宅都市を建設することであるとか、都市産業労働者の貧困によるスラム街の形成をどのように改善するかといった建築工学や都市計画の問題などではない。人間の故郷喪失に対して、「住むことを学ぶ」ことである。第二次世界大戦後の後期ハイデガーは、人間の実存を「住むこと」から考えようとしている。とりわけハイデガーにとって、トポスとは、存在者が、その都度、そこ「ある」という状況である。すなわち関係性をもった存在をとり集めているところが場所（Orts）である。

ハイデガーによれば、道具の存在は空間性をともなう。道具の利用を通して、物の存在を受容し、保持し、空間を充填させるのである。人・自然・物理的構造は四方界である地球（大地）・天・神聖さ（神）・死すべきものたちとしての世俗の人間から構成される。たとえばグラスの存在は容器としての空間である。そこには太陽（天）のめぐみを受けてそだったブドウからワインがそそがれる。グラスのなかのワインは神への祈りにささげられるとともに、限りある生のもとにある俗人たちの喉をうるおす。

芸術作品の存在は、それ自身があけ渡された領域へとなる。神殿や彫像はその荘厳な豪華堅牢さは石材の存在感とともにその場所の神聖性を象徴する。幾何学的形態は可塑的な意味もつ空間へとなる。真正性とは、特定の時間・空間のもとで理解される。

物理学や情報システムは純粋理論の枠組みを形成する。一方で道具性の分析における遠近に示される技術は人々の生活を把握し、人々の地理空間を形成する（Paddock 2014）。

ここでこの項の内容を小括することにしたい。「住まうこと（dwelling）」の概念は事物と存在を結合し、景観や場所を構成する。時間の流れの中で自然と文化を統合させる。自然と文化の分割を超えて、景観の特徴を強調する。今日でも遂行性や非表象理論を用いることでリアリズムと観念論、主体と客体の二分法をこえて、場所・環境・景観の本質へとせまろうとしている。

ハイデガーの居住概念とは、いかに人々が世界に埋め込まれているかということと、世界における具体的な経験の認識である。デカルトの精神と身体、自然から文化の分離への反発と、人々と環境との関係の理解から理想的な精神的構築物が生み出される。居住とは、すでにある世界内存在、情動としての理想の居住が形成される。場所との出会い、場所との結合が場所への記憶と情動を構築する。つまり家庭やローカルな自然や環境への情動は場所に収容される行為である。

世界内存在における居住概念の「場所」として、ハイデガーによって橋の実例があげられていた。河川の両側をつなぐ橋は繁栄する街並みや土手をふくむ集合体としてとらえられ、場所の更新をしていく。またハイデガーはシュヴァルツヴァルトにある農家風の別荘において、「建てること、住まうこと、考えること」の概念を構想した。それは事物の異種混沌性からなるアクターネットワーク理論（ＡＮＴ）に類似する思考でもあるが、そこにおいてポスト構造主義が固定よりも流動性を指向するのとは異なるのである（Cloke and Jones 2001）。

ハイデガーはヘルダーリンの *Germania* および *The Rhine* の詩作に感化されて、ドイツの運命は、敵に対する結束としての「民族（Volk）」の存続にもとづいていることを主張した。そして、またギリシア時代のポリスを理想のコミュニティと考えていた。

三　歴史と民族と国家の総合――民族の真正性

しかし実在的、存在論的に人々の空間を解釈すると、近代社会は人間性をともなった共同体を解体してきた。現存性における存在の理解とは、このような解体にともなう虚無主義を克服する原理である。それは西洋人の伝統概念を保存するために、たとえば国家社会主義（ナチ）の指導者に従順であることと、犠牲をともなう闘争もやむを得ないと考えられるものでもあろうか。

ハイデガーの世界内存在としての現存在の理解における空間概念に関連して、ニュートンの空間モデルは空間を単なる容器として扱い、デカルトの空間意識とは数学化による単なる空間の拡大にすぎない。これらは現存在の理解には不適当である。またカントは空間、時間ともに直観の形態である先験的主題とみなした。これは存在論的に純粋な現象として説明できない。

人々の空間内存在において、所属、定着、愛着の感情が生じ、現象学的空間と地政学的空間が結合する。それはドイツの東方への植民政策を正当化し、ノマドではなく大地や土壌（soil）への根源性から、定住定着民としての民族の真正性が主張される。しかし、ハイデガーの民族概念は、国家社会主義者（ナチ）がとなえたドイツ民族に対する生物学的優生学や人類学の主張とは距離をおいていた。

ホームランドは単なる地方にすぎないが、父祖の地（fatherland）は近隣と直面し、近隣に対抗しうる特定の風土と習慣の根源性をもった地方である（Heidegger 2009）。

そもそも、ロマン主義は近代ブルジョア社会の俗悪性を嫌悪する思想でもある。近代において、自らの社会における経験的自我として、他者に承認され意味を付与され、一定の社会的役割を演じる自己を否定する。むしろ、より内奥にある絶対的自我に自らの本質を求めようとする。

この本来的自我は、民族・宗教的共同体、歴史的・文化的風土の土壌に自らの根拠を据えることによって、自らを支えると同時に、その土壌を共有する他者との共同性を獲得する。そのことによって、ブルジョア社会を否定して、これらの美的に構想された世界を経験的に現出させる。

しかし、ロマン主義的自我による民族の歴史性、文化性、風土性による同一性の強制が、絶対的自由の希求とは著しく矛盾する。そこで、自らの全体性を回復するために、間断なく差異を対置して、自己を否定する。経験的自我との対立から絶対的自我を求めることは、土壌定着（共同存在としての美的世界に根拠づけられた私、すなわち「同一性」）と、土壌喪失（一切の根拠を欠如した単独者としての私、すなわち「差異」）との相互作用である。つまり同一性と差異の間の無限の往復運動から説明される。

ハイデガーによれば、民族としての人間は歴史的存在として、断固とした意識と運命的な使命感をもち、一つの行動に突撃する。そこには耐え忍ぶという責任、勇気、行動、信仰、そして犠牲的行為が属している。一方で生物学的な民族概念は、反動的な国粋主義、民族主義であり、政治的なものを、精神性を欠いた宿命的な領域に陥れる。このようにしてハイデガーは、ナチスの陣営がとなえる生物学的（優生学的）な人種概念とともに、民族主義的なフォルキッシュ運動を批判していた。

ハイデガーが説く理想的なフォルキッシュな民族集団の概念とはどのようなものだろうか。それはロマン主義以来、言語・宗教・慣習・文化的伝統によって、基礎づけられ、同一性を担保された集団ではない。むしろ民族とは、歴史上のある瞬間に生起するアドホックな集団である。一方では既存の集合的同一性に帰属することで、地平を共有するダス・マン（共同存在）であり、他方では束縛から解放された自由な単独者（ダス・ゼルプスト）からなる現存在の側面を有する。この大きな両義性からなる。

そもそも民族ということばの本質には、アドホックに、瞬間的に地平を共有することと、その都度、意味を認め合うという含意がある。民族集団においては、言葉の多様な意味が論理的に、かつ概念としての共通の意味へと、つまり、ことばによって指示される存在物へとむかわせる。分散する視線の方向に対して、いかにそれらに限定された統一性をあたえるかを考える。

つまり民族は地平を歴史的に共有してきた共同体ではない。各人が単独者として、他の単独者とは地平を異にすることを承認した上で、例外的に地平の共有という稀有な生起のもとに結集する集団である（小野 1999, 2010）。

小林（2011）によれば、ハイデガーの「民族」の概念とは「ドイツ民族」として、具体化しようとも何らかの基礎によって根拠づけられた恒常的なものではないという。つまり「祖国的なもの」を構築しようとするプラスの運動と、それを解体、脱構築しようとするマイナスの運動の並存によって成立するという「民族」像である。それは「民族」が被投性と企投という二つの要素に基づいた両義的な概念だからである。

あらゆる存在者の中で、唯一人間だけが、「存在」を問題にし、了解する存在者だからである。このような特徴を持った存在者として人間を現存在と名づけ、現存在分析に取り組むのである。

字義通りに理解すれば、被投性とは、現存在があるものによって世界の内へと投げ込まれていることを意味する。被投性とは、各々の現存在が世界の中で他の存在者と共に存在していることを意味している。その時に現存在は、自らがいかなる存在者として存在するのかを自身では一切規定することができないままに、この世界に投げ込まれて存在せざるをえない。

また企投とは、現存在が自らを世界の内へと投げ込むことを意味する。ハイデガーは企投が持つ「開示性（Erschlossenheit）」という性格を、了解と結びつけている。「了解は、現存在のその時々の世界の世界性としての有意義性をめがけて、現存在の存在を根源的に企投する」。つまり現存在は、自らを世界の内へと企投するのであるが、それにより現存在に対して世界が開かれ、世界の有意義性が現存在によって了解されるのである。「了解の企投性格は、世界内存在の現（Da）が存在しうることが開示されているということに関して、その世界内存在を構成している」。つまり、現存在が世界内存在として、あらゆる存在者に対して気遣いを持って存在している。これをハイデガーは企投と呼んでいるのである。

両概念が、いかにして両立し得るのかを確認すると、自らがいかなる存在者として存在するのかを一切規定することができないままに、この世界に投げ込まれて存在しているという事実が被投性である。また現存在は世界の内に存在するあらゆる存在者に対して、気遣いを向けている。このことを企投として捉えるのである。したがって現存在は、この世界に投げ込まれて存在し、同時に他の存在者に気遣いを向けているという意味で、被投性と企投は互いに矛盾しないのである。

このように「民族」とは、被投性と企投という両義的な特徴を備えたものである。確かに「民族」は運命によって導き出される運命共同体であるのだが、その運命が独自な意味を持つ。『存在と時間』における「民族」は、個人が生まれながらに備える要因を前提として、そこへの帰属を運命づけられるような「民族」ではない。自らが世界の内へと偶然に投げ込まれた被投的存在であることを自覚することによって開かれる本来的時間の中で、自らを企投する可能性を運命として選び取ることによって導き出される「民族」なのである。

このように「民族」の解釈には、両極的な立場が存在していた。一つには「民族」を例えば「ドイツ民族」として表されるような現実的な「民族」として捉える立場である。言語、文化、習俗、血統などを規定要因として、個人が所与的に帰属する。しかしハイデガーの民族概念は、このような実体的で現実的な「民族」ではないし、また抽象的で観念的な「民族」でもない。ハイデガーの「民族」は、「闘いの往復運動」によって成就する。確固たるものとして創出される「民族」を解体、脱構築しようとするマイナスの運動と、存在者を通じて偶然に現れる「存在」を基礎として「民族」を成就するプラスの運動とによる往復運動である。被投性と企投という双方向の運動によって成立する両義性を備えた共同体が「民族」なのである。

そこで世界的内存在、生起、運命から「民族」が持つ三つの特徴を導き出すと、第一に「民族」とは、そこにおいて存在者の「存在」が現れ、了解されるような共同体である。世界内存在として、共存在において実存することを前提としている。第二に「民族」は、世代を超えて同じ遺産を共有し、引き継いでいく現存在たちによって構成される共同体である。第三に「民族」は、同じ遺産を持つことで運命を共有する運命共同体である。それは世界の内に歴史的に存在するさまざまな事象から、自らが遺産として引き継ぐものを能動的に選びとることを意味していた（小林 2011）。

ハイデガーは歴史と民族と国家を総合して、民族の真正性を主張していた。ハイデガーの民族や地政学、ドイツの美しい自然への称賛は、一九三三年に四十四歳でフライブルク大学学長に就任した前後に発表されている。一九三二年にはナチスが第一党となる。一九三三年には学長就任と期を同じくして、ヒトラーが総理に就任した。翌一九三四年にハイデガーは学長を辞任したが、同年にハイデガーは「ヘルダーリンの詩歌」の講演を行い、ドイツの自然の真正性や審美性を称賛した。翌一九三五年には「芸術作品の根源」という講演で、空間の審美性について議論をしている。一九三六年から「哲学への貢献」といった講演をしている。こうした一連の動向は後期ハイデガーの空間的概念に結びついていく。そこでは、民族の真正性が居住の概念とあわせて考察され、地政学的主張がなされる。しかし、それはドイツ民族の優生学的視点やラッツェルの「生の空間（Lebensraum）」に依拠した領域の拡大といった生物学的視点ではなく、ドイツ民族の文化や歴史の真正性にもとづくものであった。奇しくも、一九三五年とは日本では和辻が『風土』を刊行した時期でもあった。

「民族として根源の近くに住むものは、その場所（Orts）を去りがたい」。ハイデガーは、このように、大地の上での真正な土着性としての真に根拠づけられた歴史的現存在について語った。つまりヘルダーリン的な住むことと、大地に根づくことがハイデガー居住論の真髄である。またハイデガー哲学における政治とは、ヘルダーリンの詩作を歴史創設の中心にすえる居住論にほかならない。それは「政治は国家による造形芸術だ」というナチスのゲッペリンの主張に感化されて、ハイデガーは現実のナチの政治に参加し、すぐに幻滅し批判した（稲田 2011）。

ハイデガーはドイツ民族がギリシア思想を継承する遺産であり、ドイツ南部のシュヴァルツヴァルトの風土にしめされる田園風景の農家に真正性があるとした。これに対して、ロシア・アメリカは、根なし草であり、機械化・技術的グローバル化によって、地球全体を知覚し、征服し、錯乱させる。彼らの調整と支配のためには唯物論的生産条件が知的秩序を構成する。そしてドイツ国家社会主義も、形而上学的に演算可能性、商業的打算、利潤指向をふくむ。このような三つの秘匿されたものとして、演算可能性にともなう高速迅速化、大量生産、巨大市場の構築がある。このようなナチ新秩序における「生の空間（Lebensraum）」の機械化は産業の発展を招くものの、ホームランドをひき裂くのである。

大規模な産業化は、人々の不安とともに人間が故郷を喪失することを示している。それゆえ人々の日常性をまもることで、故郷とのつながりは回復するのである。

精神は技術ではないが、精神が技術に還元されてゆく。技術は自然破壊を招く。ハイデガーは『存在と時間』において、デカルトの精神・身体分離を批判した。ハイデガーにとって、自然とは存在自身であり、精神の根源的存在に解消されない。しかし存在が空間における拡張のなかに埋め込まれていく。計算機械化する産業経済は、自然を拡大した物的資源とみなし、機械的ゲシュタルトと化した人間は技術動物に還元されていく。

そこで時間と空間を計算化ではなく関係化し、非形而上学的な真の存在へと向かわせること、社会理論を歴史に同化させることが必要となる。場所は政治的テリトリーへと変化する。そのような場所は階層（スケール）ではなく、空間の創発性として、政策のためのテリトリーとして、計算できる空間の政治的知覚の対象となる（Elden 2005, 2006）。

ハイデガーが、個人の現存在からドイツ民族の現存在（あり方）へと関心が移行することによって、ナチスの破壊的な政策論とハイデガーの存在論とが交差するようになった。しかしハイデガーは、ナチスのありのままの生物学主義を拒絶した。とりわけハイデガーは、ナチスによるドイツ民族（Volk）に関するアーリア人種優生論を批判した。

ハイデガーによる一九三四年フライブルク大学学長就任時の講演では、民族の伝統的理論として、優生学的な生物学的概念ではなく、身体・魂あるいは精神からなるナショナル・アイデンティティとしてのドイツ民族のユニークさを主張したものであった。それはヘルダーリンの詩作の影響を受けて、美しいドイツの風土を賛美し、他者との共存から共同体の現存在における適所性を主張することで、ナチに反発するものであった。

まずハイデガーのドイツ民族の地政学とは、オーストリアなどをふくむドイツ語圏を統一する汎ゲルマン帝国の構築を試みるものであった。

学長就任講演をもとに、一九三五年に刊行された『形而上学入門』において、ロシアとアメリカからのドイツへの脅威を述べている。そこではアメリカとロシアが、危険なテクノロジーと根無し草の組織をもとに不明瞭な世界をつくり、神から逃避し、地球を破壊し、人間存在を物質に縮小し、全ての創造物や自由への不信や憎しみをかりたてていると主張している。

ここに、所属（帰属性）・故郷・根源性（ルーツ）のカテゴリーに関して、二つの異なったタイプの居住に関する戦い、つまり根源性対根無し草の対立があるとハイデガーは指摘する。

一定の文化的アイデンティティをもち、南ドイツ・シュヴァルツヴァルトの農民の景観のようなライフスタイルが、ドイツ国民の伝統である「血と土」を形成する。また統一的な世界文化に還元されない倫理の特有性、ユニーク性を主張することで、ハイデガーは普遍的な都市論や新カント主義を批判した。

「根無し草」対「根源性」の議論は、現代化の危険に対して、伝統的な文化の保護を主張するものであった。社会的分化は、同じ起源からなる人種共同体ではなく、むしろ「存在」の一つとしての国民からなる。つまり一つの国民国家における特徴的タイプとして、郷土の根源性、空間に関連する根源性をともなう国家である。それは領邦(Boden)拡大の意思をもつ。それらは、郷土、居住への近さ、なじみ深い環境や景観といった相互作用である。

民族の真正性とは人々の間にある再帰性の存在である。祖国ドイツにとって、非真正性となるのは経済的営利活動である。そもそもドイツと古代ギリシアからの伝統との歴史的相互作用としての民族のあり方は、ドイツ人の長期的、形而上学的使命を明らかにする。民族の存在を、国家主義国家における大衆から識別する手段として、民族が、①断固とした意識と、②運命的な使命感をもとに一致団結し、③一つの行動に突撃するものとしてとらえられる。

民族の歴史的運命とは、現存在、すなわち世界内存在における共存性を反映する。共同体として民族の歴史的生起によって生じた運命とは、存在者として与えられたものである。

ハイデガーによれば、ドイツはギリシア以来の伝統にもとづくのであるが、それと対立するのはアメリカとロシアである。しかしドイツ民族は、ドイツ文化の起源がギリシアであることをもとにして一致団結し、調和している。それゆえハイデガーにとって、行動は社会組織からではなく、社会によって経験されている存在によって決定されている。つまり共同体の自己変形的な力である。

一九三〇年代初期にハイデガーの存在論と政策論が交差し、社会的主体や秩序としての民族が取り上げられるようになった。それゆえ民族とは、新しく存在すべきことが開示されたところの人々に与えられた存在論的概念であった。

これに対してユダヤ人は、ドイツにおける十分に完成したアイデンティティを不安定化する。離散民としてのユダヤ人は土地に定住することなく、流動性をもって、農耕とは異なる金融業や資本家、専門的従事者として活躍することが多いからである。ユダヤは異能の人々として畏怖され、排除や差別につながっていくのである。

ハイデガーにとって、戦闘と犠牲への覚悟とは個人と共同体における社会的契約の相互作用である。限りある生涯における個人の各々の経験は、人々が歴史的・文化的共同体の場所を占めていることを確信する。闘争・犠牲への覚悟が、共同体の空間とアイデンティティを確立する。郷土の地域における規範・倫理・根源性が精神の明瞭性を示す。そこでは犠牲の困難をともなう意思と政府のドイツ国民保護の政策によって、帝国の政策と郷土愛が一致し、人々と郷土が地政学的な敵と戦う倫理が形成される。

地政学的に「生の空間（Lebensraum）」における定住の形態から、ノマドの侵入と定住に対抗しうる共同体の空間が形成される。それは外見・形質といった民族の外在的な違いではなく、内在的な違いである。

ハイデガーにとって、人口管理政策の思想として、全人口からノマドの人口を控除して示される定住民を重視し、優先する。定住民においては民族における起源とアイデンティティが明瞭に一致している。共通して外敵に対する闘争と犠牲の視点をもつことから区別される。それらは①国民的コミュニティと②言語的コミュニティからなる。共通する母語や市民性をもった解釈学的真正性からなる（Knudsen 2017）。

このハイデガーの一九三四年のフライブルク大学学長就任講演をもとにした一九三五年の『形而上学入門』は、

一九五三年に再刊された。その内容は、以下のように要約できる。ドイツの現存在（ドイツの在り方）として形而上学的精神を考えると、ドイツは内陸国であり、多様な近隣民族に囲まれていることが脅威となっている。そして十八世紀以来のヨーロッパは科学主義、実証主義にともなう産業革命後のニヒリズムに陥っている。

一方、新興のアングロアメリカは自由主義、ロシアは生産条件の唯物論的支配の概念を謳歌しているものの、それらは、かえって精神の貧困化・解消・消耗・抑圧や誤解を招いている。そして、アメリカやロシアの対抗しがたい巨大科学技術に対するニヒリズムを克服し、問題の理解に対する哲学の強みを発揮することが、ドイツの大学の使命であるとされる。

そこでは歴史的な人間の現存在として、無関係とみなされてきた身近な存在である道具類への開示性と適所性が確認される。それらが人間の行動意識に受容されることが、日常的に反復される。また国家・都市における自由の存在が、家郷への愛着をかきたてる。

このようにハイデガーは、科学技術の発展と現代人の根拠の無さ（rootednessless）から生じる脅威に対抗して、アメリカ的科学組織に対抗できる将来の政治的組織、世界へのリーダーシップ、新たな科学に追いつくための産業への貢献といった、これまでのドイツの大学に欠けていた新しい時代の指導者を生み出すための政治教育が必要となると主張した。

地政学的「生の空間（Lebensraum）」として、資本主義（アメリカ・英国）・共産主義陣営（ソビエト連邦）のもとに希少資源が確保されてしまった。これらに対抗するためにドイツ民族は技術的発展をとげなければならない。とりわけ原子物理学・航空機・ラジオ放送といったアメリカにおける技術開発において、巨大性と多様化が進展している。一方、これらの脅威に対抗して、ヨーロッパからの現代世界観をうちたて、民族・大衆の勝利を招く必要を説いた。このようにハイデガーは保守的で、農本主義的であり、郷土愛の信奉者である一面もあった。

しかし現実をみれば、むしろベルリンの壁崩壊後の統一ドイツや統一ヨーロッパをふくむ超グローバル社会においても、民主主義は確立できていない。ハイデガーの理想を実現しようとするKiesel（2001）は、二十一世紀では、むしろ地域的・神話的な価値観と、全地球的な巨大技術、近代社会の対立という、ポストモダンの問題が深刻となったと指摘する。だからこそ、思慮深いグローバルな共同や協力が必要であると結んでいる。

四　時間・空間の圧縮

ここで、ハイデガーの空間概念が意外なことに、マルクス主義地理学者の旗手とされるデーヴィッド・ハーヴェイの思想にも大きな影響をあたえていることを指摘したい。つまりハーヴェイをはじめとする「時間と空間」の圧縮の概念の着想には、実はハイデガーの『存在と時間』以来の思想に起源がある。これは、いったいどのようなことであろうか。

ケッテリング（1983）によれば、ハイデガーは「近さ」という術語を『存在と時間』においては本質的には二つの観点において使用している。①現存在分析の主導テーゼを性格づけるためと、②現存在の空間性を特徴づけるためである。

すなわち、現存在の存在様式は『存在と時間』において、人間と存在との近隣性（Nachbarschaft）から思惟されている。それは、存在者に対する正当な接近の仕方を表明的に確保することが、むしろ最も近いものとして理解される。「世界」から〈自己を−了解する〉ということとそれ自身は、ただ現存在の存在論的体制に基づいてのみ可能である。

ハイデガーは、日常性を「世界」の中へと埋没させると同時に、全てが水平化される共同存在「世人（das Man）」が、共存する公共性の中へと投げ出され、自ら自身の存在を喪失することを、現存在からの「頽落」であると規定する。頽落は現存在の存在論的遠さにとっての根拠をなしている。頽落というこの名称は、「世人」という名称と同じく、なんら否定的な価値評価を言い表すものではなく、むしろ現存在における一つの実存カテゴリーである。

ハイデガーが説く空間性とは次の七概念からなる。

（1）現存在の実存論的空間性は、世界内-存在としての現存在の存在体制に根づいている。同様に事物的存在と道具的存在との範疇的な空間性も、道具連関という、それらの存在諸様式のうちに基づいている。

（2）現存在は世界内存在としての「存在者」とは別のありかたで「世界」の内に在る。そして、とりわけ現存在の内-存在は、二つの直前的なもの相互の内部性（Inwendigkeit）と同一視されてはならない。

（3）現存在の空間性は現存在の「世界性」から規定され、また空間は「世界」から規定されるのであって、その逆ではない。

（4）カントが空間を主観の純粋直観だと主張しているのとは違って、「空間は主観の中にあるのでもないし」、またデカルトが空間性から出発して、世界を延長しているもの（Ausgedehntes《res extesa》）と規定しているのとは違って、「世界は空間の内にあるのでもない」。

（5）存在の問いを十分に開拓していって初めて、空間の存在は解明されうる。

（6）空間における存在は時間性を重視して決定される。

（7）ハイデガーにとって問題であるのは、メルロ＝ポンティがとなえる身体の空間性でもなく、カントの直観の形式としての空間でもなく、フッサールが主張する実存的に体験された、もしくは生きられた空間でもなく、物理学的な空間でもない。むしろ問題であるのはただひとつ、現存在の構造契機としての実在論的空間性の

みである。（ケッテリング 1983）

ハイデガーの道具分析における近づけること、調達すること、用意すること、手許にもつこと、近くにもたらすこととは、道具である存在者を純粋に意識し、発見し、特定する仕方で近づけることである。このように現存在のなかには近さへの本質的傾向がある。そして遠隔性の克服、速度の上昇、電気通信の発達によるラジオは日常的生活世界の拡大である。つまり現存在の存在様式にもとづいて、空間概念を把握しようとする。そこでは、現存在の空間性は、世界内存在の内にある空間性から把握されている。

近づけることは、方向づけ（機能の関与）をともなう。現存在の配慮と気遣いである方向づけはある方向において存在者を近づける。手許存在である道具への関わり方において、空間の各道具は見回し的に世界内にある。道具全体の空間性として、道具という在り方をする存在者を遠ざけたり、近づけたりする。そのことで、そのものの適所性が見出される。具体的に距離として計測される均一な空間ではない。現存在が離れを跨ぐこと、方向づけをすることは、現存在のなかにいない存在者を規定するカテゴリーとしての遠隔性や間隔である。見回し的空間における根源性とは、存在の意味としての時間性である。

時間と空間は、近代以前は人間生活の場所と一致していたが、近代以降は時間と空間が現実の場所から分離されるようになる（氣多 2009）。

つまり（岩崎 1999）によれば、ハイデガーに感化されたハーヴェイは、フォーディズムからポストフォーディズムへと移行するなかで、交通通信の発達による時空間の圧縮、グローバルな生産移転やサプライヤー・チェーンの形成といった資本の空間的回避とともに、ナショナリズムが復活していることと、それが権力の闘争である「場所」を舞台におこなわれていることを指摘した。その「場所」概念は、ハイデガーが空間ではなく、存在者の場所を問うことから、近代化批判を行っていることに啓発されたものでもある。

第一次世界大戦は国民国家の成立と帝国の崩壊、総力戦体制の終焉と内乱による混乱をもたらした。それに対抗して、ハイデガーは地政学的根源化、再帰化をはかり、ニュートラルな空間から一種の実在的な生の意味に根差した場所を発見した。そこではヘルダーリンの「ゲルマーニュ」や「ライン」といった詩作に影響されて、ハイデガーは、故郷を神々によって育まれた大地であると認識した。しかしそのハイデガーが提起した故郷や母国への親密性が、かえって家郷の体験をおのおののもとに閉じこめることで、よそよそしい親密性を醸し出した。大地・祖国・家郷・国家・民族は大地に根づく。現にあるものとしての民族の歴史を根底から狙い定める。

それらをハーヴェイは批判しつつも、ハイデガーの「場所」概念から、現代資本主義における近代化批判を構想したのでもある。

ハーヴェイはポストモダニティの特色として、グローバル化のなかでの資本主義の矛盾や危機が、時空間の圧縮（通信交通手段の発達による物理的距離克服や高速化や即時化にともなう時間の解消）、資本の空間的逃避（グローバルな資本投資と市場の拡大による生産拠点や蓄積の移動）、余剰資本の建造環境への投資（不動産への投機やインフラへの投資）で回避されていると批判する。しかし、そのような矛盾を解明する枠組みは地域ではなく、場所である。なぜならば場所は社会的実践あるいは排除のプロセスを反映し、階級・階層・ジェンダー・エスニシティ・宗教の違いにももとづいている。そして既存の建造環境を脱構築、変化させて、排除または従属せしめる。

つまり時空間の虚無化によって、新しい分業の発生とともに、不動産や建造環境への投資が行われる。新しい通信情報システムをもとにした産業の新しい集積は、金融資本や多国籍企業によるグローバルなスケールでの不均等発展を招く。このような一連の場所への投機的投資とは権力の配分でもある。

そしてハーヴェイはハイデガーを以下のようにも評価をしていく。ハイデガーの場所概念は時空間の圧縮とともに、外来者による越境への恐怖をともなっている。人間の本来の人間らしさ、事物の本来の事物性がグローバルな市場における計算（数値化）のなかで解消されてゆくことが批判された。そのハイデガーが説く、伝統的なシュヴァルツヴァルトの農家は、四方界である、大地・天・神聖・限りある生をともなって、荒々しい自然からのシェルターとなっている。しかし一方、ハイデガーが説くホームレスな根源性の無さは、電信情報の拡散による存在の貧困化から招かれている。そのホームランドの回復としての場所を構築する社会的プロセスは真正性であると評価した。ハイデガーは真正性をこわす近代化を批判した。一方でハーヴェイが抱くポストモダンにおける場所とは、イベントがおこる所としてではなく、むしろ歴史の唯物論的具体化が生じるところである。このようにハーヴェイは考え、マルクスの空間概念はモダニズム、ハイデガーのそれはポストモダニズムの感情にもとづいていたと主張している。

そこでハーヴェイは、ハイデガーが説く真正性が生の存続であるという感情からすれば、現実には、むしろグローバルな政策と日常の労働者のための政策が矛盾対立すると考える。そのため、具体的な場所から遊離した物・金・技術・生産様式の流動からなる国際分業こそが、否定されるべきであると指摘する。

ハイデガーは、事物の内在的本質とその知覚をもとに、人間の存在を諸個人のセキュリティとアイデンティティをともなった場所の経験にもとめた。ところが、それは排外的な愛国的共同体の概念にもつながり、根源性のないディアスポラであるユダヤ人への恐怖をともなっていた。

しかし解釈学的に、ハイデガーが説く真正性のコミュニティは物的、物理的居住に根差している。そこでは現前性よる場所の構築とは経験・知覚・想像力の相互作用であり、社会的プロセスの複雑性を反映している。このようにシュヴァルツヴァルトの農家における伝統的な景観と生活様式から、ハイデガーによる真正性の居住への要求が着想された。

場所の権力とは因果的権力のプロセスであり、社会的プロセスとしての場所である。それらは資本主義経済における権力の生産と再生産と社会的諸権力、土地国有の伝統と質の保存と建造環境にもとづいている。しかしポストモダニティにおいて、場所は脱中心化し、再中心化し、生産・消費・情報流動が著しく変動した。このような新しい物的社会的実践とは多孔質なものである。つまり境界をこえて、テリトリーを越境する。

そして時間・空間の縮小は演算不能性である（計量化できない）。なぜならばハイデガーが指摘するように、存在する事物の間の隔たりとは、存在を認識されるために、空間における私達に近づきつつある距離上の点からなるため、全てのものは均一な無距離性のかたまりである（具体的に測定された距離として認知されるものではない）。このような状況のなかで、時間と空間の圧縮による場所のアイデンティティの喪失と社会生活の不安定化への恐れが遍在している。それは、全ての限りある生として消失すべきものは、事物の中に存在しとどまっているからである。また事物の適所化によって、物の存在が認識されて、物の能力が発揮されるからである。それゆえ現代資本主義社会における絶え間ない空間関係の変化が脅威となる。

もともとハイデガーの「住まうこと」の概念は、自己完結性をともなった大地・天・神・死すべき者（人間）の力の共存である。このような求心性をもった事物の存在は、シュヴァルツヴァルトの農家に共存している。これに対して、根源性の無い現代は、通信手段であるラジオ・テレビによる画一化・均質化された情報に象徴される。しかし根源性・先住性・土着性の人々による場所の構築とは、私たちの経験とそれらに関する記憶・情動からなる。ハイデガーによれば時空間の圧縮によって、世界内存在の認識が希薄になる現代では、人々が商品生産のプロセスから時空間的に分離され、突然に消費場面で、最終製品が出現する環境に出会う。そこでは労働者からの剰余価値の搾取や疎外資本の循環があたかも隠蔽されている。真正性や根源性ではなく、技術革新や合理主義が追求されている。大量生産によって伝統的な文化が破壊された非真正性の場所を、レルフ（1991）は「没場所性（placeless）」とよんでいる。そこでは資本の蓄積が時間・空間の圧縮と共に行われている。

ハーヴェイはハイデガーの考察をこのように評価し、自身の「時空間の圧縮」、「資本の空間的回避」および「建造環境への投資」といった一連のマルクス主義的空間概念に応用したのである（Harvey 1993, 1996）。

本来の場所（place）は「存在」における真の場所であるはずであった。しかし、時間・空間の縮小によって、演算不能性をともないながら、私達に近づきつつある距離上の点の連続となる。そこでは全てのものが均一の無距離性のかたまりとなる。時間と空間の圧縮が場所のアイデンティティを喪失させ、社会生活を不安定にすることで、恐れと不安が遍在することになる。

なぜならば、ハイデガーによれば、全ての死すべきものは、事物の中に存在し、とどまっているからである。事物の適所化によって、ものの存在は認識され、その能力が発揮される。それゆえ絶え間ない空間関係の変化が脅威となる。それは物象化、市場交換というかたちで、マルクスの概念に近似している。

ハイデガーの居住（dwelling）概念はシュヴァルツヴァルトにおける農家の記述をもとに、自己完結性のもとに大地、天、神、死すべきもの（人間）の力が求心性をもち、さまざまな事物が農家と共存していた。根源性として、先住性、土着性の人々が「場所」を構築することで、私達の記憶に情動や経験が生じるのである。

一方、根なし草として、現代の通信手段はラジオ、テレビである。現代では、労働の現場や生産のプロセスが、日常生活から不可視的に分離されており、購入や配送によって、最終製品が出現するような環境に出会う。そこでは真正性や根源性が、技術革新、合理主義や大量生産によって破壊されていく。それらはレルフが非真正性の場所（placeless）とよぶものである。技術の合理性が浸透することで、市場価値が物象化する。資本の蓄積は時間・空間の圧縮とともに行われる（Harvey 1996, p. 299）。

居住概念の変化が、自然と人間の関係として、環境を構成するアイデンティティを喪失させた。事物の感覚的な相互作用が、商品生産のグローバルなプロセスとは完全に遮蔽されている。マルクスは労働運動が、自然主義における特定の場所の経験的プロセスを理論的に抽象化すると主張していた。また環境とともに神話などの記憶を文化として、建造環境が構築される。それゆえ場所の政策を形づくるときに、ポストモダン的に多様化した考察必要となる。

マルクス、ハイデガーの共通性として、特定の場所はポストモダニズムの言説にだけではなく、物的環境に働きかける居住のプロセスに根差している。両者の議論は対立する排除的なものではなく、並置されうる。ハイデガーとマルクスは、物的交換と技術交換が日常生活の非真正性もたらすとみなす点で共通していた（Harvey 1996, p. 313）。

五　ハイデガーにとっての空間——地域ではなく場所を対象とする

場所と環境の現象学は人間環境関係の解釈学的アプローチである。人間の実在に関する現象学は解釈学的アプローチとして、人々の世界に対する実存的関係を理解する。ハイデガーによれば、人々が環境に浸されているが、それが真正性の環境の意味そのままの知覚ではない。環境と場所の現象学においては、場所が社会的・象徴的な環境上のコンテクストであり、文化的・象徴的次元で記憶や愛着の複雑な結合を示す（Seamon and Mugeruer 1985）。

地理学者のレルフはハイデガーの空間概念が地理学にあたえる影響を以下のように記している。ハイデガーの現象学は物自体の存在を問う。固有対象としての主体と客体の違いは存在しない。そこでは、人間存在と世界との関係から地域や場所といった地理学的概念と人間存在との関係が問われる。ハイデガーの世界内存在における共存性とは、道具的存在性が適所性をもって配置されることによって事物的存在性にかかわることである。そして客観的・物理的空間は、世界内存在における地理的経験を通して、地域景観を形成し、空間や場所との関係を示す。

そのため伝統的な地理学の研究対象としての地域という概念はすたれる。地域は統計資料を用いた数学的・統計的分析の対象にもなり、現実の地表の一部分が何かの基準や指標をもとに他の地域から特徴的に区分されることを通して設定されてきた。しかし地理的経験をとおして、地域との関係を説明することには、さまざまな個人による場所の認識の違いを総合できずに、きわめて一般的な皮相な説明や世俗的、通俗的で陳腐な理解に陥りやすい。

むしろ地理学における「世界」は「地域」ではなく、場所の生きられた意味から説明されるべきなのである。なぜならば地域の特徴的な内容や境界は任意のものであって、正確に決定できない。地域における地理的経験のコンテクストとは、身体の周囲の空間における身体の運動によって影響されるので、地域は境界で固定することができず、地域も移動し変動する。

『存在と時間』において、ハイデガーによれば空間は事物の併存性からなるとして、その内部の関係性は事物の諸関係、無意識の結合をふくむとした。事物的存在性から道具的存在性へと、そして景観概念が経験のコンテクストよりも解釈的なものとなる。道具的存在性における景観は集合体に収斂し、景観は人間の自然への介入、生存闘争の場所の概念となる。このように経験的側面として、日常生活における人間存在の統一としての景観・地域・空間・場所が融合する。

このように考えると科学的地理学と、地理学的経験における世界内存在は、関心の統一というよりは補完的な緊張へとむかうべきである。距離は物理的な近さ・速さではない。距離は人間関係の権力の不均衡を示す概念である(Pickles 1985)。

地理学における存在論は、ハイデガーが説く世界性から空間的、環境的行動をとりあげる。世界性における行動とは現存在の内在性と解釈学的存在論から理解される。世界＝生きられた世界の実存的分析と自然的概念である。日常性は原始性に一致するのではない。現存在に一致する日常性が西洋社会を特徴づけている。それらはかくされ、隔離されているのではない。それゆえ民族性と歴史は、現存在の事前の分析を可能にする。

地理学のテーマは、世界、環境、自然に関する空間的関係、地理学的実在、組織化する原理である。しかし現在では、場所（風土性）、景観、地域、人間‐自然（環境）関係、特定の世界における人と土地との関係について取り上げる。地理学の主題やアプローチに内在する緊張とは、場所や空間に対する理解の前提条件としての人間存在に関する空間性である。

人間世界における場所の特徴とは、相対的な、主観的に異なった直観から、経験される場所である。それらは客観主義と主観主義の二元性を克服し、世界内存在における日常の様式と、科学的活動に関する主題化に先立つ日常の経験を重視して、日常を通して世界を扱う。そのような関心は理論的な知識ではなく、知の形態である。空間は一定の内容の容器や幾何学的意味から示されるのではなく、居住空間の道具に示される。道具的存在から、私達の公的世界における意図、企てにもとづく作業からなる注意深い関わり合いが発見されるようになる。それが日常の存在の意図的構造となる。

人間の空間性とは、道具分析のコンテクストで理解される。環境は前もって所与の空間に配列されているのではない。いろいろな場所の全体は、関与している「世界」によって表現されている。それらは、世界内存在における日常の様式や科学的活動に関する主題化に先立つ日常の経験である。

この文脈において「近さ」として、その重要性が決定されている。実在における空間的秩序は、このような人間の諸活動によって決定される。空間は場所を満たしている三次元における多様性ではない。つまり、環境は前もって所与の空間に配列されているのではない。いろいろな場所の全体は関与している「世界」によって表現されている。

一九七一年に行われた「建てること、住まうこと、考えること」の講演において、ハイデガーは、人間にとっての場所、空間のテーマに回帰していく。

人は住まうことによって存在する。それは建てることと、維持管理することをともなう。建てること、住まうことの事例は「橋」の例で示される。橋は重要な機能をともなっているが、橋は単なる事物である。それは橋の利用と時間の流れにおいて、町の繁栄や地域の建築物の美観をもたらす。橋はシンボル＝象徴となる。橋は両側の川岸を結ぶ。流れと交差する橋は、土手をお互いに横切ることを可能にする。橋は流れと土手や周囲の景観を一緒にして、お互いの近隣を構築する。橋は流れの周囲の景観として、これらの地表の事物を集めるのである。

このように、人間の空間性とは世界空間における位置（position）である。世界内存在としての空間性、トポスとは、場所が住むための場所であることである。

存在と居住とは人の定住、定着でもある。居住は場所の創造を意味する。場所は、事物をあるがままに集め許容することによって地域に対して開かれている。場所は技術的空間に立地しているのではない。地域における様々な場所を通して見出されるのである。

空間の概念は世界における経験から見出される。居住の場所は距離化と抽象化を通しての世界や事物に関する関わり合いである。技術的世界は無世界性で、人間的事物ではない。場所は物理的、技術的な所与の空間に存在するのではない。また空間は任意のものでも、意識の創造物ではない。技術的空間は地域の場所の統治を通して解明される。

場所の開け広げ（clearing）とは、地域の境界内において、居住知の選定が開始されると従来の場所から新たな開け広げ（clearing）が生じる。このようにして、空間は居住の場所の創造に充てられるようになる。

各々の諸場所は、三次元の拡がりの中で分離された距離上の位置として取り扱われる点の連続からなるとも考えられる。そのような空間は選択された拡がりの中の数値にすぎない。このような形式的空間は、人間が居住するところの空間・場所・立地を含まない。

むしろ場所は、純粋な広がりの「間」としての空間における立地のもとに集められる。空間と拡がりは、距離と拡がりである。それが方向の余地として、測定しうる事物をつくる。

そのような空間性における二つの要素とは、①方向性としての状況の方向づけと、②遠くに消えゆく、あるいは近くにもたらすという要素である。後者は、適所性（deterrance）に関連して、近くにもたらす、遠くに消えゆくという概念である。このような近さ、遠さは物理的距離ではない。むしろ人間が理解される空間的特徴である。

そして地域は日常の関心が所属する世界の中に位置づけられている。地域の場所的性格とは、日常のコンテクストにおける特定の活動を行うための全体的な参照性から得られる。

日常のことばとしての空間（Raum, räumen［Raum の古語］）には、野性から取り除く、自由、オープン性を含意している。それがまた、開け広げによって、人や事物が定住・居住する余地をつくる。そして「chaos, void」という言葉にあらわされる混乱、空虚とは空間ではない。

さらに Topos とは、場所と空間を含意する。場所はほかの場所が一緒にもたらされることで地域を開く。そのような集合するシェルターのもとで、地域における事物の存在が可能となる。つまり場所を集めることから、空間的性格を生み出す余地がつくられる（Pickles 1985）。

ここで、本節を小括することにしたい。

地理学の現象学的アプローチは実証主義と経験論を批判する。フッサールは経験論的自然主義を批判し、メルロ＝ポンティの現象学は実証科学を拒絶した。

そもそもニュートンの世界における空間と時間は力学における質量におきかえられる。このように機械論として主題化された自然哲学の数学的原理によって、機械論の科学的概念における意味の先験的枠組みとして、時間・空間は質量の点の運動におきかえられた。そこでは首尾一貫した生産的方法が有意義な世界をつくりだすとされた。

このことに現象学的地理学は反発する。

人間の記述的科学として地域的存在論は、人間存在が内在する世界の特徴を示す。フッサールにおける時間・空間の科学的意味は先験的主観性によって決定される。ハイデガーの人間の存在と実践的理性の存在論では、カントの先験的手法ではなく、人間の現象学の解釈学としての現存在を身体・魂・精神から説明する。そこでは現象学的地理学が空間性の存在論として、環境に示される世界性とともに空間的、環境的に多様な行動が異なった世界を創造することを明らかにする（Pickles 1985）。

地理的自我とは、人間のあり方として現存在を問うハイデガー哲学における内的存在における本質的な地理経験である。存在と時間における場所とは、世界内存在における存在性の先験的構築である。そこでは事物的存在から手許的存在（道具的存在）へと、現存在は空間に関する問題である。どこにあるか、全ての事象の存在は空間を占める。

このように存在と場所の関係は現象学的地理学の基礎である。個人にとっての空間の意味を説明することが可能となり、その生活している空間の経験をイデアとして統合することが可能となる。それは有意味な空間である。つまり、場所とは、主体によって居住し生活された場所へと場所を指向して、位置づけられる人間主体の本質である。住まうこと、居住の概念（dwelling）とは、現存在の構成要素としての内在性である。それは人間身体が物質的事物としての客観的存在としてある内在性である。つまり居住することは内的存在に所属することである。

しかし政治的角度として、ハイデガーの場所の概念はナチズムに接近した。場所の概念はヒトラーの政治的イデオロギーに結合した。ヒトラーの空間闘争は、「生の空間（Lebensraum）」という生物分布範囲における制約範囲を示す概念を、単に植民地獲得や民族統一の旗印に転用した。ドイツは国民国家の形成に関して、隣接国家に遅れをとったため、「生の空間（Lebensraum）」の概念を用いて、ドイツ領土の拡大が主張されるようになっていった（Sferrazza

Papa 2015)。

六　ヘッケル・ラッツェル・和辻・ハイデガーと続く知の系譜――生の存在論へ

これまで本章でみてきた、ヘッケル、ラッツェル、和辻、ハイデガーへと続く知の系譜を要約してみよう。存在するもの全ての性格が、「生」（レーベン）である。ギリシア哲学以来、存在者全てが自然であり生成するものであった。生は力への意志であり、相対的に持続し、より高次の段階へと進化する価値定立作用となる。中世におけるキリスト教の絶対視が、近代になると崩壊するものの、かわりに自然の秩序やその審美性を統一する諸力のあり方が問われるようになっていった。

そのような背景をもとにして、ラッツェルは、ヘッケルの一元論的進化論、形態学の原型概念をもとにした個体発生は系統発生を反復する進化論（反復説）と獲得形質の遺伝、ヴァグナーの地理的種分化をもとにして、「生の空間（Lebensraum）」概念をとなえ、それにもとづいて『人類地理学』、『政治地理学』を主張した。それらと和辻の風土論、ハイデガーの現象学との間にはどのような知の系譜が継続性を示すとともに、また断絶しているのだろうか。

それらの根底には、十九世紀の時代思潮とともに、ロマン主義、ドイツ観念論における自然哲学・歴史哲学・政治哲学が基盤となっている。これらの系譜に共通しているのは、デカルトによる主体・客体分離、精神・身体分離を批判し、かつカントの先験的な時間・空間概念という形而上学への批判である。そこには単なる容器や抽象的に幾何学的座標軸として示される空間ではなく、表象や意味を持ち、あらわされている空間がもとめられてきたのであった。

しかし有機体としての「生の空間（Lebensraum）」は、風土、通態性、現象学の「生きられた世界」、環世界（Umwelt）

の概念とは共通しているのだろうか。ヘッケル、ヘーゲル、ラッツェルと続く知の系譜は、「生の空間」として、民族、地域、国家を生態学的な生物群集、個体群、共同体と相同とみなしている。有機体としての集団に関するアプローチであり、実証主義的視点にもとづく、具体的なテリトリーとしての地域や景観として表現される。これに対して、現象学はユクスキュルの環世界の概念に依拠して、生物個体（個人）を主体とする周囲の生活世界との相互作用を含意している。それは生活世界において、日常経験やさまざまな権力の行使や闘争が行われる場所が重視されるという個生態学的なアプローチでもある。

現象学の台頭は日常経験を通しての人間存在の在り方を問う。しかし、その一方で、地域の存在に関する議論はうすくなる。機能主義的、全体論的なシステム概念が弱体化したといえる。故郷喪失、土壌喪失によって、集団による共同存在の表象としての有機体論的な地域概念ではなく、個人としての場所が重視されるようになる。

ロマン主義は、近代資本主義のもとでの産業社会への嫌悪を示し、自然や伝統社会への回帰指向をもつ。ところで人間存在は、集団と個からなる。一方、啓蒙思想として、フランス革命以降、近代市民としての個人の独立性と自我の確立が主張されてきた。土壌喪失として、つまり内在性としての人間の在り方が本来は自由であり、集団の束縛からの解放されるべきものである。一方、土壌定着として、伝統的社会、風土、自然への回帰が指向される。このような集団への拘束は、民族や社会に集団としてのアイデンティティを生じさせる。

土壌定着として、集団としての有機体は「生の空間（Lebensraum）」のように地域同一性をもつ。一方、土壌喪失は、個人にとっての経験された場所である「生きられた空間」、通態性や生活世界からなり、それらは個人にとっての知覚と表象の差異から構成されている。

ハイデガーの現象学においては個別の存在者が実存しているだけではなく、それぞれの存在者が関係性を構築することによって、世界内存在として人間の現存在を構築する。

現存在の本質を単独者でもあり、かつ共存在であるという形としてとらえ、「けっして何らかの基礎によって根拠づけられた恒常的なものではなく、その都度生起して歴史の始まりを画し、そしてまた解体されるべきものである」と特徴づける。

このように、世界内存在における諸構造の中心は、開示性のうちにある。世界内存在に対して開示されるものは「真理」であり、また「共存在」である。それは、気遣いによって明示的となる存在構造の全体を包括するものである。

その『形而上学の基本概念』において、ハイデガーが評価しているユクスキュル（一八六四―一九四四）の生物学とは、動物世界を理論化し、各々の動物種とその知覚、行動の諸関係の中にそれ自身独自の諸環境（環世界）を構築した。環世界における主観的現実は、全ての諸動物にとっての異なった環境における行動の観察から動物自身の存在論を生み出す。

ユクスキュルの環世界とは、生物（有機体）の各々の個体ごとに異なった環境が独自にあり、その機能環をとおして、他の有機体および、環境との相互作用を構築している。それは閉じられた空間として、容器の中に隔離されているのではなく、お互いに織り込まれている。そしてユクスキュルの環世界は機械論的な考え方と対立し、ドリーシュの生気論の影響を受けている。

このようなユクスキュルの生物主体の環境概念とは、ハイデガーにとってどのような意義をもつのであろうか。人間にとっての「世界」とは動物にとっての「環世界」へのアナロジーである。「環世界」とは動物としての地理的領域や場所の特性に関係しているものではない。その動物、つまり単一種や個体が感受し、反応しうる刺激の総体を意味する。それぞれの種に固有のものであり、その動物個体と切り離しては考えられない。

そのため「世界」も、また現存在（人間）が位置しているところの地理的な場所ではなく、現存在そのものに属している構造と言ってよい。そして、ハイデガーは世界についての生物学的発想から離れて、我々にとって最も身近な存在である道具の在り方を手掛かりにこの世界の分析を行っていく。

このようにみれば、現象学とは実証主義地理学への批判だけではなく、十六世紀以降つくられてきた、ヨーロッパ社会の近代化とともに歩んできた既存の地誌をはじめとする伝統的地理学の解体なのである。つまり地域概念の希薄化、地域から場所への移行なのである。

そこには、全体論的指向をもつ生態学的な群集、個体群、生物相ではなく、個人の身体の周辺の環境知覚（affordance）をもとにした環世界や個人により経験された場所が重要となるのである。

現象学における「生命」概念を展望すると、デカルトは心身二元論を説いた。またフランス啓蒙主義は生命の心性や精神性を否定し、生命の物質性と機械論を強調した。このような悟性によって認識される法則を強調する合理主義的生命観は近代市民生活の台頭を反映していた。

しかしロマン主義とは、このような啓蒙主義に反発し、かつデカルトが否定した生命の力動性と有機的統合性を強調した。

ロマン主義の影響を受けて、初期フッサールの現象学においては、合理主義的経験科学は外的経験より出発する。精神科学は、純粋な直観や現象の主観的秩序にもとづき、内的現象学的経験に基礎をおく。生物を外的観察者の単なる対象としてではなく、直観的に対自的かつ内的存在として、自然的な生の様式についての考察が行われる。いきいきとした地平に、自我はこの内に生きて、自らの諸対象に関わることができる。

ハイデガーの生の哲学において、人間はロゴスを持った生物である。生とは最も身近に出会う存在者の存在様式である。人間は理性をもって対象の本質及び自己との関係を認識する。その意味で内面的存在である。生は純粋な客体でも現存在でもない。存在者が存在に関わるものとして出会う現存在である。ハイデガーの現存在とは、生物の内世界的存在と現存在の内世界的存在からなる。生きる主体とは、志向的意味を持つ世界において生きる主体としての身体と精神である（戸島 1992）。

以上の観点をもとにして、これまで本書で記してきた生物学主義、生の存在論とも言うべき、その内容は以下のようにまとめることができる。

（1）ラッツェルの「生の空間（Lebensraum）」概念は生物学から影響を受けていた。それは、ランダムな変異を認めるダーウィンの進化論とは異なる、ラマルクからヘッケルの合目的論的進化論の系譜から獲得形質の遺伝と比較形態学の方法論を、ヴァグナーからは地理的種分化の考えを受け継いだ。そのため「生の空間」は、生物種による生存に必要な空間への拡大進出と、移住先での在来種や優占種との交雑隔離によって、獲得した形質が子孫に伝わることで生じる地理的種分化の発生を示唆していた。このような生物種の進化は、原型を比較し、形態の進化を説明する点で、ロマン主義におけるゲーテの原型概念から、ヘルダーからヘーゲルによる自然哲学や歴史哲学による有機体論や国家有機体的概念と結合していた。ただしヘルダーが多様な民族の文化の共存をとなえたのに対して、ヘーゲルは国民国家の立憲君主制を理想とする発展段階を説いていた。

（2）そのようなドイツ観念論におけるヘルダーからヘーゲルに至る国民国家や立憲君主制、文明による植民地支配といった「理想像」を背景とするラッツェルの『政治地理学』は、人類の土地への帰属性（Boden）、食糧や資源をはじめ生存に必要な空間的領域である「生の空間」の確保、さらに新たな広大な「生の空間」を求めての民族の移動や運動から説明されるものであった。

（3）思想家である和辻哲郎は、その『風土』、『倫理学』の著書において、ラッツェルの「生の空間」概念をはじめとするドイツ地理学の思考を高く評価していた。またハイデガーの「現存在」における人間のあり方が個人的視点であることを批判し、むしろゲーテからヘルダー、ヘーゲルへとロマン主義・ドイツ観念論をもとにした有機体論から、環境、風土のもとでの人間存在の構造的契機としての有機体的つながりとして、個人ではなく間柄を尊重して「倫理学」を説いたのである。ただし和辻は、ラッツェルの「生の空間」が、あまりにも生物学的であるため、主体ある「生ける空間」から風土を説明する必要を説いていた。

（4）和辻は初期ハイデガーを批判し、人間存在の構造的契機としての間柄、その基盤となる風土から国民性や倫理を説明することを試みた。和辻が批判したハイデガーは二十世紀に存在論から実践哲学へと、人間存在のあり方、つまり自らは何であるか、他者とのかかわりをいかになすべきかを問うたのである。ハイデガーは、デカルトが説く近代科学流の均質空間を批判し、身体的に人間が住まう、日常空間における存在の空間的連関を追究した。ドイツのロマン主義のもとで、伝統的風土における住まうことの真正性として民族概念を追究したのである。

（5）なお、ラッツェルと和辻は、「生の空間」をはじめとする生物学・生態学的概念を重視した。しかしベルクは、「風土学」における自然環境と文化の相互作用として「通態性」を説き、演繹的、実証的、集団指向である点からラッツェルに起源を有する一元論的な生態学を批判した。これに対して、ハイデガーは、もともと民族による伝統文化の尊重、民族の真正性を重視していた。

（6）ベルクによる一元論的、全体論的なヘッケルの生態学的視点への批判は、ハイデガーが現象学的視点からのフォン・ベーアやユクスキュルの反機械論的な生物主体の環世界（Umwelt）概念を評価していたことを反映している。

（7）このためラッツェルの地政学（政治地理学）概念は、「生の空間」概念にもとづき、生物学的であり、民族の運動・移動を中心とするが、一方、ハイデガーの地政学概念は、民族文化の真正性にもとづき、民族が本来の土地に根差している点（定住していること）にもとづくことであり、大きな違いがある。とりわけ、後期ハイデガーにおける国民性とはノマドではなく、定住性と根源性を基本とするものであった。ハイデガーにとって民族とは、近代的自由のもとでの単独者の共同存在からなり、史的存在として、断固とした意識と使命感をもち、耐え忍び抵抗する存在である。その都度、単独者がその意味を認めあうことにより共存するのであって、国家の危機に対してアイデンティティをまもる深遠な存在とされる。このようにハイデガーの民族概念は両義性をもつ。

(8) さらにハイデガーの現象学的視点において、個人の日常空間を展望し、他者とつなぐこと、すなわち事物的存在から道具的存在へ、実存から存在の認識へと現存在が確認され、人間のあり方が問われている。ハイデガーの思考では、実存から存在の認識には、「道具」を近づけることが指向され、伝統文化における民族の真正性として、定住、住まうことが重視されている。

(9) すなわちハイデガーにとって、近さ・遠さの概念とは、近づけることによって、人間や事物の存在を認識することである。

(10) ところがハイデガーは、真正性の乏しい、伝統文化が希薄な移民、移住者により建国されたアメリカやソビエト連邦における電気通信技術、原子力といった巨大科学技術は、真正性の無さとともに真正性への恐怖であると批判している。

(11) しかも意外なことに、マルクス主義空間論者・地理学の旗手であるハーヴェイが、マルクスとともにハイデガーの近代化批判をもともなった空間概念から時空間の圧縮、建造環境への投資、資本の空間的回避といった諸概念を着想している。ハイデガーによる真正性のない巨大近代科学技術による人間疎外への批判とハーヴェイによるポストフォーディズムの空間理論は重複するところがある。

(12) これらを総合すると、ハイデガーやベルクをはじめ現象学の台頭によって、旧来からの「生の空間」をはじめとする有機体論的、全体論的な「地域」概念を研究対象とすることが否定されていくことがわかる。それは集団主義から個人主義へ、地域ではなく空間・場所へと地理学の研究対象が変化したからである。「場所」は、個人の経験や体験が行われる「生きられた空間」である。ハーヴェイも説くように、権力へのアクセスに関する配分や排除・疎外が行われるのも「場所」である。このようにして地理学の対象は、具体的な地域や地表ではなく、個人による場所に関する言説や表象に変化してしまったのである。

以上の知見をもとにして、著者にはヘッケルの有機体論の影響を受けたラッツェルの「生の空間」とハイデガーをはじめとする現象学における「生きられた空間」とは、異なる「生態学」に起源をもち、まったくことなる概念であると考えられる。

8　ハイデガーに影響を与えたユクスキュル「環世界」概念と『国家生物学』

一　ユクスキュルの生物学理論

この章はハイデガーの思想に大きな影響をあたえた生物学舎ユクスキュルの生物学の理論と、その「地政学」というべき、『国家生物学』の内容について展望することにしたい。

まず、ユクスキュルは「環世界」概念の前提となる「世界」観について、次のように記している。

世界は多様な知覚からなる。たとえばベル（鐘）は、三つの知覚される側面であるリング、たたくもの、ハンドルからなる。これらの個々の部分の特性が調和的な相互作用して調和することで、均一な音を生み出す編成の手段となる。はしごの機能は、登るものともとれるし、すわるものとして用いることもできる。同じタイトルの本にも様々な評価がある。

知覚の側面は、形態や色彩の表象、臭い、触感、味わいからなる。しかし、それらの実質は、それらを取り巻く背景や諸力に還元されてしまう。

とりわけ科学は、このような事物の機能的側面と知覚的側面を放逐してしまう。ケプラーの法則やニュートン力学は天体の配置に関する法則を発見した。中世に神は天界に揺るぎない存在であった。天は神の王国であったが、事物は意味のない機械的な運動に置き換えられてよいのだろうか。機械論は均質ではあるが、しかしランダムに作用するメカニズムである計画なき自然を、前もっての予測することは不可能である。

動物主体によって外的世界は異なる。音の調和はオーケストラの編成からなる。感覚を知覚する器官は、諸動物のデザインの一部として、身体の形態や運動に反映されている。音色の連続が調和的であるのは、制度が構築されているからではない。

また Uexküll（1926）の『生物学理論』は、以下のように要約できる。

自然科学は理論構築とフィールドにおける観測調査から構成されている。生物学特有の理論的基礎は、物理学や化学の基本的概念に還元できない。そこでは主観的プロセスと客観的現象の結合によって、生理学的、心理学的な感覚の質が生じる。それらのリアリティは主観に出現する。感覚の質はカントの物的概念に相当し、精神に課された、それらの配列はカントの知識の形態に相当する。このように序文ではユクスキュルの理論の前提が記されている。

第I章「空間」では、外的空間における感覚の出現と、その感覚の主観的条件とは「世界」の外側にある我々の直観であることが示される。空間の存在は、空間的形態における感覚の質である。それはパーソナリティにともなう主観の内的な組織に基づいている。たとえば聴覚とは、耳の鼓膜における触覚であり、これらの感覚の質が投影されている。それらは身体の形状の配置の上で局所化されているわけではない。むしろ感覚の質とは、心の中に担われている。その系統的配列の実例とは、経験という客体の中での知覚されたイメージである。そのようにして生じる秩序とは、音楽における他の音との関係である。

空間では、とりわけ視覚と触覚が重要である。地域的（ローカル）な信号を受容することが、特定の空間についての質の存在を認識することとなる。外からの圧力は皮膚を通して局所化された力であり、終端までの神経の拡大によって、かなりの大きさにひろがる。各々の刺激を受容する身体の領域では、音、触覚、気温などを地方色（local color）として、分割して知覚する。

方向（direction）信号によって、方向が記号として、筋肉の感覚をともなう運動や移動を生じる。外的信号と内的信号の組合せによって、方向の平面は、①左右、②上下、③前後といった三次元からなる身体の外に存在する空間として知覚される。これらの外的・内的方向信号のアイデンティティが、空間における我々自身の移動の足場を形成する。このようにして運動における筋肉感覚が方向信号と組み合わさる。つまり外的・内的方向信号のアイデンティティの結果として、筋肉感覚に反映される、それ自身の身体の条件、接触感覚や局所的信号を通して、外的世界の特性を指示する。

法則としての空間のほかに、何らかの経験以前の空間に関する情報を知覚している。すなわち、直観の形態としての空間は、経験に先立っている。最初の音、最初の色の知覚とは、すでに他の音や色合いを比較しているから可能になるのである。空間に関しての法則は外的経験に先立つだけではなく、平面の幾何学における例外的な部分をも説明する。平面の幾何学とは、内的経験の存在である。このようにして、カントの統覚は、全ての知覚の根源に存在する。

空間の法則化とは、感覚知覚の最も一般的な形態として、全ての客体と空間についての決定をくだすことにある。それには、①移動の可能性と、②方向の三つの平面に関する位置からなる。空間と方向を与える器官は、有機体共通の活動の主体として、さまざまの部分が全体に結合する統一体を形成する。

世界の外側にある可視的な混乱と、体内にそれらの混乱に対応する逆に循環する水路がある。方向の平面は、私達の視野の移動に最も影響する。方向信号の関係的形態とは、方向とともに、方向の平面からなる。つまり現実の移動は、一連の方向信号を空間の中にたどることで生じる。

すなわち、空虚な空間は方向信号で満たされている。動物は方向信号によって、動きの大きさを増す。客体の無いこととは、絶対的な静けさである。それは方向信号の形態ではなく、むしろ純粋な地域信号が拡大しているのである。観察者からの距離は距離信号となる。それらの諸関係は、同時発生的に変化し、展開していることを示すのである。

それらの変化とは、①可塑的視点の段階として、眼が知覚しうるように運動が収斂する段階、②直接の空間的視点の段階として、筋肉が行動信号、方向信号をもとに三次元における運動を形成し、③間接的な空間の視点の段階として、距離の評価として客体信号、距離信号をもとに、動物行動の空間は距離へのステップとして、より広く地域に伸展していくのである。筋肉への方向信号とは、二地点間の運動において、中間で認識できる距離へのステップの要素である。

場所や位置は、ある領域に存在する多数の領域、多数の場所にふくまれている。多数の人間の視野から方向一ステップの移動が生じる。空間における物質と諸力は、収領する身体の運動装置に反映される距離信号として、身体への推抗、空間における障壁でもある。同じ地域信号のもとでの運動は、お互いに影響し、全ての実質が地域信号、方向信号に言及する。

物理学では、物資と質量との相恵的関係を空間的本質とみなす。音響や色の波長とは、ニュートンによれば、距離を隔てた物質の運動である。ユクスキュルは、このような物質と諸力に関する唯物論と一元論を否定し、むしろ地域信号や方向信号が、より現実の色合いや音響を説明すると主張している。客観性と主観性は、これらの物的仮定に基づく。地域信号、方向信号と形態は主観的な創造物である。これらの主観的な方向信号の認識は、筋肉の運動を伴い、客観的な世界だけではなく、主観的な空間によって囲まれている（I章：空間）。

また運動信号は、カントの学説とともに、時間に関するフォン・ベーアの学説にも、もとづいている。そこでは時間の質とともに時間の移行の主観的性格が議論される。さらにFelix Grossが時間と統覚との結合を主張した。統覚とは段階にもとづいた生命のプロセスである。それは感覚信号を通して説明される。カントによれば、統覚の統一が自我の統一を生み出すことになる（II章：時間）。

一方、物理学において、「世界」は現実に一つの存在である。それは統覚の世界ではない。絶対的法則をもち、主観的影響からは独立している。物理学者の世界の構成とは、①無限の無数の場所からなること、②運動の範囲は無限であること、③一連のモーメントには始まりも終りもないことと、④全ての事物の特性は原子の空間における運動から説明されることである。

これに対して、生物学者の世界とは主観的な世界と統覚による世界からなる。それらは、①場所の数は限定されていること、②運動の範囲は制限されており、有限であること、③一連のモーメントには始まりと終わりがあることと、④「質的内容（Content qualities）」からなる。

機能環の形態は、多数の固定した場所における感覚器官によって維持されている。一定の方向にステップをふみだすことは、手足の大きさを測定し、運動を決定することである。運動の方向は、不変の方向平面によって固定されている。

すなわち空間と時間は経験に先立って、存在する知識の諸形態である。そこに「質的内容」がつけ加えられた。そして空間的諸関係において、移動することで、より直観に近くなる。「質的内容」の形態として、スケール（scale）や、階梯（ladder）といった直観によりアクセスしうる形態があげられる。それらの形態における多くの個々の質（qualities）は絶対的で、全ての経験に先立つ。動物の感覚器官の解剖学的形態は事実に先立つ正当化によって、統一された機能環の形成をもたらす（Ⅲ章：内容の質）。

客体と生物有機体との関係からみれば、生物学的要素として、次の三つの秩序の質、すなわち①モーメント信号、②地域信号、③方向信号からなる。これらは特定の感覚の循環から内容の質を統合し、モーメント、場所、方向のステップへと転換する。内容の質は、これらの変形に対応するように示される。

地域信号は触覚の内容の質に結合する。それは方向の平面として空間の中にあらわれる。客観的、主観的な方向信号の共同を通して、場所は客観的空間における方向平面に関連して、固定した（確固とした）位置を得る。このようにして「世界」が支持される足場が形成される。

形態学は、その機能を欠いている他の機能集団に対して、主要な機能が足場を形成する。機能が効果を形成する。履行の枠組みは、機能の視点から判断される。有機体の枠組みは形態と機能から構成される。生理学は生物の機能の研究として理解される。有機体の機能的分析から構成される。その生命の実質は原形質である。行動の機能とは、私達が履行する活動形態に対する対抗行動への誠実な反映である。それは推進力の独立した連続から構成される活動の段階に対応する。推進力の連続によって、構成される枠組みは計画と合致する。外的世界における行動は計画と自立性に一致する（Ⅳ章：客体と生物有機体）。

自我を含む定例的な循環が動物の機能環を構成する。そのような方向を実践することによって、それ自身の世界を生み出す内なる世界となる。そして動物によって、外的世界に向けられる行動の世界として周辺世界、環世界を生み出す。機能環は、その媒介手段である。この媒介手段は動物を一定の居住地に固定することで、空間的に限定された媒介となる。たとえば食糧と敵の機能環といったように計画と機能環の部分の一致が、そこに生じる。

このような計画と個体の部分の一致が感覚される「世界」がつくられる。そこでは刺激―指示―質といった内なる世界が生理学的視点から説明される。

機能環における行動の世界とは、知覚された敵や獲物をサークル（環）に取り込み、機能ルールの表現としての対抗的枠組みをつくりだすことにある。

敵や獲物を取り囲む機能環では、お互いに一つの獲物餌食になり、また別の獲物が現れるという通過している循環である。そこではより高度な統合が、それぞれの種によって表象される（V章：生物有機体の世界）。

このように機能環の機能ルールは種によって独立している。有機体間の比較は固定した枠組みからなる。それらのルールの外的、可視的な表現である枠組みが、機能ルールに従って行動を実行する。それは、また枠組みの空間的なルールでもある。機能ルールとして、単細胞の原形質からなる動物をみれば、ゾウリムシの消化器官は口から消化器、肛門と連なっている。これは後成説として、形態学は発生の記号、諸細胞はモザイク画として理解できる。このような有機体の機能世界とは、主観（主体）が動物の身体の完全な枠組みを支配することである。フォン・ベーア（von Bear）によれば、胚芽からの身体の発生と成長には、特別の自然の力が作用する。それは目標に向けての努力である。このような発生は遺伝子と呼ばれる細胞内の枠にある一定の分子によって制約されている。そこに機能のルールと機能調整者の永続性が認められる（VI章：生物有機体の発生）。

種は類似性の概念に起源をもつ。遺伝型としての民族、人々、家族は全人類種の下位部区分である（VII章：種）。

自然における合目的性の推進力として、衝動や本能がある。それらは受容体を通して、神経システムに感知された衝動が行動を方向づける。機能的、発生学的基礎として内的均衡がある。時間における均衡はリズムであり、音色のリズムの変化が鼓動のリズムに一致する。これらの適応との一致が同じ平面をかたちづくる（VIII章：計画との一致）（Uexküll 1926）。

すなわち知覚と、知覚のためのツール、知覚された世界、その世界への作用効果、すなわち知覚と作用の発生が環世界を形成する。有機体自身の特定の知覚が作用記号となる。脳の一部の知覚細胞が刺激に影響されて、情動の知覚器官となる。脳の一部の作用細胞が作用器官となって、筋肉の運動を指令する。環境空間として、マダニは表皮の知覚信号ではなく、酪酸の臭いから哺乳類への吸血行動を開始する。このように知覚の特徴となる環境条件が重要な役割を果たす。作用空間は、移動の自由空間を指し示す。人間存在の移動システムには、前後左右上下の位置関係が重要となる。人間存在から環境システムへの対応手段が触覚、聴覚、視覚、臭覚、味覚といった五感である。このような信号が脳への知覚と、それに反応する行動を生み出す（Uexküll 2010）。

意味の担い手としての生物は、どれほど自由であっても居住世界に制約される。生態学者の仕事は、その限界を研究することである。各々の動物は居住世界において、一定の客体と近さ、遠さの距離のもとで出会う。これらの事物の情況から、また動物と客体との関係について、さまざまな動物を比較することで明らかにできる。

スコラ派は客体を本質的なものと偶有的なものに分ける。客体のこのような諸関係の特性は意味の担い手として表わされる。全ての有効な事物は人間の意味の担い手としての客体である。客体としての実在とは、「家」における居住者として、あるいは事物の使用者としての存在である。客体は動物の主観や生命の段階における意味の担い手である。有機的、非有機的な客体が、主観の身体において、補完的に結合することで意味を消費できる。それらに対する各々の環境は自己完結的でとじられたユニットである。主体の認識する意味によって統治される。環境と居住をおおう貝殻のように動物と植物は、それらの存在を担う。身体における「家（living house）」をもつこと、各々の居住（house）は計画に基づき、生物主体によって地点ごとに異なる。それらの主体の認識が機能環に属している。

刺激の流れは、動物の身体を通して神経システムから、受容器である感覚器官、中央の知覚器官を通して、作用器官である作用器に伝達される。

動物の居住世界「house」は、可動性、移動性をともなった筋肉の活動を支援する。外的環境部分に対して、動物の感覚器官にとってかわり、刺激が取り扱われる。特定の刺激とは、主観に基づいた特定の音色であり、意味の有用化である。動物の居住世界とは、動物の周囲に拡がり、動物の主観を観察することによって環境となる。その空間は多くの多彩な意味の担い手に満ちている。

植物の居住世界は、その立地によって範囲が定められている。植物の主観の立場からは、規則的な生態系の遷移のような意味要因から構成されている。

生物とは、主体としての構造的計画に基づいて、意味や有意味な諸要因の担い手を有用化することである。眼、鼻、味覚による食物の確認がなされる。それゆえ意味の問題は生物にとって優先される。くもの巣におけるハエはえじきとしての意味の担い手である。意味の利用者は意味の担い手によって調整される。

このような有機体の主観と器官の橋渡しがメロディーとなる。細胞から器官へと主観の高められたプロセスとしてのメロディーの音色は機械的ではない交響曲である。一つの客体から別の客体への作曲を表象する。たとえば植物の意味要因は動物の意味の担い手として、意味の利用者へと向かう。それは二つの声の二重奏の作曲であり、自然の意味要因とその意味の利用者の間を橋渡しする。このように自然の作曲理論は音楽的作曲理論と共通し、少なくとも二つの音色のハーモニーを生み出す。音楽の対位法は自然によって構成される機能環である。そこでは意味の担い手とともに個々の主体が意味の循環回路を形成する。そのとき、知覚の側と作用の側に対位点が求められる。最終的に特定の意味のルールに従って作曲が行われる（Uexküll 2010）。

二　ユクスキュル生物学への評価と位置づけ

前節でみたユクスキュル生物学への評価と位置づけについて、まとめることにする。

Tønnessen（2009）は、ユクスキュルの思考は生態現象学としての生物記号論であると指摘した。それは標本からの視点ではなく、生きられた個体の存在に主観性を与える。そのため方法論的に非歴史的である。生態学、認識論、コミュニケーションの危機に対して、音楽のメタファーとしての文化的記号論、生態的記号論をとなえた。

ユクスキュルは対位法（特定の刺激への反応）によって、存在論的ニッチを確認する手法をとる。個々の環世界が現象的世界における自然のグローバル的実体であるグローバルな環世界に移行する。生命のプロセスは複雑な相互関係からなる。生態学的関係からの有機体は統合された生物学的個体からなる。生命の形態は、個体の環世界における原型（Bouplan）を通して環境に適応している。

このように生物学的対位法は、偶有的ではなく必然的となる。生態学的ニッチにおける唯物論的概念は、より大きな客観的な、純粋に物理的全体に包摂される。生態学的関係とは、相互の補完的な絶滅と種形成や移住と個体群数変動からなる。このような生態学の機能や生態学的関係は統合したり、解体したりする。

心理学において、記号論とは、カテゴリーとしての知覚に関する存在論の記号的部分である。カントの現象論的世界はデカルトを批判し、象徴としての記号論をとなえた。

ユクスキュルの環世界は、ハイデガーの人間の現存在に大きな影響をあたえた。現象学的主観性は人に対置することで、それぞれの世界を形成する。メルロ＝ポンティの間主観性は、生態学的には間身体性でもある。

土地固有の文化や存在の意味論が、生物記号論のコンテクストとして象徴される。環世界は経験された世界として、記号論の景観に関する主観的、プライベートなモデルを構築する。そこでは主観性、自律性をもった実存的領域における自律的、自己組織化された協同が存在しうる。しかし人間は文字の採用によって、大地の知覚を変化させ、科学的認識の対象としてしまったのである。

Salgan（2010）は、ユクスキュルが動物の知覚世界（Umwelt）をとなえた最初のサイバネティクスをとなえた行動学者であり、理論生物学者でもあると主張した。ダーウィンを批判し、新カント学派の先験的論者として時間と空間を決定し、創発性のシステム理論を採用した。ドイツ自然哲学の視点からダーウィニズムやスペンサーを誤りであるとし、正規のものの存在よりも適者生存から説明する生物の進化の理論を批判した。ユクスキュルの思考はカントの思考から影響を受けて、事物それ自身として直接に理解するのではなく、事物を観察することによって、時間・空間が因果性として理解できることを主張した。その生物学は、知覚しうる存在として、生物を系統的に説明するものであった。ニュートンの運動の法則やデカルト哲学を放逐し、動物の内的世界を魂や感覚のない機械として捉えるものではないと主張した。行動主義のパブロフによる犬の実験は、動物内的プロセスに関係ない機械としてとらえるものであるとして批判する。生きるためにシステムを強固にした循環状態が機能環である。さらにユクスキュルはルーマンの社会システム理論の先駆者でもある。記号や象徴として、環世界における種の主体性をとらえる。主観に関連して客体を選択して知覚することで、知覚や感覚を象徴として、記号化する。

Brentari (2015) はユクスキュルの「環世界」と生物記号論との関係を詳細に分析した。ユクスキュルはハイデガー、メルロ＝ポンティ、ドゥルーズの哲学に大きな影響をあたえた。またノルウェーのNaess の生命哲学の影響を受けていた。ウィーン・サークルにも参加していた。環世界とは科学的行動の客観的心理学的描写であり、知覚そのものと知覚の意味として理解された反応を区別する。

ユクスキュルの生物学の特色は、①カントとの関係、②有機体と環境との完全なハーモニー、③環世界と動物心理学との関係と、④ユクスキュルによる環世界概念の政治的利用からなる。

人間の環世界とは、人間の存在と移動に関する環境問題からなる。それらには、①都市・住宅状況、②農業・農村、③野生生命の世界と家畜化、④人間の文化からの影響として、ゴミや下水とネズミの繁殖との関係の問題がある。

ユクスキュルの環境理論の基礎は、生気論対機械論、有機体と非有機体との違いを超越し、有機体の運動し、移動する能力を変化する外的状況に対応した自己調節機能であるとみなす。物質の法則は、物理化学法則としての唯物論、機械論からなる。超物質の生気論として内在する目的もった発生学として、エンテレヒーの概念を用いる。

アリストテレス、デカルトからカントへと、身体を機械とみなし、存在と行動にともなう精神から分離し、時間・空間を直観とみなすことから、近代科学が成立してきた。一方、ライプニッツが説くモナドは神のモナドであり、世界の調和を示す。

生命力が反映されるボウプランは、目的論的生物学として合目的性をもつ。カントが説く数学・物理学における合目的性は理性である。

ユクスキュルの『理論生物学』はカントが説く理性である合目的性に対応している。機能環における受容器官と作用器官は、ボウプランにおける再帰性を反映するものであり、個体の成長と再生産を最終目標としている。そして原形質と細胞質が、有機体論者と機械論者の対立を超越している。細胞の核や膜組織が、形態発生を調整し、生命の自己組織力が目的論的に調和する。ボウプランの修正は、環境の先験的構築となる。

主観的世界としての環世界は各々の動物種にとって、異なった主観的世界となる。複雑性をともない孤立した刺激に対して、刺激の結合や統合をはかることにより、客体としての機能が存在する。

ユクスキュルの思想は、二十世紀の生物学だけではなく、哲学、人文学に大きな影響をあたえた。「世界」とは、人間にとって環境の象徴的表現である。その認識は言語を通して、実存する存在論的レベルとなる。動物の環世界と内世界は、有機体と環境、はめ込み（順応）と適応という相恵的依存の存在からなる。

ボウプランと外的環境との関係は、種相互間の競争である食糧やえじきとして示される。発生学的ボウプランは生命の闘争でもある。

しかし、生存のための競争をユクスキュルは批判し、論破した。ダーウィンの自然選択を否定し、むしろ、はめこみEinpassung（順応）がプロセスの中心的段階となる。ウニは環境の変化に影響されるのではない。再帰性の生理学的領域に限定して反応する。ミミズは自己刺激に感応し、一つの刺激に対応する。つまり神経の中心からの外的空間的関係が、内的空間的関係に反映される。

このような経験の内的なかたちとは、知覚イメージの適切な状況と対応する対抗世界である。「動物」の環世界と内的世界について、とりわけ高等動物における対抗世界（Gegenwelt）が重要となる。なぜならば高等動物は下等動物よりも複雑な刺激により反応して、外的世界を内的世界に表象として反映する。このような記号論的関係における解釈や翻訳が種特有の環境として、「意味の理論」である現代記号論につながる。

また量的基準により細分化した刺激は、強度（intensity）に反映される。強度をもとにした外的世界に対する神経システムの対応は特定の機能をもつ。

種固有の先験的な構築として、知覚された環境であるユクスキュルの環世界は記号化され、機能環の概念はメルロ＝ポンティやゲシュタルト心理学に影響をあたえてきた。外的刺激が行動の原因ではない。有機体内の諸条件が興奮の閾値として、自発的リズムによる行動を決定する要因となる。種特定の環境をもとに受容器官が特定のタイプの刺激に対応できるように変革される。このような刺激に対する反応は、再帰的方法から全体論における説明のコンテクストであきらかになる。

このようなユクスキュルの生物学は具体的に次のような諸点からなる。

（1）全ての動物は環境の中心として自律的主体である。

（2）知覚世界と操作世界に区分し、動物の内的世界において再統合する。

（3）全ての動物の環境は、その種のみに排除的に存在している。

（4）動物の機能環は、知覚しうる客体の特性から生じ内的な身体的世界に拡張する。そして操作器官の活動を通して、新たな客体に戻る。

(5) 行動に達したときに機能環は内部にとじられて、完結したメカニズムとなる。それは客体としての対抗構造を含みうる。

(6) 全ての機能環の活動は、知覚された特徴の刻印が担ってきた環世界を一掃することで終了する。

(7) 動物にとっての全ての環境は時間と空間における文脈として、観察者に理解される。

(8) 観察者には情動の知覚として認識される。情動とは動物の世界における特性であり、それは感覚として反映されうる。

(9) 全ての動物は見えない殻のように、それ自身の固有の環境を担っている。

(10) 同じことは観察者にとってもあてはまる。彼の環境は普遍の宇宙からは分離されている。

(11) 全ての人間にとって「世界」は誕生から死までを継続しており、堅固な殻のように思われる。

(12) そのような世界の出現と消失は究極の哲学的な問題である。

(13) 生命を生み出し、消えさせる法則は全能の終焉性にもとづいている。全ての生命の存在は環境の中にはめこまれているのである。

そして理論生物学の基礎として、ダーウィン進化論の理論的枠組みは拒絶したものの、メンデル法則を統合する試みが行われた。

ユクスキュルは環世界を外的世界の置きかえとして、知覚に先立つ形態の主観的な基層と刺激された自身との間の出会いであるとしてとらえた。運動は移動の知覚である。知覚段階から操作段階への移行は、環境の質によって誘発される行動の方向性となる。

人と動物の環境世界の先験的分析としての環境は知覚世界、操作的世界、機能環に分割される。知覚にともなう具体的行動が実践される。動物の理解にともなう行動の主観性によって、異なった記号がその環境を形成する。意識から行動へと外延的展開は、動物行動への理論に向けて中間的様式性を示す。それらは形成的行動、直観的行動、可塑的行動、経験にもとづく行動として、ユクスキュルによって提示された行動の形態の諸分類をつくる。

彼の生命の哲学である機能環の理論において、音等のメタファーを用いるメロディー図式が機能的図式として用いられることで、客体が時空間の詩で理解される。そして主体との関係を特定する。

DNAの発見以前における遺伝原理は直観にもとづく生気論であった。細胞分割により互いに別の個体へ、胚芽自身がそれぞれ異なる発展をとげる。ドリーシュの実験の形成論理による新生気論の仮説を支持する。『理論生物学』は反ダーウィンとの一方で、メンデルを評価してある。メンデルによる遺伝子型の特性は変化しないことと、直観にもとづき把握されるとみなされた。つまりユクスキュルは自然の不変性を信じ、メンデルの遺伝法則は胚芽の形成を支配する非物質的要因につながると考えていた。記号論的性格として、遺伝子は物質的基層をもつ。それは理論生物学における種の起源として、メンデル理論による有機体の成長であり、ダーウィンの物理化学的環境要因に還元されないものとされた。

このように環境と意味について、領域性や個体の認識を刷り込み、特定の個体や場所のイメージの機能と意味をもとにして、ヨーロッパの科学文化における動物行動学を確立した。

主観的環境は操作的イメージであり、環境の構築は全ての種に時間的空間的ネットワークを出現させる。知覚された時間と空間の記号は、全ての種にとっての異なったリズムの経験である。情緒的トーンとして多様な生物学的意味があり、客体的トーンとして知覚の理論の統合がある。知覚的・操作的記号は現象学的意味でとらえられる。

人間や高等動物は、なじみ深い小道、住まい家庭を、領域（テリトリー）とする。知覚的記号の相互作用が時間的・空間的共同の直観的な操作的空間として把握される。たとえば個体の認識と仲間の把握についての鳥の例において、鳥のさえずりは交配のための同種の把握であり、探求のトーンが音色となる。
人間の知覚は、行動や環境の先験的構築によるすぐれた対抗能力であり、環境への多様な色合い意味づけを可能にし、その意味論的、現象学的多様性は人間同種内の多様性を反映する。精神と身体の間の矛盾、非妥協性は主観的環境と外的リアリティとの格差でもある。

このように「意味の理論」は記号論的意味をもつ。有機体は環境に意味を付与することで環境を構築している。外的現実は内的信号を通して意味が付与される。生理学的刺激と情動（affect）は区別される。

ユクスキュルの記号論的視点は、機能環における知覚的記号と操作的記号からなり、主観による知覚と客体としての特徴を示す。メロディーの比喩による統合、マダニによる意味の受容と哺乳類によるその意味の担い手において、マダニの吸血行動にとって哺乳類の身体は対抗ポイントであり、対位法として把握される。

「世界」に関する生物学的視点としての特定の刺激への反応は、プラトン・モデルの哲学的対話の形態である。このようにすることで、ユクスキュルは、ダーウィン、ラマルク、スペンサーの生存闘争の概念を批判した。ユクスキュルにおける有機体の長期にわたる持続的変異は、ライプニッツのモナドロジーに対応するものでもあった。

Loo and Sellbach（2013）によると、ユクスキュルによる環世界の図示は、完全な対象ではなく、部分的なイメージや文法として身体的、情動的な動物の環世界を示す。個体は、お互いに情動的な関係「絵本」として、シンフォニーのメロディーをとなえている。人には全ての景観が見えている。しかしハエには空間が歪んで見えている。クモには、ほとんど何も見えていない。クモの網は身体の拡大であり、ハエの身体的能力は内容・運動にもつながる。

個々の生物世界は人間の視線だけからとらえられない。ハエとクモの巣関係では、クモの巣はハエの死につながる。トリにとってクモの巣を攻撃することは、クモの死につながる。クモの巣の対位法（counterpoint）としての抽象的形態は決定的ではない。それは伝統的感覚では捉えられない、理解されるよりも感じられる時の流れである。

ユクスキュルは、動物と人間、環境、技術を生命世界の網としてとらえた。その個体になる生成は、決して安定することはない。その変更した結果として生じる個人の存在論は、現実における情動の内的諸力と外的に組織された技術との結合であるとされる。

Jaros and Brentari (2022) は、ユクスキュルの生命の自律性として、原型〈ボウプラン〉や、内的世界における主観的性格をもとにした神経システムが、明白な行動様式に影響し、種のリアリティに対して意味を付与すると考察した。

ユクスキュルは、動物学の社会的生態と現象学を結合する。生命の自律性として、有機体の視点の中心性から、個体を主体とする生物学を提起した。その主体性は新カント主義、新生気論、目的論にもとづいている。種間の関係は環世界の全体論的議論となる。それらは自然の要因として目的論的行動をとり、獲物、捕食者、共生関係などとして示される。観念論的な形態学として、ゲーテ以来の自然の生命のプロセスへの非物質的秩序が考察される。ユクスキュルの環世界は、現象学的生気論であり、現代の進化論や発生学とは異なる。しかし、ユクスキュルの環世界が動物の主観性の現象学を発達させたことは忘れるべきではない。

内的世界とは、先験的主体が活動を構築する平面であり、構造に属する全体性とボウプランを生じさせる発生学的な内世界をつくる。動物の内的側面と動物形態の関係は、ゲシュタルトとしての全体論的性格をもつ。有機体の表現された性格としての経験と表象の領域は、動物の主観性を反映した哲学的生物学となる。生物的にコアと周縁の関係が有機体の表面に経験やムードの表示を示す。人間存在の形而上学において、宗教などによる認識の差異が生じる。文化領域として、人間の経験が歴史的自然を確立するための知識や世代をこえての移転が生じる。

結論として、進化は認識的に神経科学、比較生理学とともに発展する。ユクスキュルは、カント主義から、種固有の環世界における存在、身体性と経験性を形づくる。このような内部世界は種の内部の世界であるが、他の客体や環境との間に指示される。それは相互作用に関連するため、私的な空間ではない。

なお、本書のテーマからは離れるので、詳細に取り上げることはできないが、ユクスキュルはギブソンの環境心理学（生態心理学）の形成にも大きな影響をあたえている。Martin and Michael（2019）による両者の比較をここに記しておく。

ユクスキュルの環世界（Umwelt）の主観論と、ギブソンのリアリストとしての認識論、存在論とは緊張関係にあるのだろうか。

ギブソンの知覚理論は有機体と環境との相互作用からなるものの、主観主義と表象主義を拒絶している。しかしユクスキュルにとって、リアリズムと主観主義は共存とともに矛盾している。

ユクスキュルの理論生物学は、カント流基礎のもとで構想されたのである。石けんの泡のたとえのなかで、知覚の限界は主観的知覚の記号から構成されている。生命は超機械論的能力のもとで規定されている。環世界とは、機械論、有機体論の区分を克服する記号である。前もって先験的に言及された超機械論的能力として、マダニの環世界における機能環の循環があげられる。このように環世界は、カント流の認識論を拡大するものであった。

一方、ギブソンのアフォーダンスにおいては、有機体にとって参加され、推進されるかどうかは問題ではない。外的な事象や問題を内から表象することを、ユクスキュルは表象主義としてとらえた。行動主義の理論において、内的表象は欠落している。アフォーダンスと行動理論とは補完性がある。ユクスキュルの理論とギブソンのアフォーダンス概念は補完的である。ギブソンのゲシュタルト心理学において、アフォーダンスは、観察者や知覚者の必要性や目的とは関係なく、知覚されるか否かも問題ではない。アフォーダンスは不変で、自然の客体として授与されるものである。

すなわち環世界とは、ユクスキュルとギブソンに共通して、個々の有機体とその周囲への私的なアクセスからなる。なぜならば、二つの個体が同時に同じ地理的位置を占めることはできないからである。すなわちユクスキュルの環世界は共有されない。諸個体は自身の私的な環世界に住み、私的な精神的な表象を形成する。

一方、ギブソンが説くアフォーダンスは、特定の個体によって占められた観察地点ではなく、むしろ観察において、静止と移動の可能な地点である。ギブソンの主観主義の代替、可能性の存在論としてのアフォーダンスは、観察の可能な地点における可能性に基づいている。

ユクスキュルの環世界は主観的リアリティにもとづく。ギブソンは客観と主観の二分法を否定する。そのアフォーダンスは、有機体の行動に参照される主観性と有機体から独立した客観性をあわせもつ。有機体と環境との関係とは相恵的可能性をともなう意味の説明とともに、機械論的枠組みを示すのである。

三　ユクスキュルと哲学

ユクスキュルの生物学の特色が哲学や思想にどのような影響をあたえたのかを展望する。

ユクスキュルの生物学の特色として、①無脊椎動物の研究として比較生理学・有機体組織の法則の解明、②行動の研究として認識行動学の発展、③機能環としてサイバネティクス理論の先駆者、④環世界の研究として生態学や環境倫理について言及した諸点があげられる。

その神経、筋肉に関する生理学は比較アプローチを用い、全体論的傾向があった。また一つの種のモデルを事例とすることが効果的な研究戦略となり、多様な種への比較が容易になる。その理論生物学と生物学的哲学において、生命の組織的法則と生命の自主性が尊重されている。環世界は生物の主観性から理解される。その考察は生気論的特徴を帯びている（Köchy 2020）。

ユクスキュルが反ダーウィン、反進化論者と言えるかどうか。まず進化論的視点を展望し、次に進化論を生物記号論的アプローチから類型化することによって解明を試みる。その時期区分はギリシア、ラテン、近現代、ポストモダンに区分する。なお近現代は、十七世紀から二十世紀までの自然を改良できる可能性を確信した時期である。ポストモダンは記号論の興隆した時期である。

ユクスキュルにおける記号論的「個」は「網（web）」として組織されている。堅固な網が実存をにない、経験を増すことになる。進化に関する概念は、ラテン期以降、はしご的進化から、近現代の枝木状、枝分かれ進化から生命の樹の概念へと発展してきた。しかし生命の網に関するユクスキュルの概念は、非デカルト的な生態学である。それは全体論的特徴のもとで、システム的、機能的コミュニケーションのメカニズムを発見してきた。

現代における進化、進歩の概念はネオ・ダーウィズムにおける生存のための種の共進化である。それは共生関係における均衡、不均衡、競争を反映している。

しかしユクスキュルは、カントの思考にもとづいて、生物にとって再生産や進化は本質ではないとする。それらは地球の生命システムに関する認識における歴史的変化の本質である。記号論としての進化論は歴史的不連続として、通時的側面を扱う。進化のメカニズムとして、異なった生物組織のレベルの記号論である。そこでは共進化、共生、コミュニケーションをともない、それらの環境の記号として有機体の適応が解釈される。そのような後成説における獲得進化とは、自然選択以外の起源である適応や順化、遺伝子パターンの変化による構造変化である。そこには生活条件の変化、新立地への移住、居住地の環境変化への適応もふくむ。

十九世紀末から新総合学説により、進化への遺伝などの生理学的影響の研究がすすめられてきた。しかしユクスキュルは、ダーウィン、ヘッケルから離れた。つまり、ユクスキュルの機能環は、有機体の行動と生物体の機能つかさどるものであった。受容器が刺激を認識し、知覚を記号化することで、作用器が行動することを環として表現した。こうして生物形態におけるボウプランがエンテレヒーに変わることで、生物学的組織化が行われる。

このような機能環における活動的プランは、有機体の機能である成長・再生に責任をもつ。そしてフォン・ベーアがとなえたボウプランは目的論的である。知覚と作用の組合せは、静的ではなく発生的、空間的であると同時に時間的である。音楽のたとえにより、共生による相互作用の相恵性をとなえている。

ユクスキュルはメンデルの法則やワイズマンの原形質理論を評価していた。ヘッケルによる生物発生法則も支持していた。しかし、それらをダーウィンの進化の説明ではなく、むしろ跳躍進化の説明と考えている。むしろ後成説にもとづき、個体発生でも系統発生でもなく、跳躍進化と考えていたからである（Kull 2004）。

そもそも啓蒙思想の本質は、効率論的還元主義でもある。しかし有機体は、生物世界を理解しようとする主体である。外的諸力に反発する機械的な実体ではない。人は意識を発生させる神経システムをもつユニークな存在である。人や動物の世界は豊かな科学的、倫理的視点からなる。

ユクスキュルはダーウィンらの進化論を、自然選択のメカニズムが機械論的にランダムで不鮮明であるとし、それがビジネスの効用にもとづく、ブルジョア的思考であると批判した。有機体のそれぞれが知覚を宇宙の中に存在させる。それらは盲目的には刺激に反応するのではなく、適切な様式でのみ反応する。

ユクスキュルの思考は、ハイデガー、メルロ＝ポンティ、ドゥルーズへと受け継がれた。それは、知覚への反応が起こる多様なバブル「気泡」の集合からなる世界であり、適切なニッチを居住地として考察する。芝生は、バッタにとっての居住地であり、知覚しうる「気泡」によって囲まれている。環世界は気泡のシェルターのもとでの結束性を保ち、多様で分割しうる不浸透性の膜組織におおわれている。これらのバブルを超えて、有機体はより広い存在の個に関係していく。どんな微生物であっても、近くの信号を解釈し、そして客体との直接的関係に入っていく。このユクスキュルの思索的存在論の重要な視点は、関係倫理として、有機体の間のバーチャルな二重奏から生じる。ユクスキュルにとって、自然の創発性とは選択された世界環境における音楽的にパターン化された特定の刺激に対する反応であった（Ginn 2014）。

ユクスキュルにとっては、全て生きている創造物はそれ自身の世界を持つ。その構造は各々の種によって規定されている。心理、行動の決定は主観的先験にもとづいている。環世界は形而上学的次元ではない。客観的世界に優先的地位をあたえない現象学的個人主義である。海洋動物の行動と生態系の哲学的結合は、ドリーシュの新有機体論におけるウニの胚芽の多能性にもとづいている。身体の内外における視点の違いから、記号論的プロセスとして、動物行動を理解する。感覚機構の単純な象徴として位置、立地をあげることができる。それは客体的位置象徴として、動物の環世界から伝達されることから、空間における知覚された客体が生じる。環世界は信号ではなく、客体である。

意識された経験としてのリアリティは、現象学的研究の対象となる。それには、①動物行動や生理学の経験的研究と、②世界に関する思索や創造からなる。経験は、選択された物理的世界の周辺にあるのではない。

ユクスキュルは、ゲーテにもとづき、自然を全体論的視点からとなえるとともに、ダーウィンの適応による進化を否定した。ロマン主義のもとで有機体論や汎神論をとる。環世界では、変化を単一の客観的な科学的世界のかわりに、非人間中心の多様な世界からとなえる。

Esposito（2020）は、解釈的視点からカントのユクスキュル生物学への影響について考察している。ユクスキュルは新しい先験論的哲学を生物学的思考にはめ込んだ。ロマン主義的生物学であり、機械論とネオ・ダーウィニズムを拒絶した。有機体世界の合目的性と全体性を支持し、有機体を非有機体のプロセスに還元できないと主張した。

カントの純粋理性批判を支持し、反機械論者、還元論批判として生命科学の不可逆性、先験的主体の自発性と合目的性をもとに、未知の知られざる世界における動物の主観性を調整した。

ユクスキュルの理論生物学は、カントの主観性と目的論のもとで、経験の構造を決定する主観の役割を強調する。カントの懐疑論は人間主観の枠組み先験的カテゴリーとして、秩序を直観的多様性や意志と表象の世界に位置づけた。

カントの先験的哲学にもとづいたユクスキュルの先験的生物学は、知識と現象の本質として知覚の記号論化を行い、有機体世界の目的論をとなえた。それはネオ・ダーウィニズムと機械論に反発し、可塑的かつ自律的な存在としての有機体を主張する。反ダーウィニズムと目的論的視点は、有機体の主体性と自律性を構築する。有機体を先験的主体とする目的論的な実存における意味が主観となる。それらの内的、目的指向の諸力の調和的、形態的部分において、計画の意味と主観性が一致している。

目的論における深い意味として、理論生物学における「Soap-bubble」の概念は、動物の世界の限界を超える主観の解釈にむすびつく。それは有意義な環境な比較し、解釈することを可能にする。

ユクスキュルの生物学は歴史的ではない。それはカントの先験的哲学が歴史化できないからである。同様に社会学でも、生物学でもない。動物と「世界」の一致とは、有機体のニッチへの適合である。そこには進化ではなく起源がある。それは個体発生のメロディーである。

Michelini（2020）は、ユクスキュルとハイデガーの思想との関係について展望している。それぞれの「世界」との関係における人間存在と動物の本質の違いとは、生物は本能的衝動にもとづく必然性の場所にとどまるが、人間は行為や行動を自己決定できる存在である。人間は関係性に関する言語を選択することで、自由の領域に立ち入ることができる。西洋の形而上学では理性を優先し、ロゴスではなく現存在としての事実性を確認する。

ハイデガーは、フォン・ベーアの発生学とドリーシュの新生気論を重視していた。ハイデガーは、ユクスキュルが説くハチの世界を動物性の象徴としていた。ハチと花の機能環において、花の香りに誘われてハチが蜜を吸う栄養摂取が行われる。動物性の本質とは、取られであり、その世界は貧しい。人間が取られることは、人間にとって非真正性である。

さらにMoyle（2020）はユクスキュルとメルロ＝ポンティの思想との関係を明らかにしている。メルロ＝ポンティは、一九五七―五八年の『講義ノート』において、自然・神・人間の繋がりについて考察した。メルロ＝ポンティのユクスキュルの解釈は、環世界の概念では動物活動の比較として、メロディーが行動を説明する意識として解釈される。

ユクスキュルとドゥルーズとの関係について、Cimatri（2020）は以下のように考察している。

ユクスキュルの生物学的世界の一般化によって、個体化された人間の実存とは、時間・空間の特定の地点に位置づけられている。それらの各々の個人と個体の身体は情動の集約性を示す強度に基づいている。

ドゥルーズは個人、個体化した情動の強度を「存在それ自身になること」に結びつけている。それは、層化した身体とさまざまな情動の集合体としての強度の配列＝agencementである。ドゥルーズは、ユクスキュルの考えに基づき、身体は機能環に参加する力（power）であるとみなしている。各々の身体が情動に影響され、他の身体との関係で運動する。

ドゥルーズにとって、情動における力の本質とは、活動的でもあり、時には受動的である情動が、他の身体の情動を壊したり、参加したりすることによって、より強力な身体が構成されることである。

ドゥルーズが賛同するスピノザの一元論的な世界観と、ユクスキュルの存在行動論とのあいだに類似性がある。

ドゥルーズによる機能環をもとにして、自然のプランである形態が動物の世界における、自然としての「音楽（メロディー）」となる。

ドゥルーズにとって、ユクスキュルの生物学的な意味とは、記号論的、精神的解釈であり主観的でも客観的でもない。ドゥルーズにとって、生命とはもはや細胞や代謝ではなく、情動や強度の配列（agencement）を意味するのである。

Chien（2006）もユクスキュルがドゥルーズにあたえた影響について、以下のように記している。ユクスキュルは生気論として、生物の主観に関する理論である動物の「機能環」をとなえた。人間の主観は人間の精神と言語に関するコンテクストから説明されるが、生物の主観の概念として、有機体内と外の世界、中間の象徴的空間が考えられる。それは機械論的行動主義だけではなく、ドイツのゲシュタルト心理学の影響を受けていた。先験的に前もって決定されたゲシュタルトは、新カント学派の仮定するところであった。またフランスの哲学者ドゥルーズ＝ガタリの『千のプラトー』における動物メロディーの概念は、ユクスキュルの人間音楽の「メロディー」のアナロジーを受けついだものである。ドゥルーズによるリフレインの脱領土化、リズムによる反復化は再領土化へと向かうコミュニケーションのパターンとなる。そこでは身振り、運動、体つきや色合い、保護色や警戒色が異なった種を潜在的な敵や獲物としての知覚・認識につながるのである。自然は音楽であり、コミュニケーションのサウンドは情動である。

認知には機械的イメージとして、有意な客体の集まりと、知覚的イメージとして、人間自身の存在のように自然的視野において当然のこととして確認することがある。しかし動物と人間の行動の観察は別のイメージのタイプからなる。環世界では、環境における有意な客体でなく、本質的に内的な図式で活動するものとしてとらえる。種によって、個体によって快—不快の体験は異なる。ユクスキュルのメロディーは、ドゥルーズの脱コード化である。知覚イメージの心理学的原理は内的環境における主観の役割である。その物理学的、心理学的規則性から逸脱した探索イメージとして、個人の身体的プロセスの全体である個性・価値観が環世界（Umwelt）によって構築される。

環世界（Umwelt）の物理・生理学的かつ心理学的な理解が動物音楽である。

環境とは、中心地と中間地や周縁を含意する空間の諸理論でもある。中心地は環境の中心である。そこから拡散した場所に同質的な中間の場所が拡がる、生命・有機体を維持するための限定された空間である。

環世界（Umwelt）に含まれる機能環は、有機体自身の身体の外的延長であり、現在の生息地を超えた新しい中間的空間を形成する。環世界（Umwelt）は一定の有機体についての行動環境である。環境（Umgehung）とは、有機体にとっての地理的環境である。世界（Welt）とは、科学の普遍性が示される空間であり、物理的宇宙である。

ドゥルーズの「世界」においては、科学的世界における流動する分子が記号として解釈される。そこで環世界（Umwelt）における脱コード化が、具体的言語への「脱領土化」に相当する。記号論的、意味論的な環世界（Umwelt）が象徴的表示と機能論的信号の循環を示す。

Brantari（2015）によれば、二十世紀の哲学におけるユクスキュルの影響として、以下の諸点にまとめられる。

ハイデガーは事物・動物と人間の存在論的違いについて、ユクスキュルの環世界、本能的生活の環に閉じられた動物の世界からの違いとして認識した。ハイデガーは、形而上学的方法で人間と世界との関係を解明する『存在と時間』において、人間のまわりに世界をあけひらけることの本質を模索した。事物や動物の不動性は「世界における貧困」、すなわち動物の環世界について、動物の世界は貧困であると主張した。このようにハイデガーはユクスキュルの環境相対主義を利用し、環境の種特有性をもとに動物と人間を分離した。その衝動、深さ、広さ、量的な違いを存在として理解することで、人間と動物を深く分離した。いわゆる環境は「世界」と分離するために、本能から脱抑制することが必要となる。ハイデガーによれば、人間の言語的高潔性によって開放されることで、自制心が解除される。禁じられた環とは、本能に事前に決定された動物性である。有機体の貧しい世界とは、アクセスできない閉じられた機能環のことである。衝動へのとらわれが動物の存在論的本質である。ハイデガーはユクスキュルの環世界の概念を、動物の世界は貧困であることを解明する糸口にした。

メルロ゠ポンティは、環境と行動を区別するデカルトを批判し、ユクスキュルの種固有の環境にける感覚の欠如や刺激の受容をメロディーに比喩した。現象学的メロディーは、①時間性と②行動の因果性からなる。それはデカルト的二元論ではなく、グローバルな意味や状況のもとで有機体の行動を説明する。意味の関係性が感覚としてとらえられる。

ドゥルーズ゠ガタリは階層的ではなく、成層化した存在論をとなえる。その内的緊張のもとでのフラクタルなラインが形成される。そこでは動物世界、人間の歴史、生理学、機械論などが、資本主義の矛盾の分裂症的性格を描く試みであるモル／分子的、リゾーム／樹枝状、領土化／脱領土化の対比として叙述される。そこでは化学、物理的、有機体的、擬人法的な層（レイアー）が、『千のプラトー』における意味論、存在論、記号論に一緒におりこまれている。

これらの各々の層は、コード化された環境と形成された実質の表現である。このため、形態、実質、コード、や環境は現実に分離できない。これらは環境に結びついた組織として、現実の有機体のレイアーに関する議論である。意味の理論は単なる記号論者の解読ではない。記号と解読を調停するレイアー、環境における運動（passage）として、ユクスキュルは種の間の相互関係を音譜、メロディーにたとえた。ハエ自身のコード、クモ自身のコードはリフレイン（くり返し）として、種間の関係、同一種の個体相互間の関係を示す。

反機械論的関係ではなく、環境におけるメロディーの複合体を通して、ユクスキュルはドゥルーズ゠ガタリに生気論者の存在論をあたえた。人間と動物の伝統的分離を克服し、より上位の視点として多元論的存在論をとなえた。それは認識される具体性としてのコードや経路からなる。

ユクスキュルによれば、感覚的興奮は未分化である。そのため視覚、嗅覚、音響、触覚をとおしての神経の興奮の量とともに質的な違い伴う情動の強度として示される。
このようにしてユクスキュルは生気論と目的論を融合し、動物を先験的な主体とする生態学をとらえている。

四　ユクスキュルの『国家生物学』とその評価

この節では、ユクスキュルがとなえた地政学である『国家生物学』とその位置付けについてまとめることにした。ユクスキュルの家系はエストニアの貴族出身であり、家系としてはフランス公民権思想にあこがれ、エストニアに土地保有農民の創設にも貢献した。しかしエストニアのロシアへの併合によって、貴族出身であるがゆえに没落し、そのことは「血と土」概念として、ナチスへの感化の基盤となった。

バルト海沿岸には先住民に対して、スラヴ系とヴァイキングが進出していた。さらに十二世紀末にドイツ人が北方十字軍として進出し、ドイツ騎士団領を形成する。十三世紀にはハンザ同盟による貿易が発展する。

宗教改革にともない、カトリックと都市商人、地主貴族の争いが生じると、領土を所有するドイツ系騎士は、教会勢力に対抗して、都市住民と結合した。ここにドイツ系地主貴族の地位が確立した。

十七世紀スウェーデンの「バルト帝国」カール二世のもとで、西欧の経済が発展すると東欧からの穀物・原料の輸入が急増した。十八世紀末にロシア領に併合されたとき、ロシアのエカチェリーナ二世は農奴解放をとなえた。しかし対バルト・ドイツ人を啓蒙専門家として重宝した。西欧化に邁進するロシアで、バルト在住ドイツ人の地主貴族に一定の役割を見出した。バルト・ドイツ人はロシア帝国の官僚、あるいは貿易商人となった。十九世紀のロシア化政策により、農奴制は廃止されるものの農地における地主の所有権は存続していた。ドイツ地主貴族は農民の教育に力点を置いた。それは啓蒙主義的思想の反映であった。ドイツ人地主貴族は農民の支持を得るためにも、教育・文化に力を入れた。

しかし穀物輸出は、ウクライナとロシアに圧倒される。かわりに亜麻・テンサイ糖の輸出や酪農がさかんになる。工業化にともなう都市の発展は、商業的作物の生産を促した（志摩 2004）。

このような風土を背景として、ユクスキュルの種固有の主観的世界への関心は、同じくバルト海沿岸出身のカントの影響を受ける。生命の経験は先験的なカテゴリーによって決定される。カントの先験的分析は人間から他の動物にも応用できる。精神の先験的構造は、純粋理論として自然科学に残されている。純粋理性の追及は、人間以外の動物の認識世界に経験的、理論的にアクセスすることから始まる。

一九一七年のロシア革命により、エストニアの貴族荘園が没収されたことで、ユクスキュルは窮乏化した。バルト沿岸諸国の運命として、「民族」と「国家」の問題に直面した。ツァーリスト帝国としての巨大アメーバーの侵入に対抗する理論として、一九三三年に『国家生物学　解剖学　生理学　病理学』（Uexküll 1933）が執筆された。一方では、『理論生物学』（Uexküll 1926）が、筋肉、神経の運動と環世界の関係、すなわち生理学を通して真の生物学を求めるようになった。

ユクスキュルは、ナチ・イデオロギー容認し、変異体を原生地から除去するものとして、反ユダヤ論を説き、ナチを医者に見立てた。

以下、その Uexküll（1933）の『国家生物学』*Staatsbiologie* の内容は、次のように要約できる。

人々は無関係な個人から構成されているのではない。それは家族ではなく、むしろ大衆や国民として組織されている。楽園のような国家とは、とりまく自然の豊かさと家族の福祉を保証するものである。

その国家の「解剖学」とは、個人と国家との「契約」を明らかにすることにある。国家の契約は国民に対して労働の機会確保や衣食住の提供を保証する。そして居住と移動には、制約されたモビリティが課せられている。しかし、そのため定住し、家族を形成することで、社会構造が形成され、個人と外部環境との関係が地域的に決定される。それぞれ自分自身が国家の存在という客体にとり囲まれている。

それは材木が特定の森林から運びだされるように、地域的に決定された諸力は機械のように作用し、人々の堅固な連鎖をかたちづくる。

また国家の器官とは、生物の器官の単純なアナロジーではない。それ自身として解明されなければならない。それらは生産器官、栄養器官、人間の連鎖からなり、人々の行動と道具の機能を区別する。

動物植物の器官とは異なり、国家の器官は細胞にとりつけられていない。同時に人々は、不可動に事物に拘束されて移動しないのではない。人々は一定のルートで移動する。もちろん有機体の諸器官は体内のある場所、所定の位置に固定されている。しかし、国家有機体の代謝機能の事例としては、たとえば食糧である穀物や小麦粉を輸送する鉄道貨車が特定のルートを通りながら、いろいろな地域の駅（器官）を結合していることがあげられる。

国家器官は有機体器官と違い、個々の部分が永続的な存在ではない。それぞれの器官が、移住や物資の移動によって、新たに生じたり、滅んだりする。もちろん有機体の事例として、ゾウリムシの食道、導管、腸、肛門といった各々の器官は栄養物の流動的性格を持つ。それらは事前に定められた計画的活動としての機能から生じる。その行動の管理的な本質はその有機体の個性、特性から生じる。これらの消化器官は、中心立地の中枢部だけから指令管理されているのではない。すでに消化器官の配列によって定められたルールによって管理されている。

このような作用原理の基礎が、国家の生物学をも形成する。しかし現代の正確な物理学や化学のみが、自然における魂の個性を説明できるわけではない。むしろ試行錯誤をくり返して、有機体の形態が決定される。その決定された形態が生物の活動を規定する。人間における呼吸器官の連鎖がそれにあたる。

このような国家器官の出現によって、人々の連鎖は非人格的ではあるが、人道的なルールによって決定される。

たとえば労働の分業が進展することで、新しい専門的技術と道具手法が導入され、全体のグループが発展するとともに、新しい人間の機能環が形成される。しかし、それらは自然の機能環と比べると、絶対確実で確定的なものではない。

国家器官とは、すべての実質が一つの次元に広がるような分枝的構造である。それらの根、幹、小枝などは、空間におけるその位置が地理的に決定されている。そして自然の産物を採集し、加工し、市場に輸送することは自己完結的で、つぎ目の無いメカニズムである。つまり、それらの流動的性格による行動の完成が、機能的ルールのメカニズムである。

国家の内的組織は、個人が成長するのと同じように、交換器官の仲介、交換機能の専門分化とともに発展し、さらに新たな調整器官をつくる。

すなわち国家には、山地、河川、平原、海岸といった自然の上に、人為的な都市や鉄道網や道路網などが付与されている。これらの国家機能を器官の構成としての樹木と比べると、維管束（静脈）と幹に例えられる。これらの国家の機能の直接的印象は、国家と人間のそれぞれの解剖表の類似に気づくことができる。主要器官と血管の循環について、諸器官が互いに秩序づけられて配置されている。お互いの器官は個別ではなく、全体に空間的に秩序付けられたメカニズムを構成している。そのため固定されたルールが、各々の場所におけるいろいろな連鎖の出現と衰退を支配している。

しかし、ある場所では、人は効率的で、ある特定の秩序のもとで、いろいろな仕事が成就されている。このような人の効率性は特定の立地に結びついている。それは国家の計画に描かれたものであり、同時にそれは中枢のオフィスから発令され、管轄された地域をおおうものである。

ところが管轄地域の周辺では管理が不十分となるリスクをともなうので、各地域それぞれの条件と調和しなければばならない。

そのような実例として、国家の代謝機能ともいうべき、食糧である穀物や小麦の輸送を担っている国有鉄道の各地域の鉄道管理局の事例があげられる。国家の諸地区の食糧需給の状況は、鉄道省本庁に集約される。鉄道の輸送計画の管理は全国的な指令管理のもとで行われる。各地区の運行管理はそれぞれの地方鉄道管理局によってなされるが、それは、国全体に食糧を流通させるための鉄道省本庁の運行管理指令に従属するものである。同じことが司法の機構にもあてはまる。

このようにして、国家の地図は、異なった調整に基づいてさまざまな地域区分の色合いに塗り分けられていく。このように、すべての国家における組織の形態は、中央集権的な君主制・独裁制に従うべきである。すぐれた公的機関が国家機能の全体のリズムを管理すべきである。そのような立場は必然的に存在する。そして内的器官の全体性が国家の外的器官と交差するようになる。

国家支配の不動の領域が領土である。そこで、近隣国家から発生する外的影響に対処する諸力は重要である。それが戦闘器官としての軍隊の役割である。

このようにして、国家の君主制は、中央集権的に政府が統一された全体に対応する。議会などは、中央政府の権力を奪いかねない。そのため国家の内的外的生命は、一人の人物のもとで均衡を見出さなければならない。すでにのべた生産器官の流動的本質が、全体としての国家の専制的君主支配の構造を決定する。

原材料を対象に変化させる工業生産のプロセスと、さらに先の市場への輸送の機械的かつ空間的連続性は、ルールに結合して従う人々の連鎖によって解決できる。

その上に立つ君主が、統一体としてこのような時間的連続を維持する能力を支配することができる。このようにして、個人の諸部分が全体としての国家に応用される。それゆえ多数の器官が個々の仕事のためにつくりだされる。

それらは神経システムのみが協調した諸活動に調整されている。すなわち許可された構造に、異なって構築された器官を挿入し、諸器官が完全な機能となって均一化する。そして国家有機体としての中枢管理によって、流動する諸器官の出現と消滅がリズムとしての秩序づけられる。

このように国家の市民サービスは神経システムにたとえられる。権威なき国家とは、神経システムの無い動物のようなものである。

次に国家の経営理論としての「生理学」について言及がなされる。たとえば機械への動力の伝動は歯車や革ベルトで行われる。このような運動の転換によって、刺激の伝達による各々の有機体の諸細胞は、国家を作るルールからは独立して、外から受け取った一定の刺激に反応して、一定の運動を維持している。全ての人間個人、全ての生命は固有の環境において、刺激を発生し、受容する。そのような作用世界で、個人は運動をになう。

そして調整器官が、生産器官における発生と消滅の時間的リズムを監視する。このようなリズムは場所によって違うが、国全体を通して均一となるように調整される。調整器官が構成する環境は、生産器官の本来の理論からは異なっている。そして時間・ルール・人々の均一的なリズムの時間的連続性が記憶や想像力を喚起するとともに、過去・現在・未来を展望することを可能にする。そのことで、それらの諸特徴をさらに均一化したルールに結び付ける。

国家の機構に個人の行動を統合するためにルールが必要とされる。それらの行動はより高度の中枢管理機能と調整器官を通して、君主制の環境のもとで最大となる。君主とは、王・大統領・大臣による独裁制である。

国家の基本単位とは環境細胞である。それは生命が固定したルールに従う堅固な法的形態である。また環境内容は一定の変化に従う。これらの環境はお互いに永続的な結合に従う。国家の中心に君主制の環境としての秩序があり、国家の生命を統一に向かわせるように、全体のリズムを結び付けている。

いろいろな秩序の器官の中心地からリズムが、低次の中心地へと放射される。そしてローカルな中心地にリズムが透過することで、諸器官が発生する。そして樹形状の生産器官がその内容を満たされる。

貨幣の循環は、交換の多様な分岐した形態であり、無限の自己代謝的な連鎖をつくる。①消化は生産器官である。②循環は血液や他による交換手段である。③神経は時間的な調整器官である。

これらの細胞的要素の構造を分類すると、まず民族として、環境細胞の多面的な蜂房状構造をつくり、同居者から孤立して、一般的な人々からアイデンティティを分離することで、自らの存在を確立する。国家の胚芽は拡大し、一定のリズムの元で解明される。その器官は一定の場所を占める。次に代謝として、環境の蜂房（ハチの巣）構造における人々の活動があげられる。これが国家と民族を比較する政治科学の真の基礎である。国家は全ての生命の身体としての諸細胞からなる。その国家環境は外的事象によって決定される。生産器官と交換の手段は、物質的技術的法則のもとで物資の加工と輸送にあたっている。そして調整器官の場合は全体としての国家のリズムをつくる。それは全ての国家の住民に最初の需要を位置づける。それは蜂房構造の環境をみたす需要である。

しかしながら全ての人は等しく生まれているのだろうか。現実は反対である。全ての個人は異なった性格や特徴をもって生まれている。それはまた他の仲間の存在とは異なった世界である。同時に何か不可視的なものが浸透できない壁を形成する。

つまり近視眼性と先見性の違いとして、音楽家は音色からメロディーをつくりうる。しかし非音楽家は音色の変化を時間的に連続させても、楽曲のユニットやルールを形成しない。人々の性格のタイプが認知環境を特徴づける。たとえば画家や庭師が創作する場合である。これらの環境が調和し、補完的となる。より分化した多様化した国家、より多様化した環境がより重要となる。

国家は存続するために、民族の需要にこたえる必要がある。国家とは、大衆の願望にもとづいた任意の契約ではない。蜂の巣状（蜂房）構造において、特定の自然構造に制約される。それは自然環境の特性とその地理的分布に基づくものであり、日常生活の対象をその居住者に対して補うことができる。

それは、住まい、衣食住の変化、気候風土にともなう国家の蜂房構造において、生産器官がこれらの自然条件に適応する。さらに順に交換器官の適応から、調整器官の異なった分布へと発展する。このようにして、国家は民族の需要を形成する。それらの需要として、次の七点が列挙される。

第一の需要：人口に関するものとして、人々のつながりを維持し国家世代こえて存続させるための出産育児・結婚の支援。

第二の需要：余暇と労働意思を鼓舞する、アリとハチの本能的活動のように固定された自然の法則がある。また民族の福祉として、国家のルールは多くの世代の経験を通して、見出される。国家は個人に対して、それらに従属するように命じる。それらは教会、教育といった機械論的構造で示される。

第三の需要：人々の道徳的健全さを保ち、人々の物理的健康を維持する。

第四の需要：人々の環境と健康の改善。

第五の需要：国家に有用な個人と環境を関連付けること。

第六の需要：国家における地位にもとづいて、個人を特別に訓練すること。教育の背景については、各々の個人によって異なる調整が必要である。それが一方では高度に専門分化した国家の環境を成長させる。

第七の需要：国民が戦争の時に国家を防衛する。もともと教化された人々は、単なる生きる存在としてだけではなく、他の人々のために独立と自由な個性を守る。全ての人々全体としての人間性の理想は、自由に独立した国家の共存である。人間性の力は個々の国家を通して、その強さを発展させる。全ての国民はあらゆる手段を通して、国家の独立を主張すべきである。

展望すれば、これらの物的支援のための器官について、地理的基礎を有していないのは明らかである。なぜならば、人間の存在は自由に移動する。器官が発生した大地に固定しているわけではないからである。しかし、人間の存在は地図上に住まいとして表象される。住まいが「世界」となる。その内容は家族である。庭や畑をともなった人々の家庭、そこでは両親のもとで、子どもたちが身体的精神的健康を高めることは、国家が人々に提供できる最高水準の福祉である。

国家は家族の起源であるだけではなく、家族を累積する。生産器官の最終目標は、しあわせな家族の「家」を蓄積することでもある。

国家の病気としての「病理学」として、以下の諸例があげられている。第一に、国家の相関した器官についての病気とは、物質の支援や人的支援を生み出すことに影響しうるような、独立した精神的器官に対する疾病がある。もともと国家の関心に直接に間接に奉仕する特定の人々の身体を教化する無数の社会組織があった。もともと古代中世の上流階級にとって、人々を教化する役割とは、語りの名誉や承認を受けることであった。しかし精神的退廃として、一般的アメリカ化の結果、お金の認識が唯一の市場価値の制度となることで、伝統を流行におきかえてしまった。

国家構造の融合として、同じ環境、生活条件、専門的職業のもとで、同じような人間の連鎖が生じる。現代では、同じ専門的職業がますます近くに集積する。そのため国家は同じ組織を警戒して監視し続け、ついには新しい対抗組織までも形成する必要がある。

第二の病として、第一次世界大戦の敗北を契機とするドイツ海外植民地の崩壊と、それにともなう植民地に関する国家的組織の解消がある。また人口を急増させ、移民を増加させる民族の流入により、寄生される「危険」がある。

それらを警戒することは、民族の真正性としての神に対する義務の感覚であり、自己の犠牲への動機ともなる。しかし大衆としての病理の症候群は、政治的無知からなることで、それらの危機に気づかないことである。

国家における蜂房構造は、環境の中で親しみ深く満たされている。しかしそれは外的な生命の影響に対して、すべての国で同時発生的に反応し、それ自身の内的構造に組み込まれなければならない。

それは地表がいろいろな動植物に占拠されているのと同じである。平和的ではあるが、時にはお互いに戦争のように競争する。しかし、私たちの細胞が有利である点とは、中枢からの指令によって、計画化された身体が制御されていることである。そしてそれらのはたらきが成就するための位置が割り当てられている。すなわち、人間の国家は自然の国家と同じ機能を持っていない。両方とともに国家の蜂房構造を構築し、国家を安定させる。それらの精神に出現する原料と加工は土地固有の機能であり、国家の蜂房構造を支える。人間の連鎖が、これらに適応して結合することで、国家は成長し、繁栄する。人々は物的支援のために連鎖に組み込まれている。そして、国家は個人の労働者と平等なパートナーとなりうる雇用関係の維持や解消に責任を負っている。

しかし国家は、個人のエゴイズムの基礎ともなりうる。それは労働への賛美とともに労働への嫌悪が併存するからである。国家は人間の連鎖なくしては存在しない。そのためサボタージュに対しては、雇用の解消が不可避となる。このような国家の機能は何世代もの仕事によって形成されてきた。しかし仕事への不合理な規制や、無知な資本家の誤った判断によって置き換えられる。さらに国家のリズムや支配による秩序を混乱させるような人々の任意の意思によって、攪乱される。このように決定された国家の不公平さは、さらに災害によっても生み出される。

それらを防ぐための交換の手段としての規則とは、国家が人々の意思の表現を可能にするために、人々が適応しなければならない自然な必然性の表現をともなうものである。このような自然な命令には妥協を許さない。これは場合によっては、生産器官への抑制をもともなうものである。巨大な制度のもとでの共住者は、これらに対抗する

1989年11月創立　1990年4月創刊

月刊
機

2025
2
No. 395

発行所　株式会社 **藤原書店**©
〒一六二―〇〇四一　東京都新宿区早稲田鶴巻町五二三
電話　〇三・五二七二・〇三〇一（代）
FAX　〇三・五二七二・〇四五〇
URL　https://www.fujiwara-shoten.co.jp/
◎本冊子表示の価格は消費税込みの価格です。

編集兼発行人
藤原良雄
頒価 100円

トランプ発言は単なる「暴言」なのか？「島」からの視点で考える

グリーンランド、自治と独立の行方
――トランプ発言をめぐって――

北海学園大学准教授・
デンマーク国際問題研究所客員研究員
高橋美野梨

グリーンランド自治政府が入る
ヌークセンター（筆者撮影）

アメリカ新大統領ドナルド・トランプ氏の、デンマーク領グリーンランドを「購入」するとの発言をきっかけに、この〝世界最大の島〟に大きな注目が集まった。大西洋最北部、大部分が北極圏に位置し、面積は日本の約六倍だが、人口わずか五万六千人のこの島は、いかなる存在なのか。デンマークとの歴史的関係と、自治・独立の行方について、『グリーンランド』編者の高橋美野梨氏にご寄稿いただいた。　**編集部**

●二月号目次●

米トランプ大統領発言は単なる「暴言」か？
グリーンランド、自治と独立の行方　**高橋美野梨** 1

先史時代から現代まで、台湾史の基本文献
「台湾」を知るために　**春山明哲** 4

「その選択は人生重大の問題である。」（内村鑑三）
美か義か――日本人の再興　**新保祐司** 8

「新しい時代」への民俗学的アプローチ
阿蘇神社の夜明け前　**柏木亨介** 12

「被害補償」の先にある「地域再生」に挑む
「公害地域再生」とは何か　**清水万由子** 14

「我が身を安んじて置ける」人、木川恭さん　**申谷雄二** 16

〈連載〉日本ワイン 揺籃期の挑戦者**10「愛情欲しない生き物はいない」叶芳和** 19　パリの街角から**26「記念日の悲喜こもごも」山口昌子** 20　メキシコからの通信**23「メキシコ計画」田中道子** 21　歴史から中国を観る**62「日本人が宋を好きな理由」宮脇淳子** 22　今、日本は**70「原発記念碑」鎌田慧** 23　科学史上の人びと**23「ハンス・ドリーシュ」村上陽一郎** 24　「地域医療百年」から医療を考える**44「『正法眼蔵』と医療」方波見康雄** 25　花満径**107「負の復権」中西進** 26

1・3月刊案内／読者の声・書評日誌／刊行案内・書店様へ／告知・出版随想

光の中心から遠く離れて、闇の奥へと沈み込んでいくような世界——政治学者の竹中千春は、国際関係の周縁をイメージ的にこう表現した。二〇二四年十二月、大統領就任を控えたドナルド・トランプは、広く安全保障の観点から、デンマーク領グリーンランドの所有と管理の重要性を強調した。国際関係においても日本人の視野にとっても「周縁」でしかなかった島に、光の波動がかすかに及んだ。

デンマーク国家のなかの位置

わずかな住民だけが暮らす島だったグリーンランドがデンマーク（＝ノルウェー同君連合）の植民地になったのは、一七二一年のことであった。以後、二百年以上にわたる統治を経て、一九五三年にはデンマークの一地方と同格の地位を得た。背景には、民主的な小国としてのブランディングを推進したデンマークが、国際連合主導の脱植民地化プロセスを積極的に引き受けたことがあった。七九年には自治法が制定、二〇〇九年の改正では、安全保障等への最終決定権を除く広範な自治が保障され、独立交渉を開始する権限を明記した「独立条項」も付与された。

一方で、デンマーク本土では回避された平時における外国軍基地の駐留や核兵器の配置が、例外的にグリーンランドでは許容された。高度な自治を享受しながらも、グリーンランドは国家安全保障を強化する戦略の一端を担わされた。グリーンランドの包摂と排除の歴史は、戦後デンマーク国家の形成と歩みを下支えしてきた。

独立と王室

戦後のデンマークが密かに講じてきた施策の中には、グリーンランド人に対して避妊・中絶や本土への移住を強制するものがあった。二〇一〇年代にこうした過去が明るみに出ると、独立志向がにわかに加速した。二〇二三年には、グリーンランド史上初の憲法草案が公開され、将来的な独立が謳われた。しかし、独立の定義や自治の先に描かれるべきビジョンは曖昧なままだった。

草案の中で注目されたのは、デンマーク王室にいかなる役割も与えなかったことだった。長きにわたり同じ君主のもとで歩んできた歴史を振り返りつつも、現行の君主制の存続を支持しない立場が明確に示された。

一方で、「デンマーク的なもの」の象徴である王室／国王への共感は、依然として両者を強固に結び付ける要因であることにも触れておく必要がある。独立志向と王室への敬意や親しみとが必ずしも二律背反の関係にないことは、これまでもたびたび指摘されてきた。独立には複雑に絡み合う感情が潜んでいる。

独立の輪郭、今春の議会選に注目

しかし、このような微妙な「均衡」は、トランプの発言によっていくぶん揺らいだようにも映る。グリーンランド全国紙は、社説でトランプの一連の言動をwake-up callと解釈し、その「警鐘」は、戦後グリーンランドが晒されてきたポストコロニアルな状況への直視を促し、独立の可能性を問いかけるものになったと報じた。自殺や貧困、暴力といった深刻化する社会問題や経済的な脆弱性など、グリーンランドは常に「不十分」であることが指摘され、独立など不可能だと「思い込まされてきた」。それに対して、グリーンランドには価値があると公言したトランプに、魅力を感じた人も少なくなかった。

問題は、トランプ発言がグリーンランド社会の分断を生起させている可能性である。二〇二五年初頭、トランプ・ジュニアがグリーンランドを電撃訪問した。「MAGA（Make America Great Again）」キャップを被った人々が彼と笑顔で記念写真を撮る姿が報じられた。いかなる理由で撮ったのであれ、人口六万人弱の社会に与えた影響は小さくなかった。実際に、トランプ現象に対する支持と反発は同時並行的に進んでいる。

この限りでは、今年三月十一日に実施予定のグリーンランドの議会選には注目したい。独立――より正確には先述の「独立条項」発動の可否――が最大の争点になると考えられている。独立の輪郭が依然として曖昧であるため、議論の焦点を定めるのは容易ではない。しかし、グリーンランド自治政府の首相が述べるように、自らの未来を照らすのは他ならぬ自分たち自身でなければならない、という素朴ながらも本質的な論点を提示する選挙戦が期待されている。

（たかはし・みのり）

先史時代から現代まで、台湾の歴史の基本文献！　必備書！

「台湾」を知るために

――台湾のすべてがわかる、読者待望の『台湾の歴史 大全』刊行

台湾とはなにか

台湾が、日本のみならず世界の強い関心を集めている。民主主義の実践、ハイテク産業の競争力、移行期正義やマイノリティの権利擁護の取り組み、文学や映画、芸術の魅力、中国との複雑な関係など、台湾の「いま」に興味をひかれる理由は様々だろう。しかし、ひとたび台湾に関心を抱き、その「いま」について学び始めれば、即座に「台湾とはなにか」という問いに直面せざるをえない。

こんにちの台湾は、国際社会の一員として、また日本の隣人として、確固とした存在感を放っている。しかし、国際社会における台湾の存在は決して自明ではない。中国とのあいだには、矛盾と困難に満ちた強い緊張関係が存在し、台湾社会のなかでもナショナル・アイデンティティをめぐる葛藤と分断がある。台湾は、どこから来て、どこに向かうのか。そもそも台湾とはいったい何なのか――。

本書では、実証的な学術研究を基盤として、台湾の歴史に関する基礎知識を総合的・系統的に提供することを通じて、この問いへの補助線を提示する。インターネット上には、台湾に関する情報があふれている。しかし、そうした知識は往々にして断片的であり、ときに不正確でもある。私たちは、地域研究としての台湾研究の成果をもとに、**学生・社会人のための教養書**として、**ビジネス・メディア関係者に有益な参考書**として、また**市民学習のハンドブック、歴史研究・地域研究の入門書として活用できるレファレンス・ブック**として、本書を編んだ。**執筆者**は、日本および台湾で台湾研究を行う**六五人の専門家**たちである。

本書の第一の特徴は、**台湾に関する基礎知識を、総合的なレファレンス情報として提供**することにある。具体的には、台湾の政治史、社会・文化史、経済史に関する概説、重要項目に関する事典、分野ごとの文献レファレンスと研究レビュー、参考文献、年表等の総合的なレ

ファレンス情報を通じて、台湾に関する情報を広く提供し、市民学習、研究入門のニーズに応える。時代としては、先史時代から近現代までの通史を広く概観できるよう、台湾原住民族の登場、漢人の移住、オランダ・鄭氏・清朝・日本の統治期、中華民国期、本土化・民主化の時期、総統選挙までの通史を扱った。

第二の特徴は、**日本の視点から台湾に関するレファレンス・ブックを編纂**した点にある。項目選定にあたっては、**日台関係の歴史を重視**した。特に、近代日本による植民地統治、戦後から現代にいたる日本と台湾の関係についての情報提供を重視し、日台学術交流の成果を反映することを意識した。また、日本における台湾研究の強みである学際研究の成果を意識的に盛り込んだ。

H・ホンディウスの「東インドならびに隣接諸島図」(1639)。北回帰線をまたいで台湾島がかなり正確な形で描かれる。

レファレンス・ブックとして

本書ではさらに、台湾史研究が生み出してきた文献の集合体を「仮想的な台湾史ライブラリー」と捉え、台湾史に関する知識や情報を求める市民に対して、その効果的な利用を援助する手段、すなわち「**レファレンス・ブック**」を提供することをめざした。

レファレンス・ブックを作成するうえでは、台湾史の膨大な研究蓄積を、総合的かつ系統的に整理し提供する「編集知」の作業が必要となる。この「編集知」の作業を台湾史の研究者自身が試みることで「ライブラリアンシップ」の精神を発揮しよう、という着想が本書の出発点となった。この作業を始める際に私たちが想起したのは、ディドロらによるフランス十八世紀のプロジェクト「百科全書」の思想である。ローマ法王と絶対王政から独立した全知識の体系化という啓蒙思想の真髄は、「市民的公共圏」における学術の発展という思想に基づいていた。本書は、ささやかではあるが、台湾社会をめぐる市民社会の知の集積と、そのさらなる発展に寄与したいという願いのもとに編集されている。台湾に関心を持つ全ての市民に頁をめくってもらうことが我々の願いである。

（編者一同）

（本書「序」より抜粋。構成・編集部）

〈本書の構成〉

I　台湾史概説　本書全体の「イントロダクション（導入部）」として位置づけられ、台湾の歴史全体の流れを記述するとともに、本書の情報内容を集約した「アンカー」的な役割も持たせる。本〈概説〉には、「相互参照」機能を持たせ、その重要項目から「台湾史事典」の記述を検索できるように工夫している。〈概説〉は編集委員が総合的な見地から執筆を担当し、全体を七つに区分している。

II　台湾史事典　一七九項目の歴史的事項の説明であり、項目数よりも記述を充実させ、「読める事典」の要素を重視し、**特大項目**（三千字）、**大項目**（二千字）、**中項目**（千字）、**小項目**（五百字）の四種類を設けた。配列は、台湾史の流れを把握しやすいように概ね時代順とし、検索しやすいように目次を付している。

III　文献レファレンスと研究レビュー　一般的な学問分類に準拠しつつ、台湾史の特色を加味して、それぞれの領域の研究レビューを歴史的背景としながら、基本的な文献の案内・紹介を行う。図書館情報学的には、台湾史研究文献の「書誌コントロール」の方法を意識した「主題の文献案内」というべきものであり、「台湾史の研究入門」の役割も果たすよう設計されている。

IV　台湾史研究の思想と方法　〈文献レファレンスと研究レビュー〉の第二部というべきもので、台湾の歴史の個性と特色、その方法論的な問題意識などの視角から、様々なテーマ設定を行っている。

V　研究ガイド　台湾史・台湾研究関係の日本と諸外国の研究組織・研究機関、および国立国会図書館憲政資料室などの図書館・アーカイブズの近現代台湾関係資料の解題によるガイドである。

資料編1　台湾史ライブラリー　「仮想的台湾史ライブラリー」というコンセプトのもとで、台湾史に関する日本語図書の研究書、専門書を中心に、一八九六年から二〇二四年までの約一三〇年間に刊行された、約六五〇点の書誌情報を収録した。

資料編2　台湾史・日台関係史　基本年表　台湾島の形成、先史時代、考古遺跡、古文献から、十六世紀・十七世紀、オランダ東インド会社時代、鄭氏政権時代、清朝時代、日本統治時代、一九四五年以降、中華民国統治時代から現代、二〇二四年末までの基本的な事項を記述している。

総合索引　人名と事項の総合的索引により、I～Vおよび「基本年表」との相互参照による検索の利便性を持たせている。

台湾の歴史 大全

――基礎から研究へのレファレンス――

春山明哲・松田康博・松金公正・川上桃子編　A5上製　464頁　4840円

序／本書の構成と内容のガイド／歴史上の地図に描かれてきた台湾／現在の台湾地図

I　台湾史概説

総説（春山明哲）　17～19世紀（春山明哲）　政治・経済史1868～1945年（春山明哲）　社会・文化史Ⅰ 1850～1945年（松金公正）　政治史1945～2024年（松田康博）　経済史1945～2024年（川上桃子）　社会・文化史Ⅱ 1945～2024年（松金公正）

II　台湾史事典

（全179項目）

III　文献レファレンスと研究レビュー

先史時代・考古学・台湾の先住集団（野林厚志）　オランダ統治時代・鄭氏時代（久礼克季）　清代台湾（張士陽）　近代日本・台湾関係史（1874～1895～1945）（春山明哲）　政治史・外交（対外関係）史、国際関係（1943～2024年）（松本充豊）　経済史・産業史（湊照宏・川上桃子）　社会史（菅野敦志・松金公正）　文学史（大東和重）　文化史（三澤真美恵）　女性史・ジェンダー史（野村鮎子）

IV　台湾史研究の思想と方法

学際研究としての台湾史（上水流久彦・西村一之）　台湾原住民族研究史（宮岡真央子）　台湾における台湾史研究（何義麟・冨田哲）　伊能嘉矩から矢内原忠雄まで――「知の媒介者」としての後藤新平（春山明哲）　台湾史研究と地域研究――若林正丈の方法（家永真幸）　「帝国史」研究の課題――台湾史研究と朝鮮史研究の「相互参照」を中心として（松田利彦）　〈論考〉台湾研究のメタヒストリー――地域研究としての台湾と日本（梅森直之）

V　研究ガイド

研究組織・研究機関・海外（山﨑直也）　図書館・アーカイブにおける近現代台湾関係資料――国立国会図書館憲政資料室を中心に（堀内寛雄）

資料編

台湾史ライブラリー　台湾史・日台関係史 基本年表

あとがき
――「レファレンス・ブック」とはなにか？　本書刊行までの歩み
総合索引　著者紹介　編者紹介

「その選択は人生重大の問題である。」（内村鑑三）

美か義か——日本人の再興

文芸批評家 新保祐司

美の時代と義の時代

私は、令和の改元に際して、日本が「美の国」から「義の国」になることを願った。平成の日本は、「美の国」に他ならなかったからである。

日本は、「美の国」のようにとらえられることが多いし、日本人は、美を愛好する傾向が強いと思われている（川端康成『美しい日本の私』）。しかし、日本の長い歴史を振り返ってみると、美の時代と義の時代が交互に出てくるように思う。大雑把な傾向として言えば、奈良時代は、義の時代であり、続く平安時代は、美の時代である。鎌倉時代から南北朝にかけては義の時代、室町時代は美の時代、戦国時代は義の時代、安土桃山から江戸時代は美の時代である。そして、近代以降は、明治が義の時代、大正が美の時代、昭和の戦前が義の時代、戦後の昭和から平成は美の時代であったと言えるであろう。

明治、大正、昭和、平成は、元号であって、奈良時代や平安時代、鎌倉時代といった時代区分とは性格が違うが、不思議と明治、大正、昭和、平成という区分は、同じくらいの重みを持っているように思う。それは、明治以降の日本の近代が、異様なまでに複雑な歴史過程を経て来たということの表れであろう。

開国と義の時代

国際環境から見ると、国を開いていた時代が義の時代であり、国を閉ざしていた時代が美の時代とも言えるようである。

飛鳥時代から奈良時代は、白村江の戦いに象徴されるように国際的な緊張の時代であり、遣唐使をやめて国風文化となっていった平安時代は、美が純粋になっていった時代であった。江戸時代は、言うまでもなく「鎖国」の時代であった。明治は、開国して義が鍛えられていった時代だったのである。大正は、日露戦争に勝利した後の閉塞感の中で（石川啄木「時代閉塞の現状」）享楽的になっていた時代であった。戦前の昭和は、激動の国際政治の中で、大東亜戦争にまで突き進んだのである。戦後の日本は、アメリカの傘下にあって、実質的には「鎖国」であった。しかし、今や、アメリカの傘は破れてきている。となると、平成の弛緩した美の時代の後の令和の日本は、順番として義の時代になるはずだということになるのである。

内村鑑三「美と義」

私がこの発想を得たのは、内村鑑三の「美と義」という文章からであった。これは、私が批評を書きだした頃から私の思考を導いてくれたものである。これまで何回も引用してきたので、冒頭の文章などは、ほとんど暗誦できるくらいである。

新保祐司（1953-）

「美と義」は、大正十二年（一九二三）の「八月十九日、軽井沢鹿島の森に於て述ぶ」と付記されているように、その日の説教に基づいている。『内村鑑三全集』では三頁ほどのものだが、内容的には深いものであり、日本人の精神史を考える上では極めて重要な問題を提示している。

内村は、先ず次のように語り始める。

○文明人種が要求する者に二つある。其一は美である、他の者は義である。美と義、二者孰《いづ》れを択《えら》む乎《か》に由て国民並に其文明の性質が全く異るのである。二者孰れも貴い者であるに相違ない。然し乍《なが》ら其内孰れが最も貴い乎、是れ亦《また》大切なる問題であつて、其解答如何《いかん》によつて人の性格が定まるのである。

○（…）美か義か、ギリシヤかユダヤか、其選択は人生重大の問題である。

（傍点原文）

人間が人間である価値は、この美と義の「二つ」である。そして、「美か義か」、これが「人生重大の問題」なのである。あらゆる問題は、この根本問題に淵源を有する。この第一問題が、「重大」な問題であると認識することがまず重要である。「様々なる」知識と情報が溢れ、根本的なものが見えにくくなっているからである。

「義」を選択する

そして、もっと重要なことは、選択することである。人間の精神が精神であるために必要なのは、選択だからである。キルケゴール的に言えば、「あれかこれか」である。この選択を決断せず、学問をしたり知識・情報をかき集めても無意味なのである。無意味どころか何か意味のあることをしているという錯覚の中に落ち込んでしまう恐れさえある。「あれもこれも」では、相対主義の泥沼にはまり込んで、結局は身動きがとれなくなる。この思考停止を、多様性の名の下に胡麻化してはなるまい。この選択がないままに肥大化した研究や学問は、結局は空疎なのである。ここではっきり書いておいた方がいいだろう、私は義を選択する者である。

　確かに、これまで音楽や美術という美の領域にあるとされるものも対象にして批評文を書いてきたが、それは義に貫かれた美に限ったものであった。音楽では、交響詩「フィンランディア」のシベリウスであり、ベートーヴェンであり、ブラームスであった。美術では、ドイツ・ロマン派のフリードリヒであった。フリードリヒについての拙著の副題は、「崇高のアリア」であった。崇高は、義の顕《あらわ》れである。

背骨としての「義」

　内村の「日本は美を愛する点に於てはギリシヤに似て居るが、其民の内に強く義を愛する者があるが故に、其国民性にユダヤ的方面がある」という指摘は、日本あるいは日本人を考える上で決定的に重要な点である。大雑把に見れば、「日本は美を愛する」ように見える。例えば、日本美術史の方面で考えてみても、「美」だらけである。いわゆる「日本的な美」というものが、特徴としてはっきりあらわれている。また、人生の美学などと、すぐ口走るが、人生には美学ではなく、倫理学こそふさわしいはずである。

　しかし、「其民の内に強く義を愛する者がある」のである。日本の歴史には、このような少数派ともいえるし、仮に「美を愛する」日本人を日本人らしいとすれば、日本人離れしているともいえる人間が、時々出現する。

　これが、日本の歴史あるいは精神史を一本の背骨のように貫いており、表層的にみれば、骨抜きになった「美」だらけの日本を辛うじて支えているのである。「ギリシヤに似て居る」が、「其国民性にユダヤ的方面がある」ことが、日本を、ある意味で複雑なものにしており、日本の背骨を見えにくくしているといえよう。「其民の内に強く義を愛する者」が多く出現した時代が、義の時代であると言えるのだ。

　そして、この背骨が、誰の眼にもはっ

きり見えるのが、幕末維新期である。この時代こそ、「其民の内に強く義を愛する者」が維新の志士、あるいは草莽《そうもう》の志士として輩出した時代だからである。

「其民の内に強く義を愛する者」

内村が、美よりも義を強調するのは、もちろん義を重視する考えに基づいているが、背景としては、この「美と義」という文章が、大正十二年の八月十九日のものであることと関係していると思われる。大正という美の時代に批判的だったからである。江戸時代という美の時代を変革した義の明治時代を生きて来た内村鑑三には、大正時代は美に耽溺し義を軽んじる時代と見えた。

だから、内村は、「義の道即ち道徳を語るは偽善者の為す事であるかの如くに思ひ、自分は宗教家でないから事の善悪を差別しないと云ふが如き、是れ人間が自分を人間以下の地位に置いて云ふ事である。文士の取り扱ふ問題は芸術と恋愛に限られ、道徳と宗教とは措《お》いて之を顧《かえりみ》ざるが現代的であると思ふは、現代を以て人間の時代と見做さゞる最も誤りたる思想である」とか、「日本今日の思想家は之を問題の外に追出して、たゞ芸術と恋愛とのみを語つて居る。実に恐るべき事である」と批判したのである。

平成は、第二の大正とも言える時代であり、この内村の批判が当てはまる時代であった。「たゞ芸術と恋愛とのみを語つて居る」時代だったと言えるのではないか。だから、令和は、義の時代とならねばならないのだ。日本の希望は、「其民の内に強く義を愛する者」が陸続として出現することにある。

（本書序章より抜粋。構成・編集部）

「新しい時代」への民俗学的アプローチ！

阿蘇神社の夜明け前
――神々とともに生きる社会のエスノグラフィー

國學院大學准教授／民俗学・文化人類学　柏木亨介

「祭祀」に仮託されてきたもの

私たちは日々生活するにあたって様々な人間関係を取り結び、社会集団の一員として暮らしている。古来、農耕生活には人びとの協業が必要であり、定期的に行う儀礼によって社会の結束を図ってきた。現代生活も高度に複雑化した政治・経済システムの下で営まれているから、総じて私たちの生活文化は社会のなかで育まれ伝えられてきたといえる。

その社会のあり方は古代から現代に至るまで様々に変わってきたが、とりわけ明治以来、急速な近代化やグローバル化を経験してきた私たちは、社会生活上の関心をどのように祭祀に仮託してきたのだろうか。それを知るには人びとの日常生活の移り変わりに視点を置く民俗学的研究によって進めることが望ましい。

規範意識の歴史性を見出す

本書は近現代における地方大社の祭祀の伝承過程を民俗誌的記述によって分析し、私たちの社会生活における規範意識の歴史性を見出そうとするものである。

序論では、氏子崇敬者の社会生活を踏まえて神社祭祀を考察するための方法論を検討していく。

本論（第一章～第七章）では、はじめに本書の調査地である熊本県阿蘇地域の社会と神社祭祀の全体像を示すために、過去の由緒書や郷土誌を検討して、「阿蘇」の範囲が各時代の政治経済的背景によって恣意的に設定され（第一章）、その中心に位置する阿蘇神社の主要祭祀や祭祀構成も神社を支える主体の交替によって移り変わってきたことを指摘する（第二章）。次に、明治維新と先の敗戦という近現代神道史上の転換点における地域社会と神社との関係性を考察し、西南戦争（明治十年〈一八七七〉）の最中に発生した農民一揆において阿蘇神社はいまだ地域社会で前近代的権威を保持していたこと（第三章）、第二次大戦後は華族制度と国家神道の廃止を受けて、地域社会の要望に寄り添った神社運営が進められた過程を述べていく（第四章）。そして、戦後の神職たちは氏子との交流を通して地域社会の論理に従って神社に奉仕し（第五章）、氏子たちも地域社会の人間関係や地域固有の歴史的背景にもとづいて祭祀を担っていたが（第六章）、熊本地震（平成二十八年（二〇一六）発生）からの復興では地域社会外部からの支援も多く寄せられたことで、インターネットを活用した教化・広報活動など、グローバル社会に対応した運営になりつつある現状を論じる（第七章）。

　結論では、本論で描いた地域社会と地方大社との関係性を整理し、**人びとの繋がり方は時代によって変わっていくこと、**それぞれの社会的関心が開拓・治水、農業振興、防災へと移り変わってきたとともにそれらが人びとの行動を一定の方向に促す社会規範として作用していたこと、さらにその規範意識は阿蘇神社祭神に仮託され、開拓神、農耕神、火山神の御神徳として物象化されてきたことを指摘する。

　こうして近現代の地方大社の動向をみていくことで、**自然環境と社会環境は不断の人間関係に基づいて意味づけられ、さらにそれが「歴史」や「伝統」という名の社会規範となって社会生活が営まれてきた様相を描いている。**

阿蘇地域の人びとと神社祭祀

　本書は、各時代における社会生活上の関心の記述的分析を通して人びとが神や祭祀に仮託する内実を民俗誌という方法で論じていく。その際、倫理的規範という視点を導入し、**社会集団の人間関係を維持していくための生活態度に着目して、各時代の人びとの行動を記述する。**

　以下の各章では、近現代神社史上の重要な局面を中心に各時代の動向を取り上げていく。通史（一・二章）、明治初期（三章）、昭和戦前・戦後期（四章）、平成期（五・六章）、現在（平成末・令和期）（七章）というように、**時代を追いながら阿蘇地域の人びとの動向と神社祭祀との関わりを論じていく。**

（本書序論より抜粋。構成・編集部）

阿蘇神社の夜明け前
神々とともに生きる社会のエスノグラフィー
柏木亨介
A5上製　三四四頁　五二八〇円
図表多数

「被害補償」の先にある「地域再生」に挑んできた先駆的活動！

「公害地域再生」とは何か
——大阪・西淀川「あおぞら財団」の軌跡と未来

龍谷大学教授／地球環境学
清水万由子

「公害を起こさないまちをつくる」

本書は、大阪市西淀川区で、公害訴訟を契機に誕生した**「あおぞら財団」**の活動を通して、**公害地域再生＝「公害を起こさないまちをつくる」という挑戦**が続けられてきた軌跡を描くものである。

今年で設立から三〇年目を迎えるその軌跡をたどりながら、激甚な公害を経験した地域がどこまで再生を遂げたのか、その到達点と残されている課題、またそれがどのようにして前進してきたかを描き、進むべき方向性を示すことが、本書のねらいである。小さな地域の経験から、公害を起こした社会が、公害を起こさない社会へと変革する道筋——その困難さも含めて——を浮かび上がらせたい。

今日のまちづくりが多様な価値を包含するものであることを考えると、「公害を起こさない」まちとは、消極的な言い方に聞こえるかもしれない。公害を起こさなければ、それがよいまちなのか。経済環境も技術水準も大きく変化した現在、過去に起きた公害と同じ公害をもう一度繰り返すことなどあるだろうか。あるいは、公害はより潜在化された形で今も生じ続けていることを認識すべきであるとすれば、公害は地域住民の意志とは関係なく起きることがある。「公害を起こさない」などと言い切ることに、意味はあるだろうか。

本書でいう「公害を起こさないまち」とは、「公害を起こさない」ことをめざし続ける地域を意味する。「公害を起こさない」ことをめざすまちづくりは、公害以外にもさまざまに生じる地域課題にも対応しうる力、すなわち、よりよい地域をつくる力を持とうとする潜在的な意志を、地域の内部に生みだす。そして、「公害を起こさない」という状態を実現するための諸条件を地域社会の中に構築することが、結果として「公害を起こさないまち」を維持し、真に住みよい持続可能なまちをつくることにつながる。本書は、公害を経験した地域によるそうしたまちづくりを指して、「公害地域再生」と位置付ける。

公害と闘ってきた地域の役割

公害と闘ってきた地域の歴史は過去と現在を貫く地域の「根っこ」となる。公害に直面した人びとにとって、公害をなくそうとする闘いが、地域に根を張って生き続けるためには必要なことだった。西淀川で生きようとして公害と闘った人びとが張った「根っこ」は、「公害を起こさないまち」をめざそうとする人びとに、さらなる力を与える。

あおぞら財団付属の公害資料館の開館（2006年）。右は小田康徳館長、左は森脇君雄・財団理事長（当時）

このことは、公害を経験した地域だけに言えることではない。災害や事故などの災禍による地域社会の疲弊と分断から地域が立ち直る力、災禍によって失われない「根っこ」をもつレジリエントなまちをつくろうとする意志と力は、どのように生まれてくるのか。本書のテーマである公害地域再生を考えることは、今後も私たちが遭遇するであろう様々な災禍に向き合うための手がかりにもなるだろう。

公害反対運動の経験を活かす

本書で取り上げる「あおぞら財団」（公益財団法人公害地域再生センター）は、大阪市西淀川区という小さなまちで、公害訴訟の和解金をもとに一九九六年につくられ、現在まで活動を続けている。

激しい公害を体験していない若い世代の論客の一人である斎藤幸平は、高度経済成長期の公害反対運動の理論的リーダーの一人であった宮本憲一との対談の中で「公害反対運動は、どこへ行ったんですか？」と問いかけている。公害反対運動は、公害の問題だけでなく平和や人権など包括的な訴えを掲げていたのに、それが今どこにつながっているのかが見えないと言うのだ。斎藤の問いは、かつての公害反対運動の経験は、現代の日本社会に十分に活かされておらず、「忘却」されているのではないか、という痛烈な批判を含んでいた。

（本書「はじめに」より抜粋。構成・編集部）

「公害地域再生」とは何か
大阪・西淀川「あおぞら財団」の軌跡と未来
清水万由子
A5判　二九六頁　四六二〇円
カラー口絵4頁

報告　木川恭さんを偲ぶ会＆『在日朝鮮人・外国人と生きる私を求めて』出版記念会

「我が身を安んじて置ける」人、木川恭《きょう》さん

南葛定時制教員　中谷《さるや》雄二《ゆうじ》

「なんかつ」らしい会を

「なんかつ」らしい会にしたいと思った。「なんかつ」とは都立南葛飾高校定時制のことで、「入学を希望するすべての者を受け入れ、退学処分で生徒を学校から追わない」とする校是を三〇数年間守りとおした学校である。この学校の教育を担ってきた木川恭さんは、教員人生の殆どを「なんかつ」で過ごし、朝文研（朝鮮文化研究会）・外文研（外国文化研究会）の結成に関わり、定年後も外国人生徒の自立のために通い続けた。二〇一九年に死が彼を襲うまで顧問を続けた。四〇数年、一つの学校に拘った生涯だった。

運営は南定会（南葛定時制卒業生の会）の、部落研（部落問題研究部）、外文研、手話研の卒業生たちが担った。司会は、一部は朴正雄《パクチョンウン》くん、二部は南都ゆいさん。朴正雄くんは木川さんの初期の朝文研の生徒。今は、生まれ育った浅草で韓国居酒屋二店舗を経営する。南都ゆいさんは最後に担任したクラスの生徒で、今は四児の母で小学校の教師をしている。

会場をあっちに行ったり、こっちに行ったりしているエミさんは、小中学校と排斥に会いながら普通学級で過ごした後に南葛にたどり着いた卒業生である。南葛時代のように会場をウロウロ、時に舞台にあがり司会者や挨拶する人のまわりをめぐり、存在証明していた。参加の卒業生や職員は、いつものように意に介さず。誰も制止するものなどいない。会場は、世間とは違う「共に育つことなしに共には成長しない」ことを当然とする南葛の風土一色に包まれた。参加者は混ざって育つ空気を楽しみ、多くの人から「なんかつ」らしい空気にあふれた「いい会だった」と声をかけていただいた。

卒業生の声から始まった

葬儀の時、「木川先生の書いたものを子どもたちや孫たちに読ませたい」と、朝文研の卒業生が言ってきた。遺しておきたいという想いは、私も同じだった。「こんな人（人・教師）がいた」ということを世に問いたいと強くおもった。

葬儀から五年が過ぎ、ご家族や多くの人に支えられて遺稿集刊行の日を迎えた。

この間、世界的コロナ感染、日本政治の腐敗、世界のあちこちで起こる戦争。この絶え間なく起こる理不尽で無情な世相に多くの人が心を痛める日々だった。だからこそ活動の底流に確かな思想を持つ

李政美さんの「朝露（アチミスル）」

木川さんを知る者として「世に問いたい」気持ちは増すばかりだった。

この会には、八〇名以上の同僚、卒業生、保護者や生前親しくしていた人たちが集った。場所は木川恭さんが人生の大半を過ごした学校近くの「かつしかシンフォニーヒルズ」（二〇二五年一月十二日）。会場には福岡、神戸、大阪、長野から仲間の参加者が駆けつけてくれた。

一部の始まりは、南葛や東京都部落研外文研交流会をあたたかく見守り続けてくれた朝鮮奨学会元理事の梁東準《ヤントンジュン》さん、出版を快く引き受けてくれた藤原書店社長の藤原良雄さん、「障がい」を持った卒業生の母親から挨拶をいただき、そして長年の友人の孫斉賢《ソンジェヒョン》さんのメッセージを、奥さんの尹一順《ユンイルスン》さんが代読した。

友人代表・孫斉賢さん

遜斉賢さんのメッセージは木川さんの人柄を言い当てていた。

「木川先生との出会いは、私が朝鮮奨学会の職員のときです。先生がかかわっていた在日の高校生たちは、極めて環境に恵まれなかった人たちでした。最初の印象は、『この先生はなんでこんなに熱心なんだ』。『職業意識からだろう』と軽く考えていましたが、それだけではない、大きくて重たい何かを感ずるようになりました。使命感と呼ぶには軽すぎる何かでした。木川先生から醸し出される迫力は独特でした。それが何なのか、依然としてミステリーのままなのです。

本（遺稿集）を読みながら、家内は泣き続けていました。木川先生の温もりを、この本を通して感じることができます。

木川先生はかつての不幸な時代の朝鮮に対する日本の罪を贖《あがな》ってくださった

のです。木川先生という人がいたことで、私たちは救われたと思えるのです。」

本の主人公たちが登場

二部は、遺稿集の目次にそって、木川さんが書いている主人公、生《なま》の本人たちが登場した。金英一《キムヨンイル》さん、李政美《リチョンミ》さん、朴正雄《パクチョンウン》さん、朴俊映《パクチュニョン》さん、中国「残留」婦人の孫の福全《フーチウエン》さんが堂々の挨拶。南都ゆい、手塚角雄、最後に新大久保の雑草《チャプチョ》教室の会の李起鑄さんの挨拶。皆、日本社会の荒波を受ける毎日のはずだが、大きく成長した姿を見せてくれた。

残念なのは、駆けつけて木川先生にお礼を言うはずだった岩﨑眞、李純愛《リスネ》、鄭萬模《チョンマンモ》さんの姿がないこと。岩崎さんは「お礼の弔辞」を持って葬儀に参列したが、コロナ禍で亡くなった。純愛さんと萬模さんは、在日朝鮮人が受ける理不尽な差別と、孤独で過酷な生活の日々を生き倒れ、三〇代の若さで人生を閉じた。

最後は李政美の声に合わせ「朝露（アチミスル）」を歌い、家族の挨拶で終了した。参加してくださった方々、運営してくれた卒業生に感謝している。ありがとう、みな元気で堂々と生きていこう。

木川恭という人

いつも木川恭さんは隣に居た。互いに同じ歳で、二十歳代前半に南葛で出会い、七二歳で彼がなくなるまで同じ職場、同じ研究会に属した。五〇年近く一緒に考え、話し合い、南葛を「生徒（人民）のための学校」にするために全力で共に生きてきた。友人というより「同志」として、志を一緒にするものとして過ごした。

この本を編み、改めて、彼がめざしてきたものが終始変わらないことに気づく。例えば「気比丸事件」。朝文研校外生の金井守《キムチョンス》のアボジを訪ねた時、『全国五高会会報』を見せられる。そこには、一九四一年十一月、京大生弘津正二が海難事故の時、朝鮮人を理由に救命ボートに移乗を拒否された同船の朝鮮人と共に、沈む船と運命を共にした話がある。木川は関東大震災の再来を予感し、その時に「虐殺する側に自分を決して置くまい、反対の側に我が身を安んじて置けるようにしたいと、自分に言い聞かせながら」と書く。「我が身を安んじて置ける」——そのように生き、生ききった人だった。日常の小さな振舞から、そう自分を整え、生徒に向かっていた。そんな木川恭だった。

在日朝鮮人・外国人と生きる私を求めて
木川 恭
木川恭遺稿集出版委員会 編
A5判 三八四頁 三六三〇円

連載　日本ワイン　揺籃期の挑戦者10

愛情欲しない生き物はいない

——加工用ブドウの粗放栽培否定

叶　芳和

ワインの原料ブドウは生食用と競合している。そのため、価格の安い加工用ブドウは供給が増えないので、日本ワインの成長の壁は〝原料〟という見方がある（生食用は１キロ９００円、加工用は２５０円）。しかし、価格の高い生食用は管理作業に手間暇がかかるので、高齢化すると加工用栽培に転じる。ワイン加工用は「粗放栽培」でいいと言われている。

山梨県勝沼に、加工用専業ブドウ栽培農家がいる。矢野貴士さん。新規参入農家だが、こともあろうに収益性の低い加工用に参入したのだ。粗放栽培だから規模拡大できていいですねと尋ねたら、矢野氏「粗放栽培ではない。良いブドウを作ればワインメーカーに高く買ってもらえる。**愛情欲しない生き物はいない。手間暇かけて育てれば、ちゃんと答えてくれる。**加工用でも粗放栽培ではない」。

矢野氏は「毎年、ブドウに点数付けられている」と言う。丁寧に育てたブドウは品質が良く、高く売れる。ブドウの価格が努力への点数なのだ。来年はもっといい点数貰えるよう努力すると言う。そういうことだから、加工用と言えど、粗放栽培などやれないと言う。素晴らしい哲学だ。

取材を終えて、この人は発展するなと確信した。同時に、彼の哲学に接し、自分が成長したという実感があった。

矢野氏は熊本県出身、２０１１年に勝沼に移ってきた。当初は、レストランで働きながらブドウ栽培の勉強をし、15年に独立。**借地でブドウ農家に新規参入**した。予想通り成功し、彼のブドウはワインメーカーから引く手あまたである。

いま、矢野氏の栽培面積は3haに拡大している。栽培品種は、現状ピノノワール等8品種であるが、ハンガリーから導入した試験品種も栽培している。勝沼の自然風土に適合するなら、本格栽培に進むようだ。導入実験だ。まるで試験場みたいだ。借地経営の加工用農家が、試験場機能を果たしている。凄いことだ。

矢野氏は、地域の農家の高齢化で耕作放棄があれば、それを借地してブドウ生産をふやした。矢野氏はイノベーターであり、地域の救世主だ。

*『日本ワイン産業紀行』第5章参照

連載　パリの街角から　26

記念日の悲喜こもごも

パリ在住ジャーナリスト　山口昌子

フランスの新聞用語に「マロニエ」がある。毎年、あるいは何周年などの決まり行事に関する記事を指す。二五年一月は「マロニエ」の花盛りだったが書く方も読む方も辛かったはずだ。

十年前の一月七日は風刺週刊紙『シャルリ・エブド』がアルカーイダ系のテロリスト兄弟に銃撃され、編集室は血の海に。翌八日にはユダヤ系マーケットがイスラム国（IS）系のテロリスト一人に銃撃され、両事件では三人の警官と射殺された犯人三人を含む計二十人が死んだ。今年は十一月三日発生の「パリ同時多発テロ」（死者百三十人）の十周年でもある。テロリスト十人のうち自爆しなかった一人と共犯者らの裁判が終わったばかりだが、テロの脅威が消えたわけではない。

一月二十二日は六三年に仏独が二度と戦火を交えないことを誓ったエリゼ条約締結の日。今年は両国首脳が対トランプ米大統領での結束を誓い合った。

一月二十七日は仏独交戦中の悪夢アウシュヴィッツ強制収容所が解放された八十周年。第二次大戦中のユダヤ人犠牲者は総数約六百万人。イスラエルとガザは停戦が発表されたが基本的な対立が解消されたわけではない。チャールズ三世英国王が老体、病体で式典に出席した姿にも祝賀より危惧への覚悟が窺える。

一月十八日はナチの強制収容所からの生還者シモーヌ・ヴェイユ（同姓の哲学者とは別人）が厚生相時代に三日三晩の激しい審議後に成立させた「中絶解禁法」の五十周年だ。カトリックの国フランスでは母性の否定は大罪だ。金持ちが密かにスイスで安全な手術を受ける一方、多くの女性が悲惨な闇手術を受けた。二〇一七年に八十九歳で死去したヴェイユは翌年に偉人が合祀されているパンテオン（万神殿）入りした。女性は彼女を含めてマリ・キュリーら六人。同法は二四年に憲法に記載され、不滅化した。

共和国なのにルイ十六世が処刑された一七九三年一月二十一日を追悼して毎年同日にギロチン台が置かれたコンコルド広場で約百人が追悼デモを展開する。

連載　メキシコからの通信　23

メキシコ計画

エル・コレヒオ・デ・メヒコ教授
田中道子

この一月十三日、クラウディア大統領は、「メキシコ計画」を公表した。十三項目にわたる二〇三〇年までの経済発展達成目標を挙げたもので、経済省長官マルセロ・エブラル他諸長官のほか、企業家・経済界団体代表、特に昨年十一月末、産業の各部門の企業家を結集して「近隣移転政策を推進し民衆の福祉を目指す国民経済発展のためのアドバイザー集団」を立ち上げたアルタグラシア・ゴメスさんが出席していた。

自身大企業家のゴメスさんは、「繁栄を分かち合う」を大統領と共通のスローガンに、対外交渉に活躍してきたエブラル長官とともに、経済政策の作成に寄与した。

この提言によると、二〇三〇年までにメキシコはＧＤＰ世界十位の経済大国となり、観光客数で世界上位五か国に挙げられる観光大国となる。企業の近隣移転政策を推し進め六年間に二兆七〇〇億ドルの外資導入を実現し、そのために企業創設手続きを一年以内に短縮しデジタル化を進める。毎年度ＧＤＰのうち投資は二五％相当、中小企業の三〇％が融資を受けるようにする。六年で一五〇万人分の雇用を創出し、毎年一五万人の専門家・技術者を養成する。食料・薬品等の輸入代替・自給政策をすすめ、ワクチン一〇〇％、国内消費五〇％、政府購入品五〇％、自動車・航空産業部品の一五％を国産とする。全般に貧困と格差を減らす。

クラウディア大統領は、産業の積極政策、高度化政策、国産科学技術の生産適用化を勧め、そのために科学人文技術革新庁を省に格上げし、中国の電気自動車ラインの導入による国産民衆電気自動車オリニア（Ｏｌｉｎｉａ）三車種の生産を公表した。また、「メキシコ計画」公表に合わせて、国産半導体技術開発・生産を進めること、さらに、Ａｍａｚｏｎが巨大地域データベースをケレタロ市に置き、当面五〇億ドルの投資と、年間七〇〇〇人の雇用を契約すると発表。

「メキシコ計画」は、トランプの大統領就任にかかわりなく、起動しつつある。

連載　歴史から中国を観る　62

日本人が宋を好きな理由

――宋から始まるシナの近世3

東洋史学者　宮脇淳子

北宋の張拓端《ちょうたくたん》が描いたと言われる「清明上河図《せいめいじょうがず》」は、全長約五メートル、縦二四センチで、登場する人物は七七三人もいる。ロバの背に荷物を積んだ童子が傍らを歩く小川が、やがて開封《かいほう》に流れ込む汴河《べんが》となる。木組みだけで支えられたアーチ型の虹橋《にじばし》の下を船が通りかかる場面がよく知られ、船首で大声を出して叫んでいる水夫、橋桁《はしげた》から身を乗り出すヤジ馬たち、橋の左側に酒楼が見える。

この絵はあまりにも有名になったので、模写だけでなく、明代には同じ名前で蘇州《そしゅう》を描いた仇英《きゅうえい》の絵、清代にも別の作品が描かれている。

宋代は産業と商業が飛躍的な大発展をとげた時代である。その後のシナ文明につながるものがたくさん生まれたし、日本にも大きな影響を与えた。だから内藤湖南だけでなく、東洋史とシナに興味のある日本人はだいたい宋が好きである。

政治的には決して強くなく、遊牧民の契丹《きったん》（遼《りょう》）が今の北京まで領有し、一〇〇四年に契丹に敗れた北宋は、「澶淵《せんえん》の盟」により、毎年絹二〇万匹と銀一〇万両を契丹に支払って平和を購《あがな》う。やがて契丹に代わった金に北宋は滅ぼされ、後継の南宋の都は今の杭州《こうしゅう》に移る。

この時期、宋の総人口は一億数千万に達したという。南半分の南宋時代でも六千万人である。商業は大いに発展した。

長距離商販を専門とする商人を客《きゃく》商《しょう》といい、都市に店舗を構えて消費者相手に営業する商人を坐賈《ざこ》という。都市の坐賈は行《こう》という商人組合を結成した。

貨幣は銅銭が主だが鉄銭も使用された。これらは重いので、交子《こうし》、会子《かいし》などの紙幣が発達し、小切手・約束手形、為替手形なども使われた。

金融業者も繁栄し、交通運輸体制も整備された。南海諸国の商船が渡来し、絹織物、銅銭、陶磁器、茶を輸出した。

首都をはじめとする大都市には、酒《しゅ》楼《ろう》（料理屋）、妓館《ぎかん》、茶坊《さぼう》（喫茶・バー）などの高楼が軒を並べ、勾欄《こうらん》（劇場）が多く設けられ、互市《ごし》（歓楽街、盛り場）が栄え、不夜城の歓楽街に市民は太平の享楽生活を楽しんだのである。

連載　今、日本は　70

原発記念碑

ルポライター　鎌田　慧

本州最北端の青森県。太平洋岸は南部、日本海側は津軽。北海道にむかって頭をもたげているのが下北半島だが、原発ばかりか、放射性廃棄物の再処理工場や貯蔵所などが密集しているので、わたしは「下北核半島」と呼ぶ。

北端の大間《おおま》町も、隣接する「むつ市」も、南に下って「東通《ひがしどおり》村」、さらに下って「六ヶ所村」も、それぞれ核施設を誘致した。東通村村議会が東京電力と東北電力の原発誘致を決めたのは、一九六五年。村が両電力と買収の委託契約をしたのは一九七〇年。この時わたしは川畑義雄村長に会った。

「温排水の熱を利用して、塩を採ったり、雪道を溶かしたり、熱湯でアルミニュームを生産したりできるそうです」と彼は穏やかな表情で語った。「隣のむつ市に来る原子力船も、放射能がなくて安全だそうです」。

原子力船「むつ」が、むつ市の港を出航、たちまちにして放射線漏れを起こし、「陸奥湾」漁民の帰港反対を受けて漂流、結局、長崎造船所のドックに曳航され、やがて、廃船になった。

東通村内に「南通《みなみどおり》」という開拓地があった。東京電力十基、東北電力十基建設。合わせて八〇八ヘクタールの土地が買収された。南通部落二十戸は全戸離村した。わたしがお会いしていた馬場嘉吉さんは、「死ぬときは、原発にかぶりつきたい」といった。それから、十年ほどして、私は気になっていた馬場さんの移住先を探して、訪ねた。買収され、原発建設用地としてフェンスが張られた、広大な地域からさほど離れていない新しい住宅地に、やや新しい民家があった。前庭から入って、玄関先の植え込みに、高さ一メートルほどの石碑が建っていた。

「記念碑」。碑の真ん中に三文字が大きく彫り込まれてあった。裏側に「南通部落原発移転　昭和四十七年十二月十五日」。息子の勝男さん（八五）が出てきた。「もう十八回忌になります。九十一歳でした」といった。いま、東北電力一基建設、運転停止。東京電力一基建設中。稼働の見通しはない。

〈連載〉科学史上の人びと　23

ハンス・ドリーシュ

Hans Driesch　一八六七〜一九四一

東京大学名誉教授／科学史　村上陽一郎

ドイツ生まれ、現代風に言えば発生学者。彼の名は「ドリーシュの実験」として、歴史の中に刻まれた。実験に使ったのはウニであった。ウニの受精卵が発生を始める。最初に縦に割れる二細胞期、同じくもう一度縦に割れる四細胞期、次は横に割れて八細胞期……という具合に卵割を繰り返して、成体へと発生の手順を踏むのは、ウニの場合も、通常の胚発生と変わりはない。ただ、ドリーシュの実験にあって、彼に幸運だったのはウニの受精卵が、「モザイク卵」ではなく、いわゆる「調節卵」であったことだ。これらの語の意味は、以後の説明で明らかになる。彼は二細胞期に（通説によれば金髪の毛髪を使って）二つの細胞を切り離し、それぞれの割球を別個に培地で観察した。結果は、それぞれが無事一個の成体となった。

ドリーシュは、この結果は、生物が単なる物理・化学の法則のみに従っているわけではないことの証左であると考えた。実は、ホヤなどの卵では、このような結果を生まないことが後に明らかになった。こうして、初期の胚の個々の割球が、自ら成体へと発生し得る能力を持つ生物種と、割球のそれぞれが最初からどの組織へと展開するかがモザイクに決まっている生物種があることになる。前者の受精卵を「調節卵」、後者を「モザイク卵」と呼ぶ。

素材が半分であれば、物理・化学の世界では、どこまでも「半分」の経過を辿るはずではないか。ここに生物に特有の機能がある、と考えたドリーシュは、その機能を「エンテレヒー」(Entelechie) と名付けた。「完成態」を意味するアリストテレスのギリシャ語からとった言葉で、基礎条件の変化にもかかわらず、一個の個体へと完成する調整能力こそが、生物を生物たらしめる特性だと結論したのだ。

生物の特異性を主張する立場は「生気論」(vitalism) と呼ばれて過去にも多くあるが、彼の理論は「新生気論」として、現代に尾を引いている。なお、現在牧畜の世界では、この方法を使って、一個の受精卵から、複数の成体を得る技術を開発している。

■連載・「地域医療百年」から医療を考える　44

『正法眼蔵』と医療――身体の宇宙性

方波見医院・北海道　方波見康雄

鎌倉時代に曹洞宗（禅宗）を開いた道《どう》元《げん》禅師（一二〇〇―五三）の大著『正法眼蔵』は、豊かな詩的感性と広くて深い洞察や緻密な思索によって書かれた「存在と時間」に関わる哲学の書でもある。その中の一文を取り上げ、医療との関わりを考えてみたい。（）内は、九五ある同書の項目を仮に巻《まき》とした名称である。

一切衆生悉有仏性　（仏性の巻）

道元の言う「一切衆生」の読み方は「一切ノ衆生」ではなく「一切ハ衆生ナリ」としたほうがよい。そうすると、人間を含む生きとし生けるものすべて、山や川、石ころや岩なども含むこととなり、これらの一切が「仏性」を共にする仲間ということになる。

故谷川俊太郎の詩の一節を省略引用させていただく。「私は少々草です／多分多少は魚かもしれず／名前は分かりませんが／鈍く輝く鉱石でもあります／そしてもちろん私はほとんどあなたです」。

道元の「一切衆生」とは、こういうことなのだ。さらに現代生命科学の成果から言い換えると、地球上のあらゆる存在は、四〇億年といわれる「いのち」の歴史を共にしている仲間ということになる。

道元の言う「一切衆生」はしかしさらに遡り、一三八億年といわれる宇宙創生へと繋がっていく。そう解釈したほうが、意味が鮮明になる。

宇宙物理学に宇宙の始まりは何もない状態つまり「無」から突然創生されたという仮説がある。その時の宇宙のサイズは顕微鏡でも見えない超ミクロの世界だったらしい。ここで提起されているのが「宇宙のインフレーション（膨張）」という、次のような学説である。この「無」は、「無」であるがゆえに絶えず揺らいでいて、誕生してもすぐに消滅してしまう。ところがあるとき運良く膨張するものがあった。この膨張を宇宙物理学では「インフレーション」と呼ぶ。その膨張の勢いはすさまじく、アメーバのような微生物が一瞬にして銀河系よりも大きくなったようなものだったそうだ。

医療者が日常診療で接しているのは、道元が示唆した、こうした「身体の宇宙性」という大いなるいのちなのだ。

■連載・花満径 107

負の復権

中西 進

谷崎潤一郎の『刺青《しせい》』（一九一〇）。

N・ホーソンの『緋文字』で有名なように、欧米でまた日本でも、入墨は犯罪者への刑罰として用いられた。

明治四三（一九一〇）年といえば、近代日本が倒幕戦争、西南の役以来、日清・日露二つの大戦を通じて、新生日本の誕生に、踠《もが》き苦しむ歴史を重ねて、二年後にやっと大正に代替りするころであった。

ただ、あえてよけたのであろう、その影は、小説には微塵もない。小説はひたすらに江戸を謳歌し、男は女の「こやし」だとして、刺青師《ほりものし》は美女の肌に生ける如きクモを刺青した。刺青された女の体は、さながらにクモによって抱きしめられる。

この中で谷崎は女の足首の美しさを、全身の美の極致とする。当時の庶民を苦しめたのは、反対に泥まみれの裸足だったはずだのに。

そしてまた、この美しい足首は、乗っている駕籠の簾《すだれ》からこぼれていた素足であった。

『源氏物語』を全現代語訳したり、姉妹を王朝的に描いた優雅な『細雪』ふうに言えば、駕籠の簾からこぼれる物とは、王朝貴族の、女車の衣装の裾出しに相当するだろう。

だから深層心理の中で、駕籠からこぼれるこれも、谷崎の王朝流に背くものではない。女車に裾を出した女は、江戸の駕籠に乗れば、駕籠の簾から少し素足を出す。その中で、素肌に刻りこまれた刺青は、女の裸身を包む衣装となる。

谷崎を喜ばせたものは、刺青という、江戸の女がまとった、衣装だったのである。

わたしの見落しならお笑い草だが、『刺青』のこの女には名が与えられていない。たしかに、名を与えてしまうと、個人の女の話となる。反対に、いま作者が語りたいものは、男を生《いけ》にえとして、クモそのものへと変容していく、女身だったのだから。

かくして谷崎は、近代日本が負としてしまった伝統なるものの価値の復権を、小説に託したのではなかったろうか。それは一方で、軽佻浮薄な明治への総括的否定であったにちがいない。

一月新刊

「立国の公道」はナショナリズムである

大いなるナショナリスト 福澤諭吉

渡辺利夫

「欧化主義者」「文明開化論者」「啓蒙思想家」に偏った福澤諭吉像を刷新し、現代日本に求められるその思想の核心に迫る！　幕末・維新の激動期に生きた福澤は、西洋の単なる輸入・模倣ではなく、「武士の徳」を評価し続けた。「古き日本」を活かし、西洋と対峙しうる日本を打ち立てることを考えた。

四六上製　二六四頁　二六四〇円

生きものとしての「本来の道」をもとめて

今 地球は？ 人類は？ 科学は？

生命誌研究者、半世紀の本の旅

中村桂子

「生命誌（バイオヒストリー）」の観点から、科学だけでなく文学・芸術など、子どもの本……人間がこれから歩いていく道を照らす多くの本を読み、紹介してきた著者。「科学者とは」「人間とは」「こころ」「AI」「戦争」……を問う五九冊を書評。

四六変判　二八〇頁　二四二〇円

1 **科学とは、科学者とは**
『ヒロシマを壊滅させた男 オッペンハイマー』『アインシュタイン、神を語る』『ヘラクレイトスの火』『ハエ、マウス、ヒト』

2 **「環境問題」として浮かび上がった地球の今**
『地球環境報告 II』『循環型社会を創る』『スノーボール・アース』『苦海浄土 石牟礼道子全集 不知火 第二、三巻』『砂戦争』『九千年の森をつくろう！』

3 **こころを考える**
『〈意識〉とは何だろうか』『こころの情報学』『アフォーダンスの心理学』『心の仕組み 上・中・下』『もうひとつの脳』『魚にも自分がわかる』

4 **AIはあくまでもAIである**
『私たちはAIを信頼できるか』『AI vs. 教科書が読めない子どもたち』『言語のレシピ』『チョムスキーと言語脳科学』『会話の科学』『ムラブリ』『天然知能』

5 **生命誌のなかに人類史あり**
『銃・病原菌・鉄 上・下』『進化の意外な順序』『反穀物の人類史』『消えゆくアラル海』『グッド・アンセスター』『土になる』『土と脂』

6 **子どもたちへの眼差し**
『物語とふしぎ』『おじいちゃんと森へ』『伝承遊び考 全四巻』『風の旅人』『手で見るいのち』『タネの未来』

7 **こんな切り口が新しい道に続く**
『生きること 学ぶこと』『鳥たちの舞うとき』『風景という知』『いま自然をどうみるか』『非線形科学』『宮沢賢治 デクノボーの叡知』『空を見てよかった』『治したくない』『知の生態学の冒険 第1巻 ロボット』『リニア中央新幹線をめぐって』『自選随筆集 野の果て』

8 **生命誌と重なる知**
『カイエ・ソバージュ〔完全版〕』『小松左京全集完全版 全五五巻』『和の思想』『転生する文明』『人間非機械論』『動物哲学物語 確かなリスの不確かさ』

9 **戦争は日常を奪う「最大の環境破壊」**
『日本国憲法を生んだ密室の九日間』『子ども 戦世のなかで』『戦争する国、平和する国』『動物会議』『難民に希望の光を 真の国際人緒方貞子の生き方』

“原郷”を求めつづけた生涯

評伝 森崎和江

女とはなにかを問いつづけて

堀 和恵

今、再評価の気運を迎えている森崎和江。植民地下朝鮮に生まれた「原罪」を問い続け、炭坑の奥深くで人間と対峙した『まっくら』や、体を売る女を描いた『からゆきさん』を書き、産む女／産まない女にともに寄り添った。ウーマン・リブやフェミニズムでなく、「男と分断された女」ではない“女”を問い、晩年は地球と人間を問い続けた生涯をたどる。

四六上製　二〇八頁　二二〇〇円

読者の声

言葉果つるところ〈新版〉■

▼新聞のコラムにこの本の内容が抜粋して書かれていたので、手にとって購入しました。大学時代の論文テーマが石牟礼さんの『苦海浄土』でしたので、これは未読だったこともあり、この機会にと。

二十年以上も前の対談対論なのに、まったく古びておらず、むしろ現代の世界のことを指摘しているように思えて、新しく且つ衝撃でした。

自分にとってバイブルのような一冊になるかもしれません。本との出会いに感謝しております。

（長野　放送局社員・大学特任教員　**伊東秀一**　59歳）

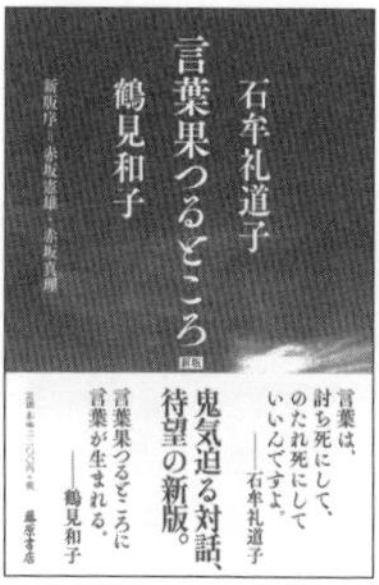

▼私は「ものを書きたい（読者の灯火になり得る）」とずっと思って精進している者なのですが、その過程で森（植物や菌類、菌根菌など）、自然のものに深く関心を寄せるようになっていました。

それは偶々、北海道道南の（まだ開発の進まない頃の）実家近くで、森に「そこに居て良いよ」とゆるされているような至福の体験があり、そのひかりのような体験に打たれたからで。本書で、それが何十年も前に経験され書かれていたということに、本当に驚いて感動いたしました。

（北海道　病気療養中　**近江谷千賀子**　37歳）

▼石牟礼道子さんのファンです。何十年も前に『苦海浄土』を読みました。その時のショックをいまだに引きずっています。

（高知　**高橋俊子**　84歳）

反戦平和の詩画人　四國五郎■

▼昨年初めて広島に用があり、翌日に念願の原爆ドームを訪れることができました。本書では「原爆ドームは弟直登の墓標であると同時に、広島のすべての死者の鎮魂のシンボルであり、大きな墓標」とあった。同じ気持ちになった。

最近ＰＲ会社の社長が赤い洋服で社員とともにはしゃいでいる写真を公開していたようだが、これは「死者に対する冒瀆」以外のなにものでもない。

（神奈川　**高島武雄**　73歳）

金時鐘コレクション（全12巻）VI　新たな抒情をもとめて■

▼金時鐘は詩人より前にエッセイストとして認識した。平凡社ライブラリーで「愛しのクレメンタイン」を読み、感動した。それ以来本業の詩も読むようになった。この硬質な詩（詩人）は貴重だ。

（神奈川　**森　周映雄**　74歳）

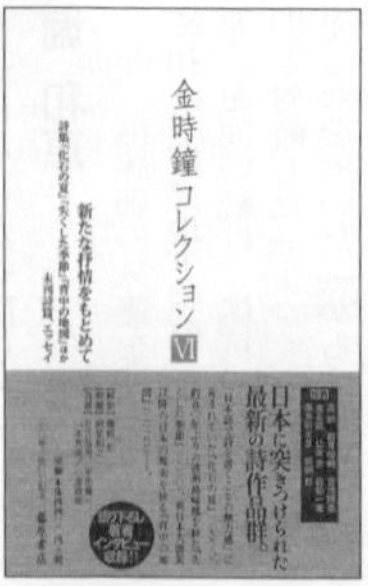

※みなさまのご感想・お便りをお待ちしています。お気軽に小社「読者の声」係まで、お送り下さい。掲載の方には粗品を進呈いたします。

書評日誌（12・21〜1・21）

㊢書評　㊕紹介　㊒関連記事
㋑インタビュー　㊡テレビ　㋶ラジオ

12・21　㊒図書新聞〈決定版〉ミシュレ入門」（「24年下半期読書アンケート」／小倉孝誠）

12・28　㊢西日本新聞「日中が育てた絵本編集者　唐亜明」（「波乱の人生、懸命に生きる尊さ」／松村由利子）
■「一人の愛すべき『大人《たいじん》』の姿を生き生きと描くと共に、歴史の流れの中で人が懸命に生きる尊さを伝えてくる。」

1・10　〈インターネット〉「日中が育てた絵本編集者　唐亜明」（「ふたりの旧友からの自伝」／毛丹青）
■「まるで一個人の被写体を巨大な時代のスクリーンに投影しているかのよう」

1・18　㊢図書新聞「日中が育てた絵本編集者　唐亜明」（「今日的な意味も大きいエキサイティングな評伝」／「中国現代史の深層に迫る画期的なノンフィクションでもある」／野上暁）
■「この本は、むしろ絶妙のタイミングで世に出たと言えるのではないか。」

1・20　㊢公明新聞「休息の歴史」（「西洋世界での意味の変化描く」／小澤考人）
■「『休息』を舞台に西洋世界を一望すると、実に多様で豊かな含意が立ち現れる」

㊢こどもとしょかん「日中が育てた絵本編集者　唐亜明」（張替惠子）
■「四百超の頁を繰る手が止まらなかった」「中国史に疎い読者もたやすく唐に寄り添うことができる。」

1・21　㊒毎日新聞「後藤新平関連記事」（「海を渡った『後藤新平文庫』」／「旧蔵書の一部台湾図書館に収蔵」／「教授ら調査・研究　散逸懸念　女性団体が購入」／鈴木玲子）

海を渡った「後藤新平文庫」

旧蔵書の一部　台湾図書館に収蔵

教授ら調査・研究　散逸懸念　女性団体が購入

三月新刊予定

＊タイトルは仮題

この一冊で、ゾラの全宇宙が見える！

ゾラ・セレクション（全11巻・別巻1）
別巻 ゾラ事典
完結

小倉孝誠編

フランスでは大人気作家だが、日本では偏った自然主義理解の下にあった十九世紀の作家ゾラ。その人と作品世界の真の魅力を伝える。〈内容〉作品紹介／作家活動と文学テーマ／制度と思想／人名事典・地名事典／ゾラと日本／略年譜、文献一覧 〈執筆者〉小倉孝誠／佐藤正年／髙井奈緒／高橋愛／田中琢三／寺田寅彦／寺田光徳／中村翠／林田愛／福田美雪／宮川朗子／吉田典子

世界に広がる学習・就学・生活支援

玉井義臣の全仕事
あしなが運動六十年 全6巻

4「あしなが運動」
世界のASHINAGAへ

90年代末から**世界の遺児**に向けられた支援の記録と、英、米、仏、トルコなど**世界各地での講演や対談**、エレノア・ルーズベルト勲章、吉川英治文化賞、日本ファンドレイジング大賞、後藤新平賞などの**受賞・叙勲挨拶**、各界著名人との**対談**を収録。さらに、「読売」長期連載「**悠友録**」で、活動を振り返る。

第4回配本

「地政学」ブームへの地理学からの警鐘

「地政学」批判
生（レーベン）と風土

野尻 亘

国際的政治・経済秩序が動揺と再編を迎えるなかで、ブームの様相を呈する「地政学」。その根本をなす「生の空間」概念とは何か。地理学者・生物学者F・ラッツェル（1844-1904）が提唱した「生の空間」概念の核心を、十九世紀生物学・自然哲学・歴史哲学との関係から解き明かし、批判的に検証するとともに、最新のラッツェル再評価の動向を視野に収め、現代地理学をも問い直す。

ベッドが、段ボールハウスがある教室

学校に、「居場所」をつくる
子どもたちからのメッセージ

宮田貴子（元・小学校教師）

若き日に竹内敏晴の「レッスン」から「じか」であることを学んだ著者が、45歳で小学校教師に。教室に入れない子どもたちのからだとことばに向き合い、子どもたちとともに試みてきた「居場所」づくりの足跡。

ブラジルのため、その交流に尽くした力

満洲引揚げ少年、ブラジル移民となる

加藤仁紀（日伯連帯研究所 ONG Trabras 代表）

満洲国からの凄惨な引揚げを五歳で経験した少年は、日本の力を信じ、ブラジルに渡る。国際交流と相互理解に尽力したかつての少年は、戦後八十年を経た日本の未来を案じ、日伯交流に尽した半生を、今、書き遺す。

2月の新刊

タイトルは仮題、定価は予価。

台湾の歴史 大全 ＊
基礎から研究へのレファレンス
春山明哲・松田康博・松金公正・川上桃子 編
A5上製 四六四頁 **四八四〇円**

美か義か ＊
日本人の再興
新保祐司
四六上製 二一六頁 二八六〇円

阿蘇神社の夜明け前 ＊
神々とともに生きる社会のエスノグラフィー
柏木亨介
A5上製 三四四頁 五二八〇円

「公害地域再生」とは何か ＊
大阪・西淀川「あおぞら財団」の軌跡と未来
清水万由子
カラー口絵4頁
A5判 二九六頁 **四六二〇円**

3月以降新刊予定

ゾラ・セレクション（全11巻・別巻一）別巻 完結
ゾラ事典 ＊
小倉孝誠編

「地政学」批判 ＊
生（レーベン）と風土
野尻亘

学校に、「居場所」をつくる＊
子どもたちからのメッセージ
宮田貴子

満洲引揚げ少年、ブラジル移民となる ＊
加藤仁紀

玉井義臣の全仕事 内容見本呈（全6巻）
4 あしなが運動六十年
「あしなが運動」世界のASHINAGAへ ＊

別冊『環』30
合本主義の父、渋沢栄一
片桐庸夫編 渋沢雅英＋由井常彦／井上潤／島田昌和／村上勝彦／長沼友兄 他

金時鐘コレクション（全12巻） 内容見本呈
9 **故郷への訪問と詩の未来**
「五十年の時、月より遠く」ほか 文集III
〈解説〉多和田葉子 ［第11回配本］

「自由と民主」の世界史（全2分冊）
失われた近代を求めて
河東哲夫

元田永孚自伝
『還暦の記』『古稀の記』現代語訳
元田永孚 野口宗親 編・訳注・解説

言霊の舟
文字から歌舞・芸能の始原へ
白川静・石牟礼道子
笠井賢一 編

世界史からみたプラットフォーム資本主義
平野泰朗

日本に生きたディアスポラ
アルメニア人大虐殺とダイアナ・アプカー
メリネ・メスロピャン 太田阿利佐

好評既刊書

大いなるナショナリスト福澤諭吉 ＊
渡辺利夫
四六上製 二六四頁 二六四〇円

今 地球は？ 人類は？ 科学は？ ＊
生命誌研究者、半世紀の本の旅
中村桂子
四六変判 二八〇頁 二四二〇円

評伝 森崎和江 ＊
女とはなにかを問いつづけて
堀 和恵
四六上製 二〇八頁 二二〇〇円

ヒポクラテスの告発
天然痘を根絶した蟻田功の遺言
木村盛世
四六変判 二四〇頁 一九八〇円

リオリエント〈新版〉
アジア時代のグローバル・エコノミー
A・G・フランク 山下範久訳・序
A5判 六五六頁 **四八四〇円**

＊の商品は今号に紹介記事を掲載しております。併せてご覧戴ければ幸いです。

書店様へ

▼先月刊の中村桂子『**今 地球は？ 人類は？ 科学は？**』出足好調。『毎日』書評委員として30年以上、「生命誌（バイオヒストリー）」の観点から、科学だけでなく文学・芸術など、子どもの本……人間がこれから歩いていく道を照らす多くの本を読み、紹介してきた著者。「科学者とは」「人間とは」「こころ」「AI」「戦争」……を問う59冊を書評。生命科学・思想・評論・読み物で大きくご展開を。関連書『**生きている不思議を見つめて**』、『**中村桂子コレクション いのち愛づる生命誌**』（全8巻）も是非！▼石牟礼道子・鶴見和子『**言葉果つるところ〈新版〉**』重版出来！ 昨年の『朝日』「折々のことば」（鷲田清一さん）をはじめ、各紙誌にて絶賛紹介。在庫のご確認とともに、この機に是非ご展開を。▼1／18（土）『図書新聞』にて城島徹『**日中が育てた絵本編集者 唐亜明**（タン・ヤミン）』大書評。「今日的な意味も大きいエキサイティングな評伝 中国現代史の深層に迫る画期的なノンフィクションでもある」（野上暁さん）。是非ご展開を！ （営業部）

金時鐘さん講演会開催

〝済州四・三事件犠牲者慰霊祭〟に思うこと

二月八日（土）、東成区民センター（大阪）で、金時鐘さんの講演と、若き聞き手との対話の会。満員の大盛況！（主催・在日本済州四・三関連団体連絡会）

金時鐘コレクション
全12巻刊行中（9・12近刊）
詩、エッセイ、講演他
各三〇八〇～五二八〇円

宇梶静江さん表彰

令和六年度　白老町定例表彰

「公益のためフクロウの古布絵を寄贈」により、宇梶静江さんが「善行表彰」！

『**大地よ！**――アイヌの母神、宇梶静江自伝』
二九七〇円

●〈藤原書店ブッククラブ〉ご案内●

▼会員特典は、①本誌『機』を発行の都度ご送付／②（小社への直接注文に限り）小社商品購入時に10%のポイント還元／③送料のサービス。その他小社催しへのご優待等。詳細は小社営業部まで問い合せ下さい。
▼年会費二〇〇〇円。ご希望の方はその旨お書添えの上、左記口座までご送金下さい。
振替・00160-4-17013　藤原書店

出版随想

▼年が明けたと思ったら瞬く間に二月に入った。この間、一月二〇日には、同盟国アメリカの新大統領トランプ氏の復活。しかもこの大統領は前回でもそうだったが、非常に存在感のある人。彼の一挙手一投足に、世界の耳目が集まる。アメリカの大統領の近年において、賛否を問わず、これだけの注目を集める人は知らない。しかも、発言したことは実行する。それが世界の批判を浴びようが。当初、オバマの後、八年前に大統領になった時、「アメリカ・ファースト」保護主義を提唱した。四年後敗れたが、今回返り咲いても又、「アメリカ・ファースト」を再提唱。この方は、余程、アメリカの愛国者なのだと思う。ふつうこういうことは、一国の長になると恥ずかしくて言わないものだが、彼は、堂々と宣言する。それは、すごい!?ことだと思う。それだけ、アメリカとは何か？　国家とは何か？　が問われている時だけに、彼の「アメリカ・ファースト」の言葉は、重く深く人々の心を摑むのではなかろうか。まだ一月も経っていないが、毎日のように、トランプ、トランプ……で、メディアは盛り上がっている。前大統領とは全く違う。これからトランプの手腕が見ものである。対ロシア、対アジア、対ヨーロッパなどにどういう対応をするのか。

▼国内では、相変らず芸能人問題、マスメディア関係のネガティヴなことばかりでウンザリ。阪神・淡路大震災、地下鉄サリン事件も三〇年を迎えるが、これら被災者支援はどうなっているのか。国民の「安心安全」な暮らしを抜きにした「政治」は存在しないはずだが。今回のコロナ禍でも、政治・行政の対応のまずさで、長年続いた店が倒産・廃業に追い込まれた。まだ完全には収まってないとはいうもののほぼ終焉を迎えた感染症の対策をどうするかは、国や自治体の行政が、国民や市民に提案するか、逆にこういう問題は「公論」として国を挙げて議論の俎上にのせるべきではなかろうか。

▼今年は、昭和百年、戦後八十年の節目の年といわれる。西暦一九二五年という一年を振り返っても新しい認識に至るかもしれない。三月二二日ラジオの試験放送が始まる。それ以前は、新聞のみのニュース。一九二三年九月一日の首都圏直下の関東大震災の時も、ラジオはなかった。そういうことを知ることで、今のあまりに便利すぎる世の中とは全く違う歴史社会認識をもたないとその時代が見えてこないことがわかる。（亮）

手段をもたない。

古代ギリシアの小都市国家は直接民主主義であった。それでも市民を代表する者を多数の候補者から選出しなければならない。確かに、議会制統治国家は専制君主の権力から逃れて自由である。短期には滅びることはない。そのために忠誠な人々が、その行政の管理を委ねられる。

しかしアメリカは巨大資本の利害によって統治されている。そのような巨大資本が民族の無知にともなう疾病を生じさせる。過剰生産と不況にともなう国家組織の解体である。

またアメリカと比して、相対的なヨーロッパ諸国の衰退に対して、ドイツの危機の回避策となるのが、ヒトラーとその運動であろう。

そして内的疾病としての寄生虫病とは、国家内への多数の外国民族の居住である。外国民族の居住が集積することで、強い民族感覚を保ち続け、移住先の国家内での独立した存在となりうる。外国人居住者が国家内での共生することは、労働力の提供として便益を生じさせる。

しかし、寄生者としての違和感は、異民族としての一定の個々の性格が多数の子孫に継承されることで生じる。第二世代は、それが完全に抑圧されない、むしろ新しい性格が付与されて出現する。さらに民族内におけるより高い階級の人々が、祖国の伝統文化に愛着をもつことで、異なった環境に適応しない。そのために国家のさまざまな宗教建造物がつくられ、人々にとっての異なった環境を示す。

また技術的疾病として、全ての試みが寛容できない状況で終了した。それは前世紀の重要な事件として、ハンブルクで発生した。自動織機の導入による労働強化と人員削減による解雇問題である。生産性増加は、一方では労働者削減による大量の失業を生み出した。それは労働者の家族にも重大な損害をあたえるだけではなく、農民にも不況で影響した。また生産性向上は労働時間減少による賃金収入の低下を招いてきた。

このような国家の疾病として、ドイツ国家の身体は疫病の状態にあり、優秀な外科医による徹底した治療と手術が必要になる。

このようなナチズムを標榜するユクスキュルの『国家生物学』は、全体論的思想を重視することで、本来の「環世界」の概念とは矛盾しないのだろうか。

Winthrop-Young（2010）は『国家生物学』成立の背景について、以下のように考察している。

ユクスキュルは生物記号論の開拓者であり、ポスト人間中心主義の観点から批判的動物研究を行った。そこでは網状組織（web）と気泡状組織（bubble）の結びつき、および孤立とコミュニケーションの対比が表象されうるのかという観点から考察されていた。これらの両極の緊張がユクスキュルから読みとれる。人間の環世界とノン・ヒューマンの環世界において、対位法が成立するのか。

ユクスキュルは、産業化・近代工業社会に反発し、ドイツ人の自然への志向を尊重していた。これは現代ドイツまでの政治的な生態学的思考にもとづく環境保護、汚染防止、環境知覚に通じるものであった。

一九二〇年の『国家生物学』は反動的保守主義の有機体論である。それは国家を、脳が中心器官となっているように、専制君主によって支配された身体にアナロジーをとっている。つまり民主主義は権力分配に機能不全をおこす。脳が膵臓、肝臓、腎臓と仕事を共有するようなものである。国家的共同体は異なった仕事をする諸細胞から構成されるため、国家の義務とは機能的に異なった諸要素を協同化し監督することになる。

ドイツ国家は特有の性格とその生命観をもつ。他の欧米の近代化理論への挑戦は、生政治として民族（Volk）（家族）と国家（Start）（専門家の集団）という二つの環世界が、お互いに補完し、協力し、せめぎ合うことで実現する。

その政治的生物学においては、中世的秩序のように各々の専門家集団が前もって階層的格子の中に位づけられている。それらの協力は高度の権威、神によって運営されている。したがって生物学者は神に準ずる法則作成者ともなる。

十九世紀のエストニアにおける有力な地主階級、貴族の家庭にユクスキュルは誕生した。農民と土地のドイツからロシアへの併合という、自律して囲い込まれた世界の思いの崩壊を身に染みて経験していた。そして一方、都市化にともなう西欧型近代化へのあこがれとともに反発があった。

エストニアというドイツ・ロシアの境界の交錯、社会的、文化的、言語的、多様性のもとに不安定な状況下にあった。そのためヘゲモニーに対する矛盾する部分的要素が強調された。生政治として、国家による防疫、国家的、民族的なバイオマスの浄化というナチスの動物学的政策に感化されたのはヒトラーの『わが闘争』の影響であろう。

ロシア系ユダヤ人の環世界として、ユダヤ人は「非生産的」で交易と金融に従事し、大地（soil）と無関係である。これはユダヤ人が自然の環世界をもっていない、周囲の環境との相互作用がないということである。社会的排除によって生み出された強い結束性は、かえってユダヤ人の結合を生み出して、ドイツのアイデンティティを蝕むとした。

ユクスキュルは民族多様性を尊重し、混血による劣った子孫の誕生は否定したことからナチの教義とは対立した。ユクスキュルはハイデガーの「居住」概念に影響し、環世界形成によって、多数の人間や動物にとって、それぞれの環境が異なることをあきらかにした。ここにユクスキュルの矛盾する二面性がある。

さらにSprenger（2021）はユクスキュルとナチズムとの関係について、以下のように記している。

ユクスキュルはナチズムの影響を受けていて、環世界は「血と土」の概念で全体主義国家に結び付くものであった。ダーウィニズムに基づく優生学的な人種概念を拒絶するかわりに、Volk概念に民族、人民、国民の含意とともに民族純粋化の概念を付与していた。つまり環世界（Umwelt）における正しい位置として、自然における正確な計画性（Planmäßigkeit）が重視されていた。ここには正確さ、定時性といった、すなわち計画や場所において秩序の維持が並置されていることを含意している。しかしドイツ全体の環世界は正しくない位置にあり、没場所性(placelessness)に陥っているとした。

ユクスキュルは生物学において、実験的な実証科学が発展していく一方で、全体論的な生態学が未確立で発展しないことに危機感をもっていた。そこで全体論を指向するナチズムへの接近が行われたとも推測できる。

この保守的生態学は極右と極左の共通性をもつ。環世界と民族の「生の世界」は、自然と文化民族と空間を結合する全体論ともなりうる。

環世界のアイデンティティとして、保守派は伝統的自然への回帰を、革新派は産業社会への批判と環境保護を主張するからである。つまり自然の抑圧からの解放と自然の保全の両立は、左右両派にとって矛盾する課題である。

Schnodl(2021)によれば、ユクスキュルの環世界は、全体における組織として、部分から全体論へと発展する。そこにおける Planmäßigkeit(計画の正確性、定時性)と、全体性の間の関係性として、ユクスキュルはダーウィン、ヘッケルを機械論的な還元論として批判し、一方でカントに基づく内在性を主張することで、全体論的伝統を主張しているのである。これは矛盾する論理である。それは右翼的な保守革命論としての環世界であり、さらに保守革命からナチズムへと移行する。

このようなユクスキュルの環世界(Umwelt)の矛盾は、一見して相互に矛盾する両極の概念からなることである。全てを受け入れる全体的な自然に対して、独我論的な環世界を包む気泡(bubble)の概念、全体論的決定論による統一性と相対的、主体的、主観的な自律性の概念が並立し、ナチ・イデオロギーとの関係だけではなく、それらの矛盾を解消するために決定論的な相対主義が用いられる。

それは全体国家の指導者原理として、保守革命に動揺することなく従属し、兄弟への友愛が実現するという深遠な国家共同体としてのドイツ共同体が提起される。しかし個人と政治支配、全体国家における国家と社会、国家と民族の概念は基本的に緊張関係にある。それは個人の意識と全能なる自然（Planmäßigkeit、計画性）の矛盾とともに、決定論と主観論の調和がはからなければならないからである。

リーダーシップは、民族の意思と国家の自然的秩序を表現する。それは関連する諸事情が等しく自然化された自己理解ではないだろうか。しかしナチズムは主観的であり、かつ決定論的、あるいは調和的に両者を崩壊させた。主観論を犠牲にして、全体論を過剰に強調したのではない。むしろ、主観的な一元論から分岐することによって、枠組みが再編成されたものである。

ユクスキュルの理論は矛盾するドイツ社会における一元論を率直に反映したものであり、決して分裂した混乱ではないとされる。

以上のユクスキュルの『国家生物学』の特色は以下のように小括できる。

ユクスキュルにとって、ダーウィンの進化論は唯物論として認められない。ダーウィンの生物学こそが地政学化し、普遍的なものとしてイギリスの道徳を強要するものであった。むしろユクスキュルの地理学的視点は、大地を上空から俯瞰するように社会は有機体であるとみなし、道路、鉄道が市街地を人々で満たすとともに、財貨がネットワーク上を血管のように動くものであった。政府は法律のシステムといった骨格を形成する。

しかし、『国家生物学』における警告として、人々が全てのものを標準化することで、無差別的な大衆化や無力化が生じ、革新性を導く気高さを消耗することを嘆いた。国民（民族）が専門分化として、工場労働者、技術者、建築家などに分業することが、異なった環世界の相互作用を招く。このような同時性の作用空間は連鎖の指標からなる。このようにして有機的生産ラインは各々の細胞の再生産を活性化する。同時性は国家有機体を自然な組織に統一する。

しかしながらユクスキュルは、不明確な組織が寄生的に一緒に成長することは、国家の解体につながるとした。

シャンバリンへの手紙において、ユダヤ人は社会主義者、民主主義者、カトリック中道派が多く、絶滅すべきであると主張した。一九三三年のユクスキュル『国家生物学』において、ヒトラーがドイツ国家有機体の腐朽をとめる外科医として期待すると記している。そのような矛盾する二面性をユクスキュルはもちあわせていた。

しかし、ユクスキュルが本質的に評価されるべきは、その「環世界」の概念である。

ユクスキュルの「環世界」は、記号と標識の概念でもある。そこでは世界は一つの全体であり、そこにある生物が共存するという概念は断ち切られている。つまり動物の種の個体ごとに異なる環世界しかない。個体ごとに存在する環世界の複数性に加え、ひとつの環世界に他の「環世界」が部分的に重なり合っている。個体の実存である生存とともに「環世界」が生じ、個体の死と共に他のもので代替しえない環世界が消滅する。環世界は、個体が記号を受信し、反応することで、外界であるテリトリーを自ら構成する。そこに知覚や行動のための標識をつける。このような環世界の形成は、他者を巻き込み、自己組織化の過程を通じて、一つの世界を形成する。このようなユクスキュルの環世界の概念は、各動物を包み込んでいる石鹸の泡にもたとえられる。すなわち泡の内では事物が有意味になるが、泡の外では不明瞭になるのである。ユクスキュルにとって、環世界は、環境とは異なり、統一的なものでない。自己閉塞的で、粉砕され、断片化し、たがいのうちに移行しあい、他の環境を横断するものとなるのであった（堀 2022）。

このようなユクスキュルの「環世界」の記号論的概念は、二十世紀の哲学である現象学から、ポスト現象学、ポスト構造主義に至るまで大きな影響をあたえてきた。次章では、それらが今日に至る地政学の空間概念におよぼしている影響について考察することにしたい。

9　ユクスキュルの生物学がフランスの現代思想家に与えた影響

――メルロ＝ポンティからドゥルーズへ――

一　現象学からポスト人間中心主義へ

言語論的転回とは、論理主義と経験主義からなる論理実証主義を否定し、存在は、ことばで言説され、表象されていることによって認識されると考えることである。そこでは、一つの客観的な真実は存在せず、それぞれの認識主体が言語による言説や表象として、認識していることに他ならないと考えられる。また、永遠普遍の真理は存在しない。言語は透明な、中立客観的な媒体ではありえない。さらに事実とその表象されたものが一致して、普遍的真理となることはありえないとされる。

このような言語論的転回においては、主体と客体を分離し、精神・身体、精神・物質、理性・感情の二分法、二項対立で理解をしようとしてきた。しかし、これらの二項対立することへの疑問が生じてきた。それがポスト言語論的転回である。

認識論とは、もともと別々に、本質的に異なるとされてきた人間と自然の間で、人間が自然をどのようにして、認識できるのだろうかと考えるものであった。

また存在論的転回とは、自然と人間、存在論と認識論といった二項対立を前提としない。そこでは、多様な人々、人間以外の動植物や機械をふくむ多様なアクターから、多様な世界がとりあげられる。それぞれの多様なアクターにとって存在しているところの、それぞれの世界とは、物質的、記号的実践の過程を通して生成している。それぞれの世界を生成する物質的、記号的実践の過程は、認識論的にではなく、存在論的に分析される。

それは、すなわち私たちが住む世界をどのように知ることができるのかではなく、私たちが知っていると思っている世界は、どのようにあるものなのかと考えられ、語られ、記述され、記号の配列で作りあげられていくのが、関係論的な存在論である。

関係論とは、いのちあるすべての存在が、一緒にやっていくことについて、経験するあり方である。いのちあるものは、動的に動き続け、そのあり方を変化させ、変容し続ける。つまり、自然は外部にあるのではなく、内在的に認識されているものである。それゆえ人間と外部としての自然は区別できないとされる（奥野・石倉 2018）。

このようなポスト言語論的転回はポスト人間中心主義となる。

それは人文主義における自我と他我、精神と身体、社会と自然、人間と動物、有機体と技術的な事物といった二分法による区別を解消し、「世界」の中における人間性の位置づけを再定義する。そして生命倫理、認識（認知）科学、動物倫理、ジェンダー、障碍者論にも深くかかわるものである。

ポスト人間中心主義とは、他の存在から区別される人間のアイデンティティそのものを脱構築する。そこでは人間とノン・ヒューマン、サイボーグなど、多様な関係論的テーマを扱う存在論でもある。このようにポスト人間中心主義の哲学において、社会的なものには人間以外のものを含む。それらはアクターネットワーク理論、超人文地理学、非表象理論、批判地理学としての現象学からなる。

もともと現象学では、場所と空間に関する人間の経験を本質主義、観念論、主意主義として批判してきた。さらにメルロ＝ポンティは身体主体による前再帰的意図のもとで編成される場所の意味を問うた。それは実践的に具体化した意識による内なる世界である。さらに身体的に新たにコンテクストを問うのではなく、物的対象をふくめて非表象理論や超人文地理学の実践へとむかった（Simonsen 2016）。

現象学や人文主義アプローチは、科学的実証主義の代替を主張し、自然・時間・空間に対する人間の経験を重視した。

しかし、現象学への批判として、社会的諸力（権力）の役割を過剰に扱い、エスノセントリズムや男性中心主義から脱却できていないことがあげられる。そこで、ポスト現象学は、フッサールをはじめとする先験的な主体や自我の概念を批判し、デリダ、ドゥルーズをはじめ、ポスト構造主義から読み解くものである。それは人間の経験的領域を拡大し、認識論的なテクスト性に対して、むしろ客体の物質性を重視する。

（1）主観の優先性を否定する。

（2）客体は、人間によって用いられることのほかに、自律的な存在である。

（3）他者性（alterity）の確認。

現象学の影響を受けた人文主義地理学は、人の現実の地理的経験を描写し、フッサールをはじめ、ハイデガーの「居住」概念と生活世界のように、コンテクスト的に、潜在意識的に空間を解釈するようになった。ハイデガーは居住、すなわち環境における主体を、包含された個人（個物）に対置することで物質論的二元性を放逐した。このようにして居住者の関係性のもとでの環境における主体が設定される。居住の状況のもとでの実践は、適切な自律的な様式には還元できない、解消できない他者性（alterity）、他者との関係性のもとで解明される。

メルロ＝ポンティの生きられた経験の感覚、ルフェーヴルは社会的空間的実践における創造的、発生的である身体をとらえた。クレスウェル（Cresswell）はメルロ＝ポンティによる場所の固定性のもとで知覚された景観概念を再考し、流動性、具体化した実践のもとでのモビリティ概念を重視した。

これらの思潮は、実践を指向した上での現象学の読み直し、ポスト現象学に向けて主観性に具体的体現を代用し、先験的視点ではなく実存性を重視している。ポスト現象学はプラグマティズムや科学技術史からも影響を受ける。そこでは非主体論的な相互関係論的現象学における主体–客体モデルよりも、むしろ有機体・環境的モデルが重視される。そしてポスト構造主義的思考がポスト現象学に結び付く。

ポスト現象学の影響をうけた地理学は、メルロ＝ポンティの精神と身体の融合による具体化された経験を重視する観点を受け継いだ。「世界」における身体の役割として、演劇ダンスの事例においては、無意識のうちに身体の意図性が表現されている。

地理的理解として、場所のダイナミズム、人間・居住者の行動は、物質的コンテクストにおけるノン・ヒューマンの震動（vibrant）として、表現される。そこでは身体の感覚をダイナミックな強度をもとにして、生命として具体化した経験を物的–主体的世界の一定のプロセス（人間以外の事物）から把握しようとする。それゆえ人間主体が主体の中で最高の形態を意識できる。

人間の生命と主体の出現は、ノン・ヒューマンの対象との関係をともない、現象性と意図性を超えた情動となる。情動の精製とは、不満と満足、苦しみと楽しみの間を変動する。

ポスト現象学における地理学は不在、欠在、不一致の関係から自我と景観との関係を研究する。自我と「世界」は同時発生するとともに、開放性と他者性としての距離化をはかる（Ash and Simpson 2016）。

一九九〇年代半ばから、英語圏では情動論的転回がさかんになった。さらに二十一世紀になり、ポスト人間中心主義の動向において、二項対立的にヒューマン対ノン・ヒューマン、すなわち人間と人間以外の事物を対比することに批判が生じてきた。それは、また言語論的に、世界を人間の主体や主観が構成している文化的、イデオロギー的、コンテクスト的構築物とみなすことへの批判とも重なっていた。そこでは、生成された諸個人は同じ情動を共有すると仮定されていた。しかし情動の解釈は、諸個人によって異なりうる。すなわち各々の価値観、イデオロギーによって解釈される。したがって、情動の解釈は、一つの集合でありつつも、非全体主義的、非同質的でありうる。このようなポスト人間中心主義においては、アクターネットワーク理論、新唯物論、情動理論が隆盛となった。そこでは権力による象徴として、表象が生成される以前の情動が、新たな政治的権力の形態をつくりだしている（川村 2024）。

二　ポスト現象学へのプロセスとユクスキュル

第6章と第7章で記したように、現象学で重視されたユクスキュルの「環世界」は、「生きられた主体」による周囲の生活世界との相互作用であり、現象学における「生きられた世界」と相同のものであった。さらにユクスキュルの「環世界」はポスト構造主義においてドゥルーズの「情動」概念に影響を及ぼした。本節では、その系譜をさぐることにしたい。

まずユクスキュルの「環世界」の生物学史的背景から記すことにする。

フォン・ベーアは、ニワトリの受精卵における胚芽の形成と成長などを解明し、近代発生学の祖とされる。フォン・ベーアの学説は、全ての有機体の胚は合目的性をもって成長・進化すると主張する。それは胚が一般的形状から、徐々に専門的特徴を入れ子状に付加して進化することである。つまり、生物個体は特定の秩序からなる創造性を反映し、またダーウィンのような物理化学的原理には還元されない、有機体固有の原理を反映していると主張した。

これに対して、ヘッケルは共通祖先の単純な胚（原型）から単系統で成長・発達すると主張した。つまり、それは共通祖先からの樹枝状で枝分かれ進化の系統図としても示される。個体発生は系統発生を反復する。ヘッケルはよりダーウィンの影響を受けて、神学的な自然観を拒否し、物理化学的原理から説明する。ただし、ヘッケルは全体論的・一元論的な生命観を持ち、有機体に反映する統一的な全体的な汎神論的な作用を認めていた。

ヘッケルと異なりユクスキュルは、生物個体ごとに独自に環境が知覚される環世界（Umwelt）があり、生物は機能環をとおして外部との相互作用を行う。さらにハイデガーの現象学では、ユクスキュルの環世界を次のように評価していた。人間のふくむ動物は世界のなかで自然とのかかわりに対して、本能で抑制されている。しかし人間のみが、その世界を超越して関係性を開示して、自然の制約への脱抑制をはかることで、世界内存在における存在者から現存在となって、自己の存在の在り方を問うことになる。

十九世紀はカントの主体と客体を区分する認識論を批判した生物的な有機体論がとなえられ、生ける主体の包摂がすすめられた時代である。中世では神を主体とし、人間を客体としていたが、近代では人間が思索する主体であることへと移行した。つまり、神に対する人間の関係が自然・生物と連動する人間主体へとかわる。「生きる主体へ」と転換したのである。

現象学においてメルロ゠ポンティは「生ける主体」を客体＝主体としてとらえた。メルロ゠ポンティは、知覚する主体、受肉した主体、語る主体としての、主体と客体との間の古典的二分法を乗り越えた。その生きる主体とはユクスキュルの有機体と環世界の概念にもとづいていた。それは、生命性として、知覚―作用行為性に依拠する主体観である。主体とは、有機体、各動物種にとってそれぞれの普遍世界にあるではなく、各独自の環世界における個々のものごとに対応して反応する。そこでヒトもヒトとしての環世界から完全に独立しているわけではない（島村2005)。

メルロ＝ポンティの間主観性とは、多数の主観に対して、妥当する意味での客観性はどのようにして成立するのかを考察している。そこでは自己の身体経験から、他我の身体経験もあらわれているから、私が他我とともに一つの世界に生きている、その世界が他の主観によって共に経験されている、他の主観と共通していると認識できる。その「生活世界」とは、知覚的、体験的な自我にもとづく経験的地平の総体である。その「生活世界」では、人間の中の自然と意識の関係を新しく規定している。それは外的因果論、自然主義のみにもとづくものでも、有機体の内側からの純粋意識だけで説明されるものでもない。その「行動の構造」とは、行動の物体的メカニズムだけでも、純粋に精神的な活動としてだけでもとらえられるのではない。むしろ中間的領域が、構造と形態の概念から記述的に説明されるべきであるとされる。そこにユクスキュルの「環世界」の概念との親和性が認められる。

そのメルロ＝ポンティの完成された草稿ではないものの講義ノート（メルロ＝ポンティ 2000）に記されたユクスキュルの「環世界」に関する記述は以下のように要約できる。

環世界とは、地理学的環境と対立する行動の環境である。それは意識の創発以前に働くものであり、単純に外部からの物理的刺激の影響によるものではない。有機体における外部からの信号の受信とは、取り扱う用意があるもののみに反応する。そして意識外のものが、外的刺激によって意識にあらわれる。

このように現代生物学は機械論と生気論の対立の視点だけからではとらえられない。なぜならば、生物や人間における行動や情報の学習は、単に機械論的であるとはいえないからである。また有機体は力動的である。その形態学の胚の発達は、ものの現実存在に先行する。それは有機体の個体化を先取りする原則であり、すべての発達の方向性を原則としている。それは低次から高次への発達にともない、有機体がらせん状に統合されといく相互交錯の原則である。また行動における発生学において、器官の水準で、胚の水準の段階で、すでに環世界を認めなければならない。

つまり、デカルトは、人間の意識と機械論を完全に分離したが、ユクスキュルにおいては、有機体の意識と機械論は、単なる異本としての存在の違いでしかない。そして間動物性として、一つの種あるいは複数の種の中に、敵同士の種の中に、合目的性の複数の輪が交錯する。

このようにして、機械としての動物から意識としての動物へと移行することで、一つのメロディーが形成され、そのメロディーがわれわれ有機体の身体の中で歌うのである。

すなわち環世界とは、ダーウィン流の偶発的要素ではなく、動物の運動が含意する世界であり、それ固有の構造によって運動を調整する世界である。環世界の主体は、環世界によって包含できない。より上位の環境（Umgbung）によって包含されている。人間にとって環世界とは、超越論的にひらかれた領域である。つまり、それは超感性的事物や自然主体ではなく、時間横断的、空間的横断的な表現としてのメロディーである。有機体の諸部分間のつながりおよび有機体とそのテリトリーは、動物同士の関係にも適用される。そのため、環世界と行動の把握において、どこから行動が始まり、どこで精神が終わるかは確定できない。つまりデカルトでもカントでもない。目的論と機械論の対立ではないのである（メルロ＝ポンティ 2000）。

すなわちメルロ＝ポンティによれば、身体は実質ではなく、本質である。行動の現象を通して、身体が理解される。それは、動物と人間の間の重要な問題である。メルロ＝ポンティの『知覚の現象学』は、行動の構造の解明を目的とする。そこでは意識と自然の関係が有機体・心理学・社会との関係および自然主義と科学の関係から説明される。カントが主張した時間・空間は先験的であることを批判し、物理的ではない生気論的観念論からとらえられる。

そこでは、行動は自然的学習、自然のより深遠な存在論的基礎にもとづいていているとされる。生命のリアリズムは有機体であり、物質的な部分の集合以上の存在である。これは自然を物質の質量として研究したハイデガーへの批判である。また行動主義のハドソンやワトソンは、精神的、生理学的に有機体の原子論的解釈を行った。それは精神と生理的要素を区分することではなく、意識にもとづいていた。心理学のゲシュタルト理論において、形態とは単なる部分の集合だけではなく有機体の全体を強調する。行動は有機体に関する描写や記述である。運動とは、有機体の器官や他の独立した事象を示すものではない。再帰的行動は、部分から全体へと有機体の存在論的解釈につながる。行動が有機体の多様な部分を統一するのであって、諸部分の構成が有機体全体を統一するのではない。そのため行動・形態、有機体とその周囲より高等な関係がつくられる。それは新しい弁証法的存在であり、世界の存在論的見直しである。

さらにハイデガーの「世界」概念の影響を受けて、動物の行動と世界の相恵性は真の弁証法的関係である。「世界」は動物との間の諸関係から解明され、物質が充満した「空間」から行動が明らかになる「場所」へと変化する。そして全ての有機体はメロディーをつくる。有機体と環境は音楽的テーマである。外的刺激を有機体が受けると、有機体内でメロディーに生成する。適切な環境への適応をこえて、さらに環境と有機体はアクティヴな意味を持つ相恵性を示す。

このような環境諸力は、有機体の行動によって決定される。協力と協同の理解は、原子論のアンチテーゼであるメロディーからなる。有機体は、結節点上の結合ではなく、環境とともにある。機械論的構築は、何らの統一を示さない。このようにして、環境の全体性は有機体の構造と交差する。このようにして、ユクスキュルの環世界は身体の世界へとむかったのである（Bucharnan 2008）。

またポスト構造主義におけるドゥルーズの「情動」概念も、ユクスキュルの「環世界」の概念から大きな影響を受けた。ドゥルーズとガタリは、「地層」や「集合体」の概念を用いることで、存在の条件として分解できないまでの個体の存在を問い続けた。ゲシュタルトとしての有機体の知覚とは、その生命の構造や意識に内在しているからである。

ドゥルーズの「情動」概念には、①変様（affectio）：個々の身体におこる変化と、それをもとにした②情動（affect）すなわち変様によって触発された心身の状況である。感情でも、理性でもない情動が社会に影響をあたえるのである。

『千のプラトー』では、有機体をこえた問題として、「生きられた身体」が世界内存在をこえた現象学的関心の対象である。『差異と反復』では、有機体に関するドゥルーズの存在論としての空間の論理が示される。それはユクスキュルとスピノザの影響のもとで、生物行動学と「情動」に関係している。

すなわちユクスキュルに例示されたマダニの三つの「情動」とは、光・臭い・熱である。マダニの情動的関係とは、器官の機能を通して、物理学的な温度、速度、光の差異を事物の本質としてとらえることである。それはスピノザの実践哲学における情動（affect）の概念をくむことである。

ドゥルーズの情動は生態心理学、スピノザの『エチカ』、ユクスキュルの「環世界」の影響を受けていた。それは、人間とノン・ヒューマンの事物からなり、分散的主体としての人間・機械・有機物の相互作用である。また情動は、デカルトによる心身との分離と、デカルトに反発したスピノザの汎神論に起源を有している。デカルトの「情念」は、感情と身体の間の密接な関係である。情念は、感情が主題化する時に受動性を被るものであった。

つまり、スピノザの「情動」は身体の活動力を増大させたり減少させたりする。その変化する観念は「能動」ともよばれる。スピノザによれば、神に基づく我々の真の観念が「情動」であり、情動そのものが生き方とされ、エチカにおいて情動が主要なテーマとなった。このようにして生ける身体と物的客観的身体の統一、現象的身体と知覚と行為の主体である主観的・間主観的に感じられる身体との総合が試みられてきた。

すなわちデカルトへの反発が、スピノザをして、感情を主題にすることによって、心身二元論に疑問を投げつけた。スピノザにとって、神、すなわち自然とは、神と自然の同一性を示す。このように情動論的展開とは、ことばと感性の二項対立図式を克服するものであった。

情動とは、スピノザによれば、身体に影響する状況の変化であり、身体構造の関係を比較することでもある。スピノザの情動は様式として諸身体の間を通過し、移動する。ドゥルーズによれば、このような情動が生成されるのは動物の特性である。

この点について、ドゥルーズ＝ガタリ（1997）『哲学とは何か』においては、以下のように説明されている。構成主義、構築主義においては、創造に自律的存在を与えるひとつの平面の上で、構築がなされるとされる。概念を創造することは、ひとつの平面を描くことである。

スピノザの『エチカ』における内在平面とは、諸概念をまきこみ、くりひろげられる平面である。そこでは、平面を走り抜けて戻ってくる無限運動がある。このような無限運動が環境に流動性をあたえる。そこにおける諸概念は、列島のように骨格状であり、平面とは、それらが生息し、浸っている面である。このようなフラクタルな配置が「抽象機械」を構成する。それは思考された概念ではなく、思考のイメージである。偶発的に、概念にかかわる多様な方法となる。概念は平面に強度的に内包される。直観とは、存在に関する前存在論的理解である。内在平面は、カオスの側面をふるいのように機能して脱領土化する。フッサールの現象学的内在は、生きられたものとして、体験の流れが主観性に内在することであり、またスピノザの実態と様態も前哲学的な内在平面にある。

つまり自然の内在的平面における全ての存在は、自然と人物の情動からなる。有機体の量子的存在量とはバーチャルな強度（intensity）をしめす。身体諸器官が体内で循環し、体外に運動し、通過することで、強度の分布が形成される。

その「器官なき身体」における胚芽・卵は生物発生以前の環境に反応する。ドゥルーズによれば、このような事物の発生とはバーチャルと現実の間の移動のプロセスであり、現実の強度とおして事物をうみだすのである。強度が集約化することで、バーチャルが現実のイベントとなり、情動の状況から出現する。つまり事実は関係性の平面から実現する。

ドゥルーズの「器官なき身体」の概念は、機械的「集合体」概念の使用にともなってきた生物と無生物、自然と人工といった概念的な二分法を超越した。そして自然におけるリフレイン（refrain）は、全てのものを普遍化するとともに、エントロピーの増大をまねいた。有機体は天候や生態学的変化といった循環的時間とともに、エネルギーを転換し、宇宙や全体を解体し、カオスへとまねき、異なる多様な集合体へと向かわせるのである。

もともとユクスキュルは各々の動物にとって、制限された空間として「環世界」をとなえていた。しかしドゥルーズとガタリは包囲され、包み込まれた環境を説く。そこでは全体的統一ではなく、混乱と細分化がまねかれる（Buchaman 2008）。

ユクスキュルの影響を受けたドゥルーズとガタリにおける記号論的考察には、身振り、音、においなどの非言語的表示もふくまれる。そしてさまざまな不調和なものがメロディーに編成されることで、共存性と異質性からなる集合体を形成する。そこには内在的に生きるかたちでの反国家的な、あるいは国家外的な体制を主張する運動がふくまれるのである。そして、そこでの規律的なダイアグラムがファシズムや暴力につながっていった。

またドゥルーズとガタリにおけるノマドロジーはテリトリーとの対比でとなえられている。テリトリーとは、むしろノマドにとっては、野営のためにテントを張るような一時的な滞在の場所にすぎない。しかしテリトリー論とは、ある土地、場、領域における個体の棲息様式である。そこには生物がどのように存在し、いかにその領域と関わるのかという生態学的問題がある。そこでは自己の生息地を区切り、それを固有のものとして排他的に領有する。

このような土地や時空間の組織化、個体自身の存在のあり方、個体と土地との関係のあり方がテリトリー論の対象であった。

しかしノマド論においては、土地への占有と独占所有に疑問符がつきつけられる。それは排他的な領土所有と異なるとともに、大地に棲みつくことや、ある土地からある土地への移動の遍歴でもない。むしろ一切の領域の私有から生じる固有性の廃棄が主張される。

移動とは、様々な土地に重い自我同一性がともなって移動していくだけにすぎない。しかし、ノマドとは、それとはなく領域のアイデンティティ（同一性）を修正し、そこに宙ぶらりんになることである。それらの固有性を打ち破ることこそが、領土化、脱領土化、再領土化のプロセスである。つまりノマドとは、境界画定と囲い込みの打破である。すなわち固有性をともなった領域であるカテゴリーや属性に還元されない生存様式である。それは生に対して、超越的に外部から刺激が課されることのない生存様式ともなる。

固有名をもつ生物種からなる多様体は、自然の秩序からではなく、無目的に発生しているのである。それらの異なる存在は、階層的序列に依存しているのではなく、存在の一義的なアナーキーのもとにあるのにすぎない。そして多様なものの存在へと、生成変化していくのである。

そもそも「器官なき身体」とは、器官が有機体として組織されていないことを示す。すなわち、それは国家有機体が解体されて、全体的組織ではないことをしめす。そこでは政治や道徳といった規範のほかに、ジェンダーの違いなどの様々な力が交差し、倒錯するのである。それは、また「情動」の場でもあり、身体、政体における個々の収奪を問い直す。それらが存在する空間とは、種や性といった属性によって区分されているのではない。そのようなノマド空間とは、スピノザ的な生の産出力によってつくりだされる。すなわち種や個体といった定義にもとづく境界線とは別に、異なる存在を割り振ることで、無数の存在者への変化が生じる（堀 2022）。

もともと、生態学とは実体としての自然の存在様式であるから、生態学は無限のアナーキーから分かち持つ、有限な占拠者からなっている。また生態学は個体相互および、個体と環境との関係からなる。

一方、ノマドの領土原理とは、無限のアナーキーである。ノマド論における具体的環境とは、身体の機械化でアレンジされ、構築されるマテリアルな実存であり、活動し行為することで、他者との無数の関係からなる。そこではエージェントの行為が、傾向、線といったプロセスにアレンジメント、構築され、力能へとむかう。そこでは、また中心と周縁をふりわけることから、不均等な発展的形相の変異が保存される。力能を表現し、実現するのが情動である。それが権力言説を生み出し、文化を生成する。そして形相、脱形相化から別の形相へと、主体・客体の入れ替わりがおこる。身体への触発、変状をともなった状態への移行が情動である。また、ある力能が特異点の強度を超えて、他の力能へ移行することが情動である。

ドゥルーズにとって、情動とは身体が誘発されて変化することであり、様態とは存在者の本質である力能が変化することであり、その変化自体の知覚を通して、喜びや哀しみの感情が生じることである。

つまりノマドの原理も、空間を単なる延長にすぎないとしてとらえるデカルト流の空間概念を批判することで、スピノザとの間に接点をもつ。スピノザは、あらゆる存在者を自然が変容したものだと考える。個々の存在者の様態の本質は、無限に力能が展開することを通して、空間における強度の違いがグラデーションとして図示される。

スピノザにとって、神とは自然そのもの、すなわち実存と思考の力能である。それらが横断的に生成変化していくことで、カテゴリーそのものの分断を無効にするのである。スピノザにおける「自然」の属性とは、自然として、実体の力能が己を表現する形式である。存在者は様態の属性がひろがる空間の元にある。それは、あらゆる属性の存在者すべてに向けて開かれた空間である。そこでは種や個体や性による区分はない。それは諸々の強度とその変化からなる空間である。

つまりスピノザとドゥルーズにとって、様態の強度とは各様態が有する実存する力であり、活動し、変化し、新たなものを作り出しうる力の度合いである。それは、また具体的になしうること、できることである。それは生存様式の異なるレイヤーごとに、それぞれ異なる強度のなしうることと、出来ることを持っている。

その属性の空間全体に一致しうるのは、純粋なノマドたる「自然＝機械」の力のみである。各存在者は、「自然＝機械」におけるアナーキーでノマドな力のうちの特異な一部を分存することで、実存することに他ならない。

そしてドゥルーズにおける「地層化」と「脱地層化」の対比からみれば、「地層化」とは有機体にあたり、分節化＝多様な有機体の形成、解釈＝意味形成と、服従＝主体形成からなる。このような「脱地層化」とは「器官なき身体」からなる。それは、欲望としての力能の内在性をもつことで、共存立平面、すなわち内在平面から離反し、そこから欠如する。そして、そのような否定、外的規制からの解放と、超越性の幻想としての理想を生み出す。そのような生成変化とは、力関係の再配分と組織化を意味する。それは臣民としての主体を解体する運動であり、「様態としての力能」＝「欲望から産出される強度」を示すものである（堀 2022）。

ノマドの政治的背景について、資本主義の欲望はファシズムと官僚制といった内在性が生み出す病を生じさせるとして批判される。階級の分断とともにナショナリズムから、ルサンチマンや劣等感の裏返しとして、排外的、煽情的言説が生み出される。さらに人々は、権力者によるパラノイア的監視や日常生活への不安から生じる疎外への恐怖から生じる、服従的な主体としてのアレンジメントから、マクロな権力機構と手を組むことになる。全体支配的な官僚制とともに資本、国家、軍隊といった器官なき身体が拡大し、家庭、学校、職場、地域コミュニティに対して、幻想や想像力をいだかせながら、具体的な領域にきめ細かに侵入する。そして「戦争機械」とは国家や資本を戦闘から切り離すことであり、アナーキーを指向する。

加速化した資本主義は、コミュニケーション、情報、貨幣価値をつねに更新する。ポストフォーディズムのもとでは、交友関係やコミュニケーションが剰余価値の源泉となる。金融資本主義における言語、通貨、記号の体制は、人間と機械の関係として、サイバネティクスと情報科学によって変化し、単なる入力・出力のフィードバックに還元されてしまう。使用価値が情報の変換と交換価値におきかえられ、人間と機械のハイブリッドが生じる。

このような状況のなかで、ノマドは、開かれた土地である野営地から移動せずに抵抗する。市場経済は本源的蓄積であった土地や資源から搾取することで、地域共同体や伝統的コミュニティを破壊してきた。新たな格差が導入されるが、資本の増殖には制約が課されない。そのような流れの中に生じる差異から剰余価値が搾取され、機械からも剰余価値が生じる。そこではグローバルな企業や資本に国家が奉仕している。このため軍事・警察の資本主義化、新しい市場として第三世界への進出、都市のブランド化にともなう新たな形での中心・周縁の格差が生じている。さらに情報技術、通信技術、認証技術の発展で、金融資本主義のもとで、警察・軍事・監視権力が拡大していく。

もはや流動性は、耐え忍ぶ以外の何物でもない。そのために「逃走線」は権力への批判、抵抗であり、生の自由を求める動きとなる。このような歴史的具体的状況のなかで、ノマドが占拠し、地に足をつけ、地下を穿孔する。このような大地＝土地を穿孔するノマド的戦争機械のダイアグラムがリゾーム（根茎）である。

ノマディズムとは応答とともに問いかけである。自分の家、故郷といったアイデンティティを喪失し、病をうちに抱き、人間社会との絆を断たれた「砂漠」の中で、虚無になることを拒み、砂漠の砂の上に、燃やされた灰の上に生の逃走線を引き、言葉を記すことであると、堀（2022）は示唆している。

またグロス（2020）および佐古（2012）によれば、ドゥルーズが依拠した『千のプラトー』における「リフレイン（リトルネロ）」とは、カオスである大地を身体が、領土化、脱領土化、再領土化する相互的過程である。芸術とは、大地の持つ不可視の感覚できない力を、身体を通じて、身体とともに可視化し、感覚にするものである。それらの問題を取り扱う様態として、感覚・情動態（affect）、強度（intensity）を産出することで哲学的概念と結びつく。
ユクスキュルの「環世界」の概念を用いて、音楽（メロディー）を事例として、特定の刺激に反応することで行為主体と環世界との調和をはかる。世界は単なる環境である大地から、環世界を通して縄張りをし、領土をフレーム化する。その重要な役割として、生物の性淘汰のための音楽のリフレインがある。つまり繁殖のための鳥のさえずりの事例である。

それは、①カオスを一時的に遠ざけ、秩序あるいは内部を確保すること、②内側と相関関係を持つ外側を柔軟に循環的にコントロールすることと、③外側への出口である逃走線を確保することにつながる。それは身体による大地のフレーム化、内と外を分ける振動的な力として、リフレイン（リトルネロ）をつくりだした。

それは動物であれ、人間であれ、その身体がとりうる情動群から、その存在を規定していく研究である。情動は感情ではない。感情は主体に結びつく。情動は人間にも動物にも共通してある。動物の環世界にとって、本能の反復とはなわばりや領土の主張である。

さらに情動群から芸術として、「リトルネロ」の概念が派生する。それは、ある鳥の種類が木の葉をのせて、目印として、領土（テリトリー）を主張する。そこに人間にも、動物にも共通する情動がある。その領土の目印は、やがてメロディーや色彩へと、芸術における質を表現するものへと生成変化する。つまり領土とは、生きていく平面から芸術をつくりだすことでもある。

つまり「動物になる」ということは、我々の身体を種や属といった分類や規定ではなく、情動で組成し、環世界を形成することである。生きられる現状とのたたかいは、さまざまな集団と個人の間にも生じる。もともとスピノザからの動物の「情動」概念において、群れからの変則者は、隔離されて進化するのではない。これはヴァグナーの「地理的種分化」やラッツェルの「生の空間」とは全くことなるものである。むしろ、他者と同盟することで生成変化を生じさせる。すなわち「器官なき身体」に接続するのである。

これはハイデガーの「ダス・マン」(集合的人間)は環世界に埋没せず、世界形成的であるべきであるという主張とは異なる。しかしドゥルーズの「動物になる」という概念は、環世界における情動としての動物の評価である。ドゥルーズによれば、むしろ我々は個別の環世界を持つべきだと主張している(グロス 2020)。

以上のユクスキュルからハイデガー、メルロ=ポンティ、そしてドゥルーズへと続く知の系譜について小括しておこう。

ユクスキュルの環世界とは生物や人間主体にとっての周囲であり、地理的環境でもなく、外部の他者からもたらされる視点ではない。そこでは動物が機械的対象ではなく、世界も純粋に客観的対象ではない。世界の現実は主観的経験を通して有意となる存在論的行動学が主張される。

メルロ=ポンティにとっての環世界とは、囲い込みではなく開放性を示す。環世界における強度とは、受動的ではなく相恵的活動の度合いを示している。それは身体を介在するプロセスによる行動であり、事物と客体を合同する自然の存在論である。一方、ドゥルーズにおける情動とは、身体の間に生成する創発的な状態である。それはスピノザ、ユクスキュル、ハイデガーの系譜を受けて、動物における生成の情動をとりあげる。ドゥルーズからのハイデガー、メルロ=ポンティへとむかう生成への問いかけである。つまりドゥルーズは環世界における「機能環」とじることで逃走線へとむかう。こうして有機体のプロセスは、移動・運動へとうつる。

ハイデガーの「動物は世界が貧しい」という主張は、動物が特定の環境に囚われ、そこで耽溺することでしか振るまえない。これに対して、人間は世界形成的である。ある存在者に対して、自らが存在者として問われることができる構造、すなわち他者ならば他者として、モノならばモノに対して、かかわることができる。

しかしデリダは、動物や生物の擬態から、生物において本質と擬態は区別できないとする。動物が剥奪されていることを主張すること自体、ハイデガーが人間中心主義から逃れていないことを示していると批判する。

ドゥルーズにとって、ユクスキュルの例示したマダニの三つの情動には、光・臭い・温度しか成り立たない。情動とは、これらの感覚の認識に関する持続的な生成変化のことである。情動がこの諸性質への関係をなすことは、動物の生成変化であり、耽溺であり、放心である。ドゥルーズとガタリは、特権的中心である「――として」の構造をもった人間や精神分析からの逃走線として、生成変化を提唱した。ユクスキュルにちなみ、ハイデガーの動物にとって、本能的に情動しか知覚できない「世界が貧しい」という概念が、生成変化が可能となり、中心から逸脱し、逃走できるようになるのである（Buchaman 2008）。

すなわち情動とは意味作用と異なり、計測可能な量と質として強度をもつ。それはドゥルーズが、言語が効力を持つ地平のような何かと指摘したものである。西洋の啓蒙主義は、精神、理性や意味と異なる情動を排除してきた。情動はジェンダーや民族的マイノリティに属する問題に関心を示す。情動は慣性（coherence）、融合（coalescence）、調和（consistency）からなり、感覚、香り、趣き、眺め、色、質感のそれら全てが相互に作用して、共通した感情を作り出す。つまり、情動とは、生きる事の質感（texture）、音楽のような特殊な効力（effect）からなる。このような質的・量的の区別をこえて、情動は個人対社会の二元論以前の第三の途であり、人格以前、社会以前のものである。情動は生物学的自然主義を反映し、物質的な身体感覚への認識を持ち、個人性と社会性に先在するものである。具象化しない身体と芸術作品への反応は、精神の領野と身体の領野の架け橋となり、テクストないし記号と経験の関係は、感情の強度や多様性、身体という次元で作用する。情動はコミュニケーションの形態であり、信号をめぐる意味やそれに感知しないいという非一意味の形態をとる。

このように情動は、音色を合わせることで可能な反応の範囲を定める。感傷的、雰囲気的に反応を誘発し、粘着性を生み出すのが情動的なコミュニケーションである。人間の意思決定の範囲が及ばないものも、意味作用の記号論として、ある形態が物質の流れに直接つなげられる。それは実在、リアリティをめぐる記号論であり、記号過程（semiosis）の多様性、表現形態の多様性を考えることにつながる。

またドゥルーズとガタリにとって、物質・質量（matter）は形相（イデア、idea）に対置される。物質・質量は変化したもの、組織化されないもの、構成されないものを生み出す力能であり、量子宇宙のようなものである。このような物質は milleu（ミリュー）の中で組織されている。ミリューには、具体的な空間における物質の組織、森や砂漠のような特定の組織が含まれる。テリトリーとは、ミリューが専有しうる領野、ミリューの上に生きられたものの領野となるテリトリーがある。ミリューとテリトリーは物質空間にあり、生が宿る。

そして文化とは言説の社会的文化的形式に従って、自己組織化されるテリトリーである。ドゥルーズとガタリにとって、文化的言説とはテリトリー、ミリューと物質の相互関係である。テリトリーやミリューは、物質の領域で独自に存在するのではなく、プラトーにおいて適切な形で存在している。

ドゥルーズとガタリが質量と呼ぶものはフローである。フローは存在自体の終わりなき流れであり、量子物理学における宇宙、未組織、エントロピー、カオスを含意している。宇宙の能動的主体と受動的な物質性は行為主体と受動的客体の関係であり、記号論的コード化と意味作用の記号論を示す。

それらはドゥルーズとガタリにとって、ユクスキュルにおける歌をうたう鳥の事例にあてはまる。鳥による縄張りの宣言は、一定のミリューの存在を宣言する。ミリューがテリトリーの中で醸成されている。テリトリーを占有し、作動させる多様な方法によって、テリトリーを通じた行動が可能になっている（クロスバーグ 2018）。

また高橋（2006）によれば、ゲーテの「形態学」、ドゥルーズの「リゾーム」、「器官なき身体」の概念は、形態（Gestalt）、生成（Bildung）の概念と結合している。ゲーテの Gestalt 概念は生きて働いているものを含意しているが、それを言葉で説明することによって、静止してしまう。それは経験そのものが世界を成り立たせているからである。形態の学は形成の学でもある。

生命とは、個体が生存していることと個体を超えて流動し続ける生命一般からなる。生命における主体性とは、生きようとする個体と、流動と連続によって、生かされているものとしての個体である。有限なるものの生が「Leben」である。

オートポイエシスとは、生命の自己運動であり、生き生きとして現在の人生や生活に限定される概念の背後に貫きとおす見えざる力であり、流動し続ける生命である。他者とかかわり合う中で、構築された形象（Gestalt）と構築物にすぎない。

そもそもハイデガーはシェラーと同様にユクスキュルの環世界の概念を考察していた。そこでは他の生命体も、自己保存と種族保存に収束することで、環世界に固定されている。しかし、人間は生物学的環世界から開かれている。すなわち、自己保存を超越した「意味」によって構築される。このように「世界」に住みこみ、そうした世界を開示することとは、自分が生きている世界とは全く異なる規範を生きる他者と遭遇する経験によって、人ははじめて「故郷」というものを自覚する。その受動的な出来事こそが故郷／異邦という、それまでにない新しい境界線を生成させる。

異邦とは、世界が故郷とは異なった仕方で首尾一貫した仕方で、経験されている場所である。故郷と異邦は相互に侵入的なものであり、流動的に再布置されるものである。同じ強度に生きていても、階層、性別、年齢差、地域差によって多くの規範が分立し、複数の規範が存立して、集団と個人に葛藤をもたらす。

ドゥルーズによれば、構築された差異とは民族、国家、地域、言語、宗教、風俗、規範のレベルの違いから、同一集団においても価値観や生活習慣が違う。経験とは、他者もしくは外部との遭遇によって引き起こされる受動的な世界である。リゾームとは、系統樹の整序された樹々とは異なる。水脈や養分を求めて、無秩序に大地に拡がる無数の根茎である。ある場所を領土化、脱領土化、再領土化し、境界として切片を引き、逃走線をつくる。それは流動し、変成し、越境してやまない生命そのものである（高橋 2006）。

さらに前野（2012）は、ユクスキュルに対する評価を十九世紀におけるドイツの人文精神の中核部である汎神論的世界観に復帰したことであると主張する。しかし、ユクスキュルは進化論的一元主義をとらない。なぜならばダーウィン、ヘッケルはヘーゲル的な世界精神（Weltgeist）である一元的な発展史観、進歩史観をとっていた。これに対して、むしろユクスキュルは環境論的、生態学的多元主義をとり、多元的汎神論や多神教的内心性をともなっていた。それはダーウィニズムのように、進化を発展とみなしているのではない。そもそもヘッケルの系統樹の形態による進化の説明図式も、人類を最高の進化した段階とみなしている点で、一元的な単系説にとどまっている。ユクスキュルの問題意識には進化の多様性、多元性と複雑化と個体性、個別性とは何かという問題が常に生じていた。

もともと西洋近代精神においては、人間疎外について、多元性のもとでどのように主観の固有性を主張すべきかが問われてきた。それが、近代的な対自性、そのものの本質であった。そこでカント以来、空間の現実的経験性と同等に超越論的な環境性が主張されてきた。それらの主体にとって、世界状況の文節化や偶有化がすすむなかで、むしろユクスキュルは、機能の系譜性をもとにして、有意味的な環境と計画的な自然に復帰することができた（前野 2012）。

そもそも十九世紀における合目的性と全体性を重視する傾向が、生物学的全体性の概念において、ヘッケルのように目的論的秩序や階層的システム概念を生み出した。これに対して、ユクスキュルは有機体と環境のあいだを弁証法的関係としてとらえた。生物は、自分の環境に自ら限界を設定し、生命秩序と物理的秩序を相補的関係としている。生物は自らの内的規範によって、環境を変えることができる。それゆえ知覚された有機体の全体性とは、物理法則には還元されない知となることで、知覚される。

そのため記述的生物学は、因果論的、法則定立的な自然科学的手法ではなく、構造や類型の把握にとどまる人文学的方法をとるべきなのである。

ユクスキュルにとって、動物は単に機械的な存在ではない。動物の行動の世界とは、単に物理的刺激や生存競争のための闘争の世界ではない。動物はその世界の諸対象を意味付け、それに応じて行動するものである。環世界とは、動物の運動によって内包された世界である。それは動物の構造そのものによって、動物の運動が規制される世界だけではなく、環境から動物への働きかけと、環境への動物の意味付けがなされる世界でもある。

そこでは、生命は機械的な情報伝達系であると同時に環境において情報を成立させる働きをもつ。そのメロディー(総譜)という概念は、ユクスキュルとメルロ＝ポンティにとって、慎重に主体の表現を避けるものであった。動物と環境の重なり合いと、それを生む環世界がメロディーである。それは有機体の内部・外部の対立だけではない。むしろ機械論と生気論の対立を超克するものであった(前野 2012)。

ユクスキュルの動物の内的環境と機能環の概念をもとにすれば、動物の感覚の受容器である感覚器官において、外部からの刺激が受け付けられる。これに対して、動物の効果器は捕捉可能な固有の対象領域のみを提示して、反応する。このように動物は自己の身体を中心とした固有の内的世界をもつ。

身体機構において知覚世界に隣接する受容器が、対象化された機構にのみ作用し、活動世界がつくられる。このように生物とともに、環境におけるイベントが出現し、新しい諸要素との関係が合流していく。そして形態発生に行動が近づいていく。

行動は知覚的関係によってのみ定義され、存在は知覚される世界の外部には存在しない。このようにして生成される間動物性が個体相互の関係をつくる。それは生気論やアニミズムに陥ることなく、生物界の意味的統一体として、世界にあり、実在する仕方を明示するのである。

これらの生物学・生態学的視点の変遷について、空間論的には以下のように解釈できる。ヘッケルの生態学的視点は有機体論、機能主義的な全体論である。それは一元論的なシステム理論であり、何等かの地表や地域に成立することを前提とした生物群集、生態系の概念の原型でもある。ヘッケルは自然秩序が物理化学の法則を反映するとした点で、唯物論的ではあるが、同時にヘッケルは、有機体に神にかわるものとして、汎心論的性格を付与した物活論をとなえた。つまり生物をふくむ事物に対して、なんらかの精神、主体性を付与していた。それはラッツェルにも影響をあたえ、地域有機体、国家有機体へのアナロジーの形成となった。

ところが、ヘッケルの有機体論とは異なり、フォン・ベーア、ユクスキュルの生物個体にとっての生活世界である環世界(Umwelt)の概念は、現象学における個人の「生きられた空間」や「場所」の概念と相同である。それは、あくまでも生物個体や人間個人を対象とするため、かならずしも社会集団が占拠している空間や位置としての地理的位置、地理的環境や地域性と関係性を有しているものとはかぎらない。

またゲシュタルト心理学においては、全体的環境のもとでの行動の全体性が重視され、地理的環境に関する行動の成就が考察される。行動的環境は①有機体の中にと、②地理的環境の中に備わる。しかし、地理的環境の影響は否定され、行動的環境のみが重要とされる。なぜならば地理的環境は、外部からの刺激に置き換えられるからである。一例をあげれば、コンスタンツ湖の馬上の旅人は氷雪がおおう平原として、周囲のアフォーダンス(行動的環境)をとらえている。その凍結した雪原の下に湖水が存在するというのは客観的な地理的環境である。しかし、それが行動的環境として認識されるかどうかは別の問題であるからである(コフカ 1988)。

ユクスキュルの動物の「内的環境」と「機能環」の概念をもとにすれば、動物の感覚受容器である感覚器官において、外部からの刺激が受け付けられる。これに対して、動物の効果器は捕捉可能な固有の対象領域のみを提示して、反応する。このように動物は自己の身体を中心とした固有の内的世界をもつ。

身体機構において知覚世界に隣接する受容器が、対象化された機構にのみ作用し、活動世界がつくられる。このように生物とともに、環境におけるイベントが出現し、新しい諸要素との関係が合流していく。そして形態発生に行動が近づいていく。

行動は知覚的関係によってのみ定義され、存在は知覚される世界の外部には存在しない。このようにして生成される間動物性が個体相互の関係をつくる。それは生気論やアニミズムに陥ることなく、生物界の意味的統一体として、世界にあり、実在する仕方を明示するのである（菅原 2017）。

三　ユクスキュルの生気論と「情動」

人新世は人類と地球との関係が転換する。そこではノン・ヒューマンのアクターの主体性をもとにハイブリッド性、物質性をも重視したアクターネットワーク理論や非表象地理学が重要となる。これらのポスト人間中心の地理学は社会と自然を存在論的に分割するのではなく、相互に抱合された論理をもとにする。そこでは空間スケールを超えたさまざまなコミュニケーションや体現されたコミュニケーションとして、より全体的な方法で行動し、思考することがさかんになる。そのため、それはユクスキュルの生物記号論を背景とするようになる。

ポスト人間中心の地理学は、よりダイナミックでオープンエンドの開放的な空間を対象とする。場所は居住者や非生命の物質も含めたハイブリッドで脱人間中心的な開かれたコミュニケーションが生じることで構築されている。異なったスケールの間でも生じるダイナミックな相互作用が環境有機体論をつくる。このようにして身体を地理学や環境にとりもどすのである。そこでは、外的環境からの刺激である物理化学的変化は情報としてとらえられる。場所における異質性と受容性は脱領土化して、集合体の特徴へとむかう。そこには社会／自然、人間／ノン・ヒューマンの二分法を超えるポスト人間中心主義のもとで、多様な種の共存、共生へとむかうのである。場所は、これらの概念の存在論的境界を超える人間の象徴的意味づけであり、ノン・ヒューマンとの協力や選択のプロセスは、一つのコミュニケーションの合奏としてシンフォニーを形成する。

二十世紀初期のサイバネティクス理論家でもある生物学者ユクスキュルは、ハイデガーに影響をあたえた。ハイデガーもユクスキュルも人間は言語の使用により、動物とは異なると主張した。ユクスキュルの学説は動物の認識の研究から行動学、生態心理学へと発展した。またポスト人間中心主義の地理学もハイブリッド性や物質性の回復を重視し、アクターネットワーク理論や非表象理論を展開した。

そこでは、全てのコミュニケーションが表象にもとづいているのではないとされる。むしろ社会的諸関係や自然のダイナミックな意味にもとづいて、コミュニケーションが行われる「場所」を対象とする考察が重視される。ユクスキュルは、これらのコミュニケーションを環世界の中に位置づけたのである。環境有機体における時間のスケールを超えた意味の継続において、達成結果は意味の創造につながる。そのような世界の解釈が心の中に表現されるのが非表象理論である。同時にアクターネットワークにおける行動が空間を形成するとともに、異質な事物のコミュニケーションとして理解される（Adams 2016）。

そして、情動はスピノザの哲学をこえた歴史的かかわり合いである。スピノザは人文学と社会科学のインターフェイスを身体の情動的転回としてとなえる。しかし生気論者が説く権力概念が、支配者による生政治の手段となってしまうリスクがあった。

ポスト構造主義は、哲学言説のさまざまな要素から、生気論をとおして、身体と意識の違いをとりのぞくことをとなえた。それは、またポスト人間中心の哲学へとむかうことでもあり、ドゥルーズは、ユクスキュルの有機体論的存在論をもとに有機体論や生気論の歴史的側面を重視し、人間とノン・ヒューマンの区別をあいまいにし、再自然化をはかるものであった。そこでは社会的、政治的に周縁化された存在として、人種、民族、カースト、ジェンダー、フェミニズムの問題が取り上げられるようになった（Gandy and Jasper 2017）。

さらに人間と自然の分割を再考する新生気論的アプローチは、ノン・ヒューマンへの考察をふくみ、方法論的個人主義をとる。

スピノザの自然は神になるという概念をもとに、ドゥルーズとガタリは情動を権力を表現する概念としてとらえた。

人新世では、超人文的な主体の多様性として、人間以外の異なった存在論が重視される。関係論的存在論のもとで「情動」と「生成」が考察される。そこでは同種内の同盟だけではなく、人間とノン・ヒューマンによる景観の生成を含む。

情動的個人主義は、ロマン主義とともに技術と自然の集合体が直面する不可知論でもある。

スピノザの重要な概念は、二重の権力の本質として「自然は神になる」ことと、方法論的個人主義からなることである。

スピノザの権力概念には機械論的、自然科学的な諸力と啓蒙以前の心霊的な力が重複している。そのうちPotentia はデカルトに対抗する生気論者の情動であり、構築的、創造的な力を示す。またPotesta は支配にともなう形式的秩序であり、国家における固定制度的、限定的な概念でもある。これはドゥルーズの「資本主義国家」の概念に継承された。情動は、これら二つの力であるpotentia とprotesta から構築される。

スピノザの方法論的個人主義はドゥルーズの「人は動物になる」という人間の脱構築、解体につながった。

情動は個人における衝動であり、何か他の存在を表象しているのではない。ユクスキュルは動物や有機体の機能的音色の探求として、有機体と環境が補完的であることをランとスズメバチの関係から示し、環境知覚のための信号が生物物理的な担い手であることをコウモリの超音波の事例から示唆している。このように情動の登録とは、身体のトレースによる「世界」と自己との関係である。

ユクスキュルは、世界内存在における対位法を通して、環世界の境界内における本物の存在を強調している。クモとハエの事例では、存在論的補完として、クモの網とハエの可視的能力の関係を反映している。マダニが相手をねらう糸口は、それらの環世界における特有の刺激である信号に反応しているのである。これらの操作原理が生成することによって、異質的、情動的かつ非表象的組織の社会性、様式性に異質な考察方法を与える。自然は無限に分布する。そのため一つの主体だけがゴールを目指すわけではない。静的な調和が存在しているのではない。完全に全体化はしない。全体、そこには無限の変化する諸部分が含まれている。

スピノザが提起する個別の構成物には、ノン・ヒューマンとの限定された組合せを超えるものであり、特定の形態に自然を保全する願望から離れるものである。仮定された自然性や非自然性とは一定の輪郭にすぎない。相対主義ではなく、全てが自然である。それゆえ等しく、価値づけられなければならない。個々の個人は、大きさ、スケール、テンポで類型化できない。ドゥルーズのリゾームは種間結合へとむかい、各々の主観の同時解明や倫理規範の構成を伴わない。

一方スピノザは、生成の共同に常に集散する個人を対象とする。この生成にノン・ヒューマンはどのように加わるのか。ドゥルーズにとって環境の構築的側面とは、環境と動物との相互作用である。生来的に動物行動の学習パターンでは、中心的な主体なくしても、複雑な行動的な集合体は形成できるとされる(Ruddick 2017)。

四　情動への空間的アプローチ

一九六八年のパリ大学紛争を契機としつつも、一九七〇年代になるとソ連東欧の現実からマルクス主義への理想の幻滅が生じる。ポストモダンでは大理論が語られなくなっていった。そこでは、資本家―労働者という二項対立図式が崩壊するとともに、消費資本主義が興隆する。このような潮流を背景として、スチュアート・ホールのカルチュラル・スタディーズがとなえられる。そこでは、エスニシティ・階級・ジェンダーに着目がなされ、メディア、文化、記号、シンボルに折り合わせたコンテクストが重視されるようになった。このような言語論的転回、言表分析は記号、言語、表象をもとに構成されていた。

しかし一方、スピノザをはじめとして、もともとユクスキュルからドゥルーズへと続く「情動」に関する知の系譜がある。情動論的転回によって、理性と感性という二項対立図式をこえるようになる。このように記号・言語・表象から、物質・身体・情動へとかわるようになる。

このように、一九九〇年代からの表象主義への批判から、ポスト現象学へとむかうようになる。それらはアクターネットワーク理論、非人間中心主義、情動、非表象理論、再帰的アプローチなどをともなっていた。

また一方で、ユクスキュルの影響を受けた生態心理学は、「生きられた世界」や「生活世界」の意義とともに機械論的、物理的認識も認めていた。生物にとって、環境からの情報は、感覚として認識され、経験されることによって、コミュニケーションの手段となる。

従来、現象学は生活世界の記述に重点を置いてきたが、しかし一方のポスト現象学は実践に関する非表象理論にもとづいている。そのポスト現象学は旧来の現象学を以下のように批判する。たとえば、エスノセントリズムや審美的な男性らしさという主観だけでは人々を論評できない。むしろ実践における関係性が重視されていないことで、古典的現象学が本来主張してきた主観中心的な本質から逸脱しているのではないか。

そこで、ポスト現象学・ポスト人間中心主義とは、フッサールの現象学における意識概念に示される先験的主観や自我を批判し、むしろ実践を指向したメルロ＝ポンティの現象学を再読することで、政策と経験と行為遂行性の関係について頑健化がはかられる。すなわち、先験的視点よりも主観性の体現化（embodiment）を重視し、主体客体モデルや間主観性よりも環境モデルが重視される。つまり主観中心のアプローチから経験重視へと移行することで、ポスト現象学は、ドゥルーズやデリダのポスト構造主義的思考へとむかう。

またテクスト性に対置して、客体や物質性を強調し、情動と実践に関するテーマへの関心が示される。そもそも従来の表象に関する研究方法では、生きられた経験の問題が主観性あるいは行為遂行性としてとらえられ、その実践に関する主体の責任の所在を不明瞭にして、主題から外してしまう恐れがあった（Ash and Shimpson 2014）。

そもそも、メルロ＝ポンティがとなえる身体論では、デカルト流の経験と身体の分離が批判される。そこでは生きられた身体と表象の深層における意図性が考察される。抽象的な幾何学的空間に対して、生きられた空間における移動と能動性が問題とされる。また身体の移動の方向性や自律性は抽象的な幾何学的空間において示される一方、生きられた空間や能動性は実践的空間において示される（メルロ＝ポンティ 1982）。

まず心身二元論を説いたデカルトにとって、物体が空間を占め、空間において拡がることを示す概念が延長（extension）である。そのデカルトにとっての「情動」とは、身体の能動性に対する魂の受動であり、心身統一の基礎でもある。それらは直接に愛やにくしみなどの感情として経験される。

一方、デカルトの心身二元論に反発するスピノザの汎神論においては、空間や自然が「神」と同一視される。それゆえ空間のひろがりである「延長」が実体性を意味している。したがって空間における全体性は厳密な集合としてではなく、総体として理解される。それは個物や全体性が時間と空間を占め、原因をともなって変化するという意味ではない。個物や身体に「神」(精神的存在)が内在しているとされる汎神論では、唯一の実態は「神」の属性のひろがりである「延長」の様態である。そのため様態としての情動は身体における一定の変化、変容とその受容であるとされる。

さらにスピノザとは異なり、ドゥルーズは個物としての様態(affect)を主体や客体とはみなさない。そのため、それらの様態(affect)は形態や器官の機能から規定されることはない。つまり身体や心を「変様」し、保持する能力がaffect(変様態)である(ボホナー 1990; ヨルトン 1990)。このようにして、ドゥルーズの情動、変様態(affect)概念はまず七〇年代はスピノザの影響を受けて、状態の推移を示す感情、さらに八〇年代は行動そのもの、そして九〇年代は芸術作品における色や音の調和といった即自的存在という含意にまで変化した(財津 1999)。

すなわちドゥルーズは、暴力的な資本主義の欲望とその抑圧を正当化する精神分析を批判してきた。そのドゥルーズによれば、欲望は必ずしも個人の人格をともなわない。それは個体の胚が諸器官に分割生成する以前の「卵」の状態を反映するような状況における出来事(イベント)として理解される。そのような発生的なイベントでは、無意識も身体も欲望も分割不可能な度合いである強度から理解されるのである。そのような強度で示されるイベントは「器官なき身体」のイベントである。つまり発生途上の「卵」は器官が形成されていないから、器官に分割できないのである。

すなわち、現代の資本主義が「器官なき身体」にたとえられている。それは、あらゆる観念を無差別にまきこみ、あらゆる質を貨幣という市場経済における単位に還元する。しかも、その質の基準をたえず変動させる。

ドゥルーズが語るプラトー(高原)とは、このような強度(intensity)の静止がみられるところである。そこでは、集中的に突出した状態や暴力ではなく、むしろはりつめた状態として、プラトーが続く。頂点をもたず、終局や目標がないが、さまざまな強度が連続している領域である。そこでは、ある頂点や外在的目標に向かう方向づけが回避されている。

そこでの強度（intensity）とは、温度や速度のように分割できない。分割するならば性質を変えてしまうような度合いである。そのため等質な単位に分割しても意味がない。ただ原点0の基準からのへだたりによって示されているだけである。そのため強度はどこまでも異質なものの複合で、等質な性質ではないものの、0からのへだたりによって系列化されているから、確かな指標をもつ一つの秩序であるともみなしうる。

このような強度の秩序によってとらえられる身体は、決して固定した部分である器官としての機能をもたない。それは主体性や意味としてのあらゆる領域を解体し、「人間性」として固定された表象をこえて、繊細な要素がとどまることのない相互作用をする情動（affect）としてとらえられる。このようにとらえられる身体が、器官なき身体、平滑空間、リゾーム、ノマドといった諸概念に反映される（宇野 2001）。

情動の概念は、思考の形態と実践の手法からなる。現象学的解釈は、身体の状況とプロセスについて行動を通しての感覚から理解しようとする。情動の社会学は表象の問題を脱コンテクスト化する。むしろ情動は非表象的であり語られない、表象されないものとして、歴史研究や文化研究でとらえられる。情動の作用は身体的境界を超える。涙こぼれ、怒りあふれ、笑いが発散する。そこでは不快や嫌悪といった生理学的衝動は本能的衝動をふくむ。

スピノザの情動は自然誌的であり、ドゥルーズの情動は現代行動論にもとづく。スピノザはデカルトの心身二元論に挑戦した。もともとデカルトによれば、身体・物質と精神・意志は対置され、身体＝物質は幾何学的空間の中に実在する一方、思考は意識的存在である。これに対して、スピノザの一元論では、宇宙に一つの意思があり、神＝自然がすべての形態あるもののなかに存在している。スピノザによれば、人間の心理の多様性は有機体の組織のレベルにおいて権力のかたちで示される。諸個体はそれぞれのレベルに応じた特性や適性を有する。つまり情動において、身体と思考は身体の活動の力の増大減少を反映する。身体の修正と同時にその修正の概念について、スピノザは個人レベルにおいて身体と精神と権力が多様であることをくりかえし言及している。スピノザにとって、事物は世界から分離できない。情動は人間にとって、ノン・ヒューマンの存在からの生成である。自然における内在性や首尾一貫性は変化しうる諸個人や集団によって再認識される。そのため、社会的経験は本能ではなく、情動に作用する。

このような情動概念は社会と物質、身体を媒介するもので、身体の外側に生じる人間以外の技術、事物、生物と言語や政策の結果をも含みうる。愛、憎しみ、熱狂、たのしみ、かなしみと願望などからなり、これらは重要な政策の構成やメディアの表象にもなりうる。また情動は感覚の強度を通して身体に作用する。身体の経験は前認識的、前意識的で非合理的である。それは論証以前の主体が空白の状況にあり、そこにおける情緒は情動と深く関係している。つまり情動は主体の象徴的位置づけと感覚の強度との間の相互作用である。これらのイベントは、表象以上のものであり、非合理的で象徴できない（Müller 2015)。つまり情動は人間とノン・ヒューマンのプロセスの実践からなる。情動における情緒や感情、事物への愛着と移動といった強度は、主体の移動でもある生成のプロセスに反映される。それはKant流の先験的に内在するものとして認識される空間とはことなり、ポスト人間中心主義の基本となる（Latimer and Miel 2013; Müller 2014)。

つまりMüller and Shurr（2016）によれば、このように近年の空間概念の変遷は、集合体（assemblage）の概念を基礎として、アクターネットワーク理論（ANT）からドゥルーズの思想へと至った系譜である。集合体はジェンダーや年齢という本質をこえた多くの事物の異質性からなる関係であり、全体として一つの機能を果たす。しかし集合体は有機体とは異なり、一時性、流動性と予測不可能性からなる。アクターネットワーク理論は集合体における人間とノン・ヒューマンの実践によって、行為遂行性（agency）を実現し、自然と社会の二元性を克服し、遠隔作用によって距離を克服する。さらにドゥルーズにとって、集合体（assemblage）＝配置（アジャンスマン：agencement）は流動と生成のプロセスである。つまりドゥルーズにとって、集合体の概念はいろいろな行為遂行性に関する諸権力の力関係の配置を含意している。そのため、アクターネットワーク理論が予測できないイベントの発生や人間の身体的活動を十分に評価できていない欠陥を克服することができる。

さらにアクターネットワーク理論とは、人間以外の事物を含む各アクタント（物質・制度・技術など）が自立し、創発的にそれぞれの役割を果たし、中央集権的な階層的秩序にもとづくことなく、リゾーム状の連鎖を構築する。その全体は集合体（assemblage）を構成する。有機体と異なり、集合体ではある部分（器官）を集合体の外部に取り出したり、別の集合体に移植しても、その部分は独立した機能を維持したり、新たな機能を果たすことができる。つまりANTではドゥルーズの集合体概念の影響をもとに、いろいろなアクタントが「翻訳」のプロセスをとおして、社会技術的な集合体にとりこまれ、各アクターの行為遂行性（agency）の本質が進化していく。そのような関係論的なトポロジーのもとで諸権力が行使されることが解明される（Callon 1998; Latour 1987; Law and Hassard 1999）。

またドゥルーズは精神分析を批判し、多様な欲望からなる資本主義の矛盾を問題にしてきた。ドゥルーズの哲学では真実や理性、知識は相対化されるため、根源性からみれば、世界においては予測できないことがおこりうる。不安定な変動は何も特定の場所に固定されない。すなわちグローバル化、コンテクスト化、偶有性のもとでイベントや発生事象は前もって決定できない。そのため、卓越しうる基本や基礎となる本質性と普遍性は存在しない。すなわち空間と時間は多様な生成として概念化される。すなわち資本主義における欲望は既存の秩序を崩壊させて、「器官なき身体」となって分裂症的となる。「器官なき身体」は、有機体が全体論的で集権的・階層的なシステムをもつのとは異なり、リゾームからなる集合体である（Salanda 2017）。

それゆえ日常の活動や相互作用の背景は、階層性をともなったシステムや構造ではなく、無限のイベントの継続からなる。ドゥルーズがとなえる差異性と異質性は、イベントの創発性にもとづいた複雑で動的で開放的な世界である。身体は、つかの間の偶有的な身体以外に存在論的地位や統合性をもたない。このような世界における関係性は、人間のみに限らない行為遂行性（主体）の理解を通して操作されている。集合体におけるイベントの相互作用は情動を通して安定したシステムや構造となる（ドゥルーズ＝ガタリ 1986）。

つまり、人間の身体と他の物的・社会的・抽象的意味からなる集合体を関係論的にとらえるために、スピノザにちなむ情動からの影響が考慮されている。スピノザの哲学は精神と身体の活動を生成するものである。スピノザの情動は表象に先行する根源的経験をともない、感覚にちかい。非表象の意思力が情動である。情動は知的理念に還元されない「生きられた経験」の移行や通過（進行）のかたちをとる。つまり悲哀や歓喜は、意思や強度（intensity）の増減を示し、一つの段階から次の段階への移行・通過である。空間における運動にとって、身体は物理的リアリティをともなうために、多様な諸個人の身体と感情は人間以外の事物をふくむ慣性とモーメントでもある。このように情動は修正された身体の本質となり、運動と静養の関係を示す（ドゥルーズ 2002）。

そこでは身体の運動と精神の活動が相互に統一され、テクスト分析において、権力＝公的、抵抗＝私的という二分項対立でプロセスをとらえることが批判される。このように情動は身体と物質性を関係させる中間項であり、それぞれの個人の時空間の変化への対応の差異は、諸権力との関係を示す強度から説明される。また集合体はリゾームとして、有機体のような機能的統一体ではなく、外部からの刺激によって、さまざまに変容する。また「器官なき身体」として資本による抑圧を反映する。しかしドゥルーズにとって生命の流動力としての願望が、既存の共同体の伝統である「オイディプス」を破壊する。願望は生成となり、やむことのない「脱領土化」のプロセスとなる。こうして身体や他の関係論的能力は「脱領土化」、あるいは「再領土化」する。「脱領土化」した身体の「逃走線」は新しい物理的、心理的、文化的状況へとむかう。このようにして、哲学的なノマディズムは人文主義、人間中心主義への批判ともなる。生きられた身体はノン・ヒューマンの側面として精神性以外の生命体、すなわち身体からなる物質性をともない、本質主義による男-女、人-動物、精神-身体といった二元論が否定される（ドゥルーズ=ガタリ 1986, 1994; 森正人 2021）。

ドゥルーズによれば、現代資本主義においては、欲望にともなうさまざまな身体性と物質や観念は、それらの領域を越境し、流動化して象徴や価値にコード化（領土化）されている。そのプロセスにおいて、本来の個人主体の人間性を知らず知らずのうちに非人格的なフローに解消してしまう（=欲望のフローの脱コード化・脱領土化）。主体は絶えず「脱領土化」のプロセスで「逃走線」を用いてアイデンティティの確立をはかろうとする。このような秩序が混沌とした複合体を理解する行為が「測量術」であり、それぞれの「領土化」のプロセスである。「脱領土化」ではグローバル化された資本主義のもとで個体化された主体が、かえって周縁部で疎外・排除・収奪されうる。また「再領土化」では、個体化された主体が新たな情報テクノロジーとの接合によって、バーチャルな世界での個体性を獲得しうる（ナドー 2010; 森正人 2021）。

またドゥルーズの集合体概念に内在する欲望は、イデオロギーを反映したものではなく、主体にとっての無意識な欲望である。つまり精神分析における無意識な欲望は非表象につながる。このような関係を強力に推進する機構が賃労働者による資本の抑圧への解放をめざす「欲望機械」の概念であり、権力への反抗が欲望の集合体の一部となりうる（Roberts 2000）。さらにドゥルーズは先験的、内在的諸力にもとづく抽象化を批判し、樹枝状よりもリゾーム状の機能とともに、カテゴリーの一般化純粋化よりも差異の複雑化を指向する（Thrift and Dewsbery 2000; 森 2021）。

そして地理的差異として空間を考えることが重要となる。ドゥルーズの思想は内在する差異に関する哲学である。ドゥルーズとガタリの創発的、創造的、関係論的な思考は断定的、全体論的なカテゴリーへの抵抗である。そこでは物質性と情動からなる集合体としてのイベント、ノン・ヒューマンをも対象とする地理学が考察される。その関係性として、リゾームにおける脱領土化と再領土化、平滑空間と条里空間の対比が行われる。ドゥルーズの魅惑は、空間が全ての日常で分化していることが考察される。すなわち人種・民族ジェンダーの差異はアイデンティティを構築する。差異はアナロジーとしての類似性に対置される。

それらの事物それ自身に内在する差異は表象的なカテゴリーから離別したものである。アイデンティティ相互の類似性と異質性を対置することには矛盾が生じる。フェミニズム、反人種差別、クィアといった問題は政治的問題意識や関連性を示す。地域分化に関するポスト構造主義アプローチは権力・言語・言説を重視する。すなわち権力・アイデンティティ・差異を主題とする地理学においては、伝統的な家父長や民族の形成といった階層性にもとづく概念ではなく、異質性からなる政治的可能性を秘めているものが対象となる。多様な統治にとっては差異が基本となる。抑圧の形態として概念的秩序の制度は、自己・他者の弁証法に先立つ重要な意味をもつ。ポスト人間中心主義社会の解明として、人種・ジェンダー・性といった多様な差異が出現する。弁証法的差異として、矛盾し対置される内的関係は闘争する諸力を通して、解消や統合がはかられ、矛盾や対立が否定されるからである（Cokayne et al. 2017; 森 2021）。

差異は従属的・存在論的表象の違いとして生物の生成のプロセスとしてとらえられる。組織された表象の境界は、カテゴリー分類の格差やすきまを超えて、お互いに矛盾し同一ではない。そのようなアプローチから表象的な思考を優先できない。民族の分類といったスケール的概念が批判され、平滑的な存在論「flat ontology」の空間として、身体行為・語りからダイナミックに構成される内在的に自己組織化されたイベント空間が主張される。それはスケール概念における階層のように単純にとらえられない。論述的言語的・社会構築的ではなく、内在的なイベントであり、ノマド的・創造的・創発的な差異を説明する。いいかえれば人種差別やジェンダー差別の問題における過度にカテゴリー的なとらえ方は、古い形態の階層的なとらえ方であり、異質的な要素からなすべき説明から逃れている。

表象に先立つ差異を特色づけるものとして、差異の事象に内包されているアイデンティティや同一性とは何かということが問題になる。表象を含む象徴的システムに依存するだけで、差異がつくりだされるのではない。それは社会的構築ではなく、存在論的差異の特性に基づいている。

さらに Michel（2015）は、新たな現象学的アプローチとして、情動は知覚を通した「世界」の感覚的経験であり、アフォーダンスとして、生きられた空間の雰囲気を理解する。

情動の舞台となった空間を呼び起こすと、興奮・緊張・憂鬱といった雰囲気の出現はプレ個人あるいは個人間の強度を反映している。情緒とは一定の生きられた空間の質である。雰囲気の経験とは、共存の経験であり、知覚者と知覚されたものの間の出会いのプロセス・関係性・非決定性からなる。物質的身体と感覚的身体との関係は、情緒・生きられた空間・物理的空間の相互関係であり、前提条件と情動的生成の効果でもある。このようにして感覚と情緒から情動を区分けする。

情動とは表象されないものである。情動は無意識・内在的で日頃は具体化しないことも多い。しかし男性中心的な主観性や過去のコンテクストや行動の反復がふくまれている。そこで非表象理論では、純粋に無意識的なプロセスだけではなく、意図的に制御されたプロセスを含む。また反意図的なアプローチとして、情動を意識以前の個人の主体から理解しようとする。そのような関係性のもとでの個人の責任が、情動の雰囲気を達成し、所与の戦略的な暗黙の情動も伴う。情動と論証的秩序との関係は、他者の身体性との一致であり、情動的雰囲気への参入でもある。このように非表象理論は表象の視点を超えたものをあらわす。

情動は多様な感覚や情緒、運動感覚からなり、逃走や配分として、社会的なものを経験的に研究する。それは複雑で一時的な社会的現実を画定する方法を探究する。身体の感覚的能力の探究とは、雰囲気の持続性と変動性として、習慣化した身体が物質的に調整された環境で安定しているとみなされる。物質的調整と身体感覚の変動は雰囲気の変化であり、パフォーマンス理論が応用される。

またRoberts（2019）は、もともと地理学には関係性、物質性、経験論との関係があるとした上で、脱人間中心の人文地理学において、人間以外の物質性に対する関心は、カントの先験的な空間概念と人間中心主義への批判であると主張した。ドゥルーズは、いろいろなアイデンティティを含む本質的カテゴリーを批判した。その影響を受けて、脱人間中心の地理学はカント流の客体の先験的個性を超越し、フッサールの意図的な客体への批判をともないながら客体と意図的な主体の思索的再評価を試みる。

ポスト現象学の問題構制には社会学、技術研究と客体への関心が含まれる。超人文地理学は現象学の主観主義を批判し、経験そのものがポスト人間中心主義となる。

しかしドゥルーズへの批判も指摘できる。抑圧排除された他者の経験をロマン化としたノマド論が批判される。そしてフェミニスト・クィア・反人種差別の動きが、静的なカテゴリーのアイデンティティとして、表象されて政策に反映されている。それを十分に批判していない、すなわち表象システムとしての規範秩序を選択受容し、合体・包含して認識するシステムとして、現代政策が思考されていることを批判すべきである。かえって優勢なものに対置して、差異を可視化することはリスクをともなう。つまり、階層性を再考することで、矛盾を否定し、還元すべきではない。そもそも差異の発生のメカニズムを黙視することには、政策の発想を貧困化させるリスクをともなっているのではないだろうか（Cokayne et al. 2017）。

またギブソンを代表とする心理学における生態学的アプローチもユクスキュルの「環世界」からの影響を受けている。

心理学における環境とは、物理学的ではなく生態学的であるべきである。情報を知覚するプロセスを記述するのが心理学の役割である。一九九〇年代から、計量主義と表象主義への批判が生じるとともに、その身体を取り囲む環境、その環境にそなえられた道具や諸制度、環境における他者たちとの相互作用や、その相互行為を統制する規範や慣習とともに、それらの備わった社会文化的環境が重視されるようになっていった。

これらが、生きて活動する身体と、身体に媒介された周囲、すなわち外部からの認知に重要な役割を果たすとされる。このような知覚、認知、行動をとおして、生き物にとっての外部とは何であるのかを考察するのが生態学的アプローチである。

もともと、自然に対する人間の精神的能力の発動は、アリストテレスにまで遡る。それは存在論的転回を経て、経験的転回へと、形而上学を否定し、周囲や外部を実践的に構築する問題解決的思考へと発展した。そして、カント『純粋理性批判』は、認識能力を批判的に吟味し、形而上学における出来ることと、出来ないことを再検定した。またフッサールは、純粋論理の形成を前提として、現象学をとなえ、客観性は、それ自体が表象にすぎないとし、認識において把握されていると主張した。

しかし心理学においては、資源は情報として認識されて、行為におよぶ。生きているさまざまな情報資源は、多様な環境に多様な対応をする。それらの主観の存在を取り囲んでいる環境の存在を批判的に吟味し、認識・知覚・行為がどのように実現しているかを明らかにするのが生態学的アプローチである。

それゆえ生態学的アプローチは環境存在論であり、「生きられた世界」と「生活世界」の現象学に異議をとなえるとともに、物理的・自然的世界も否定しない。両者ともに認めるべきであると主張する。アフォーダンスの概念は客観主観の二分を超越する。環境とは、物理的諸性質についての感覚や知覚の総合性からなる。そこでは生態学的存在論として反表象主義がとられる。そこでは情報としての視覚の像は慣習的に知覚されるのであって、表象として知覚、認識されているのではない。たとえば経路の探索的行動とは、地理的環境としてのルートマップを脳内に記憶することで、行動の進路を予測できるようになる。それは情報存在論と機能的知覚を統合したシステム論である。

また光、音、臭い、触覚といった感覚にともなう情動も、そこでは重要な役割を果たしている。そして、それらはシンボルとして、個人の情動が記号化することによって、社会全体に波及していく。

進化とは有機体＋環境、コミュニケーションとはメッセージ＋コンテクストであり、情報とは差異である。主体と外部との間で差異という情報を変換し、経験という学習のコミュニケーションを通して、個人が社会化していくのである（染谷 2017）。

五　ユクスキュルの影響を受けた非表象理論

この節では、ユクスキュルの生物学、情動概念から、さらに非表象理論が形成されたことを述べる。

十九世紀―二十世紀におけるドイツの生物学者ユクスキュルは生物学、人類学、心理学に大きな影響をあたえた。ダーウィンの還元主義と、人間中心主義への批判とともに、単系的な因果論をこえた生命の科学的知識を生み出す。各々の生物種は異なった機能的世界をもつ。それ自身のリアリティから活発な行動を生み出す。それらは、動物の異なった能力、異なった感覚器官に基づく違いである。

多くのドイツ生物学者に支持されていた機械論的世界観のかわりに、ユクスキュルは一種の科学的な現象学を主張した。それは、より深い目的と意味をもったリアリティの経験的な相互作用としての科学を主張することであり、直接の経験や直観を通して知りうることができるものであった。全ての生命的存在は感覚器官の動きを通して、機能を開始することで、身体は外部世界との関係を構築する。このような環世界は、有機体自身の必要に応じて形成される。

ユクスキュルはカントの先験性の概念をもとに、動物の知覚における一連の感覚的関係の連続性をとなえた。マダニの哺乳類の存在の知覚の糸口は、光、汗の臭い、接触による体温の感知によって吸血行動を行う。いろいろな有機体によって知覚される、いろいろな世界がある。人間の場合は情動して知覚され、身体の能力に影響する。人間は情動とともに、さまざまな道具や言語といった技術的手段を継続的に進化させて、人間にとっての環世界を拡大する。

ユクスキュルにとって、有機体は単なる機械論以上のものである。有機体は潜在的可能性と自己創造性の特性を持つ。有機体は自身の境界を定義し、外の世界と一定の相互作用をし、その「世界」を拡大する。たとえば巣や摩天楼の形成である。そのような世界は、また外部「器官」としてとらえられる。

自然の空間は本質的に合目的的で形成的であり、まだらな世界として、異なった事物や本質方法で満たされている。そこに哲学、生理学、医学、行動学、記号論、サイバネティクスやシステム理論として、新しく空間を考える方法論が導入される。一九五〇年代のシステム理論から現在の複雑性理論へとむかった。

そのような流れの事例として、クレーの絵画は動きを表現し、シュルレアリスムの無意識を描く。動きの中に位置づけることでリズムをきざみ、文化と自然を融合する。庭師が仕事をすることで対象事物の空間が拡大する。クレーの絵画作品は音楽のように時間と空間を連結する動きの流れのように見せる。それは多音的哲学者ドゥルーズへと受け継がれた。

そのような自然の通過、流れとは、以下のように理解できる。①ユクスキュルによる環世界をつくる力である。それは少数の決まった刺激をもとに自我の世界から他我の世界へと移行する。②クレーの絵画におけるリズム的な世界の理解である。③ドゥルーズにおけるリフレインである。

生命にとって基本の行動の反復によるテリトリーの表示とは、小鳥のさえずり、一連の姿勢や行動、色合い、歌や鳴き声である。クレーの絵画のように芸術と歌の無言の発声であり、リフレインの一種類である。テリトリーを主張することで、現代芸術と現代哲学は同じ問題に収斂する。

これら両者ともに表象された領域を放棄する。かわりに客体・対象として、表象された条件が考察される。クレーの絵画、ドゥルーズのリフレインとともに二十世紀の絵画は、可視的なもののみの描写ではない。これらの形態の背後や下にある非可視的な諸力を表現している。そして、これらの諸力を感覚としてとらえうる物質的な能力を生み出すことで、強度（intensity）が抽出される。

物質は諸形態を受け取るための単に実質的に同質のものであるわけではない。操作を可能にし、継続的に改変できる集約的で活性的な特性から構成される。つまり形態は鋳型に固定されていない。破壊や変形といった内在的なプロセスを課された物質の特異性によって決定されている。

強度に関するドゥルーズの概念の重要性として、継続した変化と固定性を超越した物質―形態関係ではなく、物質―諸力の関係からなる。強度の同時に計測された本質は、クレーとドゥルーズの推進的、合目的的空間の概念に示される。

つまり、多くの興奮する働きが生じることで、言説を生み出す。実験と非論証的である逆説を生じる。文化と自然を再検討することで、ノン・ヒューマン、非還元性の他性を表現しうる。創造的、反直観的方法として、自然は人工的な事物と自然の間に区別をしない。自然と文化は事物を適切に描写する。神秘的な方法として、むしろ人文、自然とノン・ヒューマン＝文化を集約的にとりこむことが必要とされている（Harrison, Pile and Thrift 2004）。

なぜならば、ポスト現象学から、ポスト人間中心主義の地理学が指向される。二十世紀半ばに日常居住形態の表現を中心に行動学がとなえられた。生物学的、地理学的思考のハイブリッドな存在が行動学である。それは、超人文として、人間以外の生命や事物にも着目し、実践指向であり、生命の生気論的哲学とも関連する。さらに社会地理学的、テクスト的、経験的に、目的にかなうように同時に調整することと、物理的世界における存在物の行動をなじみ深い表現で説明するようになった。このようにして人間と動物をふくむ有機体の総合の世界が非表象理論で説明されるようになった。

ドゥルーズ＝ガタリのエコシステム概念は固有の用語で説明される技術的・空間的概念からなるため、非常に混乱したトポロジーからなる。そのため派生的な言葉から、新しい概念が生じる。つまり分布を拡大した有機体のさまざまな動態と適応した環境における実践が実践的演壇となり、世界に対するかすかな振動が明らかになる。有機体のリズムと行動は脈拍に、そして生命の持続に関する多様なテンポと異なったペースを生じさせる。また領域を通して、居住地を形成することで習慣や移動の範囲が形成される。それらの移動の近接性や境界や空間に基づく流動や契約が、特性や機能を変化させる。

そして特定の関係や結合による諸力を通して、情動における感覚のテクスト性、物質的な場所の記憶が形成される。『千のプラトー』では、行動学の焦点としてのコスモロジーとして、一連の相（レイアー）から後に配列された領域がつくられる。それは階層的なスケラー量では示されない。むしろ橋やトンネルといった通過の進化につながる存在や認識をふくむ。これらの全体性から生み出される結果はカオスからなる諸力である。

コスモロジーの諸力とは、有機的、非有機的実質とエネルギーからなり、そこに登録される要素とは空気、水、動物の生命からなり、それらの諸特徴として、山地、森林、植生などが示される。

地球の諸力への対応が環境を生じさせる。それらは身体内外の多様なタイプの組織と配列によって確認される。リズムの反復は異なった環境に表現される諸関係を明らかにできる。このようにして生じた領域、テリトリーが生命の空間における強力な変化を生み出す。たとえば鳥の生活における求愛のために巣作りとは「再領土化」して「動物になる」ことである（Lorimer 2010）。

要するに非表象理論とは、非自伝的で個人的ではない、つまり主観にもとづかない知覚の様式である。スリフトは、反人間中心主義、反主観主義として非表象理論をとなえた。地理学が人文主義をとおして、個人的、主観的地理学に退却することへの反発である。創造性として主体を重視する社会科学と人文学に共通する、より深い背景としての創造性の危機から非表象の主体が模索される。人間の個別性の本質として、人文学によって固定されてきた主観性からなる主体の存在を解き放つことである。そして、動物、機械、ネットワークや自然現象をも新たに主体として考える。なぜならば、個々の主観に決定をさせることによって、より広い権力関係や社会経済構造を否定し、あいまいにするリスクがある。この主観主義を批判しなければならない。

非表象理論の地理学は主体性の危機から生じる。それは一九九〇年代初期の文化地理学によって、特徴づけられた表象のアイデンティティに関する論証的、文化的かつ政策的議論からは離れる。かわりに身体、感覚、世界に関して、政治化されていないポスト現象学へと向かう。より広いカルチュラル・スタディーズの視点からすれば、非表象理論はより広いパフォーマンスを議題とする。そこでは主観性が論証的に構築されると、すぐに日常生活における主観性として、主体性の実践やパフォーマンスに移行する。

ドゥルーズと創発的主体の関連として、非表象理論の地理学は、ドゥルーズの権力、生命、物質性、関係性の存在論的概念およびデリダの脱構築とも結びつくポスト現象学的な思想の流れである。つまりポスト人間中心主義の観点に立っている。

ドゥルーズの主題にもとづけば、アクターネットワーク理論の関係論的唯物論は、創造的主体におけるトポロジーであり、決して個人的人間存在のみによって所有される帰属性ではない。そこでは、流動や褶曲の先験的なもつれを分枝することによって、しばしば偶有的に実質化されるのである。

このようにして文化と自然、人間とノン・ヒューマンの伝統的な違いや範囲決定が理解される。そこでは創造性と主観的な主体性が、情動の循環の中に位置づけられる。そこにおいては、身体的な運動と感覚、情緒的な雰囲気や音色が特定の情況や関係性をつくる。

この情動的な主観性への関心が、アイデンティティや差異を表象する伝統的なシニフィエ（階級、ジェンダー、エスニシティ、年齢、性別、障碍）から、別の秩序である本能、イベント、オーラ、リズムといった、すなわち循環・流動・記号の記述への移行である。そこでは創発性としての主体（主観）の概念とは、もはや思考や行動の位置づけではない。むしろ創造的主体における感覚・反応・知覚・描画である。

すなわちドゥルーズの総初的な主体性とは褶曲のなかで生まれ、プロセスとしての情動の中に移行する。そこでは音色やトポグラフィーとして理論的言説が語られる。

またポスト人間中心主義地理学とはポスト・ハイデガーの地理学であり、ハイデガーの世界内存在における主体性からの離脱である。このようにデリダとドゥルーズは「世界」について共通した考えをもつ。

ポスト構造主義の非表象理論からの説明とは、ドゥルーズとデリダの哲学にもとづく表象をこえた地理学である。それは主観による表象や象形文化のシステムの外側において、主体の位置と他者との関係性によって決定される。

たとえばポストコロニアルに関する言説にしても、現地住民、先住少数民族、宗主国側それぞれにとって、ヨーロッパ中心の既存の研究者やインフォーマントの立場や先入観によって、「表象」がゆがめられるからである。それぞれの主体や主観が前もって位置づけられることで、表象されたものとは矛盾しているからである。かわりにパーフォーマーによる形成的な創発的主体が求められている。

主体は政策的関心によって固定されて、前もって決定されているのではない。主体が社会的な実践を実現していくプロセスが重要なのである。構造的決定論ではなく、主体の形成はモル的、イベント的、物質的であるべきである。イベント的、創発的な音色として、動機、現存性、欠在性、受動性、反応性が重視され、関係論的な現代の人文地理学に包摂されるべきである。

ドゥルーズと同様にデリダは主観性を再考し、ハイデガーの存在概念を批判している。たえまない生成の概念から説明されるデカルトのコギト、ハイデガーの現存在は一定の現存する主観性のもとで始まり、終わる。その「世界において住まう」という概念は、友好、もてなし、倫理、承認や包摂ではなく、世界市民化のなかで、関係論的主体相互における異なった文化政策がドゥルーズの地理学の中で提起される。それは全体性や世界内存在への動きを拒否し、コンテクスト的で偶有的な自然として知覚されるべきである（Whlie 2010）。

主意主義やロマン主義の含意、主体性、情動、感覚からノン・ヒューマン、ポスト人間中心主義における物質性、重要な達成におけるプロセスとその創発性、知覚と感受性における自我が重視されるべきである。

創造的かつ情動的地理学は、非表象理論とポスト構造主義にもとづく場所や景観の記述の新しい形態である。そこでは自我、景観、自然、歴史といったテーマが創発的主体、情動的主体としてとりあげられる（Whlie 2010）。

終章　カオスの中での地政学の系譜

一　ドイツ「地政学」の形成——ラッツェルから国家社会主義へ

1　ラッツェルの政治社会的コンテクスト

地政学は作者の意図として政治的イデオロギーを帯びている。たとえ文化やメディアといった活動を通しても、地政学そのものが何らかの政治性を帯びている。それゆえ、それらの言説は批評の対象にされるべきである（成瀬1997）。

絶対主義体制から国民国家の形成へという西洋近代史の流れは、重商主義とともに近代国家形成の動きでもあった。近代国家は統治と支配のために領土や領海を画定し、地図を色分ける。また、それは植民地を支配し、海外領土を拡大する動きでもあった。統治への反逆者や抵抗に対抗するために、警察や軍隊などの合法的な暴力装置が設置される。統治領域の上では、土地や自然的基礎の上に権力が重なり合って巨大機構としての領域国家が形成される。

とくに、それはヘーゲル流の一元論的な、単系統的な発展進化として国家有機体をとらえられるものであった。そこには立憲君主制をもとにした国民国家の形成が、国家有機体が到達する最高水準の段階とみなされていた。そして、西洋近代的価値観を普遍的公理として絶対視して、異教徒や先住民を教化し、そのより高い水準に到達するまでの指導を行うという名目で、ヨーロッパ列強の侵略や植民地支配が正当化されてきた。

そのなかでラッツェルの「生の空間」概念が国家有機体説に発展してきたのである。

もともと、キリスト教における宗教の価値観は自由と平等を主張してきた。しかしダーウィン『種の起源』は、マルサス『人口の原理』による人口と食糧の関係から説明される。ダーウィン進化論の影響を受けたヘッケルは人類を亜種に区分し、一二種四層に分類し、希少資源をめぐる生存闘争は人口の不均衡を招くため、部族・民族ともに死に向かっての競争をはじめると主張した。

このように、ユダヤ・キリスト教的道徳観が科学のもとで否定されてきた。そこでは、ダーウィン進化論を民族国家に応用し、民族絶滅、奴隷制、植民地の経済的抑圧を正当化する論理となり、ポスト啓蒙時代における非ヨーロッパ民族の絶滅を正当化する理論が生じてきた。

ヘッケルは、人種は不平等であり、生存闘争は不可避であるから究極的に絶滅する。一八七〇年代には、人種絶滅に関する現実の抑止力として、歴史の運動である他民族への暴力、奴隷化、虐殺が肯定されてきた。それが反映されたラッツェルの人間の移住と空間への闘争である「生の空間」概念が、絶滅論者に継承されるようになる。後には優生学もそこにつけくわわった（Weikart 2003）。

このようにヘッケルの影響を受けたラッツェル地理学の政治経済的コンテクストは、国家を有機体にたとえることにある。つまり帝国主義における戦争による領土の拡大が国家の進化の傾向とされ、土地帰属性（Boden）の特性をもった固有性と領域性、その領域性の保護と拡大が住民の国家への意識・認識の制度化につながる。そこではダーウィニズムというよりはラマルキズムのもとで、近代の空間闘争の激化、社会空間と政治空間の階層化、文化史的進化における民族の分類をもとに、原始的・自然的民族と教化された文化的な民族との対比に終始した。

ラッツェルの「生の空間」概念では、動物もヒトも一つの種が滅びると他の種がその場所をとってかわる。そしてヒトが新しい土地に移住して入植し、そのフロンティアの環境に適応して、土地の所有者・居住者となることは普遍の自然的法則とされる。このように「生の空間」概念は、植民地支配を正当化する理論を提供した。

その背景として、ワイマール期の地政学は有機体論の世界観、とりわけ十九世紀末から二十世紀初頭における自然主義的法則が、国家有機体の成長と行動を支配していた。国家・国民は地表の一部分を有機体として占拠している。その占拠された「生の空間」は動植物有機体が生存するために必要とする空間であり、人々も同様に適切な「生の空間」を必要とする。それはラッツェルの没後、第一次世界大戦後のヴェルサイユ条約によるドイツ領土喪失に対して、ドイツ民族存続のために適切な「生の空間」が必要であるというナチの主張に利用された。

このような潮流を展望すると、環境決定論や地政学の構築による地理学者の第二次世界大戦の総力戦体制への参加や動員の背景には、ドイツ観念論やロマン主義の存在があることを忘れてはならない。

そもそもラッツェルは、当初はヘッケル流の動物形態学者であった。しかし、彼は一八七〇年フランス＝プロシア戦争に志願兵として従軍し、そのときの負傷がもとで難聴となった。その戦争の勝利で北部ドイツのプロイセンを中心として、ようやく連邦制のもとでドイツの形成がかなうことになる。いやがうえにもラッツェルの愛国心とともに、ドイツの自立への関心と独立意識が高揚した。

その戦後、ラッツェルは、ラマルクとヘッケルからの影響を受けたヴァグナーの「種の移住と、移住先の環境に適応することで獲得した形質が優占種との交雑によって、解消されることなく、次世代に受け継がれるために、隔離されることによって進化が促される」という地理的種分化の学説に感化された。このことがラッツェルを動物形態学者から「人類地理学」と「政治地理学」へと転換する最も大きな契機となったといえよう。

このようなラッツェルの人類地理学・政治地理学は「生の空間（Lebensraum）」概念による生存のための空間の確保と領土（勢力圏）の拡大に加えて、ドイツ観念論における国家有機体概念を反映していた。とくに直接ラッツェルに影響をあたえたヘルダーは共通言語を基盤とする国民国家形成を提唱したが、それは多民族の文化の多様性を尊重するものであった。しかし、さらにヘーゲルは、人倫による国民国家の統合を主張した。しかしヘーゲルの民族と国家の発展は、一方向の直線的な進化の段階を経るものであり、温和な気候のもとで文明が繁栄すると考えるものであった。すなわち両者ともに、ヨーロッパの優位性を最も高度な発展段階に達したものとしてとらえ、未開民族の教化による植民地支配の正当化を含意するものであった。両者ともに到達すべき、到達しうる国家有機体の最高の段階として、立憲君主制や立憲連邦制を前提としていた。

しかし、このようなラッツェルの地理学がおかれていた十九世紀ドイツの歴史的・地理的文脈を改めて思いおこすと、そこにはもともと神聖ローマ帝国以来のその内部に多数の小邦や自治領が連立していた。そのため、ドイツ領内にカトリックとプロテスタントの信者が混在し、国民的多数派の宗教（宗派）が欠如していた。そのため、ドイツでは宗教観の束縛から逃れたある程度の自由な思考が可能となる一方、社会や教会の世俗化も進行していた。さらに統一憲法をもたず、北部のプロイセンを中心にようやく連邦制のもとに統合が始まったばかりで、国民国家形成におくれが生じていた。

かたや、ヨーロッパをひろくみれば、フランスはフランス革命の後、共和制による中央集権国家体制を確立し、ナポレオンの侵攻が行われた。イギリスは産業革命による急速な工業発展とともに世界の覇者となり、グローバルな貿易と金融を支配するようになった。ロシアもウィーン体制のもとで勢力を台頭し、その影響下で、バルカン諸地域をはじめとするスラヴ社会は民族的・政治的に不安定となる。それゆえにドイツ民族としての国民国家統合、プロシアから汎ゲルマン領域への領土確定への要求と、ドイツ民族固有の文化や風土に対するアイデンティティの確立が模索されていたのである。すなわち、ドイツ観念論の目的には民族の概念を、その生命的、歴史的、精神的な力によって創造された集合表象や世界観へと仕立て上げることであった。

なお、人種と気候風土との関係について Livingstone（2002）によれば、気候帯が道徳に影響するという学説は、啓蒙時代の哲学、ビクトリア時代の人類学、十九世紀末の熱帯医学、二十世紀初期の気候学から影響を受けている。このような地理的要因の存在に関する学説は、ヒュームからヘーゲルまでが主張した。カントは、気候が民族文化に与える影響を四分類し、旧世界の北緯三二度から北緯五二度の涼しさと暑さが程良く混合するところに文化が発達すると主張した。またヘーゲルも、『世界史の地理的基礎』において、特定の精神的形態が特定の外的自然から影響をうけると主張した。そのような地理哲学においては、気候風土が民族の精神に影響するとされる。その気候の道徳的規範として、アジアやインド亜大陸が未開であり、ヨーロッパ世界が先進性をもっと考察していた。

2　ワイマール共和制のもとでの「生の空間」

ラッツェルの没後、その「生の空間」概念は、チェーレンの「地政学」に受け継がれた、チェーレンは、ナチの法学者シュミットとともにヴェルサイユ条約への不満をもとにドイツの空間闘争を主張した。そこでは、人類史への気候と地質の影響とともに、新しい存在の生成によって有機体が消滅するのは運命であるとされた。それは存在の一元性と二元論の解消につながる。つまり時間・空間、自然・社会、生命と死、自然と人間の二分法を超越していた。

しかし、もともとのラッツェルの植民地モデルとは、本国の軍国主義、ナショナリズムから植民地主義をとなえるのではない。ラッツェルは狭量な生物学、優生学的視点ではなく、民族や国家を環境的、文化的多元性のもとで考えるコスモポリタン的性格を含意していた。

しかし進化生物学を国際政治に応用することは、種の絶滅、植民地化された人々の消滅を美化することでもあった。落ち葉のように死んだ兵士、放棄された廃墟、衰退した帝国の景観は、地表における最も美しい生命の表現として、necropolitical geographyとなった。それはラッツェルの子どものときのトラウマ、兄弟や両親との死別を反映したものではなかったのだろうか。それが十九世紀のリベラリズムと植民地主義から二十世紀のファシズムをつなぐ論理となった。

ラッツェルにとって、進化論はラマルクの獲得形質の遺伝やヘッケルの汎神論・一元論的性格を受け継いだものであった。またラッツェルが参加したライプチヒ・サークルでは、宇宙生気論と法則定立的科学、経験論的科学の統合がはかられていた。さらにラッツェルは一八九一年に汎ゲルマン同盟に参加した。そこでは、ナショナリスト・イデオロギーの制度化のもとで、リベラル派、保守派、反ユダヤ主義の合同がはかられた。同時にドイツにおけるヘッケル流の系統発生、反復発生の進化論が、ナショナリズムへと結びつくことになった。

これを、現代のポスト人間中心主義の地理学やフーコーの「生政治」の概念からとらえなおすことが必要であるとKlinke（2023a）は主張している。

一九四一年におけるヒトラーのロシア侵攻によって、「生の空間」は民族や国家の「生存圏」として、いっそう政策的含意をもつようになった。そこには「生の空間」の政治的過剰性とリアリティの内在的欠如のもとで、保守的右翼と科学的枠組みが結びつくのであった。

そもそもラッツェルはライプチヒ大学在勤時に、種と環境の間の関係を、生物学変化の基準となるような均一の要因からではなく、複雑な蓋然性や非ニュートン的に説明を試みるものであった。「生の空間」は、生物種の一定の規模の個体群とその生存の様式を支えるために必要な地表の領域である。つまり種の分布区域の境界内は、メンバーによる代謝のための環境の必要からなる。それは個体群（人口数）の増加により拡大する必要に迫られる。「生の空間」はダーウィンの自然選択理論の空間的・環境的次元であるとされ、全体の環境への種の適応が進化と拡散につながる。もし抵抗が無ければ「生の空間」は永遠に拡大しうる循環として地域を被い続ける。しかし現実に拡大の本質と方向性は地表の起伏や障壁、他の生物種の存在といった環境の変化によって制約されている。

そして、さらなる適応には、いっそうダーウィンの生存闘争を反映するものとされた。つまり人間ふくむ種の歴史は、「生の空間」への適応の変化するパターンである。全体の文化や国家は、「生の空間」との関係、そのための生存闘争によって形づくられる。

そしてラッツェルによる人類の分析は民族を単位として行われた。民族は文化的実体であるとともに、生物学的に定義された種と等しい。つまり社会的実体を生物有機体のアナロジーとしてとらえる。民族は成長し、「生の空間」を拡大し、やがて死去する。「生の空間」の拡大とは植民地化、コロニー形成による種の効率的占拠と新しい空間の探究である。それは歴史的変化による文化の発展と拡散を相伴う。移住と征服者による直営農業の確立である。つまり人間文化を直接に大地に作用する安定した農業システムの形成である。

やがて、ラッツェル没後の「生の空間」と地政学的思考、第一次世界大戦後はチェーレンに、一九四〇年代にハウスホーファーによって継承された。それはドイツ民族がヴェルサイユ条約で領土をとられた怨念と、もともとラッツェルが農業的背景を重視したのは、中産階級の保守的イデオロギーにもとづいていたことを反映している。文学的ロマン主義によって理想化された農業イメージをもとに判断すれば、産業社会の病理や、都市の混雑と暴力は伝統的な中流階層にとって耐えられない。

そこには、十九世紀における工業化や社会変化、技術革新によって、アカデミズムにおける科学技術系以外の文学・思想的な領域が衰退する事への恐れがあった。社会的保守主義は知的な農本主義として、反近代化論に結び付き、保守的にユンカーや農業貴族を尊重するようになっていった。

農業としての文化、文明を考えると、地理的地域区分として、近郊農村をふくむ都市圏の市場エリアと、住民の情緒的忠誠としての郷土意識が構成される大地とは、ほぼ一致していると考えられた。このようにして文化的に発達した都市圏ほど、農業保有地域へと密接な関係の拡大がある。文化の拡散による農業の改革・革新は農本主義的イデオロギーを反映していた。

ルドルフ・チェーレン（一八六四―一九二二）は、スウェーデンの国境研究などを研究した地政学者であり、スウェーデン保守党の最右翼でもあった。ラッツェル、マッキンダー、マハンと同様に地政学を生物学的知性のもとで形態・分類・進化を考察するものとしてとらえた。国家人口学、国家経済学、国際社会学をとなえ、文化国家として立憲政治体制の確立を主張した。

そして全世界的なパワーからなる欧米列強に対して、新興の準列強として、オーストリア、ハンガリー、イタリア、日本の存在を強く意識していた。

チェーレンの国家観は自給自足にもとづく、鉄道交通による国土におけるコミュニケーションの確立にもとづいていた。そのような国家の相対的位置関係と国家の形態は、国家内の諸地域と自然の特徴との関係を反映していた。他国との関係における国家の位置については、スウェーデンがバルト諸国やスカンジナビア諸国とロシアの間の緩衝地帯の役割を果たしていると考えていた。

チェーレンは、スウェーデンの社会民主主義者やリベラル派からは、汎ゲルマン主義に熱狂するドイツ愛国主義者として批判された。彼はロシアにとって、スウェーデンを地政学上の相互の脅威とする決定論を説き、ハウスホーファーの地政学に影響した。

その特色としては、民族概念は歴史体験の共有と共通の文化から生じることが主張された。そのため、スウェーデンとノルウェーが連合できないことを指摘した。国家有機体論として、ヘーゲルのように国家が高い理想によって支配されて、個性や権力をもつことを理解し、ラッツェルの「生の空間（Lebensraum）」の影響を肯定した。チェーレンは政治学者であったが、ラッツェルの感化を受けて、イエテボリで政治地理学を教えるようになった。そこでの彼は君主制から直接民主制への移行を説き、あたかもナチやムッソリーニの出現を予見するように新たな絶対君主制を主張した。チェーレンは普通選挙制に反対した。それは民族の意志を子孫に伝達できないと考えていたからである。

さらに、チェーレンの感化を受けたハウスホーファーの地政学における「生の空間」は、農民の定住、移住による植民地化を通して、ドイツの植民地改革のプロパガンダとなるものであり、無制限にドイツの攻撃性と帝国主義を正当化するような無批判的なおろかな理論であった。かつ、それはドイツ農村や小在町の住民である、つつましい、おだやかなリベラル層の移民願望を反映するかたちをとっていたのである。

もともとラッツェルが経済的移民を唱導したのは、ヴァグナーからの影響である。移住・移民にともなう領土をめぐるたたかいによる空間的分離をもとに種分化、特性の分化が生じる。この地理的種分化の法則がラッツェルの民族学に影響をあたえた。ヴァグナーからラッツェルへと、生命の闘争と環境への適応をもとに移住による植民地化が唱導されたのである（Woodruff 1980）。

さらに、地理学と保守主義との関係は、景観論や地誌を通して、郷土の文化景観を民族共同体に結びつけることにあった。

ワイマール共和国体制下の地理学は、①保守意識、②社会ダーウィニズム、③地政学、④空間的計画といった特色からなる。地誌から民族地理学へと、保守的意識を発展させた。

一九二〇年代にはプロシアにおける、ワイマール共和制のもとでの国家社会主義と、ヴェルサイユ条約への不満が、社会問題解決の手段として国家有機体概念をさらに強化した。ヴェルサイユ条約を撤廃し、失われたドイツ領土の回復をはかる。社会ダーウィニズムにもとづく、外的諸力からの影響には、深い精霊的諸力をもって、反映しうる。すなわち身体は精神を反映する。それゆえ、景観と地理学は民族の土壌から分離できないとされた。

つまり地政学の社会的機能とは、ヴェルサイユ条約修正撤廃のプロパガンダであった。そしてナチの空間計画は、農本主義的ロマン主義と汎ゲルマン主義であった。ワイマール共和国体制から第三帝国へと保守革命を反映するものであった。一九二〇年代には、第一次世界大戦開始時の第二帝政期の領土を回復するために、東方進出をはかるものであった。「土地なき民」の解消は空間的緊急性であり、「生の空間」は第三帝国の大領域形成の理論となった。

(1) 保守・民族的イデオロギーと地理学の関係として、ラッツェルの研究による社会ダーウィニズムの影響がある。

(2) 政治的集約性の制度化として、地理的決定論ではなく、文明の高度な段階の民族が低次の民族を支援し、支配する。

ところがドイツの空間的領域として、ドイツ帝国の領土は国境で画定されている。しかしドイツ民族が居住する領域は、アルザス、オーストリア、スイスなどへと、国境線を超えて拡がっている。またドイツ文化として、ドイツ的景観はヨーロッパの中部・東部へと広範にひろがる。これら三者が一致しない矛盾がある。これらの解消をはかる汎ゲルマン主義が主張されるようになっていった (Fahlbusch, Rössler and Siegrist 1989)。

Abrahamsson (2013) によれば、ラッツェルの「生の空間」とは、一定の環境における生物学的、地理学的、人類学的条件のもとでの種と特定の環境との間につくりだされた関係であり、また地表の地域において、生物種の現存する個体群を扶養する存在の様式でもあった。全ての新しい生命の形態は、存在のために空間を必要としている。過剰人口を解消するために、マルサスの『人口の原理』をもとに、人口と栄養循環を反映する必要がある。またヴァグナーの移住理論をもとに、生命の自然の結果として、領域の継続的拡大による国家の権力の拡大をとらえる。つまり一定の国民国家の空間を全体論でとらえる。

ダーウィンの進化論において、他の生命に対する闘争は空間に対する闘争であり、生存に対する闘争である。このような空間闘争は大地の固定性と生命の生成の間の闘争でもある。そしてマルサスの『人口の原理』をしのぐ、人口増加が広範に影響するようになると、人や資本の流入を抑制しないと、コミュニティにおける健康や道徳への被害が生じるのではないか、土地の将来性が限定されてくるのではないか。

このように考えれば、ラッツェルの国家の領域である「生の空間」は、人口や国民の代謝（経済活動）の必要性の大きさに対して、通常は相対的に限定されているものである。

チェーレンが生命の形態としての国家としてとらえたことは、ラッツェル以上にハウスホーファーを感化した。経験的にラッツェルの「生の空間」を検証した。つまりラッツェルの用語概念の定義をより厳密にし、ラッツェルよりも具体的な政策をより指向した。それらがハウスホーファーによって応用され、偉大な力としての生命力の理解をともなった経験的実験となった。

しかしラッツェルの「生の空間」は、静止した大地と、もう一方で、生命の間のやむことなき運動を説明しなければならないという矛盾をかかえていた。国家有機体とは、国民、人民・民族による構成ではなく、むしろ領域によって構成されているのではないかという疑問を解消できるのであろうか。

人々の精神的統合としての国家の能力は、全人類の中の下位集団として形成され、編成されたものである。ヴァグナー、ラッツェルも移住がすすむこと、グローバル化によって、将来的にはすべての国家が相同となることを予期していたのではないか。それはケルト・ローマ・ゲルマンの理想的タイプへの収斂であり、大地の制約だけではなく、文化や言語、風土との相恵的関係を示すものである。それは大地の制約と人口増加にともなう生存の必要に加えて、より多元的な考察が必要となる。それは地形上の位置とともに人口学、歴史学、法学を反映したものである。諸民族の移民による異質性は言語の変化や統一によって解決されるものである。

そこにはヘルダーにもとづく民族概念である多様な民族の併存が認められていた。しかし民族精神は、主観的、観念的、自由変動的な概念ではなく、チェーレンによれば国民はエスニックな個人ではなく、マクロ的な人類の部分集団である。その各々の多様性が国家の地域性（locality）を形成する。つまり人々は国民を象徴する国民性によって、結合されているからである。

つまり「生の空間」は地理的個体として自然的領域との結合に求められるのではなく、「生の空間」が二重の運動として、外方へ、自然的境界へと拡大に向かうが、もう一方では内側へ、自然的領域内の調和的コンテクストへと向かう運動である。

このようにラッツェルは生物地理学と人類地理学を統合し、「生の空間」のもとで、有機体的国家政策と国民・民族との関係を議論した。チェーレンはラッツェルの没後、ラッツェルが試みた統合をより完成させ、それがハウスホーファーからヒトラーへ受け継がれた。ラッツェルの「生の空間」は、チェーレンによって国家有機体の地政学に応用され、さらにドイツ第三帝政の東方政策を推進する理論となっていくのである。

そもそもFarnielli（2000）によれば、十九世紀ドイツが絶対的貴族的封建的国家から旧体制を脱構築する構造的変化の時期にラッツェルの『政治地理学』が執筆されたと指摘する。

国家を通して社会の表現の制度化が出現する。地理学の政治的発展はリッターによって開始され、ラッツェルによってより系統化された。道徳的人間として、全ての人間は一定のコードに従う。そして繁栄に向かう人類の営みは、ヘルダーによる歴史哲学のロマン的解釈がなされる。このようにドイツの近代理念は、秩序の形成として、普遍的な自然科学のイメージが宗教や哲学の代用とされ、世界市民（コスモポリタン）の実現がはかられてきた。

ラッツェルは、旧来からの地理学ではなく、地表への人類の偉大な達成をもとに、科学と国家の関係について、ドイツ地理学の伝統をひっくり返した。国家は精神的に知覚され、把握されるものとされ、知識や理性で犠牲になることはないとされた。

ラッツェルはゲーテの概念論的形態学を認識モデルにしている。門弟のチェーレンはハプスブルク帝国時代の農村を「血と土」のロマン主義でとらえ、プロシアに応用しようとした。

チェーレンは地政学理論をテーマとする政治学者であった。ナチに反発し、ドイツをコスモポリタンによる民族多元論的国家とすべきことを主張した。それは現在のNATOにつながるものであった。チェーレンは過剰な議会主義ではなく立憲君主制を唱導し、平和主義、軍国主義とともに自由主義の政治を批判した。

チェーレンは民族性と領域性を焦点に国家の形成と政治的連合の形成を考察した。実践的政策と国民国家の理念を区別し、二十世紀の政治的経済的な必要性を問うた。民主主義的法治国家では、市場経済のもとでは、個人の自由と民族的多元性がはかられなければならない。そのチェーレンはハプスブルク帝国における民族多元性を理想視していた。

しかしユダヤ人が世界市民として都市的であるのにもかかわらず、ハウスホーファーはユダヤ人を敵視した。それはナチが、反ユダヤ感情をアングロサクソンやボルシェビキの台頭、個人主義・自由主義と民主主義への批判に利用することで、ドイツのコスモポリタン的政策をとったからである（Tumanfer 2001）。

3　第三帝政期における「生の空間」――「土地なき民」から「血と土」へ

全ての生命有機体にとって、生計を維持するために一定の領域を必要とすることが「生の空間」の概念である。有機体の再生産を通して、個体群（人口）は増加する。そのための空間の必要性は、有機体の拡大や衰退とともに不可欠である（Bassin 1987a）。

ハンス・グリムの『土地なき民』（一九二六年）は、「空間なき民衆」という脅威を主張した。それはラッツェルの「生の空間」にもとづく脅威を反映したものであった。そこでは主人公ユーカリウスが貧しさのためにドイツ領西南アフリカに移住するものの、現南アフリカ共和国におけるブール戦争や第一次世界大戦で英国とたたかい、失意の内に帰国する物語である。ドイツ農民が本来の農業に従事できるように、国境の拡大、領土の拡大を主張すべく、ナチスのプロパガンダとなった（グリム 1940-41; 池田浩士 1978）。

Bassin（1987b）によれば、ラッツェルの政治地理学は科学的唯物論と決定論にもつづき、人間社会への外的影響を重視したのであり、個人・集団の内存性は重視していない。

一方、国家社会主義は、唯物論や決定論を拒絶し、内的な人間の質を重視しつつ、民族の性格を仮説化した。ナチが政権をとる一九三三年までには、ナチのイデオロギーによって、ラッツェルの政治地理学は批判されてきた。しかしハウスホーファーが、その地政学理論に「生の空間」概念をもとに実践したことから、当時のドイツの保守的感情論と融合したのである。

ドイツ観念論における民族運動は、十九世紀半ばにおける急速な都市化と工業化にともなう弊害への反発とルネッサンス運動への追憶にもとづいていた。社会的混乱や全体的な疎外への反動である。ロマン主義は、十八世紀の啓蒙主義にもとづく合理主義や論理的思考を拒絶し、純粋な知識や真実ではなく、人間の情緒や主観を重視した。また一八六〇年代はダーウィン理論に代表される科学的唯物論への反発が盛んになった。近代科学における経験主義と演繹的手法は、個々の事実への過度の関心によって盲目的になり、あざむかれていると批判した。世界の本質への真の洞察は、科学の目標である機械論的法則では決して到達できない。なぜならば、宇宙はそのような法則ではなく、むしろ原初的な主観的価値観との調和によって動いているからである。

民族（Volk）の概念は、とりわけロマン主義的に、十九世紀末までに啓蒙主義を拒絶しただけではなく、民族誌的に文化的な多様性を扱う。諸民族は特定の階層性のなかに位置づけられ、特定の民族が高等な位置を占める。民族のルーツとしての根源性は特別の意義を持ち、郷土の文化景観を形成する。前近代的環境における民族の調和的居住の景観の一定の特徴が、国家社会主義運動の根源となる。ロマン主義的民族運動は、近代科学を理性の奴隷と批判した。

ドイツ領域的統一性がヴェルサイユ条約により分断されたこと、ワイマール共和国体制への敵対が、汎ゲルマン主義への熱狂的な夢とともにヨーロッパの全ドイツ民族を一つの民族国家に統合したいという願望につながった。ドイツは領土内の人口過剰を解消し、国家の発展のために、より多くの「生の空間」を獲得する必要があった。ドイツの失われた地位を取り戻し、夢を実現するために地政学が主張された。

一九三三年のナチ政権獲得後、「生の空間」は生物学的空間ではなく、主観的イデオロギーへと向かう。そこでは民族的考察と空間的考察が合体し、唯物論としての環境が政治的イベントと合致することになる。法則の運用として、民族や人種の中に存在する生命力と自然景観における民族的根源性の表象が強調されることになる。環境への依存を通しての人間の主観性、民族の強さや意思が反映される。環境の変化が民族に影響する。国家社会主義の地政学とは、政治科学ではなく、民族運動のイデオロギーの基本原理である。そこでは、民族の空間的な環境上の運命としての永遠の諸力と価値観が主張される。

しかし、この時期のドイツにおける地理学は、国家を一つの統一された実体としてテーマとするのではなく、むしろドイツの都市、村落、経済地域といったよりローカル・レベルの研究を発展させた。ラッツェル流の生物学的な環境決定論は、ナチからはむしろ拒絶された。ドイツ民族に関する精神的な主張がなされたものの、それがナチからの地理学における人間・土地利用関係の研究の否定には結びつかなかったからである。むしろ環境論と反対の方向で、ドイツ地理学には民族の質に内在する要因が環境を再形成する視点として形成されたからである。それらは、文化地理学における文化景観の研究、すなわち民家や耕地の形態、人為的に改変された植生のパターンといったテーマに継承されたからである。

つまり環境と民族のどちらを優先するのかという対立概念のイデオロギーが、ドイツの伝統的な文化地理学には直接持ちこまれなかったからである。つまり、戦間期のドイツ地理学は、ラッツェルの「生の空間」概念のもとで、直接にナチと抵触し、接続するのではなく、都市や農村に関する研究を発展させていった。

科学的唯物論は十九世紀に法則定立的に自然環境の決定要因が人間社会を形づくるとした。しかし、とりわけ政治的国家形成をめざす国家社会主義の民族運動の理論は、地政学の基本とは異なる。そこには唯物論対ロマン主義、情緒や感情といった民族における人間の主観的要素が反映されているからである（Bassin 1987b）。

そしてGiaccaria and Minca（2016）は、ドイツ地政学と、ナチが実践した「生政治」の違いを解消するために、第三帝国における「生の空間」の二重の意味を統合する必要があったと指摘している。それは、有機体にとっての生命空間と生活世界を統合することであり、またナチの「生の空間」への機能主義者としての理解と、生命と空間の存在論的融合をはかることである。とりわけ後者は、ドイツ民族としての空間的有機体にとっては、その拡大こそが、生命の本質的表現であるとされた。すなわちナチの世界観における空間性と「生の空間」の融合である。

第三帝国は、ヨーロッパ空間における集団や個人の分類と再配置を通して、民族や人種の再編を行い、人口分布を安定させ、階層的な民族の秩序を形成しようとした。

それはハンス・グリムが一九二六年に記した『空間なき民族』のように、ラッツェル没後のケーレンからハウスホーファーに至る「生の空間」の系譜学を反映している。

「生の空間」としての生物学的コンテクストが、ドイツ民族にとっての地政学的に必要な空間とされるようになる。

そのため地政学と「生政治」のイデオロギーが併存し、混在したことが、究極の大虐殺につながったのである。

要するに「生の空間」の系譜学としては、地理学におけるドイツ植民地政策への提言（ペンク、ボルツ、ハウスホーファー）と機能主義的視点として、ドイツ民族の生存と繁栄のために必要な空間として、ウィルヘルムの植民政策として東方移民がナチ政策へと引き継がれたものである。

地政学とナチ政策の共通項はロマン主義的思考と反近代化論である。ヴェルサイユ条約以降、ドイツ民族は流散民や他の植民地勢力への敵対心が強くなった。

地政学と生政治の系譜学として、ナチはラッツェルとハウスホーファーを評価していた。それは地理学が民族と空間との関係について、研究する唯一の社会科学であったからである。しかし生命と空間の融合は、ナチにとってはあいまいな概念であった。

「生の空間」への機能主義者的理解として、ワイマール共和国体制における知的風土と結合し、現実にドイツ民族の生存と繁栄に必要な空間であった。しかし、ナチにとって打算的な空間的合理性をもつ「生の空間」の解釈の連続的応用をはかることで、機能的、存在論的に「生の空間」の概念が収斂していく。もともとは多様な価値観のもとで、比喩や意味、実践の集合体として、機能的空間、生命の空間としての「生の空間」であった。しかしナチの計画では、征服による植民地化としての計画の実践であり、ドイツ民族の共同体の再生産と発展に必要な自然人的資源を管理する概念となった。ヒトラー『わが闘争』において、ドイツ東方に連続する民族の文化的共同体をつくることであった。

第一次世界大戦で割譲した領土を回復することは、第三帝国の植民地政策のアジェンダであった。国家の主権は、偶有性をもとにフロンティアとして、植民地化に開かれた空間を確保することであった。そのような空間の具体化とは、民族と土地、文化を融合し、民族の領域と文化地域を合致させることであった。存在論的空間、生活世界としての生の空間とは、ナチにとっては戦争に土地、民族、文化を動員することであった。

ナチにとって生活世界としての空間的実践をはかることは、空間と生命の関係について、①地理的にドイツ植民地政策が生み出され、履行される領域と、②千年王国を建国するために民族の自由と安全を保証するための「生の空間」からなる。

このように空間的要素と生物的要素が一致した「民族的身体」として、民族も存在論的に身体にたとえられるようになる。それは「血と土」の概念におけるイデオロギーと実践の一致である。十九世紀末には「生の空間」運動への回帰とともにダーウィニズムや菜食主義、有機農法などをともなった農民運動からなる。血液の代謝と有機的土壌との共生的関係を促進した。

もともと十九世紀の「生の空間」の概念は文化と環境との関係に焦点を合わせたものであった。一九二〇年代になり、第一次世界大戦の敗北、ヴェルサイユ体制の履行への反発による民族意識の高揚とともに、「生の空間」に生物学的人種論が結合した。そこでは発生学的、環境的要因が民族の構成に大きな意義をもつとされ、これらの両者を考慮しない国家政策なくしては真のドイツ民族の生存と繁栄はありえないとされた。このような土地、土壌とドイツ民族の純粋性が結合したことが、ナチの恐るべき優生学の形成へと発展していった。

4　ハウスホーファーの地政学

また Herwig (1999) はナチ、ヒトラーの地政学のブレーンであったカール・ハウスホーファー（Karl Haushofer、一八六九―一九四六）の地政学について、以下のように論及した。

一九三九年の独ソ不可侵条約は、ハウスホーファーの最大の功績とみなされる。ハウスホーファーはヘスと並んで、国家社会主義における領土拡大論者である。ハウスホーファーは、ラッツェル『政治地理学』とチェーレン『生の空間としての国家』の影響を受けた。ハウスホーファーの地政学の定義は、政治的発展と地表との関係を研究することと、政治空間としての有機体とその構造について研究することである。

ハウスホーファーへの知の系譜として、ラッツェルはダーウィンの生存論争を空間闘争に読みかえた。一八八〇—九〇年代のラッツェルは、ドイツ帝国の海外拡大を自然の生物学的成長による発展とみなした。ラッツェルの影響を受けたチェーレンは、スウェーデンのウプサラの政治学者であった。その地政学は、自律性による国家の自給自足性をもとにしていた。国家と権力は同義語であり、植民地化による併合や征服が正当視された。英国のマッキンダーは、「ランドパワー」において、ユーロアジアを「ハートランド」としてとらえた。ハウスホーファーは、汎ゲルマン主義を支持し、中部ヨーロッパと接合する「ユーロアフリカ」を主張した。

ハウスホーファーは、ラッツェル、ケーレン、マッキンダーを支持していた。またハウスホーファーは、一九〇八—一〇年にバイエルンの武官として日本に滞在し、一九一三年に *Dai-Nihon*、邦訳はハウスホーファー（1942）『大日本』を刊行した。そこにはハウスホーファーが日本の日露戦争の勝利に感動して、日本の軍隊を、天皇への崇敬、軍人としての武士道、列強に対抗する正義の闘いであるとし、朝鮮併合を正当化した。そして英米列強と対抗するために、将来の日・露・独の同盟構築を主張した。なお、ハウスホーファーは日本の軍国主義を鼓舞する多数の著作を出し、それらの邦訳は一九四〇年代、終戦までに大東亜共栄圏を賛美する著作として、多数刊行された。

ハウスホーファーの地政学は、「生の空間」・「ハートランド」と「地政学」からなる。まずハウスホーファーの「生の空間」では、人々に広大な空間と資源を供給することは国家の責務であると主張した。しかし、諸国家間の人口増加の違いによって、国際的な権力構造に一定の摩擦がひきおこされる。より強い国家は、より弱い国家を犠牲にして、拡大するのが責務であると主張した。それはグリム、一九二六年の『土地なき国民』に感化を受け、国家は国際的諸法というよりは生物学的諸法則の対象であるとみなした。

とりわけラッツェルの「生物地理学」から二つの概念の感化を受けた。「生の空間」とは、国家、民族が平和裡に、ときには戦争によって拡大するものであり、実践的な軍事戦略の対象である。「自律性」とは国家、民族の自給自足性である。マッキンダーは「生の空間」と「自律性」を結合した。「ハートランド」として、ウクライナからヨーロッパ・ロシアへとドネツ盆地、カフカス、ウラルからシベリアへと、石炭、石油、天然ガス、金属資源、農産物の自給自足が可能である。それはヨーロッパ勢力が対抗できない広大な地域へと勢力を増強する。またハウスホーファーの汎ゲルマン主義はヨーロッパ中部からアフリカへと拡大した。

ハウスホーファーには、グローバルな再編成にもとづく、動的で流動するフロンティアの概念があった。その境界とは、自然的障壁や政治的決定で固定できない「生の空間」や「自律性」の移動や運動である。すなわちローマ帝国からソビエト連邦の形成まで、勢力圏は常に変動していることは、歴史に証明されている。

「生の空間」と「血と土」の概念は、ドイツの不滅の地政学的権力による拡大主義、土壌支配と有機的フロンティアを含意している。そのような空間闘争は、多くの殉教者としての犠牲をともなった。

さらにNatter (2003) はハウスホーファーの評価を以下のようにまとめている。ハウスホーファーは、ナチの軍事官僚であり、一九四六年に自死した。ハウスホーファーは親友ヘスが英国に逃亡したため、ナチへの影響力を失うとされる。国家的、保守的立場からヴェルサイユ条約により喪失したドイツ領を再獲得し、ドイツの人口を支持するために十分な「生の空間」と領土を合致すべきであると主張した。国家社会主義を正当化するための先制的役割を果たした。

このようなドイツのナショナル・アイデンティティの危機としての第一次世界大戦の敗北を克服するために、ラッツェルとチェーレンの影響をもとにして、ハウスホーファーは地政学を、誤った国際戦略を是正するために用いた。

それは、ヴェルサイユ条約で喪失した領土を回復し、東方へと進出をはかる。第二帝政時の領土を回復し、ドイツ民族の土壌として政治的通廊を確立する。そして汎ゲルマンとしての中欧から、インド、ヨーロッパのブロックへと拡大する。このようなドイツのランドパワーは英国のシーパワーに対抗できる。グローバル化段階における国民国家の連邦をつくると主張した。

ハウスホーファーは、その著作において、気候および水田農耕をもとにした農業文化的類似性から、モンスーン・アジアを政治的統合単位としてとらえることを主張した。しかし、インド・日本を統合的単位として、英米に対抗しようとする主張には、アジアの文化の基底にあるヒンズー、大乗仏教、小乗仏教、イスラーム、儒教など多様な宗教と文化の違いから南アジア、東南アジアと東アジアを区別しうる視点がなく、さらには英領インド、オランダ領東インド諸島、フランス領インドシナ、半植民地的中国、緩衝国家としてのタイ王国や日本の植民地となっていた満州・朝鮮・台湾といった多様な統治形態の違いを理解せずに全く同一視したものであった。つまり、それらは社会的・文化的視点を欠いていた。

さらにハウスホーファーが、第一次世界大戦敗戦によるドイツ帝国の崩壊、ヴェルサイユ条約の発効による東方領土の喪失に対して、在外ドイツ人をソ連・日本との協力で地位向上をはかると主張することは、「血と土」、東方における「生存圏(Lebensraum)」といったナチの政策を支持するものであった。

一九二〇年代半ば、ヘスを通してヒトラーに、その主張は伝えられた。それゆえ人口に膾炙しているハウスホーファーの功績とは、一九三七年の日独伊防共協定や一九四〇年の日独伊軍事同盟の締結に貢献したとされてきた。しかし、当時の日本の親ドイツ的な態度は、日本にとって英・米・仏だけではなく、ソ連も敵であることを反映したものであった。またヒトラーも反共主義であり、人種差別論者として、反セム・反スラヴの心情と態度をもっていた。そのため日本との同盟関係も、一九三九年の独ソ不可侵条約の締結とドイツ軍のポーランド進撃、そして第二次世界大戦の開戦によって、まったく無効なものとなっていった。つまりハウスホーファーが主張する独ソ・日ソの関係改善は画餅に帰して、現実性のないものであった。

またヒトラーはドイツ民族の精神的な優位性をもとに人種差別と領土拡大を推し進めたのであり、決して、ラッツェル以来の生物学的な「生の空間」、生存圏（Lebensraum）概念を十分に理解して、支持したわけではなかったのである。

ハウスホーファーは、ドイツが第一次世界大戦敗戦によって、全植民地を喪失し、自国領土の縮小をはかったことによる英米仏への憎悪とともに、ドイツの失地回復をはかっていた。このような極端なナショナリズムが結合した地政学の転換点は、一九三三年にナチがワイマール共和国体制の第一党になったときである。ハウスホーファーは、すでに一九二四年に地政学雑誌を創刊していたが、さらに国家社会主義者への指向を強めていったのである（シュパング 1991, 2018）。

このように、ドイツ地政学は、第一次世界大戦後のヴェルサイユ条約への反発であり、地理的唯物論と目的論的可能論を融合させたものであった。

東洋的専制国家論を提起したウィットフォーゲルは、また地政学をブルジョア・イデオロギーであるとして、ハウスホーファーらを批判した。それは、自然的要素である気候、土壌、立地、領域、人種などが、国家に直接影響するのではなく、人間世界へは政治的領域を通して介在するためである。そのため、かえってラッツェルの『人類地理学』や『政治地理学』が、自然と社会の相互作用を無視し、不正確な誤りを神秘的なものにしてしまった。そこでは経済的領域は無視されている。チェーレンやハウスホーファーはラッツェルの後裔であるが、地理学を機械的決定論、地理的唯物論に堕落させてしまったとまで批判した。ウィットフォーゲルは、ハウスホーファーの地政学をブルジョア・イデオロギーと批判することで、知的・政治的に、個人的にナチのファシズムと戦ったのであった

(Whitfogel 1985)。

またフランスにおけるハウスホーファーのドイツ地政学への批判として、Demangeon (1932) をあげることができる。ドゥマンジョンはラッツェルが、ドイツ地理学を革新し、地政学を成熟化させたと高く評価する。それは十六世紀にボダン、十八世紀にモンテスキューの地人相関論がとなえられ、十九世紀になると、国家の政治の形態は進化として、一片の大地と一片の人間との相互作用から説明されるようになるという系譜にもとづいている。

ハウスホーファーの背景として、ラッツェルが有機体としての国家を地域研究としてとりあげた視点は、国家が位置、土壌、気候といった自然条件の影響を受けることでもあった。それは地理的環境における生命の要素として、栄養循環と再生産の機能でもある。そのような物質的概念だけではなく、さらに人類の意思のように国家は個人としての理性を持つ。それゆえ諸個人から独立した固有の法則として、国家の生命が表現される。そして人々の歴史的運命は、不変の自然の法則に服従させられていた。

それぞれの国家内体制の変革として、英国におけるクロムウェルからエリザベス王室統治へ、フランスのルイ十四世から革命とナポレオン共和制へ、ロシアからソビエトへ、ドイツにおけるビスマルク体制の確立に反映されるように、ヨーロッパ大陸には三六の独立国家、国民国家がすでに存在していた。

それゆえ政治地理学は地誌として、自然条件と経済的な生活様式を通して、居住地の経済発展、通信交通が可能になり、社会史や文明史とともに発展することを明らかにする。政治地理学は、さらに地政学という名前を用いることで、科学的性格から応用的性格を強化した。国家の形成と外交との関係にも応用されることになった。

しかしハウスホーファーの地政学は、ドイツの第一次世界大戦後の喪失領土の回復をはかり、ヨーロッパの中核化をはかろうとする政治的なプロパガンダでもある。このようなドイツ固有の論理が世界全体に応用できるのであろうか。

一方、フランスは、衰弱する国家として、移民の防波堤となっている。その南東部へのイタリア人移民の流入といったマイノリティの形成は、フランスの一地方にとっては脅威である。またフランスは何万人というドイツ人を吸収している。

フランス自身は植民地ではない。むしろ植民地を拡大して、フランスの発展をはかるべきである。しかし、そのような海外進出はイスラムのナショナリズムにさらされるリスクをもつ。それは大英帝国を悩ましたインドにおける一八五七年のセポイの反乱と同じような事例となりうる。

それゆえ北米におけるアメリカ・カナダの連合に対抗して、ヨーロッパにおける国家連合をつくるべきである。フランスは、ドイツ、イギリス、スペイン、ポルトガルの統合をはかり、交易や交流を促進すべきである。もしドイツ地政学が、ドイツ文化として共通する領域をドイツ国家の領土として認定することと、反ヴェルサイユ条約として、領土分割を解消することが主張するならば、ドイツ地政学は科学的ではない。領土論争の憎悪を反映したものにすぎない。このようにドゥマンジョンはドイツ地政学を批判した。

5 「生の空間」から「血と土」へ

以上の本節の内容を、Bassin（2005）をもとにまとめることにしたい。

Heimat（郷土）、Landschaft（景観）と、Kulturlandschaft（文化景観）の概念は、民族運動への先験的象徴である。民族は絶対不変であり、その変更は退化である。人種差別の枠組みは、自然決定論による発生学的決定であった。十九世紀末に、このような視点が民族運動に普遍的なものとなった。民族と地球との結合は、民族の特性が地球諸力とその条件によって決定される。民族差別は、ナチュラリストの民族共同体の有機的視点から決定される。

「血と土」は地理学的表象であり、その根源性は環境論のもとでの自然と民族の有機的関係を示す。外的環境が民族的コミュニティにあたえる影響は、文化景観として表象される。そこでは、自然と民族の有機的関係として、因果的に環境的関係が仮定される。それは、啓蒙期の人間中心主義と改革論的リベラリズムの結合のもとで、人種差別が人々や民族の間の絶対的不変性として、橋渡しできない不平等の枠組みをつくりだした。

ラッツェルは一八七〇—八〇年代にかけて、植民地唱導グループの一員として、汎ゲルマン主義者であり、「生の空間」から民族運動の「血と土」言説の主要な概念を形成した。

その人類地理学は、ダーウィンの自然選択の理論を基礎として、社会と自然の生態学的関係について、自然から社会への因果的関係として説明した。ラッツェルは生物学者ヴァグナーとヘッケルから、そして地理学者のリッターから地理的決定論を継承した。

ラッツェルの地理的決定論は、自然有機体としての国家に応用されることになる。民族的視点の不一致はRaum（空間）における外的環境の違いから説明される。空間として、地球の地表空間の一般的概念は、地域の自然条件によって異なるものの、同時に普遍性や共通性を強調することになる。

「生の空間」はドイツ民族にとっての「生の空間」であり、ドイツの生活空間として、国民の歴史的文化的空間としての郷土となった。

民族の自立主体性を強調することは、自然世界の改変としての環境の影響が、歴史景観、自然景観を形成する。民族精神と身体の関係について、外的環境の影響が民族の本質を形成する。人種の混交は、歴史的に不可避で望ましい。人種の異質性が、異なった文化や文明の有利性をもたらす。しかしヘルダーやモンテスキューによる「人種の基本単位」の影響は誤りである。民族の不変性と地理的条件の影響とは矛盾している。

土と家郷としての民族運動によって、「生の空間」に別の意味がもたらされるようになった。ワイマール共和制のもとでの地政学は、一九二〇年代における第一次世界大戦の戦後体制の克服をめざすようになった。外因による占領と領土の実質的部分の喪失に対して、戦前への追憶が激しくなる。民族の発生学的構築における不変の質、民族・人種の魂と精神は原初の景観に根ざしているとされるようになった。つまり環境が民族や人種を形成する。ハウスホーファーは、民族が「生きている有機体」であるとして、「血と土」の立場の主流を形成した。ハウスホーファーは、現代国家における合同の基礎として民族人種の同質性を認めていた。それゆえドイツの領域における人々は、疎外されない権利をもつ。

ラッツェル「生の空間」は、グローバルな空間についてのより一般的な概念である。ところが「地政学」における「生の空間」は、ドイツ民族にとっての郷土や歴史的空間に限定される。

ハウスホーファーは、「生の空間」ではなくヴェルサイユ条約で喪失した領土拡大のため、Kulturboden（「文化領域」）として、歴史的にドイツ人が居住している地域、科学的、地理的にドイツ人の郷土の範囲に限定した。

国家の地理的意識とは、政治的知識と政治的活動の間の橋渡しである。ハウスホーファーは反近代、反都市、反民主的倫理を持っていた。ここにラディカルに保守的な環境に共感をもつハウスホーファーのナチへのイデオロギー的忠誠がみてとれる。これは本来の地政学を損なうものであった。

一九三〇年代初期の地政学は、客観的で明白な自然の科学であることにつとめていた。科学の客観性としての実証主義的主張は、ラッツェルの遺産としてのワイマール期の地政学に受け継がれていた。地理的決定論として、全ての政治的事象は持続している自然環境の条件にもとづいているとされていた。

しかし強い指導者の介在によって、大衆の情熱は自然の条件以上に上昇しうることが、空間的運命、立地の運命とされるようになった。「血と土」の概念をもとにハウスホーファーは、生物有機体としての国家の根源性をとなえた。領域的拡大による国家の強大化を通して、地政学とナチ活動が結合した。イデオロギー的方向づけの問題として、国家を地理的地域に結合させた。「土」（Soil）が生存のために引き出す効果を超えて拡大した。

地政学は、民族的方向性と空間的方向性を一致させるものであった。そこには物的条件として、土壌の質、鉱物、植物、動物といった資源が国家政策に影響する。民族的条件は、文明と環境の開発にもとづくとともに、生物としての発生学的条件にももとづく。それゆえ民族と地政学は必ずしも結びつかない。地政学と民族について客観的科学には境界が必要である。

「血と土」の思考は、ドイツ農民とドイツ地政学的空間の結合であった。民族は、活動や決定についての真髄の主体とされ、自然地理学的環境は克服、征服するための無限の闘争にふさわしいものとされていた。地政学を政治問題に結びつける敏感性のための、単純な民族感情が「血と土」の学説である。それは地政学にとって、生態学的、生物有機体的原理だけでは不十分であり、イデオロギー的象徴性が必要となったからである。

二　ハイデガーの国家社会主義とドゥルーズからの批判

1　ドイツの民族運動

ところで、ラッツェルの『政治地理学』は、生物地理学的、生態学的な「生の空間（Lebensraum）」概念にもとづくもので、民族の運動・移動による領土拡大を基本とするものであった。しかし一方、ハイデガーの地政学的概念は、汎ゲルマン主義のもとで、ドイツ民族の伝統文化を真正性として守るために、定住民を尊重し、外部からのディアスポラやノマドを排除するものであった。つまり地政学について、ラッツェルが生物学的であり、運動と移動重視であるのに対して、ハイデガーは民族文化の伝統にもとづく静止的なものであるところが異なる。

さらにドイツでは、一八七〇年代から Völkisch とよばれる民族運動が展開していた（野田 1988; 藤原 2012）。それは、一般に反ユダヤ主義的傾向をもつ他民族に不寛容な民族主義であるとされるが、国内の政治や社会の体制に関する一定の方向づけをもった主張をふくみ、個人の魂の救済の問題にも触れる宗教的次元をもっていた。そして民族共同体（Volksgemeinshaft）のもとで、もろもろの集団や階級に分裂した近代の多元的・自由的社会に代わり、民族概念を核に社会的にも政治的にも統合力のつよい共同体の樹立をめざす反近代主義の立場でもあった。

それはロマン主義からの影響のもとで、各個人は、民族を介してのみ、この世の目前の現実を超越した「より高次の実体」としての宇宙、コスモスとむすびつくことができる。このようにして個人は創造的自我を取り戻すことができるとされた。

そこでは自然が、つめたい機械論的なものではなく、それ自体が一つの魂をもった生きた存在であり、各個人はこの自然との内的交流を通じて、民族の他の成員と共通の情緒的経験を共有し、民族への帰属感を強めることができる。この場合の自然とは、自然一般ではなく、一つの民族に固有な風土である。

また風土とならんで、歴史も民族を規定する重要な要素であり、民族は遠い過去から現在にいたるまで連続する歴史的統一体である。そして、とりわけ近代の現実とは対照的な中世における素朴な民族のあり方こそが憧憬に値するとされた。

このように民族は風土と歴史によって規定されるから、民族に固有なものに「根づく」ことが、個人が民族を介してコスモスの生命力に触れることができる不可欠の条件である。そのために最もふさわしいのは、自分の生まれ故郷である地方の町や村に住むことである。逆に大都市の生活は、混乱と根無し草状態をあらわすものであるから排斥しなければならないと主張される。

そのため、市民や労働者を風土のなかに根づかせ、それぞれを民族に不可欠な要素として統合することが必要である。とくに労働者には小さな土地をあたえ、疎外されたプロレタリアートから中世の手工業者に似た存在に引き上げなければならないとの主張がなされた。それはロマン主義の基盤の上に、十九世紀ヨーロッパにおける都市化・

工業化に敵対し、中世回帰的な選択肢を提供しようとするものであった。そこでは、コスモス・民族・個人の三位一体性が強調された。

そのような認識の時代背景として、ビスマルクによるドイツ統一も、民族の内的、精神的な一体感を反映しない皮相なものであったことがあげられる。そこで、工業化や民主化による民族の没落を阻止するために、汎神論的で、情緒的で神秘主義的方向に傾斜し、人々の内奥にひそむ自発的な精神的活力が重視された。またキリスト教中心主義を棄て去った主観性のつよい傾向が認められていた。とくに大学における教育改革運動、ワンダーフォーゲルの青年活動がさかんになる。とりわけドイツ学生連盟の入会にあたっては、唯物論者、自由主義者への批判をする誓約までもが行われていた。

とりわけ、第一次世界大戦の終結とその後の社会的・経済的混乱のなかで、人種論的反ユダヤ主義が強まった。その背景として、以下の諸点が指摘できる。大戦中、東部ドイツの占領地域からユダヤ人が工業労働力として、強制的にドイツ国内に広く移住させられた。そして東部戦線におもむいたドイツ兵が多くのユダヤ人と接触する機会があった。また戦中・戦後のドイツ経済の逼迫状況のなかで、ディアスポラとして農地には根ざさずに、商業・金融活動を営んできたユダヤ人に対する反感と憎悪が、かりたてられた。そして、私有財産に対する共有財産の優先、ユダヤ的な国際的金融・株式制度への弾劾、あらゆる異人種による支配や搾取、とりわけユダヤ人からの搾取からの解放がとなえられるようになっていった。

このように、もともとドイツ観念論やロマン主義には、権威主義的・国家主義的あるいは権力志向的なものが内在していた。

また十九世紀から二十世紀初期にかけてのドイツ文化の多彩化、すなわちドイツ観念論から新カント主義、現象学といった学問の隆盛があげられる。それらの教養とは、非実学的な真善美の追究で人格の陶冶をはかる内的連関をもった総合的学問であった。その支持基盤である教養市民層は大学卒業者として、ドイツ独自のエリート階層を形成していた。

しかしマルクス主義の台頭（それは新たなプロレタリアートの台頭でもある）、自然科学の発達や学問の細分化によって、旧来からのエリート層の存在基盤であった教養が崩壊していった。そのため新たな救済の境地を求めての新たな思想が次々と興隆したのである。ドイツの学術の多彩化は、むしろ教養市民階層の危機を反映していた。

そして経済的困窮状況のなかでの教養市民層や高等教育のあり方への糾弾や弾劾がおこり、やがて労働者、農民、大衆によるナチス支持へとつながっていった（野田 1988）。

2　ハイデガーの民族概念と「現存在」

このようなドイツの民族運動の影響を受けていたハイデガーであるが、その地政学的な「民族」概念とはどのようなものであったかをまとめてみよう。

ハイデガーの世界内存在としての現存在の理解における空間概念に関連して、ニュートンの空間モデルは空間を単なる容器として扱い、デカルトの空間意識とは数学化による単なる空間の拡大にすぎないとされる。これらは現存在の理解には不適当である。またカントは空間、時間ともに直観の形態である先験的主題とみなした。これは存在論的に純粋な現象として説明できない。

人々の空間内存在において、所属、定着、愛着の感情が生じ、現象学的空間と地政学的空間が結合する。それはドイツの東方への植民政策を正当化し、ノマドではなく土壌（soil）への定着民の根源性が主張され、民族の真正性が主張される。それは国家社会主義者（ナチ）がとなえたドイツ民族の優秀性にもとづいた生物学的優生学や人類学の主張とは距離をおいていた。

そもそも、ロマン主義におけるこの本来的自我は、民族・宗教的共同体、歴史的・文化的風土の土壌に自らの根拠を据えることによって、自らを支えると同時に、その土壌を共有する他者との共同性を獲得する。そのことによって、ブルジョア社会を否定して、これらの美的に構想された世界を経験的に現出させる。

しかし、ロマン主義的自我として、民族の歴史や風土における同一性を強制することは個人による絶対的自由の希求とは著しく矛盾する。そこで、個人は自らの全体性を回復するために、間断なく差異を対置して、自己を否定する。

経験的自我との対立から絶対的自我を求めることは、土壌定着（共同存在としての美的世界に根拠づけられた私）である「同一性」と、土壌喪失（一切の根拠を欠如した単独者としての私）である差異とのあいだの相互作用である。つまり同一性と差異の間の無限の往復運動から説明される。

ハイデガーによれば、民族としての人間は歴史的存在として、断固とした意識と運命的な使命感をもち、一つの行動に突撃する。そこには耐え忍ぶという責任、勇気、行動、信仰、そして犠牲的行為が属している。一方で生物学的な民族概念は、反動的な国粋主義、民族主義であり、政治的なものを、精神性を欠いた宿命的な領域に陥れる。このようにしてハイデガーは、ナチスの陣営がとなえる生物学的（優生学的）な人種概念とともに、民族主義的なフォルキッシュ運動を批判していた（Kiesel 2001）。

ハイデガーが説く理想的なフォルキッシュな民族集団の概念とはどのようなものだろうか。それはロマン主義以来、言語・宗教・慣習・文化的伝統によって、基礎づけられ、同一性を担保された集団ではない。むしろ民族とは、歴史上のある瞬間に生起するアドホックな集団である。一方では既存の集合的なアイデンティティに帰属することで、地平を共有するダス・マン（共同存在）であり、他方では束縛から解放された自由な単独者（ダス・セルプスト）からなる現存在の側面を有する。この大きな両義性からなる。

そもそも民族ということばの本質には、アドホックに、瞬間的に地平を共有することと、その都度、その意味を認め合うという含意がある。民族集団においては、言葉の多様な意味が論理的に、かつ概念としての共通の意味へと、進化している。つまり、ことばによって指示される存在物へとむかわせる。分散する視線の方向に対して、いかにそれらに限定された統一性をあたえるかを考える。

つまり民族は地平を歴史的に共有してきた共同体ではない。各人が単独者として、他の単独者とは地平を異にすることを承認した上で、例外的に地平の共有という稀有な生起のもとに結集する集団である（小野 1999, 2010）。

小林（2011）によれば、ハイデガーの「民族」の概念とは「ドイツ民族」として、具体化しようとも何らかの基礎によって根拠づけられた恒常的なものではないという。つまり「祖国的なもの」を構築しようとするプラスの運動と、それを解体、脱構築しようとするマイナスの運動の並存によって成立するという「民族」像である。

それは、自らが世界の内へと偶然に投げ込まれた存在であることを自覚することによって開かれる本来的時間の中で、自らの可能性を運命として選び取ることによって導き出される「民族」なのである。

このように「民族」の解釈には、両極的な立場が存在していた。一つには「民族」を例えば「ドイツ民族」として表象されるような現実的な「民族」として捉える立場である。言語、文化、習俗、血統などを規定要因として、個人が所与的に帰属する。しかしハイデガーの民族概念は、このような実体的で現実的な「民族」ではないし、また抽象的で観念的な「民族」でもない。ハイデガーの「民族」は、「闘いの往復運動」によって成就する。確固たるものとして創出される「民族」を解体、脱構築しようとするマイナスの運動と、存在者を通じて偶然に現れる「存在」を基礎として「民族」を成就するプラスの運動とによる往復運動である。このように両義性を備えた共同体が「民族」なのである。

そこで「民族」が持つ三つの特徴を導き出すと、第一に「民族」は、そこにおいて存在者の「存在」が現れ、了解されるような共同体である。世界内存在として、共存在において実存することを前提としている。第二に「民族」は、世代を超えて同じ遺産を共有し、引き継いでいく現存在たちによって構成される共同体である。第三に「民族」は、同じ遺産を持つことで運命を共有する運命共同体である。それは世界の内に歴史的に存在するさまざまな事象から、自らが遺産として引き継ぐものを能動的に選びとることを意味していた（小林 2011）。

以上のハイデガーの「民族」概念について、現在ではどのように考えるべきであろうか。現在社会では、領土・領海など、さまざまな軍事的緊張が高まり、経済のグローバル化が進行するなかで、民族や国民国家としてのアイデンティティが求められている。その一方では、イデオロギーや信条の違いはさておいて、食料・資源・エネルギーや製品のサプライチェーンとして、敵対する民族や国家相互の間で完全に交流や交易を解消することはできない。まさしく、必要に応じて、アドホックに、その都度、運命を共有するのが「民族」概念ということになるのだろうか。民族のアイデンティティとは、グローバリズムとナショナリズムの間で揺れ動くものであることを示唆しうるものであろう。

しかしハイデガーの民族概念とナチズムとの関係について、考察しなければならない。Rohkrämer（2005）は、以下のように展望している。

ハイデガーは、ナチ支持者であったが、後にナチに幻滅し、理論的環境論と結びつくようになった。一九三四年『形而上学入門』講演で、民族への官僚制的管理を批判した。

国家社会主義としてのナチは、現代の実存的危機への対処を覚醒し、克服するものであった。ニーチェが「神はもはや死んだ。」と語った虚無主義への抵抗として、階級闘争を主張するのではなく、ヴェルサイユ条約の克服をとなえたのであろうか。

ドイツ民族の共通の運命として、「世界」の真正性を明らかにする人間の営みは、リスクや危険を伴うものであった。一九三五年の講演では、ドイツがマルクス主義とアメリカ主義と戦い、東方に進出することで、ドイツの思想が世界を救うと主張した。ドイツ文化の世界的優秀性をもとにした攻撃的な反近代化論者であった。ドイツ人民は土地（soil）に帰り、再定住すべきである。一八〇〇万人のドイツ人が、民族として、帝国の領域の外に住んでいる。都市化や権威主義への批判と空間を生み出すための暴力的拡大の主張は、ハイデガーが危険な修正主義者であることを示す。しかしドイツ民族居住のための他民族へのホロコーストである民族浄化まで主張していない。

ハイデガーは、技術批判と技術の必然性のバランスをとりつつ、「血と土」の宣伝をもとにドイツ民族の運命を主張した。その背景はキリスト教普遍主義への幻滅、国民的覚醒へと、信仰・教義・個人的確信の無力化の代わりに、歴史を形づくりうるような新しく強い集団的な宗教的感覚を求めるようになっていた。

つまり、古代ギリシア初期における全体のコミュニティは、詩人・思想家である官僚によって決定される。そのように、国家社会主義は、第三帝国の人々が民族的信念によって統一されたユートピアをつくりうる理想的な機会である。ハイデガーはドイツ人に精神的覚醒を求めたが、ナチの民族を改良するために主張した優生学的改革には懐疑的であった。しかし、大学や芸術における覚醒運動を通して、ナチズムが虚無主義の打破をはかると支持した。

人間がもともとは自由な主体であるというのは、フランス実存主義の主張である。しかしハイデガーによれば、人間は歴史的遺産の中に投げ出される。そのため必ずしも人間は自由に運命を選択できるわけではない。ナチズムにおける意志と権力は、国民の覚醒をはかり、ドイツの強大さを回復する。土地と北欧民族の優秀性が、永遠の社会ダーウィニズムを実践する闘争で勝利を招く。

人間と郷土の結合を理想化したいと主張することで、農村から都市への移動（モビリゼーション）はハイデガーにとって暗黒郷の形成を意味する。それは無神論的な虚無主義者を象徴し、任意の意思による無意味な超過活動をかくすものである。

ハイデガーはグローバル化時代の科学技術を悪者扱いした。技術は「世界」を理解するためには正確な方法であるものの、技術は任意の人間活動ではないそれは場所の真意を明らかにする。しかし技術は人間の需要によって決定される。場所の真意として、ライン川は伝統的な農民との相互作用を形成していた。しかしライン川に水力発電所が建設されるようになる。長距離の送電ネットワークが、電力を大都市の工業に供給する。これは電力とエネルギーの配置の問題にすぎないのだろうか。ライン川の古い木橋は、数百年にわたり両岸を結ぶ。ダムは川をせき止める。巨大なダムや発電所は、遠くの巨大な怪物によって統括される。

ライン川をせき止めるダムは、芸術的景観たりうるのだろうか。それは環境論者と保全論者、水力発電と周囲の環境の審美的問題をこえた問題でもある。ハイデガーは、観光業が自然景観に対して、傲慢な利用でそこねていることも嘆いている。

自然は人間にとっての対象にすぎないのか、対象でなくなれば存在として認識されないのか。近代化の中で、人間が自然を選択されたものではなく、資源として、運命付けられたものとして見ている（ハイデガー 2019）。

現代科学は真実の表現ではあるものの、リアリティに対する手段にすぎない。ハイデガーは生涯を通して、成長の限界を極め続けた。それは人間と「世界」の還元論的関係ではなく、単に成長のための資源としての関係にすぎない。そこに不均等な環境の利用が正当化される。なぜならば完全に組織された技術システムにおいて、全ての環境の損失を避ける（一部の環境が破壊される）ことが可能であるからである。このような実用的な環境論は、図式的にハイデガーの理想とは矛盾する。ハイデガーにとって主要な枠組みは、科学技術的な因果関係ではなく、人間中心の中で多様化されているものである。なぜならば人間の「世界」に対する技術的態度が、その運命を定めているからである。

ハイデガーにとって神が不在であるという事実は、神が西洋社会において安易に個人主義や多元論を主張していたのではない。異なった共同体は異なった神を持つ。現代西洋社会の多元論は、虚無主義の形態を見なされている。ナチの「血と土」概念のプロパガンダに対して、ハイデガーは一九三〇年代に個人の虚無主義から集団の信念やアイデンティティを模索するようになった。このような権力への批判から、ナチとは距離を置くようになった。

しかしながら、ナチが提唱したドイツの運命としてのナショナリズムは、他者の権利を無視し、軍事拡大と移住計画をもとにした狂気の人種政策へとむかうことになる。絶滅の戦争を通して、国家のイデオロギーとして、自民族の正当化と他民族の排除をともなっていた。

ロマン主義にみられた初期の環境論とイデオロギーの違いはあいまいにされた。理想化し、観念化された自然は、「血」として優秀な北欧民族と農村にとっての再生産の場となった。その理由として、一九三〇年代の大量失業の解消と軍事のために自給自足が必要となった。また実践的な環境問題として、土壌浸食を避ける必要があった。

健全な環境が民族強化を招くと主張するナチに対して、ハイデガーは人間を単なる生物学的理解にとどめる生物学的人種差別には反対していた。

歴史は現代を正当化するためではなく、通用している概念を疑問にし、脱構築し、変化させるものである。ハイデガーは、「場所」が人間の生活を充たし、環境への態度や関心を形成するとみなしていた。それはナチのイデオロギーよりも生態学的な地域論（bioregionalism）や現代の場所の哲学へと結びつくものである。ハイデガーの主張はラディカルであるが、しかしディープ・エコロジストではない。生物中心的な視点ではなく、むしろ郷土学における「地域」概念のもとで、自然をケアする人間の存在や自己意識としての「世界」を理解するものであった。

このような後期ハイデガーの近代技術への批判は前期ハイデガーの民族の真正性を通してのナチズムへの賞賛と、戦後もその持続を隠蔽するためのものではなかったかと、ロックモア（1999）は考察している。

ハイデガーの「現存在」は現実存在であるとともに超越的なものである。思想家としてのハイデガーと人間としてのハイデガーを、すなわち偉大な哲学者としてのハイデガーと、彼が愛したシュヴァルツヴァルトの土地にしっかりと根差した知識人かつ、農民としてのハイデガーと区別する必要がある。

ハイデガーが「存在」に対するギリシア人の洞察は、後の時代になって覆い隠されてしまったと嘆くように、ハイデガーは、公式にナチズムを覆い隠す。一九三一年の学長就任演説の内容はもちろん、一九三三年にナチ党入党している。

一九一八年にドイツ共和国がワイマール共和制をとり、社会民主主義体制を構築するもの、戦間期の不況で、ナチズムの台頭をまねく。人々の失業について、ハイデガーは「退屈さ」改革を模索する。

一九三三年にナチスが権力を掌握すると、ワイマール共和体制の自由主義と民主主義的な考え方を拒絶するようになった。十九世紀末には、文化と文明の対立が顕著となり、反資本家的にロマン主義に古代ギリシアへの憧憬が重ねられるようになった。しかし、人々の不安がワイマール体制の衰退につながった。その現在という観点から人間を位置づけるために、自由や民主主義と、ボルシェヴィズムとの間にある第三の道が求められるようになった。デカルト主義批判と近代化批判は、民族にロマン主義と保守主義を重ね合わせるようになる。

近代社会における人間の普遍性に対して、民族は神秘的、経済社会の改革求めて、妥協を許さない存在となる。そこには超個人的な力と過激なナショナリズムが、個人を重視するロマン主義を超越するようになる。その世俗化が疎外を分断して廃棄するようになる。近代社会がもたらす分離と疎外に対して、民族精神と国民精神が分離、疎外に対するロマン主義的対抗概念をつくりだす。

民族と人種における生物学主義の混同は文学・歴史・哲学を内包する。ロマン主義における反合理性は、理性と啓蒙に反発し、生命と実在にふさわしい態度を求めて、自分自身の内に戻ろうとする。

ハイデガーにおける歴史と決意性の概念によって、人間は本来性と非本来性からなるが、多様な非本来的な存在から、本来的な人またはグループに移行すると主張した。時間は存在にとっての不可欠な地平となる。現実存在として、時間と人間は本来的と見なされるところの歴史の考え方と合流する。

自己実現は、おのれ自身の自由の表現であるが、個人に関わり合いを持つ宿命と、共同体と民族に影響を与える運命をもとにして、本来性とは以前の伝統を回復して、ドイツ民族の諸価値を実現することである。人間を政治的に理解している。

ハイデガーの学長就任演説では、自己正当化、自己擁護として己の場所を守ること、哲学者としての大学の自己主張、大学を通してドイツ民族の自己主張をはかることがのべられている。そこではフィヒテが生命の目標として精神的な秩序の発展を、ヘーゲルが人間の文化精神の独自性を、デュルタイが自然、社会、精神諸科学の違い強調したのに対して、ハイデガーは存在論的な差異のなかに宿命としての歴史や民族の使命を述べている。

『存在と時間』において、個人に帰らせられる宿命は、集団として、人か他の人々に関係する仕方に帰せられる運命であるとされる。ドイツ人は共有の歴史遺産の中にある。ハイデガーの意図は、ドイツ民族の本質を通して、「存在」の思想の理解を推進することにあった。

またハイデガーは、テクノロジーの本質を「立て組み」の概念として理解している。テクノロジーと人間の関係は宿命ではなく、転換することが可能である。このため人間はテクノロジーのヘゲモニーから脱出することができる。そして、ナチズムは近代テクノロジーに対する反抗を意図していた。或いは単にそうした顕示にすぎなかった。そこで、ヨーロッパの伝統的思考を新たに充用することによって、テクノロジーへの反抗を準備することができる。

国家社会主義としてのナチスによるテクノロジーに対する反抗には限界があった。ハイデガーによれば、テクノロジーの起源は古代ギリシアにおけるプラトンの「テクネー」の概念である。それは存在の忘却と歴史の否認につながる。近代は、テクノロジーをはじめとして、存在の本来的了解からの離反が生起したことによって、初めて可

能になる。そのため
（1）存在の問いとテクノロジーの間に形而上学的繋がりを打ち立てる。
（2）テクノロジーと近代に反抗するための形而上学的根拠を発見することにある、近代テクノロジーの本質は近代形而上学の本質と同一のものである、それゆえ近代テクノロジーは、人間が真なる形而上学へと回帰するためには乗り越えなければならない現象である。

ハイデガーは歴史の思索を、本来的な意味で存在を思索することにもとめる。それはマルクスの私的所有と人間の制度という生活本性に関する問いを、存在を問うというハイデガー自身の問いに置き換えてしまう。
（1）ハイデガーによれば、テクノロジーの理論は歴史的アプローチをとる必要がある。マルクスの見地もその方向を前進させたものである。
（2）『存在と時間』における歴史は、ただ存在の見地から思索される。
（3）近代社会はテクノロジーの理論から説明されなければならない。それゆえ存在の問いが優位を占めることになる。
（4）存在への関心から、テクノロジーと存在論の歴史とは不可分である。
（5）近代人を蝕んでいる故郷喪失から逃れて、存在忘却から存在へと回帰する必要がある。ヨーロッパの偉大さが、開けつつある世界運命の本質的歩みに逆行している。

ハイデガーは存在からの離反をニヒリズムとして、とらえていた。近代は存在を隠すことと、テクノロジーが存在の退却からもたらされることである。

近代の本質とは、
（1）自然に対して我々の条件に応じて対応するように要求する時に、あるものが覆い隠される。

（2）近代におけるテクノロジーは、人間、環境、資源といったものを永続的な経済過程に結び付ける。

テクノロジーは人間ではなく、真理の出現、存在の問題と結びついている。ギリシアにおける「テクネー」（テクノロジーの語源）は、芸術における開示の一形式として、真理である善や美をあらわす。そこでは、真理に関わる芸術に基づいて、非テクノロジー的本質を省察できる。このようにテクノロジーは、世界を暴露するとともに真理を隠す。ハイデガーの「存在」は、心の純粋さとしての本来性であり、自己自身になろうとする努力である。その目的は疎外を克服することではなく、存在を本来的に思索することであった。

ハイデガーは、ナチとの対立の証しとしてテクノロジー論をとなえたのではないか。近代存在の把握から背を向け続けた結果、技術から人間、社会、経済の諸要因が切り離された。しかしナチは、テクノロジーから解放しようとした。ハイデガーはそう主張することで、自らのナチ加担を弁明しているのではないか。ナチは技術を、本当に近代における疎外の象徴とみなしていたのだろうか。

存在忘却として、人間ヒューマニズムの忘却を論じるハイデガーが、ナチのホロコーストの責任について沈黙していてよいのだろうか。民主主義や人間の平等といった普遍的原理に無感覚なハイデガーは糾弾されるべきであろう。

以上の本小項の内容は、以下のように要約できる。ハイデガーによれば、人間は「世界」のなかで、さまざまな他者や事物とのかかわりを通して生きている。そのような気遣いによって、現存在としての人間のあり方を示す。そこにおいて人間は単に個人としてあるわけではなく、そこに投げ込まれた世界において、さらに歴史的かつ共同体的につくりあげていく。そのようにすることで、世界に属することができる。ドイツ人種として生物学的に生まれてきたとのではなく、ドイツ文化をつくりだすことでドイツ人になることができる。そこに民族の真正性があるとされる（ロックモア 1999）。

3　ドゥルーズ＝ガタリの「地理哲学」からのハイデガー批判

前小項までに展望してきたハイデガーの民族概念と国家社会主義のかかわりについて、ドゥルーズ＝ガタリは、ドイツ歴史哲学の伝統に対して、フランスのアナール学派の地理的多様性を重視すること、すなわち歴史的構造ではなく、偶有性のもとでの「脱領土化」という観点から批判している。

それは、ドゥルーズ＝ガタリ（1997）『哲学とは何か』における「地理哲学」のところで、次のように示されている。

地理哲学として、ギリシアは、フラクタルな構造として、入り組んだ海岸性と島々、エーゲ海の諸民族、最初の商業都市アテナイの存在、そして東方、古代帝国の諸都市との交易が、一つの平面に浸る内在の中間環境を形成した。

このようなオリエント交易、国際市場の形成は、職人、商人、さらには亡命者に移動の自由性をもたらした。このようななかで、外国人を多くふくむ哲学者は、ギリシアの環境のなかに何を見出したのか。それは、①内在する環境としての市民性、社会性であり、対抗する利害や競争のもとでの市民性や自由社会性を前提としていた。そして、②連合する連合する哲学者間の友愛性であり、③オピニオンとして意見の交換、会話を好むエートスである。

このように思考することは、大地を吸着することであり、内在平面をひろげることである。それは大地の脱領土化と、さらに新たな大地の創造としての再領土化につながる。

一方、ハイデガーは、主観と客観の差異よりは、存在と存在者との差異を強調する。ハイデガーの省察である「建てる」「住まう」は、大地とテリトリーにアプローチしている。もともとギリシア人固有の特徴は、「存在に住む」ことであり、自由市民ではなく、むしろ土着民として、独自の文化・言語をもつものとみなしていた。

しかしハイデガーは、ギリシア人の存在の構造のもとで、ものごとを創造し、反復するなかで、ギリシアより先には進まない。ギリシアと哲学の関係を、哲学の起源の一つとして理解した。つまり哲学が歴史と一体となっているような、西洋の内部における歴史の出発点として理解した。それが国家社会主義へと再領土化された。

このように、ドイツ哲学における存在の構造は歴史主義的である。これに対して、ブローデル「地理学」は、歴史的な形成にひとつの主題とさまざまな場所を提供するだけではない。自然地理学、人間的な地理学、風景を対象とするような心的な地理学からなる。環境の力は、偶有的でも必然的でもない。地理とは、歴史の起源ではなく、ある環境であり、あるとりくみであり、ある取り囲む雰囲気である。それらは、最後に生成を発見するために、歴史をそれ自身から引き離す。つまり、「逃走線」を引くことで、歴史を諸構造から引き離すのである。

それゆえ、哲学がギリシアで誕生するのは、一つの必然ではなく、一つの偶然である。やがて中世資本主義は、古代ギリシア都市国家の系譜の帰結である。相対的な脱領土化として、富とヒトが海洋をかけめぐる。そして街（都市）と、富や財貨、商品としての労働力の出会いが、ギリシア哲学の系譜の存続の背景である。外的障壁は、航海技術のテクノロジーにより解決される。都市国家相互の内的対抗関係が存続することで、新たな友愛が形成され、脱領土化と必要な再領土化のもとで移民の受け入れがなされた。

しかしハイデガーによれば、ドイツ人にとって、ギリシア人が残した大地とは、遊牧民、すなわち懐疑論者に引き渡された無政府的状態のカオスである。秩序回復のために、ギリシア人の古代へ還れと主張するのである。そのドイツ哲学の主観的内在性に留まったハイデガーによるナチズムの支持は、友愛の社会と抵抗の社会として、同じ一つの内在平面における純粋な生成のプロセスにすぎない。

現代資本主義社会は、生産物、労働力、貨幣のフローとして、脱コード化している。そのなかで民族国家は、多様な実現可能モデルのうちの一つの形態にすぎないと批判している。

このようなドゥルーズ＝ガタリのハイデガー批判を詳細に解き明かしたのがガシュ（2021）の『地理哲学』である。

そこでは、ドゥルーズ＝ガタリ『哲学とは何か』におけるギリシアからハイデガー、ドゥルーズに至る哲学の系譜を考察している。

そもそもギリシア哲学の本性として、アテナイの土着性、フィリア（友愛）、ドクサ（オピニオン）によって、政治領域のデモクラシーが形成されたことが主張される。

地理哲学とは、大地の歴史である環境との相互作用、場や家、オイコスの哲学ではない。哲学を内側から規定する「環境」について考察する。哲学はコスモスとしての秩序、そして大地はカオスからあらわれた。

たとえば、ハイデガーの四元は、ヘルダーリンの『母なる大地』にもとづき、自身の影の中に身をかくす大地である。それは哲学そのものにとって、内的であると同時に構築されるものである。

一方、ドゥルーズ＝ガタリにおける脱領土化・再領土化にともなう「逃走線」は芸術に起源をもち、遠近法の消失点である。それは固定的な力である大地の力を裏切ることを可能にする。そして最高度の抽象へと脱領土化をすすめる。それは大地、テリトリーの脱特殊性と普遍性を指向する。つまり創造的な逃避として、外界から他なるものへの「開け」を本質とする。

ドゥルーズ＝ガタリの哲学は、科学・芸術とは異なり、概念の創造を本質としている。非哲学的な連鎖である情動などによって創造される内在平面におけるカオスを横断的にとらえる。直観は概念によって住まわせることになる。大地は普遍化・具体化されるプロセスであり、再領土化されるプロセスである。それは自然的テリトリーや物理的テリトリーではなく、政治的・権力的テリトリーである。

ギリシアのアテナイ人にとって、「コーラ」とは、都市空間、都市境界内の地理的空間であるが、一方、「トポス」は場所である。「デモス」は都市住民の互恵的関係として、空間的に拡がる。コーラからトポスへ、ハイデガーは、ギリシア人の空間を延長（単なるひろがり）として、とらえていたのではない。コーラをとおして場（トポス）を経験する。存在する場として占められる場がトポスである。生成する場であるコーラがトポスを通して成し遂げられる。

ドゥルーズ＝ガタリは、ハイデガーが説く民族の真正性の概念を批判し、民族の土着性を克服する脱領土化を主張した。

二つの脱領土化として、帝国からポリスへと、上からの脱領土化と、都市国家の内在性を通して起こる脱領土化である。脱領土化する内在性を通して、土着的なものが解放される。

テリトリーとしての権力は、マルクス主義の下部構造と上部構造の対立にたとえられるのだろうか。下部構造は社会の物質的で経済的な地層であり、上部は下部構造の真の性質をおおいかくすイデオロギー理論である。この両者の間の分割である。

しかし思考の領土化と再領土化は、社会心理的な脱領域化と再領土化を超越している。ある接続は、絶えざる送り、リレーとなる。ある特定の歴史的環境における社会心理的、物理的運動は、物的状態や個人の体験から引き離されて、概念的人物の特性や思考のできごとに変えられる。そこでは無限の超越的存在を内在平面に投影する。

このような内在平面を絶対的に内在化するものは何か。内在平面は、環境、友愛、オピニオンを相対的脱領土化から絶対的脱領土化への運動へと向かわせる。

哲学はなぜギリシアに発生したのか。地理学は素材と場所を歴史学に提供しているのにすぎないのか。しかし地理学は物理的であるだけではなく、風景を読み解くなど心的でもある。大地は場所の秩序と時間の秩序から構成される。

地理哲学とは、哲学出現に関する必然性ではなく、偶有性を語ることである。哲学は環境や文化のなかに内在しているからである。「地理学」は脱領土化によって、ギリシア世界から地中海を横断する「逃走線」を引くことで、歴史から構造を引き離す。つまり息が詰まるような信念の総合体と抑圧から、歴史を引き離して、逃走線をひく。実在的なものを開き、生を創造する。

ハイデガーは、ギリシア人の世界の運動のままの反復で十分とみなしていた。そのため西洋文明の世界的・技術的発展に背を向けて、脱領土化する。それが脱キリスト教、脱マルクス主義からナチズム、国家社会主義へと向かったのである。

しかし、中世、近世以降のヨーロッパとは、近代哲学と近代資本主義の成立の場である。そこでは絶対的な内在平面に、内在して作動する相対的な社会環境が接続されているのにすぎない。それゆえ、ギリシア、キリスト教、中世・近世ヨーロッパへの系譜は必然的ではなく、偶有的なプロセスである。

ハイデガーとは異なり、このように歴史を偶有性としてとらえるドゥルーズ゠ガタリにとっての「土着性」とは、すでに土地から切り離されたものであり、脱領土化の運動として、新たに別の地域で反復され、再生される可能性をもつのであった。

三　地政学は現代に通用するのか

「地政学」とは、第一次世界大戦直前につくられた用語である。そのドイツ学派は、ラッツェル、チェーレン（スウェーデン）、ハウスホーファーからなり、「生の空間（Lebensraum）」に根差した民族国家の拡張による空間の拡大とアウタルキーの必要を説く。ドイツ学派は国家有機体論や文明論からなる。一方、アングロサクソン学派は戦略技術論を中心とし、マッキンダー（英）、マハン（米）、スパイクマン（米）が、海洋国家と大陸国家、リムランドとハートランドの概念を唱えた。

マッキンダーの地政学は資源獲得のための競争とその交流ルートを支配することである。そこにはダーウィン進化論が国際関係に影響をあたえ、戦争とは進化による適応であり、資源を獲得し、効率的に保持することであるとされていた（Kearns 2010; Thayer 2003）。しかし、アングロサクソン圏におけるダーウィン進化論と地政学との関係については、本書の範疇をこえるものとして、取り上げないことにする。

このような旧来の陸海の戦闘や兵站補給路の確保を想定した地政学は、航空宇宙戦や情報戦が実践される今日では、軍事的実用性が乏しい。しかも第二次世界大戦の終結において、地政学を重用してきたドイツ・日本が敗戦したことと、植民地支配（帝国主義）やホロコーストが糾弾されるようになり、地政学がタブー視されるようになった。

しかし一九五〇―七〇年代には、国際関係論の現実主義的勢力均衡論の影響を受けて、アングロサクソン学派が継承されてきた。とくに政治地理学においては、一九八〇年代にはマルクス主義経済学と行動科学から影響を受け、一九九〇年代には批判地政学が誕生した。

やがて冷戦の終焉を受けた一九九〇年代には、批判理論であるフーコーやデリダの思想を受けて、地政学的発想が文化的・社会的な構築物として言説であるとみなされるようになり、また国家や地域や国民がその空間をどのように認識するのかが追究される。特定地域の人々が他の国・地域についてどのような認識を持っているかを地政学的な語り、表象から読みとり、メディアやポピュラーカルチャーにおいて、それがどのように再生産されているかを記述するようになった（浜・羽根 2019）。

さらに二〇一四年に始まったロシアのクリミア半島侵攻以降、冷戦終結の結果をくつがえすように、修正主義国家が地政学的発想にもとづいて行動してきた。さらに二〇一七年には、米国トランプ政権の誕生からはじまるヨーロッパ各国でのポピュリスト政党の躍進・英国のＥＵ離脱・中国のウイグル族への弾圧や南シナ海への進出・ロシアのウクライナ侵攻など、リベラルな国際秩序が動揺している。

このようにポスト冷戦期には、かえってリベラルな国際規範が危機に瀕しているなかで、旧来の地政学のような安易な本質論が復活しているのではないか。このように、かってのナチス・ドイツの御用学問を復活させてよいのかという疑問が生じる。しかも、本来の地理学における地政学に関する学問的蓄積は、現在の地政学ブームには反映されていない。

しかし、今日の人口に膾炙する地政学ブームでは、アカデミズムの世界の議論とは別に一〇〇年以上前の学説が、そのまま使えるものとして流通しているようにさえ思われる。その理由は、①地政学が国際政治における権力と軍事的緊張に関する単純な問いかけであること、②思想性やイデオロギーを欠如したままで、敵味方を単純に区別する枠組みを示すとともに、③情報過多な現代国際社会において、資源や人口の分布、地形の障壁、海洋の配置、交通路の所在といった、きわめて単純化された枠組みが提供されることで、まさに将来の展望や予想が描かれているかのように見えるからである（浜・羽根 2019）。

もともとラッツェルがドイツ民族国家のアイデンティティを求めて提起した「生の空間（Lebensraum）」は、有機体に関する自然科学的メタファーのもとで、地理決定論や環境決定論と対外拡張を正当化しうるリスクをもっていた。そして戦後の冷戦時代には連邦国家や大国において、法治主義のもとで、国家が階級やナショナル・アイデンティティが隠されてきた。しかし、冷戦の終焉による米ソの巨大「帝国」の解消とともに、内部の少数民族や先住民族の紛争の先鋭化と国際社会における中国やロシアのアイデンティティの顕在化が進行してきたのである。

ポストモダンにおいて、人間の存在が大きな歴史の流れとは切り離されていくのか。さらに冷戦後の国際情勢、経済情勢、生活や人間関係の変化のなかで、フーコーの「知と権力」概念の影響をうけて既存の学問的権威や蓄積が否定され、カルチュラル・スタディーズや表象文化論がさかんになる。そこでは、ラッツェルやハイデガーが活躍した時代とは異なり、ヘーゲル流の進化史観や国家有機体説は否定されていく。なぜならば、一つの概念をもつかたちでの主体の進化、変遷が考察されることがなくなる。またフーコーの「知と権力」の考察の在り方では、既存の学問が説いた言説が、普遍的な心理の反映ではなく、さまざまな権力の行使としての言説の表明にすぎないとされるからである。

そこでは、国家有機体のような厳密な組織概念ではなく、アクターネットワーク理論のように、いくつもの概念が、それらの関係を、それぞれの意味を変えながら、ゆるやかなネットワークのように姿を変えていく。

本来は、政治地理学とは国家の領域や民族の興亡や移動だけを扱ってきたのではない。それは国家や政府だけではなく、さまざまなスケールの地方自治体の政策、場合によっては企業の経営政策や個人の行動の意思決定をふくむ広範な諸政策と、それにまつわる権力の空間的側面をあつかってきたのでもある。

たとえば、有権者一人あたりの一票の重みの違い、選挙区の区割りや選出議員定数が適切かどうかという問題や、公共投資を地域間にどのように配分するか、またそれは社会的公正を実現しているかという問題をもふくむ。また軍事防衛施設、原子力発電所をはじめ、火葬場、ゴミ焼却施設、下水処理施設などの立地場所、交通インフラストラクチュアのルート決定やインターチェンジや駅設置場所の決定など、賛否をめぐって利害がからむセンシブルな問題を対象としている。またそのような建造環境の布置が、エスニシティやジェンダーなどの観点からみて、マイノリティには不利な影響をおよぼしかねないことが説明される。

ただ、それらの課題はしばしば地理学の領域をこえる重大な問題であるところの、政策論や財政問題等にも言及することになるので、地理学者としては慎重に検討すべきセンシブルな課題である。つまり単に地理学の領域だけではなく、国際政治、地方自治、財政学といった広範な学際的協力が必要となる。その点からすれば、政治地理学や地政学ということばよりも、空間的視点からみた政策論、あるいは各種政策における空間的含意ということばで説明できるものである。安易に地政学ということばは使うべきではないと筆者は考えている。

そして、ポストモダンの社会においては諸個人の思想や規範や欲望が細分化している。国際情勢や経済情勢や人間生活や文化も大きく変化している。インターネットやスマートフォンの普及や利用は、まさしくフーコーの「知と権力」が説くように既存の文化や教養というかたちにそなわった秩序や権威を破壊していった。人々はもはやリアルとバーチャルが混濁した時空間のなかで、諸個人が明瞭な主体意識を形成せずにバラバラに生きている。

SNS上では、事実かどうかは確認できない、真偽のわからない中傷や偏見に関する情報が拡散し、それが事実ではなくても、特定の言説を主張し、支持するグループが投票行動で多数を占めれば、その言説が正当化されて、すぐに政策に反映される。そこには、一行だけの言い切り文のコミュニケーションしか存在せず、理由付けをともなう論理的説明は行われない。人々の失業や貧困への不満や不安のはけ口は、身近にいて、少し異質で、攻撃しやすい弱い立場の人にむけられていく。さらには、他の民族や国家との緊張をあおって、対立や戦争へと進行していくのではないか。

ここにみられる地政学的思考の変化とは、十九世紀から二十世紀のヘーゲルからハイデガーの国家論的な観点から、ポストモダンを経て、現在はフーコーの狂気と錯乱の状況にあるといってよい。そこでは、近代における地図で色分けされた国家の領域や境界をめぐる地理的なせめぎあいではなく、文化的象徴や価値観をともなった権力の統治関係がより重要となってくるのである（船木 2018）。

特に第二次世界大戦後のアジア・アフリカ・ラテンアメリカ諸国の独立において、旧植民地宗主国からの従属からは完全に解放されることにはならず、国家の領域と各民族の居住域が整合しないかたちで国境線が引かれたために、実質的な国民国家の形成につながらない。そこでは、一次資源依存のモノカルチャー、社会主義集団農業導入の失敗、開発独裁や軍事独裁政権の樹立によって、少数民族や先住民の対立、部族間の内戦が激化してきた。それこそ、宗教的・文化的価値観の対立を反映したものである。

このような問題は、単なる地図上やGPS上の陣地争いのように安易に議論すべきものではない。そのような意味で安易な地政学ブームとそれにのっかり、安易に脆弱な地理学の存在意義を認めようとする動きについては、筆者は断固として拒絶したい。

個人が社会との関わりを構築することがむずかしい現代であるからこそ、理性的な議論による正当化づけが困難であるとしても、多様な他者の経験や価値観を尊重し、学びつつ、共生や共同の場を構築していくことを地道に試みるよりほかないのであろう。

四　明治・大正期日本における進化論と地政学的思考の受容

これまで詳細にみてきたように地政学の成立と生物学、とりわけ進化論とのあいだにはふかい関係があった。とりわけラッツェルの「生の空間」概念は、生物学と一体となってドイツ観念論に依拠していた。実はドイツ観念論が成立した背景と、十九世紀後半の明治期に近代化をすすめる日本の事情には共通するものがあった。すなわち江戸時代には幕藩体制のもとで日本国内に一種の各藩の藩領・天領・旗本領などの「小邦」が連立していた。しかし、明治の日本政府は、天皇を中心とする立憲君主制を確立し、富国強兵・殖産興業の近代化をはかろうとした。その日本を統合する中央集権国家形成のための学校教育のモデルとしての歴史や地理の理論的基礎をドイツ観念論の影響をうけたドイツの歴史学や地理学に範をとったのではないだろうか。

また同じく日本が西洋と同等の近代化を推し進めるなかで、日本の哲学思想を確立しようとするときに、和辻哲郎や西田幾多郎をはじめ、ドイツ哲学に範をもとめてきたのであろう。そのような状況で、やがて哲学とともにドイツから影響を受けてきた日本の地理学・歴史学は一九三七年の日独伊防共協定の締結とともに、さらに第二次世界大戦にむけての総動員体制に組み込まれていった。

また明治日本への進化論の導入も、英国からダーウィンの進化論をはじめ、さらにはスペンサーの社会進化論もあわせて紹介されたものの、ダーウィンの学説以外のドイツ流の進化論も渾然一体となって導入された（溝口 2010）。たとえば生物学（動物形態学）者の丘浅次郎（1904）『進化論講話』は日本初の進化論の啓蒙書であり、口語体でわかりやすく記されていた。その内容は人類の位置づけを生物の一種であると定義し、ダーウィンの学説だけではなく、リンネ、ラマルク、キュヴィエ、ライエルといった学説史を網羅する。その人類と他の生物をトータルに考える学問性は博物学にちかい。丘が『進化論講話』を刊行した日露戦争当時の時代思潮を反映して、武力闘争による国家・民族の維持とそのための生存競争を肯定するものでもあった。しかし進化論を日本で公然と主張することは、天皇の絶対性や万世一系説といった皇国史観や国体思想に抵触するものでもあった。

丘の著書の影響を受けた数多くの思想家のなかには、石川三四郎や大杉栄が進化論とクロポトキンの相互扶助論をあわせてアナキズムを主張し、一方、北一輝は進化論の思想から国体改革とアジア世界統一を主張するなど、左右両翼の過激思想に大きな影響をあたえた。つまり丘の思想が、進化は国体調和による団結や理想的なコミュニティにおける共同という共和主義的な理想をかなえるものでもあったからである（佐貫 2009, 2010）。

丘の生物学思想は、とくにアンリ・ベルクソンの創造的進化とヘッケルの一元論哲学から影響を受けていた。ベルクソンは生命には純粋持続があると考える。しかし理性は現実を固定的に扱う。したがって、理性的科学である物理学、数学のみで生物は把握できないと丘は主張する。丘によれば、有機体と非有機体は種類を問わず、共通祖先を起源とする一元論をとる。そのため、それらの境界を明確に区別できない。固定した論理にもとづいた幾何学・数学ではなく、直観から理解される。共通祖先からの種の分岐は今も存続し、進化しつつあるとされる。ただ、それぞれの種と類の間に本質的な違いはないとする連続性から、種を固定した論理を批判する。

丘は東京高等師範学校で、ヘッケルと同様に海洋生物の形態研究に従事した。とりわけ丘はコケムシの形態とその観察に関心を示した。コケムシは多数の個体が集まって、相互に栄養物を循環連絡し共通の体を組織する外腔動物であるが、コケムシには人間のような争い、犯罪、失業、貧富の差といった負の部分がないと丘は記している（ゴダール 2007）。

このような丘の一連の著作をとおして、戦前の日本の進化論導入に際し、ドイツのヘッケルの強い影響を受けたことは看過できない。それはダーウィンの思想とは異なる獲得形質の遺伝や一元論的な思想、生存競争のもとでの理想的な地域・国家有機体形成を含意するものでもあった。

さらにヘッケルやラッツェルをはじめ、ドイツ観念論の自然哲学の系譜を受け継ぐ思想は、戦前日本の生物学者・地理学者だけではなく、二十世紀初期の思想家、宗教家、文学者に少なからぬ影響をあたえてきた。一例をあげれば、文学では宮沢賢治へのヘッケルの影響があり、その他、枚挙にいとまない。それらを鈴木貞美は「大正生命主義」と総括している（鈴木 1995, 1996）。

筆者には、それらは、当時の日本の思潮と整合性や親和性があったともおもわれる。つまり、近代科学と伝統的価値観を両立させて、まず個人の自我と自然との併存をはかろうとするからである。もともと縄文文化期のアニミズム以来、山川草木の八百万の神や仏をも崇拝する多神教的世俗主義である日本社会にとっては、西洋思想のもとで一つの絶対神を信仰することには抵抗感があるが、しかし、それらにはドイツ観念論やロマン主義の物活論のもとで、すべての自然の存在や現象を調和させるような崇高な存在を確信することによって、精神と身体の一元論的理解をすすめ、心身統一を可能にする思想が含意されていたのではないだろうか。さらにそれらは日本における農本主義者や人々の郷土愛の心情を心地よくするものでもあった。

ドイツ観念論やハイデガーの影響を受けた和辻哲郎は個人の自我と集団における全体支配、暴政とを調停しうる倫理として、人間関係の「間柄」をもとに説明しようと試みた。その「間柄」とは、諸民族の民族精神が具体的に「風土」によって規定されていることから発現しうるとされる。和辻の「風土」概念は、その内にある人間のあり方、すなわち歴史を規定するものである。それは人間のあり方にとって意味がある歴史的風土であるとされた。

つまり、欧米列強のなかでドイツ民族を中心として固有の領土（領域）を確立し、確固とした国民国家を形成しようとするドイツと、脱亜入欧をはかり、近代的中央集権国家体制の構築をめざす日本の両者にとって、立憲君主制を確立し、列強のなかで覇権を拡大し、海外への植民地拡大をめざす時局に共通して適合する論理でもあった。

ラッツェルの思想だけではない。もう巻末ゆえに詳細に立ち入らないが、ロシアのクロポトキンやフランスのルクリュも戦前から著名な経済地理学者・進化論者であるとともに無政府主義者として人口に膾炙していた。しかしクロポトキンの「相互扶助論」を生物共生の思想であり、コスモポリタンの平等思想としてとらえられる一方、文明による未開民族の教化と貧困の救済を名目にしての植民地支配、大国における先住民族や少数民族の支配を正当化しうる理念ともなりうる。戦前と戦時下の日本においては、「相互扶助論」が満蒙開拓による五族協和や、日本思想における愛国心・愛郷心を正当化するのにも総動員された。

たとえば一例をあげれば、東京商科大学出身で、高岡高商教授から富山大学教授となった小寺廉吉は、日本でもっとも早く進化論的経済地理学を主張した。小寺が依拠した進化論とはダーウィンの学説そのものではなく、明らかに丘浅次郎の影響を受けて、戦前日本に流布したドイツ流の進化論、すなわちヘッケルの学説にもとづくものであった。そのため小寺は、環境の影響を受けた変異が獲得形質の遺伝により子孫に伝わり、形態学的な原型概念をもとに、個体発生における変異のプロセスは系統発生を反復するという学説を支持していた。小寺は柳田国男の門弟の一人であり、大杉栄とも交流があったクロポトキンの研究者でもあるが、農本主義的観点から戦前・戦時下において相互扶助論による五族協和をとなえて、富山県民の満蒙開拓移民を積極的に推奨した。戦後、公職追放から復帰した後に、小寺は戦後復興のために実施された岐阜県白川郷の庄川流域の御母衣ダム建設にともなう、農山村の伝統的な景観と生活様式の破壊に対する抗議活動を行った（小寺 1959）。ここで注意しておかなければならないことは、合目的論的な進化論、ロマン主義、ドイツ観念論が民族自立、郷土愛やふるさと志向を媒介として、アナキズムにも、農本主義的な国粋思想にも結びつく両義性があることである。

ここで戦前の日本の左右両翼のアナキストに支持されたクロポトキンの『相互扶助論』について、生物学上の意義について付記しておきたい。もともとダーウィン、ウォレスの進化論における自然選択論や生存闘争の概念は、アマゾンや東インド諸島の熱帯雨林の生物多様性、生態系における生産性や物質循環の旺盛さをもとに着想されたものであった。クロポトキンはそれを否定していない。ところがロシアの中央アジアの乾燥地やシベリアのタイガの針葉樹林では、年間を通してのはげしい気温差や降水量の乏しさとともに土壌もやせている。タイガの針葉樹林では樹種も少ない。そのため、永年にわたる落葉や倒木で腐植質の森林植生が可能な土壌がようやく形成される。クロポトキンの『相互扶助』とは、このような生物種相互の相互扶助や協力による植生や生態系の形成をさしているのである。そのことが、本来のロシア・ソビエトの生態学の伝統の強みであった。ところが後にクロポトキンのアナキストであるルクリュとの交流やソ連政府によるイデオロギー的利用によって、生態学的思考が寒冷地農業の改善や民族共存の概念へとおきかえられていくのである（トーデス 1992）。

本来、「大正生命主義」とは、近代科学の成果を尊重しつつ、封建時代の旧弊とともに産業革命や近代工業化による労働者の抑圧など、産業資本主義を批判するリベラルな思想であったはずである。しかし昭和に入ると国家体制護持と翼賛体制を支持するイデオロギーとなっていった。なぜならば、それらは半ば自然主義的概念をとりながら、西田幾多郎の「無の論理」や和辻哲郎の「風土」といった旧来の日本社会の伝統的共同体の論理を肯定していた。そして偶然の突然変異や自然選択、獲得形質の遺伝に起因する進化論を、発展や成長のアナロジーとすることで、人間（権力）主体の責任があたかも自然の論理や形而上的存在にカムフラージュされることを可能にしたからである。そのことが帝国主義・植民地主義・軍国主義を正当化するのに貢献したのである（宇野 2023）。むしろ「大正生命主義」が、ラッツェルの「生の空間」とあいまって、汎アジア主義や大東亜共栄圏の発想を生み出したのである。

すでにみたようにチェーレンは国家を地理的有機体および空間現象としてとらえた。ハウスホーファーは政治への応用として技術化し、一九三三年にナチとの結合をはかった。チェーレンとハウスホーファーの著作は大量に邦訳され、一九三〇年代の日本のアジア進出を背景としてブームとなった。

それらの影響を受けて、戦前日本では東京帝国大学の飯本信之、京都帝国大学の小牧實繁が地理学者として、地政学の教育研究の中心的役割を果たした。とくに小牧實繁は地政学に日本精神を導入することを主張した。それはチェーレンのとる国家有機体説やラッツェルの「生の空間（Lebensraum）」に欠陥があることをドイツ語文献から熟知しており、それを皇道精神におきかえることで、理論的補完をはかった。またその地政学の目的は、欧米の東亜における謀略史を暴くとされていた。

しかし一方、戦前の地理学においても、江澤讓爾は、地政学の本質がロマン主義で反啓蒙の立場に立つ有機体論であり、物理的空間とは異なることを、小原敬士『社会地理学』が、生物学的地政学の論理矛盾をきびしく批判した。東京帝国大学においても、地理学者として戦後に活躍する飯塚浩二や渡辺光は地政学からは距離を置いていた。

第二次世界大戦後の日本では、地理学における戦時中の地政学推進者は公職追放され、地政学はアカデミック・タブーとなった。地政学におけるラッツェルの生物学的見解は否定され、地政学の存続・復活に対するラディカルな批判が行われるようになった（竹内 1974）。

戦後、政治地理学についてはジャクソン（1997）、ベスラー（1983）の政治地理学のテキストの翻訳が行われていたのにすぎない。

なお現在日本でも、ダーウィン進化論をもとにとなえられたとする政治的言説には、本来の生物学者のダーウィンが構想もしていない、優生学的な考えあるいは改革への思想が政策のプロパガンダに悪用されることがしばしばある。そのことはゆゆしきことであると松永（2021）は批判している。

五　批判地政学とフーコーの権力概念

1　ポスト冷戦期の国際緊張とその背景――パレスチナ・ウクライナの事例をもとに

きわめて概説的な内容で、すでに多くの読者にとって既知のことではあるが、現在（二〇二四年）の戦乱であるパレスチナとウクライナにおける緊張の背景を簡潔に展望する。そのことから、決して論証的、論理的ではない大国の思惑というか、情動が戦乱に影響していることを展望してみたい。

もともと中東（西アジア・中央アジア）には、主にアラブ、イラン、トルコ系の三民族が卓越し、それぞれ主にアラビア語、ペルシア語、トルコ語を用いる。そしてイスラーム、ユダヤ教、キリスト教の三つの一神教の発祥の地でもある。

そして第一次世界大戦後の敗戦処理として、オスマン帝国の解体にあたる際のパレスチナをめぐる英国の三枚舌外交、すなわち一九一五年にアラブ民族の独立をうたったフサイン＝マクマホン協定、一九一六年に英国・フランス・ロシアの間で、中東（西アジア）の分割支配を約束したサイクス＝ピコ秘密協定と、一九一七年パレスチナにユダヤ人国家の建設を約束したバルフォア宣言の矛盾が今日の混乱を招いている。そして、クルド人は、トルコ・イラン・イラク・シリア・アルメニアに居住する民族であるが、一九八〇年代のイラン＝イラク戦争によって、大量のクルド人難民が生じた。

また黒海とカスピ海との間にあるカフカス（コーカサス）地方でも、さまざまな少数民族と宗教がいりまじり、民族間対立が激化している。そこは西アジア・中央アジアとヨーロッパ・ロシアとの交差する地域であり、カスピ海沿岸の原油・天然ガスを搬出するためのパイプラインの通過するための重要な通過地点として、ロシア、イラン、トルコ、EU、アメリカ、中国の思惑が背後にからんでいるところでもある。

現代史を振り返れば、一九七三年に第四次中東戦争は第一次石油危機をもたらし、一九七九年にイラン国王パーレビー二世の親米・独裁政治に対して、イスラーム教シーア派の指導者ホメイニ師が実権をにぎるイラン宗教革命が生じたことから、第二次石油危機が生じた。これをきっかけにして、ペルシア人を中心とするシーア派と、アラブ人をはじめとするスンナ派との対立、緊張が強まった。

また一九七九年から一九八九年にかけて、ソ連軍はアフガニスタンに軍事介入した。これに反発したアメリカは、アフガニスタンでのイスラーム教を信仰するタリバーンなどの起源となる反共ゲリラを支援し、アフガニスタンの軍事政権を転覆させた。しかし皮肉にも、二〇〇一年に、タリバーンがアメリカを逆襲し、同時多発テロを決行した。

このようなイラン宗教革命の混乱に乗じて、イラクのサダム＝フセイン政権は、一九八〇年からイラン＝イラク戦争を開始した。当時イランと対立していたアメリカはイラクを支援した。さらに一九九〇年にイラクのサダム＝フセインはクウェートの石油資源をねらって侵攻し、湾岸戦争が始まった。

一九九〇年代初頭の冷戦終結以後も世界では民族紛争や内戦が絶えなかった。二〇〇一年のアメリカ同時多発テロは、世界の平和や民主主義の理念にとっての脅威とグローバルな格差を想起させることとなった。二〇〇三年に、アメリカ同時多発テロの報復として、アメリカはイランを攻撃し、サダム＝フセイン政権を崩壊し、そのバース党を解体、シーア派による新政権を誕生させた。そのためイラクには、シーア派に反発するスンナ派をはじめ、イスラーム原理主義の運動が活発となった。そして隣国シリアで始まった内戦にバース党残党のスンナ派などがISを形成して参加した。そこにはイラクのシーア派政権をアメリカが支援し、シリアのシーア派系の政権をイランとロシアが支援するねじれ現象が認められる。

これらの混乱の原因は、アメリカのアフガニスタン政策を遠因とするイラク占領政策の失敗に起因している。敵の敵はお友達、昨日の敵は今日の友という、そこには思想信条の高潔さや理念、人々の宗教や文化への尊重のかけらも見られない。

中央・西アジアと北アフリカのイスラーム社会において、長期独裁政権が続き、女性をはじめとする人権侵害が著しく、若者を中心とする高い失業率、石油収益が国民に広く分配されていないという閉塞感がむなしくただよっている。

一方、ロシア連邦は原油・天然ガスの輸出に経済を依存している。旧ソ連邦の時代は、西シベリアとカスピ海沿岸のバクー油田が大規模な産地であった。冷戦後のロシアにとって、外貨獲得のために、資源温存よりも大量売却が喫緊の課題である。しかし西ヨーロッパへのパイプライン輸出には、ウクライナをはじめ、東欧通過問題が生じる。そのためウクライナを回避するバルト海や黒海の海底ルートがつくられる。

そしてロシア連邦から分離独立した中央アジア各国の原油・天然ガスについては、トルコ・イラン・EU・アメリカ・中国からパイプライン敷設の思惑がある。また、それらはロシア連邦・ウクライナ領を回避するため、トルコ経由(地中海)、イラン経由(ペルシア湾)をめざすものである。すでに中央アジアのイスラーム圏から、中国上海への石油・天然ガスパイプラインは竣功し、利用されている。

なお、そのようなことをも背景として、ウクライナ問題をみたときに、EU加盟・連合めざすウクライナ人は西部の農民を中心としている。ロシアとの連合を維持したいウクライナ領内のロシア人は、東部の工業技術者に多い。

ウクライナの農業は、冬小麦・テンサイ（さとうだいこん）・ヒマワリ（種子）の生産をもとにして、ゆたかである。東部は、石炭・鉄鉱石・マンガンを産出し、ドニエプル川の水力発電をもとに、旧ソ連時代にドニエプル・コンビナートが建設された。そこからは、シベリア・中央アジア・極東への開発のための基礎資材が供給されてきた。

しかしウクライナの弱点は、その領内に石油・天然ガスを産出しないことである。ソ連崩壊後のウクライナは、石油・天然ガス・火力電力のエネルギー価格が上昇し、インフレとなる。そのため基幹産業の鉄鋼業は不振になり、資源・エネルギーを輸入するロシア連邦との間で大きな貿易赤字となり、支払い能力に滞りがみられ、ロシアから石油・天然ガスの供給削減をうけてきた。ウクライナ国民一人あたり国内総生産はロシア連邦の1／3であり、大きな格差がある。

民族間の対立の背景には、このような経済事情があること、そしてロシア連邦にとってウクライナ領土がパイプライン通過の要衝であることは看過できない。それは黒海とカスピ海の間で、複雑に少数民族と宗派が混在するカフカス（コーカサス）地方の不安定と共通の要因がある（横山 2014）。

ここに示したように、現在の世界情勢というのはきわめて論理性、整合性のない利害にもとづくコンフリクトの錯綜のなかにある。とりわけアメリカの国際戦略や軍事戦略の一貫性のない混乱をめぐって、ポストモダン地理学の論客の一人であるグレゴリーは、怒りを禁じることができない。その著書 *The Colonial Present*（Gregory 2004）において、次のように記し、また大城（2019）がそれをポストモダン地理学としてとらえて、解釈している。

すなわち Gregory（2004）は、フーコーをもとにした知と権力にまつわる空間論を展開した。そこではイラン・イラク戦争から始まり、九・一一テロ以降、地理的想像力が地理情報システムに結合するとともに、テクノロジーと戦争との関係が明白になったと記されている。人も都市も、モニターのなかで、単なる着弾のターゲットに還元されてしまっている。このように心象地理と地政学的想像力との新たな結合関係が生じてきた。

つまり、アメリカ合衆国とそれを支持する国々と、それに敵対するイスラム世界という単純化した構図をもとに、テロとの戦いで敵を他者に仕立て上げる戦略がとられてきた。それは、抽象的な幾何学的空間の座標とピクセルといった地図の画面のなかにターゲットを還元しようとする、技術的・文化的位置づけとしての戦略である。

それは、また野蛮で、粗野な攻撃する人々であるとして、敵を他者に転換するとともに、死が何ら重要な意味をもたないような、逆説的で例外的な空間に敵や他者を格納する。こうした圧迫や、抵抗のなかに新しい心象地理をよみとることができる。

そのようなポストモダン地理学、地政学とは地図の表象をこえたメタ地理学となっている。地図および地理的想像力の物質性が戦争遂行を実現させている。地図に表象されない景観や領域性と、それらの権力や支配の生成プロセスがかくされている。そのため権力の観念が、非対称的な多くの諸関係を、唯一説明しうるのである。このように逆説的に、地理学が日常の存在としての各権力を隠蔽することにもつながっていると批判している（大城 2019）。

2　現代につながる戦後地政学の系譜とは

これまでみてきたように、通俗的な「地政学」とされるものがジャーナリストや政治家にとって人気があるのは、次の理由にもとづいている。それは自由対専制、西洋対非西洋、キリスト教対イスラム教などといった本質的な差異にもとづく、永続的な対立や根源的な闘争を見出そうとしているからである。また情報の飽和状態で特徴づけられるグローバル化した現代世界において、単純化された戦略論が大衆に受けるからである。そして、このような特定の地域的伝統にもとづく外交に関する思想的潮流は、特定の国家の構造から文化をとおして地政学的言説を生み出してきた（山崎 2010）。

地政学の系譜は第一世界大戦前の十九世紀後半から欧米列強の植民地獲得競争もとに発展してきた。創設期には、一八七〇―七一年のフランス＝プロシア戦争におけるプロシア側の勝利に鼓舞されたラッツェルの「生の空間」概念に起源をもつ。それは、また国家有機体のアナロジーにもとづく、領域的関心であった。アメリカのマハン、英国のマッキンダー、スウェーデンのチェーレンが代表的である。次に、第一次世界大戦から第二次世界大戦間の戦間期においては、ファシスト対反ファシストの対立が地政学で顕著となる。ドイツのハウスホーファーの影響がイタリアや日本へと伝わったが、一方、英米における対抗理論として、ボウマン、スパイクマンが登場した。

さらに第二次大戦後の冷戦時代には、地政学はアカデミズムよりも、アメリカの独壇場となったイデオロギーにもとづく軍事戦略、ソ連封じ込め体制構築の実践理論となっていった。さらに一九八〇年代から冷戦終結後は、新地政学がアメリカ・ヘゲモニーの終焉のもとで、経済摩擦や貿易不均衡の問題を対象とするようになっていった。

また批判地政学がポストモダニズムやポスト・マルクス主義をもとに、旧来からの地政学や地理学を批判する対抗理論として登場した。それらは、フーコーの「知と権力」をもとに成立してきた。これらの学派を代表するフランスのラコストは *Hérodote*（『エロドト』）誌を発刊した。

ラコストは次のように従来からの地理学・地政学を批判している。従来からの地政学においては、東洋が共産主義、全体主義、奴隷的服従を含意するのに対して、西洋は自由、民主、個人化を尊重する概念として、ステレオタイプにとらえられてきた。しかしながら冷戦が続いた六〇年代には、ベトナム戦争への抗議、公民権運動の拡大などによって、地理学においても中立的客観論者の視点からの転換とマルクス主義への熱狂（ラディカル地理学運動）が生じてきた。

とりわけ、ラコストはベトナム戦争における実証研究をとおして、米軍が北爆でトンキン・デルタのホン川（紅河）堤防を爆撃していることを明らかにした。そこでは兵士や軍事施設への攻撃ではなく、ゲリラ攻撃に名を借りた農民の日常生活と、水田農耕基盤といった生態系への破壊攻撃とともに、大規模な水害のリスクを高め、農地をつぶす地理的な攻撃であったと糾弾する。

ラコストの反地政学の特色は、マスメディアに生み出された決まり文句を通じて語りかけるアカデミック地理学を批判してきた。フーコー流の「地の戦略的形態」(フーコー 1977, 1998) の概念を導入することで、地理学が戦略的知識と権力を関連させてきたことを明らかにする。

それはヴィダル＝ドゥ＝ラ＝ブラーシュ以来築かれてきたフランス地理学の科学的イメージをひどく傷つけるものであった。またアナキズムを標榜したルクルュに鼓舞された反帝国主義の系譜をひくものであった。

そして地理学が客観的観察者として闘争から分離するのではなく、社会的言説としての地理学を認識し、言説が権力のシステムに結合していることを明らかにし、知の戦略的形態の記述をはかるものとされた。

ラコストが創刊した『エロドト』誌では、これまでの地理学が政治統制のもとで、近代戦や反革命に奉仕してきたこと、国家を背景としてカムフラージュし、不平等、搾取をともなう資本主義を支えてきたことが糾弾されてきた。それは地理学がヨーロッパ中心の考え方であり、低開発、不平等、自由への抑圧、社会的不安定を東西関係や南北問題の背後に置いてきた。ラコストの思想はフランスの地理学者でアナキストのルクリュに負っている。やがて鉄のカーテン崩壊と東西ドイツの統一により、EU拡大と勃興する民族主義がとりあげられてきた。

そこでは旧来の地理学は、国家権力の拡張を助ける政治性をもっていたことが批判される。冷戦崩壊後は新自由主義のもとで、人文社会科学はポストモダニズム、ポスト構造主義のもとで脱構築され、近代社会を成立させた諸制度・慣習を批判的に省察するようになる。それらは社会・文化事象におけるさまざまな権力が、他人を自分の意図に沿って行動させる権力を明らかにしようとしている。

空間は社会的に生産され、支配や権力の手段となる。そのため場所が特定の社会的意味をもつ。それは日常生活が形成される社会過程が場所によって異なるからである。限定された地理的、空間的コンテクストのもとで、日常生活が営まれる場所は支配、抑圧、抵抗の場となる。資本主義制の空間において、固有の非代習性をもとに場所との緊張が生じる。それは従来からの階級や民族からだけではなく、ジェンダー、エスニシティ、マイノリティといったポストモダンにおいては、近代的規範から疎外された、より個人的な要素により、新しい社会運動が形成されるようになる（オロゥリン 2000）。

つまり、冷戦の終焉以後、一九九〇年代にはポストモダニズム、ポストフォーディズム、フレキシブルな蓄積への視覚といった資本主義社会に対する批判が生じた。そしてグローバル化による国民国家の衰退と、逆行的にナショナリズムが台頭した。パックス・アメリカーナの衰退も顕著となった。

そこで、場所の政治化として、場所をめぐる階級・ジェンダー・人種への支配や抑圧からの解放が問題となる。地理学と権力への関心は、政府との関係を問題化するようになる。地理的な知識、制度、実践、景観などの地理的キーワードを脱神秘化する。フェミニズムをはじめとして、地理学の権威に対する挑戦が行われるようになった（山崎 2001）。

3　ポストモダンと地政学

古い世界秩序の死と新しい世界秩序の誕生のもとで、地域全体にひろがるリベラリズムあるいはネオリベラリズムのどちらが勝利するのかとトール（1997）は思惟をめぐらす。

一九一四年のサラエボ事件から一九九一年のソビエト連邦の崩壊に至る間、地政学よりも時政学、すなわち地理的空間よりもメディア、バーチャルな空間がより重要となってきたのではないかと考えられる。

グローバリゼーションとボーダーレスな資本主義により、国民国家が終焉しつつある。むしろジオエコノミクス

（地経学）として、世界人口爆発、森林破壊、土壌侵食、オゾン層喪失への対処といった戦略的環境構想が重要となる。このように地政学から、経済・文化・政治的リアリティの統合へとすすみ、ジオポリティクスの終焉へとむかう。ポストモダンの技術構造と巨大テクノロジー社会のフロー構造が、グローバル空間の生産に関する地理・権力・知の変容をもたらす。

旧来からの地政学が、チェーレンやハウスホーファーによって生み出されてきたのとは異なり、地理的権力（ジオパワー）として新しい言説分野が生じている。

たとえばモンロー主義、マニフェスト・デスティニーといった新しい概念が導入されてきた。従来からの帝国の唯物的知識人と未開の野蛮人といった区別がなくなる。近代的交通通信ネットワークによる領土の統括により、自然地理的な実態とは異なるような領域が、政治社会的アイデンティティをもつようになり、永続的闘争のなかに地理的実体という言説が作動してきた。通時的なものに対して、共時的なものを特権化する。時間を超越した本質や自然法則を喚起する空間的論法が生じてきた。

旧来からの地政学とは、ヨーロッパから帝国主義がらせん状に展開した地理的実体のなかでの、やむことなき闘争である。領土国家のヴィジョンとしての国際政治であった。それはヨーロッパの自集団中心主義と西洋の認識論的、存在論的傲慢を反映していた。

しかしポストモダン地政学について、ポストモダンとは大きな物語の終焉であり、普遍的、絶対的なものとされてきた言説の危機である。進歩と真実といった大きな物語に対する信頼の喪失である。一九五〇年代以降、コンピューター社会における知の再構築がすすめられた。情報資本主義や多国籍企業の興隆により、科学的知も信頼性を失うになった。真理ではなく、実効性によって評価される。科学はインプット・アウトプットにおける最良の均衡状態を発生されるために道具化されている。

その背景として、二十世紀初頭には混乱した文化的分裂に対する不安への抗議があった。第二次世界大戦後、パックス・アメリカーナの衰退があった。ベトナム撤兵、ブレトンウッズ体制の崩壊、九〇年代における金融のグローバリゼーションとともに冷戦が終結した。その後、世界秩序が分裂の度合いが深まるとともに新たな地政学が必要となった。

さらに情報化、グローバリゼーションを通しての脱領土化において、グローバル空間においてハイブリッド化し、主権国家の権力の枠を超えたフローが脱中心化して、複数の結束性を示すようになる。電子的コミュニケーションと交通手段の高速化は、時間・空間のいっそうの圧縮をまねき、グローバルな空間を表示するテクノロジー、スパイ衛星、GPS確定システム、静止軌道上の気象モニターなどの国家安全保障技術は、情報部員らのテクノクラートによる権力のはたらきを示す。それらは植生変化からハリケーン、ミサイルの追跡まで、もはや地図作成者の視野を超えたグローバルなコミュニケーションと監視のネットワークを構築する。

そして絶えざる闘争のうちにあった地理的実体が解体される。ソ連邦は共産党支配の画一的空間から、マフィア、オリガリヒなど、寄生虫的シンジケートによる分裂した軍事的インフラからなるアナーキーなゾーンへと変化した。ポストモダニティとは、アメリカのヘゲモニーのもとでの物質的、イデオロギー的な要素が脱領土化して、新しくフローからなる空間性が生じたことであるともいえる。それは主権国家の法的権力による領土支配を圧倒さえしうるような非一国家的発展を示すネットワークやウェブの進化である。金融・株式市場はすでに国民国家の枠を超え、国家金融市場から国際金融市場へとグローバル資本主義のフローは急成長している。

それに対する劣位の側の対抗理論とは、血縁や国土を固定的なものとみなして、再度、神話化をはかる。再領土化は、不在の全体の体験のなかでの伝統の消去、脱伝統化である。

ポストモダンは、失われた全体を取り戻す夢の一面であるとともに、空間と時間、場と伝統、遠近法的ヴィジョンの不明確化である。矛盾する政治への発声がポピュリズムである。それは高度に矛盾化した時間、空間の再統一性と全体性を求めることで、情動や欲望を解放する。

テレコミュニケーションの即時化によるグローバル空間は、戦略的言説として、国家化されていない主体をうみだした。主権者がメディアを通さない、国家内にとどまらない作用は、主権国家のよろめきとグローバルな空間における複雑に分裂するヴィジョンとなる。そのような戦術は、国家権力の本質ではなく、地理的戦略や特定の政治性の歴史的側面として、プロブレマティークを構成する。

またオトゥホール(2001)もポストモダン地政学について、次のように定義している。

このようなポストモダン地政学成立の背景は次の諸点からなる。

(1)パックス・アメリカーナの衰退(固定為替相場であったブレトンウッズ体制の終焉、一九七〇年代の石油危機やベトナムからの撤兵など)。

(2)経済のグローバル化(国家主義的な国際政治経済から脱領域化されたグローバル経済への転換)。

(3)情報化(ハードウェア、ソフトウェア、「メディアはメッセージである」)。

(4)社会の変動(伝統的領域からの分離、伝統的スケールの縮小と崩壊、流動的でグローバルな生活の出現)。

これらの出現により、カステルのネットワーク社会やラトゥールのアクターネットワーク理論がもたらされた。ポストモダンにおいて、主体・客体としてのアクターは、すべて不純で、ハイブリッドで境界的な存在である。そこでは人間とノン・ヒューマンの区別がない。

そこで、歴史的に地政学的背景として、次の三要因があげられる。

(1)農業的古代(自然的生物世界、大地と神からなる有機的空間性、土質性をともなった生物的・生態的スケープ)。

(2)近代工業資本主義(人工的技術世界、地図と統計に示される工業技術的空間性や領域性からなる計測された資産のスケープ)。

(3) ポストモダン（情報資本主義、情報的サイバー世界、すなわちテレビ、コンピューター、サイバネティクスに示される通信制御的空間性、遠隔測定性などサイバー情報やメディアのスケープ)。

そして、グローバル空間における権力、脅威、アクターは、どのように表象され、空間化されるのか。そしてモダン地政学からポストモダン地政学へと、地図的な視覚化から遠隔測定的に視覚化され、GISへと発展する。それは遠近法的劇場からポスト遠近法的シミュレーションへ、内部／外部および国内／国際の対比を通してのグローバル・ウェブによるグローバリゼーションの理解、東西対立からジハード派対マックワールド派の対立、領域的権力から遠隔測定的権力へ、すなわちハードウェアからソフトウェアへとむかう。すなわち領域的な敵から脱領域化された脅威へ、すなわち固定的で硬直的な配置から柔軟で即時的な対応へ、地政学的人間からサイボーグ集団へ、すなわち国家指導者からネットワークやサイボーグへと変化する。

4 地政学と空間論的転回

このような新しい、批判的な地政学が提要される動向は、またカルチュラル・スタディーズにおける上野俊哉や吉見俊哉の論考によっても展望されている。

上野俊哉（1995）は「空間の政治学」として、以下のように主張している。

近代以降の哲学と社会科学において、主体がどのように在るのかという存在論の問いかけがなされてきた。そこでは、文化的規定や背景が風土、風景、景観に還元されるとともに、どこから来て、どこへ行くのかという場所的定位が問題とされきた。やがて言語論的転回と並行して、社会学などに空間的転回が生じるのであった。

そこでは、フーコーが歴史＝時間を、非連続と断絶、変形と転移へのヘテロピアとしてとらえた。デリダは通常の時間化と空間化の表象に先立つ、運動としての差延や間隙化について語った。

このようななかで、権力が文化的ヘゲモニーを操作しようとするとき、経済・社会システムに関する空間表象や空間的言説を通して、無意識的に新たな空間的概念を作り上げる。このようなことを解明しうる新しい地政学が、空間論的転回の核心である。

そしてカルチュラル・スタディーズの導入によって、詩的な修辞的なコスモスから日常生活世界の実践パフォーマンスへと移行する。そこでは旅する人々として、下層労働者、移民、難民、ディアスポラ（離散民）における文化の定位（location）が問題となる。

そこでは物理的な移動空間だけではなく、人種・ジェンダー・世代・地位などの場所的な定位についても問われている。

文化的差異は様々な場である空間の間隙から生じる。そのような間隙の出現とは、創発による重複とずれである。さらに国民性についての間主観的経験が、共同体の利害として、文化的価値観に発展する。そこで、場所的定位と言表の空間が一致することによって、ひとつの国民＝国家が正当化される。

マッピング（地図作成）とは、差異や分裂を接合するはたらきであり、それによって空白に文化的差異や民族的区分が織り込まれる。

このように国民国家の始まりは、本質主義的同一性にもとづき、周辺諸国家を敵対性とみなす。古代的、神話的意味空間から始まり、さらに国家の近代的領土については、愛国的な先祖返り的な伝統主義の時間性において表象される。そこでは空間的差異が時間的同一性としてくりかえされる。

それとともに領土は伝統となり、国民は一つになる。このイデオロギー的な置き換えが極まる閾値は、差延的な空間的境界、外部が伝統という統一された時間的領地へと変わる点である。

このような背景のもとで経済地理学をはじめとして、ハーヴェイ、ウォーラーステイン、アーリーがグローバル化、情報化、脱産業化をもとにして、フォーディズムの終焉とポストフォーディズムへの移行、フレキシブルな蓄積体制による時間・空間の圧縮、世界システム理論からモビリティ・アプローチをとなえてきた。

一方、地理哲学では、国民・国家・大地の有機的なつながりを正当化する地政学とは異なり、ヨーロッパの多様性と危機は具体的な空間に書き込まれ、地図化され、空間的に表象される。はじめから固定したテリトリーがあるのではない。領土と大地のあいだでかたちづくられるとされる。

古代ギリシアの空間的概念と、それを尊重して世界内存在における民族の歴史的・文化的真正特性をもとに「現存在」を主張したハイデガー、そのハイデガーを批判したのがドゥルーズ＝ガタリである。彼らによれば、国家は領土を自己固有化し、都市（都市国家）は後背地（ヒンターランド）の拡大につとめる。そのような内在的平面からの脱領土化として、テリトリーから引き離すのが逃走線（the line of flight）である。ネイティヴな土着から脱却することで、思考は哲学となる。

そのような地理哲学がみつめうる社会的な場所性とは、地理学的地域区分のように外的に区切られた境界をもたない。それは絶えず組みかえられ、システムが成立しそうになると、それをゆるがすような内在的な運動をおこなう。そのような境界や空間であるために社会的なのである。

これらのつながりは、イデオロギー的なものではなく、哲学、都市、資本主義が相対的な空間であるところの同じ内在的平面において作動していることを示すにすぎない。

脱領土化と再領土化は、この二重の生成変化において交差する。そのため、もはや脱領土化する以前の「土着の民」と脱領土化・再領土化した後の「異邦人」を区別することはできない。

そして上野はグローバル化、ハイブリッド化にともなう電子封建主義をとなえる。ITによるバーチャル空間では電子フォーマットによる交信を通して、秘匿すべき個人情報がビッグデータとして、国際金融情報資本、プラットフォーム企業などによって独占的に収集され、活用されることによって利害空間が支配されていく。さらに資本の移動によるオフショア化（海外化）がすすめられる。

このようにしてメタステートは、統合と断片化をくりかえす。近代性、現代性のもとで培われ来た人権、民主主義、平和といった普遍性志向の論理が衰退する。そして文化は、個別性、ローカルなものが志向される。その一方で、グローバル化が急速に進行することで、内包された矛盾は、ばらばらに分節化し、エントロピーを高める。すなわち近代における現代性は、境界をこえて、商品・労働・観念・資本の流動を加速する。その一方、文化はむしろ排除と孤立化によって、自らを純化する。近代における現代性は、情報操作と演算処理によって、合理化を行い、異端尋問や暴力を使って、それを推し進める。しかし文化は逆に、唯一性、非合理性、本質主義を志向するからである（上野 1995）。

また吉見俊哉（1999–2000）も「空間の政治」として、都市研究とメディア研究の対話をめぐって以下のように考察している。

一九七〇年代にラディカル地理学が提起され、資本主義における空間の社会的生産や生きられる世界の空間性が問題とされるようになり、近代的空間の自明性に疑いがもたれるようになった。

十七世紀から第一次世界大戦まで、近代的空間が成立し、完成されてきた。通信交通の発達により、一九七〇年代にハーヴェイが時間空間の圧縮を主張した。そこでは空間的なものがメディア的なものとして表象されていた時代の場所の意味が喪失した。情報的アプローチは電子的メッセージを通して行われるようになり、あらゆる障壁を浸透する。もはやショッピングモール・学生食堂・ゲイバー・ドヤ街・監獄といった場所の属性は、電子的ネットワークにより、超空間性をもつようになり、居住、都市、国家が新たに位置づけられる。そこではパノプティコンによる相互監視ではなく、パスワードでアクセスできるエージェントが重要となる。領土を地図化し、諸々の事象を空間的な奥行きの中に配置できなくなった。

ハーヴェイはハイデガーの場所論とマルクスの議論を結合したのである。場所とそのアイデンティティとの結びつきは、ますます重要化し、グローバルな情報化に対抗して、本質的な場所性の再構築に向かう。都市研究とメディア研究の交点をつくる。

シカゴ学派社会学は都市が伝統的、制度的規範と環境にもとづくコミュニティから秩序化されてソサイエティとなるプロセスを探求した。地域社会は特定の人種や階層により凝集し、文化単位となった。移民に関するエスノグラフィックな都市研究により、移住労働者がスラムを形成するプロセスが明らかにされた。

シカゴ学派のようにアーバニズムによる都市は匿名性と一時性からなるのではなく、むしろカステルは集合的消費に関する空間的生産を問題にしている。マッシーは植民者・被植民者について、エスニシティの問題をふくめ、移動できる人とできない人、権力を保持できる人とできない人について考察を加えた。つまり、これらは、ハイデガー、ハーヴェイと異なる仕方、すなわちアイデンティティや境界で区切られた領域性とは異なる仕方で、場所と空間について考える必要を主張したのである。このようにポストモダニティの条件について、空間の生産やマルクス主義との対話から議論が進められた。

また後期資本主義においては、文化的経験が断片化し、文化の自律性が資本主義のメカニズムに埋め込まれることで、「文化」の爆発的な拡散が行われた。そのためポストモダニティの空間は、民族文化やアイデンティティの同一性にもとづき、境界線で閉じられた空間とは異なる。それはランダムに断片化し、衝突し、流動する資本と文化が運動している空間である。

また空間の生産は「場所の政治」につながった。モダニティにおいては、歴史が断ち切られ、断片的でうつろいやすいものが増殖する。その一方では啓蒙主義が主張した普遍性や永続性が志向される振子運動になる。そしてこれまでヘゲモニーを確立していた均質的空間に対する異議申し立てが行われるようになる。

フーコー、ルフェーヴルはメディアにおけるポストモダニティとして、地理的移動性と私事化のもとで、テクスト、メディア、オーディエンスの交差をとりあげている。カルチュラル・スタディーズは、戦略的なコンテクスト主義をとり、テクストが、ジェンダー、エスニシティによって、それぞれの送り手、受け手が置かれている文脈の中で、戦略的かつ戦術的に読み取り直していく。

ソシャによれば、空間が社会的再生産過程の産物であると同時に社会的再生産を媒介する。そのためフィジカルな空間とメンタルな空間が交差して、変化していく動態的プロセスであり、無数の矛盾、葛藤、抵抗を含む。それらは社会における時間と空間の組織化まで、モノや事象の配置や形態の問題である。透明で中立的な空間を前提としてモデル化されるのではなく、空間における政治の隠蔽、マスメディアによる政治の隠蔽が問題視される。

カルチュラル・スタディーズにおいては、社会と空間、メディアの絡まり合いとして、国民国家の文化的、制度的システムと一体化した空間やメディアの均質性が急速に解体していくことが示されている。すでに国民国家は均質性をもった透明な空間の解消をはかっている。各国の文化は大国の影響である文化帝国主義ではなく、グローバルな空間編成における離散的傾向を示している。これらのメディア、テクノロジー、金融、イデアの多様な流動化した景観が構築される。

身体・権力は空間において重層的であり、場所／ローカルにおける差異、衝突、分裂に見出される。このような空間不平等の再生産はメディアを通して行われる。

さらに吉見（2003）は『カルチュラル・ターン、文化の政治学へ』として、言語論的転回以降の動きについて展望している。

言語論的転回とは、我々は社会を語ることで、社会を構成している。そうした社会のなかにわれわれ自身を構成している。言語は社会理解の道具ではなく、社会そのものが言語的存在である。

社会科学は法則と例証から事例と解釈へと移行した。実在主義、機能主義から社会生活は象徴や言説によって組織されるとみなされるように変化した。理念とデータの分離ではなく生の事実から考察される。機械論的分析から社会科学における解釈学的類比がすすめられる。それはギアーツの解釈学的展開とよばれる。

これらの動きは脱植民地化、冷戦体制への批判、豊かな社会への反逆、公民権運動、ベトナム反戦運動を背景として成立した文化への新しい眼差しである。文化が教養層の国民と結びついていたロマン主義の本質主義的把握の解体でもある。

ポストモダニズムは、社会理論のパラダイム転換とグローバル資本主義による新しい文化の構築と社会性の存立平面への問いかけであり、象徴的・言語的・表象的システムとしての文化方法論的・認識論的ジレンマをもとにした因果論的説明図式の解体と専門分野の再編成である。

それらは、文化の構成的作用の視点から、社会や国家を語り直そうとした。つまり十九世紀において、近代化理論が国家と事物、政治と経済に分離したことを批判し、啓蒙・文明・教養・文化といったブルジョア市民に要求されてきた基本能力が批判された。

ロマン主義や啓蒙への批判、西洋近代が捉えられない多様性として、ポストモダニズムにおいてジェンダー、セクシュアリティ、エスニシティの問題が拡張された。

文化テクストとして生産されるポピュラーカルチャーとその消費は、空間において電子的展開をすることで、旧来からの場所の意味は失われる。しかしサイバースペースが生み出す無数の語りは、メディア空間として、空間の脱配置につながるとされる。

以上の動向は次のように要約できよう。

一九七〇年代は、大国間の緊張緩和の一方、第三世界は相互にはげしい競争を行った。一九八〇年代後半に生じた批判地理学は、フーコーの「知と権力」の概念をもとにして、言説としての地理学も権力・知の形式を持つ。それをもとに、国際政治を空間化する言説的表現として、中心権力と覇権国家により、国際政治が空間化するプロセスを扱う研究である。世界政治における場所の記述は、単なる位置や舞台の定義ではなく、一連の対外政策に関する言説の記述である。

地政学の空間を世界システム研究における地理的知識に結び付けることで、強大国である合衆国主体の規律権力を明らかにし、帝国主義的地政学からポストモダン地政学へと転換をはかったのである（オトゥホール 1999）。

次説では、このようにポストモダンの空間論や「地政学」に大きな影響をあたえているフーコーの「知と権力」にともなう空間概念であるヘテロピアについて考察することにしたい。

5　フーコーの「ヘテロピア」

これまでみてきたところの新しく批判的な地政学で強調されるフーコーの「知と権力」概念について、ここで考えることにしたい。

フーコーは、ラコストが創刊した『エロドト』創刊号でラコストのインタビューに対して、次のように返答している（フーコー 1998）。

フーコーの「知と権力」の概念においては、科学は言説としての形成されるまなざし、エピステーメである。ヴィダル＝ドゥ＝ラ＝ブラーシュ以来、地理学は社会科学、マルクス主義の認識論や科学史から遅れて、安全地帯に閉じこもってきた。自然科学と社会科学の両方にまたがって、あいまいである。地理学は「知の考古学」のなかに、どのような位置を占めているのか。地理学は自らが定立し、守るべきものを解体し、自然科学として実地調査や図表化と、人間科学としての考査検証に分けてしまっているのではないか。

一方、歴史学は有用性と政治的効力をもつ。その領域で展開されている闘争と何らかの形で結びついている。また精神医学は闘争や力が行使される戦線であり、対決の要衝である。このような緊張の存在が学問への問いかけ、方法としての「知の考古学」を生じさせるのではないか。

フェーヴル、ブローデル、ラデュリなどの地理歴史学とか、人類学的地理学をあわせて、経済学や博物誌の知の考古学を考察してきた。知の考古学とは、西洋哲学がデカルト以来、認識とは何か、真理とは何かを問題にしてきたところである。

ところで地理学における空間設定の不明確さは、領土、地域などの研究対象を規定する重要なタームが地理学独自のものではない。たとえば領土は、法的、政治的観念であり、局面・場所（champ）は経済的、法的観念、領域（フィールド、移動・移住）は政策的観念、領域（domain）は法的、政治的観念、土壌（祖国、故郷、soil）は歴史的、地質学的観念、地域（region）は税政上、行政上、軍事上の観念であり、地平（horizon）は絵画的概念であり、視野領域を含意する。これらは厳密な意味で地理学固有の観念ではない。すべて借用である。

このようなメタファーとして、地理学の戦略的言説は、知に関わり、管理・政策といった知を貫いている権力諸関係を反映している。それらは軍事、行政、土壌、故郷、祖国の上に戦略的闘争的な思考をくみあわせてきた。

歴史の進化は、主体的連続性をもつ有機体的進化とおみなしうる。そこでは古い形成と混同するのではなく、歴史的な移動境界区分をもとに地図化される。領域の組織化として、権力のプロセスは歴史的プロセスになる。

監視することと処罰することは、監獄都市の国家装置としてパノプティコンである。そこにはミクロな権力が散在し、横断的に並置され、監獄・病院・学校において徹底的な監視がなされる。それゆえ権力は国家装置の内部にあるのではなく、はるかに遠く、身近にまで、各人が究極において権力の保持者である。

地域アイデンティティ、ナショナリズムは地理学的言説として、調査、測定、検証される権力の図式でもある。空間の認識である地理学における言説の形成と知の系譜は意識の型とか、知覚の様態、イデオロギーの形式から出発するのではなく、権力の戦術、戦略、移動をとおしての植民地、領土、領域の組織化である。それらは一種の地政学である。

さらにグレゴリー（1999）はフーコーの「権力と知」の概念をもとに、次のように地理学について考察している。十八世紀以降の近代地理学の特色は経験科学であり、叙述における写実主義、収集における系統的分類、説明における比較法が用いられてきた。それは観察・分類・比較を通して、理性の営みから自然から文化へと考察するヨーロッパの科学の特色である。

一方、フーコーの『言葉と物』は他者の歴史、すなわち同一性の中に集められた秩序の分断の歴史である。空間分析をする探検家、冒険家、地図製作者、測量技師は、権力と知の生産物である近代経験科学としての地理学を生み出した。それはポスト啓蒙期の近代資本主義の時代を反映し、時間と空間の絶対化、世界の博覧会化、主体の規格化、文化と自然の抽象化を示すものであった。

時間と空間の絶対化：権力・知・地理学においてはヨーロッパ中心の抽象空間の生産である。抽象空間の支配力は、権力と欲望のゲームに組み込まれている。商品空間は男性中心主義である。普遍的、ユークリッド的かつデカルト的で測定可能な数学的グリッドは、帝国主義的イデオロギーを反映し、先住民にとって絶対的な空間として君臨している。

ヘーゲルは一八二二―二三年の『歴史哲学講義』において、東洋から西洋へと、キリスト教中心的な歴史と時間の流れを示している。文化と文明の区別は、十九世紀後半の列強の勝利を含意する。情報・ジェンダーの格差は植民的従属として、構築された他者性の空間の中に位置づけられている。

このような還元できない他者性として、「世界の博覧会化」をあげることができる。商品は物神化されて展示され、人々はそれらを順に巡礼する。博物館・動物園はヨーロッパ列強による植民地支配の視覚的象徴としてエキゾチックに表象される。このような事実の秩序化は、透明化された空間を矛盾なき公正なものとしてあらわされる。大衆の資格を通してメディア化された植民地のイメージは馴化するまなざしに満ちている。

フーコーは、旧体制からの啓蒙とは、自由と発見から規律と訓練への両面性と規格化をともなった系譜学を示すものとされてきた。臨床医学は、狂気、監獄、セクシュアリティに関して、浄化の空間と排除の空間におしこめ、地理的分節化を招いた。パノプティコンは訓育的権力が生じる兵営、学校、職場など、周縁的な場所から出現し、中心へと浸透していく。宗主国と植民地は中心と周縁からなり、文化と自然の抽象化をはかるために地理は抽象空間を生産するための下働きとなる。このようにヨーロッパ中心主義とは、ヨーロッパ大衆の自民族中心主義ではなく、その中に加わっている文化装置に浸透している。

そして加藤政洋（1998）は、フーコーの「ヘテロトピア」の概念について定義している。

ポストモダンにける空間の再主張とは、空間とは社会的に再生産されたものであるという概念である。

ヘテロトピアという差異の場からなる空間には、売春宿・監獄・精神病院などがあてはまる。それらは監視・分割・模倣されるとともに唯一の抵抗の場である。

そのユートピアとの対照性は、ラディカルな行為のための領野、社会的管理の外側にある自由の空間、監視の道具性の外側にある空間として、解放の空間、対抗空間を示す。

政治哲学、政治思想史から、向山（2001）は、ヘテロピアを、つねに他者へと開かれている異質なものが存在する空間であると定義している。そこでは生成という目的論的思考様式が拒否されている。つねに他者との関係において、目的のない変容のプロセスが追求されている。ポストモダンにおける絶えざる関係変化のプロセスをしめしているとされる。

また地理学者としての山野（2001）は、地理学の対象を景観として定義するとともにヘテロピアとの関連について考察している。

「空間」は、あまりにも一般的すぎる。「地域」は、過去の概念として陳腐化している。一方、「場所」は、人文主義地理学における人間主体が環境世界に付与した価値や意味のレポジトリーである。これに対して、「景観」は、私たちの日常生活のコンテクストにおける場所の具体的な姿である。景観の観察は、「場所」の記述と理解であり、その背後における経済、社会、文化の問題点に迫る。

八〇年代、空間の構造化、空間の生産論がさかんになる。八〇年代末、新しい文化地理学とポストモダン地理学が登場する。

それらはルフェーヴル（2000）「空間の生産」論と結合し、構造と主体をめぐる議論に発展する。景観はだれによって、どのような意図で、どのような過程を経て建造されるのか。ソジャ（2005）『第三空間』へと展開する。景観研究と「他者」に関するポリティクスとの結合では、現象学的に、日常の「生活世界」のコンテクストとして、景観や場所の記述が重視される。他者（他我）が、その文化的実践によって作り出している日常景観を理解しようとすることで、差異化され、決定づけられ、緊張をはらんだ場所の存在を明らかにする。

景観や場所の記述として、グローバルとローカルのせめぎあい、ローカルな経験と、それが生起する場の特性やその展開の規模が土地所有に関する考察から説明される。気まぐれな要素の併存するメガモール、テーマパーク、ゲートシティ（住民以外がゲートでチェックされる要塞化された都市）、インナーシティ（大都市内部の貧困集積スラム）の文化的混在は場所性と没場所性をかもしだし、フーコーのヘテロピア概念につながる。

フーコーにとって、地理的な地誌では説明できない、現実世界におけるさまざまなマージナルな場に存在する異質性が混在する場所として、ユートピアに対抗するのがヘテロピアである。それは現代都市空間において、通常は象徴的に気づかれないような、相互に断絶した諸空間が併存している状態である。不釣り合いな諸空間が相互に併存しているか、重なり合う状況で併存している。それらは多様で混沌として、変化し続け、普遍的原理を欠き、中心性なき情報の流れにつながる。

そこでは人工的で社会的不平等を呈するポストモダンの地理的状況が、資本主義が関与する理論なき、中心性なき、現代の不確定さをおおいかくす。モダニティの周縁的な場で、閉じられた状態のもとでの確実さが崩壊に迫られている。

ポストモダン地理学の景観記述として、近代文化が志向した美的統一としての性格をすてる。そこには混沌と並置のなかに他者を映し出す鏡としてのヘテロピアがある。

差異への注目とともに交通・通信の発達による差異の可視化にともない、間主観的なサブグループの文化が根ざす場所や景観のアイデンティティとしてのヘテロピアは、それらの差異を同時に映し出す概念である。それは日常景観の複雑さ、遠隔コミュニケーションや移動によって錯綜した日常生活に対応したコンテクストの記述と解釈の方法に対応することでもある。

ヘテロピアとしてのポストモダンの景観においては、現代のローカルな文脈の考察とあわせて、グローバル化した世界における景観や人間生活の理解と説明を総合することが必要となる（山野 2001）。

フーコーの権力論における戦術とは、規律・訓練において実践が最高形式とされる。空間の配分は活動のコード化につながり、時間の累積は全体の権力装置となる（藤田 2013）。

北川（2005, 2007）によれば、批判地政学は、フーコー流の知・権力・空間の概念のもとに成立する。近代国家による大地の分割は「地権力」としてとらえることができる。フーコーは、西洋近代国家における空間配置として、外部からの難民、無国籍者、列強諸国、被植民地者から構成されていると考えている。

九・一一テロ以降、アナーキーで恐怖の新しい地理が登場した。旧来の地図作成的理性が崩壊した。そこには安定した他者からなる「世界」は不可能となる。遠くの「植民地」支配のためには、空間的・時間的分割を隠蔽し、収容所の存在を隔離する場合がある。

そこでは、もはや主権国家対主権国家の対立ではない、主権国家対テロ集団という闘争は地理的領域性を超越している。そこには地図作成的理性ではなく、予想不可能な恐怖、暴力が存在する。

アメリカのアフガニスタンにおけるアルカイダ支援が九・一一テロの遠因になった。悪の枢軸として、イラン、イラク、北朝鮮の存在のように危機は外部、内部の枠を超え、グローバルに展開している。十九世紀後半、ヨーロッパ列強、帝国による植民地分割とともに地政学は国家やアカデミズム、外交官、マスメディアによって表象されるようになった。

フーコーの統治性とは、国家における内部の主体を通じて生じる多様性と自由はパノプティコンによる統治で規律化される。国家のエリート、支配者は国益を守る国民の代表である。

十八世紀に権力は個人の身体を管理し、人口管理政策をとる生権力となった。出生率、公衆衛生をはじめグローバルな視野から人々の生を守るセキュリティが生政治である。人の生は国民の生である。そこから逸脱者や犯罪者は排除される。

水や医療品は資本のもとに管理される。日常生活はモニターにより監視される。権力が敵（他者）と味方（我々）を分割する知と権力の結合を通じて、空間を表象することを批判した。

他者による危険が我々の生を脅かすのがテロの恐怖である。そこには差異論的な人種主義が呼び起こされる。マルチチュードとは、植民地の遠隔管理にあたって、外部からの攻撃ではなく、内部に潜む危機である。大衆がメディアを通して操作される国民国家の形式から人種、民族をめぐる空間が形成される。

フーコーの生政治において、生命と政治がどのように関わるか。どのように生命が政治に組み込まれ、生命に関する政治がアジェンダになりうるのかが説明されうる。

そこにはサイボーグ、サイバーシティ、バイオ資本主義へとポスト・ヒューマンの議論へと発展する契機がみられる。対テロ戦争は移民収容やバイオテクノロジーを通して生政治と結びつくのである（北川 2005）。

そして山崎（2001b）は、グローバルな時代における国民国家とナショナリズムについて、以下のように展望している。

グローバル化にともなう国民国家の衰退と逆行するように、世界各地でナショナリズムが台頭し、主権、領土と国民的均質性の関係が問題化されている。ナショナリズムにもと基づく紛争により、分裂・分離が深刻化している。グローバル化のもとで、国民国家の概念が弱まり、ナショナリズムは衰退するはずではなかったか。なぜ、そうならないのか。

国民国家は、領土、民族、文化（言語）の一致が理念であった。しかし多くの国民国家において、先住民や少数民族の存在が現実にあり、国家形成の理想像にすぎない。

ナショナリズム、ネイションが主権・自治・自決を主張することは、イデオロギー上の運動となる。そもそも民族自結は近代ヨーロッパ起源の考え方であるが、旧植民地の独立運動を通して、グローバルに展開した。

一九八〇年代以降、新自由主義における規制緩和と経済活動の自由化と、いっそうの市場・競争原理の活用により、国家によるグローバル化への政策的対応、既得権益の打破、消費者主権と自由貿易の尊重、経済活動にともなう流動の領土的制約からの解放が行われるようになった。このようにして、国民国家が衰退し、国民国家の理念的前提が崩れるようになる。戦争抑止力による敵の消失や、国民統一性として、国民統合を補強する契機も失われつつある。

資本流動、国際市場変動といったグローバルに展開する現象が、ローカルな地域と直接に関わるようになる。先進国の世界都市における都市経済は、グローバルなネットワークに直接統合されることにより、異文化要素の流入と移民が増加し、都市が社会的に多様化、分極化していく。

主権、国民、領土の三位一体性と軍事、経済、社会、文化の統合としての国民国家の理念は、ナショナリズムの理念とともに衰退するのか。

新自由主義のもとでの経済的不均等が拡大し、アジア通貨危機やユーロ危機とともに民族紛争が続発する。そのため国民国家（群）による統治と調整の必要性が重要となる。また第三世界においては、グローバルな経済のもとで、地方政治の財政やローカルな地域は無力であるため、中央集権的政策は一定の効果をもっている。

また移民の流入により、トランスナショナルな文化構築のプロセスとその政治的可能性が評価されるようになる。ナショナリズムが、特定のエスニック集団が近代化を遂げるプロセスとしてとらえるのが「近代主義」であり、民族自決・分離独立・国家建設といった目標達成のための道具としてみなすのが「道具主義」である。その一方、ナショナリズムを情緒・主観・意志として、動員すべき手段とみなされる。また非近代主義アプローチにおいては、原初的紐帯である同血統の祖先、同一言語、同一慣習からなる文化的要素をもとに近代国家が国民を統合するとされる。

重要な因子として、ナショナリズムにおいて、情緒的、心理的紐帯が重要となる。

グローバル化にともなう近代ナショナリズムの衰退が、グローバルかつ地域間の不均衡を顕在化させる。そこで国民国家の枠内にこだわらず、エスノナショナリズムが興隆する。

そこでは新自由主義のもとでの先進国による第三世界の搾取が行われる。同時に近代国家は、地域的、ローカル集団の国民国家への統合をはかり、文化的同質性を保つためにエスニシティを動員する。主権、領土のアイデンティティとしての統治の範囲を通して、特定のネイションの利害が領土と関連づけられる。

ナショナリズムはアイデンティティと領域性からなる。それは個人の場所をこえた集合的アイデンティティであり、地域のアイデンティティでもある。

ナショナリズムは、教育・メディアを通しての社会化の過程を通して、地域的アイデンティティと集合的意識を制度化する。その領域的アイデンティティは、領域内の土地に関する神話や景観のみならず、領域外に存在する他者との関係から構築される自己の認識にもとづいている。

たとえばスコットランド、アイルランドのナショナリズム、イタリア北部の分離独立運動、カナダのケベック州問題などである。

資本主義と国家権力は、勤労者や国民としてのアイデンティティを固定化し保証する一方、伝統的なアイデンティティ、既存の社会関係、そして地理的環境を保証してきた言説を自らが切り崩していくという複合的なプロセスをとる。そこでは、異なった地理的スケールに対応して、異なった領域的アイデンティティが入れ子状のようになっている（山崎 2001b）。

六　情動と地政学

1　ポストモダンの地政学と情動

ポストモダンとは歴史的コンテクストにおける人間の存在の消失でもある。ネットやスマホの普及とともに、国際関係、経済情勢、生活や人間関係の変化によって、国境を色分けした地理的空間的関係は取るに足りないものになる。人々は客観的時間を離れたバラバラな時時間を生きる。

メディアを通して、文化的組織にあった名声や権威は破壊された。インターネット上では剽窃やうそが横行している。人々はポピュリズムに翻弄され、根拠なくしても、投票で候補者に投票の意思表示をする。選挙に勝利すれば、事実でないことも正当化されて、履行される。ポスト・トゥルースの時代では、人は瞬間ごとにトラブルをおこさずに生きることで、生活の断片に快楽をもつようになる。人間も機械も、マニュアルどおりに同一操作される。調和し、統一した生活を実現するための個性的な存在として、あるいは理性的主体として、自己の行動に責任を持つこと、大人として成長するための教養もつことも崩壊してしまった。

フーコーからカルチュラル・スタディーズ、表象文化論への流れにおいては、一つの概念が主体とされて、その変遷が描かれるというヘーゲル的な歴史観が廃止される。いくつもの概念とその関係が、それぞれの意味を変えながら、ゆるやかなネットワークのように姿を変えていくアクターネットワーク理論が用いられる。そこでは、権力とは暴力だけではなく、知識と権力の関わりが問題とされる。またそこでは、生政治、生命倫理、人文主義から功利主義へと人間の脱人間化、世界の脱中心化が行われ、ポストモダンでは大きな物語がなくなる（船木 2018）。

ポストモダンによる多元性と細分化、新自由主義のもとでの時空間の変容は、空間的にグローバルな権力の変化をもたらした。それは旧地政学からの離脱、脱植民地をともなう民主主義的倫理と政治闘争の変化であり、シミュレーションや監視をともなうものである。地政学から「時政学（chronopolitics）」へと脱領土化が進展している（Slater 2003）。そして、リスクからの傷つきやすさ、複雑な科学技術的インフラストラクチュアと、冷戦終了後のグローバル化のなかで、既存社会とバーチャルなネットワークの間での文化的衝突が生じている。

啓蒙時代の理性と自由といった人類史における普遍の課題は崩壊し、意思決定や文化の創造は、一部の専門的技術的エリートに集中している。より大きな遂行性とともに伝統的な資本主義を超えた新しい社会システムである多国籍資本の世界空間がひろがっている。国民国家の意味と目的とは、固定された領土と、安定した国際秩序のもとで、科学技術をはじめ啓蒙、自由、進歩をはかることであった。しかしリスク社会において、特定に富が集中し、世界の大部分の国民国家では、貧困による格差とともに、暗黒経済における不法な財やサービスの取引が行われ、西洋中心の近代化とは無縁の危機のもとにある（Luke 2003）。

情動はポピュラーな文化への対抗文化の役割をもつ。それは西洋の啓蒙主義が排除してきたところの、精神、理性、意味とは異なるジェンダー、民族的マイノリティに属する問題に関心をもつ。情動では、感覚、香り、趣き、眺め、色、質感など、それら全てが共通した感情を作り出す。政治学や現象学における経験的な世界では、情動が重視されるようになる。それは支配、闘争と操作の対象である（クロスバーグ 2018）。

そして、現代資本主義は生命論の包摂へとむかう。フーコーは、新自由主義における生権力の行使は権力の技巧としての生命の管理であると指摘する。生命的存在としての人間にとっての権力と生命の出合いは生権力と情動の出会いでもある。情動への前提が生権力の二つの形態を示している。

第一は資本主義経済における生権力である。多様な生命の共同によって、法治国家の権力の様式が作られている。生命を構成する環境は交換され、変化し、脅威ともなりうる。それは価値づけられる生命と、脅威とされる生命の違いの反映でもある。

第二は現代文化理論における情動である。そこでは現代の生権力が身体の情動となる。情動を通して、無意識に細胞内を刺激し、反応させることで、有機体に生理学的制的を加える。生権力とは規律に生政治を加えたものである。情動により政策目標がかかげられることで、非表象理論や新自由主義のもとでの共存がはかられ、情動と生権力が合致する。

環境論は生命の包摂とともに、セキュリティの強化をはかる。新自由主義的国家形態は市場関係性の拡大と自己統治と調整を試みる。経済的自由主義は、その時に生命による競争の拡大にもちこむ。偶有性をもった環境技術への政策的介入が、とりかえしのつかないリスクをもたらす。過剰国家の権力支配として、フーコーは、リベラルな統治が危機となるため、情動的な条件づけにより対抗措置を出現させることで、新自由主義への変化がより強化されると批判する。このような生命を生み出し、死に至らしめる新しい政策目標の出現は、情動的な生命の組織化となる（Anderson 2012）。

ポストモダンにおける情動の地政学について、Dittner（2014）は次のように記している。ポスト人間中心主義が地政学にあたえた影響として、複雑性理論をもとに、創発的効果が集合体の要素に影響することがあげられる。これらを反映して、国家資本から世界システム理論へと「帝国」の崩壊がすすみ、物質的景観として資本の流動を表象する都市のインフラストラクチュアが形成される。

地理学は環境決定論から、主体・構造論争を通して日常生活実践の地政学へとむかう。集合体理論をもとにしたポスト人間中心主義の地政学においては、人間とノン・ヒューマン、有機体と非有機体、マクロ・ミクロの二分法を解消する。このような関係論的存在論のもとで、ドゥルーズの集合体理論は異質な要素の特性よりも能力を重視する。そこでは物質的／表象的、領土化／脱領土化、コード化／脱コード化といった対比が重視される。またDNAを用いたバイオ認証により、不法移民を摘発するなど、人間の政治的問題よりも、むしろ生物に内在する生気論や物質の振動をも重視する。また関係論的存在論のもとで、ガバナンスのリスケーリング、グローバリゼーション、フェミニズムが問題とされる。

情動に関する地政学として、メディア・ネットワークの役割が重要である。アメリカによる二〇〇三年のイラク侵攻は報復という情動を報道することにより正当化された。集合体理論は創発的、集合的な秩序からなる。身体への情動は記号論と社会システムの積み重ねである。層化し創発的な集合体の産物である。多様な交差する同時発生的な情動が、自らの状況の政治的な評価を下し、人種、階級、民族、国籍、ジェンダーのアイデンティティを構築する。学術、政治、ポピュラーカルチャーに関する言説は、身体の情動的反応として反復される刺激や言説である。それらが、ムードやパーソナリティ、イベントへの反応を生み出す。

情動は短期的には抗議集団、長期的には国家国民によってになわれる。メンバーの間の情動はムードやイメージについてであるが、政治的にはパーソナルなグループへの集合的な情動への認識となる。私達自身の主観性は、私達自身の認識や情動の相互作用の創発的な結果だけではなく、そこに参加しているいろいろな政治的な身体をとおして、配分されているのである（Dittner 2014）。

さらにドゥルーズは『千のプラトー』において、スピノザからの影響として情動をとなえた。情動における権力の結合レベルとしての速度、早さ、緩やかさ、諸部分の無限さが、結合の強度としてとらえられる。情動における権力のレベルが強度の変化をもたらす。色彩は原色の混合によって生み出される。一つの情動が他の情動に影響する。スピノザは情動における権力の変化を憎しみ、悲しみ、願望、喜び、苦痛としてあらわす。スピノザとドゥルーズは、人や種を、層や器官としてではなく、可能な情動としての存在としてとらえる。ユクスキュルのマダニの生態は情動を通して、個体（individual）主義である。情動と身体との深い倫理的関係は、身体の行動を通して、始めて情動が理解されることにある。他者の存在は、他者の身体の情動を通して理解される。倫理学から行動学へと、動物の行動を環境のもとで位置づけて理解する。

強度を高めることは動物になることである。『アンチ・オイディプス』において、モル的とは、首尾一貫した構成の組織化された平面である。分子的とは、情動や創造力に駆り立てられた流動的アイデンティティを示す。モル的とは、既存の組織化され、決定された状況における自我の主観とアイデンティティからなる。分子的とモル的の併存において、脱領土化の運動が生じ、中間に逃走線が形成される。

強度によって情動化された様式が形成され、情動によって様式の権力が移行すると指摘した。これらの情動は、さまざまな感情の力が交錯する中で現れ伝えられる。権力への効果的批判が困難であることは、情動の非決定性、非象徴性、背景のノイズにもとづいている。そこには権力が我々にどのように作用するのかという明確性はない(Ulmann 2020)。

そして、メディアの発達は現実世界をもはや二重の世界に変えてしまった。多様なSNSにおいて、バーチャルとリアリティは収斂と逸脱をくりかえしている。デジタル信号化による記号は、思考と感覚の非様式化を無限にくりかえす。つかの間の様式性が情動になる、情動化される。さまざまな事物が、異なった方法で同時におこりうる様式を決定し、それを維持することを統治とよぶならば、それらは多くのメディアによって、それぞれの様式に分割されていく。

それらの共通の基礎となる文化と哲学は、カントからスピノザへの変遷である。カントの近代性の理解とは広い意味で総合性のモデルであった。しかし感覚による知覚、思考をともなわない感情によって、情動化された権力の非様式性とは、自発的な非様式的創造である。それらは異なった様式として、感性、理解、想像力といった能力であり、非様式性の認識論として、情動、怒り、恐怖、嫌悪からなる。

これらに対して、スピノザの形而上学はデジタル時代のネットワーク・メディアにも対応しうる。自然は神であるという一般化は、これらの実質の無限の属性を可能にする。精神が体現され、具体化することで拡大することは、神の情動の様式を反映する個別の権力であり、倫理的進歩である。このように特定の権力と結びついて情動化されることは、特定の情動に関する様式である。それは、ある種の生気論と結びつく。これらの様式は、無感覚、無意識で、直接の知覚をともなう。

つまり情動の地政学は時間と空間に身体と機械を埋め込み、首尾一貫したイベントからなる自己世界の情動にもとづいている（Murphie 2020）。

政策論と情動との関係についてProtevi（2009）は、以下のように記している。複雑性理論は物質的システムの自己組織化を説明する。新しい政治的生理学が非機械論的唯物論としてとらえられる。ドゥルーズとガタリは、象徴システムからポスト現象学への転換をはかった。そこでは残忍な諸力による意識の象徴されたものの混乱に対して、新唯物論によって補完される。それは細分化され、内的に空洞化した意識をともなって、始まるのではなく、歴史的に変化しうる主観や、その主観の実践といった非機械論的、非決定論的唯物論によって、意識や象徴を説明するのである。

社会的、記号論的な身体と精神に、社会的状況をともなって、情動的認識が積み重なっている。それらは社会的意味論を通して怒りやパニックといった情緒を政治的に誘発される。そして生権力の集約的な形態として、これらの生理学的なプロセスに直接の政治的、医療的管理がなされる。情動から主観に基づく個人主義を排除し、人々に認識された情動の特性がどのように配分されてきたかという見地から、具体化した情動に関する主観性について、研究をする。

情動は社会的記号論として、我々の身体において変化する。それは政治的身体が、位置的な時間的な諸関係の中にある。個人主義者の思考に向う傾向を全く否定するわけではないが、集団（population）における多様な主観的な実践について考察する。そうすることでpopulationにおいて、情動の認識の特性が、どのように配分されるかという見地から主観性を研究することができる。

バーチャルな領域は、未分化の混沌ではない概念であり、イデアや多様性として表現されるバーチャルと現実の違いは、『差異と反復』、『千のプラトー』において重要なテーマである。高い強度、集約性とはバーチャルな流動性を、低い強度、集約性とは現実の固定性を示す。現実のもとで潜在的に個々の人格は、それぞれの諸個人の個人化の動きを見出すことができる。成人は固定されたパーソナリティの構造をもつ。成長のプロセスにおける強度の違いとは、人格には結びつかない諸個人の個人化である。

バーチャルなシステムとして、「国家」は、個人化以前のバーチャルな世界に埋め込まれた神経システムをつくりだす。具体的には、他の世界との相恵的機能と中立的なネットワーク、差異化のパターンにおける変化と著しい特異性をもった批判的視点からなる。

政治的情動は客観的な政治的生理学の対象と主観的な政治的感覚にわけられる。政治的情動の考慮は怒りや不安、パニックを誘発する。政治的情動と身体の政策について、ドゥルーズはスピノザにちなみ情動を定義した。それは行動する、行動させられる身体の能力である。情動として影響されることは、客体と出会い、記号論的変化を経験することである。政治心理学は情動になること、すなわち身体によって生み出された変化を扱う。次に身体の力の変化として、感じられた情動である。かなしみやよろこびとして感じられた強度の増減とは、政治的感覚や政治的情動の主観的側面である。身体の能力に関する情動の複雑な概念は、他の身体に対する集合体を形成し、創発的な機能的構造の動的なシステムを形成する。それらの諸部分の異質性が保存された集合体は創発的な機能構造をもつ。このようにドゥルーズは集合体の情動的側面を強調する。その認識が体現され、埋め込まれた非表象理論において、認識と情動は世界における生命の行動を指向する一つのプロセスの両面である。その情動の認識は感覚、象徴、方向性からなる。さらにドゥルーズの三つ折りとして、バーチャル、強度、現実の三概念が加わる。

情動の認識による記号論的成長パターンとは、階層的に秩序づけられた身体パターンであり、地層化に適合する。それは神の判断ではなく、逃走線に見出される実験的、創造的側面である。

有機体論の対抗理論として、非有機体として秩序づけられた身体が「器官なき身体」である。その器官が有機体としての制約から逃れている。そのことで、新しい秩序についての実験が可能となる。再領土化として、別の有機体が階層的政策における機能によって、新しく自己組織化された、内在的に秩序づけられた身体をもつ有機体が形成されることから民主的な社会システムが形成される。

近代国家における政治理論の要素として、個人の人権の確保、共通財の提供、主権統治があげられる。しかし秩序の諸力が反復されることにより、領域における公的な暴力が正統的利用だとして行使される。そこには共感以前のアイデンティティである暴力の禁止が公的に克服されてしまったのである（Protevi 2009）。

2 複雑性・新自由主義と情動

伊藤（2017）は、情動の社会学として、情動の社会的意義について、以下のように記している。

ポスト・レーガン政権以降、地域限定的な（グローバルな共通理解が得られない endemic な）情動が、ビデオ・クリップやテレビ・コマーシャルによる政策のプロパガンダとして行われるようになった。そこには権力の機能のグローバルな様式や全体的なイデオロギーをもはや定義できない。むしろ現実の創発的な条件にイデオロギーを結合させる。誘導・交換・展開が、一つの現実からのバーチャリティーの推進力となる。

ガタリの縦断性（transversality）とは権力に基づくイメージの創発的な諸力である。そこには地域に制約されない情動（affect）が展開する。情動が異なった創発性の角度から全体の世界に展開する。ポストモダンにおいては情報化されたメディアのもとで、現実化を履行するのが学校、家庭、教会の機能となる。

ガタリは、三つのエコロジーとして、環境、社会、精神をとりあげている。環境エコロジーとして、近代資本主義にもとづく大量生産、大量消費、大量廃棄からの気候、土壌、植物・動物・微生物への悪影響がある。社会的エコロジーとして、対立、抑圧、差別、分断にもとづく宗教、人種、階級、ジェンダーの違いがある。精神的エコロジーとして、人間の活動、価値観の多様化にともなう感性、知性、欲望の特異性が強調されることによって、民族問題が先鋭化することをあげている。つまり個体として生成することは、ジェンダーやエスニシティの多様化を生じる。そのことによって、従来からの単一民族による国民国家が支配し、支配されるという概念や、資本家と労働者の二項項対立の図式では、もはや捉えられない。

そして、言表、言葉と表象について、広告やメディアによってつくりだされる観念によって、商品・サービス・エネルギーに関する表象が反復し、差異化されている。この言表行為の動的編成のつよさが強度の概念である。情動は言表行為の実践であり、ポスト・メディア社会のモバイル通信によって、いっそうかりたてられている。

そこにグローバル資本主義の進展と新自由主義的政策の影響がある。それらは移民労働者の劣悪な労働環境と極度の経済的格差の放置、福祉国家政策の崩壊にともなう伝統的家族像の復権、人種差別的主張にともなうポピュリズム的ナショナリズムの台頭、新興工業国の世界資本主義への組み入れ、グローバルな貧困や格差の拡大による本質主義的、宗教的原理主義の復権とGAFAなど、巨大プラットフォーム企業などの国際金融情報資本による新たな大規模な搾取があげられる。そこには一貫性を喪失した新たな対立と憎しみの連鎖が生じている。

マッスミによれば、既存権力によるツイッターの内容を政治家が拡散することで、政治・経済におけるSNSの活用によるコミュニケーション様式が情動の変化をまねいている。つまりマルクス理論による資本家と労働者の対立図式が崩壊すると、代替的な政治的・経済的・文化的転回が求められるようになる。

そこに一九七〇年代にスチュアート・ホールによるカルチュラル・スタディーズが始められる。そこでは、エスニシティ、階級、ジェンダーに注目し、メディア文化を記号やシンボルによって織り合わされたテクストとして解釈するようになった。そこではサブカルチャーを消費社会・消費資本主義とみなすようになっていった。

さらにインターネット、SNSによる公共的ネットワークの確立が、個人の制御不可能な情動の伝達とその高速移動・拡散を可能にするようになった。感覚機能をデジタル・テクノロジーがになうようになった。スピノザからドゥルーズにつらなる情動は、意識とは区別される思惟・精神や精神的要素をふくむ。言語論的転回からの記号、言語がさらに物質・身体・情動へと変化する。情動論的転回は理性と感性の二項対立図式を超える。

現代社会は不確実性である。制御不能なナショナリズムによる分断が、民族紛争・地下紛争による政治的・社会的・経済的・コンセンサスの決裂をまねいている。資本主義における市場経済の発展は、生産性向上のための技術革新にもとづいている。しかし、その反面、テクノロジーによるリスクは、植民地主義、帝国主義による搾取と低開発をともないながら地球的環境破壊を生じてきた。

ところがコミュニケーションの手段は、さまざまなテクノロジーにますます依存するようになる。そこではバーチャルな世界において、原理主義やフェイクといった、事実にもとづかない世論をもとに、ポピュリズムの政治が行われるようになる。

このように情動が政策、テクノロジー、AI信仰と結びつくことで、人為的な地球温暖化、核戦争の脅威、原子力災害など、技術の進歩が地球破壊をもたらすようになる。リスク回避のための予防や復興が、ますますテクノロジーに依存するようになる。ここに技術の両義性がある。その結果、少数のITエリート・ワーカー、AIアルゴリズムと巨大な情報プラットフォームがグローバルな支配を実現するようになる。その結果、新たな窮乏化が始まり、失業や余剰人口が発生し、秩序が崩壊するカオスの状態となる。

マッスミは、このような緊張関係が人格形成以前に情動によってもたらされると主張している。論理にもとづかない情動から、個人化、主観化が生じて感情が形成される。それならば、情動が不確実性のもとでの横断的個体にとっての精神性の模索につながりうるのではないか。つまり情動における前個体的な潜勢性を通して、このような不確実性に抵抗しうる新たな集団形成につながるのではないかと述べている。

フーコーにとって、国家理性は統治の検証につながる。ハイデガーにおける統治の技法とは、覆い隠されていた真理の「あけ広げ」である。しかし、このような真理も規制もそれにもとづいたテクノロジーから生み出される。たとえば国家は統計学の利用により、統計的検証を国家の統治に利用する。

情動の存在と感情は、脱人間中心主義、個人主義的な動向とともにあり、人間の特権性に異議をとなえ、人間もまた自然の一部であると考える。それは、スピノザ的汎神論、一元論のもとで、原因と結果が、様態として、相互の関係性に結び付くことになる。しかし、そのような情動は、一方で神の本質、他方ではすべての機能の本質ともみなされてきた。すなわち万物の原因、自己原因が一義性、必然性のもとで解釈されてきた。

しかし、支配する主体と自然に従属するとされる客体、はたらきかけるものとはたらきかけられるもの、認識するものと認識されるもの、秩序づけるものと秩序づけられるものの二項性とは、一つの自然から産出していた関係にすぎない。すなわち予め特定の関係性によって、規定された存在などは存在しない。ドゥルーズは自然科学的意味における偶発的な連続性として、自然を機械圏、すなわち組織化された自然としてとらえた。そこでは創発的プロセスが情動である。そのような創発的プロセスを、抑制したり、管理するのが権力である（川村 2024）。

マッスミは潜在性・潜勢力の概念をもとに国家への攻撃の予防・抑止から先制へと変化していることを主張した。テロの危機は世界中を不確定な不安と脅威に陥れている。疑似原因が疑われているならば、先制攻撃が正当化されつつあるのではないかと批判した。

家庭的価値観や民主主義的価値観の崩壊、神の先験的な力を起源としていた近代国民国家の普遍的な絶対的規範の崩壊と資本主義社会における使用価値から交換価値への移行は、本質的、決定的規範の空虚化を招いている。このことが過激な政治的情動を生み出す原因となっている（伊藤 2017）。

感情の構造とは、個人の経験と社会全体の経験の区別以前に総合的に理解される感覚からなる。そこには階級だけではなく、エスニシティやジェンダーといった差異による、文化的、言語的環境の違いを反映している。そこには恐れ、不安、高揚、歓喜などがふくまれる。行動主義においては、生物は刺激に反応するのみとみなされるが、動物内部における複雑な過程によって、刺激が情動へ、本能が創造へと転化することによって、精神と身体、文脈と状況の違いが克服される。

ドゥルーズの「動物になる」ということは、その状況に内在しているときの、その状況の否応なしにも見守られて生きることである。その動物の行動でさえ、ある種の文脈から構成された規制力を反映している。

情動とは非言語的な身体運動をともない、状況から超え出るために新たな運動が生起される。このような状況の拘束性と情動の運動の自律性が、行為の文脈化として、適応、調整、交渉、規制といったプロセスを配分する。高揚や熱気をともなった情動的運動の自律性をともない、情動が現実化、実在化することで、身体、自然と文化を架橋する。

しかし現実にテロがおきる恐怖や不安とは、未来の不確実性と切迫した不気味さをともなう。そこで、①アラート、警戒、②先制による攻撃の正当化、③恐れを抑制する努力をはかることが自己充足した存在の自律した力となる（伊藤 2018）。

先制とはリスクを事前に攻撃し、取り除くことである。知識情報ネットワーク戦略において、構造的、情動的な権力の行使は利害関係者の論理から行われる。今日では、情報戦略として、情動の操作が行われている（Massumi 2017）。

国家の緊急事態としてのテロや自然災害は、時間・空間の上で予知ができず、突発的で自己調節が中断され、大規模な破壊が生じる。新自由主義のもとでは、環境のリスクも経済の手段となる。予知できない不安のリスクに対して、先制的にセキュリティに関する施策を実施することは、さまざまなエージェントや主体の間の横断的調整と情動的効果の調整をはかることである。ハリケーン、地震、津波、疫病といった大規模な無差別的襲撃は、戦争といった非常事態に対比できる。

現代の権力体制は新自由主義のもとで、ポストフォーディズムの蓄積体制のもとにあり、ケインズ型福祉国家とは異なるシュンペーター型勤労国家の調整様式へと移行してきた。もともと福祉国家では、医療・防災・防衛などセキュリティ管理が事前に計画され、監視や保護のもとで治安維持や防災が行われてきた。しかし現在では、予測不能なリスクに対して「先制」し、発生したリスクに対してレジリエンスとして回復が行われる。これらは経済市場活動に還元される。

すなわち経済学では、一般均衡モデルでは解決できない予測不能なリスクを非線型的で多型的効果を持つ創発的な複雑系とみなすようになってきている。そこで、統治権力としての生権力には偶然で予期できないリスクに対して、先制性が必要とされる。気象災害のような自然へのセキュリティの対処は、権力の全面的再構成を必要とする。気候、エネルギーと社会システムが相互依存するような法、軍備、セキュリティ機構が整備される。

たとえば鳥インフルエンザといった疫病リスクは、特異性と一般性の関係から偶然を普遍化させる。たとえば気候温暖化が叫ばれると、プロト・テリトリー（原領域）、プロト環境への回帰が主張される。

ドゥルーズとガタリは自然の構成を三つの層に分けている。①変化する条件を知覚する、②自己への内部化、③それらを検証し、パターン化した行動をとる。

自然は純粋ではない。文化、機械、昆虫、バクテリア、遺伝子といった文化を含めた構築的でハイブリッドに混合された層のあり方からなる。

個体発生的先制権力（Ontopower）として、脅威が普遍的にひろまると、偶発性を妨げるために先制的権力の行使が必要となる。先制権力に対して、現状的権力が「生権力」である。先制権力はプロト・テリトリーの原領域の復元を対象とする。それは正規の系統発生ではない、特異性の再現を妨げる。

先制権力（Ontopower）は、原自然の人の住めない領域を対象とする。なぜならば新自由主義のもとで、政治家や大資本家にとっても自己保存や、環境適応的な自己再生産に対して包括的不安をいだいている。ドゥルーズとガタリによれば、もはや自然は純粋の自然ではなく、生産プロセスである。主権には権力の内存性として、セキュリティと対立のメカニズムをふくむ。法的機構としての契約領域において、それ自身の権力の様式のもとで、環境に内存する調整が行われる。

個人の国家からの独立とは、国家の規則緩和による経済システムの自己調整である。その対抗領域において、権力はエコロジー領域を、規制緩和と対抗する関係性を求める。そのガバナンスとは、国家の理性か情動のいずれを反映するものであろうか（Massumi 2009）。

ガバナンスとして、生権力には集計的・合理的計算による積極的介在が行われる。先制権力（Ontopower）には、情動にもとづく、先験的介在が行われる。生権力の焦点は個体群の維持であるが、先制権力の焦点は生命の復元や再生である。生権力が介在するところはテリトリー（領域）であるが、先制権力はプロト・テリトリー（原領域）である。生権力の問題構制は、集合体としての生命の向上であるが、先制権力では生命の創発性を変え、利用を可能にしたり、規制することである（Büshe 2018）。

Massumi（2015）においては、二〇〇一年のアメリカ同時多発テロに対する報復として、イラクへの先制攻撃は客観的事実にもとづかない情動による軍事の典型であった。そのブッシュ政権の外交政策への評価は、二〇〇六年のアメリカ議会中間選挙での敗北に示されている。イラク進攻と北朝鮮核実験への対応が評価されなかった。

国家間のリスクへの対応には先制、予防、抑止がある。予防とは貧困、経済、医療衛生への支援を通して行われる。そのための客観的指標として、通年収入、死亡率、平均寿命が考慮され、援助として開発投資やワクチン接種による医療が行われる。

抑止は、軍備均衡による抑止であり、一定の運動の上に立つ動的均衡である。最初の効果は民族間力の均衡の変化により、虚無化する。

リスクに関する自己の原因の生成は、閉じられた自己原因の環ループのなかで生成され、明白に一体となった構造を示す。

二〇〇一年のアメリカ同時多発テロや湾岸戦争に関するテレビのテロの恐怖に関する映像によって、人々はテレビによる飼い慣らしにより、保守化した。政府による統治権力が人々の情動をつむぐのである。それは伝統的に政府が行ってきた客観的論証的データの検証に基づいて、政策の合意を得るものではない。従来見られなかったかたちで、大衆への意味論的表現を伝達する神経システムとしてのメディアを通して直接に影響する。議論なくして、政府が訴える情動によって、証明なく、説得なく、大衆の世論や行動を誘発する。その誘発者や誘導された者は、真偽に関する一定の内容の限定性を伴わずに、象徴化された権力の行動をとるようになる。こうして公的なイメージや演説の生産に基づく反応の内容や形態が生み出される。

七　レジリエンスと新自由主義

安藤有史（2021）は、複雑性的展開として、自然及び社会における脅威は非線形的創発性をもつ。非線形性によって、統計的なリスク思考では捉えられないラディカルな不確実性が危機管理に必要となると指摘する。非線形的複雑性は、予測や予防によって、事前に対処することが不可能である。危機管理概念としての「レジリエンス」とは、個々人やコミュニティを逆境にさらし、適応させることによって困難を乗り越えさせようとするものである（Chandlar 2013）。

生態学者のHolling（1973, 2001）は、従来の生態系概念が均衡や循環的機能を重視していたことを批判し、不安定、不均衡と混沌とした変動を取り扱う「適応サイクル」の概念を提唱した。従来の生態系における植生遷移は、日照条件や土壌の変化をもとにして裸地→草地→灌木→陽樹の森林→陰樹の森林極相へと発展するものであった。ところが適応サイクルでは、開発、保存、創造的破壊による更新が行われる。大規模な山火事・旱魃、地震津波、害虫、疫病によって、大規模に森林破壊が進むことで、生物体内の栄養素が土壌などに解放されることによって、新奇性やイノベーションが進展するものと考える。

Folke（2006）は適応サイクルのもとで、回復力（レジリエンス）の概念をとなえている。なぜならば、複雑系においては、継続的な適応や永続的なイノベーションを予測したり、予見できないからである。レジリエンスは、均衡ではなく、非線形性の閾値をこえた不確実性のもとで発生する災害からの回復力のことである。システムの崩壊にともなうショック、混乱、不安に対応し、大規模な自然災害から地域の個体群を回復し、新しい多様性、可能性を創造するものである。

遷移における極相へはレジリエンスのプロセスを反映し、パナチーとよばれる入れ子状の階層構造からなる創発性が示される。不況と大災害からのレジリエンスには、創発性をともない、不可逆的で収穫逓増による自己組織化を示す。

このような生物学の新しい理論が、新自由主義的規制緩和や自由貿易背策による、短期的で目まぐるしい変化と創造的破壊を説明するのに望ましいとされてきた。

しかし、これらを人文・社会領域に応用することは、新自由主義のもとでのグローバルな資本の競争とビジネスの自由と安全を正当化しているのにすぎないと、MacKinnon and Derickson（2013）は批判している。

レジリエンスは、新自由主義における統治性として、危機管理の責任を政府から個人やコミュニティへ移す。レジリエンスは不均衡を前提とする点で、ハイエクと合致する。

ハイエクは、ケインズ主義と共に古典派経済学の均衡理論を批判し、事前の計画、デザインに合わせて社会を構築し、操作しようとする秩序を否定した。社会成員全員の知識と技能を活用する秩序である自主的秩序を支持した。完全競争、完全情報が市場均衡をもたらさない。なぜならば大規模で複雑な社会における人々の選好や状況は、計り知れないほど分散して、多様であるからである。そのため設計主義的介入がふさわしくないからである。設計主義者は統計や計画を客観性とみなすが、現実の経済社会は大数的ではなく、統計と計画になじまない可能性がある（ハイエク 1990, 2009）。

サイバネティクスやホメオスタシスは、均衡を中心に考える冷戦期の経済思想と軍事理論を反映していた。古典的熱力学における平衡状態には、リバタリアンと環境保護主義的左派からの批判があった。むしろ複雑性への適応のシステムを社会にとって自然なものとしてとりあげること主張した。

生態学者ホリング（Holling 1973, 2001）とハイエク（1990, 2001）の共通性として、生態学的発想におけるレジリエンス概念がある。それは、脅威を受け入れることで、さらに強くなるという逆説の論理である。レジリエンスは、金融危機、テロ、パンデミック、気候変動、災害から途上国開発や都市再開発まで、広く脅威に対する回答指針である。国際通貨基金や世界銀行は、レジリエンスの概念を通して、グローバルな金融資本主義の荒波を生き残るために、各地域と各個人が、ローカルに、自己自身で対応する適応型リスク管理を主張している。二〇〇七年の米国国土安全保障戦略では、すべての潜在的脅威を予想し、準備することができないから、永続的な条件として、ある水準のリスクを理解し、受け容れなければならないと主張した。

レジリエンスとは、不確実性の統合とともに複雑性的転回、偶発的開放性、非線形的変化、創発性とネットワーク理論をともなった概念である。それは時間を通した適応と共進化を行う、創発的でダイナミックな自己組織化システムである。このような均衡していないにもかかわらず、秩序が生成する状態は、熱力学におけるプリゴジンの散逸構造である。そこでは秩序でもなく、カオスでもなく、秩序とカオスが隣り合わせた状態が存在する。

複雑性理論において、自然が本来あるべき均衡に戻ることを想定しない。自然の通常状態とは、均衡や平穏のことではない。最後の災害から回復した状態のことである。グローバル化によって、ある部分における小さな変化が、離れた場所における大きな変化をもたらすことになる。貿易、金融、人口移動の相互依存によって、部品の生産のサプライチェーンのグローバルなネットワークが遮断されることや、通信・交通のネットワークを介してのテロリズム、ネットワークを経由して拡散する生物・デジタルウイルスの脅威がこれにあたる。資本・情報の広域、高速の移動ネットワークが、同時にリスクをグローバルに拡散させる（アーリー 2014）。

ネットワーク社会における非線形性、複雑性理論は、自然科学、物理的なものと社会的なものの境界を解消した。社会全体の対象は、自然科学的なものと分離できないハイブリッドなリスクの場となってきた。

ギデンズの後期近代における社会的再帰性の増大は、社会問題を複雑にし、予測不能、不確実にした。政府中心のトップダウン、マクロレベルの対策では、解決できないリスクや脅威が台頭する。

レジリエンスの思考は、このような複雑性を統治するため個人コミュニティを恐れさせることなく、災害やリスクに遭ってもすぐに立ち上がり、前に進むように導くのである。

自己の問題を自己自身で乗り越えさせるという意味で、政治的問題が脱公共化され、能力を高められた個人やコミュニティが取り扱うことのできる個人的問題とされる。

このように、カオスの淵から突如、秩序が現れるという創発性は、流動的で脱ヒエラルキー化した情報産業によく適合している（Thrift 1999）。

レジリエンスは、冷戦期における巨大機構と中央集権組織に対する批判である。自由主義経済を実現するために、福祉国家の政策を退け、市場経済に適応した個人による選択と所有を実現する社会的ヘゲモニーを確立する。ケインズ主義的財政雇用政策とフォーディズム的大量生産・大量消費からなる戦後民主主義コンセンサスを新しいヘゲモニーに置き換える。

フーコーの権力論である『監視と処罰』に示された近代化における学校・軍隊等における身体の調教と強制から、ネオリベラリズムの統治性へと移行したと考えられる。それは競争と市場を成立させるための条件に介入する介入的自由主義である。規範を内面化し、自己統制するような規律的主体として、むしろ自己を投資の対象として徹底的にマネージメントとすることにある（フーコー 2007, 2008; 佐藤嘉幸 2009）。

規律権力からの撤退は、福祉国家介入からの撤退でもあり、個人の行動を導く統治である。福祉国家は個人の医療やセキュリティを管理し、監視する。それは精神医療、ソーシャル・ワーカー、警察、司法によってになわれ、未来は予測し、計算可能であることを前提としてきた。それがコミュニティとボランティア団体による統治へ、福祉国家のリスクを社会全体で共有し相互扶助するように変化した。社会なき統治として、政府や社会保障制度にかわって、個人やコミュニティに危機管理の責任を押し付けていく新自由主義の統治である。

生態学者ホリングのレジリエンスの概念を経済学者ハイエクの思想に結びつけたのは、Chandler（2013）の功績である。しかし著者には、そのことに疑義を禁じ得ない。もともと山火事による森林破壊からの植生回復に関する理論的モデルである。それを人為的な、予見可能な、先制可能な、対策が可能な問題に応用していいのかという疑問が生じる。原発事故や戦争、経済不況は事前にリスクを予知することは可能である。セキュリティ対策として、インフラや防災のための予防保全は日々営まれるべきものなのである。予知できない、不幸な災難だ、被災したからこそ、これからもがんばろうでは、あまりにも倫理的にひどいものではないのだろうか。

なぜこのように、人文地理学や地政学は生物学、進化論や生態学の方法論や概念を援用してきたのだろうか。それは、記号認識論における「アブダクション」の手法として考えることができる。パースの記号認識論において、説明の論理は、演繹、帰納、アブダクション（リトロダクション）の三つから構成される。人工知能の発達は記号の新たな認識を必要とする。そしてポスト人間中心主義の観点のもとで、デカルト以来の精神と物体・身体の分離への批判を背景とする。

アブダクション（リトロダクション）は遡及理論であり、結果から原因を推定する方法である。それは洞察力をもったアブダクティヴな示唆であり、明確な理由、根拠をもった仮説にもとづく推論である。その、もっともらしさは、検証可能性、単純性、確認の負担の経済性にもとづいている。

そもそも、人間は正しく推測する本能として、自然的性向の能力をもつ。それはカントがとなえる時間・空間が先験的な直観にもとづくものではなく、進化のプロセスとしての時空間における、自然の諸法則との絶え間ない相互作用からなる。このような人類史は、直接的に観測することは不可能であり、仮説が事実をつくるアブダクションの手法が用いられるのである。

しかし、アブダクションは詳細な細かな事実を積み上げて、経験的に推計する帰納法とは異なり、他分野である生物学や進化論から、きわめて大きな理論体系そのものの枠組みを援用するために、帰納法より精度は劣るものである（米盛 2024）。

このような今日までの地政学の系譜を展望すると、地政学は疑似科学や偽推論としての性格がつよいのである。まず生物学としての生気論とつながりをもつ。それはダーウィンの進化論から進化総合学説への系譜にもとづく客観的な論理実証主義にもとづくものではない。そこにはヘッケル、ラッツェルの汎神論や汎心論をともなった全体論的な形而上学的な概念を背景としていた。またユクスキュルの環世界からの情動の影響をともなっていた。

しかし、それらは生物学、生物学の影響を受けた人文地理学の思想というべきものではない。生物学や人文地理学の概念の援用というかたちをとりながら、近代化の折に国民国家形成に遅れをとったというドイツ民族のアイデンティティ模索を反映し、ドイツ・ロマン主義における近代化批判、ドイツ観念論における自然哲学・歴史哲学を反映したものにすぎない。

そのような間接的な理論や概念の借用、政治的、経済的、社会的視点の欠落は、当時からの時代思潮を反映したものにすぎない。地政学という言葉が第二次世界大戦におけるさまざまな侵略や虐殺を美化し、正当化する「理論」とされてきたことを考えると、このような言葉を安易に使うべきものではない。政策の空間的含意であるとか、政策空間論ということばで代用できるものである。現代の地理学において、時代錯誤の「地政学」という概念を濫用することは、過去への反省と認識が足りないといえるのではないだろうか。

これまで展望してきたように、現代までの地理学の思潮は、デカルトの容器としての物理空間を批判し、生（レーベン）で満たされた空間を認識する系譜であった。また、それはデカルトの説く主体と客体の分離、精神と物質の分離、精神と身体の分離から人間と人間以外の事物（ノン・ヒューマン）との分離を超越する試みであった。そのことが、実証主義への批判、現象学からポスト現象学、さらには今日のポスト人間中心主義の地理学へと続いてきたのであると筆者には思われる。

それならばこそ、地理学がとりわけ地政学を扱う視点というものは以下のように考えられるべきである。ハイデガーをはじめとする現象学的視点が、事実そのものではなく、他我の存在の認識をとおして、自我の存在や認識を確立するというものであるならば、とくに批判的地理学は既存の学術的権威の権力を否定することのみに留まるものではないはずである。本来は現象学における他我を通して、自我を理解するということは、他者の存在を否定し、排斥することにつながらない。むしろ、われわれは自身の環世界が他者との関係から理解できるということは、狭量なナショナリズムのイデオロギーや自民族中心主義を否定するものではないか。

本来、地理学が扱うべき「地政学」あるいは空間政策論的研究とは、軍事戦略や権力ゲームとは異なるものである。自らのアイデンティティを確立することは、他者の世界を理解することで、はじめて可能となるものである。だからこそ、地理学を通して他地域、他国の環境や文化、風土の多様性を理解し、自らの環境や文化、風土の特質を理解できてこそ、世界市民（コスモポリタン）が確立するのである。それが本来の地理学や地理教育の理念であったのではないだろうか。

結び　地政学を批判する――生《レーベン》と風土

筆者はこれまで、本書で地政学の空間的概念の変遷を時代精神の反映として、生物学的思考からの影響を受けたものであるとして考察してきた。その系譜を時代精神や思潮の動向をもとに時系列的に区分したものを、**表2**のように「作業仮説」として示すことにしたい。

まず十九世紀後半から第一次世界大戦までは、生物学者ヘッケルやヴァグナーの影響を受けたラッツェルの「生の空間」概念は、種や個体群の移住と、テリトリーと食料をめぐる競争および獲得形質の遺伝と地理的種分化をもとにしていた。それは、またドイツ観念論における自然哲学やヘルダー、ヘーゲルによる進歩的・発展段階的な歴史観にもとづく国家有機体説として帝国の領土の拡大を主張するものであった。その空間的スケールは地域である。

第二に戦間期から戦後一九六〇年代までの現象学にもとづく時期である。生物学者ユクスキュルの『国家生物学』から影響を受けたハイデガーは、「現存在」の根拠としての民族の真正性にもとづく地政学的概念を主張した。第二次世界大戦後はそれが反技術論（反近代化論）に発展した。それはユクスキュルの形而上学的な生気論と、その

表2　地政学の空間的概念の変遷

生物学者	ヘッケル	ユクスキュル	ユクスキュル	ホリング
代表的受容者	ラッツェル	ハイデガー	ドゥルーズ	マッスミほか
基本概念	生の空間	国家生物学	情動	レジリエンスやパナチー
基本概念の内容	種や個体群の競争と移住	現存在の根拠としての民族の真正性	環世界における情動	大災害・疫病・戦乱などの突発的被害からの回復
その背景となる思考	獲得形質の遺伝と地理的種分化	形而上学的な生気論	ポスト構造主義	新自由主義
思想	ドイツ観念論における自然哲学	カントにもとづく生命の先験性	スピノザの汎神論	ハイエクの市場経済優先の思想
歴史観の取り扱い	ヘルダー・ヘーゲルの進歩的・発展段階的な歴史観	ダーウィニズムの否定	偶有性にもとづく反応	予測不能な不均衡な条件のもとでの突発的変化からの新たな回復
空間的言説の根拠	国家有機体説	個体が知覚して反応する環世界	個体が知覚して反応する環世界	自立・創発的な複雑系
空間的スケール	地域	場所	場所	場所
時代精神の背景	19世紀から第一次世界大戦まで	戦間期からポスト構造主義が台頭するまで	ポスト構造主義の成立から冷戦の終焉まで	ポスト冷戦期の新自由主義経済

背景としてのカントによる生命や空間の先験性にもとづき個体が知覚して反応する環世界が基盤となっている。その空間的スケールは、個人にとっての「場所」である。それは戦時下や戦後の冷戦体制において、帝国のアイデンティティを維持するものでもあった。

さらに第三には、一九六八年パリ危機から冷戦終結までのポスト構造主義の時期に相当する。ユクスキュルの環世界は、ドゥルーズの情動に影響をあたえる。環世界における情動がポスト構造主義（ポスト現象学）の地政学を説明する。それはスピノザの汎神論の影響を受け、偶有性にもとづく個体の反応であり、個体が知覚して反応する環世界が基盤となっている。この空間スケールも、個人にとっての「場所」であり、情動により民衆が統治される地政学である。

そして最終的に冷戦終結以降の新自由主義を反映する地政学である。生態学者のホリングがマッスミほかの情動の地政学に影響をあたえた。そこではレジリエンスやパナチーといった新しい現代生態学の概念をもとにして、大災害・疫病・戦乱などの突発的被害からの回復が新自由主義、経済学者ハイエク起源の自由競争や市場経済優先の思想を基盤として、予測不可能な不均衡な条件のもとでの突発的な変化からの新たな回復が、自立・創発的な複雑系のもとで説明される。この空間的スケールも個人にとっての場所であるが、危機に直面した民衆相互の自発的、自助共助による統治を説明している。

これらの地政学における「生（レーベン）」と風土に関する空間論的系譜は、また以下の五類型に要約できる。ただし最後の二つについては、本書では十分に取り上げることができない将来の課題として、提示することのみにとどめたい。

まず、第一の系譜はヘッケルの進化思想とラッツェルの「生の空間」にもとづく、領域的な空間闘争をともなった国家有機体説である。それは、またドイツ観念論やロマン主義にもとづいた合目的的進化や一元論的な連続的進化の学説を背景として、共同体を指向する。

ラッツェルの没後、第一次世界大戦敗戦で喪失した旧ドイツ領土や植民地の回復をもとめるプロパガンダとして、ナチの国家社会主義に利用されることになった。

次に第二はユクスキュルの「環世界」の概念がハイデガーをはじめとする現象学的思考にあたえた影響である。ユクスキュルはヘッケルの進化思想を否定し、「環世界」を個別生物にとっての周囲の認識としてとらえた。それはさまざまな生物個体と自然との多様な相互作用を示すものであったといえる。それはハイデガーの世界内存在に影響をあたえた。人間はその居住世界において、他者の存在を確認することによって「現存在」となるが、そのためには、人が伝統文化の作成と継承によって、民族の真正性を保つことが主張された。この民族の真正性の考え方もナチの国家社会主義に結びつくことになった。

さらに第三として、同じくユクスキュルの「環世界」概念が、ポスト現象学としてドゥルーズの情動概念にも結び付いた。そこでは、ポスト現象学、ポスト構造主義が脱人間中心主義をともない、人と人以外のものから構成されるハイブリッドな社会が考察される。そこでは資本主義の欲望が、各個人主体にとって無意識のうちにコード化され、意識して表象されることがない。そのために、複雑に生じる分節化や分断が論理的、説明的ではない情動をとおしてグローバルやローカルな場でのコンフリクトを生じさせる。そこでは論理ではなく、情動が政治的決定や政策の施行を左右するようになる。

本書でみてきたように、十九世紀以来の進化論は合目的で連続的進化を前提としてきた。しかしポストモダンにおける進化とは、自立的創発性や偶有性に富み、不連続なカタストロフや不可逆的なものとなる。このようなラッツェルからユクスキュルへとアナロジーの対象が変化してきたことは、ドイツ観念論・ロマン主義から現象学、ポスト構造主義へという思潮の背景でもある。このようにして、地政学の背景における生（レーベン）の概念の変化が示された。

さらに、この小著で論考できなかった残された課題として、第四にフーコーの権力論にもとづいた「反地政学」への潮流がある。そこにはフランスのアナキストのルクリュから、ラコストへ続く系譜があった。ルクリュは十九世紀にクロポトキンと親交があり、両者は共通して、生物地理学、経済地理学、政治地理学へと論考をすすめた。それらの影響を受けたとされるラコストの地政学および地理学そのものへの批判の系譜について、さらにフランス語文献を熟読することは非常に興味深いことと思われる。

フーコーの監視社会と「知と権力」の概念は、現代の日常生活において、つねにリアルなものとなっている。セキュリティ管理の名目のために、学校構内や駅はじめ、いたるところに防犯カメラが設置され、録音もなされている。電子メールでの交流や閲覧記録も復元可能で、つねに監視されうる。さらに医療情報をはじめ、出生から死亡までの個人の心身の健康情報、財産や金融情報、信用情報、移動記録や交流記録も、公共の立場を主張すれば、公権力によって、一元的に管理することが可能となった。これらは電子パノプティコン社会といって過言ではない。そこでは、スマホの位置情報の記録追跡から、市中でパンデミックの感染疑いのある知らない人とすれちがったことも確認でき、強制的に隔離されることもありうるのである。

そして認知症高齢者の施設への隔離、さらにはコロナ禍においては、親族や友人と生前最後の別れや葬送も実現できぬままに、孤独に逝去し、別離していく実態をさまざまに経験してきた。パンデミック対策のためなら、憲法にも抵触しかねない、三権分立を超越したかたちで、首相官邸から緊急事態に対応するためのさまざまな布告と自粛要請が出され、人々はそれに従ってきた。これは生政治・生権力のなまなましい実践にほかならなかった。このようなリアリティを批判地政学の系譜は追及できるのであろうか。

最後に第五の系譜としてウィットフォーゲルの東洋的専制論にもとづく、東アジアの社会や政治形態の特色に関する議論がある。ウィットフォーゲルは戦前のドイツ共産党員であり、ラッツェルをはじめ、その系譜をひくドイツ地政学を、マルクス主義の立場から徹底的に批判した。

このウィットフォーゲルのマルクス主義およびアジア的生産様式の解釈をめぐっては、戦前にドイツおよび日本でもはげしい批判や論争が行われてきた。また戦後日本のマルクス主義経済地理学の出発点はウィットフォーゲル批判から始まったといってよい。しかしこのような重要なテーマは軽々しく扱うわけにはいかない。

著者は何もウィットフォーゲルを賛美したり、復活させたりしようと思っているのではない。しかし、東アジア、とりわけ日本における稲作農耕文化にもとづく生活様式が基盤となって、現代のさまざまな問題が生起しており、そこには西洋近代社会の個人主義を尊重する伝統とは著しくことなっていると思われるからである。

たとえば現代日本の企業社会や官僚組織においても、農村社会の大家族へのアナロジーがみとめられるのではなかろうか。たとえば、これまでは日本的なシステムの慣行とされてきた、男性中心の階層的な組織構成、協調的な企業内労働組合、男性正社員中心の終身雇用制、年功序列型の昇進・昇給制度と労働力の再生産のための負担を、家事・育児の負担を家庭にとどめた女性におしつけること、また大都市圏の高地価をもとにした住宅ローンの返済と長距離通勤の実施など、土地や家への著しい執着がある。これらは水田農耕を始原とする共同体社会の祖型を継承していて、日本のナショナリズムの根源に通じているのではないかと考えられる。

さまざまな現代日本社会においても、相続に示される「家」概念、まだまだ本家＝長男中心の制度、檀家制度や宮座といった前近代からの継承制度が、日本の社会慣行や景観像を規定している。閉鎖的なムラ社会といわれる日本の社会構造は、水田農耕における灌漑水利慣行にともなう地縁的、血縁的紐帯を原型としているのではないだろうか。

これらのことをノスタルジアから賛美しようというのではない。むしろグローバル化のなかで、国際協調や連帯を考えるときに、西洋近代社会とは著しくことなる日本固有の文化的価値観の異質性が、その抑制や妨げの要因あるいは、あるいは暴走につながらないかと危惧しうるからである。また、それはネット社会のポピュリズムにおいて、潜在意識をともなった情動として、安易に炸裂しないかというリスクも生じさせる。

このような観点からの日本社会を静かに、再帰的に考察することも必要ではないだろうか。

以上の本章における展望を整理すると、昨今の国際情勢を反映した地政学ブームについて、次のようなコンテクストが異なる混同が行われているのではないだろうか。いわゆる人文地理学の世界において、フーコーの「知と権力」にもとづいた反権力論としての反地政学と、世俗の強大な権力や武力の行使を理想とする軍事的地政学ブームとの間に大きなちがいと矛盾が生じているからである。フーコーにともなう批判地政学は、反地政学であって、既存の地政学や地理学の権威の否定である。ここにまさしく換骨奪胎された地理学と「地政学」へのアイロニーがある。

さらに現在の地理学者が行う地政学のリスクとは、国際法、国際政治論、地方自治論、財政学の視点や成果に対する言及が十分ではないことである。とりわけ地政学を考える場合に、政治思想史に関する議論を参照すべきである。

たとえば、ローカル対グローバル、短期間対長期間といった空間的かつ時間的スケールの違いを反映した考察が十分体系化してなされておらず、混同した認識の議論が併存するカオスとなっているのではないだろうか。たとえば沖縄の米軍基地移転、原子力発電の再開とそのリスクといった政策上の諸議論に関しては、空間スケールならば、国策のための犠牲や負担とされるリスクを一地域に押し付けてよいのかどうかという認識論の違いにもとづく問題でもある。また原子力発電の再開とそのリスクとは、一時的、短期的な景気浮揚策、地域振興策とされるものを、より優先するのか、それとも将来に恒久的に持続しうる災害発生時や放射性廃棄物の蓄積のリスクをどう評価するのかという、時間的スケールでの認識論の違いにもとづく議論の問題なのである。そのような視点には、さらに現実に問題を解決するための費用負担や財政の問題も考慮しなければならない。

これまで展望してきたように、地理学固有の独自の理論的基盤は脆弱であるから、地理学は、つねに哲学や思想の変遷の影響を受け続けてきた。また一人の地理学者がその生涯の時間的スパンの間で、あらゆる分野の知識情報に横断的に深遠に精通熟知することにも限界がある。それゆえ地理学研究者が、「地政学」の個別のテーマについて言及するときは、よっぽど慎重にあるべきであろう。

そもそも「地政学」という用語を「政策空間論」におきかえた方がよいのではないかとさえ著者には思われる。著者が学部学生時代であった昭和五十年代の大学教授陣には戦中派、戦後派の人々が現役であった。出征兵役経験者であったり、空襲被害、学童疎開を実際に経験した人々でもあった。敗戦とともに一夜にして転換した教育体制がトラウマとなり、左右両翼の極端なイデオロギーや権力志向をきらい、静かに学問をしたいという人も多かったのである。大学の授業で、学生の発表に戦前の「地政学」や「皇国史観」やそれを支持し、唱導した研究者の名前がでると、顔色が変わり、アナテーマとして制止されることさえもあった。これは何も政治的無関心を装っておられたのではない。むしろその時代を実際に体験した当事者としての自責や後悔の念とともに、黙しておられても、旧体制に対する暗黙の怒りや恐怖が、当時の筆者には、ひしひしと感じられたからである。

すでに戦前からのラッツェルの「生の空間」、国家有機体論にもとづく地政学は、戦後にはすでに過去の遺物として否定されてきたのではないか。現在の人文地理学者が語る地政学とは、フランスのアナキストの地理学者であるルクリュに起源をもつとされるラコストの批判地政学である。それは既存の地政学や地理学そのものを否定し、批判する「反地政学」であり、フーコーの反権力論でもあったはずである。

それが、いつの間にか、日本経済の衰退をはじめ、国威の低下を懸念する風潮のなかで、グローバル化と逆行するかのように、現在日本でブームとなっている通俗的な地政学という名を語る軍事研究や防衛研究のブームと安易に結び付けられるものであってはならない。通俗的な地政学と地理学は、伝統も知的基盤もまったく異なるからである。地理学の地政学への安易な貢献が、とりかえしのつかない重要な影響をもたらすのではないか。もともと地理学界が一つの大きな方向に収斂するものではなく、多様な認識論をもつ研究者から構成されている。しかし、そのような呉越同舟、羊頭狗肉の状況のなかでも、学界の存続の危機に対応して、とにかく世俗的な地政学への貢献を緊急避難的にせよ作り出そうとすることは、地理学のみにはとどまらず、アカデミズムのなかで、かえってそのプリオリティを下げはしないか懸念せざるをえない。

それは、とりわけ今日の情動型社会において、学説の一部が断片的に都合のよい内容として、執筆者がまったく意図していない内容や文脈で、インターネット上で拡散するリスクをともなっているからである。地理学、歴史学、人類学、社会学など、多くの先学が取り組んできた戦争、差別や偏見を批判し、解消するための研究が、電子データとして公開される。そのことによって、誰かがその一部分が切り取り、その著者の意思や企図とは全く異なる、逆のかたちで、差別や偏見を拡大するための情報やデータとして拡散させることには、怒りを禁じえない。そのような社会状況のなかであるからこそ、研究者はより慎重にあたるべきである。

以下、補論において、地政学に影響をあたえてきた生（レーベン）と空間概念を、政治思想史と関連性との観点もふくめて、考察することにしたい。

〈補論一〉「生の空間」と「環世界」

一　空間と生物学的思考

そもそもドイツ観念論の展開とはカントを批判的に考察し、ロマン主義・反啓蒙主義・「疾風怒濤の時代」を構築しながらゲーテ、ヘルダーからヘーゲルに至る。そこでは、①理性、悟性に対して感情、②合理主義に対して非合理主義、③外的影響力による形成に対して、内的根源性としての生命力の自己主張と、④人類一般の共通性に対して、ドイツ文化の精神的な独立および、諸国民・諸民族の個性の尊重という概念の対比が議論されてきた。つまり、ドイツ観念論では、人類共通の人間的「自然」に対して、個人的・民族的個性を強調することをとおして、反啓蒙主義の基本としてきた。

このような時代背景を展望してきた結果として、むしろ筆者はラッツェルを現代の地理学の視点から再評価することには躊躇したい。あまりにも多くの分野から展望しないと理解できないラッツェルは、十九世紀のドイツ観念論の影響でその時代精神（Zeitgeist）を反映した生物学や地理学をとなえたのにすぎないではないだろうか。ラッツェル地理学の特色は、人類の土地（Boden）への帰属性、食料の確保や生存・繁殖に必要な空間（Lebensraum）と、そのより広い空間（Lebensraum）を確保し、拡大するための民族の移動・運動（空間闘争）をとりあげるものであった。それは、今日の生物学や進化論につながる系譜からはずれたものであり、生物学というよりは、ドイツ観念論の自然哲学・歴史哲学・政治哲学を空間に投影したものにすぎない。

そして二十一世紀の今日において、機械論と有機体論との対立は止揚されたのだろうかという疑問が生じる。十八世紀から十九世紀のドイツ観念論の世界においては、機械的要素に還元される無機物にではなく、有機体こそが全体としての完結した機能をもつ存在であり、有機体のなかにこそ実在があり得た。近代科学の発達にともない、キリスト教中心の世界観が否定されるものの、有機体論として、一元論や生気論・汎心論のなかに人々の精神の拠り所が求められていたのである。そのような時代のエートスとして、自然と人文が統一された初期の近代地理学が確立した。

つまりラッツェルの有機体論から「生の空間」に至る思考は、ドイツ観念論とロマン主義を背景としていた。それはドイツ観念論におけるニュートンの機械論的世界観に反発し、有機体論の形而上学的考察、生気論がとなえられてきた影響を受けている。さらに、ラッツェルが示した地理学は、景観の発生学・形態学・類型学へと発展し、人文主義的考察の起源ともなった。

さらには、ドイツだけではなく、アメリカの地形学者ディヴィス（William Morris Davis）も、ラッツェルの有機体アナロジーにもとづいて、地形の「侵食輪廻」の学説（図12）をとなえた。それは山岳地形が隆起とともに永年侵食されることにより、急峻な地形から平坦な地形へと段階的に幼年期・壮年期・老年期と変化する。そこには動物成長のライフサイクルの概念が応用された。それらはダーウィンよりも、むしろドイツ自然哲学の目的論的解釈、非有機的コントロールと有機体の反応、有機体の構造プロセスの生理学的原因といった概念にもとづいている

(Campbell and Livingstone 1983; Livingstone 1993)。

またアングロサクソン圏やフランスと同様に、ソビエト連邦の地理学にラッツェルがあたえた影響についても、しかりである。ソ連では、社会主義革命の後に、資本主義国にみられる民族問題や地域間格差の矛盾が止揚されると主張されるともに、合理的な生産配置のための社会主義地理学の理論が、イデオロギー上は提起されてきた。しかしながら、社会主義のもとでは、実際には本来解消されるはずの少数民族や先住民族の存在も、社会主義の定義に到達するまでの段階にあるとして、ソビエト地理学においては研究対象とされた。そこには具体的には、ドイツ流地理学における文化景観の考察や生態学的手法の考察の導入が進められてきた。また一九七〇年代以降、ソ連邦内部における計画経済や開発計画の矛盾、民族問題や環境問題が顕在化するにつれて、欧米の地理学における社会学的考察や生態学的考察が移入され、重視されてきた。これらは旧東ドイツをはじめ、東欧圏を経由して、ラッツェル以来のドイツ地理学の方法論を受け継ぐものでもあった（斎藤 1973; 中村 1972, 1976, 1982)。

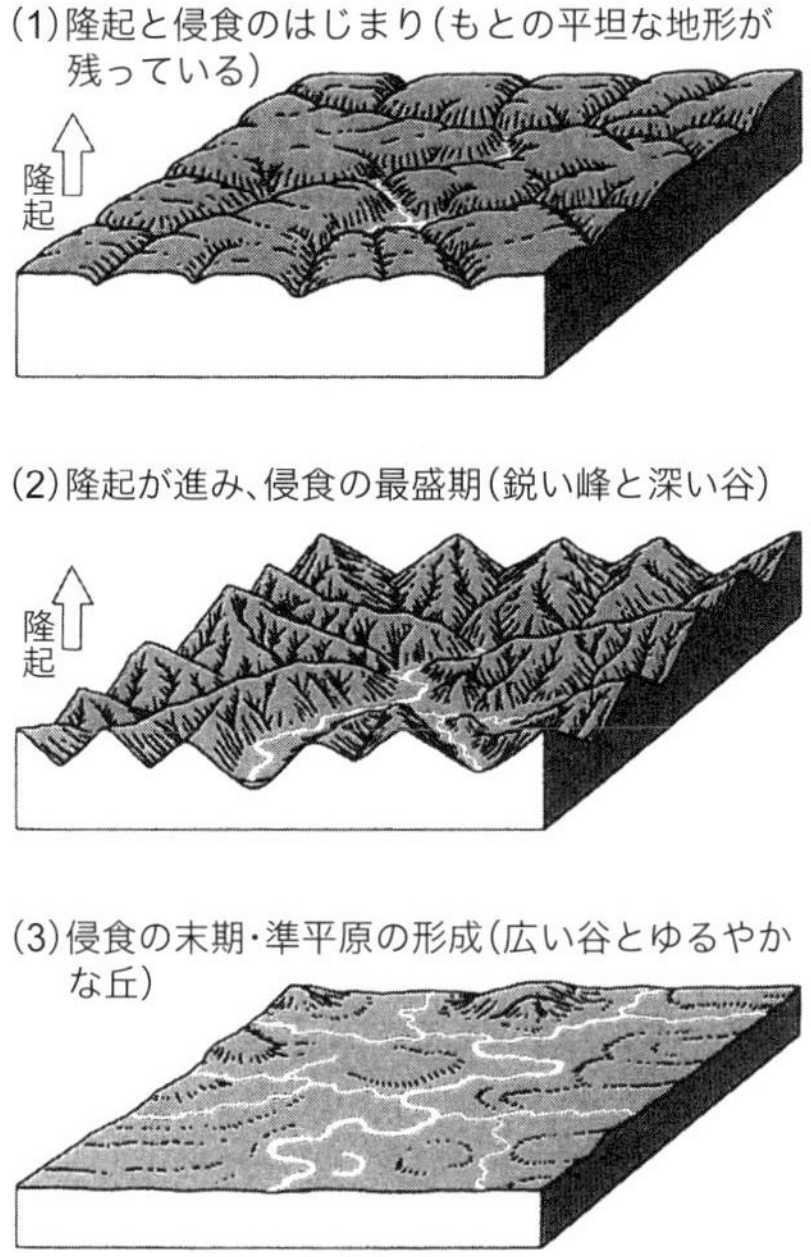

(出典：『地学 ＩＢ』東京書籍、1998 年)

図 12 ディヴィスの侵食による地形の変化

(1)、(2)、(3) と時間の順に変化していく。

これらの各国地理学に大きな影響があったラッツェルの地理学観のなかで、とりわけ最も重要な概念は、ヘッケルの一元論、汎神論を受け継いだ汎心論である。それが近代化において、科学の進展によってキリスト教的世界観が打破され、かつ科学的合理性とともに、生命の形而上学、生気論を両立させる基盤となった。しかし、ここに近代地理学内部における自然科学と人文学の併存の起源がみられるとともに、地理学における実証主義と人文主義の主観的アプローチが併存する起源ともなった。

また一方では現象学における環境概念は、ユクスキュルがとなえた動物の知覚的環境である環世界（Umwelt）にもとづいている。それはハイデガーの世界内存在に影響をあたえた。ユクスキュルは動物行動に擬人論を応用することを退けて、それぞれの種個体の自立を主張するとともに、機械論的解釈も退ける。それゆえ、人間の人間たるゆえんは、知能や精神ではなく、何よりも人類の理性が「世界」というかたちで、内的存在と外部に開かれていることであるとハイデガーによって解釈される。

もとも近代地理学と生態学の起源として、ひろく知られるフンボルトの『コスモス』では、自然の相観や審美性がとりあげられて、ロマン主義的視点から熱帯雨林における植生や昆虫の美しさが描写されていた。それがダーウィンやウォレスのラテンアメリカ行きを刺激を誘発し、のちに、その進化論や生物地理学の確立にもつながった。またヘッケルの有機体論、全体論から地域有機体の概念へと発展した。

これに対して、ユクスキュルの環世界はマダニの吸血行動の記述からはじまる。実は筆者が大学入学直後の教養課程の「生物学」の授業ではじめてそれを聴いたときに、そのマダニの生活史からは、それぞれの個体の生における残酷・冷血といった生物界の無情さに、何か非常にぞっとするような思いを禁じることはできなかった。それは、旧来の地理学を否定しうるような概念であることを直感的に感じたからではなかろうか。つまり、それは地域有機体というかたちではなく、現象学的に個人にとっての場所や生活世界に反映されるものでもあったからであろう。

ユクスキュルの環世界は物理的、機械的世界観を否定している。同時に、それがまた自然科学の存在論とは全く独立した記述解釈学的にしかアプローチしかできない「生きられた世界」や「生活世界」とも結びついた。しかし、それが人間独自の存在や世界の自然的基盤を理解し、人間集団の相互関係を理解するのに十分であろうか。今後も課題は残るといえる。つまりユクスキュルの環世界は、個人主義的であり、またヘッケル流の、すなわちドイツ観念論のヘルダー、ヘーゲルによる段階的な文明の発展という歴史観を否定してきた。

ここにヘルダー、ヘーゲルの影響をうけたヘッケル、ラッツェルの「生の空間」としての国家有機体とみなして成立した地政学と、ユクスキュルの「環世界」から、ハイデガーの「現存在」の理解のために民族の真正性をもとにした地政学とが著しくことなることがわかる。さらにユクスキュルのマダニの生態をもとにした生物の環世界は、ドゥルーズによって、非表象のものとしての情動として考察される。そこにはポストモダン、ポスト構造主義における新自由主義のもとでの新たな地政学概念も認められている。

そこには、ヘッケルやラッツェルもユクスキュルも、本来の生物学者としてではなく、ロマン主義やドイツ観念論や、自然にもとづく「生の哲学」を背景として、地政学的な言説を示唆したのである。

しかし、もはや現在では、生物学と地理学は相同ではない。自然と人文の統一というよりも、実証主義的な生物学と非実証主義を指向してきた人文地理学とは著しく乖離している。自然と人文を統一的に理解し説明する地理学固有の理論を模索することは、青い鳥を求めるようなものであろうか。現実としては、非常に実践がむずかしい。そもそも現在の地理学界には高度な実証主義の研究と、その一方では文学的な作品ともよぶべき、景観的要素の記述という認識論が著しく異なるものが並立していて、外部からみれば地理学は全くカオスの状況となっていよう。

もっとも今日の生物学や進化論においては、ラマルクの獲得形質の遺伝は否定され、ランダムな遺伝子変動が重視される。そこでは変異した個体の形質や化石を比較することよりも、分類群単位で大量の形質や遺伝子のデータを多変量解析することによって、分類群相互の過去の分岐の時期や移動の経路を実証できるようになった。つまり、生物学ではますます実証主義的に物理・化学的原理や数学的解析が用いられるとともに、フィールドワークよりも実験室における手法がより重視されるようになる。その結果として、一定の進化の方向性をもった進化の単系統の系統樹は否定され、アトランダムな遺伝子の流動による変異や分岐が重視されている。

そのような現代の生物学の発展を考えると、必ずしも人類は進化の頂点ではない。進化は一つの価値観や一つの方向性に進むのではなく、むしろそこには虚弱性や劣勢をも含めた種や個体の多様性が認められるべきなのである。進化は進歩・発展・成長ではなく、自然界のありのままの変化を示す。そのため、進化の結果として退化や衰退や滅亡もありうる。また種の変異において、一つの機能が退化することで、別の新しく適応できた機能をも獲得できることがあると考えられる。

そもそも十九世紀のように、進化が合目的的に進むと考えられるべきではない。今日では進化が遺伝子のランダムな変異によって生じると考えられる。それならば、進化において、必ずしも優位とは限らない変異が生じることも自然である。進化の方向性や到達点が、有用なもの、役立つもの、効率的なもの、強いもの、健やかなもの、美しいものとなるとは限らない。進化ではなく、同等に劣化や退化もありうる。むしろ「進化」ではなく、「分岐」や「変異」としてとらえるべき一連の現象ではないのだろうか。

たとえば疫病の原因となる新種の有害な微生物や、ウイルスや体内に生じる悪性新生物（がん細胞）も偶然の変異によって生じる。これからも、生きとし、生けるものとして、やがて死すべきものたちとしてのヒトは、場合によっては、そのような外生的あるいは内生的な変異の結果に運命をゆだねざるをえない。そのように進化を広く考えれば、ヒトや民族や国家の優劣や盛衰を、あたかも進化・発展の方向性で論じることには矛盾があるのではないだろうか。本来の自然の生物界からすれば、弱肉強食の食物連鎖のもとであっても、衰えたもの、弱いもの、役立たないもの、非効率的なもの、美しくないものの存在も認められるべきである。それが本来の自然のあり方であり、生物の多様性というべきものであろう。

今日もし、人類社会の研究に生物学のアナロジーを取り入れることに、意義があるとすれば、どのようなことであろうか。それは「生の空間」や民族の真正性のもとで、民族や国家の領土拡大や資源獲得の競争を正当化するものではない。人類は現在の地球上でほかの生物にたいして食物連鎖の頂点に立つ優占種である。しかし地球史を回顧すれば、古生代から中生代に優占種であったアンモナイトや三葉虫も環境の急激な変化に対応できず、絶滅した。人新世に突入し、人類が文明をもとにして、自らが地球上の大規模な地殻変動や気候変動に対して不可逆的な災厄をもたらしうるリスクも高まっている。ワクチンや厚生物質といった医療技術の進歩と衛生条件や栄養条件の著しい改善は、かえってヒトの遺伝的多様性のなかで培われてきた本来の生命力や抵抗力を弱めることにつながりはしないのだろうか。もし人類がいまだかって遭遇したことがない耐性をもつ悪性の病原菌やウイルスの変異が生じて、拡散するならば、より深刻で大規模な疫病が発生しうるリスクもある。つまり、それならばこそ、人がヒトとして、社会的存在であると同時に有機的存在であり、生物の一種として、地球の生態系の一部をなして生存していることに謙虚に思いをめぐらすべきなのである。

一方、現代思想の潮流として、ポスト人間中心主義の思想が生じている。上述の新たな生物学や進化論の発展によって、人類も万物の霊長ではなく、進化の過程における一生物種に過ぎないと認識されてきた。それは人類の遺伝子の組成が類人猿と大きく違わないこと、海洋中においてクジラやイルカは超音波で相互に交信し、アリやハチの大規模な営巣といった社会的昆虫の存在の考慮をも反映している。同時に現代の人類は、電脳化した諸個人が、いわばハイブリッドな存在となり、身体が機械装置と一体となりサイボーグ化し、移動や交流において、リアルとバーチャルな空間認識が混在するなかで、日々を営んでいる。このようになると有機体と機械論を対置するのではなく、有機物と無機物の結合としての人為的な機械要素や電子情報とともに日常生活を営むハイブリッドな存在として、新しいエコロジーやポスト人間中心主義の観点からのポスト人間中心主義の地理学（more than human geography）がとなえられるようになった背景である。

二　ラッツェルの「生の空間」とユクスキュル「環世界」との対比

1　ラッツェル「生の空間」概念の系譜

ここで、もう一度十八世紀から十九世紀のドイツ生物学史の潮流に視点を戻し、ラッツェルの「生の空間（Lebensraum）」概念の系譜についてまとめることにしたい。そこにはヘルダーからゲーテ、ヘッケルに至る形態学において、有機体の形態がその原型概念をもとに比較され、考察されていた。とりわけヘッケルはゲーテの自然哲学とラマルクの獲得形質の遺伝、ダーウィンの進化論を一体化し、唯物論的立場から科学と宗教の総合をめざす一元論をとなえた。

ヘッケルはビスマルク時代の愛国主義とローマ教会への反教権運動をとなえていた。ヘッケルは科学に内在する二極性である全体論対還元主義、生気論対機械論、ニュートン力学対ゲーテ的観照の概念を統合しようとした。一元論者であるヘッケルにとって、原型からの悠久の進化の過程にそったメタモルフォーゼの反復である個体発生における系統発生の反復は、比較解剖学における系統的コンテクストにもとづいていた。そのため現代の生物学では、古生物学や比較形態学にもとづく生物地理学を通して進化を理解しようとするゲーテ流のロマン主義を受け継いだドイツの形態学者ヘッケルに起源をもつ系統分岐の考え方は、しばしば形而上学的であると批判されている（Williams and Tangney 2008）。

また十九世紀における生物地理学研究は、地理的分布のなぞ、共通祖先からの形態学的変化、自然選択のプロセス、マルサスの『人口の原理』、生存闘争とその結果としての環境への適応、獲得形質の遺伝による子孫種の分岐といった研究主題を扱い、環境が有機体の習慣や意思に影響し、有機体の変異は異なった環境の影響であると考えてきた。ヘッケルの一般形態学はダーウィンというよりは、むしろラマルクの影響を受け、環境からの直接に子孫への影響を考察するものであった。ヘッケルを通したラマルクの影響はラッツェルの人類地理学に有機体のアナロジーを取らせることになった。

同時にラッツェルは、ヴァグナーの生物種の移住と孤立による地理的種分化、すなわち新しい移住地で環境に適応できた初期分岐種が優占種との交雑から隔離され、変異した形質を保存することにより、新たなコロニー空間が形成されるという学説からも大きな影響を受けた。それらが人類地理学と政治地理学に応用されたときに、超有機体のアナロジーであるラッツェルの「生の空間」は、人口増加による食料や資源の枯渇、その解消のための国家領域拡大の主張へと展開した。その後、大空間ヨーロッパの領域拡大が必然的な生命圏として、ナチによるアーリア人の優勢とともに侵略の正当化にも応用されたのである。

このように、ラッツェル地理学の「生の空間」概念に至る系譜として、ヘッケルのドイツ観念論とロマン主義をもとにした反機械論的視点を見逃すことはできない。それは、また友人ヴァグナーによる空間的分離による種分化の影響を受けている。そこでは、生命の内的現象と地表からの外的影響のもとで発生と種分化が制約される。地表はつねに変動し、変異し、生存条件が変化するため、生物の移動によって、一連の優占種が進化し、空間を支配するとともに生物相の多様化が必要となる。とくに昆虫をはじめとする動物の進化、変異は食糧を求めての移動と滞在が進化と結合している。このような生物の征服あるいは植民にあたえる空間からの影響とともに、生物の密度が居住地における種の生息に影響する。すなわち「生の空間」が、生命の再生産に必要な空間への要求であり、空間支配の目的とされた。

つまりラッツェルの「生の空間」概念は、生物学というよりはむしろドイツ観念論の自然哲学・社会哲学から政治哲学への流れの影響を受けていた。このように考えれば、近代の人文地理学は哲学思想のなかに堅固に位置づけられてきた。ここに地理学界内部における生きた地理学としての実証主義を批判する思潮のルーツがある。

ラッツェルはヘルダーと、ヘーゲルから、人々の日常生活の営みから「生の力」の形成を見出す。そのような人間存在の表現は、多様な風土を反映し、自然科学の法則からは解明されない生きた自然の解釈である。つまりラッツェルに影響を与えたドイツ観念論やロマン主義の思想に、実証主義を批判する人文主義地理学の起源がある。身体外部からの刺激は、内在する精神によって反応され、外部の姿（形態）に反映されていくのだろうか。

しかし、このように考えれば、ラッツェルの「生の空間」概念には現代における生物学的な意味や意義は少ない。それは、遺伝のしくみやDNAが知られていない十九世紀における生物学を背景とするため、現代の進化総合学説をもとにランダムな遺伝子浮動をもとに進化論を考察する生物学・生態学とは異なる枠組みから生じたものだからである。

また、それは一般に、今日、人口に膾炙しているような生態学や地理学に対するイメージとは異なる。つまり、環境との調和をはかり、多様な種が共生し、人間と自然を総合してとらえる地域複合体である生態系を機能主義的観点から考察するようなものではない。むしろ「生の空間」は、種の進化と保存のために、人口（個体群）圧力（人口の過剰や余剰）を解消し、資源争奪による生存闘争のための移住・移動という運動のもとに種が生息し、分布する領域を拡大していくという概念であった。そこには先進的段階である西欧文明による未開民族の教化という名目のもとで、先住民族を植民地支配することを正当化しうる含意を有していた。

また現象学的地理学からの生物地理学的な「生の空間」への批判がある。すでに記したベルクに代表されるように、「生の空間」をふくむ有機体的地域概念を、全体論的であるとして否定するものである。現象学が個人の内在的経験や体験を重視し、実在と存在そのものを区別するものであるならば、何らかの集団を基礎とする全体論的・

生態学的集団として「地域」概念は取り上げられなくなるのではないだろうか。

そこでは、「生の空間」のような有機体的地域概念をはじめとして、何かを基準として集団あるいは集合的表象の拡がりである地域区分をする方法である、「地域分化（areal differentiation）」、たとえば熱帯地域とか、綿花（栽培）地帯といった地域概念の妥当性・正確性が疑問視されて、表層的で皮相な分類としてしかとらえられなくなる。地域内容の妥当性の可否、地域区分（境界設定）の困難さから、現象学的地理学では、個人の内在的経験や体験の実践が行われる「場所」の概念が重視される。極論すれば、「地域」ではなく、むしろ「場所（topos, place）」が地理学の対象となったのである。

これらの生物学・生態学的視点をもとにした空間論的考察の変化は、以下のように解釈できる。ヘッケルの生態学的視点は有機体論、機能主義的な全体論である。それは一元論的なシステム理論であり、生物群集、生態系の概念の原型でもある。自然秩序は物理化学の法則を反映するとして、唯物論ではあるが、ヘッケルは、神にかわるものの有機体に汎神論的性格を付与した物活論をとなえた。つまり生物をふくむ事物に対して、なんらかの精神、主体性を付与していた。それはラッツェルにも影響をあたえ、地域有機体、国家有機体へのアナロジーとなった。

2　ヘッケルからユクスキュルへ

一方では、ヘッケル流の有機体論とは異なり、フォン・ベーアと、ユクスキュルの生物個体にとっての生活世界である環世界「Umwelt」の概念は、現象学における個人の「生きられた空間」や「場所」の概念と相同である。それは、あくまでも生物個体や人間個人を対象とするため、かならずしも社会集団が占拠している空間や位置としての地理的位置、地理的環境や地域性と関係性を有しているものとはかぎらない。このような意味において、ラッツェルの「生の空間」と現象学におきる「生きられた空間」の概念は全く異なるものとなっていった。

そのような視点の違いは、生物が本能の反復として、生息領域であるテリトリーを食料維持や種の繁殖のために確保、維持、拡大しようとすることだけにではなく、むしろ生物個体における空間認知や知覚、その表象へと関心が移っていったことを反映している。

Herwig（2001）によれば、ラッツェルが依拠したヘッケルは、全ての有機体に芸術の衝動を認めていた。それは人間によって意識的に芸術作品に昇華させうるような生物有機体における形態学的原理にもとづく進化論的成長であった。その一方ユクスキュルも、環世界を超えて拡大した身体としての有機体の現象学的原理をとなえた。両者の立場は異なるものの、共通して、審美的美学として、唯物論的ダーウィニズムに対する創造的な救済を示すことでもあった。なぜならば人々は、ダーウィンの生存競争が古い調和的世界の理想を置き換えたことに幻滅していたからであった。

そこでユクスキュルは、知覚に関する生理学とカントの認識論を結合し、環世界という自己の世界の現象学的世界の知覚が、個々の有機体の主観的知覚によって生み出されるとした。それは個々の表現を、普遍的な真実に結び付ける魅力的なモデルとなった。これらの生物学的な思考と言語は文学界においても広く受け入れられた。

そもそもダーウィン理論は、社会政治プログラムに適合する進歩を理想とする点で、目的論的でもあった。しかし十九世紀後半の物理学が冷たく魂のない宇宙として、無機的な世界観をとなえたことが、人々に恐怖的な観念をあたえたので、人間と自然を和解させる必要が生じていた。まだ十九世紀には、ナチュラリストは、それらの恐怖や不安について、人間が自然を管理できる存在であり、人間の完全性や科学の進歩による解決がはかられると主張していた。

そのような状況のなかで、科学の詩への応用といった、このような新しい自然への視点は、ヘッケルの自然の芸術形成の主張と、熱心なダーウィニズムの唱導につながっていた。彼の救済の福音は科学的説明を超えて、物質的生命に関するより統合された知識へと向かう。このようにヘッケルは自然を擬人化した。その進化的審美性は、海洋生物の描写に伴う自給自足体制からなる。

一方のユクスキュルは、哲学的システムとして、二元論と一元論を区別する。それはまた客体の世界と精神の世界（Geisteswelt）を区別し、唯物論と観念論を区別する。ユクスキュルによれば、物理学と化学は純粋に計量的科学である。客観的生物学は有機体の機能的構造を研究するが、しかしそれは、新しい主観的生物学によって補完される。つまり客体の質と性格に焦点を合わせているからである。このようにユクスキュルの生物学は、現代哲学的なアプローチである（Herwig 2001）。

そして、ユクスキュルはラッツェルの「生の空間」概念との交流は乏しく、ユクスキュルはラッツェルの没後の一九〇九年に『環世界と動物の内的世界』を著した（Klinke 2023b）。

ユクスキュルは、ラッツェルもヘッケルも機械論であるとして批判した。しかしヘッケルとユクスキュルの両者ともに、地中海で海洋生物の研究をしている。ユクスキュルの生物学的世界観とは、物理・化学的プロセスに還元するダーウィン流唯物論に反発した。新しい認識論の時代において、生命の自律性をとなえた。ダーウィンと異なり、変異とは進化ではない。つまり、種の規格からの一時的変更にすぎない。さらにヘッケル派の種内の闘争理論をはじめ、全ての進化論者を生存闘争における勝利指向であるとして批判した。そしてドリーシュのエンテレヒー概念の新生気論を信奉していた。

そしてユクスキュルのメロディー概念はドゥルーズの脱コード化につながる。知覚イメージについて、心理学的原理にもとづく内的環境が主観となる。それは物理学的、心理学的規則性から逸脱した探索イメージをともなっている。個人の身体的プロセスの全体が個性・価値観をともなって環世界によって構築される。環世界は物理・生理学的かつ心理学的である。環境は中心地と中間地を含意する。空間の諸理論において、中心地は環境の中心である。

そこから拡散した場所に同質的な中間の場所が拡がる。

生命・有機体を維持するための限定された空間、環世界は機能環を含み、有機体自身の身体の外的延長として、現在の生息地を超えた新しい中間的空間を形成し、空間・時間の流れを構築する。

Umwelt（環世界）は一定の有機体についての行動環境である。Umgehung（環境）とは、有機体にとっての地理的環境である。Welt（世界）は、科学の普遍性が示される空間であり、物理的宇宙である。

それらについては、とりわけドゥルーズにとって、Welt（科学的世界）は、流動、分子、記号から解釈されるものである。また環世界は脱コード化して具体的言語へと「脱領土化」がはかられる。つまり記号論的、意味論的環世界は、象徴的表示と機能論的信号の循環としてとらえられる。

ユクスキュルにとって、ダーウィンの進化論は唯物論として否定の対象であった。ダーウィンの生物学こそが地政学化し、普遍的なものとしてイギリスの道徳を強要するものであった。むしろユクスキュルの地理学的視点は、大地を上空から俯瞰するように、社会は有機体であるとみなし、道路、鉄道が市街地を人々で満たすとともに財貨がネットワーク上を血管のように動くものであった。政府は法律のシステムといった骨格を形成する。

しかしユクスキュルの警告は、人々が全てのものを標準化することで、無差別的な大衆化や無力化が生じ、革新性に導く気高さを消耗することを嘆いた。国民（民族）が専門分化として、工場労働者、技術者、建築家などに分業することが、異なった環世界の相互作用を招く。このような同時性の作用空間は連鎖の指標からなる。有機的生産ラインは各々の細胞の再生産を健全にする。同時性は国家有機体を自然な組織に統一する。

しかしユクスキュルは不明確な組織が一緒に成長することは、国家の解体につながるとした。シャンバリンへの手紙において、ユダヤ人は社会主義者、民主主義者、カトリック中道派が多く、絶滅すべきであると主張した。一九三三年のユクスキュル『国家生物学』においては、ヒトラーがドイツ国家有機体の腐朽をとめる外科医として期待すると記している。

有機体は器官としての生物学的実体をなす。そして個々の環世界をこえる音色として、超音波がコウモリをひきつけることを主張した。環世界は主観的宇宙における調和的諸関係である。個々の主体は主観の意味の担い手であり、組織された身体としての有機体は意味の受容器である。

ユクスキュルの生物哲学において、動物はそれ自身の世界の創造者であり、誰かが環境をつくりだしたものではない。むしろ動物は環世界の支配者である。人間は生涯を構想し、実現する能力がある。一方、多数の主体、主観からなる有機体の環世界は限定的であるとみなした。

しかしユクスキュルにとって、それは自然の楽曲である。一種の擬人法として、全ての有機体は音楽家として、音程の役割から楽曲、メロディーを構築する。そこにはヘッケル流の機械論的生命観を放棄し、有機体を機械のオペレーターではなく、情動としてとらえている。国家社会学におけるリズムとは、身振りによる権威的な姿の指揮者にたとえられる。君主制の跳躍はシンフォニーを奏でるオーケストラである。

行動における環世界と動物の間の記号論的関係はハイデガー、メルロ゠ポンティ、カンギレムへと受け継がれた。人文地理学におけるユクスキュルの見直しは、自然と社会の関係を有機体と環境、ポスト人間中心主義からとらえようとしたことである。

ドゥルーズはユクスキュルのマダニの事例を行動の情動学的研究に結び付けた。そこでは事前の設計やデザインが否定され、主観の同時性のもとで、環境の静的な枠組みにおけるユクスキュルの存在論にもとづく音楽の比喩が一種の対位法として用いられている。

しかしエストニア貴族の系譜をもつ反ダーウィン論者、有機体としての国家論の主張からすれば、ユクスキュルは世界市民的な思想家ではない。むしろユクスキュルは環世界と機能環の概念を用いて、客体‐主体の違いを解消したのである（Klinke 2023b）。

Mildenburger and Herrman（2014）によれば、十九世紀のヨーロッパにおける科学は経験性を重視するようにある。理論の経験的証明には発生学的原因を結合する。このようにしてダーウィン『種の起源』もあらわれた。そこで、有機体を唯物論に、基本的には原子の運動の附帯現象とみるか。あるいは有機体の存在とその主因を生命力として、偉大な哲学的努力のもとで世界の調和的構造を導く力とみなすという、完全に異なった立場が生じてきた。

居住地における適応によって、有機体の形態の違いが生じることを重視して、ヘッケルは生態学を提起した。このような生物学における環境知覚の研究は、とりわけドイツ語圏で発展した。ラッツェルは、生物学を地理学に応用し、物理的自然環境から生物的自然環境をもとに考察した。そこでは、人間の多様性は自然の空間的要因から説明される。環境や空間において、有機体が適応できる可能性とともに、その個体の立地を崩壊させることもある。このように空間は確かに有機体の外に存在する。全ての有機体は空間によって拘束され、空間と結びつけられている。このように考えて、ラッツェルは環境から「生の空間」の概念へと移行した。

一方、ラッツェル没後、ユクスキュルは『環境と動物の内的世界』（一九二一年）をはじめとして、環境を個体にとっての静的な世界であるとした。動物をとりまく環世界は種固有の刺激の受容を通して知覚されたもののみが、有機体に伝達される。このようにしてユクスキュルは、環境と環世界を区別した。

またユクスキュルの生気論は計画性を含意する。それは非常に重要な生物学的実験であるところのハンス・ドリーシュがウニの胚芽の分裂段階に関する実験にもとづいていた。ドリーシュはナポリ実験所でウニの胚芽の一部を削除した。その失われた部分が再生される代償能力を幼生がもつ。胚の二細胞期に一部を分離しても、小さいものの完全な個体の形式が生じる。これはワイズマンの生殖質説に対する批判である。一部分がこわされても、機能を喪失することなく、全体を再生しうる。このような機械論をこえる有機体の能力は、自然の合目的的な諸力であるエンテレヒー、新生気論にもとづくものとされた。

さらに新生気論はネオ・ダーウィニズムに結び付き、進化生物学から社会理論へと応用された。そして、一定のエスニック集団が優秀性をさらに発展するものとみなされた。

ユクスキュルは、唯物論的な生物学の欠陥を「機能環」で補うことにした。生物は特定の刺激にのみ気づくこと、それを信号として行動に転換することから現代記号論の創設にもつながる。その結果、「機能環」を通した、各々の有機体の空間的経験は、他の有機体と同様に経験されることはない。つまり、ガラスのドームや石けんの泡の中にいるようなものとされた。

このようにユクスキュルの個人主義（独我論）は、環境集団と相容れない。環境としての周囲は、それぞれの生物にとっての外的世界である。環世界における適応は、生態学のいろいろな情報システムの理解だけではなく、外的環境との相互作用を通して、種固有に地位であるニッチを構築する。

このようなユクスキュルの考えはラッツェルとは違い、発生プログラムの合目的性として、自然の完全性の望ましい状況を前提としている。

三　地政学と有機体論

和辻哲郎の『風土』には、「生物は全て空間と結合している。それに応じて、生の形式が生起する。しかし、ラッツェルが取り扱う『生』は、あくまでも生物学的な『生』であって、主体的な『生』ではない。それゆえ、ヘルダーの課題に応じた主体的な空間である、『生ける空間』が求められるのである。」と記されていた。

その和辻が記す「生ける空間」が、ユクスキュルの「環世界」、現象学における「生きられた世界」や「生活空間」

に相当するのであろうか。

これまで本書でみてきた「地政学」にまつわる知の系譜は、宮廷革命としての地理学、「地政学」という空間論におけるパラダイム転換を反映していた。ラッツェルの「生の空間」に基づく「地政学」とは、国家有機体としての国民国家の領土、領域としての民族・文化・風土が空間的に重なり合って、相違なく一致して整合することが前提であった。その「地政学」とは、国家有機体としての国民国家の領土をめぐる空間的闘争、運動を含意していた。民族という集団的価値観における資源を巡る領域的闘争であった。そこには、生態学、生物地理学、有機体論にもとづく進化モデルが民族国家の運動と相同と見なされていた。そのことによって、欧米列強による侵略・植民地支配・戦争が正当化される帝国主義の論理でもあった。

十九世紀における地理学者ラッツェルの「生の空間」概念は、ヘッケルの形態学と生態学、ヘルダー、ヘーゲルのドイツ観念論における有機体的国家観と進歩史観が一体となって「地政学」の基礎として形成されてきた。それは、有機体として、人間の集団からなる「地域」を捉える。そこでは国家、民族、地域社会が生態学における生態系・群集・個体群と相同の概念として捉えられていた。また、それはヘッケルの系統樹的進化において人類が進歩の最先端とされていたことを反映していた。かつ、ヘーゲルの進歩史観において、国民国家を基本とする立憲君主制や立憲連邦制を最高水準の段階と見なしていたことをも反映している。

もともとダーウィンの進化論は自然科学と哲学の分離をもたらしたが、さらにヘッケルは人類を頂点に置くことで、系統樹とエコロジーは自然一元論を生み出した。ここに近代国家の領域性における自然と文化の分離の起源がある。

精神は環境世界から解放されて事物を認識し、自己意識をもっている。つまり精神は、それぞれの種に固有のユクスキュルの環世界から解放されて、事物を認識し、自己意識をもっている人である。個々の事物が取り扱った環世界ではなく、唯一の世界（Welt）を認識できるのが人間である。

ハイデガーによれば、人間は環世界から脱自的本質をもつ。人間の本質は無でもなく、実存でもなく、脱目的本質である。実存は、今ここに現実として出現する。究極的なものの方へ自分から抜け出していく。ことばを使い、思考して存在となる。そして明るさのなかに到達する。人間は精神をもつ。自分は存在すると考える。人間だけが存在そのものを知っており、それによって他のものを存在すると認めたり、認めなかったりする。人間は単なる動物の一種ではなく、現存在である。人間は存在するさまざまな諸事物を道具として認識し、配置し、使用することで、存在の意味を問う。

ハイデガーは人間精神の特異性から、種としての人間と非本来的で自堕落した人間と区別して、真の人間（現存在）を問う。ことばは存在の上に、ことばで家を建てて存在の牧人になる。言語は文法や論理以上のものである。ハイデガーの存在忘却は犠牲をともない、キリストや国家のために死ぬこととされ、後期ハイデガーでは、存在のために家を建てて住むこと、つまり人間は存在の上に住まうこととされた（船木 2016）。

そもそもラッツェルの思想は現代のポスト人間中心主義の地理学と一致するのだろうか。生気論がそのように現代の生政治と関係しているのだろうか。ポスト人間中心主義の地理学と新生気論は、人間主体を固定したものとしてとらえていない。それは有機的、非有機的な諸力へとむかう振動ともなりうるし、破壊的活動ともなる。そしてアクターネットワーク理論が人文学、自然地理学と人文地理学の橋渡しを可能にする。

つまり、現代における既存の権力構造への幻滅は、より広い唯物論的転回としてポスト人間中心主義の地理学を生じさせた。そこでは、自然、人文、物質性を交えるハイブリッドな性格が、震動する素材としての生命の飽くことも知らない創造力や社会変化を説明する。

もともと「生の空間（Lebensraum）」の概念はラッツェルからチェーレンへと地政学から国家社会主義へと伝達さ

れた。しかし本来は生物地理学者による一元論な生命存在論であった。ラッツェルは生気論者ではない。むしろ土壌神秘主義であるものが、生気論者の政治哲学に利用されたともいえる。

ラッツェルは生命の創造力を生命と大地・地球の結合としてとらえた。それは人間中心主義を超えるもので、人間とノン・ヒューマンのハイブリッドな経験的政策にもつながるものでもあった。人間とノン・ヒューマンの生きられた空間における知覚、感覚をもとに、居住空間における進化が生命の運動として、民族の領域的拡大、植民地化や移住としてとらえられていた（Klinke 2019）。

このような、生物学者のヘッケルからヘーゲルのドイツ観念論に受け継がれてきた一元論的、合目的論にもとづく進化思想をエストニア出身のユクスキュルは否定していた。そのユクスキュルが、マダニの生態を事例として提起した「環世界」の概念とは、生物個体と環境との多元的な相互作用を説明するものであった。

この「環世界」の概念は、現象学における「生きられた世界」・「生活世界」と相同のものである。そこでは日常生活における経験や闘争が行われる場所が重視される。そのため、地理的位置や立地に基づく「地域」概念が重要ではなくなった。

すなわち「環世界」の概念は脱・人間主体、ポスト人間中心主義をともない、現象学から、さらにはポスト構造主義における情動アプローチにも結び付いていった。そのため「生の空間」が生の生存論に結び付くならば、「環世界」は「行動の存在論」に結び付くと言えよう。

ユクスキュルの「環世界」に影響を受けたハイデガーは、また「民族（Volk）」概念を基にした「地政学」を唱えた。ハイデガーは、人間が「世界」のなかで、さまざまな他者や事物とかかわりあいながら生きている。そのような気遣いが「現存在」としての人間のあり方を示すと考えた。そのような「世界」において、人間は個人としてあるのみではなく、そこに投げ込まれた世界をさらに歴史的に共同体としてつくりあげていく。そうすることで、その「世界」に属することができる。ドイツ文化をつくりだし、になうことでドイツ人となり、これからもドイツ人である。このような人間の存在が民族の真正性である。

その前期ハイデガーにおける民族とは、その真正性にもとづき、闘争に対する犠牲を伴うものであった。一方、後期ハイデガーでは、人間は存在の上に住まうものとされ、そして、その存在の本質としては、固有の伝統文化の真正性を反映していた。すなわち、前期ハイデガーでは国民国家における民族、後期ハイデガーでは象徴された存在としての場所が重視された。そこには、前近代において「土壌定位」としての定住、近代以降における通信交通の発達と産業化の進展に伴う「土壌喪失」としてのノマドが重視されるように変化したことを批判的に反映している。そこには、ハイデガーにとってアドホックな集団としての民族の両義性が含意されていた。ハイデガーの民族概念には、ユクスキュルが唱えたマダニにとっての固有の「環世界」に基づき、外界からの刺激に対して、内部から反応していく点で、「情動」概念にも大きく影響していた。それは現存在が生起する「場所」であって、「土地」という領域性や地理的空間を含意するものではない。

ユクスキュルの「環世界」の概念によって鼓舞された現象学的視点からポスト構造主義における新しい「地政学」とは、個人(個体)相互の利害や価値観の対立が情動として捉えられてきた。新しい「地政学」とは、地理的な領域・領土論ではなく、イデオロギーと文化・価値観の違いにもとづく、象徴や表象、情動の対立である。すなわち「環世界」にもとづく、ポストモダン以降の新しい「地政学」とは、国家・民族・風土が地理的・領域的に一致していない状況、整合性のないカオスを反映している。

それらの根底には、一貫してデカルトの精神と物質、精神と身体の分離への批判があり、そしてその反動として、スピノザの物質にも身体にも神性や精神的な存在がやどりうるという考え方があった。ところがポストモダン以降、大理論が終焉し、諸個人の分節化がすすむにおよんで、生物群集や生態系へのアナロジーではなく、個体、「個」

としての生成が重視されるようになってきた。それは個にとっての生成変化する以前の状況と、また個の生成変化が、他の個におやおぼす影響をふくむものであった。

このように、地理学、地政学におけるパラダイム転換とは、ラッツェルの「生の空間」が生物群集や個体群、生態系といった生物集団にもとづく地域概念を重視していたものが、ユクスキュルの「環世界」においては、生物個体におけるその生活世界との個別の相互作用に基づき、アトム論的な個人にとっての場所を重視するように移行したことにある(Kilinke 2019)。

そして、Bluwstein, Govanagh and Fletcher (2024)は現代の環境保全の視点と、新自由主義的な先制権力の行使をともなう地政学との関連を考察している。

ラッツェルの「生の空間」をはじめ、十九世紀末のヨーロッパには多様な進化論的思考が登場した。『土地なき民』の脅威に対して、地球と人間との完全性を求めた「生の空間」の必要が主張された。それはダーウィニズムとマルサスの『人口の原理』とともに、ヨーロッパ帝国主義と植民地主義の政治的・歴史的コンテクストを反映したものであった。現在も国家、帝国は、活力の少ない他者を犠牲にして発展し、全体世界を把握しようとする。

マッスミの先制権力(ontopower)は、創発的な環境の変化に対して、つまり現代から未来に生じる環境上のリスク、不安、脅威、生命の危害に対して、先制的に回避する政策をとることである。マッスミによれば、それが行われるのは現在の領域と領土に対してではなく、本来のあるべき姿をとどめうる原領域(proto-territory)に対して行うべきことなのである。この先制権力(Ontopower)は、今日のフーコーの統治権力、生権力を反映したものである。

マッスミは今日の生物多様性の保全について、現存の状況からの先制的予測で将来の破壊をいかにして防ぐかは、生政治、地政学、先制権力(ontopolitics)の三つ組からなされる。このようにして「生の空間」は時間の流れとともに、生政治の政策、地政学的拡大の糸口、原領域の保全やセキュリティといった対象となるのである。領域と原領域との間に「生の空間」の履行が行われる。

マッスミは、生物多様性の減少に関する潜在的脅威に対して、先制的保全を主張したが、しかし、それはテロによる戦争の脅威に対する先制を主張するのと同じく危険なアナロジーではないのだろうか。

生物多様性のための闘争は、ダーウィンの生存闘争、ラッツェルの空間闘争への追憶である。脱植民地化・脱成長、ポスト人間中心主義を主張するときに、ラッツェル的一元論を避けるべきであるとBluwstein, Govanagh and Fletcher (2024) は主張している。

いずれにせよ、旧来の「地政学」も、新しいとされる「地政学」も、十九世紀から二十世紀初期へのアナクロニズムであり、対照的な生物学の方法論を概念的に借用するものの、戦争を容易に肯定しうる危険な論理に他ならない。著者としては、決して首肯すべきものではないと考えている。

四　結語

以上の本論の内容は次のようにまとめることができる。二十一世紀になって、ポスト人間中心主義の地理学が提起されるなかで、かっての生気論的な地理学の伝統が見直されつつある。

十九世紀のラッツェルの「生の空間」はヘッケルの全体論やヴァグナーの地理的種分化を反映するとともにヘルダー、ヘーゲルといったドイツ観念論における自然哲学、歴史哲学、ロマン主義の影響を受けて、地政学をとなえる概念であった。そこにはマルサスの『人口の原理』、ラマルクの獲得形質の遺伝、ゲーテの形態学における原型といった概念をともないながら、国家有機体説にもとづく、植民地支配や欧州列強による帝国主義を正当化する地政学を正当化する含意をともなっていた。ただし、ヘッケルは汎神論的、物活論的視点をともなう点で生気論的概念を帯びてはいたが、あくまでも生物の現象は物理化学的視点から解明されるとする点で、機械論的、実証主義的視点であった。

一方、ヘーゲルの進化的考察やヘッケルの機械論的な進化学説に反発するユクスキュルは環世界の概念をとなえた。環世界の概念は、ユクスキュルの『国家生物学』とともに、ハイデガーの人間の現存在を考えるときに民族の真正性として、ナチの国家社会主義に利用されることになった。

つまりハイデガーの世界内存在において、人間は文化的世界をつくりだす。人間は個人として存在するだけではなく、そこになげこまれた世界を、さらに文化的、歴史的かつ共同体的につくりあげていく。そのようにすることで、その世界に属していくことができる。生物学的特性としてドイツ人に生まれたのではなく、ドイツ固有の文化をつくりだすことで、ドイツ民族であり、これからもドイツ民族なのである。それが民族の真正性にともなう現存在のあり方であり、ナチの地政学に利用された。この地政学的視点はラッツェルの「生の空間」という生物地理学的視点、種の居住空間の拡大と新たな移住先環境への適応による進化とはことなり、民族の文化的、歴史的背景にもとづくものであった。

また生物個体にとっての「環世界」概念は現象学における「生きられた世界」に相当するものとして、ハイデガーやメルロ゠ポンティの現象学とも深い関係がある。フッサールの現象学は数学や物理学といった論理的諸科学を地上の現実生活に結びつけようとしたものである。そこで、現象学では、生の現実は機械論的ではなく、有機体論的にとらえられる。現象学的還元において、「私」の外部と内部が内在性として、獲得されることになる。そのような意味において、ユクスキュルの「環世界」は、環境が生物個体に提供する「意味」という含意でもある。それがギブソンのアフォーダンス概念にも結びつく。

このような「環世界」は、それぞれの生物個体によって認知される環境はことなるという概念であるから、環世界の影響を受けた人文地理学において、社会集団の営為の作用とされる景観をともなった地域概念の認識は希薄になる。

またユクスキュルの環世界における生物個体による環境の認識と、機能環をとおしての刺激への特定の反応は、スピノザの情動にたとえられ、ドゥルーズに影響をあたえた。

ドゥルーズをはじめとするポスト構造主義は、事物の本質を規定してきた普遍性への懐疑からなり、差異性を指向する。

ポスト構造主義において、情動は意図して表象することができないものであり、現象学的な表象と言説の分析、言説論的展開への批判である。地理学者のスリフトは、環世界における生物個体の反応をもとに、意図して表象されるものではない情動を非表象理論の対象とする。非表象理論は意図的に表象されざるものをとりあげる。

このような動向は、また戦前からの地理学や地政学の否定でもあった。すなわち戦前の地理学はヘッケル、ヘルダー、ヘーゲルのドイツ観念論にもとづいた地理学、地政学であり、その背景としては実証主義的な生物学を指向していた。それゆえ戦後、ヘッケルとユクスキュルの対立をもとにしたユクスキュルの環世界の概念を現象学やポスト構造主義として導入することは、反近代化、反啓蒙を含意したラッツェル地政学の否定でもある。その結果、地理学の対象が全体的な地域や景観といった概念を対象とするのではなく、個別の環世界である場所、場所におけるトポスと権力の関係としてのカルチュラル・スタディーズとして確立してきた。それは人文地理学と自然地理学の分離、実証主義と非実証主義の分離という地理学における宮廷革命、パラダイム転換であった。

さらにポスト現象学としてのドゥルーズによるハイデガー批判もおこなわれてきた。ドゥルーズの「器官なき身体」は、ハイデガー以前のドイツ観念論からの「国家有機体」概念の系譜への否定であり、有機体なき組織であるとされる。ノマドとは空間的移動を意味するのではなく、既存の社会秩序への抵抗であり、個人による無秩序、カオス、アナーキーを通しての権力への抵抗と批判であった。

そこには情動の地政学として、フーコーの「知と権力」の概念も用いられる。それは一貫性、整合性のある論理や理性ではなく、情動による為政者による権力の行使である。そこにはパノプティコン、スペクトルをもとにした規律型社会、監視型社会、パフォーマンスによる劇場型社会がつくられる。もはや分類発生学的秩序そのものが、主観的合理主義であると批判された。想像力、感情、記憶といった情動は、物質性をもたないので、精神の力で把握される。

それらの二十世紀後半における地理学や地政学の系譜はデカルトの物理的空間の概念と、デカルト・ニュートン流の近代的世界観における精神と身体の分離といった二元論を批判することにもとづいていた。また自然を支配する人類、為政者が男性的、植民地統治者、白人として表象されてきたことへの批判につながっていた。さらに言語と物質の二現対立の解消、言表分析の克服は、九〇年代の人文地理学をハイブリッド性、再帰性をもとに考察する動向へと進ませていったのである。

これまで本書でみてきたように、地政学と生(レーベン)との関係とは、ラッツェルをとおしてのヘルダー、ヘーゲルの国家有機体論的な合目的的な全体論的進化の発想(コミュニタリアン)から、ユクスキュルの環世界へという変化である。すなわち、個人による周囲の状況の理解と反応というかたちで、リベラルの発想へとうつりかわってきた。それは非合目的的で、創発性、偶有性、経路依存性にもとづく多様な進化であった。

以上の「生の空間」にまつわる地政学の系譜に関する問題を、政治哲学におけるコミュニタリアンとリベラリアンの対比に関する論考をもとにしめくくることとしたい。

向山(2001)によれば、一九三〇年代のドイツにおけるワイマール体制のもとでは、啓蒙理念への懐疑とともに保守革命の反動思想家が生み出されてきた。そこでは西欧の没落を論じ、普遍的理性への信仰をかなぐり捨て、民族固有の伝統へと回帰する歴史主義がとなえられた。共同体の拘束の名目の上に居直り、反西欧、反共和制をとなえ、最終的にナチズムに陥った。啓蒙的理性の展開に、むしろ搾取と支配の論理が読み取られていた。啓蒙批判は出口のない理性不信となっていった。

啓蒙は、市民の公共圏として対話的理性を求めた。しかし、啓蒙は生活世界の合理化、経済システムと政治システムの分化を通して、市場経済や官僚制を発達させ、これらのシステムによる生活世界への支配がおこなわれるという啓蒙の逆説が生じてきた。そして、これまで宗教が担ってきた重荷が、一人ひとりのコミュニケーション活動におきかわったことから、不一致の可能性高まりと合意性の形成がますます困難になっていった。

やがて、ポスト構造主義において、西洋形而上学の思考が権力の意志とみなされるようになる。反啓蒙として、合理性、人間中心性、近代性への反発はポストモダンにおいて、メタ物語に対する不信感として結実する（向山 2001）。

すなわち旧来からのホモロジーによる相同化とは言語を大きな物語に参照させることである。同一性の地平のもとで、自らの差異を解消する。これに対してポストモダンへの移行であるパラロジーとは、偽推理、非論理性を含意する。そこでは、同一性の地平に還元されない差異をつねにうみだし、大きな物語の権威を解体する。

小野（2022）によれば、政治哲学におけるカント主義とは、いわゆるリベラルの立場であり、個別の共同体を超えて人間性尊重の超歴史的な普遍的道徳原理を求める。そこでは人種、民族、ジェンダーなどの差異にかかわりなく、誰もが納得する正義や権利を求めることになる。一方、政治哲学におけるヘーゲル主義とは、いわゆるコミュニタリアンの立場である。そこでは、いかなる道徳原理もそれが生み出された共同体の歴史文脈に依存しなければならないことになる。

コミュニタリアンは、リベラルの個人主義的、合理主義的人間観に疑問を呈する。かわりに個人に内在する共同性を重視する。つまり特定の共同体に帰属してこそ、個人は個人たりうると主張する。それは、啓蒙主義を批判したロマン主義と共通している。ロマン主義は、個人の個性を強調するものの、その個性は共同体という土壌に根ざしてこそ、開花しうるとされる。その個性と共同性の均衡が破れたときに、ロマン主義は偏狭なナショナリズムへと傾斜する。

このような個と共同体の関係について、歴史性の重視と言語が果たす役割への注目は、二十世紀における解釈学や現象学を媒介にして成立した。

現象学は、論理実証主義的な科学を日常の現実生活に結びつけるために、物理的な機械論ではなく、有機体論の言説から、哲学を再認識する必要を説く。そして私自身の自我の内部と外部、自我と他我の存在を内部性としてとりこむ現象学的還元を主張した。

自我への気づきとは、自我の身体経験と他我の主観とを比較し、総合することによって間主観性が形成され、それらが共通して経験されることによって生活世界が成立することから行われる。

世界は私たちが認識する世界ではなく、他我とともに我々が認識している世界である。共同存在として我々が根ざしている土壌が生活世界である。生活世界は歴史的に形成された領域であり、言語によって伝達される共通の意味に満ちている。個人は生活世界のなかに生まれ、そのなかで成長することを通して、同じ生活世界の住人である他者と共通の認識と価値観をもつ。他我とは意味づけられた他者でもある。

すなわちリベラルは、普遍的な善の存在を否定し、国家による個人の生活への支援・介入を拒否し、中立性を堅持する。一方、コミュニタリアンは、国家の個人生活への介入・支援を肯定する。

カント以来、自己に中心をもつ超歴史的、超文化的自然権を保有する個人の自我にもとづくのがリベラリズムの基本である。これに対して、ヘーゲルのコミュニティズムでは、歴史的に形成された文化を、個人がもとづくべき、土壌と考える。ローティのプラグマティズムでは、人間性にもとづく、自然権とよばれてきたところの普遍的に妥当する政治の基礎などは存在しない。共同体は特定の真理や本質によって、基礎づけられていない。それは、その都度、多様に変異しうる諸個人にたいして、だいたいの安楽（comfort）を保証する便宜的・道具的ルールを保証するだけである。

そして多文化主義と国民国家との関係については、以下のように指摘できる。国民国家は、リベラリズムを基幹とする西欧型社会を理想としてきた。国家の建設・統治には、一民族、一言語（同一文化、価値観）が理想であることが暗黙の前提とされていよう。そのため国民国家の内部において、少数派、移民、難民、在住外国人、先住民族といったマイノリティとの間に、コンフリクトが生じやすい。

そのため、国民を創出するための政策と、少数者の権利を擁護し、権利を主張できるようにすることには、対立や緊張が生じうる。前者には、市民権や国籍の付与、教育制度、公用語の使用、公職に就任できるための条件、メディア、象徴、祝日、軍事的義務などの政策があげられる。後者には、移民、マイノリティの文化を法的に保護すること、多様な文化集団に対する自治権の承認、異民族の子弟を国民国家への包摂、異宗教への寛容といった政策がある。このような他者や少数者を包摂するのか。あるいは排除しうるのかという問題が生じるのである。

くりかえすがコミュニタリアンは、リベラルの個人主義的、合理主義的人間観に疑問を呈する。かわりに個人に内在する共同性を重視する。つまり特定の共同体に帰属してこそ、個人は個人たりうると主張する。それは、啓蒙主義を批判したロマン主義やドイツ観念論と共通している。ロマン主義やドイツ観念論は、個人の個性を強調するものの、その個性は共同体という土壌に根ざしてこそ、開花しうるとされる。しかし、その個性と共同性の均衡が破れたときに、ロマン主義は偏狭なナショナリズムへと傾斜するのである（小野 2022）。

向山（2001）によれば、ヘテロピアと他者への自由としてのポストモダンの対話理論とは、差異それ自体の絶対化を回避し、解釈する知から対話する理性へとむかうべきはずのものであった。しかし、共同体の発見は、対話する知の可能性をひらくとともに、他者性への回路をとざすリスクをも示す。そえゆえエスノセントリックな共同体が再生されることは、共同体と他者性との関係を問題化することになる。

人工の秩序としての近代国家は、明確な国境線のもとで領土を画定し、境界の内部と外部の間に不明瞭な領域を残さないようにする。領土の統一と保全、国境警備を必要とする。そこで、国内におけるそれとは違う地方的存在、国内と国外を気ままに移動する越境的存在、国内にも国外にも位置づけられない両義的存在は断固として排除しなければならない。このような両義性の除去とは、外国人を隔離もしくは追放すること、地方権力に対して認可承認もしくは非正統化することによって行われる。すなわち法のすきまを埋めることで、統制されない知の根拠を排除もしくは、正当化する。そのため常識にとらわれない偏見、迷信が無知なものとして罵倒され、廃棄されてきた。

自由と安全が国家による一望監視的なもとで行われるというのは、ポストモダンでは時代遅れである。差異化された自由と安全は、市場で購入される。たえず、新たな商品情報による欲望の刺激は、不満や需要の私事化、すなわち民営化のもとで供給される。このようにして、市場に誘惑された国民と抑圧された国民に二分化する。

そのような分断や格差を隠蔽するために、土地固有のヴァナキュラーな人々を人工的につくりだすことで、近代国家における国民の同質化がはかられる。知と権力の中央集権化をはかることで、地方的な知の排除が行われる。友愛や愛国心の支えとなる画一的で普遍的な国民文化が形成される。このような同化のプロジェクトとは、市民権の拡大ではなく、国民文化として表象された特定の文化的ヘゲモニーへの従属を目的とする。それは他人への寛容ではなく、集団として、他集団への不寛容であった。

法の持続と差別の廃止は、画一性へと向かう近代化の推進力である。その一方、近代化に対する逆らいである伝統は後進性とみなされる。知恵遅れ、精神病、狂気はスティグマであり、文化的階梯の低さを示すとされる。そして友愛の結束を維持するために、つねに外部に敵の存在が必要となる。それゆえ地元のヴァナキュラーな者の優位性を再発見し、証明するために、内部にも、つねに異質とされるよそ者を発見し、告発していくのであった（向山2001）。

このようなヘテロピアにおける異質性をもった他者の疎外、差別による排除は、グローバル化がすすみ、国民国家の枠組みがゆらぐとともに、失業や貧困、格差が拡大するなかで拡大していくのである。それが今日の情報化、パーソナルなモバイルなコミュニケーション手段の発展とともに、旧来とは比べようもないかたちで、無秩序な情動として拡大していくのである。

〈補論二〉　地理学はどこへ——地域から場所へ

一　もう一つの進化論的な空間思想

これまでみてきた地政学の系譜の背景となっている地理学などの空間理論について整理しておくことにしたい。まず、もう一つの進化論的な生物学的な地理学として進化経済地理学の基本について言及する。

経済学者のマーシャルは、経済学を物理学的に均衡分析・限界効用など、市場メカニズムを計量モデルとして解明することのほかに、進化論的、生物学的経済学として、外部経済効果の理論をとなえた（マーシャル 1966）。計量モデルの経済学とは異なり、進化論的な経済学や経済社会学では「埋め込み（embeddedness）」の概念が多用されている。「埋め込み」とは、初期条件の違いや偶有性をともなった経路依存性といった環境や社会的のより広義の条件のなかに外部経済効果が埋め込まれているとするものである。

つまり、マーシャルは均衡分析や限界理論といった統計力学の応用によるモデル作成以外の、地域の歴史的・社会的条件によって説明される経済学を生物学的な、進化論的な経済学として考察していた（Thomas 1991）。

経済学・経済社会学におけるマーシャルの外部経済理論は、後に進化論的外部経済理論の起源となった。その系譜のもとに連なるレギュラシオン理論、進化経済学、クルーグマンの集積理論においても共通する産業集積の説明とは、

（1）地域における関連する補助産業の発達
（2）地域における専門的労働市場の形成
（3）地域への溢出効果（スピルオーバー）

といった三条件からなる。

マーシャルの主張が主張した産業集積理論は、産業革命以前から存在する繊維産業や地場産業を想定したものであったが、それはシリコンバレーにおけるハイテク産業の集積事例によくあてはまるものであった。また、レギュラシオン理論におけるポストフォーディズムの蓄積体制のもとでの付加価値を高めた多品種少量生産のもとでの自動車部品や電子部品の産業立地の考察にも応用されてきた。したがって、その理論は現代においても色あせていない。

このマーシャル流の産業集積理論の三条件を今日の進化経済学的観点から、地域経済が発展する理由をより具体的に表現すれば、次の三点に言い換えられる。

（1）地域における高度な技術（関係特殊的資産）をもった関連産業のサプライヤーのネットワークが存在する。
（2）地域における高度な技術を持った職人・技術者の蓄積が専門的な労働市場を形成している。
（3）地域においてコード化されない、体系化されない暗黙知や経験知、ノウハウといった技能や知識が蓄積している。

これらの三点が産業集積の成立要因となる。マーシャルがこのような外部経済効果における産業着想を着想した

のは、英国・シェフィールドの鉄鋼業の事例からである。これは、英国のなかでもシェフィールドの鉄鋼業成立のユニークな偶発的な初期条件と経路依存性にもとづいている（マーシャル 1966）。

そもそも産業革命以降、十九世紀における英国の鉄鋼業は、大型の各種産業機械をはじめ造船、鉄道（レール・橋梁）を生産し、輸出することが主流であった。それは、英国からの海外植民地への資本輸出という意味をも帯びていた。そのような英国の鉄鋼業の立地は、ウェーバーの立地論における輸送費用の観点からの原料立地・市場立地・中間立地として説明されるべきものであった。

しかし、シェフィールド周辺には鉄鉱石や石炭といった原料・燃料は産出しない。またシェフィールド市は、ロンドンから北に三〇〇キロメートル離れたヨークシャーにおける内陸都市であり、現在の都市人口は数十万人とされているものの、単独の都市であって、周辺と合わせて大規模な市場（消費地）を形成しているわけではない。港湾に欠けることから大型輸出製品の生産には不利であるし、輸入原料や燃料の入手も容易ではなく、積みかえ地点に成立しうる中間立地にもあてはまらない。

むしろシェフィールドの鉄鋼業は中世以来の農具の生産（野鍛冶）に起源をもつ。その近代化は低品位の鉄鉱石やスクラップの精錬といった原料条件の制約をもとに坩堝法やステンレス製品の実用化をはかったことにある。そこで十九世紀以来、シェフィールドは造船やレール・橋梁といった大型輸出製品の大量生産ではなく、伝統的な職人技術をともなった付加価値のより高い武器、銃器、刃物、食器、機械工具といった多品種少量生産の産地となって発展していくのである。

シェフィールドをマーシャル流の産業集積から説明すれば、

（1）伝統的な職人による各種分業工程や、それらをになう中小企業のネットワークの存在。

（2）専門的鍛冶職人や鋳造職人・鍛造職人といった技術者の蓄積が豊富であり、地域に専門的な労働市場が形成されていること。

（3）各種業界団体の本拠地でもあり、品質検査機関が集まり、シェフィールド大学冶金工学研究室をはじめ技術開発や改良機関が存在しているということになる（Porter and Watts 2011）。

このような外部経済における初期条件の違い、経路依存性、創発的（偶有的）な産業条件による変化にもとづく、地域産業集積の形成が、マーシャルに起源を有する進化論的経済学の理論の系譜である。それは現代のクルーグマンの国際経済学や、レギュラシオン理論のポストフォーディズム論争における多品種少量生産への移行にともなう産業集積の形成の説明に応用されている。

このことを冒頭で一言付記しておきたかった。

じつはシェフィールド大学は、地理学研究の世界的な拠点である。また日本研究所もあり、英国における日本文化研究や日本学の中心でもある。日本の地理学者のなかで、シェフィールド大学地理学教室に詣でる人は少なくない。著者も一九九〇年八月にシェフィールド大学を訪ねたことがある。街に正午ごろ到着してすぐに、シェフィールド駅前の大衆食堂に入ると、昼間からアルコールを飲んでいる年老いた職人とおぼしき人物が、「お前は日本のビジネス・パーソンか、失業しているから雇ってくれ」と話しかけてきた。正直に自分の身分を明かすと、今度は三〇分以上にわたって、先に記したシェフィールドの鉄鋼業史を一方的にかたりかけてきた。外国での見知らぬ酔っぱらいへの対応にはこわいものがある。そのときにはマーシャルの外部経済理論や集積理論がシェフィールドの鉄鋼業をもとに着想された事実とは、結びつかなかった。おそらくは彼はシェフィールドのマイスターの最後の世代であったのであろう。

後年になって、マーシャルの理論とシェフィールドの鉄鋼業との関係に気づいたときに、あのときフィールドノートに内容を記し、もし住所でも聞いておいて、帰国後に連絡したら、興味深い聞き取りをもとにした研究ができたかもしれないと後悔した。しかし三十代の若手には、そのような大胆なことを思いつく心の余裕は、さらさらなかった。

シェフィールド大学地理学教室に行くと、若手研究者や大学院生の間に英国への日本企業の進出が最も関心ある話題となっていた。一九九〇年代初頭の日本のバブル経済崩壊期直前、円高、貿易摩擦解消のために日本の大手製造業が英国中・北部に大規模な工場を建設していた時代である。ポストフォーディズムの議論のなかで、日本的な生産・経営様式がポストフォーディズムに該当するのかどうか、またその進出が英国労働者の雇用や地域における産業集積形成にどのような影響をあたえうるのかについて、関心が集まっていた。

二　現代の地理学になげかけられた課題

いよいよ付言として、現代の地理学になげかけられた課題である「地域から場所へ」という研究対象の変化について、言及したい。

そもそも一見すれば、地理学の研究はあたかも国際理解による平和や自然環境との調和を指向するような平穏な学問であるかのようにみえる。しかし、以上のような、これまでの知的系譜の展望をもとにすれば、地理学の研究は、民族や国家の対立や闘争を指向する根源的な危険性をもってきたのではないだろうか。

これまでの本書の内容をもとに地理学の理念と現実について、著者は以下の五点に要約することにしたい。

（1）地理学における実証主義と非実証主義の違いから、今日では人文地理学と自然地理学の総合は現実的には困難である。

（2）人文地理学と生物学・生態学との関係は、生態系や景観といった概念ではなく、むしろ「移動と隔離による地理的種分化」による「生の空間」の確保と拡大という概念にもとづいていた。それはダーウィン、ウォレスの自然選択や偶然の要因にもとづく進化論ではなく、ラマルクやヘッケルの合目的な一元論的な進化思想と結合していた。それは、また十九世紀におけるヨーロッパ優位の発想をもとに国民国家、民族国家、立憲君主制を理想とする一方、植民地主義にもとづく領土拡大というラッツェルの地政学の成因となった。それは、ユクスキュルの影響を受けたハイデガーの民族の真正性にもとづく地政学とはことなるものであった。

（3）このように人文地理学がおこなう自然研究は、ロマン主義とドイツ観念論における自然哲学、歴史哲学、政治哲学と結合したものであった。

（4）ヘッケルの一元論的な有機体概念はラッツェルの国家有機体論に結合した。これに対してハイデガーが依拠したフォン・ベーアとユクスキュルの「環世界」の概念は、具体的な地表や地理的位置、その領域性とは必ずしも結びつくものではない。それらは現象学における日常の生活世界、「生きられた空間」に結びつくものである。

（5）人文地理学は以上のような実証主義から現象学的考察へという知の系譜にそって、その研究対象は、社会集団が依拠してきた地表の地域や景観から、個人の日常的な生活体験によって知覚、認識される「場所」へと転換していった。

より激しい表現をすれば、地理学には人文地理学と自然地理学という二元性が存在するのではない。実証主義と非実証の現象学という二元性が存在しているのである。人文地理学の方法論が依拠してきたのは、今日の実証主義的系譜につながるダーウィン以来の機械論的な、客観主義の科学としての生物学ではなく、ドイツ観念論や自然哲学にもとづく有機体論が「生物学」として継承され、議論されてきたのにすぎない。したがって、今日の生物学につながる系譜ではない。それらが生気論であるという観点からすれば、現代の生物学における真正性をともなっているとはいえない。

もともと現象学的視点が導入され、普及する以前の一九七〇年代までの地理学の三大テーマとは、何だったのだろうか。『アメリカ地理学会誌』*Annals of the Association of American Geographers* に掲載された Taaffe（1964）の論文によれば、①人間・自然環境関係としての人間生態学研究、②土地利用をもとにした景観・都市構造や地域叙述、③空間的相互作用論として、地域間の交通・通信・情報流動量を統計的に解析し、地域間の結合関係を力学的・機械論的システムへのアナロジーとして明らかにするものであった。

とりわけ前二者は機能主義的なシステム理論の影響を受けていた。これらは、人間—土地関係を地域区分する研究であり、地域分化（地域研究）とよばれるものであった。地域研究とはあらゆるテーマを総合して地域の叙述をする文学的な「地誌」をめざすものとはことなる。「地域分化」とは、気候や農業的土地利用といったテーマにもとづく基準をもとに世界や日本の地域を区分し、類型化して、それぞれの地域区分を説明する手法である。年配の方ならば、中学社会科や高校地理の教科書で学んだ記憶がおありであろう。

つまり、これらの三主題とは経験にもとづく実証主義であった。もちろん、空間組織の研究としての空間的相互作用モデルについては高度な物理学や統計力学のアナロジーとして発展してきた。しかし、そのモデルに投入される数値データは実際の人口移動統計や交通量の統計数値から、将来の人口移動量や輸送量が演繹されるものである（石川 1988）。その点では、現実指向のモデル理論であり、経験的側面がつよい。

他方で、たとえばクルーグマンの計量経済モデル（クルーグマン 1994）では、現実の統計数値を一切用いることなく、最初からモデルのためのパラメーターが随意的に設定される。ここに計量経済学と、リアルなデータからモデルを構築しようとする計量地理学との間に大きな認識論の違いがある。

それにもかかわらず、現象学が実証主義的な科学を批判したことが、地理学にはそれが本来の意義以上に過剰導

表3　旧来からの実証地理学や地誌と現在の地理学の違い

カテゴリー	旧来からの実証地理学や地誌	現在の地理学
主な研究対象	定住 集団 地域	移動・ノマド 個人 場所
主な認識論上の項目	有機体 地域全体における環境 樹木状系統図 全体論的存在論 階層的・機能的ネットワーク 景観論・具体的な地域分化	集合体 個人に認識される身体周辺のアフォーダンス 根茎的リゾーム 関係論的存在論 アクターネットワーク トポロジカルな空間
背景となっている主な思想	ドイツロマン主義・ドイツ観念論	フランス現代思想・プラグマティズム

入された。そのことによって、現実の社会を分析する統計的な研究や実証的な研究、現実社会への問題解決を通しての貢献することまでをことごとくすべて否定する動きとまでなったことは、筆者にはいかがなものかとも思われる。計量経済学とは異なり、計量地理学とされる領域のなかには多変量解析をはじめ、現実の社会の矛盾や問題点を記述統計で分析する研究も含まれているからである。

なお、現象学とともにポストモダン思想の影響を受けた現在の人文地理学の主要なテーマとは、①コロニアル／ポストコロニアルの地理、②国家／民族建設と地政学的解明、③建造環境のもとでの経験された場所とその意味があげられる。そこではモダニティと近代化のもとでの権力による統治性、その統治性のもとで、産業資源や観光資源あるいは商品サービスの対象として、なかば人為的に改変された社会的自然の意味が考察される（モリッシほか 2017）。このように人文地理学の研究テーマは宮廷革命のもとで換骨奪胎されてしまったのである。

そもそもドイツ観念論は、民族や国家の概念をもとに人倫の実現をはかろうとし、個人の自我を全体性に統合し、それらを有機体概念に反映しようとしてきた。しかし一方、ユクスキュルの「環世界」概念から情動の影響を受けてきたデリダやドゥルーズとガタリをはじめとするフランス現代思想はポストモダンとして、とりわけフーコーをはじめ、権力による規律・

訓練的な公共空間を批判し、諸個人の差異性を指向する。

もともと旧来の十九世紀における近代地理学の確立とは、すなわちラッツェルとヴィダル＝ドゥ＝ラ＝ブラーシュ型の地域有機体記述を指向する地理学であった。しかし二十世紀後半からの人文地理学の転換とは、フランス現代思想の影響のもとで、個人の差異性が重視されるようになる。

その差異性として、ジェンダーやエスニシティの違いが強調される（Cokayne et al. 2016）。そしてそれらの研究調査結果は地域単位に集計されるのではなく、個人にとっての空間上の認識の問題として解明されていく。そこではゲシュタルト性をともなった「地域」概念が希薄化していく。他の分野の研究と同様に、地理学においても、もはや「地域」は単なる作業仮説の枠組みに過ぎなくなる。このように人文地理学は、空間論的な人間学へと静かにパラダイムの転換をはかったのである。以上のような変化を筆者は、**表3**のように示して対比することにしたい。

三　ポスト人間中心主義の地理学

ポスト人間中心主義とは、他の存在からの人間のアイデンティティを脱構築し、人間とノン・ヒューマン、サイボーグなどの多様性を関係論的扱う存在論である。ポスト人間中心主義において、社会的なものには人間以外のものを含む。

ポスト人間中心主義の哲学には、アクターネットワーク理論、ポスト人間中心主義の地理学、非表象理論がふくまれる。

そもそも批判地理学としての現象学は、場所と空間に関する人間の経験を重視し、本質主義、観念論、主意主義を批判してきた。メルロ＝ポンティは、身体を主体とすることで、前再帰的意図のもとで編成される場所の意味をとらえた。実践的に具体化した意識が内なる世界をつくる。身体的に、新たにコンテクストではなく、物的な非表象理論が用いられることから、ポスト人間中心主義の地理学の実践へとむかう（Simonsen 2016; Merriman 2012; Cresswell 2013; Cresswell and Merriman 2011）。

Thrift（2005）によれば、ポスト人間中心主義のもとで、地理学と生物学と技術論は新しく結合し、知性は環境における行動の形成に最も重要となる。それゆえ「世界」が、知性により認識された要素となる。生命工学において、ハイブリッドな動物的・人間的機械といった生命の外生的形態、新しい物質的な存在が実現する状況で、生命・人間・事物・知性とはどのように定義できるのかとスリフトは問うている。そもそも行動学的、生態学的伝統として、生物学と地理学は、その起源を共通している。さらに技術論による環境概念の拡大は、より行動的に「世界」を認識する知の政治学（politics）を生み出した。

（1）知性とは有機体のみの特性ではなく、有機体と環境の特性である。明らかに有機体の境界を超える有機体と外世界との統合は、拡大された有機体・超有機体をうみだす。それらの内的生理学が系統的に適応して環境を修正する。つまりアクセスのための器官は、コミュニケーションの手段である。そして、微気候に適応することで、外的生理学（生態学）を発生させる。

（2）有機体の概念は明確な空間性を示す。特定の身体が構築されるダイナミックな地図として、特定の身体は特定の立地とともに構築される。

（3）知性による能力として設定できる環境は予測できる。個体化のプロセスとは、個々の存在が環境との関係を形成する能力である。そこには、複雑性と自己組織が同時発生する。

しかし、人間と動物の能力の間に違いがある。人間の環世界とは、人間が存在するために定義した環世界である。それは他我の影響からではなく、他我を通じて学ぶことで可能となる。人間の能力とは、演繹と帰納だけではない。

逆行推論として、データや理論からの跳躍がある。

それらは他我の意図に対する観察された行動から創造力へと跳躍する。多くの明白な理論や逆行推論は事実とは異なるが、相互作用している他我との間の内在的な相互作用でもある。

推論によって、いかに「世界」が解放されるかについての一定の解釈によって、「環世界」が偏らされる。仮定されて特権づけられたアニミズム的思考によって、無生物と相互作用する。そこに高度の情動的複雑さが他我の行動への関心から生じる。それは境界範囲を侵食するような雑食的感覚である。

ハイデガーが考察した人間存在は、道具的存在をもとにしてすすめられてきた。それは、道具という事物の位置に語り掛けるかけることで、自然の物質よりも私たちが依存する機能の効果を重視した。すなわち人間の存在プラス道具とは、生物と技術の関係を示しうる。ハイデガーの「事物は相互に参照的である」ということは、道具がネットワークの中に位置づけられることを示す。このようにして抽象的ネットワークが具体的イベントになる。

事物が配分されたネットワークとは、人間的、動物的存在の両方を含意することで、アクターネットワーク理論を生み出す。

ユクスキュルの環世界において、一連の世界における他者との協調が新しい情動を生み出す。それらは普遍的な系統発生ではなく、褶曲するネットワークであり、基本的に網状になる。

そして生物学的、継続的なモニタリングとフィードバックにより、GPSによる監視など、人間の動物化が生じる。新しい感覚の形態は新しいシステムを形成し、神経的な政策をとる権力によって設計された身体の習慣がパターン化されることによって、新しい環世界としての地表が形成されていく（Thrift 2005）。

すなわちスリフトは空間を抽象的なものではなく、ゆたかな生命の交換に満たされているとしてとらえた。スリフトはユクスキュルの環世界に依拠したハイデガーの真正性をともなった場所概念を尊重したが、その「居住」概念は、もともと伝統的な農家や場所と場所をつなぐ存在としての橋のように審美的、精神的で調和的な農村景観を主にしていた。さらにスリフトは、ポスト・ハイデガーの「居住」概念として、ユクスキュルの環世界を現代都市景観、すなわち関係する活動が流動する空間に応用することを試みた。そこでスリフトはネットワークや移動、運動を重視するものであった。

それは、また大陸哲学におけるハイデガー、メルロ＝ポンティからドゥルーズへと、ユクスキュルの生気論の影響を受けた系譜にもとづいていた。そこではポスト人間中心主義の具体化実践として、主体と客体の分離が解消される。そして表象されないもの、論証的でないもの、系統化されないものが重視される。そこではテクスト、象徴や表象以外の倫理、物質性や諸力の関係が重視される。これがスリフトによる非表象理論の提起であり、同時にアクター・ネットワーク理論においては異質性や他者性が尊重される。このようにしてスリフトはデカルト的な空間概念を排除していくのである。

四　現象学的視点から見失われているもの

これまでみてきた現象学の台頭以降、地理学から失われたものも大きいと筆者には思われる。すなわち実証主義の否定によって、実証科学としての自然地理学と非実証的な人文地理学との乖離が進んだ。生態学的方法論の衰退によって、人間・環境関係の研究や植生を基礎とする景観研究や土地利用研究が希薄化した。

導入された当初は、現象学がノスタルジックな地理学を賞賛しているようにとらえられていたが、しかし近代科学技術への批判は、過度なまでに数量的・統計的処理までを否定してしまった。そもそも計量経済学が高度な抽象的な物理的・数学的モデルを構築するのに対して、むしろ計量地理学は、現実に地表上に生じた人口・情報・交通流動や都市の社会地区分析を、経験的事実データから多変量解析や記述統計の手法を用いて、正確に精密に分析する手法である。このような地理学における現実を分析する統計手法までを追放してしまったかのように思われる。

しかし、現実の地理学のコンテクストにおいて、さまざまな客観的データを解析し、その結果をまとめる際には、人間（研究者）の主観にともなう表象を反映しているのである。つまり、統計数値をどのように解釈するのかということについては、研究者が政策や計画の是非をどのように解釈するのかという点で、思想信条やイデオロギーや主観性を反映しているのである。つまり必ずしも地理学における計量的分析や統計的分析が、権力者の政策の意図を反映したものであるとして、すべて否定されるような動向は、あまりに短絡的ではないだろうか。むしろ本質として、政策を批判しうる客観的データの解析も行いうるはずである。著者は、科学的な論理実証主義が無批判的で社会性がなく、現象学をはじめとする非実証的な方法論こそが批判的で社会的であるという単純な二分法を首肯できない。したがって、著者は地理学における実証主義と現象学との過度の対立がもちこまれたことが、はたして地理学の理論的発展や社会的貢献の成就に有効な議論かどうかということについては、疑問を感ぜずにはいられない。

なお、そもそも地理学では批判的、革新的とされてきた現象学や人文主義、ポスト構造主義は、本来は思想上の系譜として、マルクス主義とつながらないはずである。しかし、意外にもハイデガーの場所や真正性の概念が、ハーヴェイのマルクス主義地理学と関連するのであった。もともと、ハイデガーの『存在と時間』をはじめとする一連の思考において、「離れを跨ぐこと」は存在者を認識し、発見する仕方であり、「近づけること」である。このように「現存在」のなかには、近さ（距離減衰効果）への本質的な傾向がある。しかし、ハイデガーは近代化によるラジオの普及は、日常的生活世界の拡大につながり、真正性の破壊へと導いた。「距離を跨ぐこと」とは「近づけること」である。近くによせたものを認識し、「方向づけ」することは、存在者の「機能の開示」である（氣多 2009）。

ハイデガーのこのような空間的概念は、ハーヴェイのマルクス主義的観点からの「時空間の圧縮」と「資本の空間的回避」に結びついた。ハーヴェイによれば、ハイデガーによる「真正性」の概念の破壊にともなって、ひとびとの生産のプロセスが時空間の上で隠蔽されるようになる。つまり、ひとびとは、労働や生産のリアルな真正性の場から分離される。資本の循環と再生産のプロセスの高速化・同時化・短縮化とそれにともなう空間的拡大が生じると、農産物や商品の物的流通よりも、むしろ金融や投資・投機による循環がさかんになり、より重視される。このようにして、世界中の労働者のグローバルな連帯よりも、分断が促進されてきたと指摘する。

このような新しい剰余価値の搾取の形態の例として、二十世紀以降の交通通信の技術革新によって、ひとびとは公共交通手段や公共通信（郵便・電信電話）を利用するのではなく、新たな個人化された交通通信（自家用車やモバイル端末）を利用することによって、自らの生産性の向上をはかり、そこからより新たな剰余価値が搾取されていくことにとびこむのである。それは多くの公共交通通信関連労働者の失職を招くとともに、自らが本来の職務労働時間に加えて、交通通信用役を生産する多能工と化すからである。

つまり、諸個人はその機材を使用する技能や情報を取得する費用、機材を私有するために購入し、その減価償却や保守・更新に関連する諸費用、関連する租税公課を率先して負担し、その日常的な支出をまかなうためにより多くの労働時間を無意識のうちに充当している。それは、また他に有効な代替手段が存在しないなかで、実質的には有無を言わせぬ強制や社会的に当然の義務とまでされている。何やらこのあたりは、日本の一九八〇年代以降の行財政改革の既遂を連想させよう。

ハイデガーは、このような高度な技術文明の強制を個人に対する「運命の遣りまわし」と批判する。それはひとびとに、選択の余地なく、技術の受容を必須化し、利用の実践を強制化するからである。それらが現代社会における時空間を形成している。

人間は技術の利用選択を個人の意思で自由に裁量できない。近代技術の中での隷属する存在者にすぎない。「総かり立て体制」とは、誰かによって、だれもかれもがかりたてられる、かりたてに召集されるのである。功罪ある技術の操作と立案計画に使用される。そこでは石油文明も原子力文明も、高度情報技術の利用も、その選択の余地なく、強制される。まだ利用可能な、あるいは将来利用が可能な他の存在の様式を忘却させられる。

そしてハーヴェイは、高度に発達した資本主義社会において、使用価値と交換価値の違いが著しくなってきたと指摘する。本来、生産された財貨の使用価値において取引がなされるべきではあるが、財貨の象徴的な交換価値がそれにとってかわった。それは、ぜいたくな財貨や投資されて完成した建造環境に示されるように、非日常的、非実用的、奢侈的なイメージをともない、豊かさの誇示と権力の象徴として、取引されている。それらは実質的な財貨の生産と消費に関する取引ではなく、むしろ建造環境（不動産）や金融資産（株式・債券・仮想通貨）などの取引が市場経済で重要となってきている。これらの現象は直接に確認できないグローバルなスケールやバーチャルな空間で実践される。このようなことが本来は矛盾している資本主義や市場経済の存続や維持につながっている。それらが、人々に疎外感や剰余価値の搾取を隠蔽し、階級意識の形成を妨げるからである。

このようにハーヴェイは、ハイデガーを引用、援用しながら、マルクス主義の観点とあわせて、自身の批判的な空間概念を構築してきた（Harvey 1996）。それらはハーヴェイを単にマルクス主義経済地理学者としてだけではなく、ポスト・マルクス主義やポストモダニズムの論客としてみなすことを可能にしている。このようにハーヴェイが近代化批判の概念の構築に保守的な論客であるハイデガーの理論を援用し、その時空間の圧縮の議論をとなえていることは注目に値しよう。

五　ポストモダンの空間

またハーヴェイは、ポストモダン都市の空間構造について、以下のように記している。一九七三年、一九七九年の二度にわたる石油ショックを契機にして、大都市の工業は素材型重化学工業中心から、高付加価値型産業中心へと、産業構造の転換が進んだ。従来の画一的な大量生産・大量消費を前提とするフォーディズムの蓄積体制が終焉した。その後、急激で不安定な市場の変化に対応して、多品種少量生産、下請け部品サプライヤーへの外注、情報化による省力化とともに、手工芸の復活など、フレキシブルな専門化が進行してきた（Harvey 1994）。

このような変化によって、付加価値の高い製造工程や研究開発部門が大都市に残ったものの、素材型の大量生産部門や労働集約部門は開発途上国や地方に分散した。大都市から工場が分散移転する脱工業化がはじまった。

こうして都市は生産の場から流通や消費の場に変化した。さらに都市の国際化や情報化が進み、大都市のなかには国際金融取引機能の中枢として、東京・ニューヨーク・ロンドンなど、世界都市や二四時間都市があらわれてきた。都心部の再開発が進み、非常にゆたかな高所得者層むけの高層高級住宅地区が形成されるなど、都心のジェントリフィケーションも進んでいる。

このように現代の都市社会では、郊外や都心部の高級住宅に住む国際化や情報化に対応できる経済力や教育をそなえた人々と、都心部に取り残されて失業や貧困で差別を受けている民族的マイノリティとの格差は著しく拡大している。すなわち、郊外を中心に居住するエリート層がインナーシティの貧しい住民を抑圧し、搾取しているのである。

このようなポストモダン都市は、二十世紀の初めにシカゴ学派都市社会学が都心からの距離を基準に都市の空間構造を解明しようとしたのとは逆に、都市構造が多様なモザイク状のまだらなタイル模様のようになっている。エスニシティや文化的多様性が混在し、国際金融地区のとなりに犯罪多発地区が隣接したりする。

ポストモダンとは、中心的権威や中央集権を否定する動きであり、そこでは政治的・経済的要因に加えて、個人の消費や審美的要因が重視されるため、文化やライフスタイルの多様性が重用となる。その結果、次のような特色をもった都市の空間構造が顕著となる。第一に高い資本や富を蓄積した人々によって、私事化された空間である。高級車やプライベートジェットといった移動空間や、会員制のゴルフ場や高級リゾートホテルといった資本の象徴的空間である。第二に一般大衆を対象にしたアメニティゆたかな、非日常的なショッピングセンターやレジャー施設である。これらは規制緩和の影響もあって、半官半民の第三セクターで運営されるなど、公的資金が投入されることもある。大規模ショッピングモールやテーマパークがこれにあたる。第三にスラムなど、貧困や不法行為の集積地区である。しかし、この地区から対抗文化として、新しいサブカルチャーが発生することもある。

これまでの都市行政は、公共の福祉・医療・住宅・教育などを市民に公平に配分することを目的としていた。しかし新保守主義が台頭し、規制緩和が進行するなかで、これらのサービスは住民の所得に応じて配分されるようになり、いっそう都市住民の格差は拡大しつつある。勝ち組と負け組がはっきりとし、郊外や都心の高級住宅で暮らす高所得者層がいる一方、大量の野外生活者（ホームレス）が市街を徘徊している。これらの光景もポストモダン都市の典型的な姿とされる（Harvey 1994）。

空間は、全地球的スケールで搾取の対象となり、グローバルな地球と国民国家が相克している。そして時計時刻というグローバルな時間計時の表象とともに、個人空間として、近代的自我に至る心的な空間など、さまざまに表象されてきた。

つまり、現代社会における空間とは、近代資本主義生産様式により生産されたものである。近代において時計で正確に計時された時間（時刻）は空間を生産するための手段でもある。人々の空間に対する認識も、近代資本主義の生産様式のもとで生産されたものである。

空間の生産と不均等発展について、ハーヴェイは、資本は余剰蓄積の解消のために建造環境への投資を行う。その結果、時間・空間の圧縮が生じ、資本の空間的回避が可能となり、ポストフォーディズムやフレキシブルな蓄積とむかう。このようにグローバルな資本主義は生産力や労働力のみならず、全地球的規模で空間を不均等に再生産される。

一方、ソジャ（2003）がとなえる『ポストモダン地理学』では、近代化にともなう資本主義生産様式のもとで、新しい美しさの創造は不可能である。そのため美的領域は細分化し、自立性が侵食される。文化生産をつかさどる資本主義のグローバル化は、拡大再生産のために、美的形式の新しさを偽装し、観光資源や不動産投資として、有効な表象をつくりだしてきた。

また空間の占有にともなう不均等発展は、深夜労働や時間外労働の強化による剰余価値の搾取を行い、時計時刻の操作的性質を利用し、時間を実体的なものとみなすようにさせる。たとえばグローバリゼーションにともなう二四時間都市、国際金融情報都市、世界都市として、ロサンゼルス・東京・パリの事例がある。このような時間・空間の不均等発展にともない、硬直的な唯物論や弁証法を避け、カルチュラル・スタディーズやポストモダン、フェミニズムが主張されるようになる（福田 2003）。

空間論的転回の旗手の一人であるソジャ（2003）『ポストモダン地理学』においては、ルフェーヴルの「生きられた空間」とフーコーの「ヘテロピア」をもとに、客観性‐主観性、物質的‐精神的、現実‐想像といった二項対立を破棄し、さらにソジャ（2005）『第三空間』を提起した。そこでは地理学的な空間表象は、権力により作り出された統治の手段として分析されうる。そこにはマルクス主義における空間論とロサンゼルスをフィールドとした都市論を結合し、地理学のディシプリンとしての枠組みを揺るがすような空間論が提起された。その学際的な横断性と多岐にわたる考察手法は多様な地理学としてとらえることができる。

そしてソジャの社会-空間弁証法（Soja 2000）とポストモダン地理学に加え、ロサンゼルス学派の一連の都市研究がある。スコットは、フレキシブルな蓄積をもとにした南カリフォルニアの脱工業化と再産業化を分析し、ディアはインナーシティの労働市場とホームレスの問題を、ディヴィスは、土地の開発と所有をめぐり形成されるディストピアをとりあげた。

このようなロサンゼルスにおける産業構造の転換は、単純に脱工業化ではない。フォーディズム型大工場の衰退の一方で、移民やヒスパニックの不法入国者を活用した苦汗工場や搾取工場の存在が、フレキシブルな資本主義の再産業化をうながしている。さらに所得規模が両極的格差に拡大したことが、郊外のゲートコミュニティとインナーシティのスラムの格差をも生み出した。そして富裕な住民の郊外移転にともなう脱中心化とともに、郊外にさまざまな新しい中心地が形成されていく多核化が生じた。すなわちハイテク産業の集積地、金融業の情報センター、新たなテクノクラートのための高級住宅地、巨大な消費娯楽施設などが、無定形に集積する再中心化の舞台となった。外心（Exopolis）における工業地域の変容、グローバル化にともなう世界都市の形成とともに、大都市の細分化、要塞都市化にともなう都市イメージの再編がみられる。

このようにみるとシカゴ学派都市社会学が二十世紀初頭の工業生産の労働者である移民を中心としてみた人間生態学的視点であるのに対して、ロサンゼルス学派の地理学は、二十世紀末からの消費や文化をもとにみた社会的文脈における政治経済学的視点からなると言えよう（加藤政洋 2004）。

六　現象学的概念の導入と「地域」概念の衰退

地理学における換骨奪胎ともいうべき、集団から個人、地域から場所へという大きな認識論の変化は、とりたてて内外ともに顕著な議論をともなわず宮廷革命のように一九八〇年代から静かに進行した。

現象学の地理学への導入の意義は、「生の空間（Lebensraum）」のような有機体的な地域や空間概念を、あたかも実態として扱おうとするラッツェル以来の旧来の地理学への批判に向けられていたのではないだろうか。現象学は人間個人の存在、経験や体験を重視するのであって、何らかの指標を基準に、人間集団の居住域や流動・移動範囲をもとに境界区分される地域概念とは整合しない。そこにはヘッケル＝ラッツェルの一元論的有機体概念と合目的的進化とは異なる、生物個体にとって主体となりうるユクスキュルの「環世界」概念が含意されていた。

このようにして、現象学的あるいは批判的地理学の対象は、個人の経験や体験の記憶や実践をもとにした場所、権力の配分やアクセスをめぐる闘争や排除が行われる場所（トポス）の記述へと転換した。場所には地図上では表示されたような家庭内・職場内・学校・軍隊・監獄・医療施設といったトポスもふくまれるのである。一方、大地や地表、自然環境、村落や都市における社会集団、土地利用や景観といった研究テーマは、地域概念とともに消えつつある。

たとえば、ここ十年来、欧米で刊行された地理学の専門事典、あるいは英国で最も新しく刊行されたMerriman（2022）の人文地理学の大学学部生用の教科書である*Space*において、地域（region, area）はとくに定義もされず、言及もされていない。

もともと「地域」とは世俗的、通俗的なことばである。それは近隣住民組織から国家あるいはEUのような国際組織までを対象とし、コンテクストも範囲の広狭も多様な混乱した概念として使用がなされる。また政府等の各種政策の表題にも濫用されてきた。

しかし、旧来からの地理学における「地域」の概念には、具体的にリアルな地表の一部をテーマとしていることを含意していた。地域における調査・観察とそれにともなう地域区分や統計処理は素朴な経験的考察やフィールドワークをふくめて、実証主義的研究の対象であった。

今ではもはや地域を取り上げなくなった地理学は、地表、自然環境、景観、風土から乖離していくことになる。地表をテーマとしない地理学、地域を語ることをしなくなった地理学とは、地理学者が地域に関するパラドキシアに陥り、地理学の弱体化を招く一因になりはしていないか。また、その結果、統計資料や地図を誠実に用いて地域における格差などの諸問題を考察するような、市場経済や社会の矛盾を主題とする研究が消えつつあるのではないだろうか。学校地理教育現場の教材研究を取り上げるような研究姿勢も失われてきたのではないだろうか。フーコーの「知と権力」を旗印に、地理学界では二十一世紀世代が旧体制の革新であると叫ぶが、ところが実質は現実から遊離した保守化ではないのだろうか。

かつて、半世紀ちかく前に高校生の筆者があこがれた伝統的な地理学とは、地域を対象として、地域の矛盾を解明すること、公害問題や環境問題など、生物と人間社会の関係を解明する生態学的視点であったと思われる。それは素朴で稚拙な考えであったかもしれないが、表象ではなくリアルな社会問題への希求でもあった。しかし、そのような問題意識は今日の人文地理学には求めることは、もはやできないのではないだろうか。

このように、現在の地理学には広範な方法論があり、学界内ではさまざまな思想、方法論と分析手法が並立する。さまざまな研究者の認識論が並存する。そのため主要な方向性にも収斂することがない。あらゆるテーマが地理学になり、それらの口頭発表や査読付き学会誌に採用されることは可能である。一見すると、学会は非常に民主的で誰にでも開かれているように見える。しかし参入はきわめて容易であるが、学会内部では研究者の関心やテーマが広範に散逸しているから、発表内容とその意義や有効性を真に深遠性をもって理解してくれる人は非常に少ないことが多い。それゆえ議論が十分に展開することが少なく、問題提起がすぐに人格批判の応酬につながりかねないと危惧もされる。そのため学会での活動を節制している人も多いのではないだろうか。何をとりあげても地理学の関心・テーマとはなるが、学会内部で議論の方向性が収斂し、それらが発展深化することは数少ない。むしろ関心散逸の状況にあるのではなかろうか。

このように認識論が多様な人々が学界内に併存しているため、学界の研究動向が統一的に一つの方向に収斂することがない。そのことへの外部からの地理学のわかりにくさが、カオスやキメラ、ヌエとして、外部から地理学が想起されることにつながっていよう。それはある種の研究の蓄積がすすまない虚しさにさえ、感じられる。

しかしながら、このように多様化していることこそが、地理学の存在意義に関する内外の地理学者の危機感の裏返しではなかろうかとも自負したい。そもそも歴史学をはじめとする「時間」の概念から、因果関係の過程を説明しうる。しかし現代における「空間」的事象とは分布や拡がり、存在として、日常生活の現状のなかで観察されうるものも多い。したがって、地理学研究において、高度な数量解析や統計手法を用いても、その結果が自明なことや、陳腐なものに陥ることも多いことは否めない。そこに時間・空間を融合した時空間における因果関係の分析が必要であろう。

もちろん思考には理性が必要であり、存在には場が必要である。しかし、地理学では、あらゆる主体にとってのさまざまなレベル・空間スケールのひろがりやコンテクストの多様な空間が取り上げられることによって、テーマや内容がつねに拡散し、収斂の方向が見いだせない。一連の地理学・環境論・風土論が個性記述的なユニーク性を追究することが、理性の普遍性を矮小化していないかという反省は当然であろう。しかし、また現象学的手法において、個人の存在、経験、体験を強調することが、個人の再帰的な反省意識には結びつかない日常生活における表層的な共通感覚を提案しているのにすぎないのではないだろうか。そこから研究成果そのものがニヒリズムにおちいっているのではないのだろうかとも思われる。

「地域」概念を一切、否定してしまいながらも、実は地理学を「空間」を対象とする研究であると定義することもできないのではないか。なぜならば、あらゆる現象が空間のなかで生起しうるから、他の諸科学の対象に対して、空間を対象とすることで、地理学の独自性や存在意義を主張することはできない。そこには、空間に生起する現象の因果関係として成立する要因は、時間の流れ、歴史性の文脈のなかに求められる。したがって、歴史学も社会学も人文地理学も、すべてが時空間を対象としなければ、論理が成立しないのである。

ここで、現代における「環世界」について、一言記しておきたい。卑近な例で恐縮であるが、地理学者の空間認識とは、東西南北の方位概念、すなわち地図上の座標軸や地名、位置関係については、さすがにきわめて鋭敏である。そのため、地理学者の同業者同士の会話では、駅の改札口から東へ北へという方位での道案内で伝わる。ところが、大多数の一般の人々は、もはやスマホのナビの情報で動くのである。そこでは上下左右前後といった自身の身体を中心とする位置感覚、運動感覚やアフォーダンスをもとに移動しているのである。はじめて、その地に来た人にとっては、東西南北の方位で説明して、通用するわけがない。日常の複雑な地下鉄ネットワークや大都市地下街の迷路、高速道路のランプウェーといった都市空間の迷宮を通過するためには、地図を読んで地表を認識するような東西南北や緯度経度で表記される絶対位置や、景観をともなうゲシュタルト的な空間疑念は直接的には役立たない。むしろ、それらは陳腐化した過去の情報にすぎない。

そこでナビの映像表示が実用化されると、ただ目的地に到達することだけが目標であるピン・ポイント的なルート探索や空間認識が、現在の生活世界におけるアフォーダンスとして、一般の人々には、すでに卓越しているのである。大都市の駅や地下道で案内表示を見ることもなく、ただその場に立ち止まって、いつまでもスマホで自分の位置や進路を確認して、迷っている多くの人々の姿がある。無機質でどこも同じように見える巨大駅や地下街の迷路ではなく、むしろ、いったん外部や地表に出て、スマホのナビの情報をその場の具体的な目標物と対比照合することで、はるかにただちに自身の所在位置や進路を把握できるはずである。しかし、もはやスマホのナビをながめなければ、どこにも行けない人々、位置や進路の判断ができない人々という、旧来の地理感覚とは全く異なる人々の存在がある。そこには身体的な移動・運動感覚だけではなく、バーチャルな空間認識がともなうのである。もはやひろく一般の人々にとって、現実にある途中の景観や街並みには無関心で、無意味であり、景観の変化や風土の多様性はもはや認識されない。まさに、このようなスマホをとおしたピン・ポイント的な場所とそこへの移動といった地図をたよりとしない空間認識こそが、批判的な現代地理学の現象学的考察の対象ではないのだろうか。地理学の存在意味を問う喫緊の重要課題ではないのだろうか。

そのような日常の現実をみると、地理学が地表をはなれた個人の日常空間を対象とすることや、空間を主題とする、場所を主題とすると主張することなどは、実は一般の人々に対して地理学の画定的な定義を十分できていないことになりはしないのだろうか。

そこに思いおこされるのは、ユクスキュルの「環世界」である。それは個人によって知覚されている環世界やアフォーダンスが異なるからである。もはや、今日では旧来の地図や空間的位置やひろがりを全く認識しない、必要としない「環世界」やアフォーダンスをもつ人々が多く存在する。狩猟採集段階から人類が進化して以来はじめて、スマホのナビを活用することによって、地理的な空間的なルート探索機能の思考から解放されたのである。もはや営業トラックやタクシーの運転者であっても、道路地図を検索する必要はなくなった。

しかし、環境認知、空間認知とルート探索機能は、大脳生理学にとって重要な学習機能ではないのだろうか。そして、それはまた人間の幼少期からの自我形成にともなう論理的思考力や判断力形成の出発点でもありはしないのか。また脳の老化は時空間に関する見当識の欠如から顕著になる。したがって、スマホのナビに頼ることで、論理的な探索能力や目的遂行能力の欠如が著しくなるのではないかと指摘されている（ボンド 2022）。つまり、これからの未来社会で、もし仮にＩＴ技術の卓越によって、将来地図や地理の意義が不要とされても、それが図表や景観像の全体から、その事物の表象性をよみとく視点が欠如していくことにもつながり、日常生活における論理性や、また分析調査といった論理的思考能力、長文の構成能力などの著しい衰退を招きうるのではないかとも危惧する。

またＳＮＳにおいて、個人の低俗な感情の現れを自分のなかにとどめておけない。それは他者への感覚の衰弱を反映している。そこにはバーチャルな空間をとおして、他者との距離感が変化しているのである。そこに差別と排除の短絡的な情動が加味されてくるのである。

したがって、著者は、スマホやナビですべて事足りるという諸個人の環世界や生活世界について、現象学的地理学やポスト構造主義における「情動」研究の視点から批判的に解明を試みることは喫緊の課題であることを指摘しておきたい。

このような少しメランコリーな記述に陥ったのは、筆者の高校時代の恩師、あるいは大学学部生時代の同窓生、そして教え子の地理教員から、これまで地域の課題を教材化することを地理学に関する職務の使命と教わったのに、しかし全く旧来のテーマとは関係のない研究が地理学関連の学会誌に卓越し、地域を素材にした研究がきわめて少なくなっているのはなぜか。いつから、どのような理由でそうなったのかという、厳しい問いかけがあった。この小著には、その解答を記したつもりである。

もし、地理学の教育における独自の存在意義とは何であるかを考えたときに、従来から、その存在意義として、自然、人文、社会を総合するような、統合するような何らかの概念や枠組みが求められてきた。筆者も、かっては、本来そのような根底が「生の空間（Lebensraum）」に求められるのではないかとさえ考えたのでもある。しかし、十九世紀の未知の大地が地球上のあちこちにあり、列強の植民地獲得競争が展開されている時代ならいざ知らず、今日のように諸学が専門的に高度な発達を遂げた段階においては、それは、むなしく「青い鳥」を求めるようなものであろう。つまり、従来から地理学には生物学や生態学の方法や概念が逆行推論として導入されてきたのにすぎないからである。

筆者は、経済学、社会学、歴史学、政治学、財政学あるいは生物学や地学のように、それぞれ「地域」を扱う個別専門領域と同じく、地理学にとっても、「地域」あるいは「地域範囲」の設定は、それぞれの個別の実証研究におけるさまざまな分析のための単なる作業仮説の枠組みにすぎないのではないかとも考えるようになった。残念ながら、そのように位置づけて授業や指導さえした方が、より地理学の初学者にとっては、理解がすすむのではないかとさえ考えられる。

逆説的ではあるが、ここで地理学は、むしろ「地域」を作業仮説の枠組みとみなし、素朴な経験主義と実証主義に戻ろうではないか。そのことによってこそ、地理学が斯学と伍列にならび、現実の地域社会における諸問題の解明に貢献することによって、本来の教育上の存在価値を発揮しうるのではないだろうか。

七　地理学はどこへ

これまで展望してきたように近代地理学の創成期から今日まで、地理学界は多様な認識論が混在するカオスの状況である。地理学固有・独自の理論的立場が脆弱であるから、他分野からの、とりわけ哲学や思想の影響に常に左右されやすい。また、ともすれば大勢に甘んじ、世俗の時流に流されやすい。そのことは、第二次世界大戦中の内外における地政学の事例をあげるまでもない。地理学者が本来専門としていないにもかかわらず、人口に膾炙されている軍事技術論や表層的な地図上の認識をもとに、無定見に政策論争や実践に関与することは大いなる危険性があるのではないだろうか。そのことを筆者自身の半生を通した反省と自戒をこめて、再びより明確に認識しておきたい。

また、これまでの展望をもとにして、ラッツェル地理学の「生の空間（Lebensraum）」概念だけが、地政学の根源ではないといえる。それは単に地理学のみの問題ではなく、地政学はドイツ観念論やロマン主義、さらには現象学という思想のからみあいからうみだされてきたのである。

つまり、地政学の根源をラッツェル一人や地理学のみが負うべきではない。ハイデガーや和辻哲郎などもそのなかにくみこまれていった。十九世紀から二十世紀にかけての世界情勢を背景としたドイツ思想や哲学をもとに発生した。それだからこそ、戦前・戦中の日本で地理学者以外の多くの広範な知識人が国民国家の自立や立憲君主制を理想の背景としながら地政学を支持し、翼賛体制に突入していったのである。そのような理解なくして、今日に地政学を復活しようとし、安易に議論をすべきではない。

つまり、筆者は今日において、ラッツェルをもとに戦前・戦中の地理学を批判すれば、現在の地理学が免罪符を得られるとは考えていない。むしろラッツェルの生涯から明らかになることは、論理一貫した学説の体系が、そこに示されていたのではなく、十九世紀後半の世界の潮流のなかで、ラッツェルは広範な諸学の成果をもとに時代精神の影響を体現していたといえるのではないだろうか。だからこそ、ラッツェルの学説の背景となった社会情勢を冷静に評価し、批判し、今日の教訓とすべきであろう。

そして、人文地理学が現象学的視点をとったことで、ユクスキュルの「環世界」概念が導入され、社会集団にもとづく地域ではなく、個人を主体とする場所へと研究対象が転換したのである。

ふりかえって、今日の世界情勢をみれば、地球環境の変動・資源争奪・飢餓と貧困・経済的格差の拡大・大量の移民と難民の発生、長期化するデフレのなかでの世界経済のブロック化をはじめとして、まさに世界的な戦争体制になりつつあるのではないか。いや、すでに、そうなっているのではないだろうか。このみちは、あながち昭和十年代を回顧させるようないつかきたみちなのだろうか。異なるのは、SNSの一行でくりかえされるコミュニケーションは情動そのものであり、人々の間に事実や客観性をもとにした論理的な思考が成立しなくなることである。さらに出生のときから、デジタル化、コード化、情報化のもとで、電子端末やカード情報をとおして、心身の健康状況や、見知らぬ誰とどこですれちがっていたか、あるいは身体が時空間を滞在・移動した時空間の移動、すべての人のコミュニケーションの内容が、GAFAをとおして、あらゆる権力や資本にとって、ビッグデータとして把握され、利用されることが可能になったおそるべき社会の現実がある。

ポストモダン以降、論理相対主義のもとでは、諸学の高度な専門分化をもとに、普遍的な理論構築が否定されつつある。それは、けっしてリベラルな多様化にむかうとはかぎらない。混沌とした多様性のなかでは、かえって世俗的しがらみや権益関係が強化され、門弟関係や、セクト主義に拘束された動きが生じる。このため、むしろ日常の雑駁性や世俗性にふりまわされるなかで、即就職に役立つ実学の授業が希望され、西洋近代社会で普遍的で自明のこととされてきた人権や平和の真理への追究、とくに教養的な研究が成り立たない状況へとむかいつつある。その状況は二〇〇八年以降、大学卒業者の就職難をはじめ、ロストジェネレーションの形成が、全国の大学教育への信用や権威を失墜させたことをも反映している。

現代は、戦前のドイツと同様、ワイマール体制のもとでの経済不況、大正デモクラシー以後の昭和デフレの状況と相似しているのではないか。昨今の日本は戦後民主主義が崩壊しつつあるのではないか。ポスト・トゥルースの社会とは教養を担う市民層の没落を反映していよう。今日の時代閉塞の状況のなかで真理や論理の追究が、もはや日常生活における貧困、格差、疎外の解決に寄与しない有閑階級のものとして反発をもたれているのではないかと感じられる。

これまでみてきたように、一貫した理論にもとづいた体系性を十分にもたない地理学は、時代思潮には敏感で、すばやく時流に迎合しがちではないだろうか。ラッツェルへの批判的回顧は忘却され、流行のカルチュラル・スタディーズの名目のもとで、強大な権力の行使への批判がニヒリズムにおちいるかたちで、政治言説や政治空間の表象がテーマとされていることに、筆者は危惧を感じる。

末尾に筆者は、「生の空間」をはじめとする有機体概念について、今日ではその実態を実質的な地域概念としてとりあげるのには、むしろあまりに素朴で皮相なものにさえ思われる。それらは、生物学的に厳密に実証できる概念ではなく、単なる作業仮説としての人為的な地域区分の構想にとどまっているのではないだろうかとも考える。単なる生存競争のための種の生息空間の拡大といった概念が表象されているのにすぎない。「生の空間」は有機体的な全体論的な地域概念として、内在的な実存を十分に示しうるものではない。確かに「生の空間」は近代地理学の根源とされてきたが、しかし、そのような概念をもとにした地理学の今日までの発展は大きく制約されてきたのではないだろうか。ましてや、そのような概念を基礎とした地政学の形成については、いわずもがなであろう。

ここで小論の末尾に、『英国地理学会誌』*Transactions of the Institute of British Geographers* に掲載された今日の進化論のアナロジーを人文地理学に導入することへの警句である Clark and Clark（2012）を引用して本稿を閉じることにしたい。

生物学における進化総合学説では遺伝子のランダムな変異を重視する方向へと動き、自然選択における生物個体の遂行性が重視される。しかし、その概念が、安易に人間社会に応用されると、自然選択とランダムな遺伝子変動の名のもとに行われる不平等や格差・排除を正当化することにつながりかねない。生物学における個体の自律的調節にもとづく機能維持から、種の変異をとらえようとすることは、近年の人文地理学における非本質主義的個人主義と相同であるともみなされ、個人の情動や情緒に関する地理学にも結びつこう。しかし、それと同時に地理学において、一見すると個人の差異性を重視しているかたちをとりながら、新自由主義の理念を暗黙裡に肯定しているリスクをともなっているのである。

謝辞

本書を故中村泰三大阪市立大学名誉教授のご霊前に捧げます。中村先生ご夫妻には大阪市立大学文学部入学以来、ひとかたならぬご指導とともに、何かと公私にわたってご支援・ご援助をいただきました。スラヴ圏研究を専門とされた中村先生の「革命後のソビエト地理学の方法論は意外にもドイツのラッツェル以来の伝統的な地理学の影響を受けている」という学説を思い起こしつつ、この小論を通して、先生の学恩にいくらか報いることができるならば幸甚です。せめて奥様に、完成したこの本を届けようという思いは、先日にご逝去の報を受け、かなわぬことになりました。ここに記して、心から追悼を申し上げます。

また新潟大学から桃山学院大学に転任以来、生物学史を専門とし、ダーウィン進化論研究の泰斗である松永俊男名誉教授には、研究室が隣となったご縁もあって、今日に至るまで、先生ご自身の学説とともに貴重な研究室の文献を紹介していただき、その読解方法をご教示いただきました。また桃山学院大学附属図書館には、松永先生の先任であり一九八四年に岩波全書『科学思想史』をしるされた坂本賢三先生が校費で収集された豊富な進化論や生物学の洋書が所蔵されており、それらを活用できた成果でもあります。

またドイツ語文献の重要で難解な箇所については、とくに正確さを期するために、東京の翻訳業者を介して、一〇年あまりの歳月のなかでコピーを少しずつおくり、英訳を依頼してきました。その間、今日まで一切の面識はないのにもかかわらず、おひとりで匿名での英訳作業に従事していただいた Comela Musashi さんに、翻訳業者を通して、ご本人のお許しをいただいた上で、ここにお名前を記して、謝意を申し上げます。もちろん生物学史やドイツ語解釈などの内容に関する責任はすべて筆者にあります。

なお、長年にわたって、筆者に生物学・生態学と地理学との関係の根本はラッツェルの精密な読解にあると叱正いただいた大阪市立大学名誉教授春日茂男先生のご生前にこの小論を完成させることができなかったことをお詫びいたします。遅きに失しましたが、ようやくその問題点を認識でき、筆者なりに地理学徒としてのアイデンティティを見つけ出した安堵感とともに選択定年退職をして、学界を去ることができます。いつも春日先生をはじめ多くの先生方に有益なご教示をいただきながら、これまでに十分にお応えできなかったことを反省して、この小論を閉じることとします。

末尾であるが、永年にわたりさまざまな苦労をかけてきた家内と一人息子の協力に感謝の意を示したいと思います。

最後に、編集の労を執っていただいた藤原洋亮氏と昨今の厳しい出版事情のなかで刊行の英断をしていただいた藤原良雄氏に厚く御礼を申し上げます。

二〇二五年三月

野尻　亘

A Theory of Meaning. Minneapolis: University of Minesota Press, 2010.
Ulmann, A., Affect, meaning, becoming, and power. Massumi, Spinoza, and neuroscience. In Alex Houen ed. *Affect and Literature*, Cambridge: Cambridge University Press, 2020, 159-174.
Vidal de la Blache, P., La geographie humaine ses rapports a la geographie de la vie. *Revue de synthése historique*, 6, 1903, 219-240.
Wagner, M., *Die Darwin'sche Thorie und des Migrationsgesetz der Organismen*. Leipzig: Dunker and Humboldt, 1868.
Wagner, M. translated by J. L. Laid, *The Darwinian Theory and the Law of Immigration*. London; Edward Stanford, 1873.
Wagner, M., *Darwinistische Streitfragen*. Braunsdweig: Wetterman 1882.
Wanklyn, H., *Fridrich Ratzel: A Biographical Memoir and Bibliography*. Cambridge: Cambridge University Press, 1961.
Weikart, R., Progess through Racial Extermination: Social Darwinism: Eugenics, and Pacifism in Germany, 1860-1918. *German Studies Review*, 26, 2003, 273-294.
Weissman, C., The origins of species: the debate between August Weismann and Moritz Wagner. *Journal of the History of Biology*, 43, 2010, 727-766.
Weismann, A., *The Germ-Plasm: A Theory of Heredity*. London: Walter Scott, 1893.
Werber, N., Ernst Kapp Politische Geographie und die Technik. In Maye, H. and Scholz, L. eds., *Ernst Kapp und Die Anthoropologie der Medien*. Berlin: Kulturvelag Kadmos. 2019, 210-220.
Whlie, J., Non-representational subjects? In Ben Anderson and Paul Harrison eds., *Taking-Place: Non-Representational Theories and Geography*. Surrey: Ashgate, 2010, 99-114.
Williams, D. M. and Tangney, R. S., *Foundations of Systematics and Biogeography*. New York: Springer, 2008.
Winthrop-Young, G., Afterword Bubbles and webs: A backdoor stroll through the readings of Uexkull. In Jakob von Uexküll. translated by Joseph D. O'Neil., *A Foray into The World of Animals and Humans with A Theory of Meaning*. Minneapolis: University of Minnesota Press, 2010, 209-243.
Wittfogel, K. A., translated by Ulman, G. L., Geopolitics, geographical materialism and Marxism. *Antipode*, 17, 1985, 21-72.
Wolfgang, N., Friedrich Ratzel's spatial turn: identities of disciplinary space and its borders between the anthoropo- and political geography of Germany and United States, In Houtom, H. V., Kramsch, O. and Zierhofer, W. eds., *B/ordering Space*. Oxon: Ashgate, 2005, pp. 171-186.
Woodruff, D. S., Friedrich Ratzel and the origins of Lebensraum. *German Studies Review*, 3, 1980, 51-68.

291.

Simonsen, K., In guest of a new humanism: Embodiment, experience and phenomenology as critical geography. *Progress in Human Geography* 37. 2016, 10-26.

Slater, D., Geopolitical themes and postmodern thought. In Agnew. J., Mitchell, K. and Toal, D. eds., *A Companion to Political Geography*, Oxford: Blackwell, 2003, 75-91.

Soja, E. W., The socio-spatial dialectic. *Annals of The Association of The American geographers*, 70, 1980, 207-225.

Sprenger, F., Uexküll and Nazism: 'PlannäBigkeit'and 'placelessness' In Gottfried Schnödl and Florian Sprenger eds., translated by Micheal Thomas and Wayne Yung. *Uexküll's surroundings: Umwelt Theory and Right-Wing Thought*. Luheberg: Meson Press, 2021, 23-106.

Sulloway, F. J., Geographic isolation in Darwin's thinking: the vicissitudes of a crucial idea. *Studies in History of Biology*, 3, 1979, 23-65.

Taaffe, J. E., The spatial view in context. *Annals of the Association of American Geographers*, 64, 1974, 1-16.

Thayer, B. A., *Darwin and International Relations: On the Evolutionary Origins of War and Ethnic Conflict*. Lexington: Kentucky University Press. 2003.

Thomas, B., Alfred Marshall on economic biology. *Review of Political Economy*, 3, 1991, 1-14.

Thrift, N., *Spatial Formations*. London: Sage, 1996.

Thrift, N., The place of complesity, *Theory, Culture & Society*, 16(3), 1999, 31-70.

Thrift, N., Movement-Space: the changing domain of thinking resulting from the development of new kinds of spatial awareness. *Economy and Society* 33, 2004, 582-604.

Thrift, N., From born to made; technology, biology and space. *Transactions of the Institute of British Geographers. New Ser.* 30, 2005, 463-476.

Thrift, N. and Dewesburym, J., Dead geographies. *Environment and Planning D* 18, 2000, 411-432.

Tønnessen, M., Umwelt transitions: Uexküll and environmental charge, *Biosemiotics* 2, 2009, 47-64.

Torreicelli, G. P., La pensée ratzelienne et la question colonial. *Cahiers de Géographie du Quebec*, 38, 1994. 151-164.

Tuan, Y., Place: An experiential perspective, *The Geographical Review*, 65, 1975, 151-165.

Tuan, Y., Humanistic geography. *Annals of the Association of American Geographers*, 66, 1976, 266-276.

Tumanfer, O., Swedish-German geopolitics for a new century: Rudolf Kjellén's 'the State as Living Organism? *Review of International Studies*. 27, 2001, 451-463.

Uexküll, J. V. translated by Mackinnon, D. L., *Theoritical Biology* New York; Harcout, Brace & Company, 1926.

Uexküll, J. V., *Staatsbiologie: Antomie-Physiologie- Pthologie des Stattes*. Hamburg: Hanseat, 1933.

Uexküll, J. V., The new concept of Umwelt; A link between science and humanities. *Semiotica*, 134 (1), 2001, 111-123.

Uexküll, J. V. translated by Joseph D. O'Neil, *A Foray into The Worlds of Animals and Humans with*

and Philosophy of Biology, 10, 2005, 89-115.

Rieppel, O., *Phylogenetic Systematics: Haeckel to Henning*, Florida: CRC Press, 2016.

Roberts, T., Resituating post-phenomenological geographies: Deleuze, relations and the limits of objects. *Transactions of the Institute of British Geographers, New Ser.* 44, 2019, 542-554.

Roberts, T., A constructivism of desire: Conceptualising the politics of assemblage with Deleuze and Guattari. *Area*, 53, 2021, 691-698.

Roberts, T., Matter, affect, life; A Whiteheadian intervention into 'more-than-human' geographies, *Dialogues in Human Geography*, 2024, 電子ジャーナル .

Rohkrämer, T., Martin Heidegger. National socialism and environmentalism. In Brüggmeier F. J., Cioc, M. and Zeller, T. eds., *How Green Were the Nazis?: Nature, Environment, and nation in the Third Reich*. Athens: Ohio University Press. 2005. 171-203.

Rose, M. and Wylie. J., Animating landscape. *Environment and Planning D*, 24, 2006, 475-479.

Ruddick, S. M., Rethinking the subject, reimagining worlds. *Dialogues in Human Geography*, 7(2), 2017, 119-139.

Rupke, N., The break-up between Darwin and Heckel. *Theory in Biosciences*, 138, 2019, 113-117.

Saldanha, A., *Space after Deleuze*. London: Bloomsbury, 2017.

Salgan, D., Introduction: Umwelt after Uexküll. In Jakob von Uexküll, translated by Joseph D O'nell, *A Foray into The Worlds of Animal and Humans with A Theory of Meaning*. Minneapolis: University of Minnesota Press. 2010, 1-35.

Samuels, M. S., Essentialism and human geography. In Ley, D. and Samuels, M. S. eds., *Humanistic Geography: Existentialism and Human geography*. London: Croom Helm. 1978, 22-40.

Sanguin, A. L., La géographie humaniste ou l'approche phénoménologique des lieux, des paysages et des espaces. *Annals de Géographie* 90, 1981, 560-587.

Sanguin, A. L., En relisant Ratzel. *Annals de Géographie* 555, 1996, 579-594.

Sass, H. M., Die Philosohische Erdkunde Des Hegelianers Ernst Kapp: Ein beitrag zur Wissenchafsthrorie und Forteschrittsdiskussion in der Helgelschule. *Hegel-Studien* 8, 1973, 163-181.

Schatzki, T. R., *Martin Heidegger: Theorist of Space*. Stuttgart: Franz Steiner Verlag, 2007.

Schnodl, G., Uexküll as a whole: On the totality of Planmä Bigkeit, In Gortfried Schnödl and Florian Sprenger eds., translated by Micheal Thomas Taylor and Wayre Yung. *Uexküll Surrondings: Umwelt Theory and Right-Wing Thought*. Lüreberg; Messon Press, 2021, 107-174.

Schultz, H. D., Herder und Ratzel: Zwei Extreme, ein Paradigma? *Erdkunde*, 52, 1998, 127-143.

Seamon, D. and Mugerauer, R., Dwelling, Place and Environment: An introduction. In Seamon, D. and Mugerear, R. eds., *Dwelling, Place and Environment towards a Phenomenology of the Person and World*. 1-12, 1985. Dordrecht: Martius Nighoff Publishers.

Sferrazza Papa, E. C., The contribution of Heidegger's philosophy to geography. In Porthe, Jgrgensen, Gaetano Chiurazzi and Spren Tining eds., *Truth and Experience: Between Phenomenology and Hermeneutics*. Cambridge: Cambridge Scholars Publishing, 2015, 275-

Müller, M. 2015. Assembalges and actor-networks: Rethinking socio-material power, politics and space. *Geography Compass* 9, 2015, 27-41.

Müller, M. and Shurrer, C. Assemblage thinking and actor-network theory: conjunctions, disjunctions, cross-fertilisations. *Transactions of the Institute of British Geographers* 41, 2016, 217-229.

Murphie, A., The digital's amodal affect, In Alex Honen ed, *Affect and Literature*. Cambridge; Cambridge University Press, 2020, 390-467.

Murphy, D. T., 'Retroaction effects': Ratzel's spatial dynamics and the expansionist imperative in interwar Germany. *Journal of Historical Geography* 61. 2018, 86-90.

Natter, W., Geopolitics in Germany, 1919-1945. Karl Haushofer, and the Zeitschrift für Geopolitik. In Agnar. J., Mitchell, K. and Toll, G. eds., *A Companion to Political Geography* Oxford: Blackwell, 2003, 187-203.

Nelson, G., From Candolle to Croizat: Comments on the History of Biology. *Journal of the History of Biology*, 11(2), 1978, 209-305.

Nybart, L. K., Wagner, Moritz. In Noretta Koertge et al. eds., *New Dictionary of Scientific Biology vol. 7*. Detroit: Charles Scribner's Sons: Thomas Gale 2008. 209-211.

Paddock, T., Gedachtes Wohnen; Heidegger and Cultural Geography. *Philosophy & Geography*, 7, 2004, 237-251.

Peet, R., The social origins of environmental determinism. *Annals of the Association of American Geographers*, 72, 1985, 309-333.

Pickles, J., *Phenomenology, Science and Geography: Spatiality and the Human Science*. Cambridge: Cambridge University Press, 1985.

Porter, A. and Watts, H. D., Evolutionary economic theory: increasing returns, diminishing returns, and the industry life cycle. *Journal of Economic Geography*, 11, 2011, 417-455.

Protevi, J., *Political Affect: Connecting the Social and the Somatic*. Minneapolis: University of Minnesota Press, 2009.

Ratzel, F., Ernst Hackel, in Meyers *Deutches Jahrbuch vol. 1*. Hildburgenghausen: Otto Dammer, 1872, 555-558.

Ratzel, F., Moritz Wagner, *Algemeine Deutsche Biographie vol. 11*, 1896, 532-543.

Ratzel, F., *Politische Geographie*, Munchen: Derlag von R. Olbenbourg, 1897.

Ratzel, F., *Der Lebensraum; eine biogeographische Studie*. Türingen; H. Laupp, 1901.

Ratzel, F., *Lebensraum: a biogeographical study* [1901] translated into English by Tul'si Bhamby. *Journal of Historical Geography* 61. 2018, 59-80.

Ratzel, F., *La Geographie Politique: Les concepts fondamentaux choix de textes*. Paris: Fayard 1987.

Relph, E., An inquiry into the relations between phenomenology and geography. *Canadian Geography* 54, 1970, 193-201.

Relph, E., Geographical experiences: Heidegger and being-in-the-world. In Seamon, D. and Mugerear, R. eds., *Dwelling, Place and Environment towards a Phenomenology of the Person and World*. 15-31, 1985. Dordrecht: Martius Nighoff Publishers.

Richards, R. J., Ernst Haeckel and the struggle over evolution and religion. *Annals of the History*

Luke, T. M., Postmodern geopolitics: the case of the 9.11 terrorist attack. In Agnew. J., Mitchell, K. and Toal, G. eds., *A Companion to Political Geography*. Oxford: Blackwell, 2003, 219-235.

MacKinnon, D. and Derckson, K. D., From resilience to resourcefulness; a critique of resilience policy and activism. *Progress in Human Geography*, 37, 2013, 253-270.

Malpas, J., Heidegger, Geography, and Politics, *Journal of the Philosophy of History* 2, 2008, 185-213.

Martin, F. and Michael T., Turveg von Uexküll's theory of meaning and Gibson's organism-environment reciprocity. *Ecological Psychology* 31, 2019, 289-315.

Massumi, B., National enterprise emergency: steps toward an ecology of powers. *Theory, Culture & Society*, 26(6), 2009, 153-185.

Massumi, B., *Ontopower: War, Powers, and the State of Perception*. Durham: Duke University Press. 2015.

Massumi, B., Virtual ecology and the question on of value. Annalysïs Nony Anxiety in the Society of Preemption: in Simondon and the Neopolitics of Milleu. *La Deleuziana*, 6. 2017. 102-110.

Matagne, P., L'anthropogeographie allemande: Un courant fondateur de l'ecologie. *Annales de Géographie* 565, 1992, 325-331.

Mayer, E., *Systematics and the Origin of Species from the Viewpoint of a Zoologist*. New York: Colombia University Press. 1942.

Mayer, E., *Principles of Systematic Zoology*. New York: McGraw-Hill. 1969.

Mayer, E. and Provine, W. B. eds., *The Evolutionary Synthesis: Perspectives on the Unification of Biology*. Cambridge, Massachusetts: Harvard University Press, 1980.

Mercier, G., Le concept de propriète dans la geographie politique de Friedrich Ratzel (1844-1904). *Annals de Gèographie* 555, 1990, 595-615.

Merriman, P., Human geography without time-space. *Transactions of the Institute of British Geographers New Ser*. 37, 2012, 13-27.

Merriman, P., *Space*. London: Routledge, 2022.

Michel, C., Researching affective atmospheres. *Geographica Helvetica*. 70. 2015. 255-263.

Michelini, F., The philosopher's boredom and the lizard's sun: Martin Heidegger's interpretation of Jakob von Uexküll's Umwelt theory. In Michelini, F. and Kristian F. Köchy, K. eds., *Jakob von Uexküll and Philosophy: Life, Environments, Anthoropology*. London: Rouledge, 2020, 122-140.

Mildenburger, F. and Herrman, B., Zur ersten Orientierung. In Jakob Jahon von Uexküll. *Umwelt und Innerwelt der Tiere*, Berlin: Springer Verlag. 2014, 1-13.

Moyle, T., Animal behavior and the passage to culture: Merleau-Ponty's remarks on Uexküll. In Francesca Michelini and Kristian Köchy eds., *Jakob von Uexküll and Philosophy; Life, Environments, Anthropology*. London: Routledge, 2020, 141-157.

Müller, M. 2014. More-than-representaional geographers. In Agnew, J., Mamadouh, V., Secor, A., and Sharp, J. eds., *The Wiley Companion to Political Geography* Oxford: Wiley-Blackwell, 2014, 409-423.

Kiesel, T., Heidegger's philosophical geopolitics. In Richard, P. and Gregory, F. eds., *The Third Reich. In A Companion to Heidegger's Introduction to Metaphysics*. New Heaven: Yale University Press. 2001. 226-249.

Klaer, D., Goethe's relationship to the theories of development of his time. In Amirie, F., Zucke, F. J., and Wheeler, H. eds., *Goethe and the Sciences: A reappraisal*. Dordrecht: Kluwer Academic Publisher, 1987, 3-15.

Klinke, I., Vitalist temptations: Life, earth and the nature of war. *Journal of Political Geography* 72, 2019, 1-9.

Klinke, I., *Life, Earth. Colony: Friedrich Ratzel's Necropolitical Geography*. Chicago: University of Michigan Press. 2023a.

Klinke, I., Arguing with Jacob von Uexkülls, Umwelten, *GeoHumanities*, 9, 2023b, 462-479.

Klinke, I. and Bassin, M., Introduction: Lebensraum and its discontents. *Journal of Historical Geography* 61. 2018, 53-58.

Knudsen, N. K., Depopulation; On the Logic of Heidegger's Volk. *Research in Phenomenology* 47, 2017. 297-330.

Köchy, K., Uexküll's legacy: Biological reception and biophilosophical impact. In Francesca Michelini, F. and Köchy, K. eds., *Jakob von Uexküll and Philosophy: Life, Environments. Anthoropology*. London: Routledge, 2020, 52-69.

Korinman, M., Avnt-Propos Friedrich Ratzel (1844-1904) In Fridrich Ratzel, *La Geographie Politique: Les concepts fondamentaux choix de textes*. Paris: Fayard 1987, 9-51.

Kull, K., Uexküll and post-modern evolutionism, *Sign Systems Studies*, 32, 2004, 99-114.

Lamarck, J. B., *Philosophie Zoologique*, Paris: Chez Dentu, 1809.

Latimer, J. and Miele, M., Naturecultures? Science, affect and the non-human. *Theory, Culture & Society* 30(7/8), 2013, 5-31.

Law, J. and Hassard, J., *Actor Network Theory and After*. Oxford: Blackwell, 1999.

Ley, D. and Samuels, M., *Humanistic Geography: Prospects and Problems*. London: Croom Helm. 1978.

Livingstone, D. N., Evolution, Science and Society: Historical Reflections on the Geographical Experiment. *Geoforum*, 16(2), 1985, 119-130.

Livingstone, D. N., *The Geographical Tradition*, London: Blackwell, 1993, 177-216.

Livingstone, D. N., Race, space and moral climatology: notes toward a genealogy. *Journal of Historical Geography* 28, 2002, 159-180.

Livingstone, D. N., Science, text and space: thoughts on the geography of reading. *Transactions of the Institute of British Geographers New ser*. 30, 2005, 391-405.

Loo, S. and Sellbach, U., A picture hook of invisible worlds: semblance of insects and human in Jakob von Uexküll's laboratory. *Angelaki: Journal Theoritical Humanities*. 18 (1), 2013, 45-64.

Lorimer, H., Forces of nature, forms of life: Calibrating ethology and phenomenology. In Anderson, B. and Harrison, P. eds., *Taking-Place: Non-Representational Theories and Geography*. Sarrey; Ashgate, 2010, 55-78.

S. King & Co., 1876.

Halas, M., Searching for the perfect footnote: Friedrich Ratzel and the others at the roots of Lebensraum. *Geopolitics* 19, 2014, 1-18.

Harrison, S., Pile, S. and Thrift, N., *Patterned Ground: Entanglements of Nature and Culture*. London: Breakton Books, 2004. 33-41.

Harvey, D., From space to place and back again: Reflections on the condition of postmodernity. In Bird, J., Curtis, B., Patnam, T., Robertson, G., and Tickner, L. eds., *Mapping the Futures: Local Cultures, Global Change*, London: Routledge, 1993, 3-29.

Harvey, D., Flexible accumulation through urbanization: reflections on 'Post-Fordism' in the American city, In Amin, A. ed., *Post-Fordism: A reader*. London: Blackwell, 1994, pp. 361-386.

Harvey, D., *Justice, Nature & the Geography of Difference*. Oxford; Blackwell, 1996.

Heidegger, M. translated by Fried, G. and Polt, R., *Nature, History, State 1933-1934*. London: Bloomsbury. 2009.

Herwig, H. H., Geopolitik: Haushofer, Hitler and Lebensraum. *Journal of Strategic Studies*, 22, 1999, 218-241.

Herwig, M., The unwitting muse: Jokob von Uexküll's theory of Umwelt and twentieth-century literature. *Semiotica*, 134, 2001, 553-592.

Holling, C. S., "Resilience and Stability of Ecological Systems," *Annual Review of Ecology and Systematics*, 4, 1973, 1-23.

Holling, C. S., Understanding the Complexity of Economic, Ecological, and Social Systems, *Ecosystems* 4, 2001, 390-405.

Hull, D. L., Thirty-one years of systematic zoology. *Systematic Zoology*, 32, 1983, 315-342.

Hunter, J. M., *Perspective on Ratzel's Social Geography*. Boston: University Press of America, 1983.

Jaros, F. and Brentari, C., Organism as subjects: Jakob von Uexküll and Adolf Portmann on the autonomy of living beings and anthropological difference. *HPLS*, 44, 2022, 36-58.

Kapp, E., *Philosophie der Erdkunde*. Braunschweig: Verlag von George Westermann. 1845.

Kapp, E., *Principles d'une philosophie de la technique*. Traduit de l'allemand et présenté par Grégoire Chamayou. Paris: J. Vraibn. 2007 (Kapp, E., *Grundien einer Philosophie der Technik: Zur Entstehungeschichte der Cultur aus neuen Geisichtspunkten*. Braunschweig: Druck und Verlag von George Westermann. 1877).

Katzel, C., The missing history of European colonialism and modern right in Hegel's phenomenology. *Revista Eletrôuica Estados Hegelianos* No. 19, 2015, 81-114.

Kearns, G., Imperial Geopolitics, geopolitical vision at the dawn of the American century, In Agnew. J., Mitchell, K. and Toll. G. eds., *A Companion to Political Geography*, Oxford: Blackwell, 2003, 173-186.

Kearns, G., Geography, geopolitics and empire. *Transactions of the Institute of British Geographers. New Ser.*, 35, 2010, 187-203.

Kevin, A., Regions as Social Organisms: The Lamarckian Characteristics of Vidal de la Blache's Regional Geography. *Annals of the Association of American Geographers*, 83, 1993, 498-514.

of British Geographers New Ser. 37, 2012, 563-577.

Cloke, P. and Jones, O., Dwelling, Place, and Landscape: an Orchard in Somerset. *Environment & Planning A*, 33, 2001, 649-666.

Cokayne, D. G., Ruez, D. and Secor, A., Between ontology and representation: locating Gilles Deleuze's 'difference-in-itself' in and for geographical thought. *Progress in Human Geography* 41, 2016, 580-599.

Cresswell, T., *Geographic Thought: a critical introduction.* Oxford: Wiley-Blackwell, 2013.

Cresswell, T., and Merriman, P., *Geographies of Mobilities: Prctices, Spaces, Subjects* Farnham: Ashgate, 2011.

Demangeon, A., Géographic politique. *Annals de Géographic*, 229, 1932, 22-31.

Dittmer, J., Geopolitical assemblages and complexity. *Progress in Human Geography* 38, 2014, 385-401.

Eback, M. and Taugney, R. eds., *Biogeography in a Changing World.* Florida: CRC Press. 2007.

Elden, S., *Mapping the Present: Heidegger, Foucault and the Project of a Spatial History*. London: Continuum. 2001.

Elden, S., Contribution to geography? The spaces of Heidegger's *Beitrage. Environment and Planning D* 23, 2005, 811-827.

Elden, S., National socialism and the politics of calculation. *Social & Cultural Geography*, 7, 2006, 753-769.

Eposito, M., Kantian ticks, Uexküll melodies, and the transformation of transcendental philosophy. In Franesca Michelini and Kristian Kölchy eds., *Jakob von Uexküll and Philosophy: Life, Environments, Anthoropology*, London; Routledge, 2020, 36-51.

Fahlbusch, M., Rösseler, M. and Siegrist, D., Conservatism, ideology and geography in Germany 1920-1950. *Political Geography Quarterly*, 8, 1989, 353-367.

Farnielli, F., Friedrich Ratzel and the nature of (political) geography. *Political Geography*, 19, 2000, 943-955.

Folke, C., Resilience: the emergence pf a perspective for socio-ecological systems analyses. *Global Environmental Change*, 16, 2006, 253-267.

Gandy, M. and Jasper, S., Geography, materialism, and the neo-vitalist turn. *Dialogues in Human Geography* 7(2), 2017, 140-144.

Giaccaria, P. and Minca, C., Life in space, space in life: Nazi topographies, geographical imaginations, and Lebensraum. *Holocaust Studies*, 22(2-3), 2016, 151-171.

Ginn. F., Jakob von Uexküll beyond bubbles; On Umwelt and biophilosophy, *Science as Culture*, 23, 2014, 129-134.

Gregory, D., Power, Knowledge and geography. *Geographische Zeitschrift*, 86. 1998, 70-93.

Gregory, D., *The Colonial Present: Afghanistan, Palestine, Iraq*. Malden, Mass.: Blackwell, 2004.

Haeckel, E., *Generalle Morphologie der Organismen*, Berlin: Verlag von Georg Reimer, 1866.

Haeckel, E., translated by Lankerser, E. R. *The History of Creation: The Development of the Earth and its Inhabitants by Action of Natural Causes, A Popular Exposition of the Doctrine of Evolution in General, and that of Darwin, Goethe and Lamarck in Particular*. London: Henry

geographie humaine. *Annals de Geographie*, 561-562, 1991. 617-634.
Berque, A., Milieu, trajet de paysage et déterminism géographique. *L' espace géographique*, 14(2), 1985, 99-104.
Berque, A., Offspring of Watsuji's theory of milleu (*Fudo*). *Geojournal* 60, 2004, 389-396.
Berque, A., Entre Vidal de la Blache et Watsuji, ou de géographie en mésologie. *Annals de Géographie* 743, 2022, 5-22.
Bluwstein, J., Govanagh, C., and Fletcher, R. Securing conservation Lebensraum? The geo-, bio-; and ontopolitics of global conservation futures. *Geoforum.*, 153, 2024, 電子版 , 1-12.
Bond, D. W., Hegel's geographical thought. *Environment and Planning D* 32, 2014, 179-198.
Brady, R. H., Form and cause in Goethe's Morphology. In Amirie, F., Zucke, F. J., and Wheeler, H. eds., *Goethe and the Sciences: A reappraisal.* Dordrecht: Kluwer Academic Publisher, 1987, 257-300.
Brentari, C., *Jakob von Uexküll: The Discovery at the Umwelt between Biosemiotics and Theoretical Biology*. Heidelberg: Springer, 2015.
Buchaman, B., *Onto-Ethologies: The Animal Environments of Uexkull, Heidegger, Merleau-Ponty and Deleuze*. New York: University of New York Press. 2008.
Buiser, F. C., *The Genesis of Neo-Kantianism, 1786-1880*. Oxford: Oxford University Press. 2014.
Burkhardt, Jr. R. W., Lamarck, evolution, and the politics of science. *Journal of the History of Science*, 3, 1970, 275-298.
Büshe, B., From biopower to Ontopower? Violent responses to wildlife crime and new geographies of conservation. *Conservation and Society*, 16(2), 2018, 157-169.
Buttimer, A., *Society and Milleu in the French Geograhic Tradition*. Chicago: The Association of American Geographers by Rand McNally. 1971.
Buttimer, A., Grasping the dynamism of lifeworld. *Annals of the Association of American Geographers*, 66, 1976, 277-292.
Callon, M., *The Laws of the Markets*. Oxford: Blackwell, 1998.
Campbell, J. A. and Livingstone, D. N., Neo-Lamarckism and the development of geography in the United States and Great Britain. *Transactions of the Institute of British Geographers. New Ser.* 8, 1983, 267-294.
Carrozi, A. V., Lamrck's theory of the earth: Hydrologie. *ISIS*, 55(3), 1964, 293-307.
Chandlar, D., *Resilience: The Governance of Complexity*, Oxford: Routledge, 2014.
Chatel, F., Hegel et la géographie. *Hérodote*, No. 2, 1976 77-93.
Chiantera-Stutte, P., Ratzel's stone guest: the art of politics in the work of Friedrich Ratzel. *Journal of Historical Geography* 61, 2018, 91-96.
Chien, J. P., From animals to humans; Uexküll's Umwelt as read by Lacan and Canguilhem. *Concentric: Literary and Cultural Studies*, 32-2, 2006, 45-69.
Cimatti, F., From ontology to ethology; Uexküll and Deleuze & Guatari. In Francesca michelini and Kristian Köchy eds., *Jakob von Uexküll and Philosophy Life, Environments. Anthropology*, London; Routledge, 2020, 172-187.
Clark, T. L., and Clark, E., Participation in evolution and sustainability. *Transactions of the Institute*

J., *Umwelt und Innenwelt der Tiere*. Berlin: Julius Springer. 1909〕。
ヨルトン，J. W.「現象と実在」本間謙二訳，ウィーナー，P. P.，荒川幾男ほか編『西洋思想大事典』2 巻，平凡社，1990，64-70 頁。

ラッツェル，F.『ドイツ』向坂逸郎訳，中央公論社，1941〔Ratzel, F., *Deutschland: Einfürhrung in die Heimatkunde*. Leipzig: W. Grunow. 1898〕。

ラッツェル，F.『人類地理学』由比濱省吾訳，古今書院，2006〔Ratzel, F., *Anthoropo-geographie der Grundzüge der Anwendung der Erdkunde auf die Geschichte*. Stuttgar: J. Engelton. 1882〕。

ルフェーヴル，H.『空間の生産』斉藤日出治訳，青木書店，2000〔Lefebvre, H. *La production de l'espace*. Paris: Editons Anthrope, 1986〕。

レルフ，E.『場所の現象学——没場所性を越えて』高野岳彦・阿部隆・石山美也子訳，筑摩書房，1991〔Relph, E., *Place and Placelessness*. London: Pion. 1976〕。

ロックモア，T.『ハイデガー哲学とナチズム』奥谷浩一・小野滋男・鈴木恒夫・横田栄一訳，北海道大学出版会，1999〔Rockmore, T., *On Heidegger's Nazism and Philosophy*, St. Oakland: University of California Press, 1992〕。

欧文文献

Abrahamsson, C., On the genealogy of Lebensraum. *Geographica Helvetica*, 68, 2013, 37-44.
Adams, P. C., Placing the Anthropocene: A day in the life of an enviro-organism, *Transactions of The Institute of British Geographers New Ser.*, 41, 2016, 54-65.
Anderson, B., Affect and biopower: towards a politics of life. *Transactions of The Institute of British geographers New Ser.*, 37, 2012, 28-43.
Ash, J. and Shinpson, P., Geography and Post-phenomenology. *Progress in Human Geography*, 40, 2014, 48-66.
Avis, J. C. et al., Interspecific phylogeography: the mitochondrial DNA bridge between population genetics and systematics. *Annual Review of Ecology and Systematics*, 18, 1987, 499-522.
Barua, M., Ratzel's biogeography: A more-than-human encounter. *Journal of Historical Geography*, 61, 2018, 102-108.
Bassin, M., Imperialism and the nation state in Friedrich Ratzel's political geography. *Progress in Human Geography*. 11, 1987a, 473-495.
Bassin, M., Race contra space: the conflict between German Geopolitik and National Socialism. *Political Geography Quarterly* 6(2), 1987b, 115-134.
Bassin, M., Between realism and the 'new right': geopolitics in Germany in 1990s. *Transactions of the Institute of British Geographers New Ser.* 28, 2003, 350-366.
Bassin, M., Blood or soil?: The Volkish Movement, the Nazis, and legacy of Geopolitik. In Bruggenmeier. F. J., Cioc, M. and Zeller, T. eds., *How Green Were the Nazis?: Nature, Environment, and Nation in the Third Reich*. Athens: Ohio University Press, 2005, 204-271.
Beck, H., Moritz Wagner in der Geschite der Geographie. *Erdkunnde* 7, 1953, 125-127.
Berdouly, V. et Soubeyran O., Lamarck, Darwin et Vidal; aux fondements naturalists de la

Politische Geograohie. Stuttgart: Teubner, 1983〕。

ヘッケル，E.『宇宙の謎』栗原元吉訳，玄黄社，1917〔Haeckel, E., Translated by McCabe, J., *The Riddle of the Universe*. New York: Harper & Brothers. 1901〕。

ベルクソン，H.『時間と自由』中村文郎訳，岩波書店，2001〔Bergson, H., *Essai sur le données immédiates de la conscience*. Paris: Félix Alcan, 1889〕。

ヘルダー，J. G.『言語起源論』木村直司訳，大修館書店，1975〔Herder, J. G., *Abhalung über den Ursprung der Sprache. Welche den von der Königel*. Berlin: Christien Friedrich Voss. 1772〕。

ヘルダー，J. G.『人間史論』Ⅰ―Ⅳ，鼓常良訳，白水社，1948-1949〔Herder, J. G., *Ideen zur Philosohphie der Geschichte der Menschheit*. Wien: Bey Christian Gottlieb Schmieder, 1784-91〕。

ボボナー，S.「空間」田中裕訳，1990（ウィーナー，P. P.，荒川幾男ほか編『西洋思想大事典』1巻，平凡社，611-622頁，1990所収）。

ボルノウ，O. P.『人間と空間』大塚恵一・池川健司・中村浩平訳，せりか書房，1978〔Bollnow, O. F., *Mensch und Raum*. Stuttgart: W. Kohlhammer, 1978〕。

ボンド，M.『失われゆく我々の内なる地図――空間認知の隠れた役割』竹内和世訳，白揚社，2022〔Bond, M., *Wayfinding: The Art and Science of How Find and Lose Our Way* 2022. 私家版か。海外原著出版地・出版社情報なし〕。

マーシャル, A.『経済学原理　Ⅱ』馬場啓之助訳，東洋経済新報社，1966〔Marshall, A., *Principles of Economics*, London: Macmillan & Co. 1890〕。

マルサス，R.『人口の原理』高野岩三郎・大内兵衛訳，岩波書店，1962〔Malthus, T.R. *An essay on the principle of population, or, a view of its past and present effects on human happiness: with an inquiry into our prospects respecting the future removal of mitigation of evils which it occasions*. London: Printed for J. Johonson. 1803〕。

メルロ＝ポンティ，M.『知覚の現象学』中島盛夫訳，法政大学出版局，1982〔Merleu-Ponty, M., *Phenmenologie de la Perception*. Paris: Librarie Gallimard, 1945〕。

メルロ＝ポンティ，M.『自然――コレージュ・ド・フランス講義ノート』ドミニク・セグラクール編，松葉祥一・加國尚志訳．みすず書房，2020〔Merleau-Ponty, M., *La nature: notes, cours du collèege de France: suivi des Résumés de cours correspondantes de Maurice Merleau-Ponty*. Paris: Seuil〕。

モリッシ，J.，ナリー，D,，ストロメイヤー，U.，ウィーラン，Y.『近現代の空間を読み解く』上杉和映監訳，阿部美香・網島聖・春日あゆか・島本多敬訳，古今書院，2017〔Morrisey, J., Nally, D., Strohmayer, U. and Whelan, Y., *Key Concepts in Human Geography*. London: Sage, 2014〕。

ユクスキュル, J.『生物から見た世界』日高敏隆・羽田節子訳, 岩波書店, 2005〔Uexküll, J., *Sreifzüge Durch die Unwelten von Theren und Meschen*, Frankfurt am Main: Fischer Verlag. 1970〕。

ユクスキュル，J.『生命の劇場』入江重吉・寺井正俊訳，講談社，2012a〔Uexküll, J., *Das allmáchtige Leben*. Hamburg: C. Wegner. 1950〕。

ユクスキュル，J.『動物の環境と内的世界』前野佳彦訳，みすず書房，2012b〔Uexküll,

栄峰，セヴェリン・ミュラー訳，創文社，1998〔Heidegger, M., *Gesamtausgable II Abteilung: Vorleusunger 1919-1944. Band 29/30 Die Guwdbegriff der Metophysik.* Frankfurt: Vittorio Klostermann, 1925〕。

ハイデガー，M.『存在と時間』1-4，熊野純彦訳，岩波書店，2013〔Heidegger, M., *Sein und Zeit.* 1927〕。

ハイデガー，M.『技術とは何だろうか』森一郎編訳，講談社，2019〔Heidegger, M., *Vorträge und Aufsätze.* Aufl. Neske 1954〕。

ハウスホーファー，K.『大日本』上，若井林一訳，洛陽書院，1942〔Haushofer, K., *Dai Nihon: Betrachtungen uber Grob-Japans Wehkraft, Weltstellung und Zukunft.* Berlin: E. Sigfriend Mitter und Sohn, 1913〕。

フェーヴル，L.『大地と人類の進化——歴史への地理学的序論』飯塚浩二・田辺裕訳，岩波書店，1971-72〔Febvre, L., *La terre et l'évolution humaine: introduction géographique à l'histoire.* Paris: Renaissance du livre. 1922〕。

フーコー，M.『監獄の誕生——監視と処罰』田村俶訳，新潮社，1977〔Foucault, M., *Surveiller et punir: naissance de la prison.* Paris: Gallimard〕。

フーコー，M.「空間・地理学・権力」福井憲彦訳『actes』4，1988，44-57頁〔Foucault, M., Questions a Michel Foucault sur la geographie. *Herodote,* 1, 1976, 71-85〕。

フーコー，M.『ミシェル・フーコー講義集成〈7〉——安全・領土・人口』高桑和巳訳，筑摩書房，2007〔Foucault, M., *Sécurité, territoire, population (1977-1978),* Paris: EHESS, Gallimard, Le Seuil, coll. « Hautes études », 2004〕。

フーコー，M.『ミシェル・フーコー講義集成〈8〉——生政治の誕生』慎改康之訳，筑摩書房，2008〔Foucault, M., *Naissance de la biopolitique (1978-1979),* Paris: EHESS, Gallimard, Le Seuil, coll. « Hautes études », 2004〕。

フッサール，E.『ヨーロッパ諸学の危機と超越論的現象学』細谷恒夫・木田元訳，中央公論社，1995〔Husserl, E., *Die Krisis der europäischen Wissenchaften und die tranzendentale Phänomenologie: eine Einletung in die phänomenologische Philosohie.* Beograd: (s.n.), 1936〕。

ヘーゲル，G. W. F.『精神現象学』長谷川宏訳，作品社，1998〔Hegel, G. W. F., *La phénoménologie de l'ésprit.* Paris: Aubier. 1804〕。

ヘーゲル，G. W. F.『自然哲学——哲学の集大成・要綱第二部』長谷川宏訳，作品社，2005〔Hegel, G. W. F., *Enzyklopadie der philosophischen Wissenchafen im Grundrisse 1830: Zwitter Teil die Naturphilosohie Mit den mundlichen Zusatzen.* 1817〕。

ヘーゲル，G. W. F.『世界史の哲学講義——ベルリン 1822/1823年』上・下，伊坂青司訳，講談社，2018〔Hegel, G. W. F., *Vorlesungen über die Philosophie der Welgeschichte.* Berlin 1822/23 Hegel, G. W. F. *Hegel's Lectures on the History of Philosophy.* Abridged Student ed. With an introduction by Tom Herald, translated by Haldane, E. S., and Frances H. Simesen. New Jersey: Humanities Press International. 1996〕。

ヘーゲル，G. W. F.『法の哲学——自然法と国家学の要綱』上・下，上妻精・佐藤康邦・山田忠彰訳，岩波書店，2021〔Hegel, G. W. F., *Grundlinien der Philosohpie des Rechts. Berlin: In der Nicolai'schen Buchhandlung.* 1821〕。

ベスラー，K. A.『政治地理学入門』手塚章訳，古今書院，1988〔Boeslaer, K. A.,

2000. 591-629〕。

ソジャ，E. W.『ポストモダン地理学――批判的社会理論における空間の位相』加藤政洋訳，青土社，2003〔Soja, E,W, *Postmodern Geographies.* Jaipur: Rewat Publications, 1997〕。

ソジャ，E. W.『第三空間――ポストモダンの空間論的転回』加藤政洋訳，青土社，2005〔Soja, E,W, *Thirdspace: Jouneys to Los Angels and other real-and-imagined places.* Cambridge, Mass.: Blackwell, 1996〕。

ドゥルーズ，G.『スピノザ――実践の哲学』鈴木雅大訳，平凡社，2002〔Deleuze, G., *Spinoza: Philosophie pratique.* Paris: Les Editions de Minuit, 1981〕。

ドゥルーズ，G.・ガタリ，F.『アンチ・オイディプス』市倉宏祐訳，河出書房新社，1986〔Deleuze, G. and Guattari, F., *L'Anti-Oedipes: Capitalism et schizopherneie.* Paris: Les Editions de Minuit, 1972〕。

ドゥルーズ，G.・ガタリ，F.『千のプラトー』宇野邦一・小沢秋広・田中敏彦・豊崎光一・宮本寛・守中高明訳，河出書房新社，1994〔Deleuze, G. and Guattari, F., *Mille et Plateaux: Capitalism et schizophérneie.* Paris: Les Éditions de Minuit, 1980〕。

ドゥルーズ，G.・ガタリ，F.『哲学とは何か』財津理訳，河出書房，1997〔Deleuze, G., Guattari, F., *Qu'est-ce que la philosophie?* Paris: Edtions de Minuit, 2005〕。

トーデス，D. P.『ロシアの博物学者たち――ダーウィン進化論と相互扶助論』垂水雄二訳，工作舎，1992〔Todes, D. P., *Darwin without Malthus: The Struggle for Existence in Russian Evolutionary Thought*, Oxford: Oxford University Press, 1989〕。

ドリーシュ，H.『生気論の歴史と理論』米本昌平訳，書籍工房平山，2007〔Driesh. H., *The History & Theory of Vitalism.* London: Macmillan Co., Limited. 1914〕。

トール，G.「ジオポリティクスの終焉？ 世紀末の複数的プロブレマティックに関する諸考察」篠塚直子訳『10＋1』13，1998，200-212 頁〔Toal, G. At the end of Geopolitics: Reflections in a plural problematic at the century's end. *Alternatives: Social Transformation and Human Governance*, 22(1), 1997, 35-55〕。

ナドー，S.『アンチ・オイディプスの使用マニュアル』信友建志訳，水声社，2010〔Nadaid, S. *Manuel Á L'usage de Ceux qui Veulent Réusseir Leur [Anti] Oedipe* Paris: Librairie Artheme Feyard, 2006〕。

ハイエク，F. A.『ハイエク全集Ⅰ―3　個人主義と経済秩序』嘉冶元郎・嘉冶佐代訳，春秋社，1990，107-125 頁〔Hayek, F. A., The Use of Knowledge in Society, *The American Economic Review*, 35(4), 1945, 519-530〕。

ハイエク，F. A.『ハイエク全集Ⅱ―5　政治学論集』山中優監訳，田総恵子訳，春秋社，2009，67-93 頁〔Hayek, F. A., The Principles of a Liberal Social Order, *Studies in Philosophy, Politics and Economics.* Chicago: Chicago University Press 1967: 160-177〕。

バイザー，F. C.『啓蒙・革命・ロマン主義――近代ドイツ政治思想の起源』杉田孝夫訳，法政大学出版局，2010〔Beiser, F. C., *Enlightenment, Revolution, and Romanticism: The genesis of modern German Political Thought, 1790-1800.* Cambridge: Harvard University Press, 1992〕。

ハイデガー，M.『形而上学の根本諸概念』(『ハイデッガー全集　第 29/30 巻』) 川原

Tuathall, G., Critical Geopolitics, In O Tuathall, G. ed. *Critical Geopolitics: The Politics of Writing Global Space*. London: Routledge, 1996. 57-75〕。

オトゥホール，G.「ポストモダンの地政学？――近代地政学的想像力とその克服」實一穂訳『空間・社会・地理思想』6，2001，113-129 頁〔Ó Tuathail G., Postmodern Geopolitics : The modern geopolitical inagination and beyond In Ó Tuathail, G. and Dalby, S. eds. *Re-thinking geopolitics* London: Routledge 1998, 16-28〕。

オロゥリン，J. 編『地政学事典』滝川義人訳，東洋書林 . 2000〔O'Loughin, J. ed. *Dictionary of Geopolics.* Westport, CT.; Greenwood. 1994〕。

ガシュ，R.『地理哲学――ドゥルーズ&ガタリ『哲学とは何か』について』大久保歩訳，月曜社，2021〔Gasche, R., *Geophilosophy: on Gilles Deleuze and Felix Guattari's What is philosophy?* Evanston, Illinois: Northwestern University Press, 2014〕。

グリム，H.『土地なき民』星野慎一訳，鱒書房，1940-41〔Grimm, H., *Volk ohne Raum.* Lippoldesberg: Klosterhaus-Verlag, 1926〕。

クルーグマン，P.『脱「国境」の経済学――産業立地と貿易の新理論』北村行伸・高橋亘・妹尾美起訳，東洋経済新報社，1994〔Krugman, P., *Geography and Trade.* Leuven, Belgium: Leuven University Press, 1991〕。

グレゴリー , D.「権力・知・地理学――ヘットナー記念人文地理学講義」大城直樹・遠城明雄訳『現代思想』27（13），1999, 257-271 頁〔Gregory. D. The power, knowledge and geography. Geographische Zeisutrift. 86(2), 1998, 70-93〕。

グロス，E.『カオス・領土・芸術――ドゥルーズと大地のフレーミング』小倉拓也・佐古仁志・瀧本裕美子・桧垣立哉訳，法政大学出版局．2020〔Grosz, E., *Chaos, Territory, Art: Deleuze and the Framing of the Earth.* Irvine: Columbia Unijrersity Press, 2008〕。

クロポトキン，P.『相互扶助論――進化の一要因』小田徹訳，論創社，2024〔Kropotkin, P., *Mujtual Aid: a factor of evolution*. London: Heinemann, 1902〕。

ケッテリング, E.『近さ――ハイデッガーの思惟』川原栄峰訳, 理想社, 1989〔Kettring, E., *Nähe: des Denken Martin Heideggers*. Pfullingen: Neste, 1987〕。

コフカ，K.『ゲシュタルト心理学原理』鈴木正彌監訳，福村出版，1988〔Koffka, K., *Principles of Gestalt Psychology*, London: Routledge & Kegan Paul, 1935〕。

コール，J. G.『交通及び集落と地形』淡川庚一訳，古今書院，1935〔Kohl, J. G., *Der Verker und die Ansiedlungen der Menschen in ihrer Abhängigkeit von der Gestaltung der Erdoberflache*. Leipzig: Amoldische Bunchhaundlung. 1850〕。

ジャクソン，W. A. D.『政治地理学』横山昭市訳，大明堂，1997〔Jackson, W. A. D. and Bergman, E. F. *A Geography of Politics*. Dubuque, Iowa: Wim C. Brown, 1973〕。

シュタインメツラー，J.『ラッツェルの人類地理学――その課題と思想』山野正彦・松本博之訳，地人書房，1983〔Steinmetzler, J., *Die Anthropogeographie Friedrich Ratzels und ihre ideengeschichtlichen Wurzeln*. Geographischen Instiut der Universität Bonn 1956〕。

シュパング，C. W.「カール・ハウスホーファーと日本の地政学」石井孝介訳『空間・社会・地理思想』6，2001，2-21 頁〔Spang C, W. Karl Haushofer und die Geopolitik in Japan: Zur Bedantaung Houshafers inner halb der dentsch-japanischen Beziehungen nach dem Ersten Weltkrieg.Diekmann, I. et al. eds, Geopolitik Grenzänge im Zeitgeist, 2 Bände,

山崎孝史「英語圏政治地理学の争点」『人文地理』53，2001a，21-47 頁。

山崎孝史「グローバルな時代における国民国家とナショナリズム——英語圏の研究動向から」『地理学評論』Ser. A. 74，2001b，512-533 頁。

山崎孝史『政治・空間・場所——「政治の地理学」にむけて』ナカニシヤ出版，2010。

山野正彦「F. Ratzel の再評価に関する一つの試み——「位置」および「空間」概念を中心に」『人文地理』24，1972，241-267 頁。

山野正彦「人文地理学と社会形態学——Ratzel-Durkheim 論争についての覚書」『人文研究』31（大阪市立大学文学部），1979a，771-798 頁。

山野正彦「空間構造の人文主義的解読法——今日の人文地理学の視角」『人文地理』31，1979b，46-68 頁。

山野正彦『ドイツ景観論の生成——フンボルトを中心に』古今書院，1998。

山野正彦「景観論の可能性についての覚書——「文化的転回」との関連で」『人文研究』53（3），2001，129-150 頁。

山本英輔「ハイデガーの空間論——生起する空間」『Heidegger Forum』5, 2011, 1-10 頁。

湯浅弘「和辻哲郎『風土』の諸問題」『川村学園大学研究紀要』14，2003，133-145 頁。

湯浅泰夫「解説」和辻哲郎『和辻哲郎全集』別巻 1，岩波書店，1992，447-494 頁。

横山昭市『国際関係の政治地理学——現代の地政学』古今書院，2014。

吉見俊哉「変容する空間の政治，或いは都市研究とメディア研究の対話をめぐって」（上・中・下）『現代思想』27（13），1999，62-71 頁，28（2），2000，28-38 頁，28（7），2000，238-251 頁。

吉見俊哉『カルチュラル・ターン，文化の政治学へ』人文書院，2003。

リードバッハ，H. B.『ハイデガーと和辻哲郎』平田裕之訳，新書館，2006（日本語初版）。

米本昌平「生気論とは何であったか——知的衝撃としての H. Driesch」『科学基礎論研究』13（4），1978，163-169 頁。

米盛裕二『アブダクション——仮説と発見の論理』新装版，勁草書房，2024。

渡辺祐邦「総論　自然哲学にとって十八世紀とは何であったか」伊坂青司・長島隆・松山寿一『ドイツ観念論と自然哲学』創風社，1994，137-169 頁。

和辻哲郎『風土——人間学的考察』岩波書店，1935。

和辻哲郎『倫理学』上・中・下，岩波書店，1937，1942，1949。

和辻哲郎『近代歴史哲学の先駆者』弘文堂，1950。

邦訳文献

ヴィダル＝ドゥ＝ラ＝ブラーシュ，P.『人文地理学原理』上・下，飯塚浩二訳，岩波書店，1940〔Vidal de la Blache, P., *Principles de géograhie humaine*. Paris: Armand Colin, 1922〕。

エンゲルス，F.『自然の弁証法』下巻，田辺振太郎訳，岩波書店，1957〔Engels, F., *Dialektik der Natur*. Berlin: Dietz, 1952〕。

オトゥホール，G.「批判地政学」成瀬厚訳『現代思想』27（1），1999，233-247 頁〔O

福元圭太「ハンス・ドリーシュと超心理学――「エンテレヒー」の行方（2）」『言語文化論究』39（九州大学），2017，1-19 頁。

福元圭太『賦霊の自然哲学――フェヒナー，ヘッケル，ドリーシュ』九州大学出版会，2020。

福田光弘「空間論的転回について――時間表象の単一性と空間表象の複数性に即して」『慶応義塾大学大学院社会学研究科紀要』56，2003，63-74 頁。

藤原辰史『新装版　ナチス・ドイツの有機農業――「自然との共生」が生んだ「民族の絶滅」』柏書房，2012。

船木亨『現代思想史入門』筑摩書房，2016。

船木亨『現代思想講義――人間の終焉と近未来社会のゆくえ』筑摩書房，2018。

ベルク，A.『風土の日本――自然と文化の通態』篠田勝英訳，筑摩書房，1988。

ベルク，A.「空間の問題――ハイデガーから和辻へ」紺田千登史訳，『関西学院大学社会学部紀要』78，1996a，7-18 頁。

ベルク，A.『地球と存在の哲学――環境倫理を越えて』篠田勝英訳，筑摩書房，1996b（日本語初版）。

ベルク，A.「風土性に立った倫理と公共性」『千葉大学公共研究』3-2，2006，8-46 頁。

ベルク，A.・川勝平太『ベルク「風土学」とは何か――近代「知性」の超克』藤原書店，2019（日本語初版）。

堀千晶『ドゥルーズ――思考の生態学』月曜社，2022。

前野佳彦「「カント二世」の生物環境論――ヤーコプ・フォン・ユクスキュルの今日的意義」ユクスキュル，J.『動物の環境と内的世界』前野佳彦訳，みすず書房，2012，431-512 頁。

松永俊男「ダーウィンと社会思想――悪用の歴史」『科学史研究』299（第Ⅲ期），2021，246-252 頁。

溝口元「日本におけるダーウィンの受容と影響」『学術の動向』15（3），2010，48-58 頁。

三中信宏『系統体系学の世界――生物学の哲学とたどった道のり』勁草書房，2018。

嶺秀樹『ハイデッガーと日本の哲学――和辻哲郎・九鬼周造・田辺元』ミネルヴァ書房，2002。

村上隆夫「ヘルダーとカントにおける啓蒙主義と絶対主義」『筑波大学哲学思想系論集』4，1979，45-67 頁。

村上隆夫「カントとヘルダー――美と摂理をめぐる論争」『筑波大学哲学思想系論集』5，1980，57-91 頁。

森一郎「自発性の回路――ハイデガー『存在と時間』における世界観念の再検討」『哲学』43，1993，178-188 頁。

森秀樹「生物学は存在論的に思考しなかったか？」『Heidegger Forum』15，2020，13-32 頁。

森正人『文化地理学講義――〈地理〉の誕生からポスト人間中心主義へ』新曜社，2021。

森幸也「ラマルクが目指したこと」『科学史研究』33，1994，34-42 頁。

八杉竜一『進化学序論――歴史と方法』岩波書店，1965。

2006，57-72 頁。

高橋義人『形態と象徴——ゲーテと緑の自然科学』岩波書店，1988。

竹内啓一「日本におけるゲオポリティックと地理学」『一橋論叢』72，1974，169-191 頁。

竹田青嗣『現象学入門』NHK 出版，1989。

竹田青嗣・西研『完全解読 ヘーゲル『精神現象学』』講談社，2007。

手塚章『地理学の古典』古今書院，1991。

手塚章『続・地理学の古典——フンボルトの世界』古今書院，1997。

戸坂潤「和辻博士・風土・日本」『世界の一環としての日本』白揚社，1937，227-245 頁。

戸坂潤『生物學論』岩波書店，1930。

戸島貴代志「受容と創造——ベルクソンとハイデガー」『哲学』42，1992，192-204 頁。

轟孝夫『ハイデガーの哲学——『存在と時間』から後期の思索まで』講談社，2023。

登張正実・小栗浩「ヘルダーとゲーテ——ドイツ・フマニスムスの一系譜」登張正美責任編集『世界の名著　続 7 巻　ヘルダー・ゲーテ』中央公論社，1975，7-73 頁。

中原淳「人間の環境世界と世界——ユクスキュルとハイデガーについての思考の環動」『帯大人文社会論集』10（1），1998，25-69 頁。

仲正昌樹『ハイデガー哲学入門——『存在と時間』を読む』講談社，2015。

中村泰三「ソビエト経済地理学の誕生」『人文研究』34（6），1982，245-266 頁。

中村泰三「ソ連邦の地域問題についての一考察——大経済地域の社会・経済発展を中心として」『人文地理』28（4），1976，363-388 頁。

中村泰三「1970 年代のソビエト経済地理学——生産配置の科学から社会・経済地理学へ」『人文地理』34，1982，35-52 頁。

成瀬厚「地政学的意識と批評」『地学評論　Ser.A』70，1997，156-166 頁。

西村三郎『動物の起源論』中央公論社，1983。

沼田真『生態学方法論』古今書院，1953。

納富信留「自己了解としての風土——和辻風土論の批判的展開」『哲學年報』58（九州大学文学部），1999，35-61 頁。

野尻英一『意識と生命——ヘーゲル『精神現象学』における有機体と「地」のエレメントをめぐる考察』社会評論社，2010。

野田宣雄『教養市民層からナチズムへ——比較宗教社会史のこころみ』名古屋大学出版会，1988。

野間三郎『近代地理学の潮流——形態学から生態学へ』大明堂，1963。

ハイデガー・フォーラム『ハイデガー事典』昭和堂，2021。

浜由樹子・羽根次郎「地政学の（再）流行現象とロシアのネオ・ユーラシア主義」一橋大学経済研究所ロシア研究センター *RRC Working Paper*81，2019，1-16 頁。

濱田真「1780 年代のゲーテとヘルダー——ゲーテ形態学とヘルダー歴史哲学の接点」慶應義塾大学文学部『藝文研究』91-2，2006，157-171 頁。

濱田真『ヘルダーのビルドゥング思想』鳥影社，2014。

福元圭太「ハンス・ドリーシュ試論——「エンテレヒー」の行方（1）」『言語文化論究』36（九州大学），2016，1-13 頁。

先駆者としての丘浅次郎」『日本哲学史研究』4，2007，75-99 頁。

小寺廉吉「「進化学説」を信ずる一人の地理学研究者の生いたち――私の遍歴」『富大経済論集』4（2），1959，206-221 頁。

小林正嗣『マルティン・ハイデッガーの哲学と政治――民族における存在の現れ』風行社，2011。

財津理「ドゥルーズ，ジル」小林道夫・小林康夫・坂部恵・松永澄夫編『フランス哲学・思想事典』弘文堂，1999，543-551 頁。

斎藤晨二「ソビエト民族学における地理学の評価――文化現象の分布図を例に」『人文地理』25，1973，622-640 頁。

向山恭一『対話の倫理――ヘテロピアの政治に向けて』ナカニシヤ出版，2001。

佐古仁志「書評　Elizabeth Grosz *"Chaos, Territory, Art: Deleuze and the Farming of the Earth."* Columbia University Press，2008」『年報人間科学』33，2012，133-137 頁。

佐藤嘉幸『新自由主義と権力――フーコーから現在性の哲学へ』人文書院，2009。

佐長健司「ユクスキュルの環世界の理論による正統的周辺参加論の解釈」『佐賀大学教育学部紀要』4，2020，205-216 頁。

佐貫正和「近代日本における共和主義――1920 年代の丘浅次郎を通して」『総研大文化科学研究』5，2009，35-68 頁。

佐貫正和「丘浅次郎の『進化論講話』における変化の構造――1904 年版と 1914 年版の比較を通じて」『総研大文化科学研究』6，2010，65-98 頁。

佐野正博「空間イメージの変遷」『数理科学』687，1990，15-19 頁。

柴田高好『ヘーゲルの国家理論』日本評論社，1986。

志摩園子『物語バルト三国の歴史――エストニア，ラトヴィア，リトアニア』中央公論新社，2004。

島村賢一「生きる主体としての人間――ドイツで抑圧されるもの」『久留米大学外国語研究所紀要』12，2005，13-38 頁。

シュパング, C. W.「カール・ハウスホーファーとドイツの地政学」高木彰彦訳『空間・社会・地理思想』22，2019，29-43 頁（日本語初版）。

庄司潤一郎・石津朋之『地政学原論』日本経済新聞出版，2020。

水津一朗『社会集団の生活空間――その社会地理学的研究』大明堂，1969。

水津一朗『近代地理学の開拓者たち』地人書房，1984。

菅原和孝『動物の境界――現象学から展成の自然誌へ』弘文堂，2017。

鈴木貞美『大正生命主義と現代』河出書房新社，1995。

鈴木貞美『「生命」で読む日本近代――大正生命主義の誕生と展開』NHK 出版，1996。

染谷昌義『知覚経験の生態学――哲学へのエコロジカル・アプローチ』勁草書房，2017。

平子友長「歴史における時間性と空間性――和辻哲郎，ハイデガーおよびブローデル」『経済学研究』（北海道大学）47-2，1997，324-338 頁。

高野宏「和辻風土論の再検討――地理学の視点から」『岡山大学大学院社会文化科学研究科紀要』30，2010，313-332 頁。

高橋勝「生命・世界・変成――「経験のメタモルフォーゼ」素描」『教育哲学』94，

自然科学』1985巻7号，1985，45-64頁。

小田部胤久「ヘルダーの自然哲学——ライプニッツの受容と批判に即して」伊藤青司・長島隆・松山寿一『ドイツ観念論と自然哲学』創風社，1994，171-197頁。

小野紀明『美と政治——ロマン主義からポストモダニズムへ』岩波書店，1999。

小野紀明『ハイデガーの政治哲学』岩波書店，2010。

小野紀明『政治思想史と理論のあいだ——「他者」をめぐる対話』岩波書店，2022。

小原敬士『社會地理學の基礎問題』古今書院，1936。

加國尚志『自然の現象学——メルロ＝ポンティと自然の哲学』晃洋書房，2002。

笠原賢介「和辻哲郎『風土』とヘルダー」『思想』1105，2016，136-157頁。

春日茂男『経済地理学の生成』地人書房，1986。

加藤尚武ほか『講座ドイツ観念論 第5巻　ヘーゲル——時代との対話』弘文堂，1990。

加藤政洋「「他なる空間」のあわいに——ミシェル・フーコーの「ヘテロトピア」をめぐって」『空間・社会・地理思想』3，1998，1-17頁。

加藤政洋「エドワード・ソジャとポストモダンの転回」『都市文化研究』3，2004，166-181頁。

川村覚文『情動，メディア，政治——不確実性の時代のカルチュラル・スタディーズ』春秋社，2024。

木岡伸夫「「地理的決定論」再考——『風土』の批判的受容をめぐって」『関西大學文學論集』57（3），2007，1-26頁。

木田元『ハイデガーの思想』岩波書店，1993。

木田元『ハイデガー『存在と時間』の構築』岩波書店，2000。

木田元『ハイデガー』岩波書店，2001。

木田元『わたしの哲学入門』講談社，2014。

北川真也「〈帝国〉の地－生政治／地－生権力についての覚え書」『人文論究』55-1，2005，310-328頁。

北川真也「現代の地政学における例外空間としての収容所——イタリアの不法移民収容所へ「歓待」する生権力」『人文地理』59（2），2007，111-129頁。

桐原隆弘「人間的自然と歴史へのまなざし——ヘルダー言語起源論とカント歴史哲学」『下関市立大学論集』64-1，2020a，41-50頁。

桐原隆弘「ヘルダーの形態学的—経験論的人間観——『人類史の哲学への諸構想』から『純粋理性批判の批判』へ」『下関市立大学論集』64（2），2020b，85－103。

国松久弥『フリードリッヒ・ラッツェル——その生涯と學説』古今書院，1931。

国松久弥『経済地理学説史』古今書院，1979。

倉谷滋『動物進化形態学』東京大学出版会，2004。

グロスバーグ，ローレンス「ふられた気持ち——言説，権力，情動」挽地康彦訳『カルチュラル・スタディーズ』6，2018，47-58頁（日本語初版）。

氣多雅子「時間と空間の圧縮の経験をめぐって」『宗教学研究室紀要』6（京都大学），2009，3-23頁。

ゴダール，J. K.「コケムシから哲学まで——近代日本の「進化論・生物学の哲学」の

引用文献

邦文文献

（翻訳者がいる場合でも，日本語初版の文献はここにふくむ）

秋澤雅男「ヤーコプ・フォン・ユクスキュルの環境世界論再考」『立命館経済学』43，1994，810-827頁。

安藤有史「統治方法としてのレジリエンス――複雑性・ネオリベラリズム・予行訓練」『年報　カルチュラル・スタディーズ』9，2021，71-95頁。

飯塚浩二『地理學批判――社会科學の一部門としての地理學』帝国書院，1947。

池田浩士『ファシズムと文学――ヒトラーを支えた作家たち』白水社，1978。

伊坂青司『ヘーゲルとドイツ・ロマン主義』御茶ノ水書房，2000。

石川義孝『空間的相互作用モデル――その系譜と体系』地人書房，1988。

伊藤学『情動の社会学』青土社，2017。

伊藤守「カルチュラル・スタディーズとしての情動論――「感情の構造」から「動物的政治」へ」『年報　カルチュラル・スタディーズ』6，2018，5-23頁。

稲田知己「住むことを学ぶ」『Heidegger Forum』5，2011，11-25頁。

岩崎稔「ハイデガーと『奇妙な地理学』――非正規的なものの海に」『現代思想』27（6），1999，270-283頁。

岩田慶治『コスモスの思想――自然・アニミズム・密教空間』日本放送出版協会，1976。

植田敏郎「ヘルダーの国家観」『一橋論叢』51，1964，653-670頁。

上野俊哉「空間の政治学――文化研究における空間の諸概念について」『10＋1』4，1995，33-51頁。

宇野邦一『ドゥルーズ　流動の哲学』講談社，2001。

宇野邦一『非有機的生』講談社，2023。

大城直樹「ポストモダン地理学とは何であったのか？」『10＋1』2019，電子版。

太田和彦「ハイデッガー道具論および和辻風土論の環境思想への寄与――〈最適動線〉概念の導入」『比較思想研究』39，2013，41-49頁。

太田孝太郎「ヘーゲルのLeben概念について」『広島経済大学研究論集』39（12），2016，1-23頁。

大村晴雄「カントとヘルデル」『哲学雑誌』710，1951，2-25頁。

大村晴雄『カントとヘルダー』高文堂出版社，1986。

丘浅次郎『進化論講話』開成館，1904。

奥田義雄『社会経済地理学論攷』大明堂，1969。

奥野克己・石倉敏明編『Lexicon――現代人類学』以文社，2018。

小澤萬記「丘浅次郎の進化論」『高知大学学術研究報告』（人文科学）46，1997，167-176頁。

小田部胤久「ヘルダーの原型論――その素地と射程」『モルフォロギア――ゲーテと

zurück, die der gegensätzlichen Methodik der Biowissenschaften entstammen, doch beide sind gefährliche Theorien, die zu kriegerischen Auseinandersetzungen einladen. Als Autor dieser Studie bin ich der festen Überzeugung, dass diese Konzepte abgelehnt werden sollten.

Die in dieser Forschung beobachtete Genealogie des Wissens in Bezug auf Geopolitik spiegelte den Paradigmenwechsel in der Geographie wider. Geopolitik basiert auf Ratzels Idee des „Lebensraums", den Ideen des Nationalstaates als Theorie des organischen Staates – und darauf, dass sich die Menschen, die Kultur und das politische Klima des Territoriums zufällig und ohne Diskrepanz räumlich überschneiden.

Die hier erwähnte traditionelle Geopolitik umfasst räumliche Konflikte und politische Bewegungen im Hinblick auf die Idee des „Lebensraums" – bezogen auf das nationalstaatliche Territorium als organische Staatstheorie. Territoriale Konflikte entstanden um Ressourcen im Konzept der kollektiven Werte des Volkes. In diesem Zusammenhang wurden evolutionäre Modelle, die auf Ökologie, Biogeographie und Organismen basieren, als dasselbe angesehen wie nationalstaatliche politische Bewegungen.

Unterdessen wurde die neue Geopolitik, die sich aus dem Poststrukturalismus aus phänomenologischer Perspektive ergab und von Uexkülls Umweltkonzept inspiriert war, als „Affekt" betrachtet, als Ergebnis eines emotionalen Konflikts zwischen den Interessen und Werten einzelner Organismen.

Die neue Geopolitik konzentrierte sich auf die Konflikte zwischen Symbol und Repräsentation, die in den Unterschieden in Ideologie, Kultur und Werten im Raum wurzelten. Mit anderen Worten: Die neue postmoderne Geopolitik basiert auf dem Konzept der Umwelt und spiegelt die Idee wider, dass die Nation, das Volk und das politische Klima nicht geographisch oder territorial konfiguriert werden können.

Die Grundlagen dieser Argumente waren Kritik an Descartes' Ideen der Trennung von Geist und Materie sowie Geist und Körper. In einer Reaktion auf diese Konzepte vertrat Spinoza die Ansicht, dass Spiritualität sowohl im Materiellen als auch im menschlichen Körper existiert. Dies inspirierte auch eine neue Geopolitik durch das von Spinoza stammende Konzept des „Affekts".

Mit der Postmoderne jedoch ging die große Theorie zu Ende und mit der Entwicklung einer Segmentierung der Individuen verlagerte sich der Fokus von Analogien zu Biomen und Ökosystemen auf die Evolution einzelner Organismen.

Paradigmenwechsel in der Geographie und Geopolitik: Der Schwerpunkt verlagert sich von einem regionalen Lebensraumkonzept, das auf den Ideen von Biom, Population und Ökosystemen basiert, zu Uexkülls Umweltkonzept, das auf den Wechselwirkungen zwischen der alltäglichen Lebenswelt und einzelnen Organismen basiert. Anders gesagt kommt es zu einer Schwerpunktverlagerung hin zur Atomtheorie der Individuen.

In jedem Fall entwickelten sich sowohl die alte als auch die neue Geopolitik im 19. und frühen 20. Jahrhundert als Anachronismen. Beide greifen auf Konzepte

Idealismus. Im Gegensatz zu Herders Befürwortung der Vielfalt von Kulturen und Ethnien förderte Hegel jedoch den linearen Evolutionsprozess zu seiner idealen konstitutionellen Monarchie des Nationalstaats.

Ratzels „Politische Geographie“ wurzelt in den Idealen, die Philosophen von Herder bis Hegel hinsichtlich des Nationalstaats und der konstitutionellen Monarchie sowie der Kolonisierung durch „zivilisierte“ Gesellschaften dargelegt haben. Sie wurde verwendet, um die Bewegung von Menschen zu erklären, die migrierten, um ihren „Lebensraum“ zu erweitern; Menschen suchen nach neuem „Lebensraum“, der zum Überleben und zur Entwicklung eines Zugehörigkeitsgefühls zu einer bestimmten Region (Boden), Nahrung und Ressourcen erforderlich ist.

Jacob Johann von Uexküll, ein estnischer Biologe des 19. Jahrhunderts, lehnte unterdessen die Evolutionstheorie ab, die auf monistischen oder teleologischen Theorien beruhte, da Uexküll Hegels deutschen Idealismus durch das Gegenargument zum Biologen Haeckel ablehnte. Stattdessen bot Uexküll am Beispiel der Lebensgeschichte von Zecken das Konzept der Umwelt an, das mehrdimensionale Wechselwirkungen zwischen lebenden Organismen und dem umgebenden Raum erklärt.

Umweltkonzepte werden in der Phänomenologie ähnlich in die Kategorien „gelebte Welt“ und „Alltagswelt“ eingeteilt. In diesem Zusammenhang werden die Erfahrungen, Kämpfe, Herrschaft und Macht des täglichen individuellen Lebens hervorgehoben, was bedeutet, dass die Bedeutung der Region, die auf geografischer Territorialität oder Lage beruht, weniger wichtig wurde.

Mit anderen Worten: Das Konzept der Umwelt führte zusammen mit dem Postanthropozentrismus und aus der Perspektive der Phänomenologie sowie des Poststrukturalismus zu einem Ansatz der „Affekte“. Das Konzept des „Lebensraums“ ist also mit der Existenz des Lebens verknüpft, während Umwelt wiederum mit der Ontologie des Handelns verknüpft ist.

Heidegger, beeinflusst von Uexkülls Umweltkonzept, entwickelte sein Konzept der Geopolitik sowie das Konzept des „Volkes“. Heidegger glaubte, dass Menschen in Interaktion mit anderen Menschen und Dingen leben. Er war der Ansicht, dass diese darin zum Ausdruck kommende Rücksichtnahme auf andere die Essenz des „Dasein“ der menschlichen Existenz sei.

In dieser Weltsicht wird Dasein im Menschen nicht als Organismus betrachtet; vielmehr bildet er dauerhafte Gemeinschaften, wo immer es sich befindet. Auf diese Weise entsteht ein Gefühl der Zugehörigkeit zu einer bestimmten „Welt“. Die Schaffung und Förderung des Wachstums der deutschen Kultur – in diesem Fall die Hervorhebung dessen, was einen einzelnen Deutschen heute und in Zukunft ausmacht – ist ein Beweis dafür, dass Dasein die Authentizität des Volkes ist.

Eine Kritik der Geopolitik: Lebensraum und Umwelt

NOJIRI Wataru

Seit dem 19. Jahrhundert ist das Konzept des „Lebensraums“ des deutschen Geographen Friedrich Ratzel zur Grundlage der modernen Geopolitik geworden. Sein Hintergrund ist Ernst Heinrich Haeckels Morphologie und Ökologie. Und der Staatsorganismus, der auf einer evolutionären Sicht der Geschichte auf den Werken der deutschen Philosophen Johann Gottfried Herder und Georg Wilhelm Friedrich Hegel basiert, inspirierte Ratzels Lebensraum.

Es wurde von der Nation, dem Volk und der regionalen Gesellschaft übernommen und ist eine Homologie zur Bedeutung und Wichtigkeit von Ökosystem, Gemeinschaft und Bevölkerung in der Ökologie. Darüber hinaus spiegelt es auch den neuesten Stand der menschlichen Evolution gemäß dem Konzept von Haeckels phylogenetischem Baum wider. Aus Hegels Sicht der menschlichen Evolution sind konstitutionelle Monarchien und der föderalistische Staat in Europa, der im Grundkonzept des Nationalstaats verwurzelt ist, die am weitesten fortgeschrittene Phase der Geschichte. Auch das inspirierte Ratzels Lebensraum.

Ratzels Lebensraum-Konzept war also von der Biologie beeinflusst. Er übernahm die Methodologie der vergleichenden Morphologie und die Idee der Vererbung erworbener Eigenschaften, die auf Jean-Baptiste Lamarks und Haeckels Konzept der Zielgerichtetheit zurückgeht, das sich von Darwins Evolutionstheorie unterschied, die zufällige Mutationen anerkannte. Basierend auf Moritz Wagners Theorie setzte er das Konzept der Artbildung in isolierten Gebieten fort. Die Lebensraum-Doktrin geht davon aus, dass die Ausbreitung von Arten in neue Gebiete für das Überleben unerlässlich ist, und dass neu erworbene Eigenschaften, die an unterschiedliche Umgebungen angepasst sind, durch die Bewegung von Arten und die Isolation an die Nachkommen weitergegeben werden, um eine Kreuzung mit einheimischen dominanten Arten zu verhindern.

Kurz gesagt lässt sich der Hintergrund der von Ratzels Lebensraum inspirierten Geopolitik wie folgt erklären:

Verglichen mit der Urform jeder Spezies, die Goethe konzipierte, verbindet die Evolutionstheorie der Arten römisches Denken. Wie Goethe sie konzipierte, ist dies die Perspektive einer phylogenetischen Erklärung der Evolution aus der Morphologie. Die Ideen der Theorie des Staatsorganismus basieren ebenso wie die Ideen Herders und Hegels auf der Naturphilosophie und der Geschichtsphilosophie des deutschen du territoire en tant que théorie organique de l'État, et sur le fait que le peuple, la culture et le climat politique du territoire se chevauchent dans l'espace sans divergence.

La géopolitique traditionnelle dont il est question ici intègre les conflits spatiaux et les mouvements politiques liés à l'idée de « Lebensraum », c'est-à-dire au territoire de l'État-nation en tant que théorie de l'État organique. Les conflits territoriaux sont apparus pour des raisons de ressources dans le concept de valeurs collectives du Volk. Dans ce contexte, les modèles d'évolution fondés sur l'écologie, la biogéographie et les organismes ont été considérés comme identiques aux mouvements politiques des États-nations.

La nouvelle géopolitique issue du poststructuralisme et de la perspective phénoménologique inspirée par le concept d'Umwelt de Uexküll était quant à elle considérée comme un « affect » résultant d'un conflit émotionnel entre les intérêts et les valeurs d'organismes individuels.

La nouvelle géopolitique s'est concentrée sur les conflits entre les symboles et les représentations enracinés dans les différences d'idéologie, de culture et de valeurs dans l'espace. En d'autres termes, basée sur le concept d'Umwelt, la nouvelle géopolitique postmoderne reflète l'idée que la nation, le peuple et le climat politique ne sont pas configurés géographiquement ou territorialement.

Les fondements de ces arguments contenaient une critique des idées de Descartes sur la séparation de l'esprit et de la matière, ainsi que de l'esprit et du corps. En réaction à ces concepts, Spinoza a défendu l'idée que la spiritualité existe aussi bien dans la matière que dans le corps humain. Il a également inspiré une nouvelle géopolitique par le biais du concept d'« affect » issu de Spinoza.

Cependant, à partir de l'ère postmoderne, la grande théorie a pris fin et, avec le développement de la segmentation des individus, les analogies avec les biomes et les écosystèmes ont été remplacées par l'évolution de l'organisme individuel.

Les changements de paradigme en géographie et en géopolitique ont fait passer l'accent sur les concepts régionaux basés sur le Lebensraum, qui repose sur les idées de biome, de population et d'écosystème, au concept d'Umwelt d'Uexküll, qui repose sur les interactions entre le monde de la vie quotidienne et les organismes individuels, en d'autres termes, à un changement d'orientation vers la théorie atomique des individus.

Quoi qu'il en soit, l'ancienne et la nouvelle géopolitique se sont toutes deux développées comme des anachronismes au cours du XIXe siècle et au début du XXe siècle. Toutes deux empruntent des concepts à la nature contrastée de la méthodologie des sciences biologiques, mais toutes deux sont des théories dangereuses qui tendent à inviter à la guerre. En tant qu'auteur de cette recherche, je suis fermement convaincu que ces concepts doivent être rejetés.

diversité des cultures et des ethnies, Hegel promeut un processus évolutif linéaire dans son idéal de monarchie constitutionnelle de l'État-nation.

La « géographie politique » de Ratzel est ancrée dans le concept des idéaux exposés par les philosophes, de Herder à Hegel, concernant les concepts d'État-nation et de monarchie constitutionnelle, ainsi que la colonisation par les sociétés « civilisées ». Il a été utilisé pour expliquer le mouvement des personnes qui migrent afin d'étendre leur « Lebensraum » ; les humains recherchent un nouveau « Lebensraum » nécessaire pour survivre et trouver un sentiment d'appartenance à une région spécifique (Boden), de la nourriture et des ressources.

Parallèlement, Jacob Johann von Uexküll, biologiste estonien du XIXe siècle, a rejeté la théorie de l'évolution fondée sur la théorie moniste ou téléologique. En effet, Uexküll a nié l'idéalisme allemand de Hegel en opposant un contre-argument au biologiste Haeckel. En prenant l'exemple du cycle de vie des tiques, Uexküll a proposé le concept d'Umwelt qui explique les interactions multidimensionnelles entre les organismes vivants et l'espace environnant.

Les concepts de l'Umwelt sont également classés comme le « monde vécu » et le « monde de la vie quotidienne » en phénoménologie. Dans ce contexte, l'expérience, les luttes, la gouvernance et les pouvoirs de la vie individuelle quotidienne sont mis en évidence, ce qui signifie que l'importance de la région basée sur la territorialité géographique ou la localisation est devenue moins importante.

En d'autres termes, le concept d'Umwelt, associé au postanthropocentrisme, et dans la perspective de la phénoménologie et du poststructuralisme, a conduit à une approche de l'« affect ». Par conséquent, si le concept de « Lebensraum » est lié à l'existence du Leben, l'Umwelt est à son tour lié à l'ontologie de l'action.

Heidegger, influencé par le concept d'Umwelt d'Uexküll, a mis en avant son concept de géopolitique, ainsi que le concept de « Volk » (peuple). Pour Heidegger, l'homme vit en interaction avec d'autres personnes et d'autres choses. Il estimait que cette considération pour autrui était l'essence même du « Dasein » de l'existence humaine.

Dans cette vision du monde, le Dasein des êtres humains n'est pas considéré comme un organisme ; au contraire, il crée des communautés durables où qu'il se trouve. C'est ainsi que naît un sentiment d'appartenance à un « monde » spécifique. Le fait de forger et de faciliter la croissance de la culture allemande – en l'occurrence, d'extraire ce qui fait qu'un individu est allemand aujourd'hui et à l'avenir – témoigne du Dasein en tant qu'authenticité du Volk.

La généalogie des connaissances en matière de géopolitique observée dans le cadre de cette recherche reflète le changement de paradigme de la géographie. La géopolitique s'appuie sur l'idée de Ratzel du « Lebensraum », l'idée de l'État-nation,

Une critique de la géopolitique : Lebensraum et Umwelt

NOJIRI Wataru

Depuis le XIXe siècle, le concept de « Lebensraum » du géographe allemand Friedrich Ratzel est devenu la base de la géopolitique moderne. Il s'appuie sur la morphologie et l'écologie d'Ernst Heinrich Haeckel. L'organisme étatique, qui repose sur une vision évolutionniste de l'histoire et sur les travaux des philosophes allemands Johann Gottfried Herder et Georg Wilhelm Friedrich Hegel, a inspiré le « Lebensraum » de Ratzel.

La nation, le peuple et la société régionale sont homologues à la signification et à l'importance de l'écosystème, de la communauté et de la population en écologie. En outre, ils reflètent également la pointe de l'évolution humaine, conformément au concept de l'arbre phylogénétique de Haeckel. De même, selon le point de vue de Hegel sur l'évolution humaine, les monarchies constitutionnelles et l'État fédéraliste en Europe, qui est enraciné dans le concept fondamental de l'État-nation, constituent la phase la plus avancée de l'histoire. Ils ont également inspiré le Lebensraum de Ratzel.

En d'autres termes, le concept de Lebensraum de Ratzel a été influencé par le domaine de la biologie. Il s'est inspiré de la méthodologie de la morphologie comparée et de l'idée de l'hérédité des caractères acquis, issue du concept de finalité de Jean-Baptiste Lamarck et de Haeckel, qui diffère de la théorie de l'évolution de Darwin qui reconnaît, lui, les mutations aléatoires. S'appuyant sur la théorie de Moritz Wagner, il a perpétué le concept de spéciation dans des régions isolées. La doctrine du Lebensraum suggère que l'expansion des espèces sur de nouveaux territoires est essentielle à leur survie et que les nouvelles caractéristiques acquises dans un environnement différent sont transmises aux descendants par le biais du mouvement des espèces et de l'isolement afin d'éviter les croisements avec les espèces dominantes indigènes.

En résumé, le contexte de la géopolitique inspiré par le Lebensraum de Ratzel est expliqué comme suit. Par rapport à l'Urform de chaque espèce conçue par Goethe, la théorie de l'évolution des espèces combine la pensée romaine, telle que conçue par Goethe ; c'est la perspective d'une explication phylogénétique de l'évolution à partir de la morphologie. Les idées de la théorie de l'organisme étatique sont aussi bien celles de Herder que celles de Hegel, fondées sur la philosophie naturelle et la philosophie historique de l'idéalisme allemand. Cependant, contrairement à Herder qui prône la

However, as of the post-modern era onward, grand theory came to an end, and as segmentation of individuals developed, instead of analogies to biomes and ecosystems, the focus shifted to the evolution of individual organism.

The Paradigm shift in geography and geopolitics, is a shift from the focus on regional concepts based on Lebensraum which is based on the ideas of the biome, population, and ecosystems to Uexküll's concept of Umwelt, which is based on interactions between the daily life world and individual organisms, in other words, a shift to focus on atomic theory of individuals.

philosophers from Herder to Hegel regarding the nation-state and constitutional monarchy concepts as well as colonization by "civilized" societies. It was used to explain the movement of people migrating in order to expand their "Lebensraum"; as humans seek new "Lebensraum" needed to survive and find a sense of belonging to a specific region (Boden), food, and resources.

Meanwhile, Jacob Johann von Uexküll, a nineteenth century Estonian biologist, rejected the theory of evolution based in monistical or teleological theory, Because Uexküll denied Hegel's German Idealism through the counterargument to biologist Haeckel. Instead, taking the example of the life history of ticks, Uexküll offered the concept of Umwelt which explains multidimensional interactions between living organisms and the surrounding space.

The concept of Umwelt is similarly categorized as the "lived world" and the "daily life world" in phenomenology. In this connection the experience, struggles, governance and powers of daily individual life are highlighted, which means that the importance of region based in geographical territoriality or location became less important.

In other words, the concept of Umwelt, together with post-anthropocentrism, and from the perspective of phenomenology as well as post-structuralism, led to an approach of 'affect'. Therefore, if the concept of "Lebensraum" is linked to existence of Leben, while Umwelt is in turn linked to ontology of action.

Heidegger, influenced by Uexküll's concept of Umwelt, put forth his concept of geopolitics, as well as the concept of "Volk" (folk). Heidegger believed that humans live in interaction with other people and things. He felt that such consideration for others exemplified therein was the essence of human existence 'Dasein'.

In this world view, Dasein in human beings is not considered organisms; rather they forge lasting communities wherever they are placed. In this way a sense of belonging to a specific "world" is created. The forging and facilitating of the growth of German culture–in this case drawing out that which makes an individual German at present and in the future–is testament to the Dasein as the authenticity of Volk.

The genealogy of knowledge as pertains to geopolitics observed in this research reflects the paradigm shift of the geography. Geopolitics based on Ratzel's idea of "Lebensraum", the ideas of the nation-state land as organic state theory–and that the people, culture and political climate of the territory coincidentally overlap spatially without discrepancy.

The foundations of these arguments contained criticism of Descartes' ideas of the separation of spirit and material as well as spirit and body. In a reactionary approach to these concepts, Spinoza held the view that spirituality exist in the material as well as in the human body. It also inspired new geopolitics by way of 'affect' concept arising from Spinoza.

A Critique of Geopolitics: Lebensraum and Umwelt

NOJIRI Wataru

Since the nineteenth century, German geographer Friedrich Ratzel's concept of "Lebensraum" became the basis for modern geopolitics. Its background is Ernst Heinrich Haeckel's morphology and ecology. And the state organism which is based on an evolutionary view of history by the work of German philosophers Johann Gottfried Herder and Georg Wilhelm Friedrich Hegel, inspired Ratzel's Lebensraum.

It was taken by the nation, people, and regional society is homology to the meaning and significance of ecosystem, community, and population in ecology. In addition, it also reflects the cutting-edge of human evolution in accordance with the concept of Haeckel's phylogenetic tree. Also, in Hegel's viewpoint of human evolution, constitutional monarchies and the federalist state in Europe, which are rooted in the basic concept of the nation-state, are most advanced phase in history. It inspired Ratzel's Lebensraum, too.

This is to say, Ratzel's Lebensraum concept was influenced by the field of biology. He took methodology from comparative morphology and the idea of inheritance of acquired characteristics, stemming from Jean-Baptiste Lamark's and Haeckel's concept of purposiveness, which differed from Darwin's theory of evolution that recognized random mutations. Based in Moritz Wagner's theory, he perpetuated the concept of speciation in isolated areas. The Lebensraum doctrine suggests that the expansion of species into new territory is essential for survival, and similarly that new acquired characteristics adopted to different environment are passed on to descendants through the movement of species and the isolation to prevent from crossbreeding with indigenous dominant species.

In a nutshell, the background of geopolitics inspired by Ratzel's Lebensraum is explained as follows.

Compared with the Urform of each species conceived by Goethe, the theory of evolution of species combines Roman thought.; It is the perspective of an phylogenetic explanation of evolution from morphology. The ideas of the theory of state organism is as well as Herder and Hegel's ideas based in natural philosophy and historical philosophy in German idealism. However, in contrast to Herder's advocacy for diversity of cultures and ethnicities, Hegel promoted the linearly evolutional process to his ideal constitutional monarchy of the nation-state.

Ratzel's "Political Geography" is rooted in the concept of ideals expounded by

マッスミ，B.　429-32, 434, 443, 472-3
松永俊男　393
マーフィー，D. T.　27
マルクス，K.　1, 43, 125-6, 146, 177, 188-90, 227, 231, 233-4, 246, 319, 367, 371, 376, 381-3, 398, 408, 411, 429, 446, 494, 496, 499
マルサス，R.　4, 27-8, 34, 37, 43, 75, 87, 339, 347-8, 458, 472-3

三中信宏　39-40
宮沢賢治　389
ミュラー，M.　54, 323

メリマン，P.　491, 501
メルロ＝ポンティ，M.　4, 6, 32, 150, 153, 156, 166, 228, 238, 257-8, 260, 268, 271, 274, 291, 293-4, 296-7, 298, 308, 313, 320, 465, 474, 490, 493
メンデル，G. J.　47, 76-7, 261-2, 268

森正人　326

ヤ　行

八杉竜一　45-6
柳田国男　390
山野正彦　26, 133, 155
山本英輔　208, 210

湯浅泰夫　186
ユクスキュル，J. von　4-6, 23, 32, 139, 141, 148, 150, 163, 165-9, 171-3, 195, 198, 202, 241-2, 245, 248-9, 251, 254-76, 286-91, 295-300, 302, 307-19, 329, 331-2, 424, 440, 442-5, 454-5, 458, 461-8, 470-2, 474-76, 487-9, 492-3, 501, 505, 508

横山昭市　396
吉見俊哉　404, 407, 409
米本昌平　165

ラ　行

ライプニッツ，G.　22, 68, 81, 152-3, 170, 259, 263
ラコスト，Y.　398-9, 411, 445, 449
ラッツェル，F.　1, 3-6, 19-21, 23-36, 42-4, 47, 54, 71-2, 78-86, 88-91, 95-6, 98-103, 113-5, 119, 126, 133-4, 136-9, 143, 145-7, 158, 199, 201-2, 221, 240-1, 244-5, 247, 307, 314, 338-57, 359-60, 362-4, 382, 384, 387, 389-90, 392, 398, 440, 442-6, 449, 451-3, 455, 458-63, 466-70, 472-6, 487, 490, 501, 508, 510
ラマルク，J.-B.　6, 28, 31, 34, 42, 44-8, 54-5, 57, 66, 71-2, 77, 81, 89-90, 173, 244, 263, 340, 343, 388, 455, 458-9, 473, 487

リッター，C.　26, 47, 79, 81, 103, 113, 119, 126-7, 132, 136, 145, 349, 362
リビングストン，D. N.　29, 47, 342, 453

ルクリュ，É.　390-1, 399, 445, 449
ルフェーヴル，H.　293, 409, 415, 499

レイ，D.　137
レルフ，E.　232-4

ロックモア，T.　373, 377

ワ　行

ワイズマン，A.　47, 76-8, 268, 466
和辻哲郎　1, 3, 6, 19, 23, 26, 31, 108-10, 112, 122, 138-9, 143-8, 176, 181, 185-94, 197-200, 209, 222, 240, 244-5, 387, 389-91, 467, 508

ニュートン, I.　22, 49-50, 57, 103, 108, 111, 116-7, 143, 152, 164, 167, 217, 238, 249, 251, 258, 343, 367, 452, 458, 476

沼田真　26

ネルソン, G.　39

納富信留　191-3
野尻英一　117
野間三郎　26

ハ 行

ハイエク, F. A.　437, 439, 443-4
バイザー, F. C.　125
ハイデガー, M.　3-6, 23, 31-2, 138-9, 141, 143-4, 147-50, 153, 161-6, 169-79, 181-3, 185-7, 193-5, 198-210, 214-36, 239-48, 257-8, 268, 270, 273, 287, 293, 296, 299, 308-9, 311, 316, 336-7, 364, 367-82, 384, 386, 389, 406, 408, 431, 441-4, 454-5, 465, 469-71, 474-5, 487, 492-6, 508
ハーヴェイ, D.　227, 229-31, 233-4, 246-7, 406-8, 494-9
ハウスホーファー, K.　344-6, 348-51, 353-60, 363, 382, 392, 398, 401
バッシン, M.　27, 30, 102, 351, 353, 361
バッティマー, A.　137-8, 158
濱田真　51, 53-4
ハンター, J. M.　83, 85

ピクルス, J.　174, 235, 238-9
ピート, R.　44
ビュフォン, G. L. L. de　6, 47, 81, 136

フェーヴル, L.　133-4, 412
フォン・ベーア, K. E.　6, 59-60, 163, 165-6, 170-3, 198, 245, 252, 254, 268, 270, 295, 314, 461, 487
福元圭太　68-70, 164
フーコー, M.　5-6, 20, 27, 101, 117, 157, 195, 343, 383-6, 393, 396, 398-9, 404, 409, 411, 413-8, 421-3, 431, 439, 445, 447, 449, 472, 476, 489, 499, 502
フッサール, E.　138, 149-51, 153-4, 156, 159, 198, 228, 238-9, 243, 293, 301, 320, 329-30, 474
船木亨　386, 421, 469
プラトン　66, 69, 209, 263, 375
フンボルト, A. von　26, 47, 64, 68, 119, 135-6, 144, 454

ヘーゲル, G. W. F.　1, 4, 6, 31, 49, 66, 79, 81, 83, 89, 103, 112, 116-27, 130-2, 143-4, 146, 151, 191-2, 197, 241, 244, 312, 339, 341-2, 346, 375, 384, 386, 413, 421, 442-3, 451, 455, 460, 468, 470, 473-8
ベック, H.　72
ヘッケル, E.　4-6, 24, 28, 31-3, 35, 41-4, 46, 54-8, 60-1, 63-71, 73, 75, 78-9, 83-4, 128, 133, 138-9, 163-4, 169, 173, 198, 240-1, 244-5, 247, 267-8, 288, 296, 312, 314, 339-40, 343, 362, 388-90, 440, 442-4, 453-5, 458-9, 461-3, 465-6, 468, 470, 473-5, 487, 501
ベルク, A.　138-9, 190, 193-8, 200, 245-6, 460
ベルクソン, H.　151-2, 388
ヘルダー, J. G. von　1, 4, 6, 28, 31, 49-54, 79, 81, 84, 86, 102-13, 115, 125, 143, 145, 147, 185, 191, 209, 217, 221-3, 230, 244, 341, 349, 362, 380, 442-3, 451, 455, 458, 460, 467-8, 473, 475-6
ベルドリー, V.　44

堀千晶　290, 303, 305-6
ホリング, C. S.　436-7, 439, 443
ボルノウ, O. P.　154-5
ボンド, D. W.　119, 121
ボンド, M.　506

マ 行

マイヤー, E.　41, 77-8
マーシャル, A.　482-5

クレスウェル，T.　294, 491
クロポトキン，P.　43, 388, 390-1, 445

氣多雅子　229, 494
ケッテリング，E.　227, 229
ゲーテ，J. W. von　6, 28, 31, 35, 42, 44-5, 49, 52-5, 57, 59, 61, 66-7, 103, 106, 115, 143, 172-3, 244, 264, 269, 310, 350, 451, 458, 473

小寺廉吉　390-1
小林正嗣　219, 221, 369-70
コフカ，K.　314
小牧實繁　392
コール，J. G.　95

サ　行

財津理　321
向山恭一　414, 476-7, 479, 481

ジャクソン，W. A. D.　392
シュタインメツラー，J.　82, 84
シュパング，C. W.　359

水津一朗　3, 26
鈴木貞美　389
スピノザ，B. de　6, 49-50, 67, 69-70, 72, 81, 117, 149, 156, 166, 271, 300-1, 303-5, 307-8, 316-23, 325, 424-5, 427, 430-1, 443, 471, 475
スフェロッア・パパ，E. C.　205, 239
スリフト，N.　326, 333, 335, 438, 475, 491-3
スロウェイ，F. J.　36

ソジャ，E. W.　415, 499-500
染谷昌義　331

タ　行

ダーウィン，C.　6, 28, 30, 33-7, 39-40, 42-7, 55, 57, 60-1, 64, 72-7, 79, 87, 101, 136, 163-5, 167, 173, 244, 257, 259, 261-3, 267-9, 288-9, 295-6, 298, 312, 331, 339, 344, 348, 351, 356, 362, 383, 388-91, 393, 440, 452, 454, 458-9, 462-6, 468, 473, 487
高橋義人　53
竹内啓一　392
竹田青嗣　118, 149, 151

チェーレン，R.　145-7, 342, 344-6, 348-50, 355-7, 359, 382, 392, 398, 401, 469

ディヴィス，W. M.　452-3
デカルト，R.　6, 22, 49-50, 67-8, 108, 116, 149, 151-3, 155-7, 159, 170-1, 186, 189, 193, 197, 202-5, 208, 216-7, 222, 228, 240, 243, 245, 257-9, 267, 274, 298, 300-1, 304, 317, 320, 322, 337, 367, 374, 412-3, 440-1, 471, 476, 493
手塚章　26
デリダ，J.　172, 293, 308, 320, 335-7, 383, 404, 489

トゥアン，Y.　158, 160
ドゥマンジョン，A.　360-1
ドゥルーズ，G.　4, 6, 32, 156, 166-7, 258, 268, 271-4, 291, 293, 295, 299-302, 304-6, 308-11, 316-27, 329, 332-37, 364, 378-82, 406, 423-4, 426-7, 430-4, 443, 445, 455, 463-5, 475, 489, 493
戸坂潤　188-90
トーデス，D. P.　43, 391
轟孝夫　149
ドリーシュ，H.　164-5, 171, 242, 262, 269-70, 463, 466
トール，G.　400

ナ　行

仲正昌樹　147
中村泰三　453
成瀬厚　338

西田幾多郎　138, 147-8, 387, 391, 546
西村三郎　63

主要人名索引

ア 行

アリストテレス　122, 136, 152, 170, 173, 200-1, 259, 330

飯塚浩二　26, 190, 392
飯本信之　392
石川義孝　488
伊藤学　428, 431
稲田知己　206, 222
岩崎稔　229
岩田慶治　26

ヴァグナー，M.　6, 27-8, 30-1, 33-5, 71-80, 84, 87, 89-91, 136-7, 240, 244, 307, 340, 346-8, 362, 442, 459, 473
ヴィダル＝ドゥ＝ラ＝ブラーシュ，P.　6, 31, 47-8, 79, 133-5, 137-8, 145, 198, 201-2, 399, 411, 490
ウィットフォーゲル，K. A.　359, 446
ウォレス，A. R.　39-40, 71, 135, 391, 454, 487, 546
宇野邦一　322, 392
ヴント，W.　68, 79, 82-3, 546

エンゲルス，F.　43, 125

大城直樹　396-7
大杉栄　43, 388, 390
大村晴雄　105, 108
丘浅次郎　43, 388-90
奥田義雄　26
オトゥホール，G.　403, 411
小野紀明　208, 219, 369, 477, 479
オロゥリン，J.　400

カ 行

笠原賢介　110
春日茂男　26
ガタリ，F.　156, 166-7, 272, 274, 299, 301-2, 309-10, 317, 325-6, 334, 378-82, 406, 426, 428, 433-4, 489, 546
カップ，E.　80-1, 126-8, 131, 168
加藤尚武　125
加藤政洋　414, 500
カロン，M.　324
カント，I.　1, 6, 22, 47, 49, 52, 57, 66-7, 69, 72, 81, 84, 103-6, 108-9, 111-2, 116, 119, 129, 143-4, 146, 148-9, 151, 160, 167-8, 177, 203, 217, 224, 228, 239-40, 249-50, 252, 257-9, 264-5, 267, 269-70, 272, 276, 288, 296, 298, 312, 323, 329-30, 332, 342, 366-7, 425, 440, 443, 451, 462, 477-8
カンペル，J. A.　47, 453

木岡伸夫　188
キーセル，T.　227, 368
北一輝　43, 388
木田元　172-3, 207
北川真也　416, 418
ギブソン，J.　265-6, 329, 474, 546
キュヴィエ，G.　33-4, 45, 59, 65-6, 388, 546
桐原隆弘　104-5

国松久弥　26
倉谷滋　60
グリム，H.　351, 353, 356
クリンケ，I.　27, 30, 343, 463, 466, 470
クルーグマン，P.　483, 485, 488
グレゴリー，D.　21, 396, 413

著者紹介

野尻亘（のじり・わたる）

1958 年大阪市生。1988 年大阪市立大学大学院文学研究科博士後期課程単位取得退学。
1995 年文学博士（大阪市立大学）。
1988 年新潟大学教育学部助手、1989 年新潟大学大学院教育学研究科助教授。1997 年桃山学院大学文学部教授、2002 年桃山学院大学経済学部教授。2023 年桃山学院大学名誉教授。
専門：人文地理学・経済地理学。地理学における生態学的方法論と、レギュラシオン理論、ポストフォーディズム論、進化経済学を応用した物流システムの空間構造を研究。
主著：『日本の物流――産業構造転換と物流空間』古今書院、1997 年。

「地政学《ちせいがく》」批判《ひはん》　生《レーベン》と風土《ふうど》

2025 年 3 月 31 日　初版第 1 刷発行 ©

著　者　野　尻　　亘
発行者　藤　原　良　雄
発行所　株式会社　藤　原　書　店

〒 162–0041　東京都新宿区早稲田鶴巻町 523
電　話　03（5272）0301
FAX　03（5272）0450
振　替　00160 - 4 - 17013
info@fujiwara-shoten.co.jp

印刷・製本　精文堂印刷

落丁本・乱丁本はお取替えいたします　Printed in Japan
定価はカバーに表示してあります　ISBN978–4–86578–455–8